Friedrich Kemnade

DIE
AFRIKA-FLOTTILLE

Chronik und Bilanz

Motorbuch Verlag Stuttgart

Umschlagzeichnung: Carlo Demand
Einband- und Umschlagkonzeption: Siegfried Horn

ISBN 3-87943-558-8

1. Auflage 1978
Copyright © by Motorbuch Verlag, Postfach 1370, 7000 Stuttgart
Eine Abteilung des Buch- und Verlagshauses Paul Pietsch GmbH & Co KG
Sämtliche Rechte der Verbreitung – in jeglicher Form und Technik – sind vorbehalten.
Druck: Druckerei Carle, 7143 Vaihingen/Enz
Bindung: Großbuchbinderei Franz Spiegel, 7900 Ulm
Printed in Germany

Inhalt

VORWORT, Seite 9

EINLEITUNG, Seite 12

I. KAPITEL, Seite 16
Aufstellung und Ausbildung der Flottille
15. Mai bis 7. September 1940

II. KAPITEL, Seite 31
Fronteinsatz im Westen – Verlegung in Englischen Kanal
9. September 1940 bis 26. Mai 1941

III. KAPITEL, Seite 88
Fronteinsatz in der Ostsee
22. Juni bis 23. September 1941

IV. KAPITEL, Seite 143
Neuer Auftrag der Flottille

V. KAPITEL, Seite 153
Marsch der Flottille ins Mittelmeer
7. Oktober bis 14. November 1941

VI. KAPITEL, Seite 159
Neuer Kriegsschauplatz Mittelmeer
ab 15. November 1941

VII. KAPITEL, Seite 171
Entwicklung der Lage in Nordafrika, zur See und in der Luft
bis Dezember 1941

VIII. KAPITEL, Seite 190
Der Kampf gegen Malta
Dezember 1941 bis Ende Mai 1942

IX. KAPITEL, Seite 256
Der Einsatz der Flottille im Östlichen Mittelmeer
21. Mai bis 7. September 1942

X. KAPITEL, Seite 329
Wieder gegen Zufuhr nach Malta
12. September bis 9. November 1942

XI. KAPITEL, Seite 336
Einsatz der Flottille in Tunesien
11. November 1942 bis 6. Mai 1943

XII. KAPITEL, Seite 402
Operationen vor und nach der Feindlandung auf Sizilien
8. Mai bis 17. August 1943

XIII. KAPITEL, Seite 439
Ansatz gegen feindlichen Nachschubverkehr zum Landungsraum Salerno-Bucht

XIV. KAPITEL, Seite 467
Der Einsatz der Flottille in der Adria
1. Januar 1944 bis 2. Mai 1945

XV. KAPITEL, Seite 496
Schlußbetrachtung

ANHANG, Seite 502

Den beim Einsatz der 3. Schnellbootflottille
G e f a l l e n e n
bei Freund und Feind gewidmet.

Vorwort

30 Jahre nach dem 2. Weltkrieg aus der Erinnerung über erlebte Kriegsereignisse zu schreiben wäre ein fragwürdiges Unterfangen gewesen. Als die Möglichkeit bestand, Einblick in die während des Krieges geschriebenen Kriegstagebücher meiner alten Flottille im Original zu nehmen, nachdem uns diese vor wenigen Jahren von der Britischen Admiralität zurückgegeben worden waren, begann ich mit dem Versuch, diese Aufzeichnungen zu machen zunächst mit dem begrenzten Ziel, sie meinen alten Kameraden der 3. Schnellbootflottille, die während des Krieges seit Aufstellung der Flottille am 15. Mai 1940 bis zum 7. Juli 1943 zu führen mir anvertraut und befohlen war, zugänglich zu machen. Denn sie haben mit mir zusammen jahrelang die Last bei der Bereitstellung ihrer Boote für die Unternehmungen und im Kampf gegen einen immer überlegenen Gegner getragen. Sie haben in den vielen Jahren oft Nacht für Nacht mutig am Feind gestanden und eine große Leistung im Vertrauen auf ihre Führung vollbracht.

Diese Aufzeichnungen sollen auch dazu aufrufen, unsere gefallenen und ihren Verwundungen erlegenen Kameraden nicht zu vergessen, die während des Einsatzes für Volk und Vaterland in gutem Glauben ihr höchstes Gut, ihr Leben einsetzten und verloren.

Beim Lesen dieser Aufzeichnungen werden Erinnerungen an Ereignisse und Begebenheiten wach werden, die dem Gedächtnis längst entschwunden zu sein schienen. So erinnert sich heute kaum einer von uns daran, wer zu welchem Zeitpunkt der Flottille den Beinamen »Afrika-Flottille« gegeben hat. Es waren die »Landser«, die Soldaten des »Deutschen Afrikakorps«, die der Flottille diesen Namen gaben und deren khakibraunes Ärmelband »Afrika« auch von den Schnellbootbesatzungen getragen wurde.

Während des Schreibens des Manuskriptes ist die Idee entstanden, dem Buch eine weitere Dimension als zunächst beabsichtigt zu geben. So sind der Einsatz der Flottille und ihr jeweiliger Auftrag vor dem Hintergrund der Gesamtkriegslage auf dem jeweils infrage stehenden Kriegsschauplatz sowie die weitere Entwicklung in den verschiedenen Phasen dargestellt und gesamtstrategische Zusammenhänge in ihren Ursachen und Wirkungen untersucht worden.

Bei der Überlegung, in welcher Abfolge diese Aufzeichnungen niedergeschrieben werden und was diese aussagen sollen, habe ich mich dafür entschieden, mich an das Kriegstagebuch zu halten, um in den verschiedenen zeitlichen Phasen einen Einblick in das Milieu und Wohl und Wehe einer Schnellbootflottille im Kriege mit allen positiven und negativen Einflüssen und Ereignissen zu ermöglichen und dabei Ansatz und Einsatz, Wirkungsmöglichkeiten und Grenzen, Fragen der Einsatz-, Befehls- und Menschenführung und der Wirtschaftlichkeit des Einsatzes sowie die menschlichen Beziehungen und militärischen Leistungen von Kommandanten und Offizieren, Unteroffizieren und Mannschaften der Flottille, ihre Erfolge und Verluste auf den 3 Kriegsschauplätzen Englischer Kanal, Östliche Ostsee und Mittelmeer zu untersuchen und zu werten und – wo dies angebracht erschien – kritische Schlußfolgerungen zu ziehen. Dabei war es unerläßlich, hin und wieder Bilanz zu ziehen, um Erkenntnisse deutlich zu machen und Grundlagen für Beurteilungen zu schaffen.

Was wir damals nicht wußten und nicht genau wissen konnten – das ist die andere, die damalige Feindseite – wie sie uns beurteilte und was sie durch unseren Einsatz erlitt oder nicht erreichte und welchen Aufwand sie zur erfolgreichen Überwindung und schließlichen Ausschaltung der Schnellbootgefahr treiben mußte. Auch manche Erfolge der Flottille, besonders durch den intensiven Mineneinsatz vor der strategisch so bedeutungsvollen und den Krieg in Nordafrika entscheidenden Inselfestung Malta als Basis für den Einsatz von Flotten- und Luftstreitkräften, sind aus dem Werk von Captain S. W. Roskill »The War at Sea« – History of the Second World War – erkennbar und im Buch mitverwertet worden.

Aussagen und Zahlenangaben beruhen im wesentlichen auf Aufzeichnungen in den Kriegstagebüchern und auf Angaben in Roskill's Werk. Zusätzliche Erkenntnisse wurden aus der Literatur des im Anhang aufgeführten Literaturverzeichnisses gewonnen. An dieser Stelle erlaube ich mir den Hinweis, daß die Angaben über gemeldete Versenkungs- oder Torpedierungserfolge nicht immer mit Angaben in britischen oder sowjetischen Quellen übereinstimmen.

Wenn das Buch Erkenntnisse für die heutige und künftige Problematik über Wert und Bedeutung von Schnellbooten im Küstenvorfeld bezüglich ihrer Möglichkeiten und Grenzen bei der Verteidigungsplanung und Gestaltung der Streitkräfte enthalten sollte, würde ich das besonders begrüßen.

Meinen Dank sage ich Herrn Professor Dr. Jürgen Rohwer für das Durchsehen sowie Frau Ursula Mandt für ihre selbstlose, hingebungsvolle Mitarbeit bei der Erstellung des Manuskriptes.

Friedrich Kemnade

Einleitung

Schnellboot fahren war schon immer für einen jungen seebegeisterten Menschen eine stille Sehnsucht und – wenn sie Erfüllung fand – schien es für einen jungen Seeoffizier und Matrosen keine Wünsche mehr auf dieser Welt zu geben.
So erging es mir und vielen Kameraden, die Mitte der 30er Jahre auf eines der 6 Schnellboote der 1. Schnellboot-Halbflottille der Reichsmarine in Kiel kommandiert wurden. Mehr Schnellboote gab es 1936 in der deutschen Flotte noch nicht, denn der Versailler Vertrag ließ auch die Entwicklung und den Bau von Schnellbooten mit Torpedoarmierung nicht zu. Erst der Londoner Flottenvertrag mit England vom Juni 1935 löste die Reichsmarine von den Bindungen und starken Beschränkungen des Versailler Diktats.
Bei Ausbruch des 2. Weltkrieges am 3. September 1939 gab es 2 Schnellboot-Flottillen mit je 6 Front- und 2 Reserve-Schnellbooten im Reserve-Verband, wahrlich eine sehr kleine Streitmacht zur See in dem Kriege gegen die Welt- und Seemacht Großbritannien!
Die Aufgabe des Schnellbootes lag im Rahmen der »Küstenvorfeld-Verteidigung« im Torpedo-Nachtangriff. Die beiden Schnellbootflottillen besaßen dank ihrer hohen Marschgeschwindigkeit von 26 bis 28 Knoten und eines mit Reservetorpedos, Brennstoff, Munition und Verpflegung ausgerüsteten Schnellboot-Begleitschiffes eine außerordentlich große Mobilität. Sie konnten überraschend zum Beispiel innerhalb einer Nacht von Kiel in die Östliche Ostsee nach Pillau verlegen und waren bereits in der nächsten Nacht für den Einsatz bei einer möglichen Bedrohung in Spannungszeiten in solch entfernten Seegebieten vom Heimathafen aus verfügbar. In der Nordsee konnten die Boote von Wilhelmshaven, Helgoland oder Borkum aus bis in den Nordausgang des Englischen Kanals operieren unter der Voraussetzung, daß die Wind- und Seegangsverhältnisse das Inseegehen gestatteten.

Naturgemäß aber lag die Wetter- und Waffeneinsatzgrenze dieser kleinen nur 82 t großen Boote sehr niedrig bei etwa Wind 4–5, Seegang 3–4.

Die Stärke des mit 4 Torpedos und 2 Bugrohren ausgerüsteten Schnellbootes bestand in seiner vernichtenden Schlagkraft, dem Torpedo, mit dem sogar ein Großkampfschiff außer Gefecht gesetzt oder versenkt werden konnte. Seine Schwäche lag in seiner geringen Standkraft, weil es durch einen einzigen Artillerie-Volltreffer einer 10,5-cm-Granate vernichtet werden konnte.

Diese beiden Faktoren beschränkten die Einsatzmöglichkeiten auf die Nachtzeit. Die Schnellboote bedurften des Schutzes durch die dunkle Nacht, um überraschend und unbemerkt auf 500–800 m Entfernung zum Torpedoschuß auf den immer überlegenen Gegner mit Ausnahme des einzeln fahrenden, ungeschützten Transportschiffes anzusetzen, was aber in der Praxis kaum vorkam.

Die Artilleriebewaffnung bestand aus einer 2-cm-Schnellfeuerkanone MG C/30 und einem auf der Back auf einem Dreifuß aufstellbaren Maschinengewehr Kaliber 9 mm.

Für die gelegentliche Jagd auf U-Boote hatten die Boote je 6 Wasserbomben. Zum Minenlegen konnten die Boote je 6 große oder 8 kleine an Bord nehmen.

Die Höchstgeschwindigkeit der Boote betrug 34 Knoten, der Fahrbereich bei 26 Knoten Marschfahrt 320 Seemeilen.

Die für die Führung notwendige Befehlsgebung erfolgte auf Ultra-Kurzwelle und über eine 40/70 Watt-Funkstation.

2 auf dem Heck aufgestellte Nebelkannen enthielten künstlichen Nebel, mit dessen Hilfe sich die Boote in hellen Nächten der Sicht durch den Gegner entziehen konnten, so daß dieser seine überlegene Artillerie nicht auf das gejagte Schnellboot einsetzen konnte.

Das Herz des Schnellbootes war die Maschinenanlage. Der Antrieb erfolgte über 3 in 2 getrennten Motorenräumen untergebrachten 16-Zylinder-Motoren der Firma Daimler-Benz. Die mit Dieselkraftstoff betriebenen Motoren hatten eine Gesamtleistung von 3600 PS, die auf 3 Schrauben wirkten. Der von der wohl ältesten Bauwerft für Schnellboote, der Lürssen-Werft in Bremen-Vegesack, entwickelte »Lürssen-Effekt« bestand aus 2 hinter den Schrauben angebrachten »Effektrudern«, die unter dem Achterschiff einen Stau des Wassers erzeugten, wodurch den davor liegenden Schrauben mehr Wasser zugeführt wurde, so daß die Spitzengeschwindigkeit noch um 1–2 Knoten erhöht werden konnte.

Die Besatzung bestand aus
1 Oberleutnant zur See als Kommandant
1 Obermaschinisten als Leitender Maschinist
1 Ober- oder Bootsmannsmaat als seemännische Nr. 1
3 Ober- oder Maschinenmaaten als Motorenfahrmaate
1 Torpedomechanikergefreiten für Torpedoanlage und als Bootskoch
1 Matrosengefreiten als Navigationsgast
1 Funkgefreiten als Stationsleiter
1 Funkgasten als Schlüsselgast
1 Matrosengefreiten oder Matrosen als Rudergänger
1 Matrosen als Posten Maschinentelegraf
2 Matrosengefreiten als Signalgast und Ausguck
4 Heizergefreiten oder Heizern für die Hilfsmaschinen
Das sind zusammen
1 Offizier
1 Portepee-Unteroffizier
4 Unteroffiziere
12 Mannschaftsdienstgrade
Für den Kriegsfall war ein Zuschlag von
1 Unteroffizier und
2 Mannschaftsdienstgraden
vorgesehen.
Fürwahr, eine kleine Schar von Männern. Die Zusammensetzung der Besatzung läßt bereits erkennen, daß auch jüngste Mannschaftsdienstgrade viel eigene Verantwortug trugen und verhältnismäßig selbständig denken und handeln sowie eigene Initiative entwickeln mußten. Zu dieser Besatzungsstärke eines Kampfbootes müssen Stab, Unterstab, Flottillen- und Stützpunktpersonal bzw. auch die Besatzung des Begleitschiffes mit etwa 150 Mann hinzugerechnet werden, denn dieses Personal hatte erst alle materiellen und logistischen Voraussetzungen dafür zu schaffen, daß die Kampfboote kontinuierlich eingesetzt werden konnten.
Während des Krieges wurden 215 Schnellboote gebaut, davon allein 145 von der ursprünglichen Mutterwerft Fritz Lürssen in Bremen-Vegesack. 96 Schnellboote sanken vor dem Feind und durch Feindeinwirkung.
Als Mitte Mai 1941 auf dem Kreuzer »Emden«, der in Oslo lag und vorher mit der Oslo-Kampfgruppe mit 600 eingeschifften Soldaten des Heeres und der Marineartillerie nach dem Gefecht in der Dröbakenge

am 9. bzw. 10. April 1940 eingelaufen war, per Fernschreiben ein Kommandierungserlaß einging, erfuhr ich meine Versetzung als Chef 3. Schnellbootflottille nach Kiel und zwar sofort. Welch schönes Kommando, nachdem meine beiden Gesuche vom September und November 1939, zur U-Bootwaffe versetzt zu werden, erfolglos geblieben waren.
So ging zwar mein Wunsch, U-Boot zu fahren, nicht in Erfüllung. Aber immerhin – als Chef eine Schnellbootflottille führen zu dürfen nach meiner Kommandantenzeit auf »S11« und »S15« in den Jahren 1936/37 – das in meinem jungen Dienst- und Lebensalter zu hoffen, hatte ich kaum gewagt. Ich brauchte nun keinen »Lehrgang« mehr zu machen, denn von Schnellbooten, von der Torpedowaffe, von der Taktik und vom Führen verstand ich etwas.
Nach meiner Abmeldung flog ich in einer 3motorigen Transport-Ju 52 von Oslo-Fornebu nach Berlin-Staaken und traf am 22. Mai abends in Kiel ein.
Was wird mich wohl hier erwarten? Wie mag die 3. S-Flottille aussehen? Wieviele Boote und ausgebildete Besatzungen wird sie schon haben? Und vor allem die wichtigste Frage:
Wann kann die Flottille an die Front im Englischen Kanal gehen, wo seit einiger Zeit die 1. und 2. S-Flottille im Einstz stehen und manche Versenkungserfolge beim Angriff auf die Rückführungsgeleite des britischen Expeditionskorps von Calais-Dünkirchen nach Dover und in die Themsemündung erzielen konnten.

Kapitel I

Aufstellung und Ausbildung der Flottille

15. Mai bis 7. September 1940

Am 23. Mai 1940 übernehme ich die Kommandoführung über die 3. Schnellbootflottille, die 8 Tage vorher – am 15. Mai 1940 – aufgestellt war. Bis zum Eintreffen des Flottillenchefs war Oberleutnant zur See Werner Töniges »mit Wahrnehmung der Geschäfte des Flottillenchefs beauftragt«.
Mein Adjutant, Leutnant zur See Stolzenburg, der mich an der Stelling des »Wohnbootes« des Reserveverbandes der 1. und 2. S-Flottille erwartet, berichtet über die Situation der Flottille.
An Offizieren waren bisher kommandiert und eingetroffen bzw. in See und auf Dienstreise
    Oblt. z. S. Werner Töniges als »Ä K« (Ältester Kommandant)
    Lt. z. S. Axel von Gernet als Kommandant
    Lt. z. S. Paul Popp als Kommandant für 2. S-Flottille
    Oblt. (Ing) Hans-Martin Döpner als Flottilleningenieur
    Lt. (Ing) Wilhelm Bielitzer als II. Flottilleningenieur
    Oblt. (V) Norbert Schütte als Flottillenverwaltungsoffizier.
Töniges ist zur Zeit Kommandant »S 10«, von Gernet Komdt. »S 12«. Beide befinden sich aus Anlaß der Indienststellung des neuen Schnellboot-Begleitschiffes »Adolf Lüderitz« mit ihren Booten in Rostock. »S 11«-Komdt. Popp – und »S 13« – ohne Kommandant – liegen zur Reparatur in der Kieler Werft. Die Teilbesatzungen dieser Boote sowie diese ´alten Schnellboote gehören zum »Reserveverband der 1. und 2. S-Flottille«. Dieser Reserveverband ist nunmehr der 3. S-Flottille unterstellt.
Mehrere Unteroffiziere und Mannschaften für die 3. S-Flottille sind schon eingetroffen und befinden sich zum Teil zur Belehrung bei der Schnellboot-Motorenfirma Daimler-Benz.
Als erster Neubau für die 3. S-Flottille ist »S 54«-Indienststellung Anfang August 1940 bei der Lürssen-Werft in Vegesack – vorgesehen.
Soweit der Lagebericht.

Ein S-Boot

Ein neues S-Boot

Begleitschiff »Adolf Lüderitz«

Die Mannschaft
von »S 60«

Links:
Lt. (Ing.) Bielitzer
und Heizergefreiter
bei Zylinder-Druck-
probe

Rechts:
In Kiellinie

Nebelndes S-Boot

Am nächsten Tage, dem 24. Mai, bei meiner Meldung bei meinem Dienstvorgesetzten, dem Führer der Torpedoboote – Org (FdT Org), Kapitän zur See Hans Marks, in Kiel erfahre ich folgende Ausbildungsforderungen an die Flottille:
Bis zum 1. 8. 1940 sind auszubilden
  2 Besatzungen für 1. S-Flottille
  2 Besatzungen für 2. S-Flottille
  4 Besatzungen für 3. S-Flottille
An Ausbildungsbooten stehen »S 10«, »S 11« und »S 12« zur Verfügung. Als Begleit- und Zielschiff wird das bisher als Kadettenschulschiff eingesetzte Schnellbootbegleitschiff »Tsingtau« der 3. S-Flottille mit dem 27. 5. unterstellt.
Nun weiß ich, was anliegt. Aber mit 3 alten, maschinenmäßig anfälligen Booten in 2 Monaten 8 Kommandanten und Besatzungen auszubilden – das scheint mir eine nicht erfüllbare Forderung zu sein. Und unzureichend ausgebildete Kommandanten und Besatzungen an die Front abzugeben, bedeutet eine Zumutung. Das wäre gerechtfertigt und vertretbar gewesen, wenn es sich um einen »letzten Einsatz« bei einer Invasion der Insel England über den Englischen Kanal zur Beendigung des Krieges gehandelt hätte. Aber vielleicht glaubte dies ja die höhere Führung! Es sollte jedoch ganz anders kommen!
Am 3. Tag nach Kommandoübernahme spreche ich bei der ersten Flottillenmusterung über die bevorstehenden Ausbildungsaufgaben und bereite mit den Offizieren des Stabes und der verschiedenen Abschnitte die Verlegung zur Ausbildung in der Danziger Bucht vor. Übungstorpedos und Artillerie-Übungsmunition sowie Dienst- und Ausbildungsvorschriften werden übernommen.
Am 27. Mai tritt »Tsingtau« zur Flottille. Sie wird binnen 24 Stunden als »Begleitschiff« einer S-Flottille ausgerüstet.
Das für den nächsten Tag vorgesehene Auslaufen der Flottille muß wegen unklarer Torpedohebebühne verschoben werden. Vor Beendigung dieser wichtigen Reparatur fragt am 30. Mai um 12 Uhr der FdT Org an, ob »S 10«, »S 11« und »S 12« für einen vorübergehenden Einsatz im Englischen Kanal sofort einsatzbereit gemacht werden können. Für »S 11« und »S 12« bejahe ich diese Anfrage mit der Maßgabe, daß Oblt. z. S. Töniges als alter Kommandant aus den Jahren 1937 bis 1939 das Boot »S 12« übernimmt und ich mich auf »S 11« – Komdt. Lt. z. S. Popp – einschiffe.
Schon um 17.30 Uhr ruft ein »Asto« (Admiralstabsoffizier) der »Gruppe West« aus Wilhelmshaven an und übermittelt die Weisung,

baldmöglichst mit »S 11« und »S 12« auszulaufen nach Hoek van Holland bzw. Rotterdam. Hier scheint Eile zu einer Nottugend zu werden!

ERSTER EINSATZ IM ENGLISCHEN KANAL

Mit Beschleunigung werden beide Boote für den Kampfeinsatz ausgerüstet. Die erfahrensten Leitenden Maschinisten, seemännischen Nr. 1-en, technischen Fahrmaate sowie Funker, Torpedomechaniker, Matrosen und Heizer werden als Besatzungen zusammengestellt. Bereits in der Nacht um 0330 Uhr am 31. Mai – Skagerrak-Gedenktag – laufe ich mit den beiden Booten aus Kiel aus zum Marsch durch den Kaiser-Wilhelm-Kanal nach Westen. Nach einem U-Bootalarm und Wasserbombenwerfen um 1400 Uhr und zweimaligen erfolglosen britischen Flugzeugbombenangriffen in der Nordsee stehen wir um 2330 Uhr vor Hoek van Holland, können aber erst um 0530 Uhr nach Anstellen der Befeuerung einlaufen. Um 0730 Uhr machen wir in Rotterdam im Lekhavn fest. Leider sind beide Boote wegen Motorenausfall zunächst nicht einsatzbereit, die Dauerbeanspruchung über 24 Stunden war wohl zu hoch. Unsere Erwartungen und gehabten Vorstellungen sinken auf den Nullpunkt.

Nach dieser enttäuschenden Feststellung melde ich mich erstmalig bei meinem eigentlichen Dienstvorgesetzten, dem »Führer der Torpedoboote«, Kapitän zur See Hans Bütow, der sich mit einem kleinen operativen Führungs- und Einsatzstab unter Leitung seines 1. Admiralstabsoffiziers (A 1), Korvettenkapitän Herbert Schultz, auf dem requirierten als Wohnschiff eingerichteten früher wohl als Passagierschiff dienenden Dampfer »Batavia III« eingeschifft hat. Hier treffe ich zur Chefbesprechung auch meine beiden älteren Kameraden, die Flottillenchefs der 2. und 1. S-Flottille, Korvettenkapitän Rudolf Petersen – Crew 25 – und Kapitänleutnant Heinz Birnbacher – Crew 30.

In dieser Chefbesprechung tragen beide Flottillenchefs ihre Ansichten und Vorschläge für den heutigen Nachteinsatz ihrer Flottillen vor. »Flottillen« ist fast zuviel gesagt, denn jede Flottille hat zur Zeit nur 2–3 einsatzbereite Boote zur Verfügung!

Nachdem der A 1 seine Stellungnahme und Ansichten vorgetragen hat, entscheidet der FdT über den Einsatz beider Flottillen.

Mit Einbruch der Dämmerung läuft »S 12« mit 2 Maschinen zurück nach Wilhelmshaven, um den 3. Motor in der Werft auszuwechseln. Die technische Besatzung von »S 11« wechselt mehrere Kolben an den

Motoren aus und beseitigt die übrigen in der Maschinenanlage aufgetretenen Störungen selbst, was 2 Tage und Nächte in Anspruch nimmt. Nach einer Probefahrt am 3. 6. vor Hoek van Holland nimmt »S 11« an der nächtlichen Unternehmung teil.

Mit »S 11« als taktische Nr. 3 an die beiden Boote der 1. S-Flottille angehängt laufen wir am 3. 6. um 2000 Uhr aus Rotterdam aus zum Vorstoß auf den englischen Geleitzugweg zwischen Dünkirchen und den Downs vor der englischen Küste. Es herrscht ein lauer Westwind, die See ist glatt, der Himmel etwas bewölkt; wir steuern Kurs Süd-Süd-Ost, Marschfahrt 26 kn (Knoten).

Die Torpedorohrdeckel sind geöffnet, das MG C/30 is feuerbereit. Um 2210 Uhr greift der »Aufklärer vom Dienst«, ein Lockhead-Flugboot, aus Nordwesten kommend an. Unser MG C/30 – Feuer zwingt den Feind zum Abdrehen. Es wird dunkel.

Um 2341 Uhr vernehmen wir den Geschützdonner der schweren Artillerie bei Dünkirchen. Die Stadt brennt, ein unheimlicher Anblick von See aus. Um Mitternacht durchfahren wir in den Sänden vor der Flandrischen Küste eine Nebelwand und sichten vorübergehend gesetzte Positionslaternen in 270°. Wir stoßen nach und sichten einen Schatten, der sich als kleiner Bewacher entpuppt. Kurz darauf werden zwei weitere Bewacher ausgemacht, die offensichtlich die Aufgabe haben, beim Sichten von Schnellbooten Alarm auszulösen und die deutschen Schnellboote zu melden, weshalb wir sie vorsichtig und hoffentlich unbemerkt umgehen und weiter nach Süden vorstoßen. Die Bewacher sind kein lohnendes Ziel für einen Torpedo. Es wird scharf Ausguck gehalten.

Um 0100 Uhr überfliegt uns ein Flugzeug mit nördlichem Kurs. Wir aber sichten kein Schiff, keinen Zerstörer.

Die Nacht ist kurz, weshalb Chef 1. S-Flottille um 0132 Uhr mit Spruch auf der Ultra-Kurzwelle (UK-Spruch) befiehlt: »Kehrtmachen«! Die 3 Boote schwenken auf Gegenkurs, um bis zur Morgendämmerung das südlichere Operationsgebiet verlassen zu haben wegen der dann einsetzenden Überlegenheit feindlicher Zerstörer und der Gefährdung durch britische Jagdflugzeuge.

Um 0248 Uhr sichtet das vorn fahrende Führerboot der 1. S-Flottille einen Schatten. Mit UK-Befehl »Sophie Toni« stoppt der Verband. Der Schatten wird von mir als Bewacher ausgemacht. Um 0250 Uhr kommt vom Chef 1. S-Flottille: »Führerboot greift an«. Beide Torpedos werden leider Fehlschüsse.

Um 0253 Uhr morst der Bewacher sein Erkennungssignal, um zu prüfen, ob er Freund oder Feind vor sich hat. Er hält sinnigerweise auf uns zu und nimmt uns recht voraus. Wir laufen ab unter kurzer Nebelverwendung, woraus der Bewacher schließen muß, daß wir Feind sind. Um 0300 Uhr, also nach 7 Minuten, stoppen wir auf Vorgang Führerboot der 1. S-Flottille. Mit »S 11« gehe ich in Rufweite und rufe dem Chef 1. S-Flotille zu: »Der lohnte keinen Torpedo!« Chef 1. S-Flottille erwidert: »Feindlicher Dampfer, wahrscheinlich Transporter, stelle Angriff anheim!«

Das war ein großzügiges Signal, Birnbacher hatte ja schon einige Wochen Kriegserfahrung in diesem Seegebiet! Ohne Zögern befehle ich meinem Führerbootskommandanten, Lt. z. S. Popp, den Bewacher oder vermeintlichen Transporter anzugreifen.

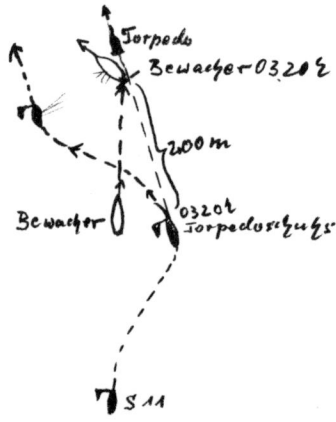

Kielwasserangriff und
Artilleriegefecht mit brit. Bewacher

Über diesen Angriff schrieb ich damals ins Kriegstagebuch (KTB):
»*0310 Uhr* Auf westlichen Kurs gegangen, Fahrzeug recht voraus in Sicht, Kurs West, Fahrt 6–8 kn, Bug rechts, Lage 150.

0315 Gegner dreht einige Dez Backbord, sodaß wir genau im Kielwasser stehen. Wegen anbrechender Morgendämmerung konnten wir keine Zeit zum Vorsetzen verlieren, deshalb zum Kielwasserangriff angesetzt mit 28 kn.

Unmittelbar vor dem Schuß wird Gegner einwandfrei als Bewacher ausgemacht. Ich entschließe mich dennoch, mit dem Führerboot anzugreifen und den Bewacher auf geringste Entfernung zu torpedieren, zumal das Führerboot des Chef 1. S-Flottille bereits 2 Torpedos vorbeigeschossen hatte. Gegner dreht nach Backbord auf Lage 140.

0320 1 Torpedo losgemacht Abkommpunkt Bug, Lage 140, Bug links, Entfernung 200 m.

Torpedo wurde Oberflächenläufer und ging 1 1/2 m hinter dem Heck des weiter zudrehenden Bewachers vorbei.
Mit »Äusserster Kraft voraus« und »Ruder Hart Backbord« abgedreht und genebelt. Nach Ausmanövrieren des Torpedos dreht Bewacher auf etwa Lage 90 und eröffnet sein Artilleriefeuer mit einem Geschütz und mehreren Maschinenwaffen auf eine Entfernung von 100 – 200 m.
Im laufenden Gefecht erwidern wir das Feuer mit unserem MG C/30. Wir beobachten einige Treffer. Unser Boot erhielt keinen Treffer und erlitt keine Verluste, obwohl die Gefechtsentfernung zu dem an Artillerie überlegenen Gegner äußerst gering war.
Besonders ausgezeichnet hat sich die seemännische Nr. 1 des Bootes, Bootsmaat Rößler, der trotz starken feindlichen Feuers sein MG C/30. Wir beobachten einige Treffer. Unser Boot erhielt keinen
Dies war das erste Gefecht eines Bootes der Flottille, die junge Besatzung hatte die Feuerprobe bestanden.
In der Nacht vom 6. zum 7. Juni setzt der FdT alle in Rotterdam befindlichen S-Boote gegen den vermuteten Geleitzugverkehr unmittelbar unter der englischen Südostküste bis vor die Themsemündung an. Die 1. und 2. S-Flottille stoßen in die »Downs« vor, während ich mit »S 11« und dem soeben kriegsbereit gewordenen Boot »S 13« im Seegebiet südlich und nördlich des »North Goodwin« Feuerschiffes operieren soll. Als wir um 2030 Uhr die freie See bei Hoek van Holland erreichen, erwartet uns bereits ein englisches Aufklärungsflugzeug, während 3 eigene Jäger als Jagdschutz erst um 2115 Uhr über uns stehen. Um 2329 Uhr gehen wir an der Südostecke des englischen Minenwarngebietes auf westlichen Kurs und laufen auf die englische Küste zu. Im Kriegstagebuch steht über diese Unternehmung folgendes geschrieben:
»2335 Uhr Scheinwerferleuchten recht voraus an englischer Küste. 2 Flugzeuge mit gesetzten Positionslaternen über den Booten. Gestoppt.
2349 Rote Leuchtkugel achteraus.
7. 6. 40
0005 Leichter Westwind, keine Dünung, einzeln bewölkt, helle Nacht, gute Sicht. Scheinwerferleuchten an englischer Küste in Richtung auf die Boote. Wir befinden uns noch 12 sm (Seemeilen) vor der Küste.
0006 Wegen zu großer Helligkeit im Operationsgebiet gestoppt und Dunkelheit abgewartet.

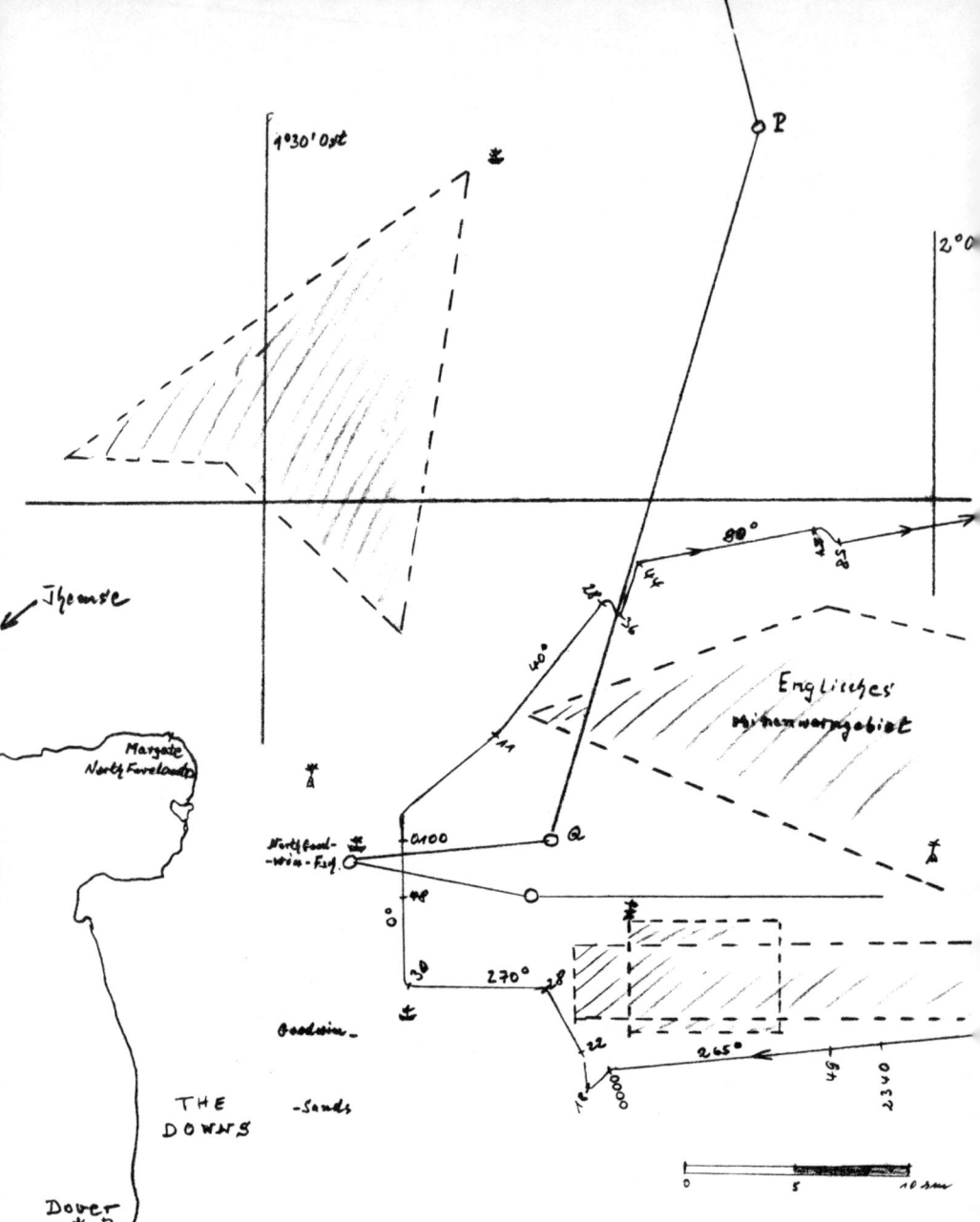

Vorstoß nach North Goodwin Feuerschiff

0010   Schatten an Steuerbord, als Bewacher ausgemacht.
0018   Kursänderung auf 350°, Marsch zum North-Goodwin Feuerschiff fortgesetzt. Sehr tarkes Meeresleuchten.
0030   Scheinwerfersperre Backbord achteraus. Flachsuchende Kü-

stenscheinwerfer zwischen Ramsgate und North Foreland.
0053 Leuchtkugeln voraus.
0104 Flugzeug von Backbord kommend in etwa 50 m Höhe mit gedrosselten Motoren suchend über den Booten. Flugzeug scheint durch Küstenscheinwerfer eingewiesen zu werden. Gestoppt, vom Flugzeug nicht erkannt.
Inzwischen stehen wir eben östlich Feuerschiff North-Goodwin etwa 6 sm vor der Küste von North Foreland und Margate.
0117 4 Scheinwerfer Backbord achteraus.
0128 2 englische Bewacher voraus in Sicht. Gestoppt. An Steuerbord zwei weitere Schatten. Beim Anlaufen auf Hundekurve als Bewacher erkannt. Letztere machen kehrt nach Norden und laufen den erstgenannten beiden Bewachern entgegen. Mit Sicherheit haben die Bewacher uns gehorcht. Mit hoher Fahrt Bewacher umgangen, um auf nördlicheren Geleitzugweg zu gelangen. Nichts mehr gesichtet.
0144 Wegen sehr starker Morgendämmerung Rückmarsch angetreten.
0154 Rote Leuchtkugeln Backbord voraus.
0225 Rote Leuchtkugeln Backbord voraus. Sehr starkes Meeresleuchten.
0235 Auf Rückmarschkurs gegangen.
0250 »S 13« kommt in Sicht und hängt sich an.
0313 Rote Leuchtkugeln an Steuerbord, von englischem Bewacher geschossen.
0339 Thornton-Bank-Tonne passiert.
0340 BIS 0355 Mehrere Leuchtkugeln an Steuerbord.
0443 Fliegeralarm. Flugzeug fliegt von Steuerbord vorn an, wird auf 1000 m Entfernung mit unserem MG C/30 beschossen. Flugzeug dreht ab.
0445 Fliegeralarm. ES-Austausch mit eigenem Wasserflugzeug (wahrscheinlich He 115).
0504 Fliegeralarm. Das vorher um 0443 Uhr von uns abgewehrte Flugzeug fliegt wiederum von Backbord vorn an und greift um 0514 Uhr mit Bomben an. Bombeneinschläge im Kielwasser von »S 13« etwa 300 m achteraus.
0652 Rotterdam eingelaufen.«
Der Vorstoß in die Downs und nach der Themse war ursprünglich sowohl von den Flottillenchefs als auch vom FdT geplant, jedoch sollte vorher ein Aufklärungsergebnis von der Luftwaffe vorliegen, um nicht

schon bei der 1. Unternehmung ins Leere zu stoßen und durch den Vorstoß eine Alarmierung der englischen Küstenverteidigung hervorzurufen. Hierdurch wären nämlich unnötigerweise erschwerte Bedingungen für spätere Unternehmungen in das gleiche Seegebiet geschaffen und der Gegner würde seinen Schiffsverkehr unter der Küste in der Nachtzeit möglicherweise abstoppen.

Der Vorstoß aber war von der Gruppe West befohlen. Ein Aufklärungsergebnis lag nicht vor. Außer englischen Bewachern wurde nichts gesichtet. Die besonders kurze Nacht vom 6. zum 7. Juni gestattete kein längeres Verbleiben im Operationsgebiet vor der feindlichen Küste. Sehr verräterisch wirkte das Meeresleuchten, welches den Bootskörper bei höheren Fahrtstufen förmlich aufleuchten ließ und das Kielwasser noch lange Zeit weithin erkennbar machte.

Auch aus dieser Operation haben wir manches über eigenes und Feind-Verhalten in der Aufklärung gelernt, was wir für die bevorstehende Ausbildung von neuen Besatzungen nutzbringend werden verwenden können, auch wenn kein Gegner gesichtet wurde, auf den ein Torpedoschuß lohnend gewesen wäre.

Mit »S 11« und dem mir für die nächste Nacht von der 1. S-Flottille unterstellten »S 21« mit Oblt. z. S. Götz Freiherr von Mirbach als Kommandant führe ich in der Nacht vom 8. zum 9. Juni noch eine letzte Unternehmung durch, die einen Vorstoß nach North Goodwin und vor die Themsemündung zum Ziel hat, während die 1. S-Flottille gleichzeitig auf den Geleitzugweg nördlich Kentish Knock und Calloper operieren soll. Die Operation verläuft ähnlich wie in der vorangegangenen Nacht, allerdings mit dem Unterschied, daß wir erstmalig auf unsere »schnellen Kameraden« von der Gegenseite – auf Motor-Torpedo-Boats (MTB's) – treffen, die auf Parallelkurs auf etwa 500 – 1000 m Fühlung zu halten versuchen, wodurch wir zu zeitverzögernden Umwegen gezwungen werden, bis wir sie nach einiger Zeit abgeschüttelt haben. Die Anwesenheit deutscher Schenllboote vor der englischen Küste ist also den Engländern nicht verborgen geblieben, sonst hätten sie ihre Schnellboote nicht zur Überwachung ihrer Küste gegen uns eingesetzt.

Nach dieser 3. Unternehmung laufe ich am 9. Juni abends mit den Booten »S 11« und »S 13« aus Rotterdam aus zum Rückmarsch in die Heimat nach Kiel, um den Aufbau der Flottille und die Ausbildung des Flottillenpersonals in die Hand zu nehmen. Wir laufen am nächsten Tag gegen Abend in Kiel im Schnellboothafen ein.

AUSBILDUNG IN DANZIGER BUCHT

Während meiner 12tägigen Abwesenheit haben die Abschnittsoffiziere und -unteroffiziere Bordausbildung mit den künftigen Besatzungen betrieben im Winkern und Morsen, Signaldienst, Seemannschaft, Navigation, Funkdienst, Torpedo- und Artilleriedienst, Minen- und Sperrwesen und Maschinendienst – nicht zu vergessen der Sport!
Die zur Kommandantenausbildung vorgesehenen Offiziere haben sich mit den taktischen Vorschriften und der Fahrvorschrift für Schnellboote vertraut gemacht. Der Flottillenverwaltungsoffizier hat das Fundament für die materielle und Verwaltungsseite gelegt. Frei von diesen Sorgen können wir nach kleineren Instandsetzungsarbeiten in der Werft auf den Booten »S 11«, »S 13« und »S 12« und dem reparierten Mutterschiff »Tsingtau« unter seinem Kommandanten Kptlt. Hermann Just am 19. Juni aus Kiel auslaufen und mit dem Verband über Saßnitz in die Danziger Bucht verlegen, in welcher noch friedensmäßige Verhältnisse herrschen, sodaß wir unsere »Schnellausbildung« unbeeinträchtigt durch Fliegeralarm durchführen können.
Die vom FdT mündlich erteilte Weisung lautet, mit 3 alten S-Booten bis etwa Anfang August 6 Kommandanten und Schnellbootbesatzungen auszubilden und mit »S 1«, »S 10«, »S 11«, »S 12« und »S 13« nach Wiederinstandsetzung Anfang September zum Einsatz in den Englischen Kanal zu verlegen.
Mit dem Einlaufen in Neufahrwasser beginnt am 20. Juni der für 20 Tage vorgesehene 1. Ausbildungsabschnitt mit 3 Booten für 3 Schnellbootbesatzungen.
Am Anfang steht die Einzel- und Gefechtsausbildung des einzelnen Mannes, der seine Funktionen auf seinem Boot bei Marschfahrt, beim Manöver und insbesondere an seiner Waffe im Gefecht und bei Gefechtsstörungen durch Treffer im eigenen Boot bei Tage und bei Nacht lernen und beherrschen muß. Dann folgt die Ausbildung im Rottenfahren als Rottenführer und Rottenknecht, denn an der Front ist die kleinste Einheit im allgemeinen die Rotte mit 2 S-Booten. Am Ende der Fahrübungen steht das Flottillenfahren mit allen Booten unter Führung des Flottillenchefs.
Nach Durchsprechen der einschlägigen taktischen Vorschriften und Üben in der Befehlstechnik und in Operationsbefehlen bei kleineren für den Fronteinsatz vorbereitenden taktischen Kriegsspielen mit »Einlagen« durch die »Leitung« führe ich in den Anforderungen sich steigernde taktische Aufklärungs- und Angriffsübungen mit den 3

Booten durch. Der letzte und wichtigste Teil des Ausbildungsabschnittes besteht in der Durchführung des Torpedo-Übungsschießens auf das Zielschiff »Tsingtau« und des Artillerie-Übungsschießens gegen eine Zielscheibe, die von einem Schlepper geschleppt wird.
Mit diesem Ausbildungstörn werden höchste Anforderungen an alle Bootsbesatzungen und auch an die Besatzung des Mutterschiffes mit dem Torpedoklarmachpersonal und dem technischen Werkstatt- und Reparaturpersonal gestellt.
Im Ausbildungsplan sind bei Tage und bei Nacht 5 mal Einzelausbildung, 3 mal Rottenausbildung, 6 mal Flottillenfahrübungen, 6 mal Angriffsübungen, 7 mal Aufklärungs- und Angriffsübungen, 2 mal Artillerie-Übungsschießen und 9 mal Torpedo-Übungsschießen mit 30 Übungstorpedoschüssen für Kommandanten und seemännische Nr. 1-en vorgesehen. Das bedeutet, daß pro Tag und Nacht gleich 24 Stunden die Boote im Durchschnitt 15 Stunden zur Ausbildung in See sind, wobei Seeklarmachen, Brennstoff- und Torpedoübernahme im Hafen nicht eingerechnet sind.
Oberstes Ziel ist die Ausbildung für den Einsatz an der Front. Jedermann soll nach Möglichkeit alles, was in der Praxis an der Front vorkommen kann und denkbar ist, einmal auf seinem Boot manöver- und übungsmäßig durchdacht und auf seinem Boot miterlebt haben. Auf diese Weise wachsen die Besatzungen zu einem Team zusammen. So wird beim Abschluß des Ausbildungstörns jedermann in seinem Verantwortungsbereich im Gefecht selbständig seinen Mann stehen können, was in der damaligen Situation im Hinblick auf das geringe Dienstalter und die noch nicht vorhandene Erfahrung der jungen Kommandanten und teilweise auch jungen Unteroffiziere besonders wichtig war.
Die ausgebildeten Kommandanten Büchting und Popp und Teile ihrer Besatzungen werden an die 1. S-Flottille abgegeben, während Wagner bei 3. S-Flottille verbleibt, um das 1. neue Boot für die Flottille, »S 54«, bei der Lürssen-Werft in Dienst zu stellen.

2. AUSBILDUNGSTÖRN

Am 11. Juli erhalten die 3 S-Boote neue an Land vorausgebildete Besatzungen mit den Kommandantenschülern Geiger, Howaldt und Erdmann.
Das Ende Mai in Dienst gestellte Schnellbootbegleitschiff »Adolf Lü-

deritz« unter dem Kommandanten Kptlt. Möbes tritt nach Beendigung seiner Kurzerprobungen zur Flottille und löst die kleinere und langsamere, brave, alte »Tsingtau« ab. Schon am nächsten Tag laufen wir aus, nachdem die Besatzungen und der Stab sowie das Flottillenpersonal umgestiegen sind und die Ausrüstung für den 2. Ausbildungsabschnitt an Bord genommen ist. Am 13. Juli läuft die Flottille in Neufahrwasser ein. Das Ausbildungsprogramm ähnelt dem des 1. Abschnitts.
Nach Beendigung des letzten Nachttorpedoschießens tritt die Flottille am 5. August um 0700 Uhr früh ihren Marsch nach Kiel an, wo sie bereits nach 12 Stunden einläuft, um ihre Werftliegezeit schon am nächsten Tag beginnen zu können, denn Anfang September muß die Flottille kriegsbereit im Englischen Kanal eintreffen.
Am 9. August wird das 1. neue Boot mit hoher Back und in die Back eingezogenen Torpedobugrohren »S 54« von Lt. z. S. Wagner und seiner schon länger zur Baubelehrung bei der Lürssen-Werft befindlichen Besatzung mit Setzen von Flagge und Wimpel in Dienst gestellt. Während der Werftliegezeit, in der im wesentlichen die Motorenüberholung durchgeführt wird, unterstützen die technischen Besatzungen das Werftpersonal, was gleichzeitig eine ausgezeichnete Schulung für diesen Teil der Besatzung bewirkt, die sich später bei der Suche und Beseitigung von Störungen und bei Treffern in der Maschinenanlage in hohem Maße auszahlt – auch bezüglich der Erhaltung der Kriegsbereitschaft der Boote »mit Bordmitteln«. Gleichzeitig aber können nach diesen anstrengenden Wochen Teilbeurlaubungen der Besatzungen ermöglicht werden, was sich psychologisch vor dem zu erwartenden Einsatz im Englischen Kanal sehr positiv auswirkt.
Die taktische Gliederung und Kommandantenbesetzung in der Flottille sieht am 1. September 1940 wie folgt aus:
Flottillenchef Kapitänleutnant Kemnade
Adjutant Leutnant zur See Stolzenburg
»Adolf Lüderitz« Kapitänleutnant Möbes
»S 13« Leutnant zur See Horst Weber – Führerboot
Crew 37b
»S 11« Leutnant zur See Eberhard Geiger
Crew 37a
»S 1« Leutnant zur See Albert Müller – »ÄK« (Ältester Kommandant)
Crew 36
»S 10« Leutnant zur See Günther Erdmann
Crew 37a

»S 12« Leutnant zur See Heinrich Haag – noch in Werft
Crew 37b
»S 54« Leutnant zur See Herbert Wagner – z. Zt. b. 1. S-Flottille
Crew 37a

Kapitel II

Fronteinsatz im Westen – Verlegung in Englischen Kanal

9. September 1940 bis 26. Mai 1941

Nach im Anschluß an die Werftliegezeit erfolgten Probefahrten und Ausrüstung der Boote und des Begleitschiffes »Adolf Lüderitz« läuft die Flottille mit »S 11«, »S 13«, »S 1« und »S 10« am 9. September um 1200 Uhr aus dem Heimathafen Kiel aus zum Marsch durch den Kaiser-Wilhelm-Kanal. Schon um 1800 Uhr verlassen wir die Schleuse bei Brunsbüttel und warten auf der Friedensposition des Feuerschiffs »Elbe I« auf unser Begleitschiff »Adolf Lüderitz«. Um 2225 Uhr bilden wir mit den S-Booten einen »Vollgürtel« als U-Bootsicherung für unser Begleitschiff. Wir marschieren mit 21 kn gen Westen. Die hohe Marschgeschwindigkeit des Begleitschiffes ist der beste Schutz gegen angreifende U-Boote bei Nacht. Am nächsten Morgen haben wir die Nordsee passiert und sichten südlich der Insel Texel vor der holländischen Küste ein feindliches Aufklärungsflugzeug.
Gegen 1100 Uhr passieren wir Hoek van Holland auf dem Wege zum befohlenen Einsatzhafen Vlissingen an der Scheldemündung. Das Wetter wird zunehmend schlechter. Auf den flachen Sänden vor der Scheldemündung steht eine ziemlich grobe Grundsee mit Seegang etwa 5–6 von achtern, die die Steuerfähigkeit der Boote stark einschränkt. So kollidieren »S 1« und »S 13« leicht beim Gieren der Boote, wobei sich »S 1« den Vorsteven eindrückt. Um 1430 Uhr macht die Flottille in Vlissingen an der Bahnhofspier als einzigem Liegeplatz für größere Fahrzeuge fest. Die Boote legen sich in zwei Päckchen an Steuerbord des Begleitschiffes, da die übrigen Liegeplätze im Hafen durch zahllose nebeneinander liegende, mit Munition beladene Schuten belegt sind. Diese Schuten sind für die Überquerung des Englischen Kanals bei der Invasion der englischen Insel hier in Bereitschaft gelegt. Ein ziemliches Pulverfaß in dem engen Hafen! Zu allem Überfluß rammt ein kleiner Schutenschlepper unter Führung eines Heeressoldaten – alle Schuten gehören zum Heer – das Boot »S 10« am Heck. So sind von 4 Booten nur »S 13« und »S 11« einsatzbereit.

Nach dem Einlaufen begebe ich mich in einem Auto sofort nach Rotterdam zum Führer der Torpedoboote, um eine Verlegung der Flottille noch heute Nacht in den weniger luftgefährdeten und flakmäßig geschützteren Hafen Rotterdam zu beantragen, da mir die Flottille mit dem großen Begleitschiff in dem kleinen Hafenbecken des Hafens Vlissingen in unzulässigem Maße luftgefährdet erscheint. Die Überlebensdauer der Flottille in Vlissingen kann nur gering sein.
Als ich am frühen Nachmittag im Lekhavn in Rotterdam eintreffe, erfahre ich auf dem Begleitschiff der 1. S-Flottille, der »Tsingtau«, daß der FdT seinen Gefechtsstand gerade nach Boulogne-Wimereux am Englischen Kanal in Nordfrankreich verlegt hat. Da ich mich bei meinem Dienstvorgesetzten nun weder melden noch meinen Antrag vortragen kann, fahre ich sofort zurück nach Vlissingen. Nach mehreren Reifen- und Motorpannen, die der Fahrer mit großer Schnelligkeit zu beheben versucht, kommen wir endlich kurz nach 2100 Uhr wieder in Vlissingen an.
Der »ÄK« der Flottille, Lt. z. S. Müller, meldet mir, daß er auf Grund des vom FdT über Funk eingegangenen Einsatzbefehls »Sofortbereitschaft« für die Flottille angeordnet hat. Ich habe die Kommandantensitzung kaum begonnen, als wir stärker werdende Flugzeuggeräusche vernehmen.

BOMBEN AUF VLISSINGEN – ERSTE VERLUSTE

Das klingt nicht gut! In schnellen Sprüngen sind wir auf den S-Booten und legen ab. Die 2 cm-Flak an Land beginnt ihre Leuchtspurgeschosse in den mondhellen nächtlichen Himmel zu schießen. Da krachen um 2204 Uhr auch schon die Bomben vor uns in den mit Munition beladenen Schuten und neben den S-Booten, als der Führerbootskommandant gerade sein Maschinenkommando »Seitenmaschinen kleine Fahrt zurück« gegeben hat. Wir haben einige Treffer. In wenigen Minuten haben die beiden Boote »S 13« und »S 11« das Hafenbekken verlassen und laufen die Schelde abwärts, als weitere Bombenangriffe auf den Hafen erfolgen. Um unsere vom Mond hell beleuchtete »Adolf Lüderitz« machen wir uns die größten Sorgen. Wird sie die Angriffe überleben?
Für die Boote »S 13« und »S 11« gilt der Einsatzbefehl: »3. S-Fl. 3 Boote 11. 9. falls Wetter zuläßt 2400–0300 Uhr Lauerstellung Quadrat 7695 Mitte.«

Hiernach sollen wir auf dem englischen Geleitzugweg vor der englischen Südostküste bei Harwich und Lowestoft operieren. Aber wie ist die Lage auf unseren beiden einsatzbereit gewesenen Booten?

Die seemännische Nr. 1 des Führerbootes, Bootsmaat Eichler, und der Flottillenchef sind durch Bombensplitter einer direkt neben dem Führerboot auf der Wasseroberfläche detonierenden Bombe durch Lungensteckschuß schwer verwundet. Das Führerboot ist durch Splitter im Bootskörper beschädigt, die Steuerbordmaschine infolge der durch die Bordwand eingedrungenen Bombensplitter ausgefallen. Das 2. einsatzbereite Boot »S 11« allein und ohne den Flottillenchef gegen den Feind fahren zu lassen, wäre ohne Sinn und verantwortungslos gewesen. So entscheide ich, daß die beiden Boote vorerst vor der Scheldemündung in See auf- und abstehen, um das Ende der Hafenbombardierung abzuwarten. Um 2300 Uhr laufen die Boote ein und machen längsseit »Adolf Lüderitz«, die gottlob noch schwimmt, fest. Um 2344 Uhr geht mein Funkspruch an FdT und Gruppe West aus mit dem Inhalt:

»Mehrfacher Bombenangriff bis 2215 Uhr auf »Adolf Lüderitz« und S-Boote. »S 13« Steuerbordmaschine ausgefallen. Habe Aufgabe und Auslaufen abgebrochen. Chef und 7 Mann verwundet. Vorschlage Flottille sofort Rotterdam zu verlegen, da Vlissingen nur 1 Hafenbecken.«

Ich schlage ferner vor, die Boote meiner Flottille dem Chef 2. S-Flottille bis zur Wiederherstellung des Flottillenchefs 3. S-Flottille taktisch zu unterstellen.

Beide Anträge werden am nächsten Morgen, am 12. 9., vom FdT genehmigt. Die S-Boote und das Begleitschiff laufen um 1330 Uhr aus Vlissingen aus und treffen um 1835 Uhr im Ysselhafen in Rotterdam ein.

Die 5 Verwundeten von »Adolf Lüderitz«, der verwundete Bootsmaat Eichler und der Flottillenchef werden in Sankas ins Lazarett in Bergen op Zoom transportiert, wo sie alle genesen. Es bleibt festzustellen, daß der Start der Flottille an der Front unter keinem guten Stern steht. Aber das Glück war dennoch weitaus größer, denn niemand war tödlich verwundet und es waren weder ein einziges Boot noch das Begleitschiff ernsthaft beschädigt.

Bis zum 16. September haben »S 1«, »S 10«, »S 11« und »S 13« nach Ostende verlegt, wo sich »S 54« bereits befindet. Dieses neue Boot hatte am 4. September um 2347 Uhr, als es taktisch noch der 1. S-Flottille unterstand, einen britischen Zerstörer versenkt – der erste Erfolg

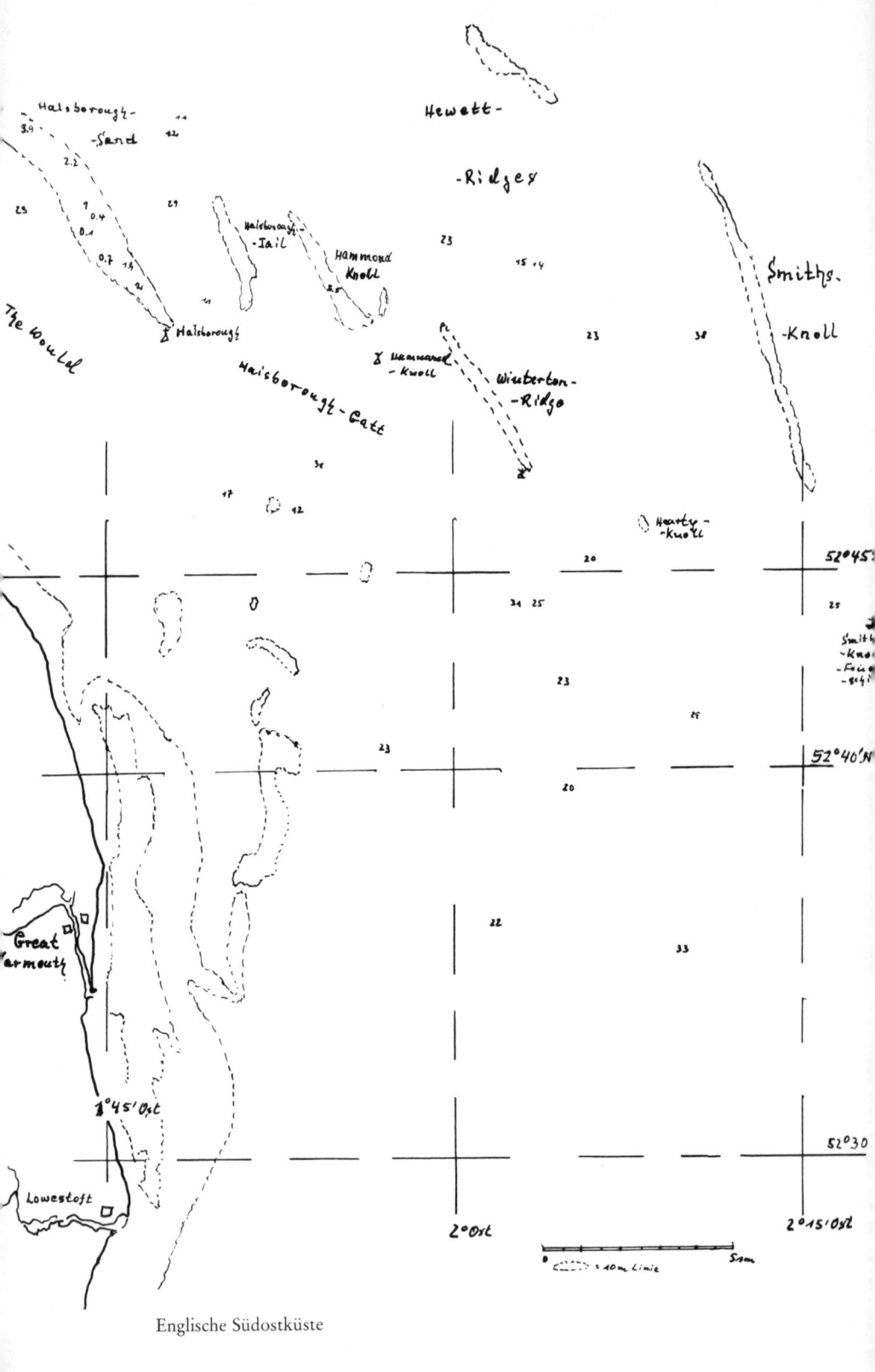

Englische Südostküste

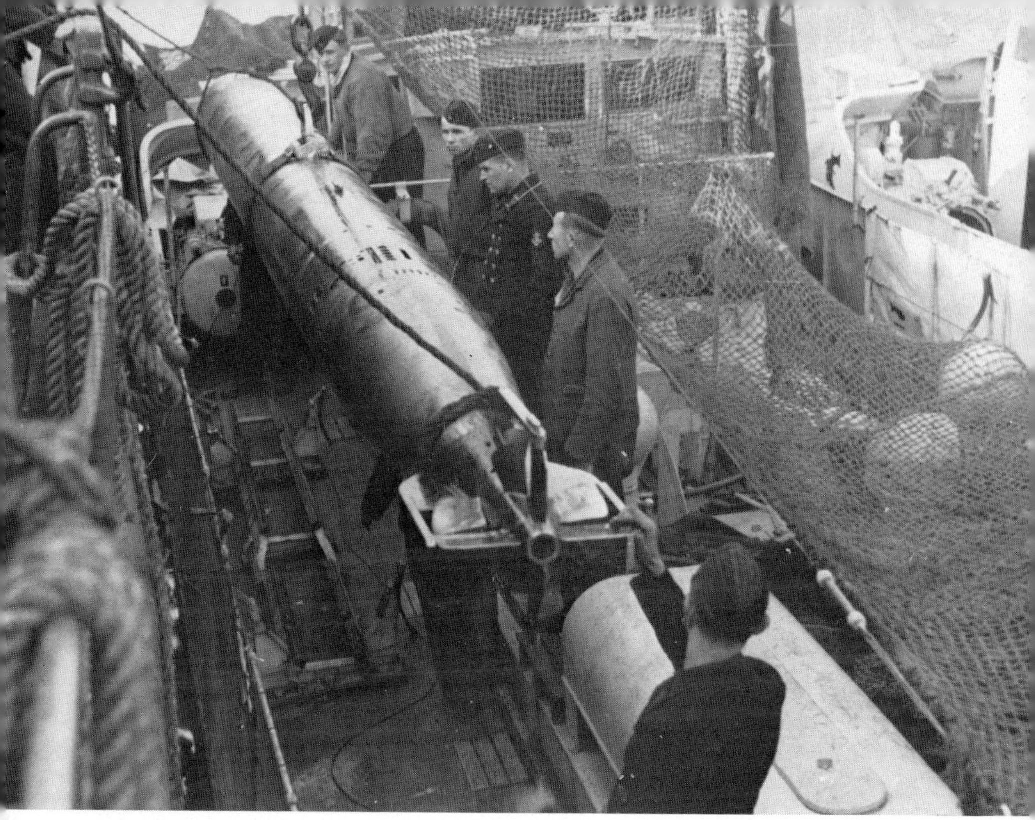

Torpedoübernahme

Rudergänger

Flo-Ing. »in Ruheposition« in der
Backbord-Brückennock

Signalgast beim Winkern

Seemännische Nr. 1 vor Scheinwerfer und Funkpeiler

S-Boot vor brennendem Tanker

an der Front! Alle Boote sind nunmehr taktisch dem Chef 2. S-Flottille unterstellt und stützen sich auf die Stützpunkteinrichtungen der 2. S-Flottille ab. Am 18. 9. übernimmt mein Crewkamerad Kptlt. Hans Trummer die Führung der Flottille für die Dauer meines Ausfalls. Wir kennen uns gut als ehemalige Kommandanten in der 1. S-Halbflottille 1936/37.

Als die Wetterlage günstiger wird, führt die Flottille ihre erste gemeinsame Feindunternehmung mit 5 Booten in der Nacht vom 21. auf den 22. September unter neuer Führung durch. Sie läuft um 2015 Uhr aus Ostende aus. In heller Mondnacht trifft sie kurz nach Mitternacht auf 3 Dampfer und 2 sichernde Zerstörer, wobei die Boote unglücklicherweise im hellen Mondhorizont stehen und von den Zerstörern früh erkannt und gejagt werden, ohne daß ein Torpedoangriff angesetzt werden kann. Ein späterer Angriffsversuch wird durch die Zerstörer vereitelt. Nach Abhängen dieser Zerstörer und weiterem Vormarsch auf nördlicherem Kurs kommt ein Schatten in Sicht, den »S 13« als etwa 3000 BRT großen Dampfer ausmacht und um 0140 Uhr mit einem Torpedo versenkt. »S 54« macht einen Torpedo auf einen Bewacher los, der leider nicht trifft. Aber im anschließenden Artilleriegefecht mit einem Verbrauch von rund 90 Schuß 2 cm-Munition erzielt »S 54« mehrere 2 cm-Treffer auf dem Bewacher, ohne eigenen Schaden zu nehmen.

Beim weiteren Vorstoß nach Norden trifft die Flottille um 0320 Uhr auf 3–4 Zerstörer, die schon auf große Entfernung zudrehen, die Boote »auf die Hörner nehmen« und nach Osten verjagen. Die Boote laufen um 0800 Uhr nach einem kleinen Erfolg wieder wohlbehalten in Ostende ein.

Nach der nächsten Unternehmung in der folgenden Nacht vom 22. zum 23. 9. soll die Flottille direkt nach Rotterdam verlegen, wo auch das Begleitschiff als Stützpunkt liegt. Wegen schlechten Wetters machen die Boote, von denen 3 in der dunklen Nacht den Anschluß und die UK-Verbindung an die Führerbootsrotte verloren haben, kehrt. Bis 0240 Uhr laufen sie in Hoek van Holland ein.

Am Vormittag des 24. September besichtigt der Führer der Torpedoboote, Kapitän zur See Bütow, die Flottille.

Der für die Nacht vorgesehene Einsatzbefehl lautet: »24. 9. 3. S-Fl. 2400 Uhr 3 Boote Führung Komdt. »S 1« Wartestellung Quadrat 8415. 2 Boote Führung »S 10« Wartestellung Quadrat 7698 r.o. Rückmarsch gegen 0300 Uhr.«

Da »S 1« wegen seiner unklaren Maschine ausfällt, führt Komdt.

»S 54« die 1. Rotte. Leider müssen die jungen noch unerfahrenen Kommandanten von dieser Unternehmung ab auf die Führung durch ihren mich vertretenden Flottillenchef verzichten, da dieser die Dienstgeschäfte wegen Krankheit nur noch vom Hafen aus führen kann.

KREUZER UND ZERSTÖRER VOR DEN TORPEDOROHREN

Nach dem Auslaufen um 1900 Uhr bei bedecktem Himmel und Windstärke 3–4 stoßen die Boote in ihrer befohlenen Wartestellung auf einen Kriegsschiffverband. Leider werden alle Torpedoangriffe auf einen Kreuzer und Zerstörer zu Fehlschüssen. Das war eine große Chance! Aber mit 2 S-Booten einen so gesicherten Kreuzer erfolgreich anzugreifen – dazu gehört noch mehr Erfahrung und Glück!
Die angebrochene Schlechtwetterperiode dauert bis zum 10. Oktober. Für die nächsten Unternehmungen hat der FdT unserer zahlenmäßig und wegen des alten Bootsmaterials schwachen 3. S-Flottille die großen Boote »S 18« und »S 24« von der 1. S-Flottille und »S 33« von der 2. S-Flottille taktisch unterstellt. Das am 1. Oktober unter Lt. z. S. Erdmann in Dienst gestellte »S 57« läuft nach seinen Erprobungen in Rotterdam ein, nachdem es in grober Grundsee vor der Maasmündung Grundberührung hatte, die zur Beschädigung der Schrauben und des Ruders führte.
So kann die Flottille unter stellvertretender Führung durch Kptlt. Niels Bätge erstmals in größerer Zahl außer »S 12« mit 4 modernen Booten, welche ältere und schon gestandene Kommandanten noch aus der Friedenszeit haben, am 11. Oktober abends auslaufen und die Unternehmung auf die feindlichen Geleitzugwege zwar bei gutem Wetter, leider aber ohne Sichten eines lohnenden Zieles durchführen.

RÜCKKEHR FLOTTILLENCHEF NACH VERWUNDUNG

Am 15. Oktober kehre ich nach 33 Tagen Abwesenheit wegen des Lungensteckschusses aus dem Lazarett zurück und übernehme wieder die Führung meiner Flottille. Welch beglückendes Gefühl, wieder bei meinen Männern sein zu können, die ich ausgebildet hatte und von denen ich wußte, was sie konnten.
Schon am nächsten Abend laufe ich mit »S 54«, »S 12« und »S 57« aus. Es herrscht OSO-Wind, Stärke 3–4 mit entsprechendem Seegang.

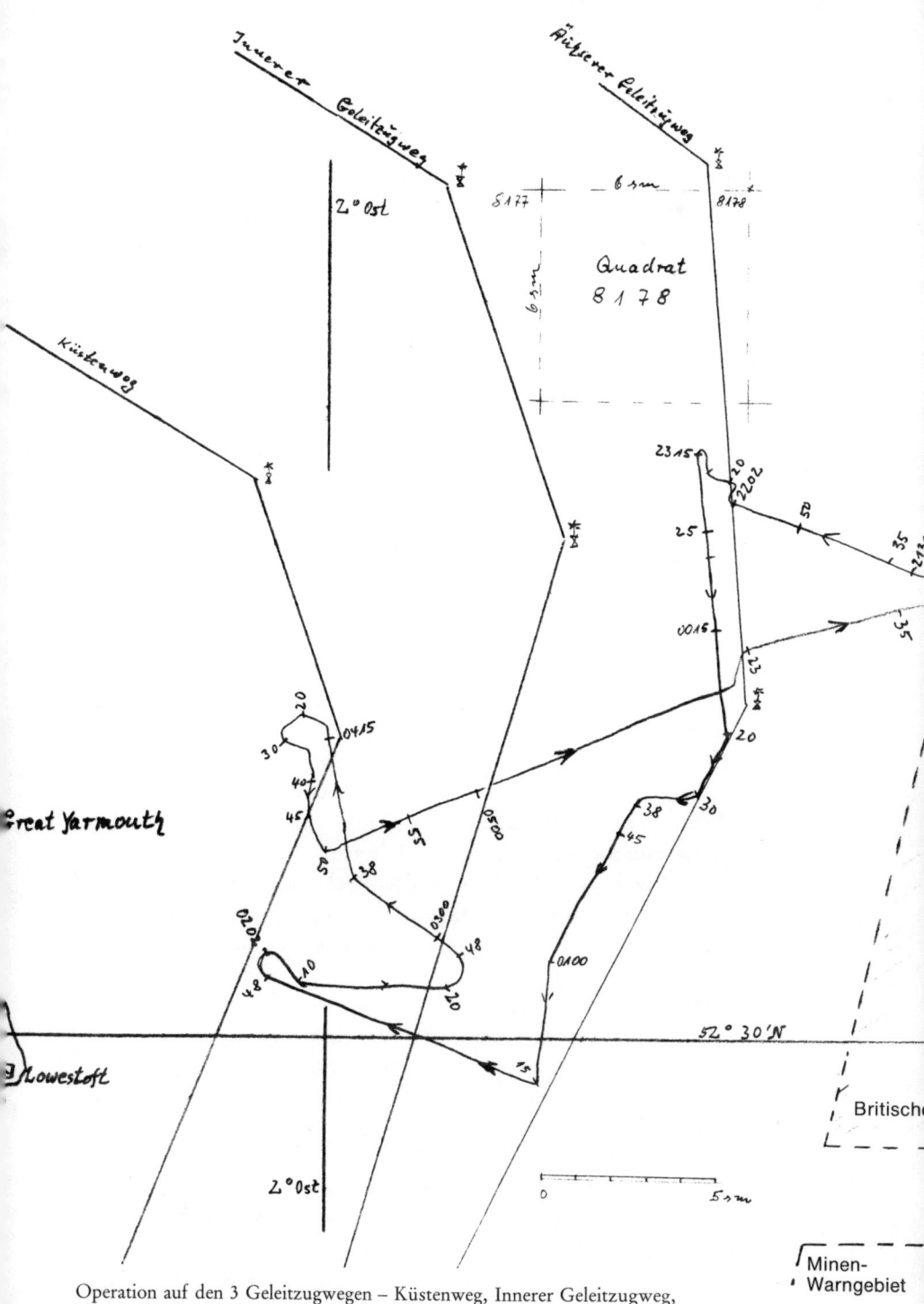

Operation auf den 3 Geleitzugwegen – Küstenweg, Innerer Geleitzugweg, Äußerer Geleitzugweg

Aufklärungsmeldungen liegen nicht vor. Es sind »Lauerstellungen« ab 2200 Uhr bis 0400 Uhr auf verschiedenen Positionen der Geleitzugwege befohlen. Als die Flottille das englische Minenwarngebiet auf dem Anmarsch um 2215 Uhr fast durchlaufen hat, muß die Unternehmung wegen Seegang 4–5 schweren Herzens abgebrochen werden. Bei der Operation vom 22. zum 23. Oktober laufe ich mit den gleichen Booten um 1730 Uhr aus. Wir erreichen den äußerem Geleitzugweg um 2202 Uhr. Der Verlauf der weiteren Operation auf den 3 Geleitzugwegen ist aus nachfolgendem Auszug aus dem KTB und der Wegekarte erkennbar. Es ist eine typische Operation in diesem Schnellboot-Operationsgebiet:

»2202 Uhr In Lauerstellung gestoppt.
2315 Marsch auf äußerem Geleitzugweg nach Süden mit horchschwacher Fahrt angetreten.
0030 1 sm nach Westen vom Geleitzugweg abgesetzt, um bei inzwischen durchgebrochenem Mond im dunklen Horizont des Geleitzugweges zu stehen.
0100 Wegen dichten Nebels – Sicht 100 m – wieder auf Geleitzugweg gegangen bis Quadrat ...
0115 Mit nordwestlichem Kurs Quadrat ... angesteuert, immer noch Nebel mit Sicht bis 30 m.
0148 Gestoppt, da Boote Anschluß verloren haben. Nachdem alle Boote gestoppt haben, geht das Führerboot kurz mit allen Maschinen an, damit die anderen Boote sich auf Grund des Hörens der Motorengeräusche wieder anhängen können.
0210 Boote hängen sich an. Wegen Nebel mit Ostkurs vom Küstenweg auf inneren Geleitzugweg zurückgelaufen, da hier bessere Sichtverhältnisse herrschen, als auf dem direkt unter der Küste liegenden Küstenweg.
0248 Infolge Sichtverbesserung erneut nach Westen auf den Küstenweg vorgestoßen. Längere Zeit in Lauerstellung gelegen, so daß Küstenweg von Mondlee her gut einzusehen ist.
0435 In 90° Bewacher gesichtet, mit horchschwacher Fahrt umgangen.
0450 Rückmarsch angetreten.
0521 Bewacher auf äußerem Geleitzugweg umgangen. Wegen Nebel verlieren »S 12« und »S 57« erneut den Anschluß.
0551 Auf Rückmarschkurs gegangen.
0700 Boote sammeln im Quadrat ... bei englischer Blitztonne.
1000 Rotterdam eingelaufen.«

Die bei dem teilweise dichten Nebel durchgeführte Unternehmung stellte an die verhältnismäßig jungen Kommandanten große Anforderungen. Für die Besatzungen war die Grenze der Leistungsfähigkeit infolge der Dauer der 17stündigen Unternehmung und des schweren Wetters erreicht.

Nach 2 Ruhetagen liegt die Flottille am 26. Oktober ab 1700 Uhr in Sofortbereitschaft, nachdem um 1510 Uhr folgender Funkspruch eingegangen ist: »Geleitzug 52 Schiffe 1300 Uhr Quadrat 7952 Kurs NO. 3. S-Flottille wenn Wetter zuläßt 2100 Uhr Quadrat 8412 r. u. Lauerstellung.«

Leider kann die Flottille wegen der herrschenden Wetterlage nicht auslaufen.

Am nächsten Abend, dem 27. 10., laufe ich mit »S 54«, »S 12« und »S 13«, mit »S 18« von der 1. S-Flottille und »S 57« um 1600 Uhr bzw. 1700 Uhr aus. Die für die beiden Gruppen befohlenen Lauerstellungen ab 2220 Uhr bzw. 2100 Uhr werden mit Funkspruch verändert, da ein Funkspruch mit einer Aufklärungsmeldung für die 2. und 3. S-Flottille um 1742 Uhr eingeht. Danach soll ein Geleitzug mit 16 Dampfern um 1610 Uhr im Quadrat 7926 mit Kurs NO gestanden haben.

Weder werden von uns Schatten gesehen noch der Geleitzug auf dem inneren und äußeren Geleitzugweg gefunden. Nachdem um 0005 Uhr auf dem inneren Weg im Quadrat 8412 einige Räumboote mit anscheinend ausgebrachtem Minenräumgerät hinter einem Bewacher mit Nordkurs laufend gesichtet werden, stoppen wir und bleiben in Lauerstellung liegen. Als bis 0300 Uhr kein Schiff auf diesen beiden Wegen gesichtet wird, stoßen beide Gruppen auf den Geleitzugwegen nach Süden auf den vermutlich nun anmarschierenden durch Minen nicht mehr gefährdeten Geleitzug mit 16 Dampfern vor. Nachdem bis 0450 Uhr nichts gesichtet wird, gehen beide Gruppen auf Rückmarschkurs. Wieder einmal eine Unternehmung, bei der eine Aufklärungsmeldung über einen Geleitzug vorlag, der nicht gefunden wurde. Dieser Zustand ist auf die Dauer wenig befriedigend. Nach dieser Unternehmung komme ich zu der Auffassung, daß diese beiden Wege vom Gegner nur wenig oder kaum benutzt werden, sondern daß seine Geleitzüge unmittelbar unter der Küste auf einem »Küstenweg« laufen, auf den anzusetzen lohnender sein würde.

Für die übernächste Nacht vom 29. zum 30. 10. ist wieder ein gruppenweiser Einsatz ab 2200 Uhr auf dem inneren und äußeren Geleitzugweg vorgesehen. Wegen der ungünstigen Wettervorhersage auf Grund eines von Irland ostwärts ziehenden Tiefs mit Windstärken 5–6

westlich Hoek van Holland hatte ich schon um 1706 Uhr mit Funkspruch gemeldet, daß ein Einsatz wegen Wetter nicht möglich ist, worauf ein Einsatz nur der großen Boote befohlen wird. Für diese Boote hatte ich schon halbstündige Bereitschaft befohlen.
Auf Grund der Aufklärungsmeldung über einen »Geleitzug mit 72 Dampfern, darunter 10 über 10000 BRT, 1635 Uhr Spitze Quadrat 7695, Schluß Quadrat 7296, vorn 7 Zerstörer nördlicher Kurs« laufe ich – leider verzögert – durch nicht rechtzeitige Vorlage dieses Funkspruchs – erst um 2100 Uhr mit »S 54«, »S 57« und »S 18« von der 1. S-Flottille aus. Dichter Nebel im Mündungsteil der Maas zwingt uns zum vorübergehenden Ankern. Die Sicht beträgt keine 5 m. Nach geringem Aufklaren passieren wir Hoek van Holland auslaufend erst um 0228 Uhr. Mit 30 kn Marschfahrt versuchen wir, wenigstens noch Teile dieses »Mammut«-Geleitzuges im Seegebiet südlich Quadrat 8178 zu erreichen. Zu unserer Freude und Überraschung ist die Wetterlage im Kanal sehr viel günstiger als die Vorhersage. Ab 0600 Uhr früh operieren wir auf dem Geleitzugweg nach Süden, leider ohne auch nur ein einziges Schiff zu finden. Mit Morgendämmerung um 0650 Uhr treten wir den Rückmarsch an und laufen um 1100 Uhr ein. »S 57« hatte bereits auf dem Anmarsch wegen Maschinenausfall kehrt gemacht.
Wir haben kaum die Leinen festgemacht und den Kurzbericht über den Nachteinsatz nicht einmal abgeben können, als um 1153 Uhr der Einsatzbefehl für die kommende Nacht vom 30. zum 31. Oktober eingeht. Mit »S 12« und »S 13« laufen wir um 1630 Uhr schon wieder aus, um bis 2100 Uhr unsere Positionen auf den Geleitzugwegen einzunehmen. Der Rückmarsch soll um 0500 Uhr angetreten werden, was bedeutet, daß wir 8 Stunden lang auf den Dampferwegen operieren können. Wieder bricht 1 Stunde vor Erreichen unserer 1. Position auf dem Führerboot »S 13« die Backbordmaschine zusammen. Leider hat es im Westteil des Kanals auf Windstärke 5–6 aus SSO mit entsprechendem Seegang aufgebrist. Das ist zuviel für die kleinen Boote mit der flachen Back. Mit nur 21 kn können wir den Rückmarsch um 2008 Uhr antreten, wir laufen um 0230 Uhr ein.
Für alle S-Flottillen wird wegen der schlechten Wetterlage für die kommende Nacht Ruhe befohlen.
»S 54« muß seine 14tägige »kleine Motorenüberholung« nach 250 Betriebsstunden einlegen. Sie wird von der eigenen technischen Besatzung unter Mitwirkung des mobilen Werkstattzuges der 1. S-Flottille in Rotterdam durchgeführt. »S 57« hat eine Störung an der Backbord-

maschine. Ein Ersatzzylinder wird auf »S 54« aus- und auf »S 57« eingebaut. So ist am heutigen Tage kein einziges Boot einsatzbereit.
Die miserable Kriegsbereitschaftslage vor allem bei den alten Booten und die geringe Waffeneinsatzgrenze dieser alten Boote ist bald nicht mehr zu ertragen. Wenn diese Boote an den Unternehmungen teilnahmen, waren beispielsweise die Kupplungen bei Marschfahrt im Anmarsch ins Operationsgebiet oft so rotglühend, daß ein Heizer sie mit Wasser aus dem Feuerlöschschlauch kühlen mußte!
Aus diesem Grunde wurde endlich angeordnet, die alten Boote zur Ausbildung von Besatzungen der 3. und der neu aufzustellenden 4. S-Flottille in die Ostsee zu entlassen.
Eine sehr anerkennenswerte Leistung hat das Maschinenpersonal der Flottille unter Leitung des Flottilleningenieurs Oblt. (Ing.) Döpner und seines besonders im praktischen Bordbetrieb sehr erfahrenen und tüchtigen II. Ing. Lt. (Ing) Bielitzer vollbracht. Nur dem Können und der Einsatzbereitschaft der technischen Besatzungen war es zu verdanken, daß die alten Boote überhaupt noch beschränkt einsetzbar waren.

EINIGE GEDANKEN ZUR LAGE ENDE OKTOBER 1940

Die Kommandanten und Besatzungen haben nach ersten Gehversuchen in den 7 Wochen an der Front viel gelernt und Erfahrungen gesammelt. Die Mutterschiffsbesatzung mit ihren vielen Spezialisten und Fachgruppen hat ihre Aufgaben als »beweglicher Stützpunkt« für Versorgung und Reparatur oft im Tag- und Nachtbetrieb in der kurzen Zeit im Frontgebiet gut erfüllt. Sie wollte aber gern mal etwas von »Erfolgen und Versenkungen« hören!
Zu diesem Zeitpunkt war wohl auch dem letzten Mann klar geworden, daß der »Seelöwe« nicht mehr auf die Insel England springen würde! Die Absicht, Großbritannien durch eine erfolgreiche deutsche Invasion über den Englischen Kanal zum Frieden zu zwingen, wurde und war wohl auch eine Illusion. Wahrscheinlich war dies von Hitler auch gar nicht gewollt angesichts der katastrophalen Entwicklung nach einem wahrscheinlichen Fehlschlag der Invasion. Denn hier vor der Haustür Großbritanniens – im Englischen Kanal – würde vom Schlachtschiff bis zum Motortorpedoboot und auch von der gesamten englischen Luftwaffe das Letzte zur Verteidigung hergegeben werden. Und wir Deutschen hatten keine Flotte, denn bereits Anfang des Krieges besaßen wir kaum 20 % der englischen Flottenstreitkräfte!

So mußten wir uns auf einen langen harten Krieg an der »Kanalfront« im Küstenvorfeld des Gegners einstellen. Die 1. und 2. S-Flottille hatten im Durchschnitt pro Nacht kaum mehr als 2–4 Boote einsatzbereit, wobei die 2. S-Flottille noch schwere eigene Bootsverluste vor allem durch Minentreffer mit erheblichen Menschenverlusten einstecken mußte. Und die 3. S-Flottille war erst im Aufbau und hatte nur 2 neue Boote.
Mit diesen wenigen Booten konnte bestenfalls eine »Beunruhigung« des riesigen englischen Schiffsverkehrs erwartet werden trotz höchst anerkennenswertem Einsatz- und Erfolgswillen aller Schnellbootfahrer. Was wir mit unseren geringen Kräften bestenfalls unternehmen konnten, war etwas mehr als »Punktaufklärung«. Wenn wir ein Luftaufklärungsergebnis über beispielsweise »70 Schiffe 1700 Uhr Quadrat ... bis Quadrat ... Kurs ... Fahrt ... « über Funk vom FdT und dazu einen neuen Operationsbefehl erhielten, konnten wir immer nur das aufklären, was bis zu unserer Sichtweite um uns herum mit dem Doppelglas erkennbar war. Das betrug in dunkler Nacht höchstens 3–4000 m, in heller Mondnacht abhängig vom Gegnerstandort in Mondluv 7–8000 m, in Mondlee 3–4000 m.
Erschwerend für uns kam hinzu, daß unser Auslaufen aus Rotterdam dem Gegner auf der Insel durch seine in Holland befindlichen »Gehilfen« nicht unbekannt blieb. Seine vor und auf dem am weitesten östlich verlaufenden und mit Leuchttonnen gekennzeichneten »äußeren Geleitzugweg« auf und ab stehenden Bewacher nahmen bei östlichen Winden unsere unüberhörbaren Motorengeräusche mit dem Ohr wahr und konnten die Geleitzugführer alarmieren, die dann ihren Geleitzug mit wenigen Wendungen auf westliche Ausweichkurse umleiten konnten. Die sichernden Zerstörer liefen dann den S-Booten entgegen oder scheuchten sie aus ihren »Lauerstellungen« heraus.
Es kam bei dieser Lage darauf an, beschleunigt Schnellbootflottillen aufzubauen, die den Erfordernissen für eine fühlbare Schädigung der Gegnerzufuhr entsprachen. In der Zwischenzeit konnten die wenigen Boote nur versuchen, die »Stellung zu halten« durch nächtliches Dranbleiben am Feind, wobei ja auch hin und wieder mancher Einzelerfolg dank des sehr aufopferungsvollen Einsatzes immer derselben Schnellbootbesatzungen erzielt werden konnte. Aus der geschilderten Lage der eigenen Kräfte ist zu ersehen, daß dieser Krieg die deutsche Marine in Bezug auf dieses wichtige Seekampfmittel im eigenen wie im gegnerischen Küstenvorfeld völlig unvorbereitet traf, während die Royal Navy bis zu diesem Zeitpunkt schon ein Mehrfaches an Schnellbooten

seit Kriegsbeginn aufgebaut hatte. Im November 1940 wurde auf der Gegenseite das Kommando »Rear Admiral Coastal Forces« mit 93 unterstellten Motortorpedo- und Motorkanonen-Schnellbooten sowie »Motor Launches« eingerichtet. Weitere 33 Motorkanonen-Schnellboote befanden sich im Bau.

HERBSTSTÜRME – IM NOVEMBER 1 EINZIGER EINSATZ

Konnten im Oktober wegen der Herbststürme nur 6 Unternehmungen durchgeführt werden, so sank die Einsatzmöglichkeit im November wegen der Winterstürme schlagartig auf einen einzigen durchgeführten Einsatz und 1 wegen Wetter abgebrochene Operation, obwohl der Handelsschiffsverkehr mit den Zerstörersicherungen auch bei solchem Wetter weiterlief.
Am 15. November liegen die 2. und 3. S-Flottille ab 1600 Uhr in Sofortbereitschaft, die wegen der Sturmwarnung wieder aufgehoben wird. Das zur 1. S-Flottille gehörende »S 38« macht nach seiner Verlegung durch die Kanäle am 13. November in Rotterdam fest und wird mit seinem sehr fronterfahrenen Kommandanten Oblt. z. S. Hans Detlefsen vorübergehend taktisch der 3. S-Flottille zugeteilt.
Erstmals am 19. 11. läßt die Wetterlage den Einsatz zu, es herrscht Seegang 3 bei SSW-Wind. Ich laufe mit »S 54«, »S 57« und »S 38« um 1730 Uhr aus. Der Einsatzbefehl lautet: »3. S-Flottille 2200 Uhr Quadrat 8841 und 7663 AN Lauerstellung bis 0400 Uhr. Alarm für alle bei lohnenden Zielen.« Dieser Funkspruch wird um 1558 Uhr korrigiert, indem die Einnahme der Lauerstellungen der 2. und 3. S-Flottille bereits ab 2130 Uhr zu erfolgen hat.
Die Flottille liegt in mondheller Nacht auf Position in Lauerstellung. Die Sicht ist zeitweise stark wechselnd infolge der Bewölkung vor allem im dunklen Horizont im Westen, da der Mond im Südosten steht. Um 2300 Uhr stoßen wir in Keilformation auf nordwestlichem Kurs mit nur einer Maschine gleich 9 kn laufend zur Lauerstellung im Quadrat 7663 vor. Nachdem auch hier nichts gesichtet wird, laufen wir auf die befohlene 1. Position im Quadrat 8441 zurück. Da auch hier kein Feind zu sehen ist, laufen wir um 0230 Uhr abermals auf nordwestlichem Kurs nach dem befohlenen 2. Quadrat 7663.
Plötzlich sehe ich um 0258 Uhr 2 Dez an Steuerbord aus dem sehr dunklen Horizont im Westen 3 Zerstörer in einer Backbord-Artilleriestaffel mit Lage 0 und hoher Fahrt auf uns zukommen. Die geschätzte

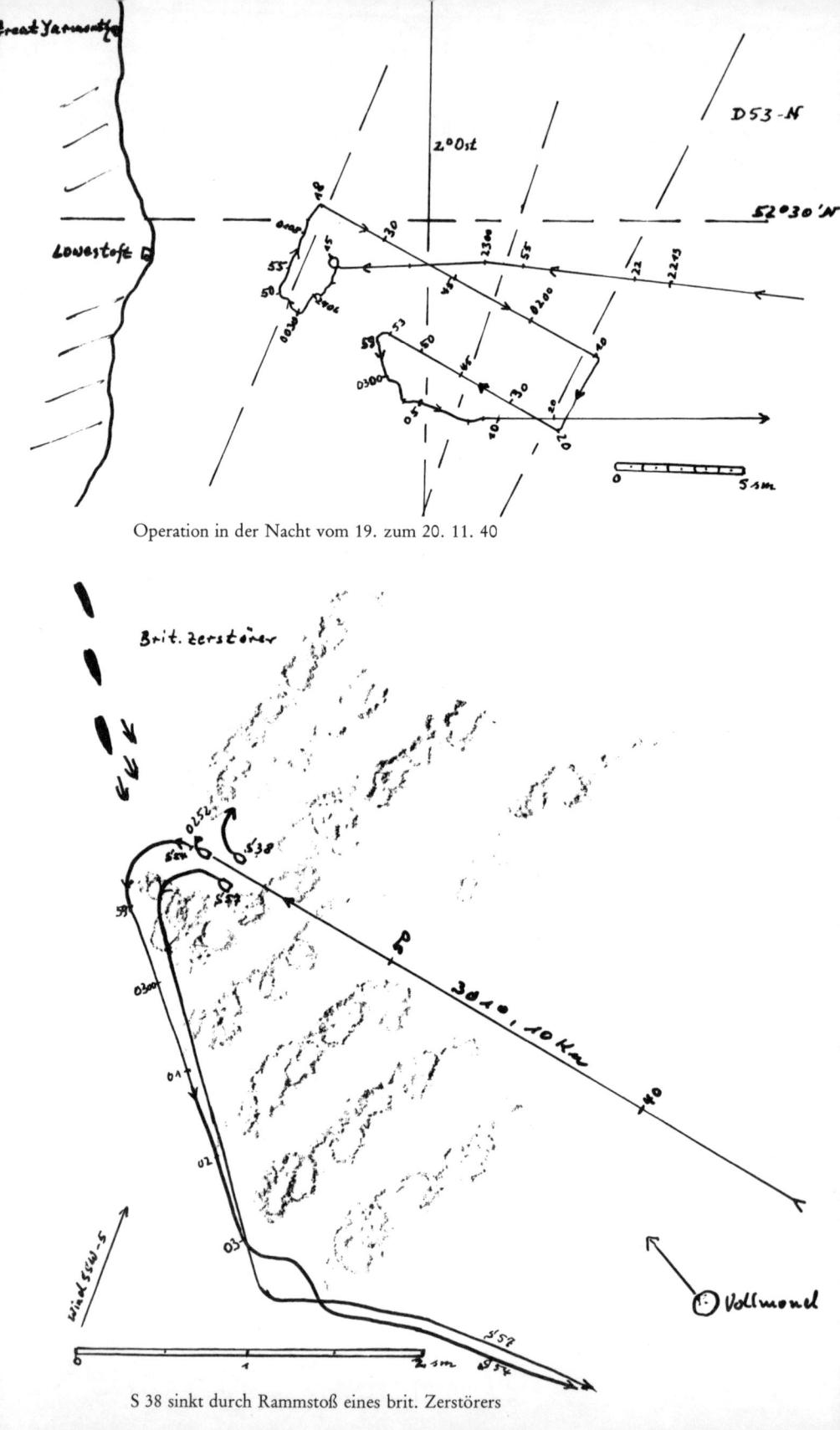

Operation in der Nacht vom 19. zum 20. 11. 40

S 38 sinkt durch Rammstoß eines brit. Zerstörers

Entfernung vom in der Mitte der Keilformation vorn stehenden Führerboot beträgt etwa 1000 m. Für die Zerstörer stehen wir im hellen Mond. In dieser Situation gibt es nur ein Manöver mit dem UK-Befehl: »Zerstörer an Steuerbord, Hart Backbord, Äußerste Kraft voraus, Nebeln, Kurs 180°.«

An einen Torpedoangriff ist bei dieser Gegnerlage 0 überhaupt nicht zu denken, zumal die feindlichen Geschütze und Feuerleitgeräte die im hellen Mond stehenden Schnellboote sicher seit längerer Zeit im Visier haben und nur noch auf den Befehl »Salve – feuern« warten.

Das Abdrehen der Boote durch Wendung einzelbootsweise unter Nebelverwendung scheint zu gelingen, der Nebel liegt bei der Windrichtung SSW günstig, um die Boote nach der Wendung voll zu decken und erst einmal einen räumlichen Vorsprung gegenüber den jagenden Zerstörern zu gewinnen.

Unmittelbar beim Abdrehen eröffnen die Zerstörer ihr Artilleriefeuer mit ihren Buggeschützen und ihren Fla-Maschinenwaffen. Mit ihren Scheinwerfern beißen sie sich zeitweise an unseren Nebelklecksen fest, bis sie die Boote zwischendurch wieder im vollen Mondlicht sehen und beschießen können.

Das nach der Wendung an Backbord vom Führerboot stehende Boot – es muß »S 57« sein – kommt durch den Nebel aus Sicht. Auch »S 38« ist hinter den Nebelwänden nicht zu sehen. Auf meine Anfrage auf UK an »S 57« um 0305 Uhr – also nach 7 Minuten – »Frage, alles klar?« kommt keine Antwort. Die Anfrage bei »S 38« »Frage, alles klar?« wird von »S 38« beantwortet mit »S 38« »alles klar«. Derweil liegen alle Boote auf dem Gefechtsfeld hin und wieder unter Beschuß. Hieraus schließe ich, daß das an Backbord nördlich vom Führerboot stehende Boot nicht »S 57«, sondern »S 38« sein muß. Auf eine erneute Anfrage bei »S 57«, ob alles klar ist, kommt die Antwort »S 57« »alles klar.« Aus diesen beiden Meldungen zu diesem Zeitpunkt entnehme ich, daß beide Flügelboote die schwierigste Situation beim Aufprallen auf die Zerstörer und das entscheidende Ablaufen in den ersten Minuten gemeistert haben.

Wir steuern südöstliche Kurse vor den jagenden durch die Nebelwände brechenden Zerstörern. Der letzte Leuchtgranatenfächer der Zerstörer liegt kurz, also hinter uns. Er erfaßt uns nicht mehr. Um 0312 Uhr sind die Zerstörer aus Sicht gekommen.

Angesichts des voll durchgebrochenen Mondes und der wegen der Helligkeit nicht mehr gegebenen Möglichkeit, auf die Zerstörer zu operieren und sie mit Torpedos anzugreifen, wird der Rückmarsch mit

28 kn angetreten. Auf Anfrage mit UK, welches Boot nördlich vom Führerboot steht, meldet sich »S 57«. Es erhält Befehl, heranzuschließen. In der Annahme, daß »S 38« ebenfalls auf Rückmarschkurs liegt, lasse ich dieses Boot wiederholt über UK rufen, leider vergeblich. Wahrscheinlich ist das Boot außer UK-Reichweite oder hat eine Störung in seinem UK-Gerät, was nach Feindberührung und Beschuß nichts Außergewöhnliches darstellt, weshalb die Boote in solchen Situationen nach Ermessen des Kommandanten einzeln weiteroperieren oder den Rückmarsch antreten, weil ein Sammeln nicht immer im Bereich der Möglichkeit liegt. Zur Sicherheit richte ich um 0336 Uhr einen Dringlichkeitsfunkspruch an »S 38« mit dem Inhalt »Frage, alles klar«.
Als nach längerer Zeit wiederum keine Antwort eingeht, nehmen wir an, daß die Funkanlage oder die Antennen durch Beschuß und Splitterwirkung ausgefallen sein können. Ein letzter Funkspruch an »S 38« um 0539 Uhr »Standort melden« bleibt ebenfalls unbeantwortet. Auf dem Führerboot beruhigen wir uns in der Hoffnung, daß das neue große und schnellere Boot schon vor uns in die Maas eingelaufen ist. Als »S 54« und »S 57« in Rotterdam einlaufen, liegt »S 38« noch nicht im Hafen. Der Kommandant »S 57« meldet mir nach dem Festmachen, »S 38« habe beim Sichten der Zerstörer nicht nach Backbord, sondern nach Steuerbord abgedreht. Das Boot sei zwischen den Nebelwänden einmal mit dem Scheinwerfer beleuchtet und beschossen worden. Ich wende mich nunmehr mit einem Funkspruch an den Führer der Torpedoboote mit der Nachricht, daß »S 38« nach unserem Zerstörergefecht noch nicht eingelaufen ist und bitte um Luftaufklärung von der Position des Gefechtes bis zum Einlaufen nach Rotterdam. Die Möglichkeit eines Artillerietreffers sei nicht ausgeschlossen. Stunde um Stunde vergeht. Wir fragen uns, was kann dem Boot zugestoßen sein? Hat es einen Volltreffer erhalten? Hat das Boot vielleicht den hoffnungslosen Versuch gemacht, im Mondlicht stehend hinter einer Nebelwand einen Torpedoangriff auf die Zerstörer zu riskieren und ist dabei getroffen oder gerammt worden?

»S 38« GESUNKEN IM GEFECHT MIT ZERSTÖRERN

Endlich um 1500 Uhr kommt im Fernschreibgespräch mit dem A 1 des FdT die Nachricht, daß »S 38« von der geflogenen Luftaufklärung nicht gefunden wurde. Ferner erfahre ich, der britische Rundfunksender Daventry habe um 1430 Uhr im »Deutschen Nachrichtendienst« gemeldet, daß im Verlaufe eines Kampfes leichter englischer Seestreitkräfte mit deutschen Schnellbooten 1 Schnellboot vernichtet und ein Teil der Besatzung gerettet sei.

Zweifel werden bei uns laut, zu welchem Zeitpunkt der Jagd durch die Zerstörer »S 38« wohl getroffen sein könnte. Jede Phase des Gefechtes wird anhand der auf den beiden Booten an Ort und Stelle durch die Navigationsmatrosen und UK-Gasten gemachten Aufzeichnungen der Befehle, Sichtungen, Meldungen und anderer Ereignisse mit Uhrzeitangabe mit den Kommandanten und dem Flottillen-Steuermann analysiert.

Wir kommen zu der Vermutung, daß der noch im Frieden ausgebildete und erfahrene Kommandant der 1. S-Flottille, Oblt. z. S. Detlefsen – Crew 35, der schon auf Grund seiner Versenkungserfolge im Englischen Kanal das Eiserne Kreuz I. Klasse trug, wahrscheinlich nach dem ersten Ablaufen unter dem Schutz der gelegten Nebelwände versucht hat, einen der Zerstörer anzugreifen, was im Verlaufe des Angriffs infolge der mondhellen Nacht – die Schnellboote standen für die jagenden Zerstörer im hellen Mondhorizont – zur eigenen Vernichtung führte. Ob das Boot von der eigenen Besatzung durch Sprengung noch wirksam vernichtet und versenkt werden konnte, steht nicht fest. Wir nehmen es an, zumal das Boot möglicherweise durch das Artilleriefeuer oder durch einen Rammstoß sicher schwerstens beschädigt sein mußte.

Der FdT schrieb damals am 16. Dezember in seiner Stellungnahme zum Gefechtsbericht:

»Die Maßnahmen des Flottillenchefs und der Kommandanten waren sachgemäß und sind nicht zu beanstanden.

Durch das Abdrehen von »S 38« nach Steuerbord, d. h. zunächst auf die Zerstörer zu, mußte allerdings zunächst eine weitere Annäherung an die Zerstörer erfolgen, bis das Boot um 180° herum war. Ich nehme an, daß »S 38« dieses Abdrehen nach Steuerbord mit Vorbedacht gewählt hat, um durch Auseinanderziehen die Zahl der Ziele für den Gegner zu erhöhen und eine sich unter Umständen ergebende Angriffschance zu nutzen. Die Tatsache, daß »S 38«, wie von den UK-Posten beider Boote gemeldet wurde, um 0308 Uhr noch klarmeldete, läßt keinen Zweifel aufkommen, daß das Boot gut herumkam.

Ich halte die Maßnahme, daß bei Verfolgung durch Zerstörer in heller Nacht die Flottille sich auflöst, grundsätzlich für zweckmäßig,

damit nicht – wie es schon vorgekommen ist – mehrere Boote geschlossen gejagt und beispielsweise von einem Geleitzug abgedrängt werden. Es zeigt sich, daß es dabei jedoch richtiger ist, nicht einzeln weiter zu operieren, sondern in Rotten zusammenzubleiben.
Es hängt von der Lage ab, ob ein Angriffsversuch Erfolg verspricht und glückt.
Der Kommandant hatte in »S 38« ein sehr schnelles Boot unter den Füßen. Er scheint den Angriff versucht zu haben, nicht zuletzt wohl aus dem Gefühl der überlegenen Geschwindigkeit heraus. Ein schneidiges Unterfangen, welches zum Mißerfolg führte, weil die Nacht zu hell war und der starke Feind dadurch die Chance auf seiner Seite hatte.
Über die Art der Vernichtung können nur Vermutungen angestellt werden. Es ist möglich, daß das Boot getroffen oder gerammt wurde. Die Tatsache, daß von 23 Besatzungsangehörigen 18 gerettet wurden, läßt die Hoffnung wahrscheinlich erscheinen, daß die Besatzung die Möglichkeit hatte, das Boot und seine Verschlußsachen wirkungsvoll zu vernichten.«
Der im Winter 1943/44 aus britischer Gefangenschaft entlassene bzw. ausgetauschte Flottillenarzt der 3. S-Flottille, Marineoberassistentsarzt Brandt, war der erste und einzige, der zu diesem Zeitpunkt in die Heimat gelangte. Wir trafen uns sehr bald in Berlin im Oberkommando der Kriegsmarine, wohin ich nach meiner Bordverwendungsunfähigkeit infolge eines Kniegelenkbruchs beim Alarm-Auslaufen mit meiner Flottille auf Sizilien im Spätherbst kommandiert war. Von ihm erfuhr ich die Einzelheiten über den Verlauf des Untergangs von »S 38«.
Danach hatte der Kommandant versucht, in dem durch Nebelwände schwer übersichtlichen Gefechtsfeld, hinter einer Nebelwand sich verbergend, die Zerstörer beim Druchbrechen der Nebelwand auf geringste Entfernung mit Torpedos anzugreifen. Bevor dies möglich war, wurde das Boot von einem durch die Nebelwand brechenden Zerstörer im Achterschiff gerammt. Anschließend habe der Zerstörer das Boot, welches schwer havariert und gestoppt lag, mit seinen Flugzeugabwehr-Maschinenwaffen auf geringste Entfernung beschossen, worauf »S 38« mit seinen unterlegenen kleinkalibrigen Maschinenwaffen antwortete. Bei diesem »Nahkampf« sei der Kommandant und die gesamte Besatzung mehr oder weniger schwer verwundet worden. Dann habe das Boot das Feuer eingestellt, zumal es mit dem Achterschiff schon tief im Wasser lag. Der Zerstörer

habe dann – das sinkende Boot aus respektvoller Entfernung von 200 m mit dem Scheinwerfer beleuchtend – begonnen, die ins kalte Wasser gegangene und schwimmende Besatzung – es war winterlicher November – zu retten. Von 23 Mann der Besatzung wurden 18 gerettet. Wir beklagen den Tod von 5 gefallenen Kameraden. Wahrlich, ein tragisches Ende eines kühnen und schneidigen, aber sehr gefährlichen Angriffsversuchs, während die beiden anderen Zerstörer die beiden anderen Boote »S 54« und »S 57« weiter in Richtung Osten ins englische Minenwarngebiet abdrängten.

Nach dieser verlustreichen Nacht lassen die Winterstürme bis zum Monatsende keinen Einsatz der Schnellboote mehr zu. Ein Auslaufversuch am 28. November muß bereits nach 1 Stunde aufgegeben werden.

Am 26. 11. läuft das unter Lt. z. S. Eberhard Geiger am 8. November in Dienst gestellte »S 58« in Rotterdam ein. Somit hat die Flottille jetzt 3 neue Boote an der Front. Mit »S 58« läuft auch »S 25« von der 1. S-Flottille, wegen Wetterlage durch die Kanäle kommend, in Rotterdam ein. »S 25«, Komdt. Oblt. z. S. Wuppermann – Crew 36, ist ein erfahrener Kommandant noch aus der Friedenszeit.

Der Dezember beschert uns besseres Wetter. Es können 5 Operationen durchgeführt werden. Der Einsatz mit »S 58«, »S 57« und »S 25« einschließlich Vorbereitungen und Zurückmachen aller Maßnahmen nach dem Einlaufen dauert bei einer Unternehmung am 1. und 2. 12. rund 30 Stunden ohne Ablösung. Gesichtet wird nur ein Bewacher. Das war zuviel für die Besatzungen.

Am 8. und 9. Dezember erwarten wir hohen Besuch bei der Flottille. Der Oberbefehlshaber des Gruppenkommandos West, Generaladmiral Saalwächter, lädt alle Flottillenchefs und Kommandanten der 5. und 6. Torpedobootflottille und 3. S-Flottille zu einem Gespräch und Kameradschaftsabend in der Offiziersmesse unseres Begleitschiffes ein. Bei ihm laden wir alle unsere Sorgen und Nöte ab. Am nächsten Morgen spricht der Admiral nach Abschreiten der Front zu den Besatzungen der 3. S-Flottille über die allgemeine Kriegslage, über die Aussichten und besonders über unsere Aufgaben im Kanal. Als alter U-Bootfahrer im Englischen Kanal im 1. Weltkrieg war ihm dieses Seegebiet ja nicht fremd. Schon damals mußten sich unsere U-Boote hier mit Minen und ausgelegten Netzsperren herumschlagen.

2 Tage später sind wir 3 Flottillenchefs der 1.–3. Schnellbootflottille beim Führer der Torpedoboote in Boulogne versammelt und besprechen Fragen des weiteren Aufbaus und der Neugliederung der Schnell-

boot-Flottillen und die hiermit verbundenen Personalprobleme, vor allem bezüglich des Schlüsselpersonals und der Ausbildung.

ZERSTÖRERGEFECHTE IN VOLLMONDNÄCHTEN

Am 13. 12. laufen wir mit »S 59«, »S 58«, »S 24«, »S 57«, »S 25« und »S 54« um 1600 Uhr aus ins wohlbekannte Operationsgebiet, in dem wir ab 2130 Uhr rottenweise »Lauerstellung« beziehen. Das gerade am Vortage eingelaufene und am 27. 11. unter Lt. z. S. Heinrich Haag als vorläufigem Kommandanten in Dienst gestellte »S 59« macht seine erste Feindunternehmung, weshalb ich dieses Boot – wie üblich – zum Führerboot mache und mich selbst mit meinem Adjutanten, dem Flottillenobersteuermann Steuermannsmaat Erwin Schipke und Flottillenoberfunkmeister, Oberfunkmaat Dibbersen auf diesem Boot einschiffe. »S 24« unter Oblt. z. S. Georg Christiansen und »S 25« unter Oblt. z. S. Siegfried Wuppermann von der 1. S-Flottille, beide S-Bootskommandanten seit 1937 bzw. 1938, sind mir für diese Operation unterstellt. 6 moderne Boote – das ist etwas nach dieser langen Sauregurkenzeit!
Als wir während des 5stündigen Anmarsches ins Operationsgebiet um 2018 Uhr vom Führer der Torpedoboote einen Aufklärungsfunkspruch über feindliche Zerstörer 7 sm westlich Punkt »Sigma« auf dem Geleitzugweg erhalten, ahnen wir, daß es in dieser hellen, wolkenlosen Mondnacht mit einer Sicht bis 10 000 m mit größter Wahrscheinlichkeit zu Zerstörergefechten kommen wird. In solchen Nächten herrschen praktisch Verhältnisse wie bei Tage. Da fehlt den für den Angriff bestimmten Schnellbooten der Schutz der dunklen Nacht, die Unsichtbarkeit für den unbemerkten Torpedoschuß, während die weit überlegenen und schnellen 2000 t Zerstörer auf der Gegenseite alle taktischen und artilleristischen Vorteile auf ihrer Seite haben. Dazu herrscht SSO-Wind mit Stärke 4–5, auffrischend, der Seegang ist an der Grenze der Torpedoeinsatzmöglichkeit.
Um 2233 Uhr kommen auch schon die ersten 4–5 Schatten mit Lage 0 und hoher Fahrt auf uns zu. Sie schälen sich beim Näherkommen als Zerstörer heraus, die aus dem dunklen westlichen Horizont kommen und uns im Mondhorizont schon lange gesichtet haben.
Wir laufen unter Nebelverwendung mit östlichen Kursen ab und es gelingt, die Zerstörer abzuschütteln. Da fällt auf dem Führerboot »S 59« die Mittelmaschine aus. Mit Mühe und Not steige ich im Schlauchboot

über auf »S 58« und entlasse »S 59« nach Rotterdam, denn mit 2 Maschinen und 21 kn Höchstgeschwindigkeit könnte 1 Schnellboot eine leichte Beute des Gegners werden.
Mit »S 58« stoße ich wieder nach Westen auf die Geleitzugwege vor. Wir sehen Scheinwerfer leuchten im Quadrat 8177 und 8411. Das müssen die Zerstörer sein. Bald darauf um 2330 Uhr kommt ein eigenes mit Höchstfahrt laufendes S-Boot auf Ostkurs in Sicht und dahinter auch schon wieder eine ganze Zerstörerflottille! Jetzt sehen wir auch ein 2. eigenes mit Höchstfahrt laufendes S-Boot vor diesen Zerstörern. Mit dem neuen Führerboot »S 58« setzen wir – vom Norden kommend – zum Torpedoangriff an, der aber frühzeitig von den Zerstörern erkannt wird, worauf wir jetzt auch die »Gejagten« sind.
Unter Nebelverwendung laufen wir nach Osten ab und ich befehle durch Funkspruch allen Booten der Flottille, bei dieser hoffnungslos taghellen Nacht die Unternehmung abzubrechen und kehrtzumachen. Nachdem »S 24« um 0025 Uhr einen Funkspruch abgesetzt hat mit dem Inhalt »Werde von 4 Zerstörern gejagt Quadrat 8412« und ich dieses Boot inzwischen an »S 58« habe anhängen lassen, fordert der FdT aus Sorge um den Verbleib dieses Bootes um 0932 Uhr das Boot mit Funkspruch zur »Standortmeldung« auf. Die schwerwiegende Erfahrung in mondheller Nacht besonders nach dem Verlust von »S 38« läßt diese Sorge berechtigt erscheinen. Gottlob aber waren wir bei den verschiedenen Zerstörerjagden in dieser besonders hellen und weitsichtigen Nacht in der Lage gewesen, die Zerstörer auf größere Entfernungen zu erkennen, bei der die Granaten noch starker Streuung in ihren Aufschlägen unterliegen.
Wegen dicken Küstennebels kann kein Boot einlaufen. Alle ankern unter Landschutz auf flachem Wasser vor Scheveningen eben nördlich der Maasmündung bei Hoek van Holland. Um 1530 Uhr endlich kann die Flottille einlaufen, nachdem es ausreichend aufgeklart hat.

WIR BRAUCHEN DETE-GERÄTE – RADAR

Am 15. 12. wird für alle 3 S-Flottillen Sofortbereitschaft ab 16 Uhr befohlen.
Nachdem ich mit »S 58«, »S 54«, »S 25« und »S 57« ausgelaufen bin, geht um 1856 Uhr ein Aufklärungsfunkspruch vom FdT ein, der besagt, daß sich 17 Dampfer um 1400 Uhr im Quadrat 7317 auf Nordkurs befanden.

Das Wetter ist bereits auf dem Anmarsch »Grenzwetter« – Wind 5, See 3–4. Der Himmel ist ganz bedeckt. Beim Ansteuern der befohlenen Position auf dem Geleitzugweg sichtet das Führerboot um 2158 Uhr mehrere Schatten in Kiellinie mit Südkurs im Westen. Mit UK-Befehl gebe ich an die Boote: »Geleitzug in Sicht, angreifen.«
Schon um 2201 Uhr und 2202 Uhr schießen »S 58« und »S 25« je einen Doppelschuß mit 2 Torpedos auf den gerade vor ihnen liegenden Zerstörer auf eine Entfernung von 1500 bis 2000 m, die hinten bzw. vorn vorbeigehen. In diesem Moment dreht der am Schluß des Geleits stehende Zerstörer wohl auf Grund der gesichteten Blasenbahnen der vorn vorbeigeschossenen Torpedos auf uns zu und eröffnet das Feuer auf diese verhältnismäßig geringe Entfernung. Auf seine beim Andrehen abgegebenen Sirenentöne – kurz – kurz – kurz – scheint der Geleitzug schiffsweise auf Westkurs zu wenden.
Während dieser Zerstörerjagd gebe ich um 2212 Uhr eine »Alarmmeldung« mit Quadrat- und Uhrzeitangabe ab. Nach Abschütteln des Zerstörers stoppen die Boote und versuchen, bei dem herrschenden schweren Seegang die beiden Reservetorpedos nachzuladen. In der Zwischenzeit haben die andere Rotte der Flottille und auch die 1. und 2. S-Flottille den Alarmfunkspruch über das Sichten des Geleitzuges erhalten.
Wir versuchen, uns mit hoher Fahrt nach Süden vorzusetzen und den nach Süden gehenden Geleitzug wiederzufinden, um nochmals anzugreifen. Um 2242 Uhr aber stehen Brücke und Zielapparat so stark unter Wasser, daß wir die Unternehmung abbrechen müssen. Durch den aufgekommenen Wind reißt auch die Bewölkung auf und der Mond bricht voll durch, so daß ein aus dem Osten vorgetragener Angriff nicht mehr unbemerkt möglich ist. Von der 1. S-Flottille mit den größeren Booten geht kurz danach um 2250 Uhr ein Funkspruch ein mit der Mitteilung, daß die Flottille ihren Rückmarsch wegen Wetter bereits um 2120 Uhr angetreten hat. 1 Stunde später muß auch die weiter südlich stehende 2. S-Flottille auf Grund der Wetterlage kehrt machen.
Nach dieser Unternehmung trug ich damals unter »Allgemeine Bemerkungen« in das KTB ein:
»Eine ernsthafte Schädigung des feindlichen Geleitzugverkehrs an der englischen Südostküste ist infolge der geringen Anzahl einsatzbereiter S-Boote nicht möglich. Die Voraussetzungen auch zur nur teilweisen Erreichung dieses Zieles sind nur in geringstem Umfange vorhanden.
Die S-Bootsvorstöße sind in ihrer Mehrzahl ohne Erfolg gewesen,

obwohl als sicher anzunehmen ist, daß die Geleitzüge auch in jenen Nächten gefahren sind, in denen die Boote im Operationsgebiet standen.
Betrachtet man den Prozentsatz der im vergangenen Jahr im Kanal einsatzbereiten Boote, so ist zu erkennen, daß durch die beschränkte Betriebsstundenzahl der Motoren immer nur der geringere Teil der Boote an der Front sein konnte. Dieser Mangel muß durch andere uns zur Verfügung stehende Mittel ausgeglichen werden.
Um den Einsatz der S-Boote wirksamer zu gestalten, muß versucht werden, das häufige Vorbeistoßen der Boote auf sicherlich oft nur geringe Entfernungen – bis zu 1 sm – zu verhindern. Dieses Ziel ist erreichbar durch Einbau des Dete-Gerätes auf den Schnellbooten. Bereits im Jahre 1937 war erkannt, daß dieses Gerät, das zur Ermittlung der Torpedoschußunterlagen diente, nicht nur als wertvolles Meßgerät für Feuerleitanlagen der Torpedowaffe und Artillerie verwendet werden konnte, sondern daß dieses Gerät darüber hinaus auch für die taktische Aufklärung in hervorragendem Maße geeignet ist. Da das Dete-Gerät meines Wissens seit 1–2 Jahren voll entwickelt auf Zerstörern eingebaut ist und dort auch brauchbare Ergebnisse erzielt worden sind, halte ich den Einbau eines solchen Gerätes auf Schnellbooten – nach Möglichkeit zuerst auf den Führerbooten der Flottillen – für besonders kriegswichtig und dringend erforderlich.
Das Gerät müßte folgenden Forderungen entsprechen:
Reichweite 6–10 sm
Peilgenauigkeit ± 2°
Meßgenauigkeit ca. 500 m
Es würde ein Mehrgewicht von insgesamt 140–150 kg entstehen, für welches als Gewichtsausgleich 1 Wasserbombe (132 kg) ohne Beeinträchtigung der Gefechtsbereitschaft der Boote von Bord gegeben werden könnte. Der Antrag zum Einbau des Dete-Gerätes wird gesondert vorgelegt.«
Leider blieb diese Forderung ein bis Kriegsende unerfüllter Wunsch.

ERFOLG AM VOR-HEILIG-ABEND

Nachdem am 21. 12. »S 60« von dem inzwischen als »ÄK« von der 1. S-Flottille zur 3. S-Flottille versetzten Oblt. z. S. Wuppermann in Vegesack in Dienst gestellt wurde und Oblt. z. S. Müller am 22. 12.

sein Boot »S 59« von Lt. z. S. Haag in Rotterdam übernommen hat, läuft die Flottille am 23. 12. mit dem Führerboot »S 59«, »S 58«, »S 57« und »S 54« schon um 1530 Uhr aus, um rechtzeitig ab 2000 Uhr auf den befohlenen Positionen der Geleitzugwege zu stehen. Wegen der Frostgefahr und Schneewarnungen sind die Reservetorpedos vor dem Auslaufen an das Begleitschiff abgegeben, da das überkommende Spritzwasser die Reservetorpedos vereisen lassen würde. Schon um 1740 Uhr erreicht uns die 1. Aufklärungsmeldung über einen Geleitzug, der aus 7 Dampfern und 1 Zerstörer als Sicherung bestehen und Kurs Nord steuern soll. Über den weiteren Verlauf dieser Operation schrieb ich damals als »Gefechtsbericht« ins KTB:

»Englische Südostküste vor Lowestoft, 23. 12. 440, Wind NO, Stärke 5, Seegang 3, aufbrisend, sehr dunkle Nacht, diesig, bedeckt, Sicht 2000–2500 m.

1940 Uhr Führerbootsrotte »S 59« und »S 58« marschiert mit 9 kn Fahrt von Westkante englisches Warngebiet nach Quadrat...,

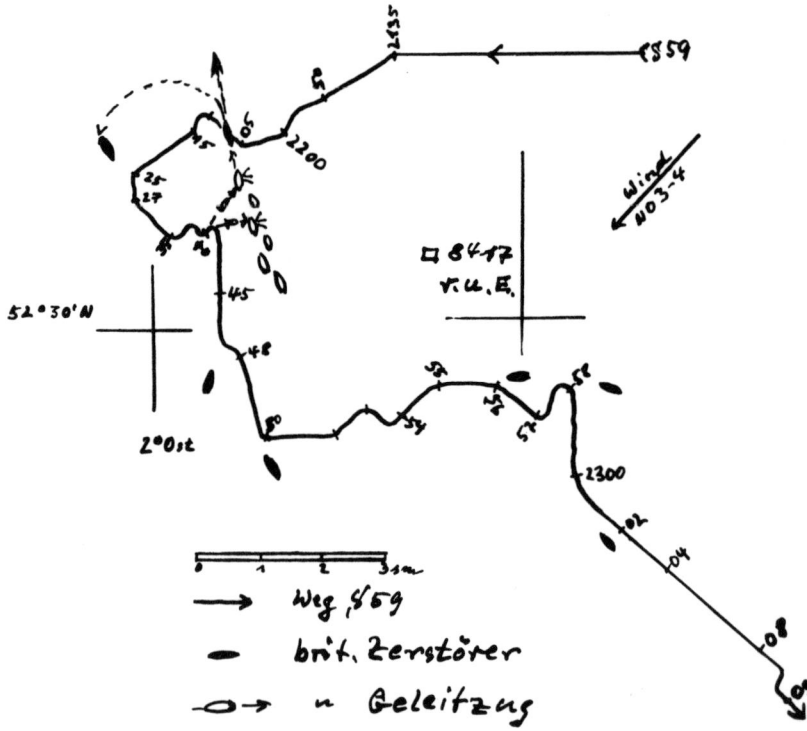

S 59 torpediert 2 Dampfer am Vor-Weihnachtsabend

um dort Lauerstellung für einen von Süden kommenden Geleitzug einzunehmen. Nachdem 2 Bewacher unbemerkt umgangen sind, sichtet Führerboot um 2146 Uhr eine hohe Feuersäule in südlicher Richtung und hört kurz darauf eine Detonation. Aus dem mitgehörten UK-Verkehr der Rotte »S 28« und »S 29« schließe ich, daß eines dieser Boote erfolgreich angegriffen hat. Morseverkehr in Richtung der Detonationsstelle wird beobachtet. Wir drehen darauf zu und sichten um

2200 mehrere Schatten mit Bug rechts, Lage 80–100. Geleitzug steuert 270–290°, kommt in einer Hagelböe wieder aus Sicht.

2205 Ein S-Boot der 1. S-Flottille Typ »S 26« passiert uns. Nachdem wir auf Westkurs weiter vorgestoßen sind, kommen um 2206 Uhr die Schatten wieder in Sicht. Mit Kurs 340° zur Erreichung besserer Schußposition vorgesetzt.

2212 Auf Südwestkurs gegangen und vorübergehend gestoppt, um Gegner besser beobachten zu können. UK-Befehl an »S 58«: »Geleitzug voraus, angreifen.«

Der Geleitzug dreht, nachdem die Boote in günstiger Schußposition stehen, um 2216 Uhr nach Steuerbord auf nördlichen Kurs. Wir holen nach Südwesten aus, um für den nunmehr anderen Bug (links) des Geleitzuges in günstige Schußposition zu gelangen. Die Rotte steht westlich des Geleitzuges im günstigen Horizont, »S 58« ist aus Sicht.

2225 Führerboot läuft auf Hundekurve an und greift 2240 Uhr einen hinter dem Zerstörer fahrenden 10000 BRT Tanker und den 3. Dampfer des Geleitzuges, einen 6000 BRT Frachtdampfer mit je einem Torpedo an. Der Geleitzug ist sehr gut auszumachen. Er besteht aus 6–8 Dampfern, von denen die größeren in Kiellinie hinter dem Zerstörer fahren. Sämtliche Bewacher stehen auf der Ostseite des Geleitzuges. Weitere Sicherungsstreitkräfte sind nicht auszumachen.

Nach dem Schuß dreht das Führerboot auf Südkurs mit 15 kn Fahrt, um von einem kleinen Dampfer des Geleitzuges freizukommen. Um 2241 Uhr werden hintereinander 2 sehr starke Detonationen beobachtet. Kurz darauf kommt »S 58« mit Höchstfahrt Steuerbord voraus von uns in Rammposition in Sicht. Führerboot stoppt, so daß »S 58« vor unserem Bug vorbeilaufen kann. »S 58« meldet auf UK, daß ein Zerstörer achteraus steht und jagt.

Der Zerstörer kommt aus einer von »S 58« gelegten Nebelwand auf wenige 100 m in Sicht und eröffnet das Feuer mit Flakgranaten, wäh-

rend das Führerboot mit 3 x Äußerste Kraft voraus unter Nebelverwendung mit Südkurs abläuft. Nachdem das Boot hinter dem Nebel verschwunden ist, stellt der Zerstörer sein Feuer ein und schießt Leuchtgranatenfächer von 5–6 Leuchtgranaten, die am Himmel hängen und die See in weitem Umkreis beleuchten.
2247 Führerboot versucht, das englische Minenwarngebiet auf südöstlichem Kurs zu erreichen.
2248 Zerstörer wieder in Sicht, eröffnet sein Feuer mit Flakgranaten und 4 cm Maschinenwaffen. Wieder auf Südkurs gegangen und genebelt. Weiterer Zerstörer Steuerbord voraus 2 Dez in Sicht auf 200 m Entfernung. Zerstörer eröffnet Feuer auf das von dem LG-Fächer hell beleuchtete S-Boot.
2249 UK-Verbindung mit anderen Booten abgerissen.
2250 3. Zerstörer recht voraus in Sicht auf 150 m, mit Hart Backbord Rammposition beseitigt. Boot wird vom 1. und 3. Zerstörer auf geringste Entfernung beschossen.
2253 Durch Nebeln der Sicht entzogen auf Südostkurs. Das Boot liegt aber immer noch wie auf dem Präsentierteller – durch LG's hell beleuchtet. 3. Zerstörer stellt 2254 Uhr Feuer ein, als Boot mit Nordostkurs abläuft und durch den Nebel gedeckt ist.
2255 Aus dem UK-Verkehr der 2. Rotte »S 57« und »S 54« und auch »S 58« schließe ich, daß »S 58« den Zerstörer abgeschüttelt hat und mit der 2. Rotte gemeinsam auf den nun von Zerstörern entblößten Geleitzug, der durch die beiden Torpedotreffer sowieso völlig in Unordnung gebracht zu sein scheint, zum Angriff ansetzen kann, zumal ich »S 58« zur Erprobung bei der kalten Frostwetterlage mit 2 Reservetorpedos hatte ausrüsten lassen.
2256 4. Zerstörer Backbord voraus auf 300 m in Sicht, mit Hart Steuerbord ausmanövriert.
2257 Leuchtgranaten Steuerbord voraus, nach Backbord auf Nordkurs abgedreht. Artilleriebeschuß mit 12 cm Granaten und 4 cm Maschinenwaffen von achteraus. Genebelt und auf Ostkurs gegangen.
2258 Zerstörer recht voraus in Rammposition. Auf Südkurs gedreht und genebelt. LG-Fächer ist erloschen.
2300 Auf südöstlichen Kurs gegangen, da jagender Zerstörer mit »rotem Hahn« Steuerbord querab das Feuer eröffnet (roter Hahn bedeutet, daß rotglühende Funken aus dem Schornstein fliegen).
2301 Weiterer Zerstörer eben an Steuerbord in Sicht. Nach kurzem Abdrehen nach Backbord wieder auf alten Kurs gegangen, da

dieser Zerstörer kein Feuer eröffnet. Wiederholt kurze Nebelwände gelegt, da wieder LG-Fächer am Himmel stehen.
2308 Auf Südkurs gegangen und genebelt, da ein jagender Zerstörer wieder in Sicht ist.
2315 Funkspruch abgesetzt: »Werde von 5 Zerstörern gejagt Quadrat ...«.
2323 Mit Ostkurs das englische Minenwarngebiet angesteuert.
2326 Ein Leuchtgranatenfächer liegt Backbord achteraus. Wir gehen mit den Maschinen herunter auf Äußerste Kraft, nachdem wir bisher bei den Ausweichmanövern im Kessel der Zerstörer Höchstfahrt mit 3 x Äußerste Kraft gelaufen waren.
2330 Scheinwerferleuchten in 310° Backbord achteraus. Führerboot hat nunmehr erheblichen Abstand etwa 3000–4000 m von den Zerstörern und wird nicht mehr vom Scheinwerfer erfaßt. Die Zerstörer sind abgeschüttelt, wir steuern das Minenwarngebiet mit 30 kn Fahrt an. Da der Wind auf Stärke 5–6 und der Seegang auf 4 zugenommen haben und es weiter aufbrist, Rückmarsch für die Flottille befohlen.

ALLGEMEINE BEMERKUNGEN

Die vorangegangenen Unternehmungen, bei denen oft Feindberührung mit mehreren Zerstörern erfolgte, haben gezeigt, daß der Engländer durch systematische Überwachung der Geleitzugwege mit starken Kräften versucht, den Schnellbooten das Eindringen in das Seegebiet vor Lowestoft und Great Yarmouth und nördlich Smith-Knoll Feuerschiff zu verwehren und die S-Boote vor dem Passieren der Geleitzüge zu verjagen. Das ist ihm in den hellen Mondnächten im allgemeinen gelungen.
Der in dieser Nacht angegriffene Geleitzug wurde an der Spitze von nur 1 Zerstörer und im Osten von mehreren Bewachern gesichert. Alle anderen Zerstörer, die »S 59« in Sicht bekam, standen offenbar in einem Teilgürtel achteraus vom Geleitzug in einem Abstand von etwa 3000–4000 m. Wahrscheinlich hat der Gegner erkannt, daß die Boote nach dem Schuß im allgemeinen nach achtern abdrehen und ablaufen und daß der Schwerpunkt der für die Schnellbootverfolgung eingesetzten Zerstörer achteraus vom Geleitzug liegt. Im vorliegenden Falle jagte der an der Spitze stehende Zerstörer »S 58« und »S 59« nach Süden. Die Boote mußten also in den achtern aufgestellten Zerstörerkessel hinein. Den Booten, insbesondere »S 59«, war es nur mit äußersten

Mitteln möglich, sich durch die Zerstörer hindurchzuschlagen. Für die Boote wirkte es sich günstig aus, daß sich die Zerstörer gegenseitig sowohl fahrtechnisch als auch artilleristisch hemmten, denn sobald wir zwischen uns und den jagenden Zerstörer 1 anderen Zerstörer gebracht hatten, hörte das Feuer auf, weil sich die beiden Zerstörer gegenseitig beschossen. In diesem Moment wurden wieder LG-Fächer geschossen. Hierdurch ist in erster Linie das Abschütteln der Zerstörer gelungen. Den Aufschlägen und den Sprengstücken der Flakgeschosse konnte mit Glück ausgewichen werden, Treffer im eigenen Boot wurden nicht festgestellt.«

Die Gegenseite hat in der Abwehr der deutschen Schnellboote viel gelernt. Die britischen Zerstörer sind, nachdem sie unsere taktischen Bedingungen und unsere normale Verhaltensweise kennengelernt haben, zum gefährlichsten Gegner des Schnellbootes geworden. Daß wir aus diesem Hexenkessel in der vergangenen Nacht noch einmal so gut und völlig ungeschoren herausgekommen sind, ist nur der schnellen und überlegten Reaktionsfähigkeit aller Beteiligten zu verdanken. Und das muß ein Kommandant erleben, der gerade am Vortage das Kommando über sein Boot übernommen hat und dessen Besatzung ihre 2. Feindfahrt macht!

Ein schöner Erfolg nach dem schweren Verlust von »S 38« im Vormonat, der vielleicht noch hätte gesteigert werden können, wenn wir beim Anmarsch nicht durch die beiden Bewacher aufgehalten worden und die 2. Rotte nicht gleich den Zerstörern in die Arme gelaufen wären. Alle Kommandanten haben aus dieser Unternehmung sehr viel gelernt.

WEIHNACHTEN 1940 – TREIBEIS AUF DER NIEUWE MAAS

Wir laufen am 24. Dezember morgens um 0530 Uhr ein und ruhen aus, um ab 1700 Uhr gemeinsam mit allen Besatzungen die Weihnachtsfeier zu begehen. Der winterliche Frost scheint auch im Englischen Kanal seinen Einzug halten zu wollen, weshalb die in Rotterdam liegende 1. und 3. S-Flottille nach Süden verlegen müssen. Auf der Maas ist schon Treibeis.

Die 1. S-Flottille geht am 2. Weihnachtstage nach Ostende und stützt sich auf die Stützpunkteinrichtungen der 2. S-Flottille einschließlich der Landquartiere für die Besatzungen ab, während ich mit der 3. S-Flottille nach Boulogne verlege, wo die Besatzungen in Landquartieren in Wimereux untergebracht werden können. Im benachbarten

Wimereux liegt der Führer der Torpedoboote mit seinem Gefechtsstand und der Funkstation.

STÜTZPUNKT BOULOGNE

Hier in der Kanalenge Dover–Calais herrschen andere Verhältnisse, allein schon von der Geographie her. An der hohen Steilküste sind Küstenbatterien schwersten und mittleren Kalibers eingebaut, die die 40 km breite Kanalenge mit ihren Granaten bestreichen können. Sogar der Hafen Dover an der englischen Ostküste kann beschossen werden. Mit dem »Seekommandanten Pas de Calais« führe ich eine Besprechung, in welcher Fragen des Schnellbooteinsatzes und der Feuererlaubnis für die Küstenbatterien geklärt und geregelt werden.

GEDANKEN ZUM JAHRESWECHSEL 1940/41

Am Silvesterabend sitzen wir mit unseren Besatzungen zusammen bei einem Glas Punsch. Auch auf der anderen Seite des Englischen Kanals scheint heute Nacht »Ruhe, kein Einsatz« befohlen zu sein. Die Gedanken gehen zu den Angehörigen in der Heimat, zu Freunden und Freundinnen daheim, zu unseren gefallenen und verwundeten Kameraden.
Was wird das Neue Jahr bringen? Wie lange wird der Krieg dauern? Haben wir Aussicht, diesen Krieg zu gewinnen, wenn er nicht ausgeweitet wird? Viele quälende Fragen – keiner kann sie beantworten.
Im Kriege hat der Soldat seine Pflicht zu tun und ein Höchstmaß an Einsatzbereitschaft für sein Volk zu leisten. So gehen wir voller Vertrauen in unsere Führung in das 3. Kriegsjahr hinein.
Am 1. Januar 1941 läuft das am 21. Dezember in Dienst gestellte »S 60«, Kommandant Oblt. z. S. Wuppermann, in Boulogne ein. Die winterliche Wetterlage und der Wind schränken den Schnellbooteinsatz im Januar in hohem Maße ein. Nur 2 Operationen können durchgeführt, 4 weitere Operationen müssen wegen schlechten Wetters abgebrochen werden. Wir verlegen nach Ostende.
Die Feindfahrt am 16. Januar führen wir mit »S 59«, »S 54«, »S 60« und »S 57« durch, obwohl durch das überkommende Spritzwasser bei Seegang 3–4 eine leichte Vereisung des Oberdecks und aller Waffen entsteht. Dies wirkt sich besonders auf dem neuen Boot »S 60« aus,

dessen Besatzung den 1. Fronteinsatz erlebt. Als wir um 2041 Uhr den
1. Schatten sichten, stellen wir bei weiterer Annäherung mit Angriffs-
Schleichfahrt fest, daß es sich um 1 Bewacher handelt. Wir umgehen
ihn vorsichtig, um möglichst unbemerkt zu bleiben. Der Funksta-
tionsleiter auf dem Führerboot meldet kurze Zeit darauf, daß er auf unserer Funkwelle nicht empfangen kann, weil in unmittelbarer Nähe
Funksignale auf dieser Welle abgesetzt werden. Wir schließen daraus,
daß der Bewacher wahrscheinlich auf unserer Schnellbootfrequenz
Alarmsignale über das Sichten feindlicher Schnellboote abgibt. Es brist
auf. Bei der geringen Fahrt nehmen wir viel Wasser über. Die Boote
schlingern bis zu 40°, die Doppelgläser sind wegen des Spritzwassers
kaum zu verwenden. Das Oberdeck ist vereist.

Die 2. Rotte »S 60« und »S 57« habe ich um 1907 Uhr entlassen zur befohlenen Lauerstellung auf dem äußeren Geleitzugweg. Sie sichtet
eben vor Durchbrechen des Mondes durch eine Wolkendecke um 2137
Uhr einen Zerstörer. »S 60« dreht auf 600 m Entfernung ab zum Torpedoschuß. Leider verhindert ein Abfeuerversager das Ausstoßen des
Torpedos. Beim abermaligen Zudrehen auf knapp 300 m Entfernung
zum Zerstörer treten an beiden Torpedorohren wieder Abfeuerversager auf, so daß kein Torpedo das Rohr verläßt. Welch' Glück für den
Zerstörer, denn diesen beiden Torpedos hätte er nicht ausweichen
können. Der Zerstörer eröffnet in dieser Lage um 2141 Uhr das Feuer
auf beide Boote, die nun mit Höchstfahrt aus den deckend liegenden
Salven der 12 und 4 cm Geschütze herauszusteuern versuchen.

»S 54«, welches den Anschluß an das Führerboot verloren hat, sichtet
3 Zerstörer und 2 große Dampfer. Das Boot läuft zum Angriff an. Als
plötzlich der Mond durchbricht und das Boot vom Zerstörer erkannt
und auf 1000 m unter Feuer genommen wird, muß »S 54« ohne Abgabe eines Doppelschusses unter Nebelverwendung ablaufen.

Nachdem der Mond am wolkenlosen Himmel steht und sich das Wetter weiter verschlechtert hat, befehle ich allen Booten, den Rückmarsch anzutreten. Jetzt wird auf »S 60« die Ursache für die beiden
Abfeuerversager gefunden, durch welche das Boot in eine höchst gefährliche Situation geriet. Durch das überkommende Spritzwasser in
dieser frostigen Nacht war der hintere Teil der Abzugsgestänge auf den
Torpedorohren vereist und festgefroren, so daß der Ausstoß der Torpedos aus den Rohren nicht erfolgen konnte. Das wird nun nicht wieder passieren!

An der nächsten Unternehmung vom 23. und 24. Januar nehmen alle
5 Boote teil. Nach dem Auslaufen um 1700 Uhr erhält die Flottille um

2100 Uhr eine Aufklärungsmeldung über einen Geleitzug von Süden kommend. Wir hoffen in dieser wettermäßig günstigen Nacht auf einen Erfolg. Aus einer von der Gruppe West übermittelten B-Dienst-Meldung entnehmen wir, daß 3 englische Schnellboote aus Harwich ausgelaufen sind und daß 2 Schnellboote kollidierten, woraufhin alle 3 Boote wieder in Harwich eingelaufen sind. Ein Trost, daß auf der anderen Seite auch etwas passiert! Leider werden die Sichtverhältnisse infolge eingetretener Diesigkeit schlecht. Zeitweise herrscht Nebel.
Das zur 2. Rotte gehörende »S 57« hört gestoppt liegend bei der geringen Windstärke 2 um 2215 Uhr Turbolüftergeräusche eines Zerstörers Backbord achteraus. Mit dem Doppelglas ist wegen der geringen Sicht nichts auszumachen. Nach 2 Minuten kommt ein Schatten in Sicht, der sich als Zerstörer der »Jervis«-Klasse entpuppt. Die Lage ist etwa 30, die Fahrt ist nicht schätzbar. Das Boot dreht auf Angriffskurs und schießt nach 1 Minute 1 Torpedo mit Lage 40 und Fahrt 10 kn auf 400 m Entfernung. Beim Eintritt des Torpedos ins Wasser dreht der Zerstörer auf das Boot zu, so daß der Torpedo vorn vorbeigeht. Eine heftige Zerstörerjagd setzt ein, der sich »S 57« durch Nebeln und Höchstfahrt entziehen kann. Der LG-Fächer des Zerstörers nützt heute Nacht nichts, da wegen der Diesigkeit die Sicht viel zu gering ist, um das S-Boot wirksam beschießen zu können.
Das Rottenführerboot »S 60« und auch »S 54« haben den Zerstörer um 2217 Uhr kurz nach »S 57« gesichtet. Der Angriff dieser beiden Boote muß abgebrochen werden, als »S 57« geschossen hatte und der Zerstörer dieses Boot unter LG-Schießen jagte. Beide Boote laufen zunächst auch ab, wobei »S 54« den Anschluß an »S 60« verliert. »S 60« versucht um 2229 Uhr erneut, zum Angriff auf diesen Zerstörer anzusetzen. Aber der Zerstörer läßt dies nicht zu. Er nimmt das Boot ständig voraus und erleuchtet das Gefechtsfeld durch Schießen von LG-Fächern.
»S 60« geht nach Abschütteln des Zerstörers wieder auf seine Position, um dort mit den beiden Rottenbooten »S 54« und »S 57« zu sammeln. Um 0000 Uhr schließlich meldet sich »S 54« auf UK. Aber erst um 0200 Uhr gelingt es mit Hilfe des Abschießens eines weißen Sterns mit der Leuchtsignalpistole, daß »S 54« seinen Rottenführer »S 60« bei der schlechten Sicht wiederfindet.
Die im Westen stehende Führerbootsrotte sichtet ab 2132 Uhr mehrfach am Himmel stehende Leuchtgranatenfächer und auch Mündungsfeuer sowohl im Norden als auch im Süden. Wir schließen daraus, daß sowohl die im Süden stehende 2. S-Flottille als auch die nördlich von

uns stehende 2. Rotte Feindberührung mit Zerstörern haben. So warten wir weiter auf unserer Position auf ein Funksignal mit Alarmierung über den um 2100 Uhr gemeldeten Geleitzug. Als dieses Funksignal nicht eingeht, komme ich zu der Überzeugung, daß es sich bei dem LG-Schießen um eine Überwachung des äußeren Geleitzugweges durch Zerstörer handelt. Wir marschieren daher mit der Führerbootsrotte weiter zur Position im Quadrat 7663, um dort mit gestoppten Maschinen in Lauerstellung zu warten, wie dies im Einsatzbefehl befohlen war. In dieser Nacht hört man früher etwas mit dem Ohr, als mit dem Auge – geschweige denn mit dem Doppelglas – gesehen werden kann wegen der wechselnden Diesigkeit. Die Boote sehen sich zeitweise nicht einmal auf 200 m.

Um 0105 Uhr nehmen wir Lauerstellung im Quadrat ... bei Tonne 54 ein. Als auch hier bis 0245 Uhr nichts gesichtet wird, treten wir den Rückmarsch an. Gegen 0600 Uhr früh ankern wir wegen Nebel unter der Küste vor Ostende und können gegen 1000 Uhr einlaufen.

Auch dieser ohne Standortangabe gemeldete Geleitzug – ob nach Sicht- oder Funkaufklärung ist unbekannt – ist weder von der 2. S-Flottille noch von uns gefunden worden.

Der Rottenführer der 2. Rotte, Kommandant »S 60«, schreibt in seinem KTB unter »Bemerkungen« über diese Unternehmung:

»... 2. Der Zerstörer kam in einem Fall auf die völlig stilliegenden Boote und in mehreren Fällen auf das gestoppt liegende »S 60« mit spitzer Silhouette, Fahrt stets etwa 9–12 kn, zu. Dies kann nicht jedes Mal Zufall gewesen sein. Daher vermute ich, daß der Zerstörer eine Art Dete-Gerät hatte.«

In meiner Stellungnahme zu diesen »Bemerkungen« führte ich aus:

»... Das Auftreten der Zerstörer der »Jervis«-Klasse seit etwa 4 Wochen läßt die Vermutung zu, daß diese modernen Zerstörer, die mit 4–12 cm Geschützen in Doppellaffette auf der Back für die Schnellbootjagd hervorragend geeignet sind, mit einer Art Dete-Gerät ausgerüstet und dadurch in der Lage sind, die Schnellbootüberwachung in dem ihnen zugewiesenen Seegebiet gründlicher durchzuführen. Weitere Erfahrungen bei Gefechtsberührung mit Zerstörern werden hier endgültige Aufklärung bringen.

Wenn die Schnellbootabwehr durch die englischen Zerstörer im vergangenen Vierteljahr erheblich an Wirksamkeit zugenommen hat, so ist der Einbau des Dete-Gerätes auf den Schnellbooten umso dringender. Es kommt darauf an, daß das Schnellboot den Zerstörer zuerst sichtet bzw. ortet.«

Heute am 4. Februar erhält die Flottille einen namhaften Zuwachs: »S 61« wird von Oblt. z. S. Axel von Gernet mit seiner Besatzung in Dienst gestellt. Da die Boote »S 55« und »S 56«, die ursprünglich für die 3. S-Flottille vorgesehen waren, wegen der Verluste der 2. S-Flottille durch Minen in See und durch den Bombenangriff auf Boulogne vor ¼ Jahr an die 2. S-Flottille abgetreten wurden, tritt nunmehr das heute wieder in Dienst gestellte »S 31« unter Oblt. z. S. Hans-Jürgen Meyer zur 3. S-Flottille. So werden in Kürze 7 Boote des Typs »S 30/54« an der Front sein können.

BOMBEN AUF DEN HAFEN OSTENDE

Am 5. Februar führt die Royal Air Force einen Bombenangriff auf den Hafen Ostende durch. »S 58« erhält 4 Splittertreffer, wodurch nur leichtere Schäden entstehen, die die Gefechtsbereitschaft des Bootes nicht beeinträchtigen. So ergeht es auch »S 54«. Dank der guten Flak sind wir noch einmal glimpflich davongekommen.
Für die Nacht zum 6. Februar haben alle 3 S-Flottillen ab 1600 Uhr Sofortbereitschaft.
Mit »S 59«, »S 54« und »S 58« laufe ich um 1715 Uhr aus Ostende aus, um kurz nach Einbruch der Dunkelheit auf Position zu liegen. Wir werden sehr bald von 1 englischen Aufklärungsflugzeug erfaßt, das in 30 m Höhe mit einem Abstand von etwa 3–5000 m auf und ab fliegt und Fühlung hält. Dasselbe Flugzeug kommt nach 1½ Stunden gegen 1900 Uhr wieder in Sicht und fliegt dann nach SW ab. Etwa 1 Stunde vorher geht auf dem Führerboot eine Aufklärungsmeldung über je 1 Geleitzug von Norden und Süden ein. Die Gruppe West meldet auffrischende Winde bis Stärke 6 aus SO, später Niederschlag und Eintrübung. Die Nacht wird aber im Gegensatz zu dieser Vorhersage mondhell, die Sicht beträgt 6–8000 m. Um 1930 Uhr wird an der Grenze der Sicht abermals 1 Flugzeug in geringer Höhe auf Ostkurs vorbeifliegend gesichtet. Vom FdT geht um 1738 Uhr die Aufklärungsmeldung über die beiden gemeldeten Geleitzüge ein. Auf Grund des letzten Funkspruchs erhöhen wir unsere Marschgeschwindigkeit, um unsere Lauerstellungen noch frühzeitiger einzunehmen.
Um 2047 Uhr werden auf 7000 m Entfernung mehrere Schatten in nordwestlicher Richtung gesichtet. Beim Anlaufen mit horcharmer Schleichfahrt erkennen wir mehr als 10 Schiffe auf Südkurs. Wir setzen den Aufklärungsfunkspruch mit der Alarmmeldung ab, damit alle in

See befindlichen Schnellboote eine sichere Standortmeldung über den Gegner haben und auf ihn operieren können.
Beim Anlaufen zum Angriff sehen wir um 2108 Uhr einen hellen Feuerschein unter dem Horizont in nordwestlicher Richtung, wo sich in etwa die 1. S-Flottille befinden muß. Ob diese im Norden stehende Flottille schon einen Torpedotreffer erzielt hat? Um 2110 Uhr laufen wir zum Angriff an. 5 Torpedos werden auf verhältnismäßig große Entfernung geschossen, weil wir helle Mondnacht haben. »S 54« schießt auf 1 Zerstörer, beide Torpedos gehen vorbei. »S 59« schießt 1 Doppelschuß auf 2 sich überlappende Dampfer. Leider rammen sich beide Torpedos beim Eintritt ins Wasser, sodaß 1 Torpedo Grundgänger wird, während der andere als Oberflächenläufer in eine andere Richtung läuft. »S 58« schießt 1 Einzelschuß auf 1 Dampfer, der auf die große Entfernung auch zum Fehlschuß wird. So haben wir unsere Torpedos verschossen, werden von Zerstörern gejagt und – haben keinen Treffer erzielt! Der Wind brist auf mit Stärke 6. Wir treten den Rückmarsch an. Das war eine unbefriedigende Nacht. Seegang 4-5 und große Schußentfernung verhinderten den Erfolg.

RÜCKVERLEGUNG NACH ROTTERDAM

In den folgenden 14 Tagen hält das schlechte Wetter an. Am 17. Februar ist die Eisgefahr auf der Maas beseitigt, sodaß die Flottille nach Rotterdam zurückkehren kann, wo unser Begleitschiff uns erwartet. Wir scheiden von der 2. S-Flottille, die uns als Gästen und Kameraden für längere Wochen eine warme Koje und ausreichende Versorgung für die Boote bereitgestellt hat, mit einem herzlichen Dank! Die mehrwöchige Begegnung zwischen den Offizieren und den Besatzungen der beiden Flottillen war wertvoll, was den Gedankenaustausch und die mitgeteilten Erfahrungen der älteren und kampferprobten 2. S-Flottille anbetrifft.
Ich benutze die Schlechtwetterperiode, um Urlaub zu nehmen. Meine Vertretung übernimmt der »ÄK«, Oblt. z. S. Wuppermann.
Am 25. Februar ergibt sich eine neue Einsatzmöglichkeit. Inzwischen sind auch die am 16. Februar eingelaufenen Boote »S 61« und »S 31« einsatzbereit. So kann die Flottille heute um 1630 Uhr mit »S 60«, »S 61«, »S 59«, »S 31«, »S 54« und »S 58« zur Feindfahrt auslaufen. Auf dem Anmarsch durch das englische Minenwarngebiet kann das Führerboot »S 60« dank der Aufmerksamkeit des Fähnrich zur See

Schmuck einer treibenden Mine auf 1 m Abstand ausweichen.
Nach Einnehmen der Lauerstellung wird um 2200 Uhr ein Feuerschein im Süden unter der Kimm gesichtet und eine Detonation gehört. Da muß wohl ein Geleitzug stehen, obwohl bisher keine Aufklärungs- bzw. Alarmmeldung als Funkspruch eingegangen ist. Die Boote müssen daher auf ihrer Position auf den wahrscheinlichen Geleitzug warten. Um 2252 Uhr kommt ein Funkspruch von »S 30« von der 2. S-Flottille, in welchem das Boot den Geleitzug bei Punkt ... mit Kurs Nord meldet.
Als vom FdT übermittelt wird, daß »S 30« den Zerstörer »Exmoor« versenkt hat, hofft die Flottille immer noch auf den Geleitzug bzw. ein Fühlungshaltersignal über den Verbleib des Geleitzuges. Als bis 0415 Uhr weder etwas gesichtet wird noch eine Meldung über den Geleitzug eingegangen ist, treten die Boote den Rückmarsch an und laufen um 1130 Uhr in Rotterdam ein.
Mit großer Wahrscheinlichkeit hat dieser Geleitzug nach Versenkung des Zerstörers eine starke Kursänderung vorgenommen, um den weiter nördlich stehenden deutschen Schnellbooten nicht in die Arme zu laufen.
Die Flottillen haben wieder einige Tage Ruhe. Sie nutzen die Schlechtwetterlage, um Boote und Waffen in Ordnung zu bringen. Der Frost ist vorüber – die beiden Reservetorpedos werden wieder an Bord genommen.
Der nächste Nachteinsatz erfolgt in der Nacht vom 4. zum 5. März. Die Boote kehren nach über 16stündiger Unternehmung, ohne Feindberührung gehabt zu haben, um 0915 Uhr nach Rotterdam zurück. Nach den vielen erfolglosen Nächten, in denen außer Zerstörern und Bewachern oft nichts gesichtet wurde und den ab November besonders zahlreich aufgetretenen Zerstörerjagden in den hellen Mondnächten wird der heutige Nachteinsatz ein Erfolg für die Flottille.

GROSSEINSATZ ALLER 3 S-FLOTTILLEN – 2 GELEITZÜGE

Heute am 7. März geht um 1518 Uhr eine Aufklärungsmeldung über einen Geleitzug mit 46 Schiffen ein, der in Richtung Themsemündung nach Süden steuert. Nach dieser Luftaufklärungsmeldung stand dieser große Geleitzug um 1300 Uhr mit seiner Spitze im Quadrat 7317 mit Kurs 150°.
Alle S-Flottillen laufen aus. Die 1. S-Flottille mit ihren 7 großen Boo-

ten, die 3. S-Flottille mit 6 Booten und die 2. S-Flottille mit 4–5 Booten. Das ist alles, was wir zur Zeit im Englischen Kanal einsetzen können. Gegen 1600 Uhr geht eine weitere Aufklärungsmeldung über den Geleitzug mit Kurs und Fahrt ein. Beide gemeldeten Geleitzüge müßten nach Kopplung in dem Gebiet stehen, welches vom FdT zur Einnahme der Lauerstellungen befohlen ist.

ERFOLG DER FLOTTILLE

Es war die Absicht des stellvertretenden Flottillenchefs und Kommandanten »S 60«, so früh wie irgend möglich in der letzten Dämmerungsphase auf Position zu sein. Der Anmarsch verläuft ohne Störungen. Über das Sichten des Geleitzuges und über den weiteren Verlauf dieser sehr erfolgreichen Operation schrieb Oblt. z. S. Wuppermann damals folgendes in seinem Gefechtsbericht:
»Flottille« (S 60, 31, 59, 61, 57, 54) vor der englischen Küste am 7. 3. 41, 2030 Uhr. Wind aus SO, Stärke 4–5, Seegang 3, sehr gute Sicht. Mond sehr hoch im SW, meist über Wolken, im Westen eine dunkle Wolkenbank, im Osten klarer Horizont. Es ist noch Abenddämmerung. Wegen der gemeldeten Geleitzüge (1 von Norden und 1 von Süden) ist die Flottille mit 28 kn anmarschiert. 2050 Uhr geht sie mit 1 Maschine auf horchschwache Fahrt in Dwarslinie. Um 2115 Uhr werden mehrere Scheinwerfer an Land gesichtet, die nach See zu leuchten. Um 2117 Uhr sichtet »S 60« mehrere Schatten in 270°. Das ist der Geleitzug mit Kurs Nord. Entfernung bis zum Geleitzug etwa 6000 m. Gleichzeitige Schußabgabe wird angestrebt. Um 2128 Uhr Leuchtgranatenfächer im Süden. Flottille läuft zum Angriff an, in Dwarslinie stehend, um die Schußentfernung zu verringern. Auf eine Entfernung von 2500 m 1 großen beladenen Dampfer, 1 Zerstörer, 1 großen beladenen Tanker, durch 1 Zerstörer gedeckt, und 1 weiteren Zerstörer im Süden klar ausgemacht. Alle anderen Dampfer waren einwandfrei als kleinere zum Teil Küstendampfer auszumachen. Die Flottille mußte jetzt – (2134 Uhr) – schießen, ehe sie bemerkt wurde. Eine genaue Feuerverteilung für die einzelnen Boote konnte nicht mehr erfolgen, dies mußte den einzelnen Kommandanten überlassen bleiben. Mit wenigen Sekunden Zeitabstand schossen alle Boote außer »S 31« und »S 54« um 2135 Uhr einen Doppelschuß. »S 60« (Führerboot) kam auf den mittleren Zerstörer, der am Tanker aufdampfte, ab. Es ist ein Zerstörer der »V«-

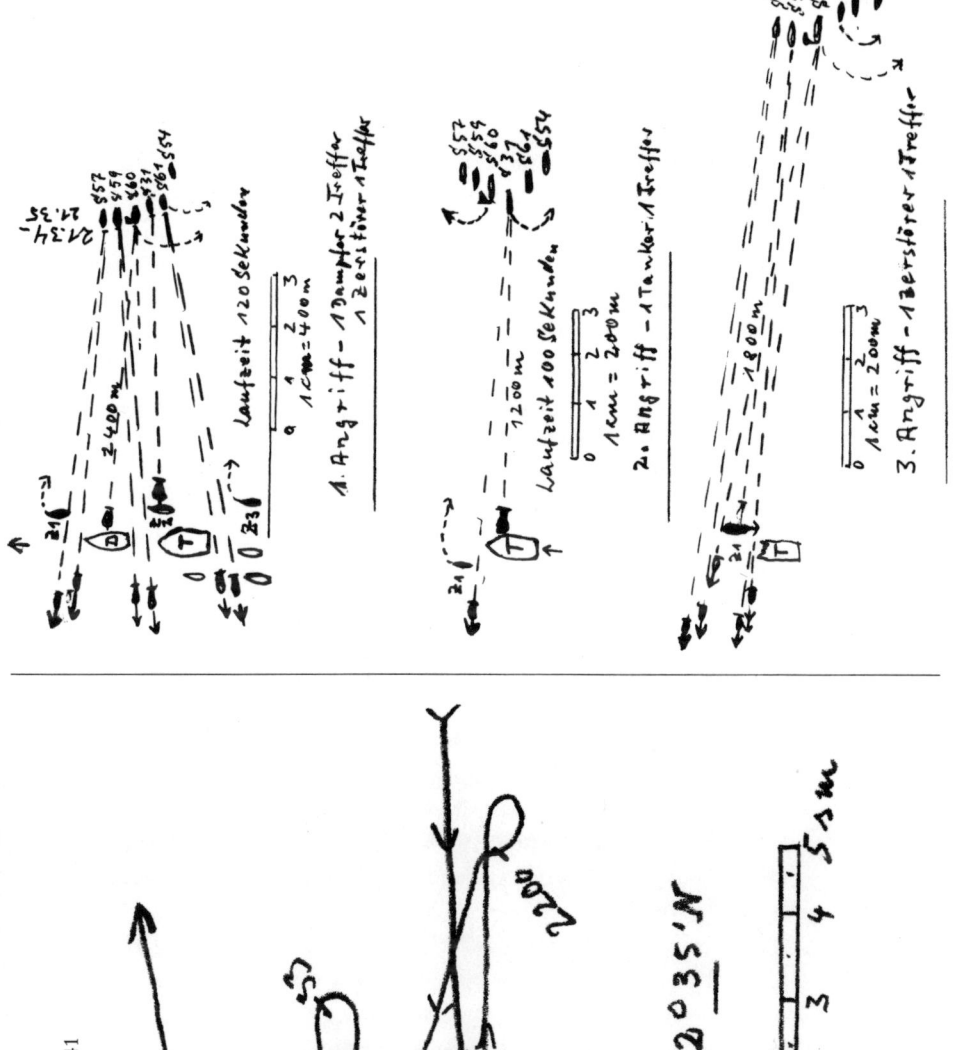

Operation gegen Geleitzug am 7. 3. 41

69

Klasse, Lage 80, Fahrt 12, Entfernung über 2000 m. Der Steuerbordtorpedo wurde Oberflächenläufer, der Backbordtorpedo lief gut, ging aber hinter dem Zerstörer vorbei. Um 2117 Uhr starke Doppeldetonation mit 20 Sekunden Abstand. Ich sah, wie dort der große Dampfer auseinanderbrach. Ich befahl allen Booten, nach dem Schuß liegenzubleiben. »S 31« hat erst kurz vor dieser Detonation geschossen. 2158 Uhr gewaltige Detonation und hohe Stichflammen im Südwesten. Der Zerstörer »V«-Klasse, der dort schwamm, ist nicht mehr. Gleichzeitig setzt ein heftiges Schießen des Gegners – von 2 Zerstörern – ein. Dann erschienen mehrere LG-Fächer, die zwischen uns und dem Gegner stehen. Wir laufen mit 28 kn und einer Wendung nach Backbord auf Ostkurs ab. Der Gegner schießt zunächst heftig weiter, stellt das Feuer um 2144 Uhr ein. Die Boote gehen auf geringe Fahrt und laden ihre Reservetorpedos nach. Nach 3 Minuten gehen alle Boote erneut zum Angriff auf Westkurs. Um 2216 Uhr meldet »S 31« 2 Schatten voraus. Wir sichten 1 großen Tanker vor uns, der anscheinend gestoppt liegt, und 1 Zerstörer im Nordwesten. Ich befehle, Ziel ist der Tanker, wir müssen noch näher heran. Absicht ist, mit »S 60«, »S 59« und »S 31« den Tanker anzugreifen. Da »S 31« aber im selben Augenblick schießt, will ich erst die Wirkung der beiden Torpedos abwarten. Nach 2 Minuten um 2224 Uhr ist der Tanker in der Mitte getroffen. Wir sehen das Vorschiff wegsinken. Sofort setzt Artilleriefeuer der Zerstörer mit Beleuchtung durch LG-Fächer ein. Wir laufen mit hoher Fahrt unter Nebelverwendung ab. Um 2233 Uhr haben wir den Feind abgeschüttelt. Die Boote gehen in Dwarslinie wieder auf Westkurs und sehen um 2247 Uhr das Heck des großen Tankers noch schwimmen. Dahinter befindet sich 1 Zerstörer. Um 2300 Uhr schießen »S 60«, »S 59« und »S 57« fast gleichzeitig je 1 Doppelschuß auf etwa 1800 m Entfernung. Als die Torpedos laufen, eröffnet der Zerstörer ein wildes 4 cm Fla-Maschinenwaffenfeuer auf »S 61« und »S 59«, wobei »S 61« einen Treffer ohne nennenswerten Schaden erhält. Mit seiner 12 cm Batterie schießt er auf die anderen Boote. Um 2301 Uhr bis 2302 Uhr erfolgen mehrere gewaltige Detonationen. Der Zerstörer fliegt in die Luft. Es müssen mindestens 3 Torpedos getroffen haben. Ich drehe um 2303 Uhr nochmal auf die Versenkungsstelle zu und stelle fest, daß der Zerstörer nicht mehr vorhanden ist, muß dann aber ablaufen, um anderen Zerstörern, die LG-Fächer schießen, zu entlaufen. Auf Anfrage, wer noch Torpedos hat, meldet »S 54«, daß es noch nicht zum Schuß gekommen ist

und noch 4 Torpedos hat. »S 61« hat auch noch 2 Torpedos. Ich befehle »S 54«, zur Versenkungsstelle zu gehen und nach Überlebenden zu suchen. Um 0200 Uhr sammeln wir an einem befohlenen Sammelpunkt. »S 54« meldet, daß es bei der Versenkungsstelle nichts gefunden hat. Mittlerweile hat es stark aufgebrist auf Ost 7, Seegang fast 6. Die Flottille tritt den Rückmarsch an und kann wegen des Seegangs nur mit 20 kn laufen.«
Der FdT brachte in seiner Stellungnahme vom 20. April zu dieser Unternehmung u. a. folgendes zum Ausdruck:
»... Allgemein ist zu sagen, daß sich die befohlene schachbrettartige Aufstellung im Seegebiet Great Yarmouth und Lowestoft in dieser Nacht sehr bewährt hat. Sie führte zu dem durchschlagenden Erfolg der Versenkung von 2 Zerstörern und 9 Dampfern. Im Gefechtsstand des FdT ergab sich während des gesamten Tages ein klares Bild über Zahl, Stärke und augenblickliche Position der Geleitzüge ... Ein weiterer sehr beachtenswerter Punkt ist das zähe Aushalten der S-Boote bei sich stark verschlechternder Wetterlage. Die Bedingungen, unter denen die S-Flottillen die Angriffe durchführten, waren derartig, daß die Grenze der Einsatzmöglichkeit bereits überschritten war ... Der Oblt. z. S. Wuppermann hat als stellvertretender Flottillenchef bei gleichzeitiger Führung seines Bootes erstmalig einen derartig geschlossenen und einwandfreien Angriff mit 6 Booten durchgeführt. Im 3maligen, sehr geschickten Heranführen hat die Flottille es zur Versenkung von 2 Zerstörern und 3 Dampfern gebracht ... «
Dieser Erfolg einer Operation mit den 6 neuen Booten und den inzwischen mehr fronterfahrenen Kommandanten und Besatzungen unter straffer und wohlverstandener Führung durch ihren »ÄK« gab wieder Mut und Befriedigung nach so vielen langandauernden und erfolglosen Winterunternehmungen mit dem fruchtlosen Gejagtwerden durch die modernen Zerstörer in den hellen Mondnächten.
Was die gegnerische Abwehr und Sicherung der Geleitzüge im allgemeinen anbetrifft, ist es auffallend, daß die Gegenseite nach dem Verlust von »S 38« in der Nacht vom 19. zum 20. November einige ihrer modernsten und kampfkräftigsten Zerstörer der britischen Flotte mit starker Bugarmierung zur Bekämpfung der Schnellboote in diesem Seegebiet einsetzte, denn diese »Jervis«-Zerstörer sind ausgesprochene Flottenzerstörer zur Sicherung der Flugzeugträger, Schlachtschiffe und Kreuzer auf der hohen See. Bei diesem letzten Geleitzug aber waren zur Sicherung nur die kleinen Zerstörer der »V«-Klasse eingesetzt.

Die sonst im allgemeinen vor Passieren der Geleitzüge im Schnellboot-Operationsgebiet eingesetzten Zerstörerkampfgruppen waren in dieser Nacht nicht aufgetreten oder waren vielleicht zu spät gekommen. Vor allem diesem Umstand ist es zu verdanken, daß die 3. S-Flottille so nahe an den Geleitzug herankommen konnte.

Bei dieser letzten Unternehmung kam von der auch angesetzten 2. S-Flottille nur 1 Rotte bis ins Operationsgebiet. Sie wurde sehr schnell von Zerstörern erfaßt, gejagt und auseinandergerissen, wodurch sie nicht mehr an die beiden Geleitzüge herankam. Sicher waren hier die zur Geleitzugüberwachung eingesetzten modernen Zerstörer, die der 2. S-Flottille das Leben schwer machten.

Die 1. S-Flottille hingegen war sehr erfolgreich. »S 27« versenkte 1 Tanker von 6000 BRT und 1 Frachter von 3000 BRT. »S 101« 1 Holzdampfer, dessen Kapitän von »S 101« gerettet werden konnte. »S 102« versenkte einen Frachter von 6000 BRT, »S 29« ebenfalls 1 Dampfer mit 6000 BRT und schließlich »S 28« den Frachter »Corduff« mit 2345 BRT, von welchem 2 Schiffbrüchige durch »S 28« gerettet werden konnten.

Ein erfreuliches Gesamtergebnis, in dieser Nacht durch 10 schießende S-Boote 9 Handelsschiffe mit zusammen mehr als 30 000 BRT und 2 Zerstörer versenkt zu haben!

ZERSTÖRERJAGDEN – BOMBENANGRIFFE – MONDNÄCHTE

Am 14. März zurück vom Urlaub, übernehme ich wieder die Führung der Flottille. Wir laufen am Nachmittag um 1630 Uhr mit 6 Booten aus Rotterdam aus. »S 54« muß wegen Maschinenausfall frühzeitig umkehren. Um 1900 Uhr überholt uns auf dem Anmarsch ins Operationsgebiet die 1. Schnellbootflottille mit ihren mehr als 25 t größeren und schnelleren Booten mit 20-Zylinder Dieselmotoren im Norden. 2 feindliche Aufklärungsflugzeuge erfassen uns um 2030 Uhr. So ist die Zerstörerabwehr über unseren Anmarsch und Standort unterrichtet! Um 2210 Uhr sichten wir auf 8000 m Entfernung mehrere Schatten. Es sind Zerstörer. Wir holen nach Norden aus, um die Zerstörer möglichst unbemerkt zu umgehen und etwas nördlicher auf den Geleitzugweg zu gelangen. Um 2245 Uhr kommen anscheinend dieselben beiden Zerstörer im Süden von uns wieder in Sicht, weshalb wir uns nach Nordwesten in Richtung der englischen Küste absetzen. Es liegt eine Aufklärungsmeldung über 1 Geleitzug mit 15 Schiffen mit unbekanntem Kurs vor. Wir sichten Mündungsfeuer in 150° und nehmen an, daß es sich um Zerstörer handelt, die auf dem äußeren Geleitzugweg S-Boote jagen. Diese Vermutung bestätigt sich durch die Aufklärungsmeldung unserer 2. Rotte »S 60« und »S 57«. Wir sichten 3 Schatten, die sich als Bewacher herausstellen. Da kommen auch schon 2 Zerstörer mit Lage 0 und hoher Fahrt auf uns zu, was wir an der hell vom Mond beleuchteten Bug- und Hecksee der Zerstörer erkennen. Sie eröffnen das Feuer auf die im hellen Mondhorizont stehenden Boote. »S 61«, das ziemlich weit herausgestaffelt von uns steht, liegt gerade in günstiger Schußposition und versucht, 2 Torpedos auf die jagenden Zerstörer zu schießen. Die Torpedos gehen leider vorbei.

Eine 2. Zerstörergruppe, aus Südwesten kommend, eröffnet ebenfalls das Feuer. Die Zerstörer schießen mit Fla- und Seezielgranaten. Wir steuern mit etwa 1000 m Bootsabstand in Dwarslinie auf Zickzackkursen bis zu 10° die vorn und seitlich liegenden Granataufschläge an. Die Zerstörer schießen sehr heftig in schnellem Salventakt. Endlich – nach etwa ½ Stunde – haben wir alle Zerstörer abgeschüttelt. Wir sehen im Mondlicht ein niedrig fliegendes Flugzeug auf uns zukommen. Da detoniert schon eine Bombe 20 m hinter »S 61« auf der hellen Hecksee. Ein fast gleicher Angriff aus dem dunklen Horizont erfolgt 7 Minuten später auf »S 59«. Die Besatzung spürt den Luftdruck der Detonation der Bombe unmittelbar hinter dem Heck. Bei weiteren Anflügen, die wir dank guten Ausgucks rechtzeitig erkennen, stoppen die Boote sofort ihre Maschinen. Eigenartigerweise fällt in diesen Fällen keine Bombe mehr! Mit dem plötzlichen Stoppen der Boote hatten die Flugzeugführer wohl nicht gerechnet. Sicher verloren sie das Ziel in ihrem Visier. So sparten sie wenigstens ihre Bomben! Und wir hatten Glück! In dieser hellen Mondnacht besteht keinerlei Aussicht auf einen erfolgreichen und unbemerkten Torpedoangriff, weshalb ich allen Booten den Rückmarsch befehle.

Die nichtsbringenden, aber Motorenbetriebsstunden kostenden Zerstörerjagden in so hellen Mondnächten veranlassen den FdT, die Uhrzeit für den Rückmarsch aus dem Operationsgebiet nicht mehr zu befehlen, sondern den Flottillenchefs freizustellen, wann sie nach erfolgtem Mondaufgang ohne Bewölkung den Rückmarsch antreten. Man kann eben die Voraussetzungen für einen sinnvollen erfolgreichen Einsatz nicht erzwingen wollen, wenn der wesentlichste Faktor, der unbemerkte Angriff, als Voraussetzung für einen erfolgreichen Torpedonachtangriff nicht gegeben ist.

OPERATIONSGEBIETSÄNDERUNG – VOR CROMER

Am 18. März läuft die Flottille mit 5 Booten schon um 1530 Uhr aus, um gegen 2300 Uhr Lauerstellung auf den Geleitzugwegen nordöstlich Cromer zu beziehen. Wir treten erstmalig soweit im Norden auf in der Hoffnung, hier günstige Waidgründe mit weniger Zerstörerabwehr vorzufinden. Mit der Führerboots-Doppelrotte stoßen wir bis auf 3 sm Abstand von der englischen Küste vor, beobachten Bombeneinschläge und Detonationen eines Luftangriffs auf den Hafen Hull an der Humber-Mündung. Es ist eine dunkle Nacht. Die weiter nördlich auf dem äußeren Geleitzugweg verbliebene 2. Rotte »S 60«, »S 57« sichtet kurz 2 Zerstörer, die schnell aus Sicht kommen und die S-Boote nicht bemerkt zu haben scheinen. Beim Vorstoßen auf den Geleitzugwegen zunächst nach Nordwesten, dann nach Südosten wird nichts gesichtet. Die Boote treten den Rückmarsch an und laufen bis 1000 Uhr in Rotterdam ein.

Am Nachmittag des 20. März laufen wir mit denselben 5 Booten um 1615 Uhr aus zur rottenweise Einnahme der Positionen ab 2400 Uhr. Schon um 1827 Uhr werden wir Zeugen eines Luftkampfes zwischen einer He 111« und einer »Bristol-Blenheim«. 2 Minuten später fallen 2 Bomben von dem englischen Flugzeug etwa 200 m querab von »S 61« und »S 57«. Weitere 2 Minuten später fallen 2 weitere Bomben, ohne einen Schaden anzurichten. Die Bombenvisiere der englischen Flugzeuge müssen sehr schlecht sein! Um 1932 Uhr muß »S 59« wegen starken Wassermachens in Abteilung I vor dem Heck entlassen werden. Die wahrscheinliche Ursache ist ein Leckschlagen der Abteilung nach der Bombendetonation während der vorletzten Unternehmung 20 m hinter dem Heck von »S 59«.

MINENDETONATION IM KIELWASSER

Um 2053 Uhr hat das Führerboot eine Unterwasserberührung, ein Schlag geht durch das Boot. Mit »Hart Steuerbord« drehen wir ab und warnen die in Kiellinie folgenden 3 Boote mit UK-Befehl »Mine im Kielwasser«, als wir die Mine erkannt haben. Da melden auch »S 61« und »S 60«, daß sie Unterwasserberührung gespürt haben. Unmittelbar darauf erfolgt im Kielwasser des letzten Bootes eine sehr heftige Unterwasserdetonation mit hoher Wassersäule etwa 50 m hinter »S 57«. »S 57« meldet daraufhin, daß seine Mittelmaschine und die ge-

samte elektrische Anlage ausgefallen sind. Welch Zufall, daß die Detonation dieser Mine hinter »S 57« und nicht bei der Berührung mit dem Boot erfolgte! Auch »S 60« meldet Ausfall der elektrischen Anlage. Schon wieder sichtet das Führerboot »S 31« 30 m an Steuerbord voraus eine treibende Mine.
Die Mittelmaschine auf »S 57« wird nicht wieder klar, weshalb das Boot entlassen werden muß. Wegen der festgestellten Minenverseuchung mit diesen treibenden Minen in diesem Seegebiet wird »S 60« als Sicherheitsboot zugeteilt.

FEUERÜBERFALL – RADAR AUF BRITISCHEN ZERSTÖRERN?

Mit »S 31« und »S 61« setze ich die Operation fort. Wir sind 1 Stunde früher um 2300 Uhr auf Position und erleben auf den Geleitzugwegen eine Sichtverschlechterung auf 300–400 m. Plötzlich fallen etwa 400 m an Steuerbord querab 6 Leuchtgranaten vom Himmel, der Mündungsknall kommt aus dem Süden und ist an Backbordseite gehört worden. Ehe wir etwas sichten können, fliegen 4 cm Leuchtspurgeschosse aus Fla-Maschinenwaffen auf uns zu. Dann schießt der Gegner auch mit großkalibriger Seeziel- und Fla-Munition. Wir drehen mit Höchstfahrt auf nordöstlichen Kurs und laufen aus dem Geschoßhagel und den weiter geschossenen LG-Fächern heraus, bis es wieder still wird in dieser unsichtigen Nacht. Nachdem wir die Zerstörer abgeschüttelt haben, stoppen wir unter Abstellen aller Maschinen, um nach diesem plötzlichen Feuerüberfall aus heiterstem Himmel ein wenig zu verschnaufen. Zunächst stellen wir fest, daß niemand getroffen ist und die Boote keine Schäden erlitten haben. Bei der Überlegung, wodurch dieser Feuerüberfall durch die britischen Zerstörer ermöglicht wurde, kommen wir zu der Annahme, daß die S-Boote von den Zerstörern auf Grund von Radar-Ortungen erfaßt worden sind, zumal

1. Die S-Boote bei der geringen Sichtweite von nur 200 m nicht gesehen sein konnten und
2. das Feuer und die Leuchtgranaten im Anfang sehr gut lagen.

Das Rottenboot »S 61« ist auf 200 m aus Sicht gekommen. Wir gehen kurz mit allen Maschinen an, damit das gestoppt liegende »S 61« die Motorengeräusche hören kann, um wieder heranzuschließen. Um 0045 Uhr stoße ich mit der Rotte vorsichtig mit Schleichfahrt nach Süden auf den unter der Küste verlaufenden inneren Geleitzugweg vor. Als auch hier bei plötzlich wolkenlosem Himmel und sternklarer

Nacht nichts gesichtet wird, wechseln wir mit NW und Nordkurs wieder auf den äußeren Geleitzugweg über, den wir um 0500 Uhr erreichen. Inzwischen hat der Wind auf West 6–7, der Seegang auf 4–5 zugenommen. Wir laufen auf diesem Weg in Dwarslinie nach Osten und treten ohne Sichtung auch nur eines Schattens um 0600 Uhr nach 7 Stunden Aufenthalt im Operationsgebiet und vergeblicher Suche nach dem Gegner den Rückmarsch bei Smith-Knoll Nordtonne an. Um 1100 Uhr läuft die Rotte nach mehr als 18stündiger Unternehmung in Rotterdam ein.

Erst am 24. März läßt das Wetter wieder einen Einsatz zu. Wir laufen mit »S 31«, »S 57« und »S 61« um 1615 Uhr aus in dasselbe Operationsgebiet wie bei der letzten Unternehmung. Um 1900 Uhr geht eine Aufklärungsmeldung über 30 Schiffe mit 4 Zerstörern mit Standortmeldung um 1800 Uhr ein. Als ich im Navigationsraum mit meinem Flottillensteuermann den Geleitzug mit Standort, Kurs und Fahrt eintrage und wir weiterkoppeln, stellen wir fest, daß wir den Geleitzug bei Zugrundelegung von 8 kn Fahrt um etwa 2300 Uhr auf einer bestimmten Position auf dem Geleitzugweg treffen müssen und könnten, anstatt die vom FdT ursprünglich befohlene Position nördlich Cromer weiter anzusteuern. Nach einiger Zeit kommt auch schon per Funkspruch vom FdT die neu befohlene Position, die sich mit der von uns errechneten und auch bezüglich der Uhrzeit genau deckt. Das ist echte Führung! So muß im Stab an Land mitgedacht werden.

Wind und Seegang nehmen zu, es steht eine grobe Dünung, die Sicht ist mäßig. Als wir die 1. Tonne auf dem Geleitzugweg in Sicht bekommen, stellen wir fest, daß wir durch das Gieren der Boote im Seegang und durch Strom um fast 6 sm nach Norden versetzt worden sind. Aber wir erreichten die befohlene Position genau um 2245 Uhr. Jetzt setzt eine Sichtverschlechterung auf 100–200 m ein. Die taktische Nr. 3 – »S 57« – hat den Anschluß verloren. Mit »S 31« und »S 61«, das auf 100 m Steuerbord achteraus nicht zu erkennen ist, warten wir mit gestoppten Maschinen auf den gemeldeten Geleitzug. Um 2325 Uhr kommen im Westen auf geringste Entfernung von 100–200 m 2 Schatten in etwa Lage 70 in breiter Silhouette mit ganz langsamer Fahrt auf Südkurs in Sicht. Man kann die Zerstörer fast fühlen, so nahe sind sie. Es sind sicher die »Jagdzerstörer«. Wir können von ihnen nicht gesehen worden sein. Auf diese geringe Entfernung ist ein schneller zufälliger Torpedoschuß wegen der eingestellten Sicherheitsstrecke der Gefechtspistole nicht möglich. Wir lassen die Zerstörer passieren, da wir unsere Torpedos für die Dampfer aufsparen wollen, denn Handels-

schiffe haben 1. Priorität bei der Auswahl von Zielen. Der Zufuhr über See gilt der Seekrieg – das sind die über See zu transportierenden Frachten, Güter und Kriegsmaterial. Die Zerstörer sind schnell aus Sicht. Über den weiteren Verlauf dieser Operation schrieb ich damals ins KTB:
»Ich befahl beiden Booten, sich auf Nordkurs zu legen und alle Maschinen abzustellen. Ich gab diesen Befehl auf Grund meiner Erfahrungen bei der vorhergehenden Unternehmung, weil ich der festen Überzeugung war, daß die Boote von den Zerstörern mit einem Ortungsgerät erfaßt sind und die Zerstörer aus dem günstigeren Horizont im Osten wieder erscheinen würden, zumal dann den Booten der Rückmarsch nach Osten erschwert werden würde. Die beste Möglichkeit zum Ablaufen bestand in Richtung Nord auf die Sände »Winterton-Ridge«. Ich ließ weiterhin verschärft nach Osten Ausguck halten. Plötzlich erscheinen 3 Schatten mit Lage 0 Steuerbord querab mit schäumender Bugsee und Schornsteinfunken in Rammposition. Mit »S 31« und »S 61« gehen wir mit Äußerster Kraft voraus mit den Maschinen an, als die Zerstörer mit ihrem Bug unmittelbar hinter unserem Heck das Kielwasser schneiden. »S 31« läuft nach Norden, »S 61« nach Westen. Erst in diesem Moment scheint uns der Gegner gesehen zu haben auf Grund unserer Hecksee. Die Zerstörer eröffnen das Feuer mit einem LG-Fächer und Fla-Maschinenwaffen. Sie konzentrieren sich besonders auf das unmittelbar vor ihnen ablaufende »S 61«. Nach einigen Minuten hat das Führerboot die Zerstörer abgeschüttelt. Wir erkennen die Zerstörer jetzt in ihrem eigenen LG-Fächer, den sie auf »S 61« geschossen haben, und laufen mit hoher Fahrt auf die Zerstörer zu, um ihre artilleristische Bindung an »S 61« zu einem Torpedoangriff auszunutzen. Nach 2 Minuten ist der LG-Fächer erloschen, die Zerstörer sind aus Sicht. Da ein weiterer Vorstoß zum Angriff auf Grund der Sichtverhältnisse nicht möglich ist, gehe ich mit 9 kn Fahrt zu einer Blinktonne etwa 10 sm ab, um hier mit »S 61« zu sammeln. Auf UK-Anfrage antwortet »S 61«, daß alles klar ist. Wir haben die Absicht, nach dem Sammeln wieder auf den Geleitzugweg zu gehen, um auf den Geleitzug zu warten. Bei diesen Zerstörern handelte es sich ja um reine Überwachung der Geleitzugwege. Inzwischen hat das Führerboot den Sammelpunkt an der verabredeten Blitztonne erreicht, es stoppt und stellt alle Maschinen ab.
Nach etwa ½ Stunde erscheint plötzlich an Steuerbord querab 1 Zerstörer auf 100 m Entfernung in Lage 90 mit ganz langsamer

Fahrt. Wir können wegen der geringen Entfernung keinen Torpedo schießen und gehen vorsichtig mit 1 Maschine an. Als wir nach etwa 10 Sekunden auf 3 Maschinen gehen und die weiße Hecksee erzeugen, eröffnet der Zerstörer das Feuer mit allen Geschützen, nachdem ein LG-Fächer unser Führerboot hell beleuchtet. Auf Grund unserer hohen Auswanderungsgeschwindigkeit bei dieser geringen Entfernung liegen alle Aufschläge der feindlichen Artillerie und auch der Leuchtspurgeschosse achteraus hinter unserem Heck.
Ich bin der festen Überzeugung, daß das Boot beim Sichten des Zerstörers um 0115 Uhr vom Zerstörer selbst nicht gesehen worden ist, was auch dadurch bestätigt wird, daß der Zerstörer auf 100 m Entfernung das Feuer nicht sofort überfallartig eröffnet hat. Als der Zerstörer auf Nordkurs geht, drehen wir unter weiterer Nebelverwendung auf Ostkurs ab. Der Nebel liegt gut, so daß das Boot im LG-Fächer vom Zerstörer aus nicht gesehen werden kann.
Es muß eine Art Dete-Gerät auf den britischen Zerstörern vorhanden sein, welches auf Entfernungen unter 500 m nicht mehr anzeigt, denn sonst hätten die Zerstörer in beiden Fällen sofort das Feuer eröffnet. Im 2. Falle vergingen fast Minuten vom Sichten des Zerströrers bis zu seinem Feuereröffnen.
Durch das Vorhandensein eines Ortungsgerätes beim Gegner ist für die S-Boote eine neue Lage geschaffen. Die »Lauerstellung« ist nicht mehr die Grundlage für den unbemerkten überraschenden Angriff. Besonders in dunklen Nächten mit einer Sicht unter 500 m ist m. E. die Grenze der Verwendungsfähigkeit der S-Boote solange gegeben, bis die S-Boote selbst mit dem Dete-Gerät ausgerüstet sind und sich hierdurch nicht nur vor unbemerkten Überfällen durch die Zerstörer schützen können, sondern vor allem in der Lage sind, feindliche Geleitzüge mittels dieses Gerätes zu finden.«
Mein Antrag auf vordringlichen Einbau eines einfachen kleinen Dete-Gerätes für nur taktische Aufklärungszwecke zum Auffinden von Geleitzügen oder auch zum Ausweichen und Umgehen der feindlichen Zerstörerüberwachung auf den Geleitzugwegen wurde bereits Mitte Dezember des vergangenen Jahres auf dem Dienstwege mit Unterstützung aller Zwischenvorgesetzten bei der Seekriegsleitung des Oberkommandos der Kriegsmarine gestellt.

BILANZ 1. QUARTAL 1941

Dies war die letzte Unternehmung im 1. Quartal 1941, denn in den letzten Tagen des März herrscht nur schlechte Wetterlage oder Nebel. Ein kurzer Rückblick auf dieses Vierteljahr führt zu der Feststellung, daß der Schnellbooteinsatz stark unter der schlechten Wetterlage und den hellen Mondnächten litt, was nicht nur die verhältnismäßig geringe Zahl der Einsätze, sondern auch die Erfolgsmöglichkeiten beeinträchtigte in bezug auf die Treffererfolge.
Es konnten nur
 12 Unternehmungen mit im Durchschnitt nur
 4 S-Booten durchgeführt werden. Bei
 8 Einsätzen lagen Aufklärungsmeldungen vom FdT vor.
 8 Operationen wurden wegen zu schlechter Wetterlage abgebrochen. Von
 2 gesichteten Geleitzügen, die mit
 5 bzw. 16 Torpedos angegriffen wurden, konnte nur
 1 Geleitzug in einer Nachtoperation vom 7. auf den 8. März mit Erfolg angegriffen werden. Als versenkt wurden gemeldet
 2 Zerstörer der »V«-Klasse
 1 Frachtdampfer 4–5000 BRT
 1 Tanker 8000 BRT. Bei
 7 Unternehmungen erfolgte Gefechtsberührung mit feindlichen Zerstörern.
Insgesamt wurden
 27 Torpedos verschossen, davon
 16 Torpedos auf Zerstörer
 1 Torpedo auf Bewacher
 10 Torpedos auf Dampfer.
Im allgemeinen waren die 3 S-Flottillen beim Ansatz durch den FdT im Operationsgebiet schachbrettförmig in Rotten zu je 2 Booten auf den verschiedenen bekannten und mit Tonnen ausgelegten Geleitzugwegen aufgestellt. Auf den befohlenen Positionen hatten die Boote in Lauerstellung mit abgestellten Maschinen zu liegen, bis eine Aufklärungsmeldung eines Schnellbootes über den einwandfrei gesichteten Geleitzug mit Funkspruch einging. Erst in diesem Falle durften und mußten die Boote ihre Positionen verlassen und selbständig auf den gemeldeten Geleitzug operieren.
Um die vielen erfolglosen Unternehmungen der Schnellboote wirksamer gestalten zu können, erscheint die Verminung der britischen Ge-

leitzugwege besonders in der Nähe der engen Durchfahrten bei den Sänden angebracht. Minen sind bei Tage und bei Nacht ein stationäres Seekriegsmittel, welches den Gegner bei den an seiner Ostküste vorliegenden günstigen Wassertiefenverhältnissen erhebliche Verluste kosten wird. Der Minenkrieg bietet sich hier geradezu an. Der Nachteil, daß bei Minenbeladung die beiden Reservetorpedos von Bord gegeben werden müssen, fällt angesichts der Gesamtlage und des großen Vorteils der Anwendung dieses Seekriegsmittels nicht ins Gewicht. Entscheidend aber ist der Einbau eines Dete-Gerätes, um den Gegner bei Nacht finden zu können. Doch das sollte noch Jahre dauern!

DER FLOTTENCHEF BESICHTIGT DIE FLOTTILLE

Der April beschert uns typisches Aprilwetter. Nur 2 Unternehmungen können durchgeführt werden, während 2 Operationen wegen Nebel abgebrochen werden müssen.
Am 7. April besichtigt der gerade mit den Schlachtschiffen »Scharnhorst« und »Gneisenau« von der Atlantikunternehmung nach Brest zurückgekehrte Flottenchef, Admiral Lütjens, die 3. S-Flottille und hält eine Ansprache an die Flottillenbesatzungen. Beim Mittagessen im Kurhaus in Scheveningen schildert er den Einsatz der Schlachtschiffe gegen die zwischen USA und England im Nordatlantik laufenden Geleitzüge. Der Admiral ist voller Hoffnung auf den nächsten Atlantikeinsatz der Schlachtschiffe, was sich aber infolge der späteren Lageentwicklung nicht mehr erfüllen sollte, denn schon im Frühsommer am 27. Mai wurde das Schlachtschiff »Bismarck« im Nordatlantik etwa 400 sm westlich von Brest mit dem Flottenchef an Bord ein Opfer der britischen Übermacht und sank.

VERMINUNG DER ENGLISCHEN GELEITZUGWEGE

Am 1. April waren die von der 2. S-Flottille an die 3. S-Flottille übergebenen Boote »S 35« und etwas später auch »S 34« in Rotterdam eingelaufen. Als Kommandanten sind die inzwischen in der taktischen Heimatausbildung gewesenen Leutnante z. S. Horst Weber und Erwin Lüders eingesetzt. Während der Werftliegezeit dieser Boote hatte ich ohne Wissen und Genehmigung meines Dienstvorgesetzten eine Echolot-Anlage zum genaueren Navigieren in diesen schwierigen Gewässern einbauen lassen. Das sollte sich jetzt bei den Minenunternehmungen bewähren. Später wurden auf Grund dieser Erfahrung alle

Schnellboote mit dieser Anlage ausgerüstet.
Die Minenunternehmungen beginnen. Wir laufen in der Nacht vom 16. zum 17. April mit »S 35«, »S 34«, »S 61«, »S 31«, »S 60« und »S 58« am Spätnachmittag aus. Die Wege zwischen Haisborough-Sand und Haisborough-Tail sind mit Grundminen TMB II zu verseuchen. Wir werfen die 32 Minen nach Erreichen der Position von 0231 Uhr bis 0245 Uhr. Anschließend operieren wir auf dem äußeren Geleitzugweg. Als um 0341 Uhr vom Chef 2. S-Flottille eine Aufklärungsmeldung über 1 Geleitzug eingeht, entschließe ich mich, auf diesen nach Süden laufenden Geleitzug zu operieren. Wir könnten ihn möglicherweise bis 0500 Uhr fassen.
Beim Vorstoß nach Süden beobachten wir um 0440 Uhr Leuchtspurgeschosse achteraus von uns. Das angehängte »S 60« als taktische Nr. 5 meldet sich auf UK nicht mehr, »S 58« als taktische Nr. 6 und »S 61« als taktische Nr. 3 melden, daß sie im Artilleriegefecht mit 4 englischen Schnellbooten liegen und daß »S 60« nicht mehr in Sicht ist. Ich versuche, »S 60« durch Funkspruch wieder auf die Flottille sammeln zu lassen, was gelingt. Als die Morgendämmerung kurz nach 0500 Uhr einsetzt und wir nichts gesichtet haben, wird der Rückmarsch angetreten. Der Geleitzug muß also entweder schneller marschiert sein oder – was wahrscheinlicher ist – nach dem Angriff der 2. S-Flottille eine Kursänderung unter die Küste vorgenommen haben.
Die Flottille läuft um 1000 Uhr ein. Wir stellen fest, daß »S 58« beim Gefecht mit den MTB's 5 Treffer, davon 4 in das Vorschiff, 1 in den Seitenmotorenraum Abteilung IV an Steuerbord oberhalb der Scheuerleiste erhalten hat. Beim letzteren Treffer durchschlug das Geschoß die Bordwand, traf die Entlüftungsleitung vom Steuerbordölbetriebstank und detonierte beim Auftreffen auf die Instrumententafel, wobei der an seinem Motor sitzende Fahrmaat des Steuerbordmotors leichte Verletzungen im Gesicht erlitt. Die Maschinenanlage blieb aber voll betriebsklar, die leichten Trefferschäden wurden sofort beseitigt.
Aus Wettergründen kann die nächste Minenunternehmung erst in der Nacht vom 28. zum 29. April mit 4 Booten durchgeführt werden. Die Boote laufen um 1745 Uhr aus und erhalten auf Grund einer Aufklärungsmeldung über einen nordgehenden großen Geleitzug mit letzter Standortmeldung 1615 Uhr Befehl, nach dem Minenwerfen zwischen Haisborough-Tail und Hammond Knoll auf den gemeldeten Geleitzug zu operieren. Der »ÄK« der Flottille übernimmt die Führung dieser Operation, da ich zur Besprechung der Flottillenchefs beim Führer der Torpedoboote in Boulogne bin.

KRIEG GEGEN DIE SOWJETUNION?

Der FdT gibt uns bekannt, daß im Juni 1941 der Krieg gegen die Sowjetunion beginnen wird und daß alle 3 S-Flottillen zum Einsatz in der Östlichen Ostsee und im Finnenbusen vorgesehen sind mangels anderer geeigneter Seestreitkräfte. Die Flottillen sollen daher zu diesem Zeitpunkt in voller Stärke zur Verfügung stehen. Entsprechende Planung für kleine Motorenüberholung und Werftliegezeit ist beschleunigt zur Koordinierung vorzulegen. Die im Aufbau befindliche 4. S-Flottille unter meinem Crewkameraden Kptlt. Niels Bätge wird Anfang Juni mit einigen Booten in den Englischen Kanal verlegen und soll hier Fühlung am Feind halten. –
Eine weitere Großmacht, die wir zu unserem Gegner machen, obwohl unser »Hemd« seit Kriegsausbruch sowieso viel zu kurz ist. Aber das übersahen wir damals nicht im Vertrauen auf unsere höhere Führung. Meinen Offizieren und Besatzungen muß ich die beabsichtigte Verlegung ab Ende Mai damit erklären, daß die bisherigen 3 Frontflottillen während der ohnehin ungünstigen Periode der kurzen Sommernächte eine »Verschnaufpause« zur »taktischen Ausbildung« in der Ostsee einlegen sollen.
Zurück zur laufenden Operation:
Die Flottille erreicht ihre Wurfposition um Mitternacht. Nach dem unbemerkten Werfen der Minen wird der Vormarsch auf dem Geleitzugweg nach Süden angetreten. Als bis 0410 Uhr weder eine Aufklärungsmeldung eingeht noch auch nur ein Schatten gesichtet wird, tritt die Flottille rottenweise ihren Rückmarsch an.

2. ARTILLERIEGEFECHT MIT BRITISCHEN MTB'S

Um 0710 Uhr ging ein Funkspruch von »S 61«, dem Rottenführerboot der 2. Rotte, ein mit der Meldung »Bin im Gefecht mit feindlichen Schnellbooten Position ...«. 1 Stunde später meldet die Rotte »Laufe gleich ein«, worauf auch die 1. Rotte, die auf den 1. Funkspruch von »S 61« ihren Rückmarsch unterbrach und das Gefechtsquadrat zur Unterstützung ansteuerte, wieder auf Einlaufkurs ging.
Die bisherigen 2 kurzen Gefechte mit britischen MTB's, die von »S 58« bzw. »S 61« geführt wurden, haben ergeben, daß der Gegner einen Teil seiner Boote mit 2 cm und einen Teil mit nur 8 mm MG's bestückt hat. »S 61« verschoß in dem 20 Minuten dauernden »Laufenden

Gefecht« auf Parallelkurs auf eine Gefechtsentfernung von 600–1000 m 800 Schuß 2 cm Munition und erzielte zumindest auf einem der beiden Gegner Treffer, denn dieses Boot qualmte stark und fiel zurück. »S 61« erhielt mehrere leichte Überwassertreffer von 8 mm Kaliber und hatte einen Leichtverwundeten. Der Obermaschinist Siebenlist erlitt einen leichten Hüftsteckschuß.
Auf Grund der bei diesem letzten Gefecht gemachten Erfahrungen wird beantragt:
1. Sofortige Sollerhöhung von 15 auf 40–2 cm Munitionsmagazine.
2. Mitführen von 1600 Schuß 2 cm Munition, davon 800 Schuß Phosphormunition.
3. Sollerhöhung von 1 auf 2 MG 34 mit Magazintrommeln anstatt der Gurte wegen auftretender Ladehemmungen.
4. Anbordgabe eines Flammenwerfers für den Nahkampf.

Vom FdT erfahren wir die Absicht, daß auch unser kleiner Schnellboottyp »S 30/54« in Kürze eine in der Back in einem Brunnen versenkte 2 cm Flak 38 erhalten wird. Mit dieser Bewaffnung von 2–2 cm Kanonen werden wir die MTB's hoffentlich auf respektvoller Entfernung halten können, denn es ist nicht unser Auftrag, MTB's anzugreifen, sondern Transportraum zu versenken. Wir könnten dem Gegner keinen größeren Gefallen tun, als seinen Verlockungen zu folgen und uns abnutzen zu lassen mit der Handvoll Schnellboote, die wir überhaupt in unserer Marine haben. Aber noch ist die gegnerische Abwehr bis auf die Zerstörer milde.

FRÜHJAHRSSTÜRME AUCH NOCH IM MAI

Die Frühjahrsstürme halten auch im Mai noch an.
Am 9. Mai wird »S 55« von der 2. S-Flottille übernommen, Kommandant wird mein bisheriger Adjutant, Oblt. z. S. Stolzenburg, der noch keine Ausbildung erhalten hat. Die Boote »S 57«, »S 61« und »S 31« verlegen im Zuge der Bereitstellung für den Monat Juni am 7. 5. zum Motorenwechsel bzw. zur kleinen Motorenüberholung in die Werft nach Kiel. Somit sind nur noch 5 Boote einsatzbereit.
Das vor kurzem von der 2. S-Flottille übernommene Boot »S 30« wird von uns an die in der Heimat in Aufstellung befindliche 6. S-Flottille abgegeben. Somit besteht die 2. S-Flottille nunmehr nur noch aus großen neuen Booten.
Am 15. Mai besichtigt der Oberbefehlshaber des Gruppenkommandos

West, Generaladmiral Saalwächter, aus Paris kommend die Flottille. Mit den verbliebenen 5 Booten versuchen wir am 18. Mai unsere letzte Minenunternehmung vor Verlassen des Englischen Kanals durchzuführen. Wir sind mit je 3 EMD, 4 Sprengbojen und 1 Reißboje je Boot beladen und laufen um 2130 Uhr aus. Die Wetterlage vor der Küste ist günstig. Auf dem Anmarsch tritt leider eine heftige Wetterverschlechterung auf Windstärke 6 aus NW ein. Nachdem sich mehrere dieser großen hohen Minengefäße vom Anker gelöst haben und seitwärts außenbords über die Reeling hängen, wodurch eines der Boote erhebliche Schlagseite bekommt, mache ich kurz vor Mitternacht kehrt. Wir laufen um 0230 Uhr ein.

FDT UND 3 S-FLOTTILLEN VERLASSEN ENGLISCHEN KANAL

Die 1. und 2. S-Flottille haben den Marsch in die Heimat zur »taktischen Ausbildung in der Ostsee« schon angetreten. Der FdT mit seinem Einsatzstab hat seinen Führungsstand in Nordfrankreich abgebrochen. Nur ein kleiner arbeitsfähiger Reststab als »Führungszelle« unter Leitung des bisherigen A I op, Oblt. z. S. Bernd Rebensburg, verbleibt im Kanal. Er untersteht dem inzwischen mit einigen Booten in Rotterdam eingetroffenen Chef 4. S-Flottille, der die Stellung im Kanal halten muß bis zur Rückkehr der 3 Flottillen aus dem Krieg gegen Sowjet-Rußland, womit spätestens zum Herbst gerechnet wird. Am 27. Mai um 0500 Uhr laufen wir mit dem Schnellbootbegleitschiff »Adolf Lüderitz«, den Booten »S 34«, »S 54«, »S 59«, »S 58«, »S 60« und »S 61« aus Rotterdam aus nach Kiel. Ab Borkum bis Feuerschiff Elbe I schützen 2 Jagdzerstörer vom Typ »Me 110« als Jagdschutz das Begleitschiff gegen mögliche Luftangriffe. Um 2100 Uhr liegen wir in der Brunsbütteler Schleuse und marschieren während der Nacht durch den Kaiser-Wilhelm-Kanal. Um 0730 Uhr am 28. Mai 1941 machen wir an der »Albatros«-Brücke in Kiel-Wik fest.

Während des Nachmittags wird die Prüfung der eingeschifften Seekadetten abgehalten, bevor sie als Fähnriche zur See auf die Marineschule kommen. Auch das muß sein!

Gegen Abend halte ich eine kurze Ansprache an die Flottillenbesatzungen zum Gedenken der Kameraden des heute im Atlantik gesunkenen Schlachtschiffes »Bismarck«. Die »Bismarck« hatte mit dem schweren Kreuzer »Prinz Eugen« unmittelbar nach dem gemeinsamen Durchbruch durch die Dänemarkstraße das größte Schlachtschiff der

Welt, die »Hood« der Royal Navy, versenken können. Nun ereilte das Schicksal auch die »Bismarck«.

BILANZ NACH 3/4 JAHR FRONTEINSATZ

8½ Monate sind vergangen, seitdem wir mit den 5 alten S-Booten und »Adolf Lüderitz« aus Kiel ausliefen zum Fronteinsatz im Englischen Kanal. Kommandanten und Besatzungen haben bei ihren Nachteinsätzen viele Erfahrungen am Feind gesammelt vor allem bei den zahlreichen Gefechten mit britischen Zerstörern, dem Hauptfeind der S-Boote. In der taktischen Kurzausbildung im Sommer vorigen Jahres sah das noch ganz anders aus! Wir sind aus diesen Zerstörergefechten mit Ausnahme am 20. November, als das zur 1. S-Flottille gehörende und uns für diese Unternehmung unterstellte Boot »S 38« von einem britischen Zerstörer gerammt wurde, mit viel Glück ohne größere Verluste davongekommen.

Das Winterhalbjahr mit seinem schlechten Wetter schränkte die Einsatzmöglichkeiten der Schnellboote in kaum vorstellbarer Weise in diesem Seegebiet ein. Das war enttäuschend für alle Flottillenbesatzungen.

Es ist lohnend, eine Bilanz für diesen Zeitraum zu ziehen.

Vom 11. September 1940 bis 26. Mai 1941 hat die Flottille

33 Operationen, davon 2 Minenoperationen, durchgeführt mit 3,7 S-Booten pro Operation im Durchschnitt.

19 Operationen wurden wegen Wetter abgebrochen,

12 Aufklärungsmeldungen bei 12 Operationen lagen vor, nur

5 Geleitzüge wurden gesichtet und angegriffen,

9 mal wurden 1 oder mehrere Kriegsschiffe gesichtet,

14 mal wurden wir von Zerstörern in Gefechte verwickelt,

44 Torpedos wurden verschossen, davon

14 auf Handelsschiffe und

30 auf Kreuzer, Zerstörer und Bewacher.

Als versenkt wurden von 7mal erfolgreichen Booten gemeldet

3 Zerstörer

2 Tanker mit 18 000 BRT

3 Transportdampfer mit 13 500 BRT – Gesamt 31 500 BRT –

Nach den Angaben in »Chronology of The War At Sea« wurden in der Berichtszeit versenkt

1 Dampfer 1350 BRT durch »S 54« am 4. 9. 40 – gemeldet war

»1 Zerstörer versenkt«
1 Frachter (holländisch) »Maastricht« 6552 BRT durch »S 59« am 23. 12. 40 – gemeldet war »1 Tanker 10 000 und 1 Frachter 6000 BRT versenkt«
2 Frachter mit 5825 BRT, darunter der Frachter »Boulderpool« mit 4805 BRT durch »S 61« und andere Boote am 7. 3. 41 – gemeldet waren »2 Zerstörer ›V‹-Klasse und 2 Handelsschiffe mit 12 500 BRT«

Für die von den Kommandanten gemeldete Versenkung von
1 Zerstörer am 4. 9. 40
1 Dampfer 3000 BRT am 22. 9. 40
1 Tanker 10 000 BRT am 23. 12. 40
2 Zerstörern am 7. 3. 41 und
1 Tanker 8000 BRT am 7. 3. 41

ist eine Bestätigung durch britische Quellen bisher nicht möglich gewesen.

Die Flottille hatte 9 Verwundete und zahlreiche leichtere Splitterschäden zu verzeichnen. Der Verlust von »S 38« war der schmerzlichste bei allen Zerstörergefechten. Von 23 Besatzungsangehörigen sind 5 gefallen und alle 18 Überlebenden mehr oder weniger schwer und leicht verwundet worden. Diese Verluste sind bei der 1. S-Flottille zu berücksichtigen. Von 257 Tagen konnte auf Grund schlechter Wetterlage an 172 Tagen kein Einsatz durchgeführt werden. An 38 Tagen war wegen der langen Dauer der Unternehmungen Ruhe für die kommende Nacht befohlen.

Solch ein Gesamtergebnis kann nicht befriedigen, wenn Aufwand und Erfolg zahlenmäßig gegeneinander aufgewogen werden. Solche Rechnung aber ist bei Fällen eines Urteils unter den Verhältnissen eines Seekrieges im Küstenvorfeld nur bedingt zulässig. Denn der Gegner wurde zu Abwehrmaßnahmen mit Seekriegsmitteln und Flugzeugen gezwungen, die an anderer Stelle im Seekrieg nicht einsetzbar waren; z. B. konnten die im Englischen Kanal gebundenen Zerstörer nicht im Nordatlantik zur Bekämpfung der dort sehr erfolgreich operierenden deutschen U-Boote eingesetzt werden. Ferner wurde unser eigener Geleitzugverkehr unter der holländischen, belgischen und französischen Küste durch britische Zerstörer weniger gefährdet.

Aber dennoch empfanden wir unseren Einsatz in bezug auf Versenkung von Handelsschiffstonnage als in keiner Weise befriedigend, wenn von 44 verschossenen Torpedos nur etwa 8–10 zum Treffer wurden, wodurch 3 Zerstörer und 5 Handelsschiffe – ohne spätere Minen-

erfolge zu berücksichtigen – als versenkt gemeldet wurden.
Torpedos schießen und auch treffen ist eine Kunst, die ausgiebig geübt werden muß, wenn der Gegner nachts nur als Schatten und dunkle Silhouette sichtbar ist. Keine Bugwelle oder Hecksee ist zu erkennen, um daraus auf die Geschwindigkeit des Gegners schließen zu können. Die richtig geschätzte Gegnerfahrt aber gehört zu einer der beiden wichtigsten Schußunterlagen. Dazu braucht man langjährige Übung und Erfahrung. Die Kommandanten und seemännischen Nr. 1-en jedoch hatten nur eine 20tägige Kurzausbildung im Schnellbootfahren, in der Taktik und in der Torpedo- und Artillerieschießausbildung.
Unter Berücksichtigung dieser Faktoren und bei der durchschnittlich geringen Zahl der pro Unternehmung einsetzbar gewesenen Boote ist das Ergebnis als ein positiver Beginn zu bewerten.
Unbefriedigend ist die Tatsache, daß – obwohl bei 12 Unternehmungen Aufklärungsmeldungen über Geleitzüge vorlagen – nur 5 Geleitzüge gesichtet, davon allerdings 4 mit Erfolg angegriffen werden konnten. Sicher sind die nicht gefundenen Geleitzüge nur wenige Meilen an den Schnellbooten vorbeigefahren, ohne daß sie gesehen werden konnten. Die Forderung nach Luftaufklärung bis in die Dunkelheit hinein und der Übergang der Fühlung vom Flugzeug zum Schnellboot mußte in besserer Weise sichergestellt werden. Ferner wird der Einbau eines Radargerätes auf den Schnellbooten zu einer Schlüsselfrage für den Einsatz der gesamten Schnellbootwaffe und ihre Wirkungsmöglichkeiten.
Eine besondere Leistung haben die technischen Bootsbesatzungen vollbracht, indem sie Reparaturen nicht nur im Hafen, sondern auch in See »mit Bordmitteln« selbst durchführten und dadurch die Kriegsbereitschaft der Boote sicherstellten.
Die meisten Bootsbesatzungen haben jetzt einen Ausbildungsstand erreicht, der bessere Voraussetzungen für einen erfolgreichen Einsatz bietet. Dasselbe trifft für die Besatzung des Begleitschiffes »Adolf Lüderitz« zu, die die vielseitigen Aufgaben für die Bereitstellung und den Einsatz der Boote gut gelöst hat.
Diese Voraussetzungen sind eine Chance für den bevorstehenden neuen Auftrag der Flottille im Krieg gegen die Sowjet-Union in der Östlichen Ostsee, einem Seegebiet, in dem die Wetterbedingungen für den Schnellbooteinsatz unvergleichbar günstiger sein werden.

Kapitel III

Fronteinsatz in der Ostsee

22. Juni bis 23. Spetember 1941

Am 31. Mai, dem 25. Jahrestag der Seeschlacht vor dem Skagerrak, wo im 1. Weltkrieg die britische »Grand Fleet« und die deutsche »Hochseeflotte« einander gegenüberstanden, ist die Flottille zum ersten Mal seit ihrem Bestehen mit allen 10 Booten materiell voll einsatzbereit. Alle Besatzungen mit Ausnahme der erst im April und Mai von der 2. S-Flottille übernommenen und wieder in Dienst gestellten Boote »S 34«, »S 35« und des Neubaubootes »S 55« haben zum Teil mehr als ein halbes Jahr Fronterfahrung.
Die taktische Gliederung der Flottille sieht am 1. Juni 1941 folgendermaßen aus:

»S 55« Oblt. z. S. Stolzenburg – Führerboot
»S 54« Lt. z S. Wagner (Herbert)
»S 61« Oblt. z S. von Gernet
»S 34« Lt. z. S. Lüders (Erwin)
»S 58« Lt. z. S. Geiger
»S 60« Oblt. z. S. Wuppermann – ÄK
»S 59« Oblt. z. S. Müller (Albert)
»S 35« Lt. z. S. Weber (Horst)
»S 31« Lt. z. S. Haag (Heinrich)
»S 57« Lt. z. S. Erdmann (Günther)
»Adolf Lüderitz« Kptlt. Möbes.

In den 8 Liegetagen in Kiel werden alle Bestände der Boote und des Begleitschiffes auf mehr als Kriegs-Sollstärke aufgefüllt. Darüberhinaus wird der auf Lkw's aufgebaute »Werkstattzug« für die Durchführung von Motorenreparaturen bis einschließlich »Kleine Motorenüberholung« voll ausgerüstet und vom eigenen militärischen Werkstattpersonal nach Pillau in Marsch gesetzt. Einige Boote führen letzte Meilenfahrten in der Eckernförder Bucht durch, um ihre Fahrttabelle zu korrigieren.

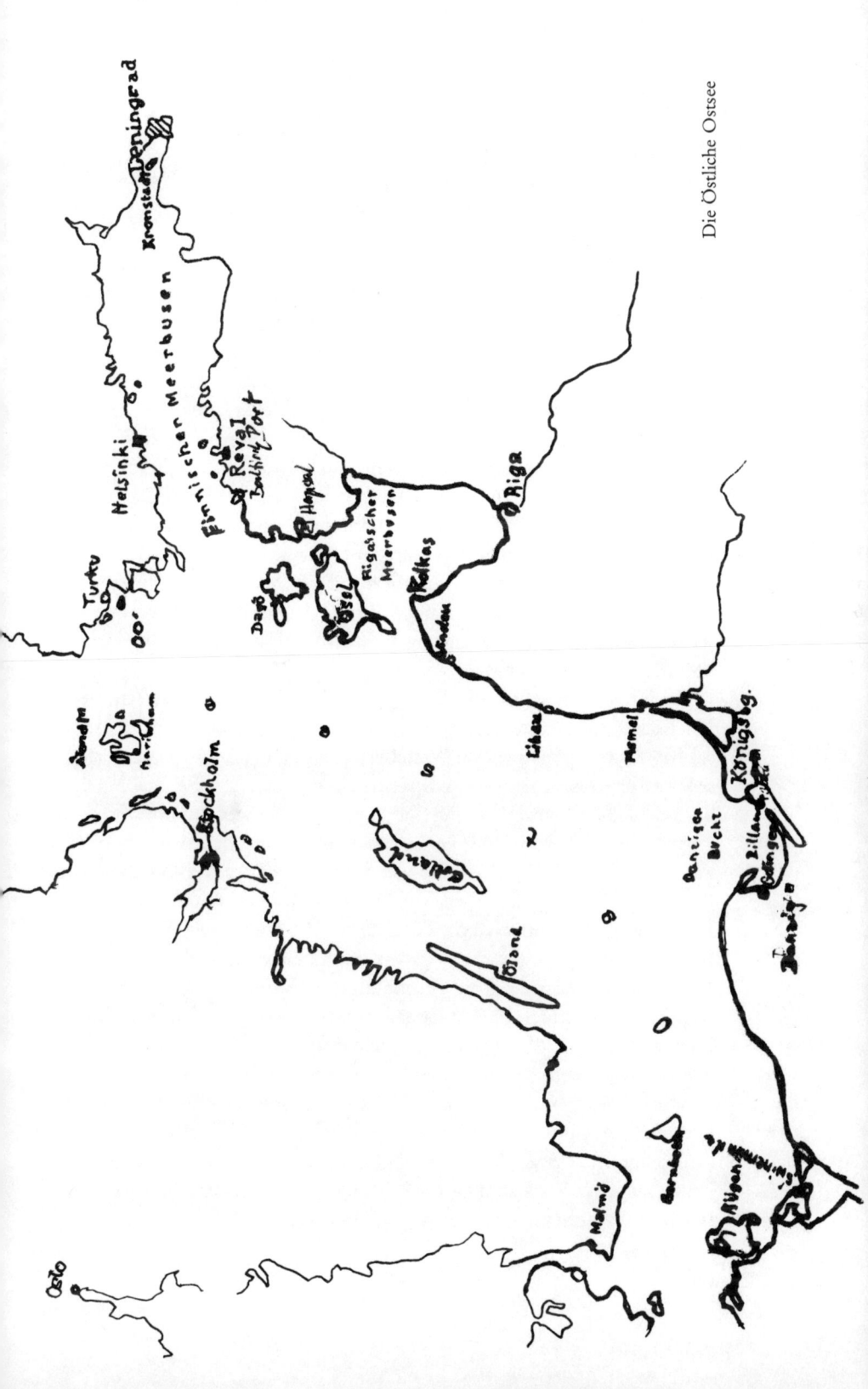

DIE MILITÄR-GEOGRAPHISCHEN VORAUSSETZUNGEN FÜR DEN SCHNELLBOOTEINSATZ IN DER ÖSTLICHEN OSTSEE

Die militär-geographischen Voraussetzungen für den Einsatz der Schnellboote in diesem Seegebiet erscheinen ideal. Die langgestreckte Kurländische Küste verläuft ohne vorgelagerte Sände oder Untiefen glatt nach Norden. Sie ist daher gut einsehbar.
Die Enge der Irbenstraße, die Tagga-Bucht zwischen den Inseln Ösel und Dagö und der enge die beiden Inseln trennende Sölo-Sund sowie der Südausgang des Moon-Sundes, der die Insel Ösel vom Festland trennt, bieten gute Ansatzpunkte für S-Bootsoperationen – auch mit Minen. Strömungen sind nur im Moon-Sund festzustellen.
Unsere Eindringtiefe hängt nicht nur von den kurzen Sommernächten in diesen nördlichen Breiten, sondern auch von dem Fortschritt der Operationen des Heeres an der Küste ab. Je früher der Kriegshafen Libau, der kleine Handelshafen Windau und die frühere Hauptstadt von Lettland, Riga, mit ihrem Hafen an der Düna genommen werden können, um so schneller können wir unsere Stützpunkte und Absprungbasen für die Flottille feindwärts nach vorn verlegen, wodurch wir immer weiter nach Norden in Richtung Finnenbusen wirken und operieren können.
Riga und Windau in unserer Hand wird die Möglichkeit schaffen, den Nachschub für Heer und Luftwaffe in Geleitzügen unter der Kurländischen Küste in günstiger Weise sicherstellen zu können. Ein gefahrloses Passieren solcher Geleitzüge durch die Irbenstraße bei Nacht könnte dadurch gewährleistet werden, daß die Schnellboote in der Fernsicherung nördlich der Irbenstraße und südlich des Moon-Sundes zum Abfangen sowjetrussischer Zerstörer eingesetzt werden können. Bei Tage könnte die Luftwaffe solche Zerstörer angreifen.
Dieses Seegebiet und auch die Geographie des Kampfgebietes auf dem Lande eignen sich gut für engste Zusammenarbeit zwischen Heer, Luftwaffe und Marine. Einen kombinierten Führungsstab aller 3 Teilstreitkräfte für diesen verhältnismäßig engen Raum zu schaffen, würde lohnend sein. Diese Möglichkeit ist leider nicht voll ausgeschöpft worden und war wohl bei der »Großen Planung« auch nicht erkannt. So nehme ich mir vor, an Ort und Stelle mit den Frontstäben vor allem der Luftwaffe zusammenzuarbeiten, denn von der Tagaufklärung der Flugzeuge über See werden die Nachtoperationen der Schnellboote bezüglich ihrer Wirksamkeit im Auffinden des Gegners in den kurzen Nächten in hohem Maße abhängen. Die wettermäßigen Vorausset-

zungen in den Sommermonaten können in der Östlichen Ostsee als ausgezeichnet angenommen werden. Navigatorisch sind keinerlei Schwierigkeiten zu erwarten im Vergleich zu den Verhältnissen im Englischen Kanal.

Die feindliche Luftgefahr bei unseren Nachtoperationen in See kann noch nicht beurteilt werden, zumal An- und Rückmärsche ins und vom Operationsgebiet bei Tage erfolgen müssen. Mit Jagdschutz werden wir kaum rechnen können. Der Fla-Schutz in den später in unseren Besitz übergehenden Häfen Libau, Windau und Riga wird für das Liegen der Boote bei Tage eine wichtige Forderung sein.

So sind viele wesentliche Voraussetzungen für einen erfolgversprechenden und intensiven Schnellbooteinsatz erfüllt. Was dagegen spricht, sind die leider nur kurzen und hellen Nächte, die praktisch einer fortgeschrittenen Dämmerung gleichkommen. Sie werden uns zu größerer Schußentfernung zwingen, was die Trefferaussichten für die Torpedos verringern kann.

KRÄFTEVERGLEICH

Einen Kräftevergleich im einzelnen anzustellen, lohnt nicht, denn die Rote Ostseeflotte ist unseren wenigen für diesen Krieg vorgesehenen Einheiten mehrfach überlegen.
Die Rote Flotte besteht aus
- 2 Schlachtschiffen »Marat« und »Oktoberrevolution«
- 2 schweren Kreuzern
- 2 Flottillenführern
- 7 alten Zerstörern
- 12 modernen Zerstörern
- 7 Torpedobooten
- 65 U-Booten
- 6 Minenlegern
- 32 Minensuchbooten
- 48 Schnellbooten und
- 656 Flugzeugen.

Auf deutscher Seite sind bereitgestellt:
- 2 Schnellbootflottillen im Finnenbusen
- 1 Schnellbootflottille – unsere 3. S-Flottille in der Östlichen Ostsee
- 5 kleine U-Boote – 250 t –

3 Minensuchbootflottillen
2 Räumbootflottillen
5 Fischdampferflottillen als Hilfsminensuch- und Vorpostenboote sowie für U-Jagd
3 Sperrbrecher zum Räumen von Magnetminen
2 Minenräumschiffe mit Räumpinassen
10 Minenschiffe – ehemalige Fährschiffe – zum vorübergehenden Einsatz beim Werfen der 1. Minensperren.

Keines unserer Schiffe hat ausreichende Schlagkraft und/oder Standkraft, um sich mit den sowjetischen Schlachtschiffen, Kreuzern oder Zerstörern messen zu können. Alle Schiffe außer den 3 Schnellbootflottillen und den 5 U-Booten besitzen keine Kampfkraft, sondern sind zum Minensuchen oder für defensive Aufgaben geeignet. Schon im 1. Weltkrieg war die zaristische Marine berühmt wegen ihres vorzüglichen Minenmaterials, aus welchem Grunde zahlreiche Minensuchfahrzeuge zum Einsatz vorgesehen sind.

An Erkenntnissen über die Leistungsfähigkeit der sowjetischen Ostseeflotte, über ihre Führung in See, ihre Taktik, über die Leistungsfähigkeit der Artillerie und der Torpedos sowie über die Luftstreitkräfte liegt nur wenig vor. Niemand weiß, ob sich die vor allem an Kreuzern, U-Booten und Zerstörern uns weit überlegene Flotte voll einsetzen oder zu Teilen defensiv verhalten wird.

DER AUFTRAG FÜR DIE KRIEGSMARINE

Die »Führerweisung 21« für den »Fall Barbarossa« lautet für die Kriegsmarine:

»Der Schwerpunkt des Einsatzes der Kriegsmarine bleibt auch während eines Ostfeldzuges eindeutig gegen England gerichtet. Der Kriegsmarine fällt gegen Sowjetrußland die Aufgabe zu, unter Sicherung der eigenen Küste ein Ausbrechen feindlicher Streitkräfte aus der Ostsee zu verhindern. Da nach dem Erreichen von Leningrad der russischen Ostseeflotte der letzte Stützpunkt genommen und diese dann in hoffnungsloser Lage sein wird, sind vorher größere Seeoperationen zu vermeiden. Nach dem Ausschalten der russischen Flotte wird es darauf ankommen, den vollen Seeverkehr in der Ostsee, dabei auch den Nachschub für den nördlichen Heeresflügel, über See sicherzustellen.«

Der Operationsplan sieht das Auslegen umfangreicher Minensperren im Westausgang des Finnischen Meerbusens und quer durch die Ostsee zwischen Ostpreußen und der schwedischen Insel Öland durch die 10 Hilfsminenschiffe vor. Die 1. und 2. Schnellbootflottille operieren von Helsinki aus im inneren Finnenbusen, während der 3. S-Flottille die Östliche Ostsee, der Rigabusen und das Seegebiet westlich der Inseln Ösel und Dagö als Operationsgebiet zugewiesen ist. Die 5 U-Boote stehen westlich der Minensperren vor dem Finnenbusen, vor der Irbenstraße und westlich der eben genannten Inseln.

MARSCH NACH OSTEN

Am 5. Juni früh läuft die Flottille bei strahlendem Sonnenschein und Wind NO 2 aus Kiel aus zum Marsch nach Saßnitz, wo wir um 1800 Uhr festmachen. Der Marsch wird zu Fahr- und Angriffsübungen gegen das Begleitschiff als Ziel ausgenutzt. Am 9. Juni fahre ich nach Swinemünde zur Einweisung über den bevorstehenden Einsatz der Flottille beim Befehlshaber der Kreuzer (BdK), Admiral Schmundt, und dem ihm unterstellten Teilstab des Führers der Torpedoboote unter Leitung seines A 1, Korvettenkapitän Herbert Max-Schultz. Gleichzeitig erhalte ich den Operationsbefehl im verschlossenen Umschlag, der erst auf ein Stichwort geöffnet werden darf. Ich weiß jedoch, was bevorsteht. Im übrigen herrscht größte Geheimhaltung. Die Flottillen sind ja »nur zum Verschnaufen und zur Hebung des Ausbildungsstandes« aus dem Englischen Kanal abgezogen worden!
Am 10. Juni mittags marschieren wir weiter ostwärts und laufen kurz nach Mitternacht in Pillau ein. Alle Boote legen ihre »Tarnnetze« über, um bei Tage weder aus der Luft noch von der Seite als Schnellboote erkannt werden zu können. Aus Luftgefahrgründen gibt das Begleitschiff alle Reservetorpedos und Wasserbomben von Bord, nachdem entsprechende Lagerungskapazität im Stützpunkt Pillau bereitgestellt ist.

STÜTZPUNKTE IN OSTPREUSSEN

Am 12. Juni besichtige ich den vorbereiteten Einsatzstützpunkt in Memel und die Funkstelle oberhalb des eigentlichen Hafens, wo die Boote einzeln getarnt an kurzen Holzpiers der dort befindlichen Holzschuppen liegen und Brennstoff ergänzen können. Während dieser Tage machen die Bootsbesatzungen Ausbildungsdienst, um auch die neu auf die Boote kommandierten Männer mit ihren neuen Aufgaben vertraut zu machen.

Mit der überraschenden Maßnahme des BdK, das Begleitschiff aus Luftgefahrgründen nach Swinemünde zurückzuverlegen, bin ich garnicht einverstanden, denn die Voraussetzungen für die Versorgung der Boote auf allen Gebieten im Hafengebiet Pillau sind nicht vorhanden. Aus diesem Grunde war von Anfang an die Nutzung des Begleitschiffes vorgesehen, denn dies ist die Aufgabe eines Begleitschiffes. Gegen eine Verlegung in den ersten Tagen nach Eröffnung der Feindseligkeiten z. B. nach Danzig – was ich als Gegenvorschlag melde – ist nichts einzuwenden, wenn uns 1 Torpedoklarmachschiff wie die »Mosel« zur Verfügung gestellt wird. Die S-Boote müssen gerade in den ersten Tagen nach Kriegsausbruch ohne den geringsten Zeitverlust auf einem Höchststand ihrer Einsatzbereitschaft gehalten werden.

Noch während dieses Tauziehens läuft die Flottille am 18. Juni um 2000 Uhr aus nach Memel, wo sie während der Nacht in Sofortbereitschaft zur Sicherung der von den Minenschiffen durchzuführenden Minenunternehmung »Wartburg« verbleibt. Um 0300 Uhr am nächsten Morgen rückverlegen wir nach Pillau. So haben sich alle Boote navigatorisch und mit den Verhältnissen im Einsatzstützpunkt Memel vertraut machen können. Beim BdK beantrage ich im Fernschreibgespräch, daß die Flottille nach ihrem ersten Einsatz gemäß Operationsbefehl nicht nach Pillau zurückläuft, sondern nach Memel geht, um in den nächsten Nächten den kürzesten Anmarschweg in das langgestreckte Operationsgebiet vor der Kurländischen Küste bis hinauf zur Irbenstraße südlich Ösel zu nutzen und dadurch tiefer in das Küstenvorfeld des Gegners vordringen und zeitlich dort länger operieren zu können, zumal die Nächte – am 21. 6. ist Sommer-Sonnenwende – sowieso sehr kurz sind. Ohne das am 18. 6. zur Nutzung gestellte Torpedoklarmachschiff »Mosel« in Memel allerdings ist dies nicht möglich. »Adolf Lüderitz« ist inzwischen nach Danzig ausgelaufen, um dort Ersatzteile und anderes mehr für die Boote in der Danziger Werft abzugeben und anschließend nach Swinemünde zu verlegen.

»BARBAROSSA«-TAG IST DER 22. JUNI 0300 UHR

Am 19. 6. geht um 1500 Uhr vom BdK das Fernschreiben ein: »B-Tag 22. Juni um 0300 Uhr.« Nach einem Fernschreiben des BdK erfährt die Flottille um 1600 Uhr, daß sie in der kommenden Nacht in Pillau

abermals in Sofortbereitschaft liegen soll als Sicherung für das Minenunternehmen »Wartburg II«.
Für die nächste Nacht vom 20. zum 21. Juni wiederholt sich diese Bereitschaft während des Minenunternehmens »Wartburg III«. Um 2330 Uhr geht eine Aufklärungsmeldung vom BdK mit dem spärlichen Inhalt ein:
»Nachts mehrere Grenzwachkutter Polangengebiet 9 sm ab Küste. Wiederholt beobachtete U-Boot-Positionen: 2 vor Irbenstraße, 2 vor Sölo-Sund, mehrere Ausgang Finnenbusen anzunehmen. Deutsche Fischdampfer zum Teil noch nördlich »Wartburg«.
Hieraus ist zu schließen, daß der Gegner eine Aktion von deutscher Seite erwartet. Wir hatten gehofft, daß sich in diesem Seegebiet auch Kreuzer und einige seiner zahlreichen Zerstörer aufhalten würden.

VERMINUNG DER HÄFEN LIBAU UND WINDAU

Schon am nächsten Tag, dem 21. 6., wird es ernst. Die Flottille läuft in zwei getrennten Gruppen zu je 5 Booten mit je 6 Torpedominen B (TMB) an Bord um 1300 bzw. 1645 Uhr aus Pillau aus. Aufgabe der 2. Gruppe unter Führung Kommandant »S 60«, Oblt. z. S. Wuppermann, ist es, die Einfahrt nach Windau mit 30 TMB zu verseuchen, während ich mit der Führerbootsgruppe die beiden Hafeneinfahrten des Kriegshafens Libau mit 30 TMB zu verseuchen habe.
Aus Tarnungsgründen marschieren die Gruppen zunächst mit westlichen Kursen in Richtung Südspitze Öland, um dann eben außerhalb der Sichtweite der schwedischen Küste nach Norden zu laufen und einen genauen Standort zu haben, wenn sie nach Einbruch der Dämmerung mit hoher Fahrt auf Ostkurs direkt Libau bzw. Windau in spitzer Silhouette ansteuern. Auf Nordkurs ostwärts Öland sichten wir um 2044 Uhr, 2111 Uhr und 2148 Uhr je 1 Wasserflugzeug unbekannter Nationalität. Dem Verhalten nach sind es sowjetische Seeaufklärer. Wir steuern jedesmal Scheinkurse und stoppen zuweilen.
Um 2315 Uhr gehen wir auf Kurs 112°. Nach 45 Minuten schon kommt das Leuchtfeuer von Libau in Sicht. Wir stehen etwa 5½ sm zu weit südlich. Nach Verbesserung der Position wird die Rotte »S 61«, »S 54« um 0031 Uhr entlassen, um die Fahrrinne zwischen Ansteuerungstonne und der Moleneinfahrt zu verseuchen. Mit der Doppelrotte »S 55«, »S 34« und »S 58« steuern wir die Nordeinfahrt zum Hafen an. Die Minen werden auf 10–16 m Wasser in der Fahrrinne bis

kurz vor die Baggerschüttstelle geworden. Das Minenwerfen dauert von 0053–0110 Uhr. Sämtliche Friedensfeuer brennen, es herrscht fortgeschrittene Dämmerung nur in der Zeit von 0000–0115 Uhr. Von einer dunklen Nacht kann nicht die Rede sein.

Wir setzen uns wie beim Anmarsch mit geringer Schleichfahrt wieder nach Westen ab und stellen fest, daß die Leuchtfeuer mit Ausnahme der Molenfeuer gelöscht werden. Ob man uns im hellen westlichen Horizont vielleicht als Schatten erkannt oder bei dem Wind WNW 2 an Land gehorcht hat?

Wir haben unseren Auftrag, so dicht vor der »Haustür« des neuen Gegners Minen zu legen, mit Glück durchgeführt. Keine Molenbatterie hat das Feuer eröffnet, kein Scheinwerfer hat geleuchtet. Hoffentlich hat die 2. Gruppe vor Windau den gleichen Erfolg gehabt. Der aber sollte sehr viel größer werden, wie wir später sehen werden, denn diese 2. Gruppe läuft erst nach 24stündiger Unternehmung um 1300 Uhr mit fast leeren Brennstofftanks wieder ein.

Wir treten den Rückmarsch an. Um 0200 Uhr herrscht schon volle Helligkeit, die Kurländische Küste achteraus ist noch schwach zu erkennen. Um 0220 Uhr überfliegen uns viele Ju 88 mit Nordkurs. Ob sie den Kriegshafen Libau oder gar den größten Kriegshafen der Ostseeflotte, Kronstadt, angreifen werden, wo der Kern der sowjetischen Ostseeflotte versammelt sein wird? Um 0300 Uhr beginnen die Feindseligkeiten. Wie wird dieser Krieg verlaufen? Denn jetzt hat Deutschland wieder – wie im 1. Weltkrieg – den Zweifrontenkrieg!

Wir machen um 0730 Uhr in Pillau fest, die 2. Gruppe läuft um 1300 Uhr ein und bringt überlebende russische Besatzungsmitglieder mit, die zur weiteren Betreuung an den Hafenkapitän übergeben werden.

DER 1. ERFOLG

Bereits auf dem Anmarsch muß »S 57« wegen Rollenlagerschaden entlassen werden. Die Gruppe trifft auf dem Anmarsch mehrere Fahrzeuge, die umgangen werden, um unbemerkt zu bleiben. Um 1740 Uhr werden 2 russische Seeaufklärungsflugzeuge, die die S-Boote direkt anfliegen, unter Feuer genommen, worauf sie abdrehen. Auf dem Rückmarsch nach dem Minenwerfen vor Windau wird um 0300 Uhr der sowjetrussische Holzdampfer »Gaisma« mit etwa 3077 BRT durch einige Schüsse mit Leuchtspurmunition vor den Bug zum Stoppen aufgefordert. Als der Dampfer darauf nicht reagiert und mit voller Fahrt

weiterläuft, schießt »S 59« einen Torpedo, der im Achterschiff trifft. Da der Dampfer nicht sinkt und kaum Schlagseite zeigt, schießt »S 60« noch einen Torpedo als Fangschuß. Beim anschließenden Rettungsmanöver können wegen Fliegeralarm nur 2 Überlebende geborgen und mitgenommen werden. Der Dampfer aber schwimmt immer noch mit leichter Schlagseite auf seiner Holzladung.
Um 0745 Uhr trifft die Gruppe ein weiteres Schiff, die »Wyka« mit 500 BRT. Der Dampfer wird von »S 31« geentert und mit Sprengpatronen versenkt, nachdem die Besatzung in 2 Rettungsbooten mit allem Nötigen ausgerüstet entlassen und 4 Überlebende gerettet sind. Die Gruppe läuft, ohne später nochmals von der feindlichen Luftwaffe erfaßt und angegriffen zu werden, um 1300 Uhr in Pillau ein.

LAUFENDE OPERATION VOR DER KURLANDKÜSTE

Nach kurzer Ruhe für die Besatzungen und Brennstoffübernahme werden alle Boote einschließlich des gerade eingelaufenen »S 45« – Kmdt. Oblt. z. S. Wolf-Dietrich Babbel – von der 2. S-Flottille für die nächste Unternehmung in die Irbenstraße bereitgestellt. »S 45«, »S 59« und »S 31« werden als Minengruppe für eine Verseuchung in der Irbenstraße mit je 6 TMB, den letzten vorhandenen Minen mit Spezialminenwagen für die S-Bootsminenschienen, beladen. Die übrigen 7 S-Boote haben einen Aufklärungsvorstoß bis nach Windau durchzuführen in der Hoffnung, in diesem Seegebiet Dampfer anzutreffen, die wir mit extra an Bord mitgenommenen Prisenkommandos besetzen können, um sie nach Pillau einzubringen. Doch das war zuviel Hoffnung und Erwartung, wie sich später herausstellte.
Am Morgen des 23. Juni um 0800 Uhr laufen alle Boote aus Pillau aus nach Memel zur Brennstoffergänzung für den weiteren Anmarschweg in die Irbenstraße. Ich lege die Operation so an, daß die Minengruppe nach dem Werfen der Minen ihren Aufklärungsstreifen nach Süden in Anlehnung an den von den übrigen 7 Booten eingenommenen Aufklärungsstreifen bildet, sodaß das Seegebiet vor der gesamten Kurlandküste bis etwa 30 sm Breite lückenlos aufgeklärt werden kann.
Die Gruppen laufen getrennt unter Steuern von Scheinkursen ab 1600–1800 Uhr aus. »S 58« macht nach 1 Stunde Marsch wegen Rollenlagerschaden – wie bei der vorigen Unternehmung »S 57« – kehrt. Das Führerboot »S 55« stellt Wasser im Brennstoff fest, kann aber den Marsch nach einer halben Stunde fortsetzen. Um 2000 Uhr werden

weit im Osten Detonationen gehört und große Rauchwolken am Himmel gesichtet. Das muß das brennende Libau sein. Um 2030 Uhr geht vom BdK auch schon der Funkspruch ein: »Heer seit Mittag auf Libau angesetzt. Zur Unterstützung Heer vordringlich Ansatz gegen Seestreitkräfte vor Libau.«

Auf diesen FT-Befehl hin drehe ich mit den 4 Booten der Führerbootsgruppe nördlich der vermuteten russischen Minensperre um 2230 Uhr auf östlichen Kurs, um Libau anzusteuern und anschließend parallel zur Küste von Libau aus nach Norden zu operieren, zumal um 2216 Uhr eine Aufklärungsmeldung vom BdK eingeht, nach der die »Bewachung der Irbenstraße durch 1 Zerstörer, 1 U-Boot und die 2. Zerstörer-Division auf Position« festgestellt war. Die beiden anderen Gruppen haben an ihrer Aufgabe festzuhalten.

Um 2316 Uhr wird vom BdK mitgeteilt, daß der »Heeresangriff auf Libau erst morgen früh« erfolgen wird. Wir stellen von See aus fest, daß in Libau viele Brände ausgebrochen sind. Im Aufklärungsstreifen laufen wir nach Norden und klären das Seegebiet bis zur Höhe von Steinort auf. Als bis zur Morgendämmerung um 0230 Uhr auch hier nichts gesichtet wird, geht die Gruppe auf südwestlichen Kurs. Die Sperrlücke in unseren eigenen Minensperren »Wartburg I, II und III« wird um 0450 Uhr passiert. Wir laufen um 0830 Uhr in Pillau ein, gefolgt von der Minengruppe um 1030 Uhr und der 2. Gruppe um 1230 Uhr.

MIT TORPEDOS, MG, HANDGRANATEN UND WASSERBOMBEN GEGEN U-BOOT »C 3«

Während die Minengruppe unter Führung von Kmdt. »S 45« 1 U-Boot sichtete und mit 1 Wasserbombe an der vermutlichen Tauchstelle ohne Erfolg angreift – es hätte leider auch ein eigenes U-Boot sein können –, kann die Restgruppe »S 60«, »S 35« unter Führung Kmdt. »S 60« das sowjetrussische U-Boot »C 3« unter Verwendung aller an Bord befindlichen Waffen in mehr als 1stündigem hartnäckigen Gefecht versenken und 20 Überlebende bergen. Bei diesem Gefecht werden 4 Besatzungsmitglieder von »S 35« leicht verwundet.

Der Gruppenführer, Kmdt. »S 60«, schreibt in seinem Gefechtsbericht:

»Russisch-baltische Küste, Wind NW 2, ruhige See.

0230 Uhr Die Boote kämmen von Norden nach Süden im Abstand von 3 sm die russische Küste ab. Sie haben zwei kurze Gefechte mit 1 russischen U-Boot und 1 Torpedoboot hinter sich (Fehlschüsse bzw. Torpedoversager) und haben nur noch je 1 Torpedo. Die kurze Nacht ist schon wieder in den Tag übergegangen.

0232 Vor Backofen. 1 Dez an Backbord voraus kommt 1 Schatten in Sicht, wird als U-Boot erkannt, Boote drehen in Dwarslinie mit hoher Fahrt darauf zu, klar zum Torpedoangriff. Daß es 1 feindliches U-Boot ist, stellen wir u. a. an seinem Buggeschütz fest.

0242 Beide Boote schießen je ihren letzten Torpedo, Entfernung 300–400 m, eigene Fahrt 20 kn, Lage 60 bzw. 80, Gegnerfahrt 5 kn. Während des Herannahens morst der Gegner die Boote an, durch Wiedermorsen wird er hingehalten. Beide Torpedos werden Versager: Der von »S 60« ist ein »Absacker«, der von »S 35« »Oberflächenläufer«.

0244 Beide Boote eröffnen Artilleriefeuer. Zahlreiche Treffer werden beobachtet. Bis 0252 Uhr staffeln die Boote noch zweimal an den mit hoher Fahrt und Zickzack-Kursen qualmenden ablaufenden Gegner heran, ohne ihn jedoch zum Tauchen zwingen zu können. Der Gegner feuert mit einem 3,7 cm Geschütz (achtern) und zahlreichen kleinkalibrigen MG's und Gewehren zurück.

0253 Die Boote laufen ab, da beide MG C/30 vorübergehend unklar sind. Der Gegner versucht, nach Norden zu entkommen.

0306 Die 2 cm Kanone von »S 35« ist wieder klar (die von »S 60« wird erst nach Vernichtung des Gegners wieder klar, da die Kette gerissen war). Boote machen wieder kehrt und laufen hinter dem U-Boot her.

0311 Boote eröffnen erneut Feuer auf den Gegner und nehmen ihn von hinten in die Zange, indem sie sich mit Höchstfahrt dem Gegner von beiden Seiten nähern.

0319 UK-Befehl an »S 35«: »Wir kriegen ihn so nicht runter, wir gehen mit Handgranaten ran.«

0320 Boote staffeln jetzt trotz heftiger feindlicher Gegenwehr nacheinander bis auf nächste Entfernung von 50 m an den Gegner heran, werfen Handgranaten und 3 Wasserbomben. Während dieser Zeit verlassen bereits einige Besatzungsmitglieder des U-Bootes ihr Boot, obwohl es noch vom Turm aus verteidigt wird und hohe Fahrt läuft.

0324 Während »S 35« bereits die ersten Besatzungsmitglieder auffischt, hat 1 Handgranate von »S 60« genau den Turm getroffen. Dieser beginnt zu brennen. Der Kommandant des U-Bootes fällt.

0329 »S 60« setzt ein Schlauchboot aus, um das U-Boot sofort zu entern, falls es stoppt.
0335 U-Boot hat die Gegenwehr eingestellt, läuft aber trotzdem immer noch mit hoher Fahrt, leichter Schlagseite und etwas Steuerbord klemmendem Ruder.
0339 »S 60« setzt dem U-Boot 1 Wasserbombe 2 m vor den Steven, sodaß das U-Boot – am Heck schwer getroffen – langsam sinkt. Es werden 20 Überlebende gefischt. Es handelt sich um das russische U-Boot »C 3« mit 850 t und 55 Mann Besatzung. Außerdem waren Besatzungsmitglieder von 3 weiteren U-Booten, die ihre Boote in Libau gesprengt hatten, mit an Bord (nach Gefangenenaussagen). Die 10,5 cm Kanone des Gegners war nicht zum Einsatz gekommen, weil wir das Schwenkwerk mit den ersten Schüssen beschädigt hatten. Sämtliche auf unseren Booten befindliche Waffen kamen zum Einsatz. Von sehr großem Vorteil wäre 1 Flammenwerfer auf jedem Boot gewesen. 4 eigene Leichtverwundete.«
Der Großadmiral Raeder schrieb handschriftlich folgende Bemerkung zu diesem Gefechtsbericht:
»Hervorragende Tat! Ich möchte die Kommandanten gelegentlich sehen.« gez. Raeder 31/10

Für heute Nacht ist Ruhe für die Flottille befohlen. Die Besatzungen von »S 60« und »S 35« müssen fast eine volle Gefechtsausrüstung für alle Waffen an Bord übernehmen und Trefferschäden am Boot reparieren.
Nachdem ich am Vormittag des 25. Juni mit 5 Booten nach Memel verlegt habe, laufen wir nach Brennstoffergänzung um 1815 Uhr aus Memel aus zum Vorstoß in das Seegebiet von Libau bis Windau. Von 2020–2334 Uhr gehen mehrere verheißungsvolle Aufklärungsmeldungen vom BdK ein:
»Möglicherweise heute 2200 Uhr 3 U-Boote, 1 Motorboot (?) von Windau nach Norden«
»Russischer Tanker erhielt nachmittags in Libau Befehl, beschleunigt aufzufüllen und Riga zu gehen«
»Zerstörer ›Smetlivi‹ 1930 Uhr Irbenstraße.
Diese Aufklärungsmeldungen sind ziemlich sicher das Ergebnis der Funkaufklärung unseres Marine-B-Dienstes.
Leider finden wir bei diesem Vorstoß keines der gemeldeten Fahrzeuge. 2 Südkurs laufende feindliche Schnellboote bei Steinort greifen wir nicht an, um keine Zeit zu verlieren, es ist 0048 Uhr. Um 0230 Uhr

schließlich – es ist ab 0145 Uhr hell geworden – sichten wir 2 Fahrzeuge vor der Moleneinfahrt des Hafens Windau.

2 DAMPFER VOR WINDAU

Wir laufen gegen die aufgehende Sonne in Dwarslinie Steuerbord mit allen 5 Booten auf Ostkurs an. Ich gebe Feuererlaubnis mit gleichzeitiger Schußabgabe an das Führerboot »S 61« und »S 45«. Um 0238 Uhr laufen 5 Torpedos auf die beiden Dampfer von etwa 2000 und 4000 BRT auf etwa 3000 m zu, als auch »S 34« noch einen Torpedo losmacht. Die Dampfer scheinen zunächst vor Anker zu liegen. Nach 3 Minuten erfolgt die 1. Detonation, gefolgt von 3 weiteren. Nach Beobachtung der Kommandanten erfolgt die 2. Detonation auf dem linken der beiden Dampfer mit etwa 2000 BRT. Die übrigen 3 Detonationen sind wahrscheinlich durch Torpedotreffer in der Mole hervorgerufen. 1 Torpedo war »toter Mann«; so fehlt noch 1 Torpedo, der entweder Fehlschuß war oder aber auf den nahen flachen Sand gelaufen sein könnte.
2 Molen- und 1 Küstenbatterie eröffnen das Feuer mit 10,5–15 cm Geschützen. Die Granataufschläge liegen kurz, wir nebeln und sind durch günstig stehenden Wind innerhalb von 20 Sekunden der Sicht des Feindes entzogen. Auf dem Rückmarsch erleidet »S 61« einen Maschinenausfall – ein weiterer Rollenlagerschaden in der Flottille!

ROLLENLAGERSCHÄDEN AN DEN MOTOREN

Schon bei Auftreten des 1. Rollenlagerschadens auf »S 57« am 21. Juni sind Untersuchungen durch den Flottilleningenieur angestellt worden. Das Motorenöl und auch die Ölfilter wurden auf Stahlspäne geprüft. Schließlich stellt sich heraus, daß die Rollenlagerschäden bei Motoren mit Rollenlagern nach mehr als 300 Betriebsstunden aufgetreten sind. Die Umstellung der Flottille auf Motoren mit Gleitlagern erscheint daher vordringlich, was von der Flottille für die Zukunft beantragt wird.

ANSATZ AUF »GROSSGELEITZUG« – SCHEINGELEIT?

Am Nachmittag um 1730 Uhr geht der Einsatzbefehl für die kommende Nacht ein: »Heute Einsatz aller klaren Boote gegen schwach ge-

sicherten großen Geleitzug an Baltenküste beabsichtigt. Ab 1700 Uhr 2stündige Bereitschaft.«
Das bedeutet, daß wir mit dem Vorwärmen der Motorenanlage sofort beginnen müssen. Dieser Bereitschaftsbefehl wird um 1741 Uhr durch folgenden FT ergänzt: »Einsatz aller Boote gemäß FT ... Geleitzug stand 1130 Uhr nördlich Tachkona, wahrscheinlich Truppen nach Libau oder Windau.«
Da Tachkona im Rigabusen liegt, muß dieser wahrscheinlich durch Funkaufklärung festgestellte Geleitzug aus Riga kommen. Als um 1850 Uhr ein weiterer Funkspruch eingeht mit dem Inhalt, daß nur die 2. Gruppe auslaufen soll und der Ansatz der Führerbootsgruppe erst auf Grund einer Sichtmeldung der 2. Gruppe über den Geleitzug erfolgen soll, bleibe ich mit der Führerbootsgruppe in Bereitschaft in Memel.
Die 2. Gruppe mit den Booten »S 60«, »S 35«, »S 59« und »S 39« unter Führung von Kmdt. »S 60« habe ich schon um 1800 Uhr auslaufen lassen, um so früh wie möglich Fühlung am Geleitzug etwa im Seegebiet der Irbenstraße gewinnen zu lassen und mit der Führerbootsgruppe rechtzeitig zwischen Windau und Libau stehen zu können. Auf 2 weitere Funksprüche des BdK mit dem Inhalt
»Nachmittags Libau und Windau Hafen je 2 Handelsschiffe«
»6 Truppentransporter vor Libau, alle Boote Angriff«,
die um 1946 Uhr bzw. 2032 Uhr bei der Flottille eingehen, kann ich bereits um 2100 Uhr mit den Booten »S 55«, »S 34«, »S 45« und »S 54« aus Memel auslaufen, so daß die Flottille um 2345 Uhr vor Libau stehen wird.
Zu diesem Zeitpunkt – 2100 Uhr – steht die 2. Gruppe westlich Libau und kann auf Grund der sehr guten Sicht – es ist ja noch Tag – das Seegebiet vor der Küste gut einsehen. Sie meldet dem BdK und mir, daß im Seegebiet vor Libau kein Schiff zu sehen ist und die 2. Gruppe daher weiter nach Norden auf den mit Standort 1130 Uhr gemeldeten »Großgeleitzug« in Richtung Irbenstraße operiert.
Da aber die Möglichkeit besteht, daß die gemeldeten Truppentransporter weiter westlich von Libau in See stehen, beziehe ich mit meiner in 2 Rotten aufgeteilten Führerbootsgruppe Lauerstellung an der Ansteuerungstonne vor der Haupteinfahrt und vor der Nordeinfahrt zum Hafen Libau. Nach einem Funkspruch vom Mittag um 1300 Uhr haben deutsche Truppen Libau auch vom Norden eingeschlossen. Die Einnahme dieser hart verteidigten Hafenstadt ist nach Mitteilung des BdK »noch heute« zu erwarten.

Als bis Tagesanbruch kein Fahrzeug gesichtet wird und auch von der 2. Gruppe kein Aufklärungsfunkspruch eingegangen ist, muß das von beiden Gruppen aufgeklärte Seegebiet feindfrei sein. Die Führerbootsgruppe tritt daher um 0245 Uhr den Rückmarsch an und läuft um 0515 Uhr in Memel ein.

STATT »GROSSGELEITZUG« ANGRIFF AUF ZERSTÖRERVERBAND AM 27. 6. 2 ZERSTÖRER, 1 TORPEDOBOOT GETROFFEN

Die 2. Gruppe läuft erst um 1300 Uhr ein. Sie hat zwar den gemeldeten Geleitzug nicht gefunden, ist aber um 0024 Uhr im Quadrat 6456 r. o. eben westlich der Irbenstraße auf 1 Bewacher gestoßen, hat ihn mit 4 Torpedos erfolglos angegriffen, trifft um 0109 Uhr auf einen in Kiellinie mit Westkurs laufenden Verband von Zerstörern und Torpedobooten. Über den sehr erfolgreichen Angriff dieser 4 Boote auf den Feindverband schrieb der Kommandant »S 60« damals in seinem Gefechtsbericht:

»Gefechtsbericht des Gruppenführers der 2. Gruppe der 3. S-Flottille »S 60«, »S 35«, »S 59« und »S 31« über den Kampf mit 1 russischen Zerstörerverband am 27. Juni 1941.

Westausgang Irbenstraße, Wind SW 2, See 0, heller Horizont im Norden, dunkler teilweise verschwommener Horizont im SO.

0024 Uhr Schatten an Backbord voraus. Flottille geht auf 15 kn. Sie befindet sich auf dem Marsch nach Norden, um einen gemeldeten Geleitzug zu suchen.

0025 Schatten ist ein torpedobootsähnlicher Bewacher.

0037 Befehl zum Schuß an »S 31«. Der Gegner morst und dreht zu, daher Doppelfehlschuß.

0038 Gegner macht Dampf auf und versucht, mit Ostkurs unter weiterer Abgabe eines ES-Signals zu entkommen. UK-Befehl an »S 59«, nochmals vorzusetzen und unter günstiger Lage von Osten her anzugreifen.

0052 UK-Befehl: Wendung um 9 Dez nach Steuerbord.

0055 Kurs 140°, 15 kn.

0056 » 59« schießt Doppelschuß auf 2500 m. Da der Schuß bemerkt ist, manövriert der Gegner den Torpedo aus.

0100 Fahrt 24 kn.

0105 Kurs 190°, 28 kn.

0109 Mehrere Schatten in 130°, als starker Zerstörerverband aus-

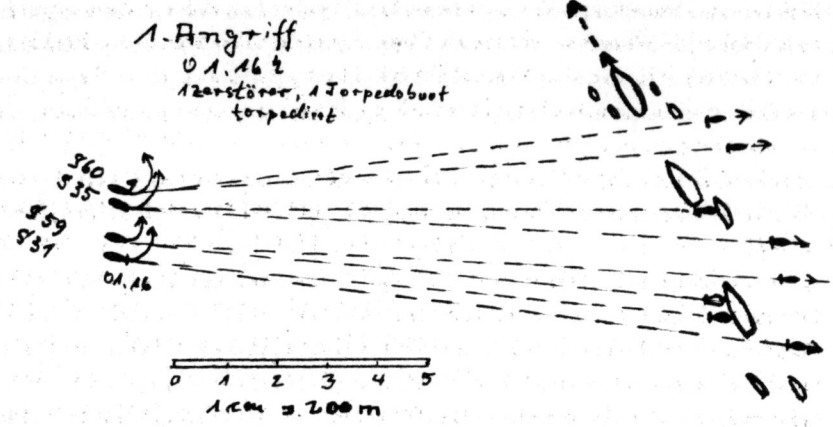

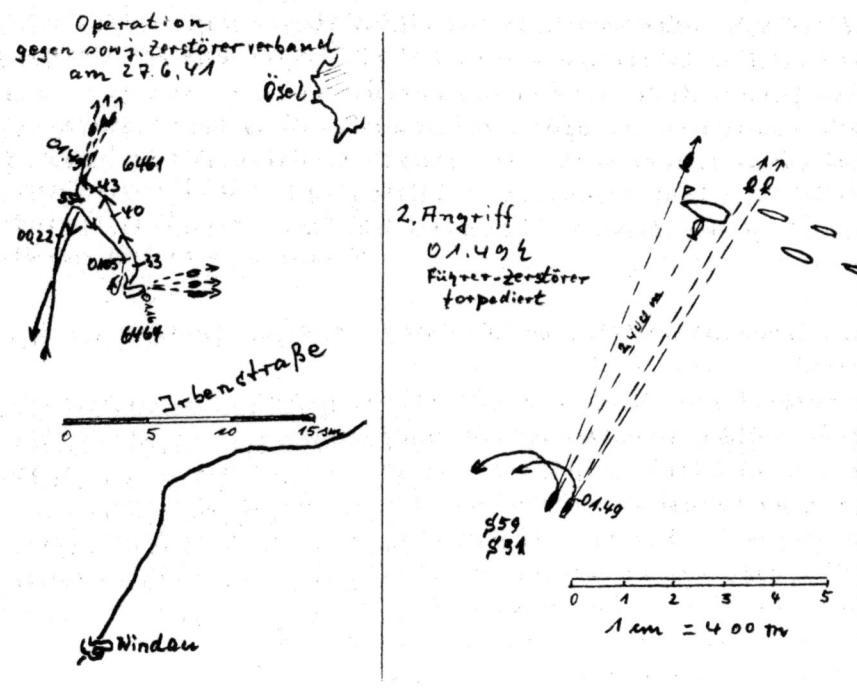

Operation gegen sowjetischen Zerstörerverband am 27. 6. 41

gemacht. Feind steuert Nordwestkurs, läuft geringe Fahrt. UK-Befehl: Wendung um 9 Dez nach Backbord, Fahrt 15 kn.
0111 UK-Befehl: Wendung um 4 Dez nach Backbord.
0112 UK-Befehl: Nicht schießen vor Schußerlaubnis.
0114 UK-Befehl: 1. Rotte nimmt den 2., die 2. Rotte den 3. Zerstörer aufs Korn.
Es sind Zerstörer der »G«-Klasse. Die große Entfernung und mögliche Torpedoversager lassen den Einsatz von je 2 Booten auf 1 Zerstörer gerechtfertigt erscheinen.

Quadrat 6464 m Bei dem Führerzerstörer befinden sich auch noch einige kleinere Fahrzeuge, wahrscheinlich Räum- oder Schnellboote. Inzwischen ist der torpedobootsähnliche Bewacher hinter dem Verband vorbeigelaufen und hat sich an diesen angehängt. Von dieser Position aus macht er hin und wieder den ES-Anruf »Paula« in Richtung unserer Boote. Die anderen Zerstörer scheinen uns aber noch nicht zu sehen.

0115 UK-Befehl: 9 kn, Schußerlaubnis.
0116 Alle Boote schießen fast gleichzeitig 1 Doppelschuß. Die Fahrtschätzungen schwanken zwischen 7 und 12 kn.
0118 Der 3. Zerstörer von vorn fliegt unter einer gewaltigen Doppeldetonation (Treffer wahrscheinlich von »S 59« und »S 31«) und einer riesigen Feuersäule – Treffer in den Munitionskammern – in die Luft.
0119 Das zwischen zweitem und drittem Zerstörer fahrende und etwas überlappende Torpedoboot ist getroffen, nur der Steven treibt noch als brennendes Wrack herum. Die Qualmwolke dieses Wracks hält »S 59« für einen jagenden Zerstörer. UK-Befehl: Nach Backbord kehrtmachen Kurs 240°. »S 59« und »S 31«, die keine Torpedos mehr haben, laufen mit 28 kn ab. »S 60« und »S 35« laden nach, machen kehrt, um das brennende Wrack noch einmal anzusehen. Es wird nun einwandfrei festgestellt, daß es ein Wrack ist, das im Sinken begriffen ist. 1 kleines Boot ist zu sehen, das Überlebende fischt. Ich wollte zunächst »S 59« und »S 31« nochmal zu dem Wrack schicken, ließ dann jedoch von diesem Gedanken ab, da es mir taktisch sehr vorteilhaft schien, wenn diese beiden Boote, mit hoher Fahrt nach SW ablaufend, die Aufmerksamkeit des feindlichen Verbandes auf sich ziehen würden. Und so gelang es »S 60« und »S 35« auch, mit 28 kn hinter dem Feindverband zunächst unbemerkt herzulaufen (0140 Uhr Quadrat 6461).
0146 Der Verband dreht auf West, dann auf Südwestkurs, Fahrt 20

kn. Da »S 35« bereits schießen will, UK-Spruch an »S 35«: Nerven wie Eisenbahnschienen, noch nicht schießen!
0148 UK-Befehl: 15 kn. Das letzte Schiff des Verbandes ruft die Boote mit ES an und eröffnet gleich darauf das Feuer. Die Salven liegen kurz.
0149 UK-Befehl: Sofort schießen. Ziel ist der Führerzerstörer.
0149 Beide Boote schießen fast gleichzeitig, Entfernung 2400–2600 m.
0151 Boote haben nach Backbord auf Südkurs gedreht, laufen 30 kn, da bricht der Führerzerstörer auseinander. Erst sinkt das Vor-, dann das Achterschiff. Heftiges Feuer von 3 oder 4 Zerstörern auf die Boote, welche kurz nebeln.
0205 Gegner hat das Feuer eingestellt und kommt langsam aus Sicht (0220 Uhr).
0240 2. Rotte in Sicht, hängt sich an.
Rückmarsch unter der russischen Küste mit kurzem Artilleriegefecht mit 2 russischen Schnellbooten. Diese werden verjagt.
Bemerkung:
Der erfolgreiche, mehrmalige Angriff bei der großen Helligkeit ist nur der gleichzeitigen und auf wenige Ziele konzentrierten, auf geringstmögliche Entfernungen vorgetragenen Schußabgabe zu verdanken. Durch das nach den Schüssen sehr schnelle Abdrehen der Boote ist es natürlich leicht möglich, daß aufgetretene Torpedoversager nicht beobachtet worden sind sowie auch alle Blasenbahnen nicht genau verfolgt werden konnten.«
Der Führer der Torpedoboote schreibt in seiner Stellungnahme zu diesem Gefechtsbericht am 3. September 1941:
»Die ruhige, zielbewußte Führung, Nerven und Draufgängergeist haben einen Gegner, der einen Feuerhagel hätte starten können, in die Schranken gewiesen und der Schnellbootwaffe diesem Gegner gegenüber für den weiteren Verlauf der Operationen das Vertrauen in das eigene überlegene Können gegeben. Der Erfolg dieser Angriffe ist meiner Ansicht nach maßgebend dafür gewesen, daß russische Zerstörerverbände in der freien Ostsee nicht wieder auftraten.«
Das war ein großer Erfolg, den die Gruppe mit nur 4 Booten erzielen konnte. Auf eigener Seite sind auf »S 35« bei dem 15 Minuten dauernden Artilleriegefecht mit 2 russischen S-Booten 5 Besatzungsmitglieder durch leichte Splitter verwundet worden. Diese negative Erfahrung werden wir respektieren, wenn wir in der Zukunft auf feindliche S-

Boote treffen, wobei wir nur verlieren können.
Als um 0340 Uhr eine und um 0451 Uhr zwei Maschinen auf »S 59« wegen Rollenlagerschäden ausfallen, kann die Gruppe ihren Rückmarsch nur noch mit 12 kn durchführen, sie läuft um 1300 Uhr ein.
Für das Nichtauffinden der »6 Truppentransporter« und auch des »Großgeleitzuges« gibt es nur die Erklärung, daß unser B-Dienst bei seiner Funkaufklärung in die Irre geführt wurde, weil der Gegner diese Funksprüche mit Sicherheit als Scheinfunk abgesetzt hat.

LAUFEND STAHLSPÄNE IM ÖLFILTER

Wegen der Gefährdung der Boote infolge fortgesetzt beschädigter Rollenlager werden vorsichtshalber die Schmierölfilter aller Boote auf Stahlspäne untersucht. Das Ergebnis ist:
Spänefrei sind S 55, S 54, S 57 und S 45.
Späne im Ölfilter wurden gefunden auf S 60, S 35, S 31 und S 34.
Durch Rollenlager ausgefallen waren schon S 58, S 61 und S 59.
Somit bleiben einsatzbereit nur die Boote S 55, S 54, S 57 und vorerst auch S 45.
Das ist ein schlimmes Ergebnis, nachdem alle 10 Boote in der Werft überholt und bei Eröffnung der Feindseligkeiten am 22. 6. voll einsatzbereit gewesen sind. Ob Sabotage vorliegt, da das Schmieröl sich bei der Nachprüfung als in Ordnung erweist? Der Flottilleningenieur, der II. Ing. und die technischen Besatzungen sind pausenlos im Einsatz, um die ausgefallenen 6 Boote in den verschiedenen Werften unterbringen und Motorenwechsel durchführen zu können.

LIBAU FÄLLT AM 30. JUNI

Für den Fall der Einnahme von Libau durch deutsche Truppen haben wir alle Vorbereitungen zum Aufbau eines vorläufigen Stützpunktes für die Flottille getroffen. Das Begleitschiff wollten wir schnellstmöglich nachziehen, denn es liegt wegen der größeren Ausdehnung des Kriegshafens Libau hier günstiger als in Memel, zumal Libau sicher stärkeren Flakschutz erhalten wird. In der Nacht endlich erfolgt der lang erwartete Verlegungsbefehl für das Begleitschiff zunächst nach Memel. Diese Vorverlegung der Flottille bedeutet etwa 3 Stunden weniger Anmarschzeit ins Operationsgebiet bzw. 80 sm größere Ein-

dringtiefe ins feindliche Küstenvorfeld. Operationen in die Irbenstraße werden damit auch für die sehr beanspruchten Schnellbootbesatzungen physisch leichter und erträglicher werden.
Die Minenräum- und Minensuchboote haben jetzt die vordringliche Aufgabe, die Zufahrtwege und die Hafenbecken von Libau nach Minen abzusuchen und zu räumen.

MIT »ADOLF LÜDERITZ« UND 5 SCHNELLBOOTEN IN LIBAU

In der Nacht vom 3. zum 4. Juli sind die Zufahrtwege nach Libau minenfrei, sodaß wir mit »Adolf Lüderitz« und den noch einsatzbereiten S-Booten um 0600 Uhr früh den Marsch von Memel nach Libau antreten können. Wir laufen um 1050 Uhr ein. Die schon mit TMB-Minen beladenen 5 S-Boote ergänzen Brennstoff vom Begleitschiff für die in der kommenden Nacht vorgesehene Verminung vor dem Sölo-Sund zwischen Ösel und Dagö in der Tagga-Bucht.
Mit 5 Booten laufen wir um 1600 Uhr mit guter Zeitreserve für den langen Anmarschweg aus. Unterwegs erhalten wir einen Funkspruch vom BdK über vermutliche Feindminenlegung westlich der nördlichen Kurlandküste und Ösel. Selbst der in Helsinki befindliche Führer der Torpedoboote, der von dort aus den Einsatz der 1. und 2. Schnellbootflottille innerhalb des Finnenbusens befehligt, unterrichtet uns auf der Schnellbootwelle über den »minenfreien Russenweg« vor dem Sölo-Sund. Solche Information ist besser als gar keine. Ein eigenes U-Boot der »Einbäumer«-Klasse – eins von unseren kleinen Schulbooten – soll sich eben westlich von uns befinden, weshalb Angriffe auf U-Boote nicht freigegeben sind.
Um Mitternacht erreichen wir die 20 m Linie und setzen den Marsch nach einem Besteckvergleich in die Tagga-Bucht fort. Die Südküste von Dagö und Nordküste von Ösel sind gut zu erkennen. Recht voraus sehen wir ein auf ebenem Kiel liegendes Dampferwrack aus dem Wasser ragen. In der Annahme, es handelt sich um 1 auf die TMB-Minen der 2. S-Flottille gelaufenen Dampfer, laufen wir nicht weiter nach Osten, sondern werfen unsere Minen auf 16–13 m Wasser, während »S 45« mit 6 TMB-Minen zu der befohlenen Verseuchungsposition entlassen wird.
Wir treten den gemeinsamen Rückmarsch an und schleichen uns auf Westkurs aus der Bucht heraus, als nach etwa 10 Minuten die ersten Artillerieaufschläge im Kielwasser der Flottille hohe Wassersäulen

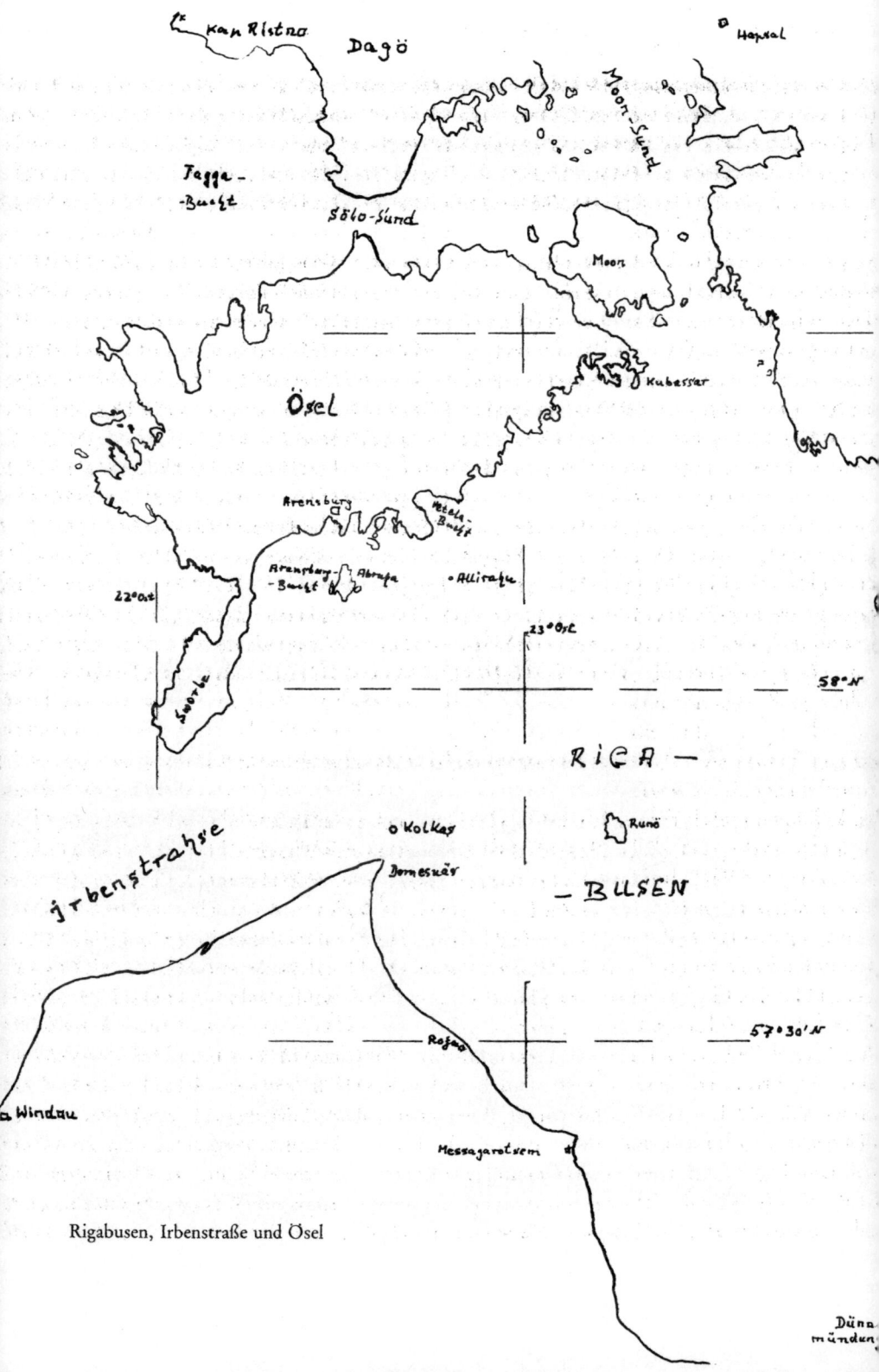

Rigabusen, Irbenstraße und Ösel

emporreißen. So haben uns die Küstenbatterien doch bemerkt und ein wachsames Auge gehabt. Wir gehen auf Südkurs und sichten kurz vor 0400 Uhr morgens 2 russische Flugboote, die das Seegebiet vor der Küste aufklären. Sie greifen nicht an. Fast könnte man neidisch werden, wenn man erlebt, wie der Feind eine planmäßige Morgenluftaufklärung über See fast täglich durchführt, während uns keinerlei Aufklärung zur Verfügung steht. Wenn der Marine einmal eine Aufklärungsmeldung eines Flugzeugs der Luftwaffe über zufällig in See festgestellte Schiffe zugeleitet wird, ist das eben nur »bei Gelegenheit«.

DER 1. RUHETAG IN LIBAU

Da für die kommende Nacht nur 2stündige Bereitschaft befohlen ist, inspizieren wir den Hafen und seine werftmäßigen Einrichtungen etwas genauer. So finden wir auch das von der 5. MS-Flottille in der Höhe von Steinort vor der Küste in Schlepp genommene, ohne Besatzung in beschädigtem Zustand treibende, russische Schnellboot Nr. »47«. Nach den Einschüssen zu urteilen kann es sich nur um eines der beiden S-Boote handeln, die am 27. Juni ein etwa 15 Minuten dauerndes Artilleriegefecht mit unserer 2. Gruppe geführt haben.
Das vorgefundene Geheimmaterial, Zeichnungen, Waffen und Geräte werden von zuständigen Stellen ausgewertet. Als Bootstyp sind diese Boote »Schönwetterboote«.
An einer Pier liegt der durch Selbstversenkung gesunkene Zerstörer »Lenin«, eigentlich ein schlechtes Omen, daß 1 Zerstörer dieses bedeutungsvollen Namens auf diese Weise in deutsche Hand fällt. Ferner befinden sich mehrere U-Boote und andere Marinehilfsfahrzeuge und Schlepper meist in beschädigtem Zustand im Hafen.
Das auf dem Marsch nach Finnland befindliche »S 47« der 2. S-Flottille wird vorübergehend der 3. S-Flottille taktisch unterstellt.
Die Schnellbootbesatzungen genießen die Annehmlichkeiten ihres Begleitschiffes nach fast 14tägiger Abwesenheit sehr nach den Beanspruchungen der langdauernden Unternehmungen, was besonders für das Maschinenpersonal der Boote zutrifft. Nicht nur die Tatsache, daß die Werkstattgruppen des Begleitschiffes für alle Abschnitte und auch das Torpedoklarmachpersonal den etwas lädierten Zustand von Booten und Waffen wieder in Ordnung bringen, sondern auch die Möglichkeit des Duschens unter heißem Wasser wird dankbar empfunden.

»MRS 11« IM GEFECHT MIT 3 ZERSTÖRERN IN DER IRBENSTRASSE

Als wir an diesem Sonntag, am 6. Juli, gerade das gemeinsame Mittagessen beendet haben, geht um 1300 Uhr der Alarmfunkspruch vom BdK ein mit dem Befehl, daß die Flottille sofort seeklar machen soll. Um 1307 Uhr erreicht uns das Funksignal von »MRS 11«: »Bin im Gefecht mit 3 Zerstörern.«

Ich ordne sofort seeklar an und gehe auf das in der Nähe liegende Minensuchboot, auf welchem sich der Führer der Minensuchboote Nord (FdM Nord), Kpt. z. S. Böhmer, eingeschifft hat, dem dieses verhältnismäßig große mit 2–8.8 cm Kanonen ausgerüstete ehemalige Handelsschiff unterstellt ist. Dieses Schiff hat etwa 15 Pinassen an Oberdeck stehen und kann sie mittels Kränen auf beiden Seiten aus- und einsetzen. Diese Pinassen sind zum Räumen von flachstehenden Minen geeignet.

Der FdM Nord hat dieses Schiff zur Schaffung eines minenfreien Weges unter der Küste und in den Hafeneinfahrten und jetzt vor und in der Dünamündung im Zusammenwirken mit Räumbooten und Minensuchbooten angesetzt, denn Stadt und Hafen der alten Hansestadt Riga mit dem berühmten »Schwarzhäupterhaus« befinden sich seit dem 3. Juli in deutscher Hand. So soll auch der Seeweg unter der Küste schnellstmöglich minenfrei gesucht und für den Nachschubverkehr vorbereitet werden.

DIE BEDEUTUNG DER HANSESTADT RIGA FÜR DIE
VERSORGUNG VON HEER UND LUFTWAFFE

Für die Operationen von Heer und Luftwaffe nach Reval und vor allem nach Leningrad sollen die Häfen Riga und später auch Reval sowie Baltisch Port bedeutungsvoll werden. Leider aber ist auch hier bei der »Großen Planung« zu wenig an Nachschub über See berücksichtigt worden. Die Versorgung der Armeekorps im Nordabschnitt der Front hätte sicher zu mehr als 50% über die Ostsee nach Riga und später auch nach Reval geführt werden können. Doch fort von diesem – »Versäumnis« und zurück zur Besprechung mit dem FdM Nord.

Ich besorge mir beim FdM Nord den letzten Standort von »MRS 11«. Wenn wir mit äußerster Kraft auslaufen würden, könnten die Boote die Position um etwa 1800 Uhr erreichen. Bis dahin ist kaum damit zu rechnen, daß »MRS 11« im Gefecht mit den Zerstörern die geringste

Überlebenschance haben wird. Hier kann nur verzugsloser Einsatz von Bombenflugzeugen die Zerstörer an der Vernichtung des Schiffes hindern. Sicher wird der BdK die Luftwaffe darum gebeten haben. Wir laufen mit 6 Booten um 1355 Uhr aus und gehen auf hohe Fahrt. Leider bricht »S 57« durch Zylinderschaden zusammen, das Boot läuft nach Libau zurück.

Um 1440 Uhr funkt der BdK an »MRS 11«: »Ansatz Kampfflugzeuge und S-Boote läuft«. Wir stellen die bange Frage, ob das Schiff überhaupt noch schwimmen wird. Bei Passieren der Irbenstraße bei der Lyserort-Tonne ziehe ich die Flottille zum Aufklärungsvorstoß in Richtung 60° auseinander, sodaß sich die Boote eben an der Grenze der Sichtweite noch sehen können, um auf diese Weise ein größeres Seegebiet lückenlos aufklären zu können. Eigene Flugzeuge sind bisher nicht gesichtet worden: Um 1720 Uhr geht endlich der erlösende Funkspruch vom BdK ein:

»1330 Uhr »MRS 11« mit M-Boot Quadrat 6546 außer Gefechtsberührung. Küstenmarsch nach Dünamünde. Nachstoßen, sichern. 1455 Uhr Quadrat 6544, 5 Zerstörer.«

Ich breche den Aufklärungsvorstoß ab, lasse die Flottille auf das Führerboot sammeln und marschiere in Flugabwehrformation unter der Küste wegen Minengefahr auf der 10 m Linie in Richtung Dünamünde.

ERSTER STURZFLUGANGRIFF DER »MARTIN«-BOMBER IM RIGABUSEN.

Nach etwa 2 Stunden um 1935 Uhr greifen 4 feindliche »Martin«-Bomber aus der Sonne kommend die geöffnet fahrende Flottille in mehrfachen Sturzflügen mit 10–15 Bomben aus etwa 1000 m Höhe an. Wir schießen mit unseren 2 cm Kanonen und weichen den Bomben mit harten Kursänderungen aus und haben Glück dabei. Die Bomben detonieren in Abständen von 20–50 m um die Boote herum. An Oberdeck jedoch finden wir mehrere Sprengstücke und Bombensplitter, aber niemand wird verwundet.

Nach mehr als einer halben Stunde um 2008 Uhr kommt das Minenräumschiff unter der Küste in Sicht. Wir stellen fest, daß es vor Anker liegt und das Minensuchboot »M 31« sogar längsseit festgemacht hat. Wir trauen unseren Augen kaum und denken an die Folgen, wenn die »Martin«-Bomber diese beiden Schiffe in Sicht bekommen hätten.

Als wir mit dem Führerboot in Rufweite stoppen, gratuliere ich zunächst dem Kommandanten, meinem Crewkameraden Kptlt. Rossow, und seiner Besatzung zum mehrfachen Überleben! Er berichtet, daß 3 Zerstörer eben östlich der Irbenstraße das Feuer auf ihn eröffnet hätten, welches er – den Gegner recht vorausnehmend – mit seiner vorderen 8,8 cm Kanone erwidert habe, worauf die Zerstörer abgelaufen seien. Er habe dabei immer nur seine schmale Silhouette gezeigt und die Zerstörer recht voraus genommen, um mit seiner hohen Silhouette ein überlegenes Schiff vorzutäuschen! Nun, so viel Glück und Erfolg gibt's im Kriege nur selten. Dieser Gegner wurde durch eine List überwältigt – immerhin 3 feindliche Zerstörer mit Torpedos und zusammen 12–13 cm Geschützen gegen 2–8,8 cm Kanonen auf »MRS 11« – je eine im Vor- und Achterschiff. Der Kommandant berichtet, daß die noch bis zur Dunkelheit minensuchenden Pinassen ihre Sucharbeiten vor der Dünamündung wahrscheinlich erst morgen Mittag beendet haben und »MRS 11« und »M 31« über Nacht auf flachstem Wasser unter 10 m ankern werden.

Ich melde meine Absicht der Sicherung der beiden Schiffe gegen mögliche Zerstörer- oder U-Bootangriffe während der Nacht bis zum Einlaufen der beiden Schiffe nach Riga an den BdK.

Ab 0200 Uhr nehmen die Boote der Flottille ihre Positionen im Vorpostenstreifen in der Fernsicherung feindwärts ein. Die Nacht verläuft ohne Zwischenfälle.

WIR LAUFEN AM 7. JULI IN RIGA EIN

»MRS 11« und »M 31« lichten ihre Anker um 1100 Uhr und laufen in die Düna ein. Ich folge mit der Flottille im Kielwasser. Schon auf große Entfernung sehen wir die hohen Kirchtürme als Wahrzeichen der Stadt Riga. Wir machen um 1400 Uhr an der Zollpier fest und schlafen erst einmal aus.

Noch am Abend um 2138 Uhr geht vom BdK eine Aufklärungsmeldung ein über »2 Zerstörer, 5 Torpedoboote 1855 Uhr Quadrat 6222, Kurs Süd, Einlaufen Hapsal möglich.« Der Standort liegt im Nordausgang des Moon-Sundes.

NEUE AUFGABEN FÜR DIE FLOTTILLE

Mit Hapsal im Moon-Sund als Absprunghafen werden feindliche Zerstörer und Torpedoboote mit großer Wahrscheinlichkeit Operationen

gegen unseren Geleitzugverkehr von der Irbenstraße bis zur Dünamündung bei Tage und bei Nacht durchführen, wenn es uns nicht gelingt, den Moon-Sund mit Minen abzuriegeln bzw. bei Tage Flugzeuge gegen diese leichten Streitkräfte einzusetzen. Bei Nacht können wir nordöstlich der Irbenstraße Fernsicherung für unsere Geleitzüge bilden. Die Landfront verläuft eben nördlich Riga.
Auf Anfrage des BdK über die weiteren Absichten melde ich Aufgaben, wie ich sie zur Zeit beurteile:
  1. Sicherung der Nachschubwege und der Räumtätigkeit durch Operationen im Rigabusen von Riga aus, da Luftwaffe keinerlei Streitkräfte zur Verfügung stellen kann.
  2. Operationsgebiet Irbenstraße – Arensburger Bucht und Sicherung Nachschubweg in Irbenstraße mit »Adolf Lüderitz« als Stützpunkt von Windau aus.
Beide Häfen Riga und Windau werden für künftige Operationen der Flottille Bedeutung haben, weshalb die Flottille hier günstige Versorgungsmöglichkeiten schaffen muß.
Die Flottille erhält am 8. Juli um 1100 Uhr den Befehl, nach Libau zurückzuverlegen. So laufe ich nach Brennstoff- und Wasserergänzung durch »MRS 11« um 2000 Uhr mit den Booten »S 55«, »S 58«, »S 61«, »S 54« und »S 45« aus Riga aus und marschiere unter Beachtung der minenverdächtigen Quadrate östlich der Irbenstraße im Aufklärungsstreifen bis in die Arensburger Bucht hinein. Da nichts gesichtet wird, treten wir den Rückmarsch durch die Irbenstraße nach Westen an. Um 0530 Uhr machen wir in Libau fest.
Am Abend laufen »S 57« und »S 47« aus Libau aus zur Sicherung eines aus Kümos bestehenden für Riga bestimmten Geleitzuges, der durch Boote der 5. Minensuchflottille gegen Minen gesichert wird.
Vom BdK werden die von der Flottille gemachten Vorschläge und gemeldeten neuen Aufgaben in folgender Weise bestätigt:
  1. Torpedoklarmachschiff »Mosel« mit Torpedos, Klarmachpersonal und ausreichendem Funkpersonal für die Abwicklung des Funkverkehrs auf Schnellbootwelle im Hafen ist aus Memel ausgelaufen und steht der Flottille in Riga zur Verfügung.
  2. »Adolf Lüderitz« geht nach Klärung Luftlage und Fla-Schutzfrage nach Windau.
  3. Es ist vom BdK beabsichtigt, je 1 S-Bootsgruppe von Riga und Libau/Windau aus operieren zu lassen.
  4. Angriffe gegen in der Östlichen Ostsee auftretende Überwasserstreitkräfte.

5. Sicherung von starken bzw. wertvollen Geleitzügen durch die Irbenstraße.
6. Unterstützungsangriffe gegen Feindangriffe auf Geleite und auf eigene Minensuchtätigkeit.
Am 10. Juli melde ich dem BdK die Aufteilung der beiden Gruppen. Zur Libau/Windau-Gruppe gehören Führerboot »S 55«, »S 61«, »S 45«, »S 47« und »S 29« (1. S-Fl.).
Zur Riga-Gruppe gehören »S 59«, »S 57«, »S 58« und »S 54« unter Führung Kmdt. »S 59«.

DER 1. KÜMO-GELEITZUG NACH RIGA

In den nächsten Tagen liegen die Boote in Bereitschaft mit Ausnahme von »S 58« und »S 54«, die einen durch die 2. Räumbootflottille gesicherten Kümo-Geleitzug in der Irbenstraße und weiter bis Dünamünde abgesetzt als Fernsicherung schützen sollen. Die Boote werden, nachdem sie um 1815 Uhr aus Windau ausgelaufen sind, um 2000 Uhr noch westlich der Irbenstraße von 12 feindlichen Bombern in großer Höhe überflogen. Später beim Eintreffen der Rotte beim Geleit südlich Kolkas am Osteingang der Irbenstraße erfährt Kommandant »S 58«, daß das Kümo-Geleit von diesen 12 feindlichen Bombern angegriffen worden ist. Die Rotte selbst wird auch um 2035 Uhr von 2 Bombern überraschend im Sturzflug ohne Erfolg angegriffen. Nachdem die Rotte vor Einbruch der Dunkelheit auf das Geleit stößt, gibt Chef 2. R-Flottille als Geleitzugführer Anweisung, während der Nacht Fernsicherung gegen Zerstörer zu bilden.
Um 0241 Uhr nachts schießen feindliche S-Boote 3 Torpedos auf den Geleitzug, die fehlgehen. Nach Erkanntwerden wird das Feuer von »S 58« und »S 54« eröffnet, der Gegner wird verjagt. Ab 0615–0645 Uhr erfolgen weitere Bombenangriffe von 5–6 Bombern mit Bomben und sogar Bordwaffen, wodurch mehrere Besatzungsangehörige auf den Kümos verwundet werden. Auch »S 58« hat einen Leichtverwundeten. Der Geleitzug läuft um 0715 Uhr in die Dünamündung ein. Der Gegner scheint erkannt zu haben, wo er Ziele für seine Streitkräfte zur See und in der Luft finden kann. Er scheint langsam Tritt zu fassen, weshalb wir in naher Zukunft sicher einen ernsthaften Gegner vor uns haben werden.
Um 1717 Uhr am 14. Juli geht der Einsatzbefehl für die Riga-Gruppe unter Führung Kommandant »S 58« ein. Die Operation soll im west-

lichen Riga-Busen nach Norden bis über Kolkas hinaus in die Irbenstraße geführt werden. Der Kommandant »S 58« läuft mit 4 Booten um 2030 Uhr aus Riga aus. Die Nacht bleibt ziemlich hell. Ab 1754 Uhr waren wenig verheißungsvolle Aufklärungsmeldungen eingegangen:

»1346 Uhr 3 russische Zerstörer Quadrat ... mit Torpedo- und S-Booten auch aus Arensburger Bucht rechnen. Keine eigenen Geleite.

1613 Uhr 1 Zerstörer nördlich Riga-Busen, 1605 Uhr 1 Zerstörer nach Funkortung Mitte Riga-Busen gemeldet. Schließlich meldet der BdK um 2214 Uhr noch 1 Zerstörer um 2010 Uhr im Quadrat ..., Kurs Südwest, hohe Fahrt.«

Wahrlich, an Feindmeldungen im Riga-Busen fehlt es nicht. Wie aber sind sie zu bewerten bezüglich des Urhebers?

Kurz nach Mitternacht um 0014 Uhr werden im Quadrat ... 2 Schatten gesichtet, es sind Torpedoboote. Sie laufen mit Nordkurs vor der Flottille nach Norden. Die Absicht, 1 Rotte an Backbord und die andere an Steuerbord der feindlichen Torpedoboote an der Grenze der Sichtweite in eine günstige Schußposition aufdampfen zu lassen und dann zu einem Zangenangriff anzusetzen, wird geändert, als plötzlich eine in 350° gesichtete Rauchfahne sich als großer Schatten – vermutlich großer Zerstörer – herausstellt, der um 0045 Uhr mit Südkurs genau auf die S-Boote zuläuft. Er wirkt noch größer als ein Zerstörer.

TORPEDOKREUZER DER »TASCHKENT«-KLASSE AM 15. 7. TORPEDIERT

Um 0112 Uhr schießt »S 58« einen Einzelschuß auf 1000 m, der vorn vorbeigeht. Ein 2. Torpedo mit Gegnerfahrt 5 und Lage 70 geht achtern vorbei. Fast gleichzeitig schießen »S 54« und »S 57«. Um 0117 Uhr erfolgt eine Detonation am Heck des Torpedokreuzers. Das Schiff läuft trotz dieses wahrscheinlich von »S 57« erzielten Torpedotreffers mit geringer Fahrt unter Abfeuern von 5 Salven seiner Artillerie weiter nach Nordosten. Um 0145 Uhr schießt »S 54« seinen letzten Torpedo mit Gegnerfahrt 10 vorn vorbei. Wegen nun eintretender Helligkeit sind weitere Angriffe zwecklos, die beiden Rotten laufen um 0545 Uhr in Riga ein.

STÜTZPUNKTSORGEN

Während dieser ersten 15 Julitage ist weder in Memel noch in Libau

auch nur ein einziges Mal »Fliegeralarm« ausgelöst worden, was für die Flottille wegen des dort liegenden Begleitschiffes beruhigend ist. Der kleinere Hafen Windau, der für den S-Bootsansatz in der Irbenstraße mehr als 2 Stunden näher am Operationsgebiet liegt, soll ausreichend fla-geschützt sein, weshalb größter Wert auf die Verlegung von »Adolf Lüderitz« nach Windau gelegt wird. Außerdem soll in der Nähe von Windau ein Flugplatz mit Jagdfliegern belegt sein.
In Riga fehlt immer noch das Torpedoklarmachschiff »Mosel« mit Torpedos und der Brennstofftanker »Oleum«. Diese beiden kleinen Hilfsfahrzeuge sollen morgen am 17. Juli mit einem Kümo-Großgeleitzug, bestehend aus 3 Gruppen, durch die Irbenstraße nach Riga marschieren.

GROSSGELEITZUG FÜR RIGA

Dieses Großgeleit wird durch die 2. und 5. Räumbootflottille gegen Minen gesichert. Die Fern- und Nahsicherung gegen Überwasserstreitkräfte soll durch 8 Schnellboote, davon sind »S 45« und »S 29« von der 2. und 1. S-Flottille in Finnland ausgeliehen, gegen Überwasserstreitkräfte gebildet werden. Während 6 Boote in der Nahsicherung stehen, wird eine Gruppe mit dem Führerboot die Fernsicherung gegen Zerstörer in Form eines Aufklärungsvorstoßes östlich der Irbenstraße und östlich Ösel in Richtung Moon-Sund übernehmen.
Nachdem sich im Laufe des Tages alle Schnellboote in Windau vereinigt haben, läuft die Operation am Abend um 1900 Uhr mit dem Auslaufen aus Windau an. Schon um 2318 Uhr haben wir die Irbenstraße mit der Führerbootsgruppe nach Osten passiert, als mehrere Funksprüche des BdK über den Feind eingehen. Danach ist mit zahlreichen Streitkräften im Rigabusen zu rechnen. Mit Sicherheit sind dort 3 Torpedoboote und die 1. Zerstörerdivision der Ostseeflotte. Bei diesem Kräfteverhältnis muß damit gerechnet werden, daß der Geleitzug ab Hellwerden angegriffen werden wird. Aber vielleicht haben wir ja Glück, indem wir diese gemeldeten Seestreitkräfte noch in der Nacht finden und hoffentlich erfolgreich mit Torpedos angreifen können, sodaß sich die anderen anschließend durch den Moon-Sund zurückziehen. Als um 0100 Uhr die Morgendämmerung beginnt und kein Feind gesichtet worden ist, breche ich den Aufklärungsvorstoß ab und stehe ab 0240 Uhr östlich der Irbenstraße bei Kolkas auf und ab, um den Geleitzug zu erwarten und aufzunehmen. Um diese Uhrzeit geht ein Aufklärungsfunkspruch vom BdK ein, daß 3 große Zerstörer vor Dü-

namünde stehen, die wahrscheinlich Minen vor der Flußmündung werfen. Genau dahin aber ist unser Geleitzug bestimmt!
Nach mehr als 1 Stunde reihen wir uns um 0400 Uhr bei den 3 Geleitzuggruppen ein. 2 Me 109 überfliegen uns als Jagdschutz gegen feindliche Luftangriffe, denn die Luftgefährdung erachten wir wegen der auf Ösel befindlichen Flugplätze als sehr groß. Davon haben wir schon Kostproben bekommen. Wir laufen mit einer Geleitzuggeschwindigkeit von nur 5 kn. Das bedeutet für die Schnellboote, daß sie nur mit 1 Maschine laufen können und in kurzen Zeitabständen stoppen müssen. Wegen des herrschenden Seegangs von etwa 3–4 erleiden die Motoren wiederholt Wassereinbruch in die Zylinder, wodurch die Gefahr der Manövrierunfähigkeit besteht. Wir helfen uns dadurch, daß wir wie die Schäferhunde die zu schützenden Objekte mit höherer Fahrt umlaufen, denn es stehen leider keine anderen Seestreitkräfte mit einer gewissen Offensivfähigkeit gegen Zerstörer zur Verfügung. Aber bei Tage ist ein Torpedoangriff von Schnellbooten gegen z. B. die gemeldeten 3 großen Zerstörer mit Aussicht auf Erfolg nicht zu erwarten. So bilden wir tagsüber eigentlich nur einen »moralischen« Schutz für die Kümos und ihre Besatzungen.
In den frühen Morgenstunden wird der Geleitzug mehrfach von bis zu 6 Bombern mit Bomben und von »Rata«-Jägern mit Bordkanonen und Maschinengewehren angegriffen, ohne ernsten Schaden zu erleiden. Um 1100 Uhr geht vom BdK eine Meldung über feindliche leichte Seestreitkräfte mit Kurs Süd und geringer Fahrt ein. Ob sie auf den Geleitzug operieren werden?
Die 2. Räumbootflottille und meine Führerbootsgruppe werden mit Höchstfahrt nach Dünamünde befohlen. Befehlsgemäß laufen wir vor. Da kommt nach 2 Stunden um 1554 Uhr eine Aufklärungsmeldung vom BdK über »1 Zerstörer um 1500 Uhr im Quadrat 6592 mit Kurs Süd und hoher Fahrt.«

SOWJETRUSSISCHER ZERSTÖRER WILL ANGREIFEN

Der Geleitzug steht zur Zeit des Eingangs dieses FT bei der Ansteuerungstonne vor Dünamünde, sodaß er durch diesen gemeldeten Zerstörer kaum mehr gefährdet ist. Die 1. Geleitzuggruppe hat uns schon stromaufwärts passiert, als wir Artilleriefeuer von See her vernehmen, während die letzte Gruppe des Geleitzuges gerade einläuft und die Dünamündung vollständig durch künstlichen Nebel verdeckt ist, den die am Ende der 3. Geleitzuggruppe befindlichen S-Boote unter sehr entschlossener Führung des Kommandanten »S 45«, Oblt. z. S. Babbel, vor der Dünamündung gelegt hatten, um den Geleitzug der Sicht durch den Feindzerstörer zu entziehen.

Diese letzte Schnellbootgruppe war – eben westlich der Ansteuerungstonne stehend – von einem deutschen Aufklärungsflugzeug wiederholt aufgefordert worden, in Richtung 300° vorzustoßen. Als diese Gruppe »S 45«, »S 47«, »S 29« und »S 54« daraufhin in dieser Richtung vorstößt, sichtet sie kurz danach eine Rauchfahne eben über der Kimm. Das könnte vielleicht der um 1554 Uhr vom BdK gemeldete Feindzerstörer sein. Als sich die Silhouette etwas später als Zerstörer herausschält, führt die Gruppe in breiter Dwarslinie mit Höchstfahrt anlaufend einen kühnen Massen-Scheinangriff ohne Torpedoschußabgabe durch. Als die S-Boote auf etwa 7000 m Entfernung unter deckenden Salven der Zerstörerartillerie liegen, drehen sie unter Nebelverwendung ab und markieren einen Torpedoschuß. Nach Legen mehrerer langer Nebelwände stoßen die Boote wiederholt durch den Nebel in Richtung auf den inzwischen als »Gnewny«-Zerstörer erkannten Gegner, um Angriffe vorzutäuschen und weiterzunebeln mit dem Ziel, auch den letzten Kümo beim Einsteuern in die Düna der Sicht durch den Zerstörer zu entziehen. Die Boote laufen anschließend in die vernebelte Dünamündung ein.

Obwohl der Zerstörer bei weiterer Annäherung in die vernebelte Dünamündung hineinschießt und das Feuer sogar zwischen den Molen liegt, treten keine Verluste bei dem eingebrachten Geleitzug ein.

Allen Booten befehle ich das Weiterlaufen mit dem Geleitzug nach Riga, während wir mit der Führerbootsrotte in dem kleinen Kanal des Winterhafens sozusagen als gegen Sicht geschützte Torpedobatterie verbleiben. Nach etwa ½ Stunde dreht der Zerstörer ab und läuft nach Norden.

Mit unzulänglichen Mitteln haben wir wieder einmal Glück gehabt, denn der aus vielen kleinen Kümos bestehende Geleitzug transportiert dringendst benötigtes Benzin für die Frontflugplätze, Bomben und Munition für die Luftwaffe und Nachschubgüter aller Art für das Heer an der Nordfront. Für uns ist endlich das Torpedoklarmachschiff »Mosel« mit Torpedos und der Funkstelle sowie der Brennstofftanker »Oleum« nunmehr in Riga verfügbar.

ZUSAMMENARBEIT MIT FLIEGERFÜHRER OSTSEE IN RIGA

Nach dem Einlaufen mache ich Besuch beim Fliegerführer Ostsee, Oberst von Wild, um Kontakt für unsere mögliche Zusammenarbeit an der Front aufzunehmen. Als ehemaliger Seeoffizier hat er volles Verständnis für unsere Belange sowohl in der Aufklärung als auch im Angriff seiner Flugzeuge bei Tage gegen gesichtete Zerstörer in unserem Seegebiet. Seine Flugzeuge haben auch einige gute Erfolge in der Bekämpfung von Kriegsschiffen besonders in Häfen zu verzeichnen. Soweit sein Hauptauftrag es zuläßt, will er uns unterstützen. Wir vereinbaren das empfangsseitige Schalten der hiesigen Luftaufklärungswelle auf der taktischen Nr. 2 der Flottille, sodaß wir die Aufklärungsmeldungen vom Flugzeug unmittelbar mithören können. So sind wir nicht mehr im Zeitverzug, denn bisher gingen Flugzeugmeldungen über den Fliegerführer Ostsee auf die Führungsebene unseres in Swinemünde befindlichen Befehlshabers, von dessen Stab sie nach Filterung auf unserer S-Bootswelle weiterverbreitet wurden. Dieser Umweg dauerte manchmal Stunden. Der BdK stimmt dieser neuen Maßnahme zu.

Am 21. Juli um 1746 Uhr gehen folgende Aufklärungs-Funksprüche ein:

»Morgenaufklärung Luft meldet 0358 Uhr Quadrat ... 3 Zerstörer Typ »Frunse«, 40°, 0433 Uhr Kursänderung auf 20°, davon 2 Zerstörer 0450 Quadrat ... gestoppt.

0545 Uhr 2 Zerstörer, 1 Torpedoboot Quadrat ... Kurs 30° ... Nach Meldung Fliegerführer Ostsee liegen in Kassar-Wiek sehr viele Versorgungsschiffe und einige leichte Seestreitkräfte.«

Um 2000 Uhr am 21. Juli laufe ich mit 4 Booten aus Riga aus. Wir marschieren mit Nordkurs durch den Rigabusen in Richtung Ösel. Kurz nach Mitternacht sichten wir eine Rauchfahne, die wegen Sichtverschlechterung wieder verschwindet. Wir holen mit hoher Fahrt nach Osten aus, um uns vorzusetzen. Als wir um 0057 Uhr auf Nordwestkurs gehen, um den vermutlichen Gegner näher zu untersuchen, melden »S 54« und »S 58«, daß es sich um einen kleinen Prahm zu handeln scheint. Wir setzen den Marsch fort, um einige von den gemeldeten Zerstörern und Torpedobooten zu finden, solange noch Dunkelheit herrscht.

Als wir bis 0130 Uhr kurz vor Morgendämmerung nichts gesichtet haben, machen wir kehrt und operieren auf den vor 1 Stunde gesichteten vermeintlichen Prahm.

ERFOLG IM RIGABUSEN

Um 0200 Uhr kommt dieser vermeintliche «Prahm» wieder in Sicht. Es handelt sich um 1 Schlepper, der 1 Schnellboot im Schlepp hat. Mit dem Führerboot und »S 54« eröffnen wir das Feuer mit den 2 cm Kanonen, das vom feindlichen S-Boot erwidert wird. Die 2. Rotte »S 29« und »S 58« greift ein. Schlepper und S-Boot werden auf Westkurs unter heftigstes Feuer genommen. Um 0220 Uhr drehen wir vor dem Feindbug zum Passiergefecht an Backbord, um unser Feuer auf das 100 m entfernte S-Boot zu vereinigen. Das Boot brennt nach 2 Minuten, wir stellen das Feuer ein und gehen in die Nähe, um Überlebende zu retten.

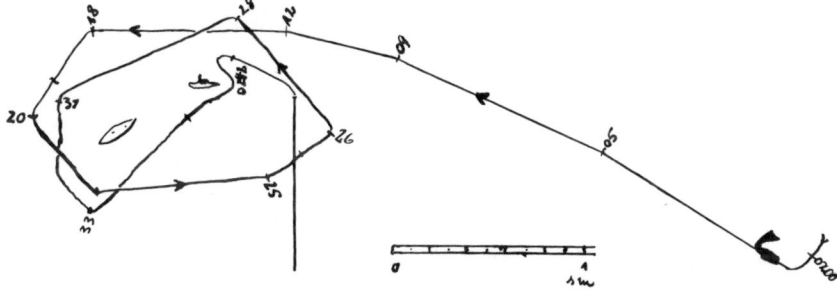

Versenkung sowjetisches Schnellboot »DT 71« und Schlepper »Lacplesis«

Beim Schlepper, der sich als kleiner Eisbrecherschlepper »Lacplesis« mit 250 t entpuppt, wird längsseit gegangen. 14 Letten, 1 russischer Kapitänleutnant und 3 russische Matrosen werden gerettet, unter ihnen sind 5 Verwundete. Bei dem Versuch, den Rest der im Wasser schwimmenden Schnellbootbesatzung des Schnellbootes »DT 71« zu retten, wobei unsere Matrosen mit einem Palsteg um den Bauch an einer Leine außenbords steigen, wird von den im Wasser Schwimmenden mit Pistolen geschossen. Weitere Rettungsversuche scheitern, weil die Leute wegschwimmen und sich nicht retten lassen wollen.
Wegen anbrechender Morgendämmerung treten wir nach 20 Minuten dauernden Rettungsmaßnahmen den Rückmarsch an, als die am Schlepper angebrachten Sprengpatronen detonieren und der Schlepper sich auf die Seite legt und sinkt.
Kurz vor 0400 Uhr überfliegen uns 2 russische »Rata«-Jäger, ohne anzugreifen, als wir zwischen der Insel Runö und Kolkas nach Süden marschieren. Wir laufen um 0730 Uhr ein und übergeben die Geretteten an den Hafenkapitän.

Am 25. Juli um 2115 Uhr laufe ich mit »S 54« und »S 57« aus zur Fernsicherung der in der Irbenstraße zum Minenräumen angesetzten Minensuch- und Räumboote. Wir stoßen an der Südostküste von Ösel bis 0150 Uhr kurz vor den Moon-Sund vor, ohne einen Feind zu sichten. Um 0650 Uhr laufen wir in Riga ein.
Für die kommende Nacht vom 26. zum 27. 7. nehmen wir mit »S 54« und »S 57« auf dem »Russenweg« südlich Arensburg eine Lauerstellung ein. Vermutlich sollen – wohl nach Funkaufklärung – Minenunternehmungen durch Zerstörer von Arensburg aus durchgeführt werden. Ich laufe daher um 1900 Uhr mit dem Führerboot »S 55«, »S 54« und »S 57« aus mit dem Befehl, die Arensburg-Reede einzusehen. Leider muß »S 57« nach 20 Minuten wegen Maschinenschaden kehrtmachen.
Vom Fliegerführer Ostsee geht um 1943 Uhr eine Meldung über 4 Torpedoboote auf Kurs 270° im nördlichen Rigabusen ein. Schon um 1325 Uhr waren 2 Zerstörer und 2 Torpedoboote sowie 2 S-Boote bei der Insel Allirahu südöstlich von Arensburg auf Kurs 120° gesichtet worden. Wir stehen kurz nach 2000 Uhr querab von Kolkas am Ostausgang der Irbentraße und marschieren in die Arensburger Bucht hinein. Um 2234 Uhr kommt im Nordwesten 1 Schatten in Sicht auf etwa 3000 m, Bug links, Lage etwa 40, ganz geringe Fahrt.

MINENWERFENDER ZERSTÖRER »STOROSHEWOJ«-KLASSE
AM 27. 7. VERSENKT

Die Rotte stoppt, um den Gegner genau zu betrachten. Wir erkennen 4 Schatten in 270° und holen nach Nordosten aus, um uns vorzusetzen. Der Gegner dreht nach Steuerbord auf Südkurs. So gelangen wir in eine günstige Lage und laufen um 2315 Uhr zum Angriff an.
Um 2326 Uhr schießt das Führerboot »S 55« mit Lage 60, Fahrt 3 kn 1 Doppelschuß. Um 2327 Uhr schießt »S 54« aus Lage 100 mit 5 kn ebenfalls 1 Doppelschuß. Unsere Torpedos gabeln den Zerstörer genau ein – 1 geht vorn, der andere achtern vorbei. Von »S 54« laufen beide Torpedos vorn vorbei, obwohl der 1 Torpedo Oberflächenläufer ist. Wir bleiben gestoppt auf Hundekurve liegen und laden unsere Reservetorpedos nach. Inzwischen hat der Gegner zugedreht auf Lage 20. Wir holen erneut nach Nordosten aus, um uns vorzusetzen und aus günstigerer Lage erneut anzugreifen. Der Gegner dreht jetzt auf SSW-Kurs, nach 8 Minuten auf SO-Kurs.

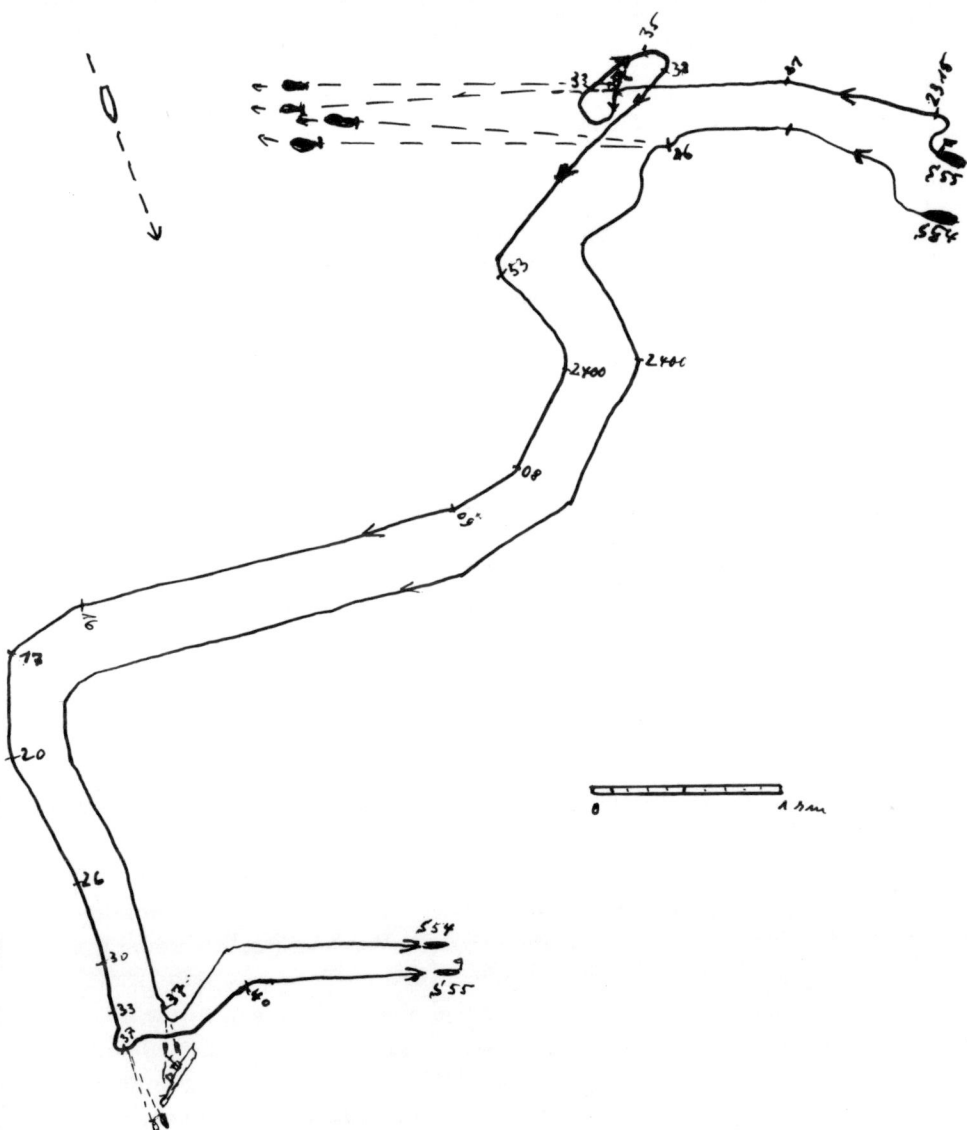

Versenkung eines Zerstörers der »Storoshewoj«-Klasse durch S 54

Um Mitternacht setzt starke Sichtverschlechterung ein, als der Gegner mit höherer Fahrt auf Südkurs in Richtung Kolkas abläuft. Wir holen nach Westen aus, um in den dunklen Horizont zu gelangen und halten Fühlung. Außer diesem ist schon 1 weiterer Zerstörer im Nordwesten und 1 im Süden in Sicht. Die Kimm ist nicht mehr erkennbar, die Sicht wird noch geringer, sodaß wir um 0017 Uhr alle Gegner kurz verlieren. Aber schon nach 1 Minute haben wir 1 Zerstörer wiedergefunden auf

123

eine Entfernung von etwa 2000 m. Wir laufen in Dwarslinie auf Hundekurve zum Angriff an. Der Gegner dreht jetzt nach Steuerbord auf 50°, dann über 0° auf Südostkurs, seine Lage beträgt etwa 20. Um 0033 Uhr schießt »S 55« auf 800 m Entfernung aus Lage 30 mit 5 kn 1 Doppelschuß. Beide Torpedos gehen hinten vorbei, weshalb »S 54« jetzt Feuererlaubnis erhält. »S 54« schießt aus Lage 45 mit 7 kn um 0033 Uhr 1 Doppelschuß. Das Führerboot, welches weiterhin auf Hundekurve gestoppt liegt, hat jetzt nur noch eine Entfernung von etwa 400 m, da der Zerstörer in spitzer Lage schnell näherkommt. Um 0036 Uhr treffen beide Torpedos, der eine unter der Brücke. Eine ungeheure Stichflamme erstreckt sich über die ganze Länge des Zerstörers, der sofort in Rauch gehüllt wird. Als wir auf 200 m an dem sinkenden Zerstörer vorbeilaufen, liegt er bereits tief im Wasser. Der Angriff war dadurch sehr erschwert, daß die 3 Gegner laufend Kursänderungen einzelschiffsweise durchführten, wodurch die Rotte mehrfach in hoffnungslose Schußpositionen geriet. Die Boote laufen um 0425 Uhr in Riga ein. Es ist mit großer Wahrscheinlichkeit anzunehmen, daß die Zerstörer Minen geworfen haben.

2 BOMBENANGRIFFE AUF »ADOLF LÜDERITZ« ABGESCHLAGEN

Nachdem am gestrigen Tage ein 2. Bombenangriff auf das Begleitschiff in dem kleinen Hafen Windau erfolgt ist, bei welchem eine der Bomben in der Nähe des Begleitschiffes detonierte und sich die Tarnung des Schiffes durch Tarnnetze als unwirksam erwiesen hat, beantrage ich aus Sicherheitsgründen eine sofortige, aber nur vorübergehende Verlegung des wertvollen Begleitschiffes nach Libau. Die See- und allgemeine Feindlage lassen die Rückverlegung im Augenblick geboten erscheinen, ohne daß Einbußen für die Einsatzbereitschaft der S-Boote eintreten.
Für die kommende Nacht vom 27. zum 28. Juli wird die Rotte »S 57«, »S 58« zu einem Vorstoß gegen Ankerlieger in der Arensburger Bucht angesetzt. Vermutlich befindet sich hier der Ausgangspunkt für feindliche Minenunternehmungen der Zerstörer. Ich laufe mit beiden Booten um 1900 Uhr aus, um auch diese navigatorisch schwierige Unternehmung selbst zu führen, zumal die Bucht wahrscheinlich durch Küstenbatterien gegen das Eindringen eines Gegners geschützt sein wird. Die um 2135 Uhr eingehende Luftaufklärungsmeldung über »1 Torpedoboot, 3 Minensuchboote vor Anker liegend und 3 Minensuch-

boote mit Kurs 80° und mittlerer Fahrt südöstlich der Arensburger Bucht« läßt uns hoffen, den Feind heute Nacht zu finden. Um 2300 Uhr drehen wir südlich der Insel Allirahu auf Westkurs und steuern südwestlich der kleinen Insel Abro mit Schleichfahrt in die Arensburger Bucht hinein.

4 TORPEDOS AUF ANKERLIEGER ARENSBURG-REEDE

Kurz vor Mitternacht sehen wir 4 Schatten voraus, es sind sicher die 3 Minensuchboote und das Torpedoboot. Wir schießen auf die fast quer liegenden Ziele ohne Vorhalt. Das Torpedoboot zeigt immer nur Lage 0, kann daher nicht angegriffen werden. Wir liegen mit gestoppten Maschinen und horchen in die nächtliche Stille. Alle Doppelgläser sind auf die 3 Schatten gerichtet. Endlich durchbrechen 4 nacheinander erfolgende Detonationen die Nacht nach 4 Minuten Torpedolaufzeit. Wir stellen Stichflammen in Richtung der Ankerlieger fest. Aber die Minensuchboote schwimmen noch und haben sich in ihrer Lage nicht verändert. So ahnen wir, daß die Torpedos an Land – wahrscheinlich an einer Mole des Arensburger Hafens – detoniert sind, wodurch auch die lange Laufzeit der Torpedos zu erklären ist. Diese Minensuchboote vom Typ »Kljus« und »Udarnik« haben sicher weniger als 2 m Tiefgang. So ist es sinnlos, noch 1 Torpedo zu opfern. Dieser Einbruch in die »Haustür des Gegners« hat uns nichts gebracht. Für den Gegner war er sicher eine Lektion, über Nacht nicht mehr auf dieser Reede zu ankern!
Wir laufen enttäuscht nach Riga zurück und rüsten unsere Boote für die nächste Unternehmung aus. In der nächsten Nacht vom 29. zum 30. Juli soll derselbe Vorstoß in die Arensburger Bucht von »S 57« und »S 59« durchgeführt werden. Weder auf dem Anmarsch, noch in der Bucht, noch auf dem Rückmarsch wird etwas gesichtet. Der Rigabusen scheint wie ausgestorben. Seit dem 17. Juli haben wir in 12 Tagen nicht weniger als 8 Unternehmungen durchgeführt. Infolge der geringen Bootszahl der Flottille haben einzelne Boote mehrfach Nacht für Nacht an den Vorstößen teilgenommen, was besonders bei den technischen Besatzungen bis an die Grenze ihrer physischen und nervlichen Belastbarkeit ging. So muß eine kleine Ruhepause eingelegt werden.
»Adolf Lüderitz« meldet, daß das Schiff am 29. Juli um 2015 Uhr 1 Flugzeug bei einem Bombenangriff auf Windau abgeschossen hat. Eine gute Leistung des Schiffes!

SEENOTEINSATZ FÜR FLIEGERKAMERADEN

Um 1800 Uhr am 3. August bittet der Fliegerführer Ostsee um Hilfe für den Seenotfall im Östlichen Rigabusen, wo eine Flugzeugbesatzung schwimmen soll. Trotz der Aussichtslosigkeit einer Rettung bei Wind SW 6 und Seegang 4–5 läuft die Rotte »S 59«, »S 55« unter Führung Kmdt. »S 59« am 3. August um 1915 Uhr aus. Ich erfahre beim Fliegerführer Ostsee, daß heute um 1815 Uhr russische Landtruppen zwischen Pernau und Riga gelandet sein sollen. Diese wichtige Information gebe ich von der Funkstelle der »Mosel« an die in See befindliche Rotte, deren Weg an der angeblichen Landungsstelle vorbeiführt. Die Rotte sichtet östlich Runö um 2136 Uhr 1 Schatten im Westen, der sich sogleich als Torpedokreuzer vom Typ »Leningrad« identifizieren läßt. Er steuert westlichen Kurs mit geringer Fahrt. Wegen der noch herrschenden Helligkeit versucht die Rotte mit geringer Fahrt an der Grenze der Sicht Fühlung zu halten und später nach Einbruch der Dunkelheit anzugreifen. Aber der Seegang zwingt zu höheren Fahrtstufen. Nach 1 Stunde ist an einen Waffeneinsatz wegen Abkommschwierigkeiten bei der großen Schußentfernung in mondheller Nacht nicht zu denken. Wiederholte Versuche, trotzdem am Gegner Fühlung zu halten, mißlingen wegen plötzlich einsetzender Bewölkung mit Regenböen und Sichtverschlechterung bei dem überkommenden Wasser. Der Kommandant entschließt sich zum Kehrtmachen und steuert das Seenotquadrat an. Wegen der Aussichtslosigkeit des Überlebens der Fliegerbesatzung bricht die Rotte die Suche ab und läuft um 0515 Uhr in Riga ein.

2 Tage später, am 5. August, laufe ich mittags um 1230 Uhr mit »S 55« und »S 58« zur Hilfeleistung bei der Rettung der Besatzung eines vermißten Flugbootes im Östlichen Rigabusen aus. Zur Einweisung zwecks Auffindens des Flugbootwracks bzw. der Schlauchboote wird Fliegerführer Ostsee ein Flugzeug entsenden. Um 1513 Uhr kreisen 1 »He 59« und 1 »Arado 195« über der Wrackstelle. Wir finden das Flugbootwrack kieloben treibend. Es handelt sich um ein abgebrochenes Rumpfteil und einen abgebrochenen Stützschwimmer. Wir suchen nach Überlebenden in Richtung des herrschenden Windes und finden um 1800 Uhr ein – leider – leeres Schlauchboot. Die Suche nach Überlebenden ist bei dem herrschenden Wetter und Seegang nunmehr aussichtslos geworden. Wir versenken das Wrack mit Artillerie, wobei wir von 2 feindlichen Flugzeugen in etwa 2000 m Höhe überflogen werden.

DAS 1. RITTERKREUZ FÜR KOMMANDANT »S 60«

Heute am 5. 8. geht ein Funkspruch ein, der für den Kommandanten, die Besatzung des Schnellbootes »S 60« und die ganze Flottille eine große Auszeichnung enthält, denn dem Kommandanten, Oblt. z. S. Siegfried Wuppermann, ist das Ritterkreuz des Eisernen Kreuzes verliehen worden, was ich Ende Juni nach dem vorbildlichen Einsatz und den mehrfachen Erfolgen der von ihm geführten Boote auf dem Dienstwege beantragt hatte. Durch diese Auszeichnung sind die Leistungen aller Flottillenbesatzungen einschließlich der Mutterschiffsbesatzung sowie der kleinen Hilfsfahrzeuge der Flottille und auch des Torpedoklarmachschiffes »Mosel« in besonderer Weise anerkannt worden. Denn ohne die täglich laufenden, vielen, oft unsichtbaren Vorbereitungen der Boote für den Einsatz, an denen alle Männer mitgewirkt haben, wären die Erfolge nicht möglich geworden.

WIEDER 8 FEINDZERSTÖRER IM RIGABUSEN

Am 6. August werden insgesamt 8 Feindzerstörer von der Luftaufklärung im Rigabusen gesichtet. Es muß doch möglich sein, die Stützpunkte dieser Zerstörer durch die Luftwaffe ausfindig zu machen und diese Einheiten anschließend durch massierten Flugzeugeinsatz anzugreifen, um diese Gefahr für unsere Geleitzüge endgültig auszuschalten. Für die S-Boote ist weder heute noch am 7. August ein Einsatz wegen schlechter Wetterlage möglich. Am 8. August schließlich hoffen wir trotz bedenklichen Wetterberichtes auslaufen zu können, zumal nach Luftaufklärung nordöstlich Kübassar im Moon-Sund wiederholt Tanker und Zerstörer auf einem Ankerplatz gesichtet worden sind. Für eine solche Unternehmung scheint uns schlechtes Wetter mit schlechter Sicht günstig, um besser in den Südausgang des Moon-Sundes hineinschleichen zu können. Noch am Nachmittag gehen innerhalb von 3 Stunden 4 Aufklärungsmeldungen über Zerstörer im Rigabusen ein. Wegen NW 5–6 und weiteren Aufbrisens müssen die Boote kehrtmachen. Ein neuer Auslaufversuch am nächsten Tage, am 9. August, scheitert schon an der Ansteuerungstonne aus Wettergründen.

VORSTOSS IN DEN MOON-SUND AM 10. AUGUST

Am 10. 8. endlich ist es soweit. Die Luftaufklärung meldet am frühen Nachmittag 1 Zerstörer bei Kübassar. Ich laufe mit »S 55«, »S 58« und

»S 59« um 1845 Uhr aus zum Vorstoß in den Moon-Sund. Leider fällt »S 59« wegen Kurbelwannengehäusebruchs aus und muß deshalb umkehren.
Es herrscht Wind SSO, Stärke 3, Seegang 2. Westwind wäre für die heutige Unternehmung erwünscht, denn bei SSO-Wind werden unsere Motorengeräusche an der Südostküste der Insel Ösel sicher gehört und können Alarm auslösen.
Um 0025 Uhr steuern wir mit 20° Kurs in die Kübassar-Bucht hinein. 3 Minuten später erkennen wir das Leuchtfeuer Pööralaid. Der Leuchtturm mit dunklem Querstreifen ist klar auszumachen. Kein Fahrzeug wird gesichtet. So machen wir auf der Stelle kehrt und steuern mit Schleichfahrt auf Südkurs wieder von der Küste weg. Es wird auch Zeit, denn jetzt bricht der Vollmond durch die aufgelösten Wolken, weshalb wir unverzüglich den Rückmarsch antreten.

UNGÜNSTIGES KRÄFTEVERHÄLTNIS

Da »S 59« mit 2 Maschinen zum Motorenwechsel in die Danziger Werft verlegen muß und »S 55« kleine Motorenüberholung beginnt, ist nur noch »S 58« in Riga einsatzbereit. Am 15. August wird »S 57« wieder klar sein, dann wird wenigstens 1 Rotte in Riga zur Verfügung stehen.
Die Lage bei der 2. S-Flottille in Windau scheint nicht sehr viel besser zu sein, was die Zahl der Boote anbetrifft. Sie hat noch »S 46« und »S 105« im Einsatz, vorübergehend zugeteilt ist »S 60«.
So sieht es bei dieser Kräftelage mit dem Versuch der »Erringerung der Seeherrschaft« in der Östlichen Ostsee und im Rigabusen sehr schlecht aus. Eine zur Offensive entschlossene sowjetrussische Führung der Ostseeflotte könnte mit ihren modernen Zerstörern wiederholt in kühnen Vorstössen bis in die Danziger Bucht hinein operieren, dort Minen werfen und den Ausbildungsbetrieb für die gesamte deutsche U-Bootwaffe beeinträchtigen. Die russischen Zerstörer haben hier oben im Rigabusen und in der Irbenstraße wohl nur die Aufgabe, den deutschen Geleitzugverkehr zu unterbinden. Der aber ist so gering an Zahl, daß es den Einsatz der Zerstörer bisher nicht gelohnt hat.
Bis zum heutigen Tage sind nur zweimal Geleitzüge, aus Kümos bestehend, nach Riga gelaufen, von einzelnen kleinen Einzelfahrern abgesehen. Die transportierte Gütermenge hat vielleicht das Ausmaß eines einzigen 8000 BRT großen Frachters!

MINEN IN DEN MOON-SUND

Zur Abriegelung des Moon-Sundes nach Süden beabsichtigt der BdK den Einsatz der 2. S-Flottille zum Werfen von 3 weiteren Minensperren mit Grundminen TMB in den Moon-Sund. Diese »Mona«-Sperren werden – wie auch die früheren TMB-Sperren mit magnetischer Zündung – wirkungslos bleiben gegen Ziele vom Minensuchboot aufwärts, da die russischen Schiffe gegen diese Zündungsart geschützt sind. Für diese beabsichtigten Operationen wird die Riga-Rotte der 3. S-Flottille unter Gesamtführung von Chef 3. S-Flottille als Sicherung gegen feindliche Seestreitkräfte eingesetzt. Die Sperren sollen auf 0,7 sm genau liegen, was in diesem stark strömenden Gewässer nicht einfach sein wird, weil keine günstigen Navigationshilfen zur Verfügung stehen. Sicher wird der Gegner dieses wichtige Fahrwasser auch gegen den Einbruch deutscher Seestreitkräfte mit flachstehenden Defensiv-Minensperren gesperrt haben. Der Auftrag ist daher ein hohes Risiko für die wenigen noch vorhandenen S-Boote, auch wenn uns der »minenfreie Russenweg« unter Ösel durch die Erbeutung des Kartenmaterials vom Schlepper »Lacplesis« bekannt geworden ist.

Die beiden Gruppen laufen am 17. 8. um 1900 Uhr aus Riga und 1930 Uhr aus Windau aus. Der vereinbarte Treffpunkt östlich der Irbenstraße wird um 2135 Uhr erreicht. In Rufweite der beiden Führerboote teile ich dem Chef 2. S-Flottille meine Absichten für die Durchführung dieser gemeinsamen Operation mit. Wir setzen den gemeinsamen Marsch zum Moon-Sund mit 28 kn fort.

Fast in der Mitte des Sundeingangs sichten wir um Mitternacht 1 Bewacher, der möglichst unbemerkt umgangen werden muß. Wir holen deshalb nach Süden und Westen aus und gehen dann auf Nordostkurs, um den Leuchtturm Pööralaid zur Besteckkontrolle zu sichten.

Um 0100 Uhr liegt wieder 1 Schatten vor uns, der von der Küste der Insel Ösel angemorst wird. 1 weiterer Schatten nördlich dieses Bewachers wird gesichtet. Beide Bewacher hindern uns, unbemerkt an ihnen vorbeizulaufen und die Minen zu werfen, denn nur mit zeitraubenden Lotreihen ist eine ungestörte Kontrolle und Verbesserung des Schiffsortes möglich. Die Minensperre soll ja auf 0,7 sm genau liegen.

BEWACHER IM MOON-SUND DURCH TORPEDOTREFFER VERSENKT

So entschließe ich mich, diesen ersten Bewacher zu torpedieren und gebe Feuererlaubnis für das Rottenboot »S 58«. Der erste Doppel-

Vorstoß in den Moon-Sund – S 58 torpediert ein Minensuchboot

schuß mit Lage 80 auf 800 m geht ins Leere. Von den beiden Torpedos detoniert einer wahrscheinlich an der Küste. »S 58« meldet, daß der Bewacher vor Anker liegt und greift nochmals mit 1 Torpedo an, der fast lautlos zum »Treffer Mitte« wird. Vom Bewacher ist nach Niedergehen der Wassersäule nichts mehr zu sehen. Es handelt sich um das Minensuchboot »T 851/Pirmunas«. Mit »S 57« und den Minenbooten sind wir inzwischen auf den 2. Schatten angelaufen, der in der Silhouette wie ein vor Anker liegender Tanker wirkt. Beim Näherkommen erkennen wir, daß es sich um einen Küstenstrich mit Leuchtturm und Waldstück handelt. Welch eine Verkennung! Wir stehen jetzt verhältnismäßig hoch im Sund, gehen auf Ostkurs, um noch einen Versuch zur Besteckkontrolle zu machen und die Minen doch noch zu werfen. Wir stellen aber fest, daß wir um mehrere Seemeilen nach Norden versetzt worden sein müssen. So kann – was den befohlenen navigatorischen Genauigkeitsgrad der zu werfenden Minensperre anbetrifft – die Sperre nicht geworfen werden, zumal 5 Minuten später der Mond aufgeht. Wir treten den Rückmarsch mit Minen an. Ein auf der Halbinsel Kübassar angestellter Scheinwerfer sucht um 0200 Uhr flach über das Wasser, erfaßt uns aber nicht. Wahrscheinlich sind wir von den Küstenwachen gehorcht worden.

Das Wetter hat sich sehr verschlechtert, es herrscht Wind aus SW auffrischend auf Stärke 6–7, der Seegang hat auf 4 zugenommen. 2 Minen haben sich losgerissen und gehen über Bord. Hagelböen gehen plötzlich auf uns nieder, sodaß das Sammeln aller Boote in Kiellinie vor Passieren der Sperrlücke zwischen den beiden deutschen Ankertau-Minensperren nordöstlich der Irbenstraße nicht einfach ist. Kurz vor 0400 Uhr kommt der Leuchtturm Kolkas in Sicht. Wir haben wieder genauen Standort und sind um 6 sm nach Norden versetzt worden! Nur knapp waren wir von einer deutschen flachstehenden Minensperre auf 1 m Tiefe freigekommen. Um 0600 Uhr laufen alle Boote in Windau ein.

MINEN BEI KAP RISTNA

Während der nächsten Woche herrscht schlechtes Wetter, sodaß die bei Kap Ristna an der Westspitze der Insel Dagö und im Moon-Sund geplanten Minensperren vorläufig nicht geworfen werden können. Nach Beruhigung der Wetterlage laufen wir am 25. August um 17 Uhr mit 6 Booten aus zur Durchführung der 3. Minenoperation bei Ristna. Schon nach 1 Stunde fällt auf »S 46« 1 Maschine aus, das Boot macht

kehrt. Von 2338–2353 Uhr werfen wir 30 TMB-Minen auf genauer Position, nachdem wir vorher eine gute Besteckkontrolle durchführen konnten.
Am Vormittag des 26. August erreicht uns der erfreuliche Befehl, daß alle geplanten Minenaufgaben mit TMB-Minen entfallen und die Schnellboote mit 4 Torpedos auszurüsten sind. Und für die heutige Nacht folgt 2 Stunden später der Einsatzbefehl, obwohl wir noch recht müde von der letzten Nachtunternehmung bei schlechtem Wetter sind.

FERNSICHERUNG FÜR 2. RÄUMBOOTFLOTTILLE IM RIGABUSEN

Wir sollen Fernsicherung für die Stichfahrt der 2. Räumbootflottille von Riga nach Hainasch im Östlichen Rigabusen bilden.
Vermutlich haben die am 21. und 23. 8. im Laufe des Nachmittags und gegen Abend von der Luftaufklärung gemeldeten 3 Zerstörer und 1 Minenlegerverband eine Minensperre zwischen Domesnäs und der Insel Runö im Rigabusen gelegt. In den letzten Wochen waren auch einige Kleinfahrzeuge vor Windau und in der Irbenstraße auf russische Minen gelaufen. Die Irbenstraße ist ein geradezu ideales Gebiet für die Verwendung des Seekriegsmittels »Mine«.
Am 26. 8. um 1930 Uhr laufen wir mit »S 57«, »S 58« und »S 60« aus Windau aus zum Vorstoß ostwärts Ösel. Die Nacht über herrscht starkes Nordlicht, die Sichtweite über See nach Norden schätzen wir auf 8–10 Seemeilen! Die ganze Öselküste ist auf unserem Vormarsch nördlich des »Russenweges« gut einzusehen.
Als wir mit Schleichfahrt in den Südeingang zum Moon-Sund einsteuern, erkennen wir am nördlichen Himmel hellen Feuerschein. Das kann nur die Stadt Reval sein. Hoffentlich brennt sie nicht! Wir sichten im Moon-Sund keinen Feind, machen um 0030 Uhr kehrt und laufen um 0545 Uhr in Riga ein.

LAGEBEURTEILUNG AM 27. AUGUST

Nach dieser Unternehmung schrieb ich damals eine kurze Lagebeurteilung ins KTB:
»Infolge des Fortschreitens der Landoperationen ist damit zu rechnen, daß nach Einnahme der Insel Werder der Moon-Sund durch

unsere Geschütze gesperrt sein wird und ein Eindringen von Feindzerstörern in den Rigabusen ausgeschlossen ist. Hierdurch fällt der dann feindfreie Rigabusen als Operationsgebiet für Schnellboote aus. Mithin kommt dem Stützpunkt Windau erhöhte Bedeutung zu, da als Operationsgebiet für die S-Boote nur noch das Seegebiet westlich von Ösel und Dagö in Frage kommt, insbesondere dann, wenn mit einer Räumung Ösels durch die Sowjets Truppen über See abtransportiert werden sollten.

Der Ansatz der S-Boote ist jedoch nur lohnend auf Grund von Aufklärungsmeldungen. Da die Ostseeflotte weiter in der Defensive verharren wird, verspreche ich mir bei weiterem Ansatz der S-Boote nur noch geringste Erfolgsaussichten.

Außer den Minenerfolgen in der Irbenstraße hat der Gegner in dem Gebiet westlich von Ösel und Dagö keinerlei Erfolge gehabt.

Ich übergebe die Führung der Flottille in See an Kommandant »S 60«, Oblt. z. S. Wuppermann, da ich zur Vorbereitung einer Sonderaufgabe der 3. S-Flottille zum Führer der Torpedoboote in Swinemünde zusammen mit dem Flottilleningenieur und Flottillenverwaltungsoffizier kommandiert bin.«

Die Übergabe der Führung der Flottille erfolgt am Nachmittag des 27. August in Windau. Wir packen unseren Seesack und setzen uns über Windau nach Swinemünde in Marsch.

VORBEREITUNGSSTAB FÜR EINSATZ DER FLOTTILLE IM MITTELMEER

Zusammen mit dem Flottilleningenieur, dem Verwaltungsoffizier und dem Kommandanten »S 35«, Lt. z. S. Weber, dessen Boot in der Werft liegt, bilden wir den Vorbereitungsstab für die Verlegung der 3. Schnellbootflottille ins Mittelmeer. Wir sitzen vor 3 leeren Schreibtischen und einem Packen leerer Schreibmaschinenblätter und Notizblöcke, um diese sehr umfangreiche und vielschichtige Aufgabe anzupacken, während die Flottille mit jetzt wieder 4 Booten noch am Feinde steht. Aber die Operationen werden hier in der Östlichen Ostsee in aller Kürze beendet sein, wenn Ösel und Dagö von Land her über den Moon-Sund von der deutschen Armee erobert sein werden. Das ist für uns Frontleute der einzige Trost, wenn wir nicht mehr auf den Booten stehen. Jetzt geht es »neuen Ufern« zu.

Die ersten Fragen stellen wir uns selbst:
1. Welcher Auftrag wird die 3. S-Flottille im Mittelmeer erwarten?

2. Zu welchem Zeitpunkt wird die Flottille wo erwartet?
3. Auf welchem Wege kann die Flottille von der Nordsee ins Mittelmeer gelangen?
4. Welche baulichen Veränderungen müssen für den »Marsch auf dem Wasserwege durch Europa« während der bevorstehenden Werftliegezeit an den Booten vorgenommen werden?
Die Fragen 1. und 2. werden in Kürze bei einem Besuch bei der Operationsabteilung der Seekriegsleitung in Berlin und auf der anschließenden Reise nach Rom und rund um Sizilien beantwortet.
Die Frage 3. hat die Flottenabteilung der Seekriegsleitung zu klären. Von ihrer Lösung hängt die Beantwortung der Frage 4. ab.
Alle weiteren Maßnahmen bezüglich der Versorgung, Ausrüstung, Ersatzteillagerung liegen in 2. und 3. Priorität.
Mit dem Flottilleningenieur und Flottillenverwaltungsoffizier reise ich über Berlin und Rom nach Sizilien. Leutnant zur See Weber hält das »Papier« fest und ist der Mann, der während unserer Abwesenheit die Verbindung zur Front, zu den Werftbooten in Wilhelmshaven und Kiel und zum Oberkommando der Kriegsmarine – Quartiermeisteramt in der Seekriegsleitung – aufrecht erhält.
Über alle mit dem Auftrag und der Verlegung der Flottille ins Mittelmeer zusammenhängenden Fragen wird im 4. Kapitel unter der Überschrift »Neuer Auftrag für die 3. S-Flottille« berichtet.

LETZTE PHASE DES EINSATZES DER FLOTTILLE BEI ÖSEL

In den letzten Augusttagen liegen die Boote in Riga. Sie verlegen am 31. August nach Windau, um von hier aus sowohl westlich Ösel als auch in den Rigabusen hinein operieren zu können. 2 Tage vorher, am 29. August, ist Reval von deutschen Truppen besetzt worden. Damit stehen wir am südlichen Finnenbusen, aber die Inseln Ösel und Dagö sind noch in Feindeshand.
Es wird bekannt, daß unmittelbar vor der Eroberung der Hauptstadt Reval und des Kriegshafens Baltisch Port eine Armada sowjetrussischer Kriegs- und Handelsschiffe mit flüchtenden Truppen aus diesen Häfen ausgelaufen ist und sich auf dem Wege nach Kronstadt befindet. Mehr als
    12 Kriegsschiffe und mehr als
    35 Handelsschiffe
sind östlich von Reval vor der Narwa-Bucht in die vom Stabe des Füh-

rers der Torpedoboote in Helsinki befohlenen und von den Minenschiffen geworfenen »Juminda«-Minensperren geraten und unter schwersten Verlusten – vor allem menschlichen – gesunken.

Am 2. September laufen »S 60«, »S 58« und »S 59« um 2120 Uhr aus Windau aus zum Vorstoß auf die Arensburg-Reede und auf den »Russenweg« südlich Ösel. »S 57« und »S 45« sichern die Stichfahrt der 2. Räumbootflottille im Rigabusen vor Hainasch. Alle Boote laufen ohne Feindberührung mit Ausnahme des Sichtens zweier feindlicher Schnellboote direkt unter der Küste von Ösel um 0830 Uhr in Riga ein, wo jetzt auch »S 55« nach kleiner Motorenüberholung wieder einsatzbereit ist. Die Wetterlage verschlechtert sich und läßt einen Einsatz in den nächsten Tagen nicht zu.

DER BEFEHLSHABER DER KREUZER IN RIGA

Am 8. September besichtigt der BdK, Admiral Schmundt, die Flottille. Er spricht den Besatzungen seine Anerkennung für die Einsatzbereitschaft und die erzielten Leistungen aus und teilt mit, daß in wenigen Tagen auf ein Stichwort eine Entlastungsoperation in Gestalt einer Scheinlandung durch unsere Seestreitkräfte im Westen auf Ösel und Dagö erfolgen soll, während das Heer mit Pioniermitteln und unter dem Schutz der Artilleriefähren der Marine über den Moon-Sund setzt, um die Inseln von Land her zu erobern. Abends um 1730 Uhr laufen »S 60«, »S 55« und »S 59« zu einem letzten Vorstoß aus gegen den »Russenweg« unter der Küste Ösels. Es wird nichts gesichtet, die Boote laufen am 10. früh in Windau ein.

Am 12. September abends führt der mit der Führung der Scheinlandung auf Ösel und Dagö beauftragte Chef der 11. U-Jagdflottille, Kapt. z. S. d. R. Günther von Selchow, in Windau eine Chefbesprechung mit Chef 2. und 3. S-Flottille, in welcher der Operationsplan durchgesprochen wird. An diesem Unternehmen sind auch Dampfer und Torpedoboote der 2. Torpedobootflottille beteiligt.

OPERATION »WESTWIND« AB 13. SEPTEMBER

Am 13. September laufen die Boote »S 60«, »S 55«, »S 59« und »S 57« um 1430 Uhr aus Windau aus zur Operation »Westwind«. Es herrscht NO-Wind 2, die See ist glatt, bedeckter Himmel. Um 1700 Uhr wird

auf den »Schein-Landungsverband« westlich der Irbenstraße gesammelt. Um 1715 Uhr dreht der Verband mit östlichem Kurs auf die Westküste von Ösel zu. Um 1800 Uhr werden 2 nebelnde feindliche Schnellboote vor der Küste ausgemacht, die von unseren Torpedobooten unter Feuer genommen werden. Unsere Schnellboote fahren U-Bootsicherung am Landungsverband.
Die Torpedoboote eröffnen nach 1800 Uhr ihr Feuer auf die Küste. Es ist heller Tag. Um 1830 Uhr geht der Landungsverband auf Gegenkurs West, während die Schnellboote den Schwenkungspunkt des Verbandes durch Legen einer Nebelwand verdecken. Jetzt wird auch das Feuer durch die feindlichen Küstenbatterien eröffnet. Damit ist das erste Ziel des »Schein-Landungsverbandes« erreicht.
Um 1915 Uhr wird die Flottille vom Führer des Landungsverbandes entlassen gemäß Operationsplan. Die Schnellboote steuern mit Kurs Ost auf die Küste zu. Der Westausgang der Tagga-Bucht wird um 2315 Uhr erreicht. Der die Inseln Ösel und Dagö trennende Sölo-Sund ist einzusehen. Die Boote machen um 0050 Uhr kehrt zur Wiedereinnahme ihrer Position nördlich Hundsort. Diese Position wird um 0330 Uhr verlassen, um rechtzeitig um 0430 Uhr wieder beim Landungsverband zu stehen, der erneut mit Ostkurs auf die Küste der Insel zuläuft. Die Torpedoboote und U-Jäger eröffnen um 0600 Uhr ihr Feuer auf die Küste. Als keine Gegenwehr einsetzt, werden die Schnellboote zum kurzen Vorstoß auf die Küste angesetzt, um mit ihren 2 cm Maschinenwaffen Küstenbeschuß auf geringste Entfernung durchzuführen und dadurch die gegnerischen Küstenbatterien herauszufordern. Als die Boote ihr Feuer auf ein Blockhaus an der Küste um 0630 Uhr eröffnen, legt eine Küstenbatterie Sperrfeuer. Das Ziel ist erreicht, die Boote nebeln sich ein und laufen von der Küste ab. Dabei erhält der leitende Maschinist von »S 57«, Obermaschinist Wulff, beim Hochsteigen aus dem Maschinenraumluk an Oberdeck einen leichten Splitter ins Gesäß.
Die Flottille wird vom Verbandsführer entlassen und läuft am 14. September morgens um 0945 Uhr in Windau ein. Ob der Gegner durch diese Herausforderung seine Verteidigungskräfte auf der Ostseite der Inseln am Moon-Sund geschwächt hat, um einer bevorstehenden Landung an der Westküste, die am Abend vorher durch den ersten Küstenbeschuß der Torpedoboote zum Schein eingeleitet wurde, wirksamer begegnen zu können, ist nicht bekannt geworden.
Schon um 1630 Uhr folgt der Einsatzbefehl für die kommende Nacht. Die Flottille soll ab 0200 Uhr eine Blockadestellung nordwestlich von

Kap Ristna beziehen. Die Boote »S 60«, »S 55«, »S 59« laufen um 2140 Uhr aus Windau aus. Das Wetter ist noch günstig, um Mitternacht brist es auf Wind Nord 4–5 auf. An Steuerbord voraus leuchten Küstenscheinwerfer auf Ösel und Dagö. Sie suchen über der Wasseroberfläche, ohne die Boote erfassen zu können. Um 0300 Uhr ist die Blokkadestellung eingenommen, die Boote stehen vor der Küste auf und ab, um den Durchbruch von feindlichen Streitkräften mit Truppen von den Inseln nach Norden zu verhindern. Wegen Wind 7 aus Nord und Seegang 4 muß die Flottille gegen 0400 Uhr morgens den Rückmarsch antreten. Die starke Scheinwerfertätigkeit an der Westküste läßt den Schluß zu, daß sich der Gegner auf die Abwehr einer möglichen deutschen Landung eingerichtet hat. Hoffentlich bringt diese Annahme Entlastung für das Heer beim Übersetzen über den Moon-Sund. Die Flottille läuft um 1000 Uhr in Windau ein.

Es ist kaum zu fassen, daß sich ein deutscher Verband, der im wesentlichen aus Hilfsschiffen besteht, unter dem Schutz einer Handvoll Torpedo- und Schnellboote Tag und Nacht vor den Inseln Dagö und Ösel bewegen kann und nicht ein einziger russischer Zerstörer oder ein Flugzeug erscheint, um diesen Verband anzugreifen. Anscheinend sind nach der Einnahme von Reval und dem großen Verlust von Schiffen auf den Juminda-Sperren alle Zerstörer in den inneren Finnenbusen zurückgezogen.

Am 16. 9. steht der Verband immer noch westlich der Inseln in See, während die S-Boote wegen Wetterlage in Windau liegen. Für die nächste Nacht vom 17. zum 18. September und die weiteren Nächte ist eine Lauerstellung für jeweils 3 Boote der Flottille zum Abfangen von Flüchtlingsschiffen befohlen.

Am 17. September nachmittags um 1530 Uhr läuft die Doppelrotte »S 59«, »S 57« und »S 54« unter Führung Kommandant »S 59« aus Windau aus. Sie steht ab 2030 Uhr westlich Dagö im Abstand von 4–6 sm vor der Küste auf und ab. Küstenscheinwerfer erfassen die Boote nicht. Wegen Windstärke 7–8 aus Westen muß die Gruppe ihre Aufgabe kurz vor Mitternacht abbrechen. Sie läuft ohne Feindberührung um 0530 Uhr in Windau ein. Die kommende Nacht läßt wegen anhaltend schlechter Wetterlage keinen Einsatz zu. Auch am 19. und 20. 9. müssen die Boote im Hafen bleiben.

VERLEGUNG FLOTTILLE IN FINNISCHE SCHÄREN

Am 20. 9. um 19.30 Uhr ergeht der Befehl vom BdK zur Verlegung der 3. S-Flottille nach Turku in Finnland, wo die 1. S-Flottille mit dem Begleitschiff »Carl Peters« liegt. Am nächsten Morgen des 21. 9. um 0900 Uhr laufen »S 60«, »S 55«, »S 54«, »S 59« und »S 57« aus Windau aus zum Marsch nach Turku. Bei der Einfahrt in die finnischen Schären werden die Boote gegen 1600 Uhr beim Leuchtturm Utö stehen und 1 Lotsen-Offizier an Bord nehmen, der die Boote zu »Carl Peters« lotsen wird. Um 1845 Uhr liegt die Flottille zur Brennstoffergänzung am Begleitschiff längsseit. Leider mußte »S 54« wegen eines Motorschadens kehrtmachen und nach Windau zurücklaufen.

STÜTZPUNKT RIGA WIRD AUFGELÖST

Auf Antrag der Flottille wird der Stützpunkt Riga mit Torpedoklarmachschiff »Mosel« aufgelöst. Das Schiff und unser Flottillenpersonal des Stützpunktes unter Führung von Oblt. (Ing) Bielitzer verlegen zunächst nach Windau. Diese Maßnahme schließt die Gewißheit ein, daß der Rigabusen feindfrei bleiben wird, nachdem Reval und der Westteil von Estland in deutscher Hand sind.
Am Abend um 2227 Uhr geht noch ein Funkspruch des BdK ein, mit dem die 3. S-Flottille bis zur Unterstellung unter den Befehlshaber der Schlachtschiffe vorübergehend dem Führer der Torpedoboote in Helsinki unterstellt ist. Ein Einsatz dieser Flottille bleibt nur für den Fall eines Ausbruchsversuchs der Roten Ostseeflotte aus dem Finnenbusen und nur dem BdK vorbehalten.
Nachdem »S 54« und das von der 2. S-Flottille übergebene »S 33« wieder einsatzbereit geworden sind, unternehmen diese Boote in der Nacht vom 22. zum 23. September einen Vorstoß zur Westküste von Ösel bis herunter zur Halbinsel Sworbe, wo sich noch stärkere russische Heereskräfte halten sollen, die möglicherweise mit kleineren Fahrzeugen über See nach Westen oder Norden entkommen könnten. Die beiden Boote laufen unter Führung Kommandant »S 54«, Lt. z. S. Wagner, um 1530 Uhr aus Windau aus. Sie patrouillieren ab 1900 Uhr von der Westspitze von Ösel nach Süden bis Sworbe und wieder nach Norden und Süden bis zu 2 sm unter der Küste. Kein Kutter, kein Segelboot, kein Schiff wird gesichtet. Ein Artillerie-Duell auf Sworbe zwischen deutschen und sowjetrussischen Heerestruppen wird um 0630 Uhr morgens vermutet. Die Rotte läuft nach einem Zylinderriß auf »S 33« um 0930 Uhr in Windau ein. Dies ist die letzte Unternehmung der 3. S-Flottille im Krieg gegen die Ostseeflotte.

FLOTTILLE SICHERT »TIRPITZ« UND »ADMIRAL SCHEER«

In der Nacht vom 24. zum 25. September ergehen 2 Befehle vom BdK. Sie lauten:
»1. S-Boote 3. S-Flottille 25. 9. früh zu »Tirpitz« Ankerplatz Foegtoe-Fjoerden gehen. Spätestens 1500 Uhr eintreffen. Nachmittags S-Boote Geleit Rückmarsch »Tirpitz« und »Admiral Scheer« gemäß Sonderbefehl. Anschließend S-Boote nach Wilhelmshaven entlassen.«
»2. »Adolf Lüderitz« im Geleit »S 54«, »S 33« am 25. 9. Marsch nach Swinemünde antreten.«
Mit diesen Befehlen wird die Flottille aus der Östlichen Ostsee abgezogen zur Werftliegezeit in Wilhelmshaven.
Unter Führung des Befehlshabers der Schlachtschiffe tritt der Verband um 1400 Uhr den Rückmarsch von Marieham nach Westen an. Die den Marsch sichernden Schnellboote werden am nächsten Tage, am 26. 9., um 1240 Uhr nach Swinemünde entlassen, wo auch das Begleitschiff mit »S 54« und »S 33« um 1900 Uhr abends eintreffen.

»ADOLF LÜDERITZ« UND S-BOOTE VERLEGEN NACH WILHELMSHAVEN

Nachdem die Besatzungen eine Nacht Ruhe gehabt haben, verlegt die Flottille mit dem Mutterschiff am 27. September von Swinemünde nach Wilhelmshaven. Am Vorabend schiffe ich mich mit meinem »Sonderstab für die Verlegung ins Mittelmeer« auf dem Begleitschiff ein und übernehme damit wieder die Führung meiner Flottille.
Die Boote laufen um 0930 Uhr aus Swinemünde aus zum Marsch in die Werft, wo sie am 28. September um 1900 Uhr festmachen. Wir folgen mit dem Begleitschiff am 29. September und verlegen über das Kieler Arsenal zur Abgabe von Torpedos und Wasserbomben sowie Munition nach Wilhelmshaven, wo das Begleitschiff die Besatzungen der in der Werft befindlichen Schnellboote aufnimmt und der Flottille bis zur Beendigung der Werftliegezeit zur Verfügung steht.

ABSCHIED VON UNSEREM BEGLEITSCHIFF »ADOLF LÜDERITZ«

1¼ Jahre lang hat »Adolf Lüderitz« mit seinem Kommandanten und seiner Besatzung die Aufgaben eines echten »Mutterschiffes« für die

»Kleinen Boote« erfüllt. Ohne den selbstlosen Einsatz der Besatzung und die unermüdliche Sorge um die Ausrüstung und materielle Kriegsbereitschaft der in den Kampf gehenden Boote – ohne das Überwinden der oft hartnäckigen Bombenangriffe und die vorzügliche Leistung der Flakmannschaften in den weit vorgeschobenen Einsatzhäfen der Boote von Vlissingen im Englischen Kanal bis Windau in der Östlichen Ostsee wäre der militärische Erfolg der Flottille nicht möglich gewesen. Die Besatzung hat im Stillen ihre Pflicht getan – ohne viele äußere Ehrungen. Das Schiff und seine Besatzung haben ihren gebührenden Anteil an den Gesamtleistungen der Flottille.

BILANZ DES EINSATZES IN DER ÖSTLICHEN OSTSEE

Bei Beendigung des Einsatzes vom 22. Juni bis zum 23. September 1941 ergibt sich folgendes Bild:
In diesen 3 Monaten wurden
- 30 Operationen, davon 3 Minenoperationen und 2 Seenotoperationen durchgeführt mit
- 4 Schnellbooten pro Operation im Durchschnitt,
- 2 Operationen wurden wegen Wetter abgebrochen,
- 8 Aufklärungsmeldungen lagen vor, bei
- 10 Operationen wurde der Feind gesichtet, davon
- 2 mal Handelsschiffe und
- 8 mal Kriegsschiffe.
- 8 Operationen waren erfolgreich,
- 60 Torpedos wurden verschossen, davon
- 8 auf Handelsschiffe
- 8 auf 1 Torpedokreuzer
- 29 auf Zerstörer und Torpedoboote
- 5 auf 2 U-Boote
- 10 auf Bewacher.

Als versenkt wurden von 14mal erfolgreichen Booten gemeldet
- 3 Zerstörer (2 »Gnewny«-, 1 »Storeshewoj«-Klasse)
- 1 Torpedoboot »Burja«-Klasse
- 1 U-Boot »C 3« (850 t)
- 1 S-Boot »DT 71«
- 1 kleiner Eisbrecher/Schlepper »Lacplesis«
- 2 Dampfer mit 3577 BRT.

Als torpediert wurden gemeldet

1 Torpedokreuzer »Taschkent«-Klasse
1 Dampfer 2-4000 BRT.
1 S-Boot mit Artillerie beschädigt, von deutschem MS-Boot eingeschleppt.
Minenerfolge sind unbekannt.
Die in »Chronology of The War At Sea« angegebenen sowjetischen Verluste decken sich im wesentlichen mit den von der Flottille gemeldeten Erfolgen mit Ausnahme der Operation am 27. 7. 41. Der Zerstörer »Storoshewoj« ist angeblich nicht gesunken, sondern mit Treffer im Vorschiff in den Hafen gelangt. Der 2. Treffer war angeblich nicht auf einem 2. Zerstörer, sondern wahrscheinlich auf dem U-Boot »S 10« im hinteren Teil des Verbandes erzielt. Beim 3. Angriff von »S 60« und »S 35« wurde nicht 1 Torpedoboot, sondern ein Minensuchboot möglicherweise – »T-208/shkiv« – versenkt. Bei dem am 18. 8. 41 als versenkt gemeldeten Bewacher handelt es sich wohl um das Minensuchboot »T-851/Pirmunas«.
An Verlusten erlitt die Flottille
11 Verwundete.
Von 94 Tagen konnte an
17 Tagen wegen schlechten Wetters nicht ausgelaufen werden, an
46 Tagen war kein Einsatz bzw. Ruhe bzw. Bereitschaft im Hafen.
An 30 Tagen wurden Operationen durchgeführt.
Die Zielsetzung für die Flottille lag in diesem Kriegsabschnitt gegen die sowjetische Ostseeflotte nicht – wie im Englischen Kanal – in der Versenkung von Handelsschiffen, sondern darin, den in allen Schiffstypen und auch in der Zahl weit überlegenen Gegner durch offensive Operationen in seinem Küstenvorfeld anzugreifen und ihn von vornherein in die Defensive zu zwingen. Dies ist in den Operationen in den ersten Kriegswochen zur Nachtzeit zweifellos gelungen, wenn auch später feindliche Zerstörer in größerer Zahl mehrfach bei Tage im Rigabusen operierten und hin und wieder auch zur Nachtzeit Minen legten. Es ist dem Gegner nicht gelungen, auch nur einen einzigen unserer wenigen Geleitzüge mit kleinen Kümos bzw. Einzelfahrer mit Erfolg anzugreifen oder gar zu vernichten, was bei initiativreicher Führung auf der Gegenseite bei jeder unserer Operationen hätte gelingen können.

FRAGE: ZIEL ERREICHT?

Das Ziel, die Seeflanke der Landoperationen zu schützen und dem Gegner Operationen in unserem lebenswichtigen Seegebiet zu verwehren, kann – einschließlich der Versenkungserfolge der Flottille und unter Berücksichtigung der geringen Verluste an Leichtverwundeten – als voll erreicht angesehen werden.

Sehr nachteilig wirkte sich der nach wenigen Tagen des Kriegseinsatzes erfolgende Ausfall fast aller Boote wegen Rollenlagerschäden an den Motoren aus, sodaß nach 6 Einsatztagen von 10 Booten nur noch 3 einsatzklar waren. Die Tatsache, daß wir in diesen 3 Monaten nicht mehr als 4 Schnellboote pro Operation im Durchschnitt einsetzen konnten, läßt erkennen, daß die Besatzungen in übermäßiger Weise beansprucht worden sind, weil sie oft mehrere Nächte hintereinander an den Unternehmungen teilnehmen mußten.

Im Finnenbusen geht der Seekrieg weiter, denn Kronstadt, das Herz der Ostseeflotte, und die schwer verteidigte Stadt Leningrad sind noch nicht genommen.

Mit der in diesen Tagen erfolgenden Inbesitznahme der Insel Ösel und Dagö ist vorläufig der Seekrieg im Rigabusen und in der Östlichen Ostsee bis hinauf zum Westausgang des Finnenbusens beendet, abgesehen von einigen hier noch möglicherweise auftretenden U-Booten. So kann die 3. S-Flottille von diesem Kriegsschauplatz ohne nachteilige Folgen abgezogen und neuen Aufgaben zugeführt werden. Sie sollen weitab von der Heimat im Mittelmeer liegen.

Während der Werftliegezeit fahren Kommandanten und Besatzungen auf ihren wohlverdienten Heimturlaub.

Kapitel IV

Neuer Auftrag der Flottille

Bei der Operationsabteilung der Seekriegsleitung Berlin

Auf der Reise nach Rom und Sizilien, die ich Ende August mit meinem Flottilleningenieur und Flottillenverwaltungsoffizier unternehme, erfahren wir bei Unterbrechung der Reise in Berlin in der Operationsabteilung der Seekriegsleitung vom A 1 op, Fregattenkapitän Gerlach, aus welchen Gründen die Verlegung einer Schnellbootflottille, einer Räumbootflottille und einer größeren Zahl von U-Booten ins Mittelmeer angeordnet war.

LAGE IN NORDAFRIKA

Die Versorgungslage des seit Mitte Februar 1941 unter General Rommel in Nordafrika befindlichen Deutschen Afrikakorps einschließlich der Luftwaffenverbände und auch der dort kämpfenden italienischen Heeres- und Luftwaffenstreitkräfte litt zunehmend durch die von der Insel Malta aus gegen unsere Geleitzüge operierenden britischen U-Boote, Kreuzer und Zerstörer sowie durch die auf Malta stationierten Torpedo- und Bombenflugzeuge. Es war kaum mehr möglich, ein einziges Nachschubgeleit ungeschoren von Sizilien oder dem italienischen Festland nach Tripolis oder Benghasi durchzubringen. Im April war ein ganzer Geleitzug von 5 deutschen und italienischen Handelsschiffen einschließlich der 3 sichernden italienischen Zerstörer von aus Malta operierenden Kreuzern und Zerstörern kurz nach Passieren der Straße von Sizilien auf dem Wege nach Tripolis versenkt worden.

INSELFESTUNG MALTA

Die Ausschaltung der Inselfestung Malta durch eine Eroberung der Insel durch Fallschirmtruppen allein schien nach den bei der Wegnahme der Insel Kreta gemachten Erfahrungen bezüglich der eigenen Verluste nicht durchführbar. Für eine Landung von schwerem Gerät wie Panzern, Artillerie, Munition und Brennstoff auf der Insel waren keine Landungsschiffe vorhanden. So wird der Versuch einer Ausschaltung der Insel durch Luftangriffe und einer Abriegelung zur See durch Verminung der Hafenzufahrten sowie die Bekämpfung des britischen Nachschubverkehrs nach Malta notwendig. Hierzu soll die Flottille ihren Beitrag leisten.

Außer U-Booten und unserer S-Flottille sollen die 6. Räumbootflottille und Fährprähme der 2. Landungsflottille sowie das gesamte II. Fliegerkorps in den Mittelmeerraum zum Teil nach Sizilien und zum Teil nach Nordafrika verlegen. Das auf Kreta stationierte X. Fliegerkorps soll aufgefüllt werden.

Unter Berücksichtigung der Gesamtkriegslage kommt nun sehr viel darauf an, unsere Stellung im Mittelmeer und in Nordafrika zu halten und dadurch britische Kräfte in Nordafrika und große Teile der britischen Flotte im Mittelmeer zu binden, um Entlastung für die deutsche Bevölkerung bezüglich der Bombenangriffe, für die Atlantikkriegführung der U-Boote und Hilfskreuzer sowie für die Kriegführung in Rußland zu schaffen.

Beim anschließenden Besuch bei der Flottenabteilung der Seekriegsleitung erfahre ich von Kapitän zur See von Conrady – meinem früheren Flottillenchef der 1. S-Halbflottille in den Jahren 1936/37 –, daß die Schnellboot- und Räumbootflottille den Marsch durch den Kontinent Europas auf dem Wasserwege über Rhein-Rhône-Kanal, den Doubs, die Saône und die Rhône bis Port St. Louis an der Rhônemündung ins Mittelmeer durchführen können. Die Schleusen seien gerade ausreichend, die Wasserstände auf der Rhône zur Zeit etwas kritisch und vom »Überlaufen« des Genfer Sees bei starken Regenfällen und Schneeschmelze abhängig.

Ein Marsch auf dem Seewege durch die Straße von Gibraltar sei ausgeschlossen mangels Stützpunkten für die Brennstoffergänzung, da Spanien neutral sei.

Auf Grund des von der Operationsabteilung erteilten Auftrags soll unsere Reise nach Rom und Sizilien der Auswahl geeigneter Stützpunkte für den Einsatz der Flottille gegen die Zufuhr der Inselfestung Malta dienen. Nach der Besichtigung der italienischen Häfen sollen wir unsere militärischen Forderungen für die nachzuschiebenden Ausrüstungsgüter, Reservemotoren, Propeller, Ersatzteile, Waffen, Munition, Brennstoff sowie an Werft- und Dockmöglichkeiten und für die Unterbringung der Besatzungen und des Flottillenpersonals in Landquartieren stellen.

Wir erfahren ferner, daß Kpt. z. S. von Conrady eine Orientierungsreise mit den beiden Flottillenchefs entlang den Kanälen und der Flüsse durch französisches Territorium bis ans Mittelmeer durchzuführen beabsichtigt, bei der wir auch einen Besuch bei der deutsch-französischen Waffenstillstandskommission in Wiesbaden durchführen. Wir Flottillenchefs müssen ein Urteil gewinnen, um entsprechende Maßnahmen und Veränderungen an den Bootskörpern bzw. Aufbauten für den Marsch der Boote durch die Schleusen unter niedrigen Brücken aus der Napoleonzeit durchführen zu können.
Soweit die Absichten der Seekriegsleitung.

MELDUNG BEIM DEUTSCHEN MARINEVERBINDUNGSSTAB IN ROM

Noch am gleichen Abend setzen wir unsere Reise im Nacht-D-Zug von Berlin nach Rom fort und treffen am nächsten Mittag in Rom ein. Am Nachmittag melden wir uns beim Chef des Deutschen Marineverbindungsstabes zum Oberkommando der Königlich-Italienischen Marine, Konteradmiral Eberhard Weichold. Hier ist alles auf das Vorzüglichste vorbereitet. Der Admiral gibt uns einen groben Überblick über die Gesamtlage der Kriegführung in Nordafrika und im Mittelmeer mit Darstellung eines »Kräftevergleichs« auf diesem Kriegsschauplatz.
Die Ausschaltung der Insel Malta als Stützpunkt für die Operationen der britischen Überwasserstreitkräfte und U-Boote und als Luftbasis für die Bomben- und Torpedoflugzeuge durch Luftangriffe des nach Sizilien zu verlegenden II. Fliegerkorps sowie durch deutsche U-Boote und die 3. Schnellbootflottille soll der Schwerpunkt gemeinsamer Operationen sein.
Nach meiner Ansicht gefragt, äußere ich, daß wir mit geeigneten Ankertauminen sicher unseren Beitrag durch Verminung der Ansteuerungswege zum Hafen La Valetta leisten und Torpedoeinsatz gegen Geleitzüge zur Versorgung Maltas sowohl in der Enge der Sizilienstraße als auch östlich von Malta gegen Geleitzüge aus Alexandria durchführen können.
Im Anschluß an unsere Besprechung übergibt der Admiral uns an den zu seinem Stab gehörenden fließend italienisch sprechenden Reserveoffizier Korvettenkapitän Stock und einen der italienischen Seekriegsleitung angehörenden Fregattenkapitän, mit denen wir noch am gleichen Abend im Nachtzug nach Sizilien fahren.

BESICHTIGUNG VON HÄFEN AUF SIZILIEN

Am frühen Morgen treffen wir in Messina ein. Der erste Besuch gilt dem Kommandierenden Admiral Messina, Ammiraglio di Divisione Pietro Barone. Hier gewinnen wir auf Grund des Kartenmaterials und der Hafenpläne einen ersten Überblick über die navigatorischen Verhältnisse in diesem Seegebiet und über die Hafen-, Werft- und Stützpunktanlagen.

Für die Durchführung unseres Auftrages scheinen uns schon jetzt der Kriegshafen Augusta, die kleineren Handelshäfen Porto Empedocle und Trapani und als Werft die Marinewerft in Palermo gut geeignet zu sein.

Noch am Abend treffen wir mit dem für die Besichtigungsreise zur Verfügung gestellten Wagen in Augusta ein. Hier ist die von Capitano di Corbeta Forza geführte 2. MAS-Flottille stationiert. Commandante Forza ist über alles unterrichtet und äußert, er werde mit seiner Flottille rechtzeitig vor unserem Eintreffen in einen anderen noch festzulegenden Hafen verlegen.

Für unsere Minenoperationen gegen Malta ist Augusta in jeder Beziehung – auch bezüglich Lagerung von Minen, Artilleriemunition und Torpedos in vom Liegeplatz der Flottille abgelegenen Depots und Bunkern an der Bucht – hervorragend geeignet.

Auf dem Wege nach Porto Empedocle passieren wir das alte Syrakus, das zu besichtigen uns leider die Zeit fehlt. Gegen Abend treffen wir in Porto Empedocle ein. Der Hafen erscheint wegen seiner geographisch zentralen Lage gut geeignet als Stützpunkt für Operationen sowohl gegen Malta als auch in die Sizilienstraße.

Weiter geht die Reise über Marsala an die Westküste nach Trapani. In diesem größeren Hafen wird die Flottille sehr günstig zur Brennstoff- und Torpedoergänzung für Operationen in der Sizilienstraße liegen können.

Der Kriegs- und Handelshafen Palermo bietet alle Möglichkeiten für Docken, Reparaturen und für die »große Werftliegezeit« der Boote mit Motorenwechsel. Auch für die Besichtigung dieser schönen Stadt haben wir leider keine Zeit. Wir fahren an der landschaftlich hübschen etwas bizarren Nordwestküste, an der keine geeigneten Häfen liegen, nach Messina zurück, bedanken uns beim Admiral Messina für die gezeigte große Aufnahmebereitschaft und Entgegennahme einiger unserer Wünsche.

BESPRECHUNG BEI KONTERADMIRAL WEICHOLD IN ROM

Im Nachtzug geht es zurück nach Rom, wo wir Admiral Weichold Bericht erstatten und gleich viele unserer Wünsche und Forderungen für die Bereitstellung und Einrichtung der ausgewählten Stützpunkte schriftlich übergeben mit dem Ziel, daß die »Reggia Marina« diese Voraussetzungen für die Aufnahme der Flottille bis etwa Mitte/Ende November schaffen kann. Vor unserer Abreise stellt Admiral Weichold uns dem Chef der italienischen Seekriegsleitung, Admiral Sansonetti, vor, der uns mit dem Wunsch auf baldiges Erscheinen der Schnellboote im Mittelmeer verabschiedet.

EINE GROSSE AUFGABE

Als wir die »Supermarina«, das italienische Marineoberkommando, verlassen, schauen mein Flottilleningenieur und Verwaltungsoffizier und ich uns gegenseitig tief in die Augen – ahnend, was vor uns liegt. Soweit ab von der Heimat, von einer deutschen Werft, von deutschen Waffendepots, vom Motorenwerk Daimler-Benz und anderen Lieferfirmen, Stützpunkte zu schaffen und einen hohen Bereitschaftsstand der später auf 14 Boote aufzufüllenden Flottille zu halten, wird für den Stab und Unterstab der Flottille eine große und verantwortungsvolle Aufgabe werden.

Als wir wieder in Swinemünde eintreffen, beginnt die Arbeit. Da werden Direktiven gegeben, Zeitpläne und Listen aufgestellt, Anforderungspapiere ausgeschrieben, Versand- un Einlagerungsorte festgelegt – da wird katalogisiert, da werden Seekarten, Seehandbücher und Hafenpläne sowie Quadratkarten der Marine und der Luftwaffe des gesamten Mittelmeeres angefordert. Es muß aus dem Schatz der in den 1½ Jahren gewonnenen Erfahrungen überlegt werden, was in Augusta bzw. in Porto Empedocle bzw. Trapani und in Palermo einzulagern ist.

Für das Docken, Wellen- und Schraubenauswechseln in La Spezia nach Passieren der europäischen Flüsse und Kanäle ist der Transport von Reservewellen und Reservepropellern nötig. Brennstoff muß in Gaeta für den langen Marsch von La Spezia nach Augusta bereitgestellt werden.

Als wir uns mit unserem kleinen Teilstab Ende September am 27. 9. abends in Swinemünde auf den gerade vom Osteinsatz zurückkehrenden Booten und auf dem Begleitschiff »Adolf Lüderitz« einschiffen, wissen wir, was wir in Tag- und Nachtarbeit getan haben. Nun wird auf der Ebene der Abschnittsoffiziere und Abschnittsunteroffiziere die ergänzende Arbeit geleistet. Die Offiziere des Stabes und die Kommandanten in ihrer Eigenschaft als Abschnittsoffiziere und Referenten für das Personalwesen, für die Torpedowaffe, Artillerie, Sperr- und Minenwesen, für Navigation, den Funkabschnitt, Abschnitt Maschine und Verwaltung stellen in Zusammenarbeit mit ihren Abschnittsunteroffizieren alle zusätzlichen und noch verbleibenden Forderungen an Werften, Depots und für die Errichtung von Landfunkstellen an das O. K. M. Es bleibt wenig Zeit, denn schon am 7. Oktober sollen die ersten fertiggestellten 5 Boote die Werft Wilhelmshaven verlassen und den Marsch nach Rotterdam rheinaufwärts antreten.

VORBEREITUNG DES MARSCHES AUF RHEIN-RHONE-KANÄLEN, DOUBS, SAONE UND RHONE INS MITTELMEER

Noch in der Vorbereitungszeit in Swinemünde habe ich nach Rückkehr von Sizilien mit Kpt. z. S. von Conrady und dem Chef 6. R-Flottille, Kptlt. Peter Reischauer, die Autoreise über die deutsch-französische Waffenstillstandskommission in Wiesbaden, den Rhein aufwärts, entlang am Rhein-Rhône-Kanal, am Doubs, an der Saône bis Port St. Louis unternommen. Wir haben Kontakt mit allen zuständigen Strom- und Kanal-Schiffahrtsdienststellen für das Passieren der etwa 165 Schleusen und mit dem von der in Lyon ansässigen Vichy-Regierung unter Marschall Pétain abgestellten französischen Marineverbindungsoffizier Lieutenant de Vaisseau Le Berre, der uns ab Chalon sur Saône durch das von deutschen Truppen unbesetzte Gebiet Südfrankreichs begleiten und uns hilfreich zur Seite stehen soll, aufgenommen. Mit ihm vereinbare ich Einzelheiten über den Marsch der Boote ab Chalon mit Lotsen- und Dolmetscherhilfe für jedes S-Boot südwärts bis Port St. Louis. Zur Zeit hat die Rhône einen Wassserstand von minimal 1–1,30 m. Wir haben aber fast 2 m Tiefgang und brauchen wenigstens 3 m Wasser für das Passieren der Rhône!
Die ersten 5 Boote werden Ende Oktober, die 2. Gruppe Ende November Chalon erreicht haben. Hier in Chalon also muß abgewartet werden, bis der Genfer See »überläuft« und den Wasserstand der Rhône bis zu 5 m in Gestalt einer Flutwelle erhöhen würde. Wir sind daher von starken Regenfällen und der Schneeschmelze in den Schwei-

»Leitende« und »Meerjungfrau« auf »S 61«

4 »Leitende« – Gohl, Aaling, Utecht, Wulff – nach nächtlichem Einsatz

Flottille in Dwarslinie

Die Kommandanten Wuppermann und Weber nach ihrer Meldung über Versenkung U-Boot »C 3«

zer Alpen abhängig. Dort oben soll Ende Oktober schon Schnee liegen. So können wir wenigstens hoffen, daß eine solche Schneeschmelze in etwa 6 Wochen mit starken Schneefällen eintreten möge!

LETZTE WEISUNGEN

In einer letzten Offizierbesprechung in der Werft Wilhelmshaven werden alle noch offenen Fragen behandelt und die erforderlichen Weisungen an die Kommandanten und Offiziere des Stabes gegeben. Auf Grund der Autoreise nach Port St. Louis am Mittelmeer habe ich schriftliche Segelanweisungen für den Marsch ins Mittelmeer an die Kommandanten verteilt.
Für den Marsch der 1. Gruppe übertrage ich die Führung dem Kommandanten »S 61«, während ich der Flottille im Auto vorausfahre, die Liegeplätze, Proviantübernahme aus Heeres-Verpflegungsämtern und nötig werdende ärztliche Versorgung während des Marsches sowie Reparaturmöglichkeiten in dem Werfthafen Mannheim vorbereite. Täglich einmal werde ich Fühlung mit den Booten aufnehmen und die Tages-Etmale festlegen. Die auf dem Marsch gesammelten Erfahrungen werde ich in »Winke für das Passieren der Kanäle und Flüsse« festlegen und an die Kommandanten der 2. und 3. Gruppe sowie an die 6. Räumbootflottille weitergeben.
Die Verlegung der Flottille ins Mittelmeer erfolgt unter größter Geheimhaltung, weshalb die Boote in ihrem Äußeren stark verändert werden, um als zivile Motor-Rheinschlepper zu wirken. Alle Waffen sind abgebaut, die Torpedorohre sind verkleidet, die Steuerhäuser in halber Mannshöhe abgeschnitten, desgleichen die Brückenschanzverkleidung auf der Back. Auf dem Podest der achteren 2 cm Kanone steht ein kleines dunkel bemaltes Holzhäuschen mit einem eingesägten Herz in der Tür – natürlich nur zur Tarnung, denn es ist keine Toilette! Die Boote sind schwarz gemalt, sie führen keinerlei Antennen. Schließlich tragen die Besatzungen keine Uniform, sie passen sich in fiskalisch gelieferter Zivilkleidung den Rheinschiffern an. Eine Flagge wird nicht geführt.
Landgang kann während des Marsches wegen der Kompromittierungsgefahr leider nicht gewährt werden. Die Liegeplätze für die Nacht sind an einsamen Punkten in der Landschaft bzw. in Waldgebieten an vertäuten, leeren Lastkähnen vorbereitet.
So kann die Verlegung ins Mittelmeer beginnen.

TAKTISCHE GLIEDERUNG

Die taktische Gliederung der Flottille und Kommandantenbesetzung ab 1. Oktober 1941 ist folgende:
1. Gruppe
»S 33« Oblt. z. S. Stolzenburg-Führerboot
»S 31« Lt. z. S. Haag (Heinrich)
»S 34« Lt. z. S. Lüders (Erwin)
»S 61« Oblt. z. S. von Gernet
»S 35« Lt. z. S. Weber (Horst)
2. Gruppe
»S 56« Oblt. z. S. Wuppermann-Ältester Kommandant
»S 54« Lt. z. S. Wagner (Herbert)
»S 57« Lt. z. S. Erdmann (Günther)
»S 58« Lt. z. S. Geiger (Eberhard)
«S 59« Oblt. z. S. Müller (Albert).

Über eine Zuteilung weiterer Boote des Typs »S 30/S 54« von der 2. an die 3. S-Flottile wird später entschieden.

Kapitel V

Marsch der Flottille ins Mittelmeer

7. Oktober bis 14. November 1941

Am 7. Oktober 1941 treten die 5 Schnellboote der 1. Gruppe den Marsch von Wilhelmshaven über die Nordsee, Rotterdam an der Nieuwe Maas, Rhein-Rhône-Kanal, Saône und Rhône durch den Kontinent Europa ins Mittelmeer an. Die 5 Boote »S 61«, »S 31«, »S 33«, »S 34« und »S 35« laufen um 2100 Uhr aus Wilhelmshaven aus. Nach dem Nachtmarsch durch die Nordsee laufen sie von feindlichen Flugzeugen unbehelligt um die Mittagszeit in Rotterdam ein und machen im inzwischen fertiggestellten Schnellbootbunker fest. Die Doppelrotte, »S 61«, »S 310 und »S 35« tritt am 9. Oktober um 0725 Uhr nach Übernahme der Rheinlotsen den Marsch rheinaufwärts an. Sie macht um 1830 Uhr in Nymwegen fest. Am nächsten Tag wird in 10stündigem Marsch Köln-Nichl, am 11. Oktober abends Oberwesel erreicht. Schon am 12. Oktober gegen Abend wird nach herrlicher Fahrt auf dem schönsten Teil des Rheins – vorbei an Weinbergen, Burgen und Weindörfern und auch dem Loreleyfelsen – in Mannheim festgemacht, wo am nächsten Tage die verbogenen Schraubenflügel von »S 61« in der Werft etwas ausgewuchtet werden. Die Doppelrotte läuft bei Morgennebel um 0730 Uhr aus und erreicht Straßburg um 1830 Uhr. Hier werden die Boote für die Fahrt auf dem Rhein-Rhône-Kanal hergerichtet. Der Kollisionsraum wird geflutet, die im Achterschiff liegenden Brennstofftanks werden leergepumpt, um den Booten wegen der geringen Wassertiefen im Kanal einen vorlastigen Trimm zu geben. Wir wollen mit den Propellern ja noch bis in die Werft in La Spezia im Mittelmeer fahren!

Die Rotte »S 33«, »S 34« folgt den anderen Booten im 2-Tagesabstand und läuft am 16. Oktober in Straßburg ein. Wir stellen fest, daß alle Boote beim Passieren von Caub, der alten Burgruine zwischen Koblenz und Bingen, ihre Propeller mehr oder weniger leicht beschädigt haben. Hier zieht sich nämlich eine felsige Bodenwelle wie eine Barre quer durch den Rhein, sie war die kritische Stelle während der gesam-

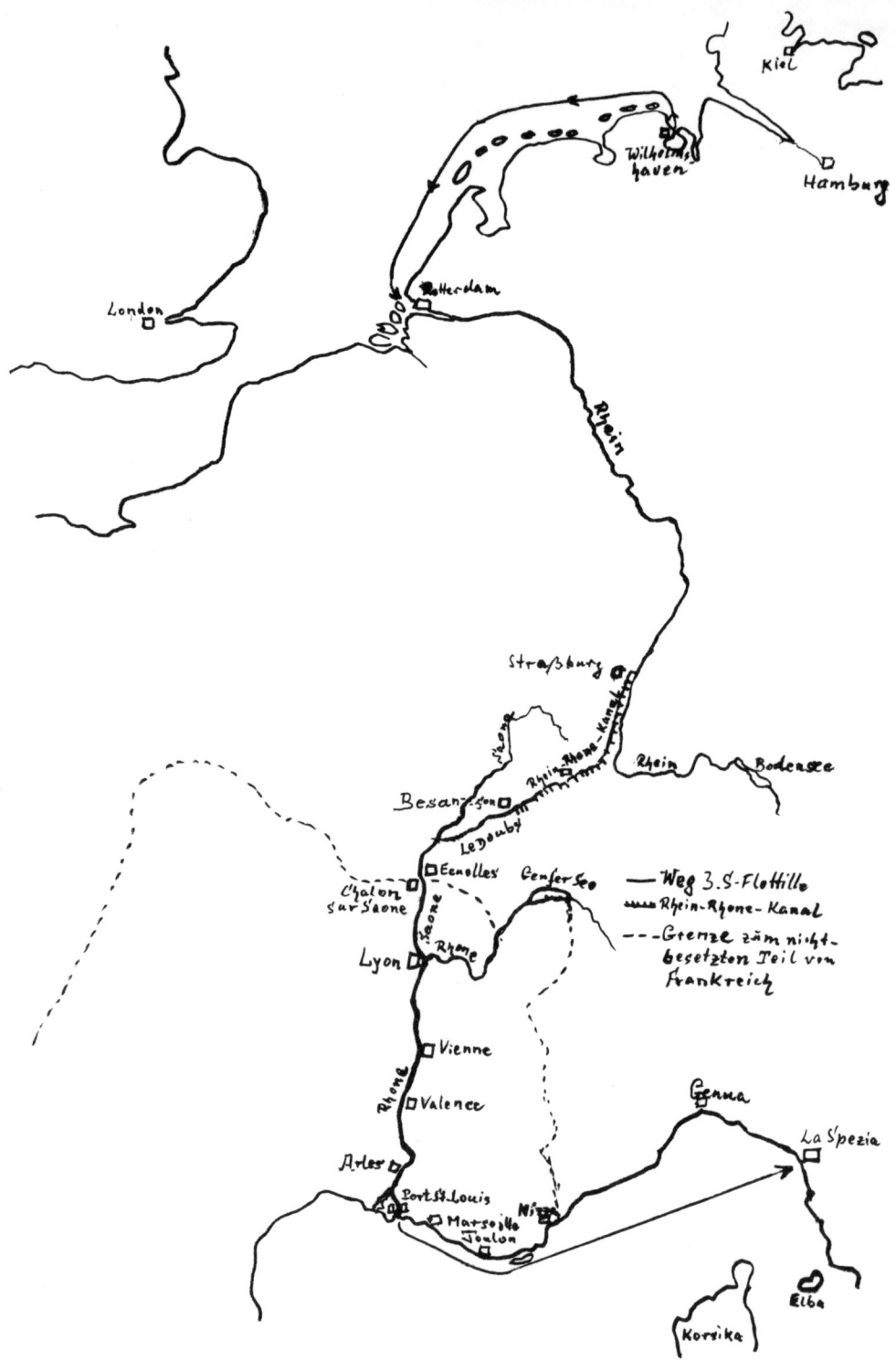

Verlegungsroute der Flottille von Wilhelmshaven ins Mittelmeer

ten Rheinreise. Mit dieser Grundberührung hatten wir von vornherein gerechnet.

»ECLUSEN« IN DER BURGUNDISCHEN PFORTE

Am 16. Oktober um 0750 Uhr tritt die 1. Rotte den Marsch durch den Rhein-Rhône-Kanal an. Die Menge der Schleusen – französisch écluse – für die Überwindung der »Burgundischen Pforte« ist kaum zu zählen. Bis zur Mündung der Saône in die Rhône bei Lyon sind es 165 Schleusen! Dieser zur napoleonischen Zeit gebaute Kanal hat in seinen Schleusen Abmessungen, die den damals üblichen Lastkähnen für die Verschiffung von Wein und anderen lebenswichtigen Gütern entsprachen. Damals gab es ja noch keine »schnellen Torpedoboote«! An Bug und Heck unserer Boote paßte gerade eine Zeitung wie das »Hamburger Fremdenblatt« zwischen Boot und Schleusentore; an den Bordwänden an Steuer- und an Backbord reichte der Zwischenraum bis zur Schleusenmauer just für einen kleinen Fender. Die zahllosen Straßenbrücken liegen so niedrig über dem Kanal, daß wir die Steuerhäuser und Brückenbrüstung in halber Mannshöhe hatten abschneiden lassen. Unser Schnellboottyp war also – so könnte man versucht sein zu sagen – genau für das Passieren solcher Schleusen konstruiert worden!
Schon am 1. Abend wird um 1815 Uhr Schleuse 69 erreicht, die 2. Rotte folgt im Tagesabstand. Am nächsten Tag wird Schleuse 52, am 18. Schleuse 32 und schließlich am 19. Oktober der Ort Altmünsterol erreicht. Hier sammelt die 1. Gruppe, um geschlossen durch das von deutschen Truppen besetzte Gebiet weiterzumarschieren. Am 21. Oktober wird bei Schleuse 2, bei dem Ort Tathaber, wo wir Proviant übernehmen, festgemacht. Von hier ab gehen die Schleusennummern wieder aufwärts, denn am 22. sind wir bei Schleuse 18, am nächsten Tag bei Schleuse 24, dann am nächsten Abend bei Schleuse 38. Am 25. Oktober wird Schleuse 50 bei Besançon erreicht. Besançon, die »Perle der Burgundischen Pforte«, ist eine hübsch gelegene alte Stadt in einzigartiger Berg- und Tallandschaft mit viel Laubwald am Fluß Doubs.
Unsere Tages-Etmale sind gut. Das Schleppen der Boote durch kleine an den Kanalufern auf Schienen fahrende Lokomotiven und Traktoren, »Treideln« genannt, ist ein mühsames Geschäft, denn wenn am Ufer Lastkähne liegen, müssen die Schleppleinen immer wieder losgeworfen, umgelegt und verfahren werden. Gottlob ist die Uferböschung meistens weich, denn nicht immer gelingt es, das Boot nur mit

dem Körper kräftiger Matrosen vom Ufer oder von einer Felswand abzudrücken. Noch vor kurzem wurde das Treideln auf einigen Strecken durch ein Pferd = 1 PS besorgt. Zeitweise laufen wir auch mit eigener Kraft mit der Mittelmaschine.

Wir sind bald durch – am 26. Oktober abends machen wir bei Schleuse 59 fest, am 27. wird Schleuse 69 erreicht. Dann, am 28. Oktober, läßt der Wind kein Schleppen zu. Es wird mit Rotwein – dem Burgunder – ein »Eclusen-Fest« an Bord gefeiert! Nach Passieren so vieler Schleusen war das wohl und hart verdient. Doch am 29. Oktober geht es weiter, Schleuse 75 bei St. Symphorien wird erreicht.

Von hier ab laufen die Boote am 30. Oktober mit eigener Kraft auf der Saône weiter bis zum vorläufigen Liegeplatz an je 2 an Bäumen vertäuten Lastkähnen im Wald bei Ecuelles. Es ist 1600 Uhr. Die Kanalfahrt liegt hinter uns – jetzt müssen wir warten, wie lange – das weiß niemand.

LIEGEZEIT IM WALD BEI ECUELLES

Ich erfahre im nahegelegenen Chalon sur Saône im Telefongespräch mit Lieutenant de Vaisseau Le Berre in Lyon, daß der Wasserstand der Rhône zur Zeit 1,30 m beträgt. Das sieht wahrlich nicht sehr verheißungsvoll für uns aus, denn 3 m Wasser brauchen wir wenigstens, möglichst mehr wegen der zahllosen Felsen in der Rhône.

Wir verproviantieren uns, bereiten die Boote für den Marsch bis zur Rhônemündung vor, übernehmen Wasser und Brennstoff.

1. LANDGANG INS SOLDATENHEIM IN CHALON SUR SAONE

Die Kommandanten und Besatzungen haben seit dem Auslaufen am 7. Oktober bis heute am 30. Oktober keinen Landgang gehabt. So bereite ich mit Hilfe des Heeres einen bootsweisen Besuch der Stadt Chalon sur Saône mit Aussteigen zum Kaffeetrinken und Kuchenessen im Soldatenheim vor, was dankbar anerkannt wird. Die im Soldatenheim kaffeetrinkenden Soldaten des Heeres und der Luftwaffe wundern sich über die vielen an geschlossenen Tischen sitzenden jungen Männer in Räuberzivil! Aber wir sind ja in geheimer Mission und niemand darf wissen, daß wir Schnellbootfahrer sind, die, in Zivil getarnt, mit ihren zivilgetarnten Booten ohne Waffen ins Mittelmeer verlegen. Nach wenigen Stunden geht es wieder an Bord im tiefen Laubwald bei Ecuelles.

DER GENFER SEE LÄUFT ÜBER – FLUTWELLE AUF DER RHONE

1 Woche liegen wir schon hier und fragen uns, wie das wohl weitergehen soll? Aber da ruft am 11. November abends der französische Verbindungsoffizier Le Berre aus Lyon an und meldet das schnelle Steigen des Wasserstandes der Rhône infolge Schneeschmelze in den Alpen. Er hält sofortige Verlegung für günstig, da der hohe Wasserstand der Rhône nur 4–5 Tage anhalten wird.
Ich bitte ihn, mit seinen Lotsen und Dolmetscher-Offizieren schnellstens nach Chalon s. S. zu kommen und sich einzuschiffen. Endlich hat das Warten ein Ende. Die Männer strahlen angesichts dieser günstigen Nachricht.

WEITERMARSCH – 2. ETAPPE

Wir marschieren am nächsten Tage, am 12. 11., auf der Saône bis Kilometer (km) 147, einer Entfernungstafel unmittelbar vor der Demarkationslinie, die das von deutschen Truppen unbesetzte Frankreich vom besetzen Teil kennzeichnet. In diesem vor uns liegenden südlichen Teil Frankreichs übt die in Lyon befindliche französische Regierung unter ihrem Präsidenten Marschall Pétain eigene Hoheitsrechte aus. Wir machen an 2 vorbereiteten Lastkähnen für die Nacht fest.
Mit Hellwerden am 13. November kommen der französische Verbindungsoffizier und die Lotsen und Dolmetscher-Offiziere an Bord. Wir legen um 0800 Uhr ab und marschieren die Saône abwärts. 5 Schleusen werden passiert. An beiden Ufern sind Weiden und Äcker, hier ist die Landwirtschaft zu Hause, ein fruchtbares Land. Um die Mittagszeit schleusen wir in der Saône noch einmal in Lyon ein, die letzte Schleuse vor dem Mittelmeerhafen Port St. Louis.
Unterhalb von uns mit erheblichem Gefälle befindet sich der Wasserspiegel der Rhône. Wir müssen in der Schleuse mehrere Meter runter. Das Schleusentor öffnet sich, noch etwa 200 m toter Arm, da kommt von links der reißende Gebirgsfluß, die Rhône. Mit allen 3 Maschinen voraus steuern wir in einer Art »Sprung« mitten in die Rhône hinein, da wird der Bug der Boote auch schon nach Steuerbord herumgeworfen. Die Lotsen am Ruder steuern mit der »Flutwelle« in der gewaltigen Strömung meisterhaft Rhône-abwärts. Die Stadt Lyon liegt schnell hinter uns, wir laufen etwa 9–10 kn im Strom über den Grund.
Um 1830 Uhr machen wir in Vienne nach einer Tagesmarschleistung von 180 Kilometern fest.

Die französische Begleitung geht an Land zur Übernachtung, allerdings nicht ohne vorher nach dem gemeinsamen Abendessen an Bord unseren Wunsch erfüllt zu haben, einige Flaschen Châteauneuf du Pape an Bord bringen zu lassen, die wir mit unseren Besatzungen mit Begeisterung bis Mitternacht leeren. Das war ein Wein!
Am nächsten Morgen, am 14. November, ist um 0815 Uhr seeklar. Wir legen in Vienne ab. Die Landschaft wird bergig an der Ostseite des Flusses, während die Berge auf der Westseite weiter zurückliegen. Wir passieren Valence, Avignon mit dem Palast des Papstes in 20 Kilometer Abstand, dann Arles, die alte Römerstadt. Hier ist die Rhône breit und tief, das Land weithin flach wie in der oberrheinischen Tiefebene. Weiter geht's mit allen 3 Maschinen mit 18–20 kn Geschwindigkeit. Als wir um 1820 Uhr in Port St. Louis festmachen, haben wir in 10 Stunden 295 km zurückgelegt.
Wir haben es geschafft – hinter der Seeschleuse sehen wir das Mittelmeer vor uns – alle Bootskörper sind heil – und das bei über 160 Wehren und Schleusen! Eine gute Leistung aller Besatzungen.
Das Abendessen wird etwas feierlich mit unseren französischen Begleitern und Gästen an Bord eingenommen. Es gibt Wurst- und Käseschnitten – dazu den herrlichen französischen Rotwein. Wir glauben, wir leben wie »Gott in Frankreich«!
Mit einem Dank verabschieden wir unsere französischen Gäste vor Mitternacht, nachdem wir in langer abendlicher Diskussion alle Kriegsprobleme geklärt und die künftige »deutsch-französische Freundschaft« besiegelt haben!

Kapitel VI

Neuer Kriegsschauplatz Mittelmeer

15. November 1941

Das Mittelmeer hat uns aufgenommen.
Am Vormittag besuche ich in Marseille den Chef der deutschen Waffenstillstandskommission und melde der Seekriegsleitung telefonisch unser Eintreffen im Mittelmeer.
Im Laufe des Tages kommen die von Chalon s. S. aus fernschriftlich in Rom angeforderten italienischen Verbindungsoffiziere für den Nachtmarsch von Port St. Louis nach La Spezia an Bord. Tenente di Vascello Giuffra, Tenente Legnani und der italienische Zahlmeister Zanin als Dolmetscher bringen Unterlagen über Minensperren und minenfreie Wege sowie über Kriegsbefeuerung und -betonnung einschließlich Unterlagen für Austausch des italienischen Erkennungssignals mit.
Wir passieren die Seeschleuse und machen dahinter im Seekanal fest, um mit Abenddämmerung auszulaufen, was aber wegen schlechter gewordenen Wetters verschoben werden muß. So schlafen wir noch 1 Nacht an Bord in französischem Hoheitsgebiet.

MARSCH PORT ST. LOUIS – LA SPEZIA

Auch der nächste Tag läßt ein Inseegehen wegen schlechter Wetterlage nicht zu. Wir laufen erst am 17. November abends um 1700 Uhr aus Port St. Louis aus zum 250 sm Nachtmarsch nach La Spezia. Als wir das offene Meer erreicht haben, setzen alle Boote wieder ihre Kriegsflagge. Die Besatzungen ziehen zum ersten Mal wieder ihre Uniformen an, bauen die 2 cm-Kanone und die Maschinengewehre auf. Wir sind ja Kriegsschiffe und bewegen uns im freien Seeraum. Daher gebe ich folgenden Winkspruch »wdL« (weiter durch die Linie) ab:
»Flottillenchef an alle.
Die lange, schwere Wartezeit liegt nun hinter uns. Überführung dank guter seemännischer Führung Boote und geschickten Zupak-

kens aller Männer gut durchgeführt. Wir tragen jetzt Uniform und sind wieder Soldaten.

Für die kommende Zeit allen Kommandanten und Besatzungen Glück und Erfolg im Kampf gegen den Feind.«

In weitem Abstand passieren wir Marseille, den großen französischen Kriegshafen Toulon, in dem fast die gesamte französische Flotte mit ihren modernen Schlachtschiffen, Kreuzern, Zerstörern und U-Booten liegt, wir passieren die Iles d'Hyeres, Nizza, bis wir ab Menton dichter unter der hohen italienischen Steilküste laufen können. Bei Toulon tasten Küstenscheinwerfer die See ab. Wir passieren den Golf von Genua mit der uralten See- und Handelsstadt Genua noch bei Dunkelheit.

Mit Anbruch der Morgendämmerung zeigt sich das Mittelmeer von seiner besten Seite: Blauer, wolkenloser Himmel und Sonnenschein. So hatten wir uns das vorgestellt! Gegen 1000 Uhr laufen wir am 18. November in La Spezia ein und machen nach Anweisung unseres Verbindungsoffiziers im Schnellboothafen fest, wo auch die Schnellboote der italienischen 2. MAS-Flottille ihren Liegeplatz haben.

IM DOCK IN LA SPEZIA

Ein Teil des Stabes und der Abschnittsunteroffiziere unter Führung von Oblt. (Ing) Bielitzer sowie der Flottillen-Torpedomechaniker Pusak stehen auf der Pier und winken uns zu. Diese Männer haben in Zusammenarbeit mit der italienischen Marine in der Werft alles vorbildlich vorbereitet. Während die 5 Boote gleichzeitig und gemeinsam in ein großes Kreuzerdock eingedockt werden, erledige ich meinen Höflichkeitsbesuch beim italienischen Admiral und Werftkommandanten, der von ihm nach dem Ausdocken der Boote auf meinem Führerboot erwidert wird.

ITALIENISCHER MARINEVERBINDUNGSOFFIZIER TRIFFT EIN

Am 21. November stellt sich Tenente di Vascello Luigi de Manincor als Verbindungsoffizier des Admiralstabschefs der Königlich Italienischen Marine, Admiral Riccardi, bei der Flottille vor. Er wurde später mein Freund.

Mit Hochdruck geht es an die Arbeit. Da werden alle verbogenen Antriebswellen gezogen, gerichtet oder ausgewechselt und durch

Reservewellen ersetzt – da werden Propeller abgenommen, ersetzt oder durch italienisches Werftpersonal ausgewuchtet, da werden Torpedos von den Booten geholt und in unserer per Eisenbahn überführten fahrbaren Torpedoregelstelle von eigenem Personal geregelt und gefechtsmäßig wieder an Bord gegeben. Artilleriemunition und Wasserbomben werden an Bord der Boote gegeben, es wird kompensiert und es werden Meilenfahrten in See durchgeführt.

Schon nach 7 Tagen kann dank der vorzüglichen Arbeitsweise und Zusammenarbeit mit der italienischen Marine ausgedockt werden.

Am Abend des 9. Tages, am 28. November, um 1800 Uhr laufen wir aus nach Gaeta, um hier Brennstoff für den Weitermarsch nach Augusta auf Sizilien zu ergänzen. Die See ist ziemlich grob, die Nacht sehr dunkel. Wir laufen um 1000 Uhr in Gaeta ein und übernehmen Brennstoff aus Fässern, die rechtzeitig aus Deutschland hier eingetroffen waren.

Wegen anhaltend schlechten Wetters können wir erst am übernächsten Abend mit vollen Brennstofftanks um 2300 Uhr auslaufen. Während der Nacht marschieren wir durch das Tyrrhenische Meer, passieren den auf weite Entfernung in dunkler Nacht rotglühend sichtbaren und lavaspeienden Vulkan Stromboli, erreichen die Straße von Messina morgens um 0800 Uhr und laufen bei ziemlich grober, aber langer Dünung gegen 1100 Uhr am 1. Dezember im italienischen Kriegshafen Augusta ein. Dieser Hafen soll unser Hauptstützpunkt werden.

Der Stab und das Stützpunktpersonal hatten mit ihrer reichen Erfahrung und dank der Hilfestellung durch die italienische Marine alle Vorbereitungen für die Aufnahme der Boote und Unterbringung der Besatzungen und für die baldige Herstellung der vollen materiellen Kriegsbereitschaft der Boote getroffen. Auch die Funkstelle sowie Fernschreib- und Telefonverbindungen des MNO sind einsatzbereit.

DIE 3. S-FLOTTILLE WIRD GAST DER »REGGIA MARINA« IN AUGUSTA

In Begleitung meines Verbindungsoffiziers mache ich schon am selben Nachmittag meinen Besuch beim italienischen Admiral Fumagalli. Wie in La Spezia, so auch hier bewähren sich meine sehr soliden Kenntnisse in der französischen Sprache.

Bei diesem Besuch erfahre ich, daß der König von Italien am 3. Dezember durch Augusta reisen wird und dabei gern die gerade eingetroffenen deutschen Schnellbootbesatzungen sehen möchte. Ich telefoniere daher sofort nach Rom und melde dem inzwischen zum Befehls-

haber ernannten Konteradmiral Eberhard Weichold meine beabsichtigte Zeiteinteilung. Sie sieht so aus:
2. 12 Besuch bei Admiral Pietro Barone in Messina
3. 12. Besichtigung Flottille durch König von Italien
4. 12. und 5. 12. Fahrt nach Porto Empedocle zum Überprüfen Aufbau unseres Stützpunktes
6. 12. Fahrt nach Trapani zur Vorbereitung als Einsatzhafen
9./10. 12. Materielle Kriegsbereitschaft Flottille hergestellt.
Wegen des Besuchs des italienischen Königs trifft der Befehlshaber schon am nächsten Tage bei der Flottille ein, um am 3. Dezember beim Königsbesuch anwesend zu sein.

DER KÖNIG VON ITALIEN VICTOR EMANUEL III.
BESUCHT DIE FLOTTILLE

Was bei Truppenbesuchen sonst nie vorgekommen sein soll, tritt bei diesem Besuch ein: Der König von Italien entsteigt seinem Wagen, der Admiral und ich begeben uns zu ihm und melden ihm, worauf er die lange Front der angetretenen Besatzungen am linken Flügel beginnend zu Fuß abschreitet.

Die Flottille hat das Gefühl, daß sie hier gut aufgenommen ist, wenn sogar das Staatsoberhaupt 3 Tage nach Eintreffen die Flottille anläßlich seines Besuches auf der Insel Sizilien besichtigt! Die Herstellung der Kriegsbereitschaft der Boote läuft an. Die Boote werden wieder weiß gemalt, nachdem die Blechverkleidung der Torpedorohre abgenommen ist. Kartenausrüstung und Hafenpläne werden an Bord genommen, die Motorenanlagen werden einer letzten Kontrolle unterzogen, alle Waffen und die Funkanlagen werden nochmals getestet.

Am 10. Dezember sind alle 5 Boote einsatzbereit.

Schon am Nachmittag kommt aus Rom der Anruf, daß in den nächsten Tagen mit Einsatz zu rechnen sei. Darauf warten wir geradezu! Doch dann erfahren wir durch Funkspruch, daß der Einsatz erst am 13. 12. beabsichtigt ist und ein ausführlicher Operationsbefehl per Fernschreiben folgen wird.

BESPRECHUNG MIT FLIE-FÜ SIZILIEN IN CATANIA
ÜBER ZUSAMMENARBEIT

So nutze ich die Zeit und fahre am 11. Dezember nach Catania, um den dort stationierten Fliegerführer Sizilien, Oberst Roth, ehemaliger Marineoffizier, zu sprechen und Fragen der gegenseitigen Unterstützung und Zusammenarbeit besonders im Kampf gegen Malta zu klären. Wir brauchen Aufklärung über See und Jagdschutz sowie Störflugzeuge bei den beabsichtigten Minenunternehmungen dicht unter der Küste von Malta, während die Luftwaffe gern Schnellboote für Seenotrettungsaufgaben verfügbar haben möchte. Das war ein guter Anfang.

JAPANISCHER ANGRIFF AUF PEARL HARBOR

Inzwischen war ein das Kriegsglück möglicherweise änderndes Ereignis eingetreten:
Die japanische Flotte hatte am 7. Dezember früh die in Pearl Harbor auf Hawaii im Hafen liegende US-Pazifikflotte mit Bomben- und Torpedoflugzeugen der Flugzeugträger überraschend angegriffen und sämtliche großen Einheiten der amerikanischen Flotte schwer getroffen bzw. versenkt. Daraufhin erklärte Hitler 4 Tage später am 11. Dezember den Vereinigten Staaten den Krieg. Mit diesem Schritt beendete er einen für die deutschen U-Boote im Atlantik kaum mehr vertretbaren Zustand im Krieg gegen die britischen Geleitzüge von Amerika nach England, der dadurch geschaffen war, daß Präsident Roosevelt seine Seestreitkräfte zur Sicherung von Geleitzügen nach und von England einsetzte und deutsche U-Boote diese unter US-Kriegsflagge sichernden Zerstörer nicht angreifen durften. Praktisch hatte der amerikanische Präsident durch Einsatz seiner Zerstörer und Marineflugzeuge über dem Atlantik eine Art »Kriegszustand« mit Deutschland geschaffen, ohne daß die deutschen U-Boote sich dagegen wehren konnten.
Der Eintritt der USA in den Krieg eröffnete jedoch den feindlichen Alliierten ungeahnte Möglichkeiten für den endlichen Sieg. Und niemand war dankbarer für dieses seit Jahren ersehnte Ereignis als der britische Premierminister Winston Churchill selbst.

DER OPERATIONSBEFEHL FÜR DEN 1. EINSATZ GEHT EIN

Gegen Abend am 11. Dezember trifft der angekündigte fernschriftliche Operationsbefehl für den Einsatz der 3. S-Flottille beim Unternehmen mit dem Stichwort »Afrika« ein. In Gliederung und Inhalt war dieser Op-Befehl klassisch. Man merkte, hier war der Befehlshaber

selbst am Werke, der alte auf der Marineakademie geschulte Admiralstabsoffizier und spätere Kommandeur der Marineakademie.
Der Op-Befehl lautete:
»Op-Befehl für Einsatz 3. S-Flottille beim Unternehmen »Afrika«.
1. Nachrichten vom Feind
Von Malta aus operierten in letzter Woche 2–4 Kreuzer »Aurora«-Klasse und einige Zerstörer gegen den Seenachschub Italien–Afrika. Außerdem ständig von dort feindlicher U-Boot- und Luftwaffeneinsatz.
Mit Ansatz Malta-Gruppe gegen eigenen bevorstehenden Seetransport von Italien nach Afrika ist zu rechnen. Weitere Feindnachrichten werden laufend an Flottille übermittelt.
2. Eigene Lage
a. Seestreitkräfte
Italienische Marine hat gleichzeitige Überführung von 2 Geleitzügen nach Tripolis und Benghasi unter Schutz italienischer Seestreitkräfte sowie deutscher und italienischer Luftwaffe befohlen. Stichwort dieser Unternehmung nur für deutsche Kriegsmarine »Afrika«. Anlaufen Operation am X-Tag, Weg Geleitzüge östlich 18° Ost, einlaufen Tripolis, Benghasi X-Tag plus 2 vorgesehen. Italienische U-Boote stehen in Wartestellung östlich 16° Ost.
b. Luftwaffe
Ab X–1 laufend Luftangriffe gegen Malta, tags durch italienische, nachts durch deutsche Luftwaffe. Am X plus 1 Tag ostwärts Malta Sicherungsschleier deutscher Flugzeuge gegen englische Torpedoflugzeuge aus Malta. Mit italienischer Luftaufklärung im Seegebiet Malta–Sizilien muß zusätzlich gerechnet werden.
3. Eigene Absichten
Ansatz 3. S-Flottille gegen Malta-Gruppe.
4. Durchführung
a. Auslaufen 3. S-Flottille am X-Tag so, daß Boote 2030 Uhr im Sektor St. Elmo Point (La Valetta) rw 50–92° eintreffen. Im Sektor Lauerstellung, Abstand 3 sm vor La Valetta. Rückmarsch so, daß Boote bei Beginn Morgendämmerung südlich Cap Passero stehen. Bei Wetterverschlechterung nach eigenem Ermessen, bei Nebel durchhalten.
b. Angriff frei auf Kreuzer, Zerstörer und Handelsschiffe. Bewachern ausweichen.
c. Nachrichtenbestimmungen
...

Funkschaltung
...
d. Jagdschutz ist vom Chef 3. S-Flottille mit Fliefü Sizilien zu vereinbaren.
5. Oberbefehlshaber Süd wird um Unterrichtung in Frage kommender Unterstellen Luftwaffe gebeten.
6. Flottille meldet Eingang vorstehenden Op-Befehls sowie eigene Durchführungsabsichten.«

Dieser Op-Befehl enthält wirklich alles, was ein Führer in See an Information über Feind- und eigene Lage, über seinen Auftrag und sein Verhalten bei Auftreten unerwarteter Ereignisse benötigt. Die eigenen Absichten für die Durchführung dieses Unternehmens melde ich mit folgendem kurzen Funkspruch: »Auf dort...: Absicht Auslaufen 1630 Uhr unter Jagdschutz, Marschfahrt 30 kn.«

ERSTE OPERATION NACH MALTA

Schon am nächsten Mittag, am 12. Dezember, erfahre ich telefonisch vom A 1 des »Deutschen Marinekommandos Italien« – so heißt jetzt der frühere deutsche Marineverbindungsstab –, daß außer der am 13. 12. vorgesehenen Operation schon heute Nacht ein Vorstoß zum Torpedoeinsatz gegen möglicherweise aus Malta auslaufende Einheiten erfolgen soll. Vorsorglich lasse ich die Motoren so vorwärmen, daß wir ab 1600 Uhr auslaufbereit sein können.

Um 1600 Uhr geht ein Funkspruch mit der Uhrzeitgruppe 1254 Uhr vom Befehlshaber ein mit dem Inhalt:
»1. Luftaufklärung La Valetta heute 12. früh 4 Kreuzer, 4 Zerstörer, 8 große Dampfer, mehrere kleine Dampfer, deren Auslaufen ab 12. 12. abends wahrscheinlich.
2. Mit Ansatz Flottille rechnen.«

Solche Ziele versprechen einen sehr verlockenden Einsatz der S-Boote! Infolge der telefonischen Vorwarnung können wir schon um 1630 Uhr mit allen 5 Booten auslaufen. 2 italienische Jagdflugzeuge fliegen bis zum Einbruch der Abenddämmerung Jagdschutz von Augusta bis Cap Passero, dem südöstlichsten Punkt der Insel Sizilien. Es herrscht ideales Wetter für uns. Der Wind weht aus WSW Windstärke 2–3, es herrschen gute Sichtverhältnisse in dunkler Nacht.

Wir laufen mit 28 kn Marschfahrt gen Malta und stellen schon um 1930 Uhr Scheinwerferleuchten auf dieser Insel fest. Sicher greifen Bombenflugzeuge des auf dem Flugplatz Catania stationierten Kampfgeschwaders »KG 56« unter Oberst Marienfeld die Insel an. Ab 2130 Uhr stoppen wir alle Maschinen und legen uns im Abstand von 3 sm vor La Valetta in Lauerstellung in der Hoffnung, daß die durch Morgenluftaufklärung im Hafen festgestellten Kriegs- und Handelsschiffe nach Einbruch der Dunkelheit auslaufen und uns vor die Torpedorohre kommen.

Die Insel ist sehr gut abgeblendet. Kein Licht, kein Navigationsfeuer brennt. Wir beobachten lediglich mehrfaches Leuchten mit Taschenlampen dicht am Ufer. Wir warten und lauschen in die Nacht hinaus. Bis um Mitternacht werden wir Zeugen von dreimaligen Bombenangriffen mit etwa je 15 Minuten Dauer. Die Flak der Insel beschießt die zeitweise von Scheinwerfern erfaßten deutschen Flugzeuge. Danach starten anscheinend 6–8 britische Flugzeuge auf einem Flugplatz auf dem Südostteil der Insel. Welche Ziele mögen diese Feindflugzeuge wohl bombardieren? Den Hafen Palermo? Oder Tarent? Oder gar schon die beiden italienischen Geleitzüge, die für Afrika bestimmt sind?

Um 0126 Uhr geht ein Funkspruch vom Befehlshaber mit folgendem Inhalt ein: »Feind U-Boot hat 12. 12. um 2035 Uhr anscheinend Flottille an Malta gemeldet.«

Damit weiß also der britische Admiral Ford auf Malta, daß Schnellboote vor seiner Haustür liegen. Unter diesen Umständen wird er es sicher nicht wagen, Schiffe bei Nacht aus Malta auslaufen zu lassen. Es tut sich auch nichts in dieser Nacht, so daß wir mit aufgehendem Mond und bei taghell gewordener Nacht mit herrlich klarem Sternenhimmel den Rückmarsch um 0200 Uhr antreten. Wir laufen um 0715 Uhr in Augusta ein und empfinden es als tröstlich, wenigstens navigatorisch einige Erfahrung im neuen bisher unbekannten Seegebiet um die mit Kanonen gespickte, wohl stärkste Inselfestung der Welt mit dieser ersten Unternehmung im Mittelmeer gemacht zu haben. Bemerkenswert ist die Feststellung, daß unser B-Dienst den um 2035 Uhr vom britischen U-Boot abgesetzten Funkspruch über das Sichten der Schnellboote vor Malta so schnell entziffern konnte, daß diese Mitteilung mich als Verbandsführer in See schon 4½ Stunden später erreichte. Das war Zusammenarbeit – schon beim ersten Vorstoß!

Nach einigen Stunden Schlaf und Beseitigung einiger kleiner Störungen an den Motoren durch die technische Besatzung laufen wir am gleichen Tage, am 13. 12., wieder um 1630 Uhr aus mit 4 Booten zur Operation Stichwort »Afrika« gemäß Operationsbefehl. Schon um 2035

Wir passieren die
Pfalz bei Kaub
auf unserem Wege
ins Mittelmeer

Rhein-Rhone-Kanal

Die Kommandanten
Weber und Haag
(links) und...

...ein Steuermanns-
maat in fiskalischem
»Rheinschiffer-Zivil«
(rechts)

Eine Kanalschleuse

S-Boot in Schleuse   Beim Treideln

Kommandant »S 61«,   Im Walde bei Ecuelles
Oblt. z. S. von Gernet

Uhr stehen wir im Abstand von 5–7 sm vor der Insel auf den Auslaufwegen nach Osten und Westen mit horchschwacher Fahrt auf und ab. Gegen Mitternacht fliegen deutsche Bomber 2 Bombenangriffe gegen die Insel. Mit eintretender Sichtverschlechterung können wir unsere eigenen Boote auf 100 m nicht mehr erkennen. Obwohl der Mond um 0300 Uhr aufgeht, bleibt die Bewölkung. So haben wir eine herrlich dunkle Schnellbootnacht, nachdem die Sichtverhältnisse sich plötzlich bessern. Wir bleiben bis 0500 Uhr im Operationsgebiet, treten den Rückmarsch an, nachdem wir nichts gesichtet haben. Um 0930 Uhr laufen wir in Augusta ein. Aufgrund der Beobachtungen bei den ersten beiden Unternehmungen schrieb ich damals am 14. 12. ins KTB.:

»Ich bin der Überzeugung, daß normalerweise während der Nacht Kriegsschiffeinheiten oder Dampfer weder ein- noch auslaufen, da wegen der Enge des Hafens das Anstellen einer sehr umfangreichen Befeuerung notwendig und ein Sammeln von Verbänden vor La Valetta nur mit geringer Fahrt und mit gesetzten Laternen möglich ist. Ich glaube vielmehr, daß nur bei Tage ein- und ausgelaufen wird. Von einem Operieren bei Nacht auf bereits bei Tage ausgelaufene Verbände verspreche ich mir nur geringste Erfolgsaussichten wegen des für Schnellboote zu weiten Seegebietes.

Ich schlage daher vor, eine Absperrung des Hafens La Valetta durch Minenoperationen durchzuführen und den Schwerpunkt des Torpedoeinsatzes in die Straße von Sizilien zu verlegen, deren Enge sich mit einer Flottille einigermaßen überwachen läßt, zumal dieses Gebiet vom Feinde auch nur bei Nacht durchfahren wird. Als »Hauptstützpunkt« wird Porto Empedocle an Bedeutung gewinnen, da Torpedoergänzung nur dort möglich ist, während Trapani »Einsatzhafen« werden muß, um den 135 sm langen Anmarsch von Porto Empedocle abzukürzen.

VORSCHLAG AN BEFEHLSHABER ÜBER MINENEINSATZ
GEGEN MALTA

In einem Funkspruch melde ich dem Befehlshaber u. a.:
»Da Ein- und Auslaufen größerer Verbände wegen Luftgefahr m. E. nur bis Dämmerung möglich, Auffassung, daß gegen Malta allein Minenoperationen zweckmäßig und erfolgversprechend. Voraussetzung für unbemerkte Sperrlegung nahe an Küste 100 m Linie: Westliche Winde, bedeckter Himmel, laufend Störflugzeuge über

Malta von 2300–0200 Uhr. Sperrlegung auf 1–2 sm genau erscheint möglich.
Vorschläge zunächst Absperrung Malta durch Erledigung Minenaufgaben. Nachteil: Wegen weniger Boote großer Minenabstand. Danach Torpedoeinsatz von Porto Empedocle aus.«
Schon am nächsten Mittag, am 15. 12., geht aus Rom der Funkspruch ein:
»1. Heute 15. 12. kein Einsatz beabsichtigt. 6stündige Bereitschaft.
2. Minenunternehmung vorbereiten für 16. 12.«
Mit diesen Minenoperationen wird eine Entwicklung für die Nutzungsmöglichkeit der See- und Luftbasis Malta durch feindliche Kriegs- und Handelsschiffe wie auch für Flugzeuge bezüglich deren Versorgung und Einsatzmöglichkeit und des Nachschubs für die Insel eingeleitet, die nach einigen Monaten ihre Auswirkungen auf den Kriegsschauplatz Mittelmeer–Nordafrika zu Lande, zu Wasser und in der Luft haben kann. Zusätzlich zum Hauptauftrag der sich auf sizilianischen und nordafrikanischen Flugplätzen gerade einrichtenden Bomben-, Aufklärungs- und Jagdflugzeuge des II. Fliegerkorps hat die Flottille ihren Beitrag zur Ausschaltung und Niederhaltung Maltas als See- und Luftbasis zu leisten. Würden diese gemeinsamen sich einander ergänzenden Anstrengungen gelingen, so würde der Nachschub mit italienischen und deutschen Handelsschiffen von italienischen Häfen über das Mittelmeer nach Tripolis und später Benghasi und weiter östlich liegenden Häfen an der lang ausgestreckten Nordafrikaküste zur Versorgung der unter Generalleutnant Rommel kämpfenden deutsch-italienischen Landstreitkräfte und Fliegerverbände für eine Gegenoffensive nach Osten bis möglichst nach Ägypten hinein sichergestellt werden können.

Kapitel VII

Entwicklung der Lage in Nordafrika, zur See und in der Luft

bis Dezember 1941

LAGEENTWICKLUNG IN NORDAFRIKA SEIT DEZEMBER 1940 BIS DEZEMBER 1941

Es war dem britischen General Wavell mit seiner in Ägypten stehenden über See und von Alexandria gut versorgten britischen 8. Armee ab Dezember 1940 gelungen, die unter dem italienischen Marschall Graziani in der Cyrenaika und Libyen stehenden italienischen Landstreitkräfte in Stärke von etwa 200 000 Mann beginnend an der ägyptisch-libyschen Grenze am Halfaya-Paß in einem unaufhörlichen Siegeszug nach Westen zu drängen. Dabei wurden bis zum Februar 1941 10 schlecht ausgerüstete und unzureichend versorgte italienische Divisionen in ihrer Kampfkraft zerschlagen. 400 nicht kampfkräftige Panzer und 1200 Geschütze wurden erbeutet. 130 000 Italiener gerieten in der Wüste in Gefangenschaft. Die Festung Tobruk und der Hafen Benghasi waren genommmen. Bei El Agheila in der großen Syrte zwischen Benghasi und Tripolis gelang es den Italienern schließlich, ihren Rückzug anzuhalten und in der vorbereiteten Marsa el Brega-Stellung zur Verteidigung überzugehen. Hier, nach etwa 1200 km Vormarsch von der ägyptisch-libyschen Grenze, war auch der Nachschub der Engländer schließlich am Ende, zumal britische im Hafen Benghasi ihre Versorgungsgüter löschende Schiffe seit Januar 1941 von inzwischen eingetroffenen Fliegerkräften des deutschen X. Fliegerkorps angegriffen und versenkt wurden, so daß der britische Nachschub schon in Tobruk ausgeladen und mühsam auf dem Landwege über die »Via Balbia« an die vorderste Front transportiert werden mußte.

Der Siegestaumel auf britischer Seite war zu diesem Zeitpunkt so groß, daß den sich in dieser Verteidigungsstellung eingegrabenen Italienern nach den erlittenen Verlusten keinerlei Gegenangriffsmöglichkeit mehr zugemessen wurde. Aus diesem Grunde waren starke britische Truppenkontingente in Stärke von etwa 62 000 Mann aus Nordafrika

Das Mittelmeer

und Ägypten nach Griechenland verschifft worden, nachdem italienische Truppen am 28. Oktober 1940 in Albanien gelandet und in Griechenland einmarschiert waren, wo sie im Februar 41 zunächst von den Griechen, dann auch mit Unterstützung dieses britischen Expeditionskorps durch deren gemeinsame Gegenoffensive aufgehalten wurden. So entschloß sich damals Hitler, zunächst auch mit deutschen Verbänden des Heeres und der Luftwaffe in den Balkanfeldzug einzugreifen, wodurch der Beginn des Angriffs auf die Sowjetunion auf Mitte Juni 41 verschoben werden mußte.
Angesichts der Gefahr des Totalverlustes der italienischen Position in Nordafrika hatte sich Hitler im Dezember 40 und Anfang Januar 41 entschlossen, eine Division Heerestruppen als »Sperrverband« zum Einsatz in Nordafrika zwecks Unterstützung der geschlagenen schwachen italienischen Landstreitkräfte zu entsenden. Zusätzlich wurde das unter General der Flieger Geißler stehende X. Fliegerkorps im Januar 41 nach Sizilien und Calabrien verlegt, von wo aus die über 400 Flugzeuge gegen Malta und seine Zufuhr kämpfen und die in Afrika stehenden deutsch-italienischen Truppen unterstützen sollten. Darüber hinaus hatten sie Schutzaufgaben in der Sicherung für unsere von Italien nach Nordafrika laufenden Seetransporte zu übernehmen.
Nachdem der Hafen und die Hauptstadt der blühenden Cyrenaika, Benghasi, am 6. Februar in britische Hand gefallen waren, blieb nur noch Tripolis als einziger Hafen für die Ausschiffung von Truppen und Waffen zur Verfügung.
Zusätzlich zu der angelaufenen Verlegung der deutschen 5. Leichten Division nach Tripolis wurde vom Führerhauptquartier die Überführung der 15. Panzerdivision angeordnet, um die Verteidigungslinie bei El Agheila nicht nur zu halten, sondern nach Überführung dieser Division über das Mittelmeer mit Unterstützung von Luftstreitkräften die Position der Achse verbessern zu können und starke Kräfte des Gegners zu Lande, zur See und in der Luft auf diesem Kriegsschauplatz zu binden, um Entlastung in den Luftangriffen auf das Heimatgebiet und für den U-Booteinsatz sowie den Handelskrieg der schweren deutschen Einheiten im Atlantik zu schaffen.
Als Kommandierender General der deutschen Truppen – genannt »Deutsches Afrikakorps« (DAK) – war Generalleutnant Rommel vorgesehen.
Am 31. März 1941 griff Rommel entgegen den Weisungen von Mussolini und Hitler aufgrund seiner neu gewonnenen Erkenntnis, daß die britischen Stellungen in der Cyrenaika nur noch mit schwachen Ver-

bänden besetzt waren, mit seinen ebenfalls noch schwachen, aber mobilen Kräften der 5. Leichten Division und den verstärkten italienischen Verbänden bei El Agheila für den Gegner völlig überraschend an und warf die durch personelle Abgaben an Griechenland geschwächten Briten zu seiner eigenen Überraschung so schnell zurück, daß er bereits am 10. April – nach 10 Tagen – vor Tobruk und am 12. April an der ägyptisch-libyschen Grenze stand, nachdem Bardia am 11. April gefallen war. So rächte sich militärisch der aus politischer Verpflichtung der Engländer dem griechischen Verbündeten gegenüber vollzogene Abzug des britischen Expeditionskorps aus Nordafrika und dessen Einsatz in Griechenland und auf Kreta. In knapp 14 Tagen hatte Rommel den vorher von den Italienern verlorenen Raum mit Ausnahme des befestigten Tobruk wieder erobert.

Tobruk und der Halfaya-Paß wurden von den britischen Kräften und solchen des britischen Commonwealth weiter hart verteidigt und konnten vorerst nicht erobert werden. Dazu waren die Achsenkräfte nicht stark genug, zumal sie auf dem schnellen Vormarsch sowieso meist von erbeutetem britischen Brennstoff und britischer Verpflegung zehrten.

In dieser Zeitphase trat in der Nacht vom 15. zum 16. April eine Katastrophe für den Nordafrikanachschub ein. Ein Geleitzug von 5 Dampfern mit Munition, Brennstoff, Panzern und Geschützen, gesichert von 3 italienischen Zerstörern, wurde aufgrund einer englischen Luftaufklärungsmeldung vom 15. April mittags von 4 noch an demselben Abend aus Malta auslaufenden britischen Zerstörern in vernichtenden Nachtgefechten einschließlich der 3 sichernden Zerstörer total versenkt. Die Briten verloren hierbei nur 1 Zerstörer durch 2 Torpedotreffer.

Nur wenige Tage später, am 21. April, beschoß ein Teil der in Alexandria beheimateten britischen Mittelmeerflotte, bestehend aus 3 Schlachtschiffen, 1 Kreuzer und mehreren Zerstörern unter Führung ihres Oberbefehlshabers, Admiral Sir Andrew Cunningham, bei Tagesanbruch den Hafen Tripolis und die in ihm liegenden Nachschubdampfer dreiviertel Stunden lang auf Entfernungen zwischen 10–13 km. Auf dem 2 Tage dauernden Rückmarsch des Geschwaders nach Alexandria wurde es weder aus der Luft noch von Überwasser-Streitkräften oder U-Booten angegriffen.

So war es zu diesem Zeitpunkt um Großbritanniens See- und Luftherrschaft im Mittelmeer bestellt! Eine bedrückende Situation für die Aussichten für den deutsch-italienischen Nachschub nach Nordafrika!

Mit dem Eingreifen deutscher Heeres- und Luftwaffenkräfte in den von uns nicht gewollten italienischen Balkanfeldzug und dem Einfall italienischer Truppen in Griechenland mußten fast alle Kräfte des X. Fliegerkorps in den Balkan und nach Griechenland verlegt werden, um diesen Feldzug schnellstens beenden und den schon verschobenen Kriegsbeginn gegen die Sowjetunion nicht noch weiter verzögern zu lassen. Hierdurch trat für die englische Seite eine erhebliche Entlastung für Malta und in Libyen ein.

In einer vergleichenden Studie des Wehrmachtführungsstabes vom Frühjahr 1941 wurde – was die Inbesitznahme Maltas oder Kretas durch deutsche Fallschirmjäger anbetrifft – empfohlen, zunächst Malta und erst später Kreta aus der Luft zu nehmen. Leider aber entschied Hitler in Verkennung und Unterschätzung der Gefahren für den Seenachschub nach Nordafrika, daß zunächst Kreta zu nehmen sei, was von britischen Truppen besetzt war. Diese Fehlentscheidung zu diesem Zeitpunkt sollte sich gegen unsere in Nordafrika kämpfenden Verbände richten, denn Malta war der »Dorn in unserem Rücken«! Während der deutschen Vorbereitungen für die Eroberung der von britischen Truppen besetzten griechischen Insel Kreta durch deutsche Fallschirmjäger im Zusammenhang mit dem Griechenlandfeldzug machte England größte Anstrengungen, seine durch Rommel bedrohte Position in Ägypten zu stärken. Zwar waren ausgebildete und zum Teil aus Griechenland geflüchtete, wieder rückgeführte Truppen für 6 Panzerregimenter verfügbar, aber es gab Waffen nur für knapp 2 Regimenter. Aufgrund dieser ernsten Situation entschloß sich Anfang Mai die britische Admiralität aufgrund des persönlichen Eingreifens von Winston Churchill, einen gerade westlich Gibraltar noch im Atlantik stehenden ursprünglich um Afrika herum für Ägypten vorgesehenen vorwiegend mit Panzern beladenen Geleitzug direkt durch das Mittelmeer an Sizilien vorbei nach Alexandria umzudirigieren, um Zeit zu gewinnen.

Es handelte sich um 5 große schnelle Motorschiffe mit wichtigstem Kriegsmaterial, darunter 300 neuartigen schweren Panzern und 180 motorisierten Geschützen, die durch die in Gibraltar stationierte »Force H«, bestehend aus 3 Schlachtschiffen, 1 Flugzeugträger und zahlreichen Kreuzern und Zerstörern unter Führung von Admiral Sommerville gesichert wurden. Der Geleitzug lief am 12. Mai 41 in Alexandria ein mit Ausnahme der »Empire Song«, eines Handelsschiffes, welches durch Minentreffer in der Sizilienstraße mit 57 Panzern im Meer versank.

Am 20. Mai landeten deutsche Fallschirmjäger unter schwersten Verlusten durch britische Abwehr auf Kreta. Die Insel war nach schweren Kämpfen nach einigen Tagen endgültig in deutscher Hand. 15 000 Engländer entkamen mit der Flotte, 12 000 gerieten in deutsche Gefangenschaft.
Nach diesen Operationen wurde der Hauptteil der deutschen Luftstreitkräfte aus dem Mittelmeerraum abgezogen und in die Ausgangsstellungen für den am 22. Juni 1941 beginnenden Krieg gegen die Sowjetunion verlegt. Damit verschlechterte sich auch die Kampfkraft des Deutschen Afrikakorps, weil der Gegner wieder die Luftüberlegenheit erringen konnte.
Am 15. Juni 41 griff General Wavell mit seinen nun weit überlegenen Kräften an der ägyptisch-libyschen Grenze am Halfaya-Paß an, um die Achsenstreitkräfte vor Eintreffen der schweren Teile der 15. Panzerdivision an der Front zu werfen und das immer noch haltende über See versorgte Tobruk zu entsetzen.
Die Schlacht bei Sollum entbrannte. Das englische Stichwort »Battle-Axe« war eigens von Mister Churchill für diese Offensive erfunden. Diese Schlacht sollte nach seinem Willen die Achsenstreitkräfte endgültig in Afrika ausschalten.
Die Schlacht war schon am 17. Juni entschieden. Sie hatte nur 72 Stunden gedauert und endete mit einem Sieg des Deutschen Afrikakorps. Hierüber sagt Churchill in seinen Memoiren:
»Am 17. Juni ging alles in die Brüche ...«
Dazu schreibt Paul Carell in seinem Buch »Die Wüstenfüchse«:
»Es ging alles in die Brüche, weil ein paar Offiziere und ein paar 100 Landser des Deutschen Afrikakorps am Halfaya-Paß und im »Stützpunkt 208« gehalten hatten. Die bessere Führung und die besseren Waffen hatten gesiegt.«
Das britische Generalstabswerk stellt zu dieser Schlacht fest:
»Die so hoffnungsvoll begonnene Operation »Battle-Axe« scheiterte, weil es nicht gelang, die entscheidende Halfayastellung zu nehmen und an dem »Oasenstützpunkt 208« vorbeizukommen. Die Tapferkeit und die Feuerkraft ihrer Verteidiger waren zu groß. Die 8,8 cm Kanone erwies sich als eine tödliche Waffe gegen alle Panzertypen. Das Zusammenwirken von Panzern mit weit vorn eingesetzten 8,8 cm Batterien war für die britische Führung eine Überraschung und ein wichtiger Faktor der Niederlage.
Die Feuerkraft der deutschen Panzerkanonen war der britischen überlegen. Der Sieg Rommels war ein Sieg seiner Führung, seiner

überlegen kämpfenden Soldaten und seiner besseren Waffen.«
In Kairo trat nun ein neuer General als Nachfolger von General Sir Archibald Wavell seinen Posten als Oberbefehlshaber an: General Sir Claude Auchinleck.
Beide Seiten waren erschöpft. Es war die Frage, welche Seite am schnellsten wieder aktionsfähig sein würde. Das weiter durch von Alexandria über See versorgte noch uneinnehmbare Tobruk band starke Achsenkräfte, weshalb ein Vormarsch bis nach Ägypten hinein von Rommel nicht riskiert werden konnte. Tobruk mußte zuerst fallen.
Aber bevor Rommel seinen Angriff auf Tobruk beginnen konnte, brach eine neue britische Offensive los. Am 18. November trat General Auchinleck mit 4 Divisionen und 2 Brigaden mit insgesamt 1000 Panzern und gepanzerten Fahrzeugen zum Angriff an. In einem von Churchill persönlich verfaßten Tagesbefehl an die 8. Armee hieß es u. a.:

»... Die Schlacht wird den ganzen Verlauf des Krieges beeinflussen. Es gilt, den schwersten Schlag zu führen, der für den endgültigen Sieg für Vaterland und Freiheit bisher geführt worden ist ...«

Rommel's Kräfte bestanden aus der 15. Panzerdivision, der aus der 5. Leichten Division inzwischen hervorgegangenen 21. Panzerdivision, aus den italienischen Divisionen »Ariete« und »Trieste« mit zusammen etwa 500 Panzern und gepanzerten Fahrzeugen. Er besaß somit nur etwa die Hälfte der gepanzerten Fahrzeuge, die seinem Gegner zur Verfügung standen.
Nach 14 schwersten Kampftagen meldete General Rommel in einem Funkspruch u. a. an das Führerhauptquartier:

»... In den ununterbrochenen schweren Kämpfen vom 18. November bis 1. Dezember wurden 814 Panzerkampfwagen und Panzerspähwagen des Feindes vernichtet, 127 Flugzeuge abgeschossen. ... Die Gefangenenzahl hat 9000 überschritten, darunter 3 Generale ...«

Jetzt brach die über See voll aufgefüllte britische 70. Infanteriedivision aus Tobruk in den Rücken der nur noch schwachen Kräfte des DAK. Die aus Ägypten nachgezogenen britischen Reserven drohten nach Westen durchzubrechen. So versuchten die Reste der 15. und 21. deutschen Panzerdivisionen ihren letzten verzweifelten Gegenangriff, an dem sich die beiden italienischen Divisionen des General Gambara unglücklicherweise trotz dringender Bitten des General Crüwell, der die beiden deutschen Divisionen führte, nicht beteiligten, weil sie abgekämpft waren. So erfolgte der Rückzug der Achsenkräfte nach Westen am 15. Dezember nach dem Motto, dem Stärkeren weichen ist der zweitbeste Teil der Tapferkeit.

Der Mut Rommels zum Rückzug rettete auf diese Weise noch einmal die Afrikaarmee vor der Einschließung und Vernichtung und Gefangennahme, Ursache war das völlige Ausbleiben von Nachschub an Brennstoff, Waffen und Munition.

Der Rückzug vollzog sich in hinhaltender Verteidigung sehr bald in disziplinierter Ordnung. So war die Landlage in Nordafrika, als die Flottille in Augusta eintraf und ihre ersten Operationen gegen Malta führte.

LAGEENTWICKLUNG ZUR SEE UND IN DER LUFT BIS DEZEMBER 1941

Die Seekriegführung im Mittelmeer und die Entwicklung der Seelage bis Ende 1941 ausführlich darzustellen, ist verlockend. Dies würde den Rahmen und die Zielsetzung dieses Buches sprengen. Es sind aber einige Betrachtungen über die Seelage und Luftlage, über die gegenseitige Abhängigkeit der Land-, See- und Luftkriegführung und über einige Daten hinsichtlich der Entwicklung und die Probleme des Nachschubs über das Mittelmeer für die Versorgung und Verstärkung der in Nordafrika befindlichen Heeres- und Luftwaffenverbände der beiden Achsenmächte sowie über die Bedeutung Maltas als Basis und Flugplatz für die britischen U-Boote, Kreuzer und Zerstörer und für die Bomben-, Torpedo- und Jagdflugzeuge zum Verständnis notwendig. Von dieser Insel Malta allein ging die Bedrohung für den deutsch-italienischen Nachschub aus.

SEEHERRSCHAFT UND SEEMACHT

Nach allgemeiner Definition der Begriffe »Seeherrschaft« und »Seemacht« ist »Seeherrschaft ein Zustand in einem bestimmten Seeraum, bei dem der im eigenen Interesse fahrende Seeverkehr läuft und der der Gegenseite aufgehört hat.«

Die Sicherung des eigenen Seeverkehrs ermöglicht militärische Machtentfaltung über See an allen den Seeherrschaftsraum umgebenden Küsten.

»Um ›Seemacht‹ zu sein, braucht ein Staat eine überlegene Flotte und seestrategisch-geographische Positionen, von denen aus die Flotte in dem in Frage stehenden Seeraum operieren und Seeherrschaft ausüben kann.«

Die Frage, wieweit Seeherrschaft im 2. Weltkrieg durch Luftherrschaft ergänzt, streitig gemacht oder beseitigt werden konnte, soll später behandelt werden.

GESAMTSTRATEGISCHE BEDEUTUNG MALTAS

Die 264 qkm große Insel Malta erhielt ihre Bedeutung als »seestrategisch-geographische Position« in dem Augenblick, als Admiral Nelson die Insel im Jahre 1800 für England in Besitz nahm und als der Suezkanal im Jahre 1869 eröffnet war. Der britische Marineminister Sir Samuel Hoare bezeichnete im Jahre 1936 den Seeweg von Gibraltar nach Suez als »die Schlagader des British Empire«.

Im 2. Weltkrieg sollte die Insel infolge der modernen technischen Entwicklung von Kriegsmitteln – Flugzeugen und Schiffen – in Verbindung mit dem Kampf von Heerestruppen in Nordafrika eine »gesamtstrategische« Bedeutung erhalten, denn – wie wir später noch sehen werden – von dieser Insel aus wurde soviel See- und Luftherrschaft ausgeübt, daß der deutsch-italienische Seenachschub nach Nordafrika durch diese Einwirkungen zum Erliegen kam. Für die in Nordafrika kämpfenden deutsch-italienischen Truppen bestimmten die zentrale Lage der Insel und ihr Zustand als feindlicher Stützpunkt und Basis am Ende über das Schicksal, über Sieg oder Untergang der in Afrika eingesetzten Truppenverbände der Achse Berlin–Rom. Die Insel wurde zur »Achillesferse« für die Achsenkräfte sowohl in Nordafrika als auch später für den Verlust der europäischen Küsten im Mittelmeer.

Als Italien im Juni 1940 unmittelbar vor der Kapitulation der französischen Truppen überraschend auf der Seite Deutschlands in den Krieg eintrat, hätte die Insel im Handstreich mit großer Wahrscheinlichkeit besetzt werden können, denn sie befand sich nicht in einem nennenswerten Verteidigungszustand. Nach Admiral Ruges Feststellung in seinem Buch »Der Seekrieg 1939 bis 1945« sollen sich damals 4 (!) Jagdflugzeuge auf Malta befunden haben!

Der Zustand der Insel und ihre Fähigkeit, Streitkräften als Basis zu dienen, hing mit zunehmender Dauer des Krieges davon ab, ob die in Alexandria und Gibraltar stationierten Flottenstreitkräfte in der Lage waren, den erforderlichen Nachschub durch Handelsschiffe zu sichern

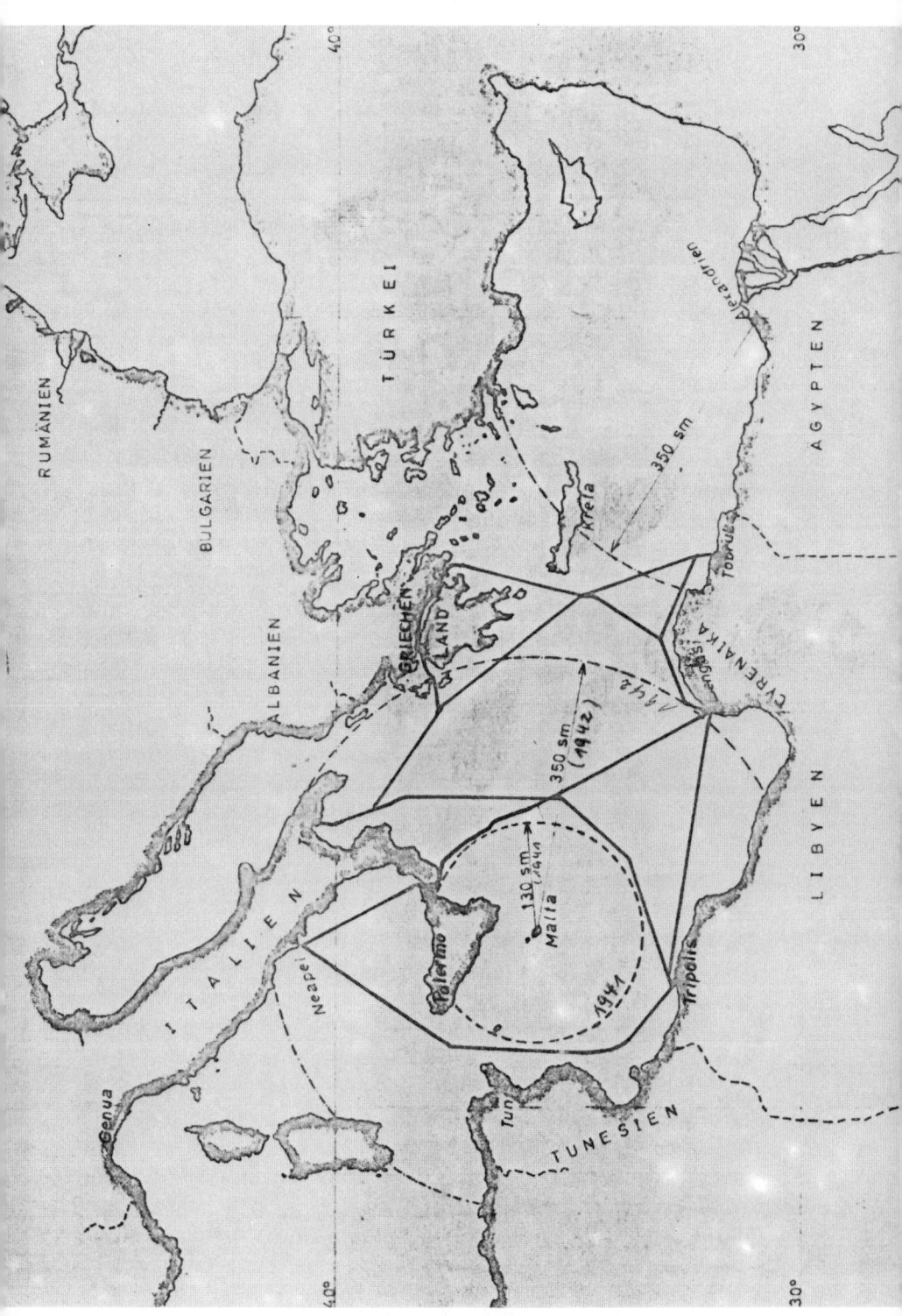

Italienische Geleitzugwege von Italien und Griechenland nach Nordafrika sowie Eindringtiefe britischer Torpedoflugzeuge 1941 bzw. ab 1942

und darüber hinaus eine ausreichende Zahl von Jagdflugzeugen nach Malta zu überführen, um die Luftherrschaft über der Insel und dem benachbarten Seeraum aufrechtzuerhalten. Ausreichende Flak und Jagdverbände sowie Schutzbunker wären für eine befriedigende Luftverteidigung notwendig gewesen. Hieran aber mangelte es am Kriegsanfang sehr.

KRÄFTEVERGLEICH ZUR SEE MITTE 1940

Im Juni 1940 bestand die unter ihrem Oberbefehlshaber Admiral Sir Andrew Cunningham stehende in Alexandria beheimatete britische »Mittelmeerflotte« aus 4 Schlachtschiffen, 1 Flugzeugträger, 7 Kreuzern, 22 Zerstörern und 12 U-Booten.
Ende Juni 1940 wurde in Gibraltar die später durch die Beschießung der in Mers-el-Kebir liegenden französischen Flotte bekannt gewordene »Force H« gebildet. Sie bestand aus 1 Schlachtkreuzer, 2 Schlachtschiffen, 1 Flugzeugträger, 2 Kreuzern und 11 Zerstörern. Im weiteren Verlauf des Krieges änderten sich die angegebenen Streitkräftezahlen nach dem Bedarf an Schlachtschiffen im Atlantik bzw. im Fernen Osten. Die Tatsache aber, daß England etwa die Hälfte der schweren Schiffe und Flugzeugträger sowie 33 der für die U-Boot-Bekämpfung im Nordatlantik so kostbaren Zerstörer im Mittelmeer einsetzte, beweist, welchen Wert es seiner Stellung und der Kriegführung im Mittelmeer beigemessen hat.
Die italienische Flotte bestand aus 6 Schlachtschiffen, 29 Kreuzern, 59 Zerstörern, 69 Torpedobooten, 115 U-Booten und zahlreichen Schnellbooten sowie Minensuchbooten.
Zahlenmäßig war die italienische Flotte der britischen Mittelmeerflotte einschließlich der in Gibraltar stationierten »Force H« erheblich überlegen. Zusammen mit der zahlenmäßig ebenfalls weit überlegenen italienischen Luftwaffe mit 3000 Flugzeugen hätte die italienische Marine die Seeherrschaft zumindest im Mittleren Mittelmeer ausüben können. Im Kampfwert jedoch bestanden große Unterschiede zugunsten der britischen Flotte, weil der schnelle Aufbau der italienischen Flotte keine ausreichende Zeit für die taktische und vor allem artilleristische Ausbildung im Nachtschießen ließ. Wie Heer und Luftwaffe war auch die italienische Flotte nicht für die Führung eines Krieges vorbereitet worden.

NACHSCHUBLEISTUNGEN IM JAHRE 1941

Im Jahre 1941 gelang es den Engländern, von 31 aus Alexandria und Gibraltar nach Malta geleiteten Handelsschiffen 30 ans Ziel zu bringen. Nur 1 Schiff ging verloren.
Im Gegensatz zu der günstigen Versorgungslage der Inselbasis befand sich der deutsch-italienische Nachschub über See nach Nordafrika. Es waren durch von der Insel ausgehende Feindeinwirkung im August 1941 33%, im September allein 92000 BRT, im Oktober 63% und im November 41 über 70% des Nachschubs im Mittelmeer gesunken. Die Zahl der mit den Schiffen untergegangenen Besatzungen, der eingeschifften Heeres- und Luftwaffensoldaten geht in die Tausende.
So waren im November 1941 die vor der Festung Tobruk und östlich davon an der ägyptisch-libyschen Grenze am Halfaya-Paß liegenden deutsch-italienischen Kräfte in einer miserablen Versorgungssituation und zu größeren Bewegungen nicht fähig. Der Versuch der »Supermarina« in Rom, einen stärker gesicherten Geleitzug mit den wichtigsten Versorgungsgütern noch vor Beginn der erwarteten britischen Großoffensive in Richtung Benghasi und Tripolis nach Nordafrika zu überführen, mißglückte. Denn in der hellen Mondnacht am 9. November griff gemäß Feststellung von Admiral Ruge in seinem Buch »Der Seekrieg 1939–45«, Seite 168, die erst Anfang des Monats nach Malta verlegte »Force K«, bestehend aus 2 leichten Kreuzern und 4 Zerstörern, den von 2 italienischen schweren Kreuzern und 10 Zerstörern gesicherten Geleitzug an und schoß die 7 Handelsschiffe und 1 Zerstörer innerhalb 7 Minuten in Brand. Diese britische Kampfgruppe entfernte sich, noch ehe die überlegenen italienischen schweren Kreuzer sich zum Eingreifen entschließen konnten.

BRITISCHE FLOTTENVERLUSTE BEI RÄUMUNG GRIECHENLANDS UND KRETAS 24. 4 – 1. 6. 1941

Während der Räumung Griechenlands hatte sich die britische Mittelmeerflotte zur Aufnahme und Rettung ihres Anfang 1941 nach Griechenland entsandten verhältnismäßig starken Expeditionskorps voll eingesetzt. Sie wurde dabei durch die deutsche Luftwaffe, die nach Abschuß – zitiert aus »Der Seekrieg 1939–45« – des »letzten auf Kreta befindlichen britischen Jagdflugzeugs« die volle Lufthoheit errungen hatte, in laufenden Angriffen vor allem der Sturzkampfbomber

schwer getroffen. Mehrere Kreuzer waren beschädigt, die Kreuzer »Fidji« und »Gloucester« waren versenkt, ebenfalls 1 Zerstörer. 2 Schlachtschiffe erhielten Treffer.
Bei der zum Schluß folgenden Räumung Kretas waren der Fla-Kreuzer »Calcutta« und 6 Zerstörer versenkt worden. Die beteiligten 3 Schlachtschiffe und der Flugzeugträger »Formidable« waren durch Bombentreffer beschädigt.
So hatte die Mittelmeerflotte schwere Verluste und Beschädigungen erlitten, die sobald nicht ersetzt bzw. beseitigt werden konnten. Aber es war den Engländern hierdurch gelungen, etwa 50 000 Mann in Griechenland und 17 000 in Kreta wieder einzuschiffen und nach Ägypten zu überführen, wo sie für die spätere Großoffensive des General Auchinleck am 18. November 1941 voll ausgerüstet wieder zur Verfügung standen.

KRETA – EIN DEUTSCH-ITALIENISCHES MALTA OHNE FLOTTE

Im Jahre 1941 hatten wir sozusagen eine seestrategisch-geographische Position im Östlichen Mittelmeer gewonnen, nachdem der Griechenlandfeldzug erfolgreich beendet und die im Östlichen Mittelmeer liegende nach Süden vorgeschobene Insel in unsere Hand gefallen war. Diese Inselposition konnte aber nicht ausreichend von unserer Luftwaffe genutzt werden, weil die Masse der kampfkräftigen Verbände des X. Fliegerkorps zum Beginn des Feldzuges gegen die Sowjetunion bis Juni 1941 aus dem Mittelmeer abgezogen wurde. Flottenstreitkräfte hatten wir damals nicht. Die italienische Kampfflotte lag in italienischen Häfen.
Von Kreta aus hätte aber jeder Versorgungsverkehr von Alexandria nach Malta von Flotten- und Luftwaffenverbänden erfolgreich angegriffen und unterbunden werden können.

DEUTSCHE U-BOOTE IM MITTELMEER AB SEPTEMBER 1941

Ende September 1941 waren nach einer Entscheidung Hitlers die ersten 6 deutschen U-Boote durch die Straße von Gibraltar im Mittelmeer eingetroffen, gefolgt von je weiteren 6 Booten Anfang und Ende November, von denen beim Passieren der Meerenge 1 versenkt und 2 beschädigt wurden. Letztere konnten aber zu ihrem Ausgangshafen zurücklaufen.

Zu dieser Maßnahme hatte sich Hitler angesichts der bedrohten Lage in Nordafrika infolge der großen Verluste im Seenachschub am 26. August 1941 entschlossen.

Die Seekriegsleitung hatte wiederholt, zum ersten Mal im November 1940, eine zutreffende Lagebeurteilung über die Mittelmeerkriegführung und ihre Bedeutung für die Gesamtkriegführung gegen England abgegeben und Großadmiral Raeder hatte dies auch Hitler vorgetragen, um diesen vor einer Ausweitung des Krieges gegen Rußland – vor einem Zweifrontenkrieg – zu warnen. Leider vergebens.

So begann der Einsatz deutscher U-Boote im Mittelmeer, die zu diesem Zeitpunkt des Krieges im Nordatlantik nur schwer entbehrt werden konnten im Hinblick auf die viel zu geringe Gesamtzahl an deutschen U-Booten.

Was würden 20 deutsche U-Boote und 1 deutsche Schnellbootflottille auf der Seite der italienischen Flotte angesichts der Stärke der in Alexandria liegenden britischen Mittelmeerflotte, der in Gibraltar stationierten »Force H« und der Malta »Force K« schon zusätzlich ausrichten können zur Entlastung der in Afrika kämpfenden deutsch-italienischen Verbände? Würden die zusätzlich erwarteten Versenkungserfolge ausreichen, um den feindlichen Nachschub im Mittelmeer besonders für die Versorgung der See- und Luftbasis Malta so zu dezimieren, daß Malta ausgeschaltet werden könnte, wodurch der eigene Nachschub nach Nordafrika in ausreichender Weise würde sichergestellt werden können? Würde es schließlich den U-Booten gelingen, britische schwere Einheiten – Schlachtschiffe und Flugzeugträger – zu versenken und dadurch einen Kräfteausgleich im Kampfwert zugunsten der italienischen Flotte zu bewirken?

AUSSCHALTUNG MALTAS ALS FLOTTENSTÜTZPUNKT UND LUFTBASIS

Die Hauptlast bei der Ausschaltung Maltas und der Bekämpfung der für Malta bestimmten britischen Geleitzüge mußte zweifellos der »Luftflotte 2«, dem II. und X. Fliegerkorps auf Sizilien und Kreta zufallen. Flugzeuge konnten aber nur bei Tage voll wirksam sein. Sie waren in ihrer Reichweite gegen von Alexandria und Gibraltar anmarschierende Geleitzüge begrenzt.

Hier bildeten die U-Boote eine gute Ergänzung. Sie konnten den Feind bei Tage unter Wasser und bei Nacht über Wasser während des ganzen Marsches ohne Reichweitenbegrenzung mit Torpedos angreifen.

Schnellboote schließlich konnten bei Nacht im Küstenvorfeld bei Malta, in der Straße von Sizilien und östlich Malta gegen durch Aufklärung gemeldete Geleitzüge mit Torpedos operieren und eine Verminung der Hafeneinfahrten nach Malta bewirken. Minen vor Malta wären bei Tage und bei Nacht wirksam, während Torpedoeinsätze nur nachts erfolgen könnten.

DIE ERSTEN DEUTSCHEN U-BOOTERFOLGE

Die deutschen U-Boote hatten ihre ersten Erfolge. Am 13. November versenkte »U 81« unter Kapitänleutnant Guggenberger im Westlichen Mittelmeer den Flugzeugträger »Ark Royal«. Wenige Tage später, am 25. 11., gelang es »U 331« unter Führung von Kapitänleutnant Frhr. v. Tiesenhausen, das Schlachtschiff »Barham« vor der ägyptischen Küste zu versenken.

Im Dezember torpedierte Guggenberger das Schlachtschiff »Malaya« im Westlichen Mittelmeer und beschädigte es schwer.

ERFOLG ITALIENISCHER ZWEI-MANN-TORPEDOS

Das unter dem Commandante Fürst Borghese stehende U-Boot »Skire« setzte am 19. 12. 41 vor Alexandria 3 Zwei-Mann-Torpedos aus. Die Torpedoreiter gelangten in den Hafen und beschädigten die Schlachtschiffe »Queen Elizabeth« und »Valiant« durch Anbringen von Unterwasserhaftladungen schwer.

Mit diesen deutsch-italienischen Erfolgen waren die schweren Schiffe der Mittelmeerflotte im Östlichen Mittelmeer praktisch ausgeschaltet. Und die in Gibraltar stationierte »Force H« war um 1 Flugzeugträger ärmer geworden und das Schlachtschiff war für lange Monate ausgefallen.

Beim Ansatz einer Kreuzer- und Zerstörergruppe in Stärke von 3 Kreuzern und 4 Zerstörern der »Force K« in Malta gegen einen nach Tripolis gehenden deutsch-italienischen Geleitzug am 19. 12. 41 liefen Kreuzer »Neptune« und 1 Zerstörer auf deutsche Minen und sanken mit ihren Besatzungen. Die Kreuzer »Aurora« und »Penelope« wurden durch Minentreffer schwer beschädigt, konnten aber nach Malta zurücklaufen.

LUFTHERRSCHAFT

Was die Luftherrschaft anbetrifft, so wechselte sie über den betroffenen Seegebieten, über Malta und auf dem Landkriegsschauplatz Nordafrika des öfteren in Abhängigkeit der zahlenmäßigen Stärke der Luftstreitkräfte, besonders auch der Jagdverbände, die später nur schwer an der sowjetrussischen Front und beim Einsatz über England entbehrt werden konnten. Schließlich mußten ausreichende Jagdverbände das heimatliche und das besetzte Gebiet in Westeuropa schützen, wo die Produktion von Kriegsmaterial Tag und Nacht lief.
Im November/Dezember 1941 trafen die ersten Teilverbände der Kampf- und Jagdflugzeuge des II. Fliegerkorps auf Sizilien ein. Sie unterstanden zunächst dem Fliegerführer Sizilien in Catania.

GEGENSEITIGE ABHÄNGIGKEIT DER TEILSTREITKRÄFTE

Wieweit Seeherrschaft, Luftherrschaft und der Besitz von Territorium und Küsten in einem Binnenmeer mit nahen Küsten in gegenseitiger Abhängigkeit sich entwickelten, war im Jahre 1941 schon einmal ausreichend erprobt und bewiesen worden.
Roskill sagt hierzu in seinem »Volume II«
»Es kann keine Periode des Krieges auf irgendeinem Kriegsschauplatz geben, welche die fundamentale Abhängigkeit der drei Teilstreitkräfte klarer unter Beweis stellt als im Östlichen Mittelmeer...
Wenn das Heer an Land zurückgeworfen wurde und die vorgeschobenen Flugplätze verloren gingen, konnte die Royal Air Force unsere Malta-Geleitzüge nicht mehr schützen, noch konnten unsere Kampfflugzeuge den feindlichen Seeverkehr nach Tripolis angreifen. Wenn Malta nicht mit Nachschub versorgt werden konnte, konnten unsere auf Malta stationierten See- und Luftstreitkräfte nicht mehr operieren. Wenn dies geschah, wurde der feindliche Seeverkehr sicherer und blieb ohne Verluste, wodurch das deutsch-italienische Afrikakorps schneller als wir Verstärkungen erhalten konnte...«
Die Richtigkeit dieser Aussage sollten wir und die britische Seite im Jahre 1942 und 1943 noch einmal gründlich am eigenen Leibe erfahren.

Kapitel VIII

Der Kampf gegen Malta

Dezember 1941 bis Ende Mai 1942

Mit dem Eintreffen von Teilen der Luftflotte 2 unter Feldmarschall Kesselring mit den II. und X. Fliegerkorps auf Sizilien und Kreta ist eine Verstärkung des Kampfpotentials gegen die Zufuhr nach Malta und zur Ausschaltung der Insel als Basis für Luft- und Seeluftstreitkräfte sowie für U-Boote und die Kreuzer-Zerstörer-Kampfgruppe erfolgt.
Während die Fliegerverbände durch tägliche Einsätze vor allem bei Tage unter Jagdschutz die umfangreichen militärischen Einrichtungen einschließlich der Flugplätze und Werftanlagen sowie im Hafen liegende Schiffe mit ihren Bomben angreifen, operieren die Schnellboote nachts vor der Insel, um die Zufahrten zu den Häfen in La Valetta und zu den Buchten zu verminen. Die Mine als Seekriegsmittel hat die Eigenschaft, auf Dauer wirksam zu sein, solange sie nicht geräumt ist. Für die örtliche Zusammenarbeit und gegenseitige Unterstützung bei der gemeinsamen Aufgabe der Ausschaltung der Insel bzw. ihrer Abriegelung zur See sind Absprachen mit den Stäben und Verbänden des II. Fliegerkorps getroffen worden.
So beginnt die Flottille Mitte Dezember 41 mit ihren Minenoperationen.

BEGINN DER VERMINUNG MALTAS 16. DEZEMBER 1942

Im Laufe des Tages, am 16. 12., verholen die Boote zum Minendepot und laden Minen – je Boot 3 TMA, 1 UMA und 4 Spreng- sowie 1 Reißboje, Tiefeneinstellung 15, 4, 8 und 15 m. Die TMA- und UMA-Minen sind auf Magnetzündung eingestellt.
Die zu werfende Minensperre soll 0,65 sm = 1140 m vom Ende der Außenmole der Hafeneinfahrt nach La Valetta, dem St. Elmo Molenleuchtfeuer, entfernt genau in der Hafeneinfahrt liegen. Fürwahr keine leichte Aufgabe, so dicht an die feindliche Küste herangehen zu müssen, zumal angenommen werden muß, daß auf der Mole Geschütze

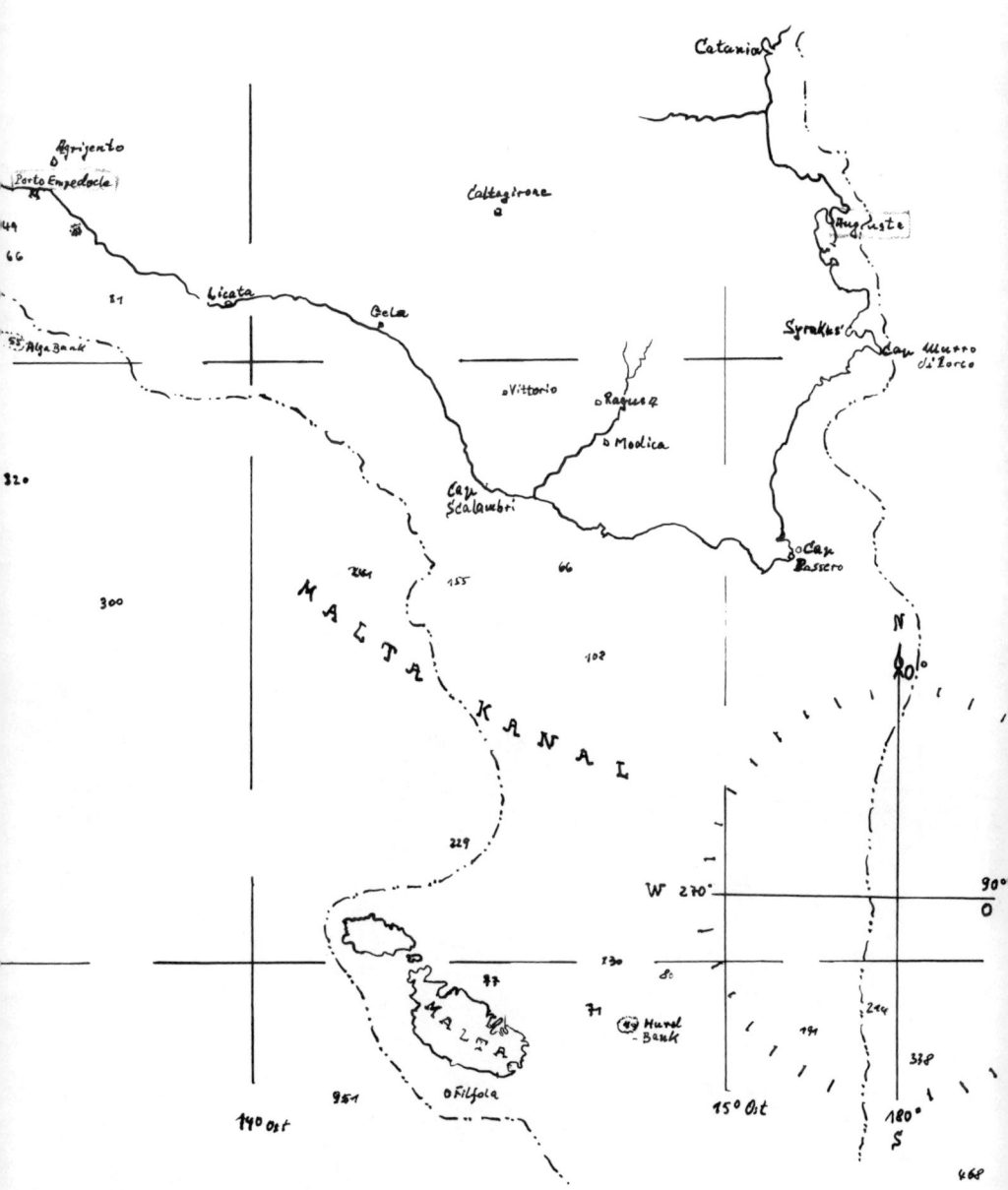

Malta-Kanal

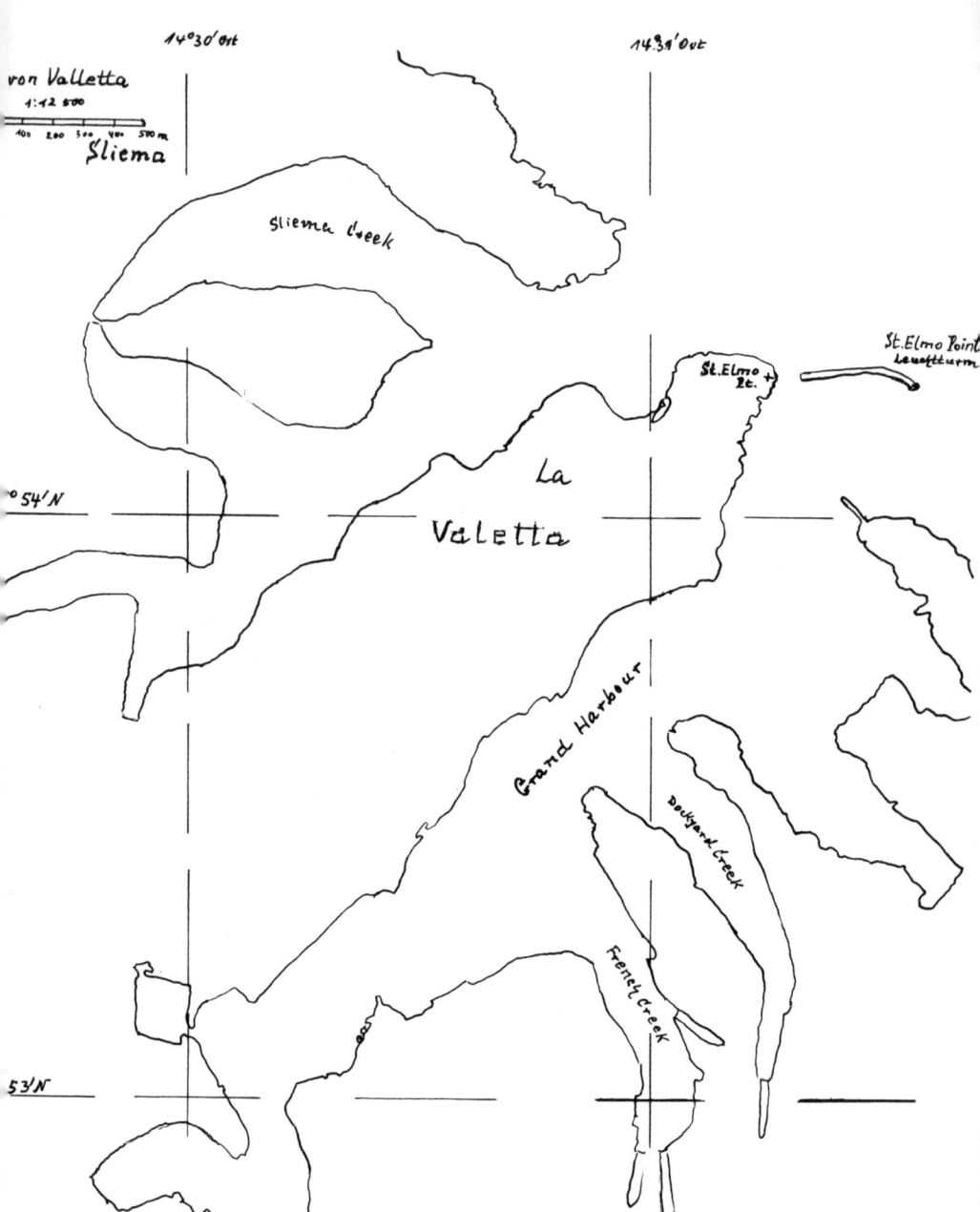

Der Hafen La Valetta

mit in der Nacht wachsamen Geschützbedienungen stehen werden. Aber die erste Minensperre muß ja der Küste am nächsten liegen in Anbetracht der später zu werfenden Sperren.
Navigatorisch ist die Aufgabe kein Leckerbissen, denn nach einem Anmarsch von Augusta von rund 120 sm und Stromversetzung zwischen Sizilien und Malta bei nichtbrennenden Leuchtfeuern eine Minensperre auf 0,2 sm = 370 m Genauigkeit zu werfen, muß fast unmöglich erscheinen. Schließlich müssen die Sperren navigatorisch einen hohen Genauigkeitsgrad besitzen, weil wir 20–30 Minensperren zu werfen beabsichtigen und in der nächsten Nacht nicht auf die eigenen Minen laufen wollen. Die einzige Orientierungshilfe zur Koppelnavigation ist die inzwischen auf allen Booten offiziell eingebaute Echolotanlage. Mit ihr können wir auf verschiedenen Kursen Lotreihen anlegen und anhand der zeitlich abgelaufenen Wegstrecke einen maßstabgetreuen »Lotstreifen« auf Papier aufzeichnen und ihn in die Seekarte einzupassen versuchen.
Wenn wir glaubten, auf dem Anmarsch die Hurd-Bank nach Kopplung erreicht zu haben, fragte ich meinen Flottillensteuermann Erwin Schipke in seinem kleinen Navigationsschap: »Schipke, wo stehen wir?« Dann legte er seinen rechten Daumen auf die Seekarte bei der Hurd-Bank und meinte: »Etwa hier!« Das war auf 5 sm genau! Mit dem Flottillensteuermann, der vor 1 Jahr als frisch gebackener junger Steuermannsmaat von der Steuermannsschule zur Flottille kommandiert war, hatte ich mich gut »eingefahren«. Jeder von uns beiden kannte die Fehler, Mängel, Neigungen und Vorzüge des anderen, was das navigatorische Fingerspitzengefühl und die »gute Nase« anbetrifft. So sollten wir in der gemeinsamen 2½ Jahre dauernden Flottillenzeit gegenseitig keine einzige Enttäuschung erleben.
Inzwischen war auch eine weitere wichtige Meldung über die Belegung des Hafens La Valetta am Vortage morgens nach Sichtaufklärung eines Flugzeuges eingegangen:

»Großer Hafen: 2 Kreuzer
                1 Dampfer über 15000 BRT
                6 mittlere Dampfer
French Creek: 1 Kreuzer
Sliema Creek: 4 Zerstörer
La Valetta: 10–15 Bewacher
2 Vorpostenboote auslaufend.«

Das war eine wichtige Nachricht, allerdings schon über 24 Stunden alt. Eine Morgenluftaufklärung von heute oder besser noch eine Aufklärungsmeldung zur Zeit der bevorstehenden Abenddämmerung wäre mir lieber gewesen, um die aktuelle Lage beim Feind zu kennen. Ob wohl eines oder mehrere dieser aufgeklärten Schiffe beim möglichen Auslaufen auf unsere heute Nacht zu werfende Sperre laufen werden? Um 1630 Uhr laufe ich mit den Booten »S 33«, »S 35«, »S 61« und »S 31« aus Augusta aus. Es ist noch heller Tag, wolkenloser Himmel, der Wind weht aus NW mit Stärke 2–3. Also ideales Wetter, wobei wir uns bei der Annäherung an Malta einen stärker bewölkten Himmel wünschen in der Hoffnung, von den Wachtposten an Land und auf der Mole nicht erkannt zu werden. 2 italienische Jagdflugzeuge fliegen Jagdschutz bis kurz vor Einbruch der Dunkelheit bei Cap Passero, dem südöstlichsten Punkt der Insel Sizilien.

Als um 2040 Uhr die Küste Maltas in Sicht kommt, geht die Flottille auf horchschwache Fahrt mit 1 Maschine = 7 kn. Vorsichtig tasten wir uns in der Formation Kiellinie näher an die Insel heran.

Für die letzte Annäherung warten wir die erbetenen Bombenangriffe auf die Insel ab, die die Aufmerksamkeit der feindlichen Wachtposten auf sich ziehen sollen. So werden auch unsere leisesten Motorenauspuffgeräusche von den Flugzeugmotorengeräuschen und der laut bellenden Flak-Artillerie der Insel übertönt – das hoffen wir jedenfalls. Wir bleiben gestoppt liegen, bis um 2210 Uhr der 1. Bombenangriff auf die Insel erfolgt. Schnell steuern wir unsere Anfangsposition für den Wurfbeginn an. Da ist der Fliegeralarm auch schon beendet, sämtliche Flak-Scheinwerfer sind gelöscht, die englische Flak hat ihr Feuer eingestellt. Um uns herum ist es totenstill. Wir flüstern einander zu. Da vernehmen wir nach einiger Zeit wieder Flugzeugmotorengeräusche, es ist 2300 Uhr. Die Scheinwerfer der Insel haben die Flugzeuge zeitweise erfaßt, die Flak schießt, Bomben detonieren. Jetzt erkennen wir im Mündungsfeuerschein der Flak den Leuchtturm St. Elmo auf dem Außenmolenende der Hafeneinfahrt. Wir stehen genau 0,6 sm = 1100 m ab. Unter uns loten wir 55 m Wassertiefe. Wir wenden in Dwarslinie auf Wurfkurs und beginnen um 2320 Uhr mit dem Werfen der Minen über das Heck.

Der Molenkopf und der Leuchtturm sind ohne Doppelglas klar zu erkennen, fast zum Anfassen nahe. Am Strand leuchten mehrfach Taschenlampen auf. Wenn wir jetzt erkannt werden und die Scheinwerfer uns fassen, bleibt bei dem dann sicher sofort einsetzenden Artilleriefeuer von der Mole und der Küste auf diese geringe Entfernung wohl nicht viel von unseren 4 Schnellbooten schwimmend übrig.

Aber wir haben keine Angst, weil wir voll angespannt sind. Die Männer schieben die Minen und Sperrschutzmittel auf ihren Minenwagen, die in Schienen an Deck laufen, über Bord, nachdem sie die Sicherungsstifte abgezogen haben. Zu allem Überfluß herrscht starkes Meeresleuchten. Das die Boote umgebende in Bewegung gebrachte Wasser beleuchtet die Bordwand ringsherum, besonders am Heck im Kielwasser. Am Himmel stehen Wolken. Komisch, denken wir, daß die Wachtposten uns nicht sehen, während wir zum Teil sogar Einzelheiten an der Küste erkennen.

Der Luftangriff ist beendet, es ist 2355 Uhr, die letzte Mine ist über Bord geworfen. Vorsichtig steuern die Boote mit leicht divergierendem Kurs von der Küste weg zum vorher befohlenen Sammelpunkt. Es hat auf NNW Stärke 4 aufgebrist, als wir mit der 2. Rotte 3 sm nördlich La Valetta sammeln und in Lauerstellung mit abgestellten Maschinen gestoppt liegen bleiben in der Hoffnung, daß in dieser Nacht noch 1 oder mehrere Schiffe vor unsere Torpedorohre kommen. In dieser Nacht nämlich läuft ein eigener Geleitzug von Italien westlich Sizilien durch die Sizilienstraße zwischen Malta und der tunesischen Küste nach Tripolis. Diese Operation trägt das Stichwort »Afrika«. Durch unseren Mineneinsatz in der Hafeneinfahrt und unsere jetzige Lauerstellung vor der Insel soll die Flottille verhindern, daß die im Hafen von unserer Luftaufklärung erfaßten feindlichen Kreuzer und Zerstörer unbeschädigt auslaufen und den italienischen Geleitzug mit Versorgungs- und Nachschubgütern und Truppen für das Afrikakorps angreifen können.

Es regt und bewegt sich in dieser Nacht nichts mehr auf und vor der Insel – kein Luftangriff folgt mehr – keinerlei feindliche Lufttätigkeit ist auf den Flugplätzen der Insel zu beobachten. Alles ist gespenstisch dunkel.

So treten wir nach 0400 Uhr vor Morgendämmerung den Rückmarsch mit 26 kn an, um bei Helligkeit nicht noch von den auf der Insel stationierten britischen Jagdflugzeugen bemerkt und angegriffen zu werden. Bei Cap Passero übernehmen 2 italienische Jagdflugzeuge den Jagdschutz für die Flottille. Wir laufen um 0900 Uhr in Augusta ein und freuen uns, daß diese etwas schwierige aber wichtige 1. Minenoperation gegen Malta mit Unterstützung durch eigene Bombenflugzeuge vom Gegner unbemerkt durchgeführt werden konnte.

Wegen schlechten Wetters können wir 3 Nächte keine Operation durchführen. Das ist enttäuschend. Nach Wetterbesserung melde ich am 22. 12. meine Auslaufabsicht mit allen 5 Booten für 1800 Uhr. Störflugzeuge vom Fliegerführer Sizilien sind von 2300–0200 Uhr mit

Schwerpunkt ab Mitternacht erbeten. Um 2230 Uhr stehen wir etwa 15 sm nordöstlich von La Valetta, es herrscht NNW-Wind mit Stärke 2–3, gute Sicht bei sternklarem Himmel mit nur einzelnen Wolken.
Plötzlich leuchten Scheinwerfer auf der Insel auf, sie suchen anscheinend Tiefflieger an der Wolkenuntergrenze. Wir stoppen und horchen in die Nacht hinaus – keine Flugzeuggeräusche werden wahrgenommen. Wir gehen wieder mit den Maschinen an und steuern westlichen Kurs mit höherer Fahrt. Sofort leuchten die Scheinwerfer wieder auf und suchen wiederum in unsere Richtung. Sicher haben die Fla-Horchgeräte unsere Schnellbootmotorengeräusche gehorcht und sie für Flugzeugmotorengeräusche gehalten. Wir gehen daher auf 1 Maschine herunter und laufen mit Tiefseeauspuff = 7 kn, worauf die Scheinwerfer erlöschen. Wir versuchen eine Besteckkontrolle unseres gekoppelten Schiffsortes durch Lotreihen an der 100-m-Linie nördlich der Marsa Scala-Bucht. Der jetzt einsetzende Luftangriff wohl einer einzigen Maschine dauert nur wenige Minuten, so daß wieder gestoppt werden muß, da wir nur knapp 4 sm vor der Küste stehen.
Es kommen Wolken auf, die Sicht wird schlechter, das ist für uns günstig. Mittlerweile ist es spät geworden und vergeblich warten wir auf weitere Störflugzeuge. So entschließe ich mich, die Minensperre ohne Unterstützung der Luftwaffe zu werfen. Um 0237 Uhr liegen wir mit 5 Booten in der Dwarslinie Steuerbord auf Wurfkurs 275°, Fahrt 5 kn, 4 sm von der Küste entfernt. Wir nähern uns der Küste und steuern nach Werfen der letzten Mine um 0247 Uhr mit leicht divergierendem Kurs von der Küste weg.

MINEN DETONIEREN DURCH SELBSTZÜNDUNG

Nach genau 23 Minuten, um 0310 Uhr, detoniert eine von unseren gerade geworfenen TMA-Minen mit starkem Feuerschein und hoher schwarzer Rauchsäule etwa 600 m hinter unserem Heck. Wir fühlen die Detonation als starke Erschütterung in den Bootskörpern. Nach weiteren 7 Minuten wiederholt sich dieses Schauspiel. Die Fla-Batterien der Insel eröffnen ihr Feuer als Planfeuer in geringer Höhe unterhalb der Wolken.
Nach weiteren 13 Minuten um 0330 Uhr detonieren kurz nacheinander 2 weitere Minen. Es setzt erneutes Planfeuer der Flak mit Sprengpunkten unterhalb der Wolken ein, welches 18 Minuten anhält, obwohl kein

Flugzeug in der Luft ist! Sicher wurden von britischer Seite Tiefflieger als Minenleger bzw. mit Bombenfehlwürfen angenommen. Welch ein Glück für die S-Boote! Die nächste Entfernung eines Teils dieser Sperre vom St. Elmo-Leuchtturm beträgt gerade 1 sm. Wir stellen jetzt fest, daß diese 2. Sperre zum Teil in die schon geworfene 1. Sperre gefallen ist. Durch das lange Gestopptliegen ist die Flottille durch Strom stark versetzt worden und hat dadurch bei Beginn des Werfens der Minen einen ungenauen Standort gehabt. Dieser Navigationsfehler wirkt sich aber nicht negativ aus insofern, als die genau in der Hafeneinfahrt liegende 1. Sperre nunmehr durch die 2. Sperre wirksam verdichtet wird.

Wir fragen uns nach den Ursachen der 4 Selbstzündungen der großen TMA-Minen mit Magnetzündung, die auf 15 m Wassertiefe eingestellt waren. Von 13 Minen 4 Selbstdetonierer, das sind 30% Versager. Die Spezialisten und auch der Oberwaffenwart im Hafen finden zunächst keine Erklärung für das Versagen des Zündmechanismus.

Nach dem Einlaufen und erfolgter Minenbeladung mit wenig Schlaf für die Besatzungen laufen wir an demselben Abend wiederum mit allen 5 Booten um 1945 Uhr aus zur 3. Minenunternehmung. Ab Cap Passero stellen wir fest, daß die Grenzwetterlage mit NW-Winden erreicht ist. Wir versuchen durchzuhalten und bemerken beim Anloten der Hurd-Bank, daß die Boote durch den Seegang stark nach Steuerbord gegiert haben, wodurch wir westlich der Hurd-Bank stehen. Um Mitternacht endlich haben wir ein gutes Besteck nach Lotreihen an der Hurd-Bank gewonnen.

Um 0100 Uhr ist auf Malta ein kurzer Fliegeralarm. Wir setzen unseren Anmarsch auf Wurfposition fort, lösen durch die Motorengeräusche wieder mehrfach Scheinwerfersuchen in geringer Höhe aus, denn Flugzeuge sind nicht mehr in der Luft.

Um 0148 Uhr hören und beobachten wir 1 anscheinend englischen Nachtjäger. Mit 7 kn steuern wir die Wurfposition an. Um 0156 Uhr greifen unsere Bombenflugzeuge die Insel an. Sie werden mit Scheinwerfern gesucht und teilweise auch erfaßt, aber kein Fla-Geschütz schießt. Anscheinend erfolgt die Abwehr in dieser Nacht durch britische Nachtjäger oder es wird Fla-Munition gespart.

Wir werfen die Minen unter Ausnutzung der Bombenangriffe auf Kurs 285–315° und setzen uns mit Beendigung des Werfens um 0209 Uhr vorsichtig von der Küste ab. Wir befinden uns so nahe an der Strandlinie der Insel, daß die hinter den am Strand stehenden Scheinwerfergeräten sich bewegenden Bedienungsmannschaften mit unserem scharfen

Nachtglas erkannt werden können. Am Ufer liegen schwarze Prähme. Um 0229 Uhr, das sind 20 Minuten nach Werfen der letzten Mine, detonieren mit wenigen Sekunden Abstand 2 geworfene TMA-Minen. Sie reißen eine etwa 20 bis 30 m hohe Wassersäule hoch. Nach weiteren 11 Minuten detonieren abermals 2 Minen. Jetzt leuchten 2 nahestehende Küstenscheinwerfer in Richtung der Wassersäulen und suchen die Wasseroberfläche ab. Wir haben Glück, unsere Boote werden wieder einmal nicht erfaßt.
Nachdem in den letzten beiden Nächten je 2x2 Minenselbstzündungen erfolgten, fühlen wir uns bei den heutigen Detonationen zu der Annahme berechtigt, daß der Gegner unsere Minenunternehmungen wahrscheinlich erkannt hat, zumal am 21. 12. früh – nach unserer ersten Minenunternehmung in der Nacht vom 16. zum 17. 12. – durch unsere Luftaufklärung »2 anscheinend Minensuchboote vor der Hafeneinfahrt in See« beobachtet worden sind.
Unser Oberwaffenwart Menzel glaubt, die Ursachen für die Minenversager darin gefunden zu haben, daß die Tiefensteller nicht funktionierten, so daß die Minen an der Wasseroberfläche stehen blieben und nach Ablauf der Tiefenleine nicht auf die eingestellte Tiefe gezogen werden konnten. In solchen Fällen soll sich die Mine selbst vernichten. Ich bitte den Befehlshaber um Untersuchung und Lösung dieses schwerwiegenden Problems im Hinblick auf die Notwendigkeit der Fortsetzung der wirksamen Verminung der Hafeneinfahrt.

WEIHNACHTEN 1941

Wir beginnen um 1700 Uhr mit unserer gemeinsamen Flottillen-Weihnachtsfeier, die mit viel Liebe und Phantasie vorbereitet ist, und sitzen mit unseren Besatzungen in dem mit Tannenzweigen und einem Weihnachtsbaum geschmückten Speisesaal. Zahllose Weihnachts-Feldpostpäckchen sind aus der Heimat angekommen. Unser Küchenchef hat Weihnachtsgebäck gebacken, wir trinken Glühwein dazu. Wir denken an Zuhause, an die Eltern, die Familien – unsere Frauen und Kinder. Ob sie wohl heute Nacht von Bombenangriffen auf die Heimatstädte verschont bleiben? Schon nach 3 Stunden werden wir von Müdigkeit überfallen. Kein Wunder, denn seit mehr als 50 Stunden hat kaum einer von uns bei den beiden Minenunternehmungen eine volle Stunde schlafen können.
Für den 1. Weihnachtstag ist mit den 3 einsatzklaren Booten eine wei-

tere Minenunternehmung befohlen, die eine Annäherung auf 1 sm von der Küste vorsieht. Mit diesen kriegsunbrauchbaren Minen noch weitere Operationen direkt im Angesicht des Gegners durchführen zu müssen und ihm zu demonstrieren, wie unbrauchbar unser Minenmaterial ist, schmeckt uns nicht. Wir sollten besser einige Tage warten, bis andere kriegsbrauchbare Minen eingetroffen sind. Gottlob löst sich dieses Problem von selbst, weil die Wetterlage bis zum 30. Dezember vormittags keinen Mineneinsatz zuläßt.

An diesem Tage geht um 1705 Uhr der Einsatzbefehl für die 4. Minensperre ein. Wir laufen mit »S 35«, »S 61« und »S 34« um 2100 Uhr aus. Als um 2300 Uhr ein Zylinderriß an einem Motor des Führerbootes eintritt, steige ich mit dem Adjutanten und Flottillensteuermann im Schlauchboot auf »S 61« über. Wir setzen mit »S 61« und »S 31« die Unternehmung fort, nachdem »S 35« den Rückmarsch angetreten hat.

Um 0100 Uhr nachts geht ein Funkspruch vom Befehlshaber ein:
»Nach Funkbeobachtung heute Nacht englische Unternehmung mit Flugzeugen und vielleicht leichten Seestreitkräften Seegebiet Malta möglich.«

Um 0125 Uhr sichten wir außer der Insel Malta die westlich von ihr liegende kleine Insel Gozo recht voraus. Wir nähern uns der Küste mit geringen Fahrtstufen und stellen nach Peilung der Huk von Gozo und Lotung fest, daß wir 5 sm zu weit westlich stehen. Wir korrigieren unseren Standort und nehmen den leuchtenden, die Nacht erhellenden Mond recht voraus, um nicht von Beobachtungsposten an der Küste erkannt zu werden. Da nähert sich langsam eine breite Wolkendecke. Sie schiebt sich vor den Mond – jetzt endlich können wir ohne Bedenken anlaufen und um 0250 Uhr in Dwarslinie Backbord mit Kurs 164° und 5 kn Fahrt mit dem Minenwerfen beginnen. Bei aufgekommenem Seegang klemmen einige Minenwagen und Reißbojen in den Minenschienen, aber die Männer schaffen es, die Ladung über das Heck zu werfen. Nun bricht der Mond wieder durch, es ist 0307 Uhr, alle Boote wenden um 90° nach Backbord auf nordöstlichen Kurs zum unbemerkten Absetzen von der Küste. Ob die geworfenen Minen uns heute Nacht wieder enttäuschen werden?

Um 0335 Uhr – das sind 28 Minuten nach dem Werfen der letzten Minen erfolgt eine Minendetonation, gefolgt von einer 2. innerhalb von 30 Sekunden. Enttäuschung stellt sich bei uns ein. Von 9 geworfenen TMA's sind wiederum 2 im Angesicht des Gegner detoniert.

Wir treten den Rückmarsch gegen 0400 Uhr in mondheller Nacht bei wolkenlosem Himmel an und laufen um 0800 Uhr ein.

Die am 10. November aus Wilhelmshaven ausgelaufene 2. Gruppe der Flottille liegt unter Führung des »ÄK« und Kommandanten »S 56« mit 5 Booten bei Ecuelles auf der Saône, vertäut an 2 Prähmen innerhalb des uns wohlbekannten Laubwaldes in stiller Einsamkeit. Sie wartet auf ausreichendes Wasser in der Rhône, so daß die Besatzungen ihr Weihnachtsfest und auch jetzt Silvester in der Bordeinsamkeit versteckt im Walde begehen müssen, während wir in Augusta wegen schlechten Wetters im Hafen liegen und eine kleine Silvesterfeier veranstalten können.

Was wird uns das Jahr 1942 bescheren? Wird uns das Glück treu bleiben, das die Flottille seit ihrer Gründung noch nicht in größerem Umfang verlassen hat? Ein Gedanke verläßt uns nicht – nämlich die bange Frage, ob wir endlich eine brauchbare Mine für die Abriegelung Maltas zur See erhalten werden?

ROMMEL'S ERFOLGREICHE ABWEHRSCHLACHT AM 27./29. 12. 1941

In den ersten Tagen nach Neujahr sind 2 größere italienische Geleitzüge in Tripolis eingelaufen. Sie waren lebenswichtig für das Deutsche Afrikakorps, wodurch Rommel in die Lage versetzt wurde, nach wenigen Wochen eine neue Offensive zu beginnen, nachdem er gerade am 27. Dezember mit dem Rest der deutsch-italienischen Armee die El Agheila-Stellung auf seinem Rückzug erreichen und zur Verteidigung übergehen konnte. Es war ihm nämlich gelungen, die nachstoßenden britischen Panzerkräfte mit den Resten der bis dahin geschlagenen deutsch-italienischen Panzerarmee in der Abwehrschlacht vom 27. bis 29. Dezember vollständig zu vernichten. Noch kurz vorher, zu Weihnachten, war britischen Pressemeldungen zufolge die Vernichtung der unter Rommel stehenden Streitkräfte in der westlichen Wüste erreicht, was sowohl in London als auch in Kairo fast Freudentaumel auslöste. Durch diese Abwehrschlacht jedoch wurden diese Pressemeldungen zur größten Enttäuschung für die andere Seite. Am 4. Januar 1942 lag die an Kampfwillen ungebrochene Armee in der Verteidigungsstellung bei El Agheila und wartete auf Nachschub. Aus dieser Stellung war Rommel mit seiner Armee vor 9 Monaten, am 31. März 1941, erstmals nach Osten aufgebrochen und hatte die britische 8. Armee in knapp 14 Tagen bis an die ägyptisch-libysche Grenze zurückgeworfen.

DAS II. FLIEGERKORPS TRIFFT AUF SIZILIEN EIN

Am frühen Morgen des 6. Januar fahre ich nach Messina, um mit dem inzwischen voll eingerichteten Stab des II. Fliegerkorps eine Besprechung über unsere Zusammenarbeit in der Aufklärung, im Jagdschutz für die Flottille und im gemeinsamen Kampfeinsatz gegen Malta und Malta anlaufende Geleitzüge zu führen. Der Fliegerführer Sizilien ist mit Eintreffen des gesamten II. Fliegerkorps als Befehlsstelle aufgelöst worden.
Meine neuen Gesprächspartner sind der Ia, mein Crewkamerad Major i.G. Arno Kleyenstüber und der Ic, Hauptmann Müller. Anschließend melde ich mich beim Kommandierenden General des II. Fliegerkorps, General der Flieger Loerzer, dem wir unser Besprechungsergebnis vortragen, was von ihm gebilligt wird.

BERICHTERSTATTUNG BEIM BEFEHLSHABER IN ROM

Ich fahre am 7. Januar zum Befehlshaber nach Rom, um das ungelöste Minenproblem und Fragen der Luftaufklärung und des Torpedoeinsatzes der Flottille in der Sizilienstraße sowie des Stützpunktes Porto Empedocle zu besprechen. In etwa 4 Wochen wird wahrscheinlich die 2. Gruppe mit 5 Booten in Augusta eintreffen können, was die Wirksamkeit der Flottille erhöhen wird. Unter Berücksichtigung dieses Gesichtspunktes wird von seiten des Deutschen Marinekommandos Italien alles getan werden, um beim Oberkommando der Kriegsmarine das Minenversager-Problem zu lösen. Mit dem Befehlshaber wird auch die Einsatzplanung für die Flottille für das nächste Vierteljahr in großen Zügen besprochen. Vielleicht wird im Frühjahr die Möglichkeit gegeben sein, daß der Feldzug in Nordafrika eine neue Belebung in Gestalt einer Offensive bis an die ägyptische Grenze erfahren wird. Hierbei wird der Flottille die Aufgabe der Sicherung der afrikanischen Seeflanke zufallen. Im Vordergrund steht zunächst die weitere Verminung Maltas und die Ausschaltung der Insel als Operationsbasis für feindliche See- und Luftstreitkräfte zusammen mit dem II. Fliegerkorps.

BESPRECHUNG BEIM II. FLIEGERKORPS ÜBER ZUSAMMENARBEIT

Diese Einsatzplanung ist der Grund, weshalb ich am 10. Januar auf der Rückreise von Rom nochmals in Messina aussteige, um mit dem

II. Fliegerkorps noch einmal über unsere gemeinsamen Absichten bezüglich Malta zu sprechen. Dabei erörtern wir auch die Frage der Nachrichtenverbindungen, um verzugslos Aufklärungsergebnisse zu übermitteln. Mit der Flottille werden wir in Zukunft empfangsseitig die Welle des »Aufklärungsstern Mittelmeer« schalten, so daß wir die Meldungen der Flugzeuge sowohl des II. Fliegerkorps auf Sizilien als auch des X. Fliegerkorps auf Kreta unmittelbar empfangen können. Auf diese Weise erhalten wir eine laufende und vor allem schnelle Information über Feindbewegungen auf See, die allerdings nicht durch den Stab des II. Fliegerkorps gefiltert sind, was für unsere taktische Verwendung dieser Aufklärungsmeldungen jedoch keine Rolle spielt. Wegen schlechter Wetterlage kann der nächste Mineneinsatz mit neuen Tiefenstellern für die TMA-Minen erst in der Nacht vom 14. zum 15. Januar erfolgen.

Vom »ÄK«, dem Kommandanten »S 56«, erhalte ich die Meldung, daß die 5 Boote der 2. Gruppe am 10. Januar in Ecuelles abgelegt haben und am 14. Januar in La Spezia eingelaufen und noch am selben Tage eingedockt worden sind. Diese Gruppe wird in 14 Tagen in Augusta eintreffen.

Am 14. Januar abends laufen wir mit allen 5 Booten aus zur 5. Minenunternehmung mit TMA's nach Malta. Um 2316 Uhr stehen wir vor der Insel und warten auf die Störflugzeuge. Es brist auf, die Minenwagen rollen in den Schienen an Oberdeck hin und her. Zur Vermeidung von Oberdecksbeschädigungen entschließe ich mich zum schnellstmöglichen Werfen der Minen, ohne die Flugzeuge abzuwarten. Als wir in Südostrichtung Morseverkehr feststellen, der nur zwischen Fahrzeugen bestehen kann, stehen wir gerade in Dwarslinie und steuern auf unserem Wurfkurs 190° genau den feindlichen Fahrzeugen entgegen. Die 1. Mine fällt um 0028 Uhr, die letze um 0046 Uhr. Wir sammeln auf östlichem Kurs in Kiellinie und halten auf die morsenden Fahrzeuge zu.

Nach wenigen Minuten um 0059 Uhr, 13 Minuten nach Werfen der letzten Mine, detoniert die 1. TMA mit rotem Feuerschein. Nach 6 Minuten um 0105 Uhr folgt die 2. Selbstdetonation. Die 3. folgt um 0107 Uhr, die 4. um 0109 Uhr, die 5. um 0113 Uhr und die 6. um 0119 Uhr. Das ist ein schönes Feuerwerk! Was unsere Kameraden auf den beiden Fahrzeugen auf der anderen Seite wohl davon halten mögen? Wir sind aufs schwerste enttäuscht, drehen auf Nordkurs. Im Westen sichten wir wieder Morseverkehr und halten darauf zu. Bei eintretender Sichtverschlechterung auf etwa 2000 m erkennen wir die Schatten

Mit italienischen Offizieren in La Spezia – in der Mitte Commandante Giuffra und Verfasser in Zivil

Im Stützpunkt Augusta als Gäste der »Reggia Marina«

Der König von Italien beim Abschreiten der Front der Flottille in Augusta in Begleitung Admiral Weichold und Verfasser

Unser Flottillen- und Stützpunktpersonal in Augusta

zweier kleiner Fahrzeuge. Wir laufen auf Hundekurve mit schmaler Silhouette an und glauben, Minensucher vor uns zu haben. Wir gehen vorsichtig auf Gegenkurs, um uns nicht zu verraten, denn unsere Haupttätigkeit im Minenwerfen steht ja noch für die nächsten Wochen bevor, so daß das Unbemerktbleiben der Boote im Vordergrund steht. Wir trauen unseren Ohren nicht, als wir um 0235 Uhr die 7. Minendetonation mit Feuerschein hören und auch sehen. Um 0300 Uhr stellen wir die 8. und 9. Minendetonation fest. So haben sich heute von 24 geworfenen TMA-Minen 9 selbst vernichtet. Wir laufen um 0800 Uhr in Augusta ein, haben kaum festgemacht – ich setze gerade den Kurzbericht über die Nachtoperation mit den neuen Minenversagern auf –, da kommt schon der Funker mit dem nächsten Einsatzbefehl für die heutige Nacht. Dieser Einsatzbefehl aber wird um 1205 Uhr vom Befehlshaber widerrufen. Der FT lautet: »Kein Einsatz wegen ungeklärter Minenversager.« Dieser Funkspruch wird etwas später ergänzt durch die erfreuliche Mitteilung, daß der Chef des Sperrwaffenamtes des Oberkommandos der Kriegsmarine, Admiral Lamprecht, persönlich mit 2 Spezialisten nach Augusta kommt, um sich einzuschiffen und an den beiden nächsten Minenunternehmungen vor Malta teilzunehmen, um danach eine endgültige Entscheidung über die Verwendbarkeit dieser Minenart zu fällen.

Als Admiral Lamprecht am 18. Januar bei der Flottille eintrifft, was wir dankbar begrüßen, tragen wir ihm unsere Sorgen vor. Wir wissen, daß er uns helfen wird, eine brauchbare Mine zur Verfügung zu stellen, denn schließlich ist er die dem Oberbefehlshaber der Kriegsmarine gegenüber verantwortliche Persönlichkeit in bezug auf Kriegsbrauchbarkeit von Minen und Sperrschutzmitteln. Aber schon kommt alles anders! Während wir uns mit unbrauchbaren Minen plagen, versorgt der Gegner seine Inselfestung Malta.

Die TMA-Mine aber wird bis auf weiteres gesperrt, dafür werden andere Minenarten nach Sizilien verladen.

ZWEITER GELEITZUG 4 DAMPFER ALEXANDRIA-MALTA
AM 18./19. JANUAR

Nachdem es dem Gegner gelungen war, am 8. Januar ein Schnellgeleit mit dem Marineversorgungsschiff »Glengyle« unversehrt nach Malta zu bringen, meldet das II. Fliegerkorps einen stark gesicherten Geleitzug auf dem Wege von Alexandria nach Malta. Wir geben unsere Minen ab, können mit Admiral Lamprecht nicht nach Malta fahren und laden 4 Torpedos. Der durch 3 Kreuzer und 10 Zerstörer gesicherte Geleitzug besteht aus 4 Dampfern.

ANSATZ DER FLOTTILLE AUF GELEITZUG

Die Flottille läuft am 18. Januar um 1830 Uhr mit allen 5 Booten aus. Die Wetterlage ist an der Grenze. Befehlsgemäß steuern wir zunächst die »Hurd-Bank« an. Um 0025 Uhr treten wir unseren Vormarsch im befohlenen Aufklärungsstreifen in Dwarslinie mit Bootsabständen entsprechend der UK-Reichweite von etwa 3–4 sm mit Kurs 123° und 24 kn an. Wir operieren auf die letzten durchgegebenen Luftaufklärungsmeldungen über den Standort des Geleitzuges. Die Sicht ist schlecht, sie beträgt zwischen 500–1500 m, es weht SSW-Wind mit Stärke 4–6, wir liegen fast quer zu Seegang und grober Dünung und müssen mit der Fahrt auf 18 kn heruntergehen. Nach Kopplung müßten wir den Geleitzug zwischen 0215 Uhr und 0245 Uhr treffen, falls er nach Einbruch der Dunkelheit nicht stärkere Kursänderungen durchgeführt hat.

Als wir bis 0330 Uhr nichts gesichtet haben, der Wind umgesprungen ist auf NO 6 mit Seegang 5, befehle ich, auf das Führerboot zu sammeln und den Rückmarsch anzutreten, da wegen der Wetterlage und schlechten Sichtverhältnissen keine Aussicht mehr besteht, den Geleitzug zu finden und Torpedos zu schießen. Mit mehreren Kreuzkursen 6–8 Strich gegen die See laufen wir um 1130 Uhr in Augusta ein.

Nachdem der Geleitzug morgens um 0845 Uhr von der Luftaufklärung östlich Malta wieder erfaßt ist, muß die Flottille in der Nacht um etwa 0234 Uhr wahrscheinlich in einem Abstand von etwa 4 sm nördlich am Geleitzug vorbeigestoßen sein. Was uns fehlte, war Radar.

Nach Roskill sind von den 4 Dampfern 3 in Malta eingelaufen, 1 Schiff wurde vorher wegen irgendwelcher Schäden nach Benghasi entlasssen. Es wurde später von deutschen Flugzeugen schwer getroffen und mußte versenkt werden. Von den Sicherungszerstörern wurde der Zerstörer »Gurkha« durch das deutsche U-Boot »U 133« am 17. Januar versenkt. Bemerkenswert ist der Aufwand an Sicherungsstreitkräften bei diesem Geleitzug gewesen. Nach Roskill bestand die Sicherung aus dem Fla-Kreuzer »Carlisle« mit 2 Zerstörerdivisionen, 3 leichten Kreuzern mit 6 Zerstörern unter Admiral Vian und der aus Malta entgegengelaufenen »Force K«, bestehend aus Kreuzer »Penelope« und 5

Zerstörern. Sicher hatte die Insel für einige Zeit die lebenswichtigsten Versorgungsgüter für die Bevölkerung und für die militärischen Angriffskräfte erhalten.

3. BRITISCHES SCHNELLGELEIT MIT »BRECONSHIRE« ALEXANDRIA-MALTA 26./27. JANUAR

Nach Roskill lief die »Breconshire«, gesichert durch die Kampfgruppe unter Admiral Vian, Ende Januar noch einmal mit Versorgungsgütern von Alexandria nach Malta. Gleichzeitig geleitete die entgegenlaufende von Malta kommende »Force K« 2 leere Schiffe vom letzten Geleitzug aus Malta heraus und brachte die »Breconshire« am 27. Januar unversehrt nach Malta ein. Die Tatsache der in diesen wenigen Wochen erfolgreichen Versorgung Maltas aus Alexandria war dadurch begünstigt, daß Ägypten und die ganze Cyrenaika bis hin nach El Agheila im Besitz der britischen 8. Armee waren, wodurch während des gesamten Marsches dieser Geleite Jagdschutz von Nordafrika bereitgestellt werden konnte, so daß für die von Kreta und Sizilien anfliegenden deutschen Bombenflugzeuge nur geringe Angriffschancen verblieben, weil eigene Jäger wegen ihres begrenzten Aktionsradius keinen Jagdschutz für die Bombenflugzeuge stellen konnten.

Für das deutsch-ialienische Afrikakorps ergab sich in diesem Zeitraum der Versorgung Maltas infolge Bindung der britischen Kräfte zur See und in der Luft die große Chance, ausreichenden Nachschub durch nach Tripolis geführte Geleitzüge zu erhalten, die immer geringere Verluste erlitten. Im Januar allein konnten über 60 000 t in Tripolis gelöscht werden.

ROMMEL'S GEGENOFFENSIVE AUS EL AGHEILA-STELLUNG AM 21. JANUAR 42

Durch die gute Versorgungslage begünstigt, tritt der gerade beförderte Oberbefehlshaber der Panzerarmee Afrika, Generaloberst Rommel, am 21. Januar 1942 zu seiner Gegenoffensive an in der Hoffnung, dem unmittelbar bevorstehenden Großangriff der britischen 8. Armee zuvorzukommen, indem er überraschend in den feindlichen Aufmarsch hineinoperierte und so möglicherweise die britische Front zum Einsturz bringen konnte. Um bei längerem Abwarten der Gefahr einer si-

cheren Niederlage bei der feindlichen Überlegenheit zu entgehen, glaubte Rommel, den Engländern das Gesetz des Handelns entreißen zu müssen, indem er selbst angriff. Diese Überlegung sollte sich als richtig erweisen, denn schon nach 4 Tagen gelang es dem DAK unter seinem Kommandeur General Crüwell, alle Offensiv-Vorbereitungen der 8. Armee zunichte zu machen, die britischen Verbände einzeln und nacheinander zu schlagen und alle großen Versorgungslager der Engländer in der westlichen Cyrenaika in Besitz zu nehmen. Schon am 30. Januar war die Hauptstadt der blühenden Cyrenaika mit dem Hafen Benghasi vom DAK zurückerobert.
Rommel folgte der britischen 8. Armee auf den Fersen. Schließlich gelang es den Engländern, eine Auffangstellung bei El Ghazala zwischen Derna und Tobruk aufzubauen.
In knapp 17 Tagen hatte Rommel mit seinem DAK zu seiner eigenen Überraschung fast alles an Raum zurückgewonnen, was er in 5 Wochen schwerster Abwehrkämpfe vorher verloren hatte. Die El Ghazala-Stellung vor Tobruk wurde erreicht. Tobruk jedoch blieb britisch. Schließlich waren Rommels knappe Reserven auch am Ende.
Von der Küste Nordafrikas und Kretas konnten jetzt auch deutsche Bomberverbände vom Fliegerführer Afrika und vom X. Fliegerkorps unter dem Schutz ihrer Jagdflugzeuge über See operieren und infolge der erreichten Luftüberlegenheit die durch die verbliebenen Kräfte der britischen Mittelmeerflotte bisher ausgeübte Seeherrschaft im Östlichen Mittelmeer auf das schwerste beeinträchtigen, wodurch der Nachschub von Alexandria nach Malta in empfindlichster Weise getroffen werden konnte. Infolge dieser gelungenen Offensive Rommels und der durch sie eingetretenen Folgen in bezug auf die Beherrschung des Seeraumes im Östlichen Mittelmeer sowie der immer heftiger werdenden Bombardierung Maltas durch unter Jagdschutz angreifende Bombenflugzeuge des II. Fliegerkorps schrieb der Oberbefehlshaber der britischen Mittelmeerflotte, Admiral Cunningham, damals u. a. in sein Kriegstagebuch bzw. an den Ersten Lord der Admiralität:
»It began to appear dangerous . . . If we could hold as far forward as Derna I believe we could supply Malta from here . . . but we are already behind that line.«
Aber noch waren die Bombenschäden auf Malta nicht so, daß die Kreuzer- und Zerstörerkampfgruppe, die »Force K«, die U-Boote der 10. U-Boot-Flottille mit ihren Versorgungs- und Reparatureinrichtungen und der Werft, sowie die Flugzeuge mit ihren Fliegerhorsten in ihrer Einsatzfähigkeit ernstlich eingeschränkt worden wären.

Rommel hielt den Zeitpunkt für gekommen, nach 1 Jahr Wüstenkrieg einen persönlichen Meinungsaustausch mit der obersten deutschen Führung herbeizuführen. Am 17. Februar war er im Führerhauptquartier eingetroffen. Nach seinem Vortrag vor Hitler und dem OKW stellte er die Frage nach den Absichten für die weitere Kriegführung in Nordafrika. Diese Frage wurde ausweichend beantwortet. Das Deutsche Oberkommando der Wehrmacht, wie auch Hitler selbst, stand ganz unter dem verheerenden Eindruck des Winterkrieges an der Ostfront.

Enttäuscht flog Rommel auf dem Rückflug nach Afrika zu Mussolini, den er zu überzeugen versuchte, daß die Frage der Inbesitznahme Maltas und danach der Vorstoß in Afrika nach Tobruk geklärt werden müsse. Notfalls müsse man die beiden Zielsetzungen zeitlich tauschen, falls die Vorbereitungen für die Eroberung Maltas längere Zeit in Anspruch nehmen sollten. Aber der Duce war auch zunächst zurückhaltend.

Im April endlich gelang es Rommel, das Führerhauptquartier und den italienischen Generalstab davon zu überzeugen, daß er wegen der bald zu erwartenden Offensive der britischen 8. Armee vorher angreifen müsse, also erst Tobruk und danach Malta zu nehmen sei. Es gab gar keine andere Lösung, denn für den Plan zur Eroberung der Insel Malta aus der Luft – wie im Frühjahr 1941 Kreta – war wegen der nicht verantwortbaren Verlustquote im Deutschen Oberkommando kaum jemand zu gewinnen. So nahmen die Dinge ihren Lauf.

ANSATZ DER FLOTTILLE ZUR ÜBERWACHUNG DES FEINDLICHEN SCHIFFSVERKEHRS IN DER SIZILIENSTRASSE

Da nach Aussage von V-Leuten feindliche Einzeldampfer hin und wieder in der Straße von Sizilien gesichtet sein sollen, wird die Flottille zur Überwachung dieses engen Seegebietes nach Porto Empedocle verlegt. Heute am 5. Februar läuft die 2. Gruppe der Flottille von La Spezia kommend unter Führung von Oblt. z. S. Wuppermann in Augusta ein. Welche Wiedersehensfreude mit allen Besatzungen, die nun schon 1½ Kriegsjahre zusammen gefahren sind!
Am 6. Februar nach Mitternacht laufen wir mit »S 33«, »S 54«, »S 57«, »S 35«, »S 34« und »S 59« aus Augusta aus und machen gegen 0800 Uhr in Porto Empedocle fest. Nach einer Besprechung mit den Kommandanten melde ich dem Befehlshaber unsere Absichten für die

Durchführung von 3 Operationen zur Überwachung des Seegebiets zwischen Kap Serrat nördlich Bizerta, Kap Bon und der Insel Pantelleria. Aus Wettergründen können wir noch nicht auslaufen.
Am 9. Februar gegen Abend übermittelt das II. Fliegerkorps die Hafenbelegung von La Valetta mit 2 leichten Kreuzern, 7 Zerstörern, 7 U-Booten und 6 Handelsschiffen. Das sind 1 Kreuzer und 2 Zerstörer mehr als bisher. Die »Malta-Force K« ist somit verstärkt worden, was seine Gründe haben wird.

GELEITZUG GIBRALTAR – MALTA AM 9. FEBRUAR
WIRD SCHEINGELEITZUG

Aus der nachts eingehenden »Lage Mittelmeer« entnehme ich, daß ein großer Geleitzug aus 21 Einheiten bestehend und gesichert durch das Schlachtschiff »Malaya« und mehrere Kreuzer die Gibraltarstraße in der Nacht zum 9. 2. nach Osten passiert hat. Nach Kopplung könnte er in der Nacht vom 11. zum 12. Februar in der Straße von Sizilien stehen. So melde ich unsere Einsatzabsicht für diese Nacht, die wegen des schlechter werdenden Wetters leider keinen Schnellbooteinsatz zuläßt. Nach Abendaufklärung am 11. 2. scheint der Geleitzug kehrtgemacht zu haben, denn es werden nur noch 1 Kreuzer und 1 Zerstörer auf Ostkurs gesichtet, die anscheinend nach Malta laufen.

4. GELEITZUG 3 DAMPFER ALEXANDRIA – MALTA AM 13. FEBRUAR

Am 13. Februar früh melden 1 deutsches U-Boot und Flugzeug des auf Kreta stationierten X. Fliegerkorps mehrere Geleitzugbewegungen im Östlichen Mittelmeer. Diese Meldungen verdichten sich, und am 14. 2. früh meldet die Luftwaffe auf »Aufklärungsstern« 22 Einheiten, Kurs 310°. Um 0945 Uhr meldet das II. Fliegerkorps 1 großes Handelsschiff, 2 mittlere Handelsschiffe, 7 Überwasserstreitkräfte mit Kurs 110°. Die ab 8. 2. bei Gibraltar festgestellten Geleitzugbewegungen waren sicher nur ein Ablenkungsmanöver.

ANSATZ FLOTTILLE GEGEN GELEITZUG ALEXANDRIA – MALTA
14./15. FEBRUAR

Für die in Porto Empedocle in Bereitschaft liegende Flottille, die durch »S 56« und »S 61« auf 8 Boote verstärkt worden ist, wird am 14. Februar um 1021 Uhr Sofortbereitschaft ab 1500 Uhr befohlen. 2 Stun-

den später folgt der Einsatzbefehl. Die Flottille hat am 14. 2. um 2100 Uhr auf der »Hurd-Bank« zu stehen. Weitere Befehle folgen in Abhängigkeit der Feindlage. Das war ein guter Bereitstellungsbefehl.
Mit »S 54« als Führerboot und 7 weiteren Booten laufen wir um 1500 Uhr aus und marschieren dicht unter der sizilianischen Küste bis Cap Passero. Der Wind weht aus West mit Stärke 4–5, der Seegang ist 3–4, es frischt auf. Dieses Wetter ist für die Nachtoperation nicht zu verheißungsvoll.
Fast jede Stunde erreicht uns eine neue Aufklärungsmeldung des II. Fliegerkorps. Um 1755 Uhr erfahren wir, daß um 1545 Uhr 1 Handelsschiff mit Erfolg angegriffen und bewegungsunfähig ist. Um 1903 Uhr folgt die Meldung, daß ein 2. Frachter um 1510 Uhr nach einem Bombenangriff brennt. So muß noch das 3. Handelsschiff schwimmen.
Als Cap Passero Backbord querab ist und Dunkelheit einsetzt, drehen wir auf südlichen Kurs und steuern befehlsgemäß die »Hurd-Bank« an. Um 1934 Uhr geht ein Funkspruch ein, nach dem 1 großes Handelsschiff um 1649 Uhr von 1 Kreuzer geschleppt wird.
Auf Grund dieser guten Aufklärungsmeldungen geht um 1942 Uhr ein neuer Befehl für die Flottille ein, wonach wir um 0030 Uhr eine bestimmte Position zu erreichen haben. Wir gehen daher auf Südostkurs. Durch eine weitere Aufklärungsmeldung erfahren wir um 2157 Uhr, daß der westlaufende Geleitzug um 1850 Uhr nur noch aus 1 Handelsschiff, 1 Kreuzer und 6 Zerstörern besteht und daß das vorher gemeldete brennende Handelsschiff um 1545 Uhr gesunken ist.
Um 2247 Uhr geht ein neuer Befehl aus Rom ein, wonach die Flottille ab 0130 Uhr in einem 30 sm breiten Aufklärungsstreifen mit Kurs 100° und 15 sm Vormarschgeschwindigkeit dem verbliebenen Kleinstgeleitzug entgegenlaufen soll. Auch nach meiner Kopplung müßte die Flottille den Geleitzug im befohlenen Aufklärungsstreifen finden, falls das Geleit nach Einbruch der Dunkelheit nicht die übliche große Kursänderung vornimmt. Wenn wir bis 0500 Uhr morgens keinen Feind sichten, ist der Rückmarsch anzutreten.
Um 2355 Uhr detachiere ich die Boote zur Einnahme ihrer Positionen im Aufklärungsstreifen. Um 0030 Uhr werden wir mit Funkspruch über Standort, Kurs und Fahrt von 4 italienischen Kreuzern und 8 Zerstörern, die auch auf den Geleitzug angesetzt worden sind und nach Morgendämmerung angreifen sollen, unterrichtet.
Um 0045 Uhr haben alle Boote ihre Position im Aufklärungsstreifen erreicht, so daß wir den Vormarsch mit Kurs 100° und 15 kn antreten können. Wir überdecken ein Seegebiet von etwa 30 sm Breite bei unse-

rem Vormarsch mit Bootsabständen von fast 4 sm, was mehr als der doppelten Sichtweite entspricht. Wir rechnen uns eine kleine Chance zum Auffinden des mit mittlerer Fahrt laufenden Geleitzuges mit nur 1 Dampfer aus.
Ab 0110 Uhr tritt leider starke Sichtverschlechterung ein; es brist erheblich auf. Zwischen unmittelbaren Nachbarbooten besteht zeitweise keine UK-Verbindung mehr. Entscheidend wird der erste »Alarm-Funkspruch« des Bootes sein, welches den Geleitzug zuerst sichtet. Hiervon hängt der Erfolg der Flottille ab, da ich diese erst auf Grund der ergänzenden Fühlunghaltermeldung mit Angabe von Kurs und Fahrt des Gegners sowie seinem Standort zum Angriff befehlen kann.
Da geht um 0211 Uhr ein Funkspruch von einem der Boote ein mit dem verstümmelten Text: »Quadrat ... mehrere Schiffe Kurs West.«
Es fehlen die Uhrzeitgruppe des Sichtens, die Angabe des Quadrates und die Unterschrift des den Funkspruch absetzenden Bootes. Zur Klärung setze ich sofort den Funkspruch ab:

WER HAT WO FEINDBERÜHRUNG?

Ich hatte vorher schon die Überlegung angestellt, daß wir den Geleitzug bei seiner normalen Vormarschgeschwindigkeit nicht vor etwa 0230 Uhr fassen könnten. Wenn die Sichtmeldung des meldenden Bootes stimmt, hätte der Geleitzug mehr als 18 kn laufen müssen, was kaum möglich erscheint. Aufgrund des verstümmelten Funkspruchs durfte ich es noch nicht riskieren, den ganzen Aufklärungsstreifen aufzulösen und die Flottille in Richtung des Standortes eines der 8 Boote herumzuwerfen und mit Höchstfahrt nach Westen nachzustoßen. Vielleicht handelte es sich auch nur um 1 oder 3 Zerstörer.
Ich komme zu dem Schluß, daß – wenn das sendende Boot etwas gesichtet hat – es sich nur um einen Kriegsschiffverband und wahrscheinlich nur um einen Teil der Sicherungsgruppe für den übriggebliebenen Dampfer handeln muß. Da die 2. ergänzende Sichtmeldung und weitere Fühlunghaltermeldungen sowie die Beantwortung meines Funkspruchs zur Klärung der Situation ausbleiben, entschließe ich mich nach ½ Stunde um 0246 Uhr, den Aufklärungsstreifen für die nördlich vom Führerboot stehenden 4 Boote »S 56«, »S 34«, »S 59« und »S 35« abzubrechen und diese Gruppe zum Nachstoßen in Richtung des gesichteten Feindes nach Westen anzusetzen.
Mit den südlich des Führerbootes stehenden 3 Booten und dem Füh-

rerboot halte ich zunächst noch weiter durch im Aufklärungsstreifen nach Osten, um auch diese Chance des Auffindens des Restgeleites zu nutzen. Da der gesichtete Teil der Geleitsicherung den Geleitzug anscheinend schon so früh verlassen hat und der geleitete Dampfer am nächsten Morgen bei Helligkeit mit nicht mehr ausreichender Sicherung den Bombenangriffen des II. Fliegerkorps ausgesetzt sein würde, komme ich zu der Vermutung, daß das Restgeleit kehrtgemacht haben wird, zumal wahrscheinlich nur noch 1 Handelsschiff nach der letzten Abendaufklärungsmeldung übrig geblieben war. Diese Vermutung stützt sich auch auf die Tatsache des Inseeseins der starken italienischen Kreuzer- und Zerstörerkampfgruppe, was dem Gegner sicher bekannt geworden war.

Nach diesen Überlegungen entschließe ich mich, auch mit der Südgruppe der Flottille in Richtung des gesichteten Feindes solange wie möglich nach Westen nachzustoßen, obwohl die Chance, eine schnell laufende Kreuzer- und Zerstörergruppe bei diesem schlechten Wetter, bei dem die Boote gegen die See nach Westen anlaufen müssen, zu finden sehr gering ist. Doppelgläser können bei dem überkommenden Wasser sowieso nicht mehr benutzt werden.

Mit Ausnahme von »S 59« und »S 61« haben alle Boote auf Grund meines Funkspruchs kehrtgemacht und sind in Richtung Westen nachgestoßen. Kurz vor 0500 Uhr befehle ich der Flottille, den Rückmarsch anzutreten, nachdem die Wetterlage sich so verschlechtert hat, daß an Waffeneinsatz mit Torpedos nicht mehr zu denken ist. Auf dem Rückmarsch müssen die Boote längere Zeit Kreuzkurse etwa 6–8 Strich gegen die schwere See steuern, um Augusta zu erreichen. Einige Boote erleiden bei dem schweren Seegang Seeschäden – vom Abbrechen der Funkantennen bis zum Brechen der Scheuerleisten und Verziehen der Beplankung im Vorschiff. Wind West mit Stärke 7–8 und Seegang 6 aus WNW sind zuviel. Maschinenausfälle treten bei »S 56« und »S 35« ein. Wegen Wasser im Brennstoff sind »S 56« und »S 61« im Aktionsradius beschränkt. Als letztes Boot läuft »S 34« nachmittags um 1630 Uhr ein. Bei dieser weiträumigen Operation war die Flottille erstmals an die Grenze ihres Fahrbereichs mit 3 Maschinen gelangt!

Nach Einlaufen meldet Kommandant »S 35«, daß er um 0123 Uhr mehrere Schatten auf Westkurs kurz gesichtet und beim Nachdrehen zum Fühlunghalten die Schatten trotz energischen Nachstoßens nicht wiedergefunden habe. Es könne sich nur um einen schnellen Kriegsschiffverband gehandelt haben, dessen Typen nicht auszumachen wa-

ren. Ferner seien die beiden Funkgasten wegen Seekrankheit praktisch ausgefallen gewesen, so daß der in dieser Nacht entscheidende Funkspruch zu dem Nachrichtenversager führte.
Nach dem Einlaufen erfahre ich telefonisch vom II. Fliegerkorps, daß alle Handelsschiffe, auch das zuletzt als übrig geblieben gemeldete, bis zum Einbruch der Dunkelheit versenkt worden waren und daß die Kreuzer-Zerstörergruppe in Malta eingelaufen ist. Von diesem wichtigen Geleitzug hat die Inselfestung Malta nicht eine einzige Tonne an Nachschub erhalten.

WIE VERLIEF DIESE OPERATION AUS BRITISCHER SICHT?

Nach Roskill Volume II handelte es sich um 2 Geleitzüge. Die Operationen dieser beiden Geleitzüge liefen so ab:
Der aus Alexandria ausgelaufene für Malta bestimmte westgehende Geleitzug bestand aus den Handelsschiffen »Clan Chattan«, »Clan Campbell« und »Rowallan Castle«, die durch den Fla-Kreuzer »Carlisle«, 2 Kreuzer und 16 Zerstörer unter Admiral Vian gesichert wurden. Der Frachter »Clan Campbell« war durch Bombentreffer schwer beschädigt und nach Tobruk entlassen worden. Dann wurde das Handelsschiff »Clan Chattan« auch von Flugzeugen des X. Fliegerkorps durch Bomben getroffen. Das Schiff brannte und mußte versenkt werden, so daß nur noch die »Rowallan Castle« übrig blieb.
Der andere ostgehende Geleitzug war nach Roskill aus Malta ausgelaufen. Er bestand aus dem entladenen 24 000 BRT großen schnellen Marineversorgungsschiff »Breconshire« und den inzwischen entladenen 3 anderen Handelsschiffen. Diese Schiffe wurden vom Kreuzer »Penelope« und 6 Zerstörern der »Force K« gesichert.
Am Nachmittag desselben Tages begegneten sich beide Geleitzüge. Beim erneuten Bombenangriff wurde das letzte für Malta bestimmte Nachschubschiff, die »Rowallan Castle«, durch Nahtreffer beschädigt und bewegungsunfähig. Das Schiff wurde zunächst in Schlepp genommen und später auf Befehl des in Alexandria befindlichen Admiral Cunningham versenkt, da ein Durchbringen nach Malta bis zur Morgendämmerung nicht möglich erschien. Soweit Roskill.
Die britische Seeherrschaft war in diesem Seegebiet verlorengegangen, nachdem Flugzeuge des II. und X. Fliegerkorps auf Kreta und Sizilien, unterstützt durch an der inzwischen in deutscher Hand befindlichen Nordafrikaküste stationierte Fliegerkräfte mit Jagdverbänden, die

Luftüberlegenheit errungen hatten und dadurch die Luftherrschaft im Mittleren und zum Teil auch im Östlichen Mittelmeer besaßen. Dies war nur möglich, weil das Heer bis zur El Ghazala-Stellung kurz vor Tobruk vorgedrungen war, wodurch die Jagdflugzeuge ihre Horste weit östlich einrichten konnten. In dem fraglichen Seegebiet wurde bei dieser Operation ein Beispiel dafür gesetzt, wie abhängig voneinander Luftwaffe, Heer und Flottenstreitkräfte sind in einem Seeraum, der als großes Binnenmeer von verhältnismäßig nahen Küsten umgeben ist. Bei dieser Operation wurde auch sehr deutlich, welchen strategischen Wert die zwar verlustreiche Eroberung der weit in das Mittelmeer hineinragenden Insel Kreta für alle 3 Teilstreitkräfte eingebracht hatte.

BESPRECHUNG BEIM BEFEHLSHABER ÜBER WEITERE EINSATZPLANUNG

In einer am 17. 2. stattfindenden Besprechung beim Befehlshaber in Rom erfahre ich die größere Planung für die Fortsetzung des Krieges der beiden anderen Teilstreitkräfte und die dafür erforderlichen Voraussetzungen. Die für Ende Mai vorgesehene große Offensive in Nordafrika erfordert die Bereitstellung ausreichender Heeres- und Fliegerkräfte einschließlich ihrer Versorgung, weshalb eine Intensivierung des Kampfes gegen die Basis Malta notwendig wird.
Mit Beginn dieser Offensive soll die Flottille als Flankensicherung vor der nordafrikanischen Küste östlich von Derna und zur Bekämpfung des Feindnachschubs für die britische 8. Armee aus Alexandria nach Tobruk von Kreta und afrikanischen Stützpunkten aus angesetzt werden. Für die Bereitstellung möglichst aller Boote der Flottille zum späteren Einsatz in Nordafrika ab Ende Mai trage ich dem Befehlshaber am nächsten Tage in großen Zügen die Voraussetzungen und Forderungen vor. Es müssen Schnellbootstützpunkte an der nordafrikanischen Küste durch eigenes Flottillenpersonal aufgebaut werden. Die Motorenüberholung aller Boote hinsichtlich der Betriebsstunden muß neu geplant und bei den bevorstehenden Mineneinsätzen berücksichtigt werden. Im einzelnen wird die Flottille dem Quartiermeisterstab des Befehlshabers die materiellen Forderungen für den Aufbau der Stützpunkte in Nordafrika schnellstens vorlegen, sobald ich auf meiner bevorstehenden Küstenreise nach Nordafrika ein eigenes Urteil über die Eignung bestimmter Häfen und Buchten gewonnen habe.

AUFKLÄRUNGSVORSTÖSSE INS SEEGEBIET SIZILIENSTRASSE

Vorerst geht es um den Mineneinsatz gegen Malta, sobald die Minen aus deutschen Minendepots in Norddeutschland in Augusta angekommen und auch die Versuche mit der TMA-Mine in Orbitello abgeschlossen sind. Aber bevor wir die Minenaufgaben wieder in Angriff nehmen können, nutzen wir die Zeit, um die von uns vorgeschlagenen Aufklärungsvorstöße in die Sizilienstraße von Porto Empedocle aus durchzuführen, nachdem der Befehlshaber diesen Vorschlägen zugestimmt hat.

Am 20. Februar verlegen wir mit 7 Booten von Augusta nach Porto Empedocle, wo wir wegen 2 in See befindlicher durch italienische Schlachtschiffe gesicherte größere Geleitzüge in 2stündiger Bereitschaft liegen. Diese laufen am 24. 2. ohne Verluste in Tripolis ein.

Der Befehlshaber beabsichtigt einen Einsatz noch am heutigen Abend, da nach der »Abendlage Mittelmeer« vom Vortage um 1800 Uhr die Flugzeugträger »Eagle« und »Argus«, Schlachtschiff »Malaya«, 1 »Dido«-Kreuzer und Zerstörer am 26. bzw. 27. 2. Gibraltar nach Osten passiert haben. Es wird eine Operation zur Überführung von Jagdflugzeugen nach Malta vermutet.

Nach Roskill's Darstellung treffen diese Vermutungen zu, jedoch mußte die Trägergruppe wieder kehrtmachen, weil Defekte in den Tanks der zu startenden Flugzeuge auftraten, so daß die Flugzeuge wieder auf ihre Träger zurückkehren mußten.

Dies wußten wir nicht. Als unsere Luftaufklärung diesen Trägerverband im Westlichen Mittelmeer nicht wiedergefunden hatte, sollte die Flottille heute Nacht wenigstens in der Sizilienstraße stehen. Aber Sturm aus Ost mit Stärke 7–9 ließ ein Auslaufen nicht zu.

So endete der Monat Februar wie auch der Januar unter Berücksichtigung der anhaltend schlechten Wetterlage für die Flottille recht unbefriedigend. In jedem der beiden Monate war an mehr als 20 Tagen schlechtes Wetter.

Der vorgesehene Aufklärungsvorstoß durch die Sizilienstraße wird am 5. März durchgeführt. Wir laufen mit 5 Booten um 1630 Uhr unter Jagdschutz aus, marschieren durch die Sperrlücken der italienischen Minensperren und drehen um 2130 Uhr außerhalb der 3 sm Zone vor der tunesischen Küste auf Nordkurs zum Runden von Cap Bon. Um 2240 Uhr runden wir das Cap bei Vollmond und wolkenlosem Himmel. Wir laufen in Dwarslinie in gegenseitiger Sichtweite auf westlichem Kurs bis zur Insel Zembra, sammeln wegen der vor uns liegenden

Minensperren wieder in Kiellinie, um kurz vor Mitternacht einen 30 sm breiten Aufklärungsstreifen einzelbootsweise zu bilden und den Vormarsch nach Westen anzutreten.
Vom dicht unter der Küste stehenden Führerboot aus erkennen wir alle Einzelheiten an der tunesischen Küste. Die Friedensfeuer für die Navigation brennen, so haben wir genaue Standorte. Wir haben ideales Wetter für diese mehr oder weniger navigatorische Übungsfahrt zum Kennenlernen des Seegebietes für spätere Operationen. Bis 0132 Uhr wird kein einziges Fahrzeug gesichtet. Wir machen kehrt und laufen um 1015 Uhr in Porto Empedocle ein.

GIBRALTAR-»FORCE H« ABERMALS AUF DEM WEGE
VON GIBRALTAR NACH OSTEN AM 6./7. MÄRZ

Am 7. März 1400 Uhr wird die Flottille in 2stündige Bereitschaft gelegt, da die Träger »Eagle« und »Argus«, Schlachtschiff »Malaya«, Kreuzer »Hermione« und Zerstörer am 6. März um 1600 Uhr von einem italienischen U-Boot mit Kurs Ost und 24 kn Marschgeschwindigkeit gemeldet sind. Sicher handelt es sich um eine Flugzeugüberführung von Jagdflugzeugen nach Malta. Am 7. März um 1145 Uhr wird dieser Verband von unserer Luftaufklärung erfaßt.
Es ist unwahrscheinlich, daß solche kostbaren Verbände sich der Gefährdung durch Bomben- und Torpedoflugzeuge in der Nähe der Sizilienstraße aussetzen würden, wenn es sich um reine Überführung von Jagdflugzeugen nach Malta handelt. So werden die Jagdflugzeuge an der Grenze ihrer Reichweite auf den Flugzeugträgern weit westlich der Sizilienstraße starten und nach Malta fliegen, so daß die beiden Trägergruppen rechtzeitig kehrtmachen und nach Gibraltar zurücklaufen. Nach den Erfahrungen der britischen Flotte im Jahre 1941 im Westlichen Mittelmeer und bei der Räumung Griechenlands und Kretas im Östlichen Mittelmeer wird sich ein solcher Verband nicht noch einmal in den Bereich der deutsch-italienischen Luftherrschaft begeben. Ohne Luftherrschaft keine Seeherrschaft! Das Flugzeug hat im 2. Weltkrieg eine Revolution alter Lehrmeinungen und strategischer wie taktischer Grundsätze bewirkt.
Die Bestätigung unserer Vermutung der Flugzeugüberführung erhalten wir durch eine um 1500 Uhr im »Aufklärungsstern« verbreitete Meldung des II. Fliegerkorps, wonach beide Trägergruppen seit 1348 Uhr auf Westkurs gegangen sind und nach Gibraltar zurücklaufen.

Diese Kehrtmach-Position der Trägergruppen liegt außerhalb der Reichweite der Schnellboote, die in der Nacht wegen SW 5–7 und Seegang 6 sowieso nicht hätten eingesetzt werden können.
Nach Roskill landeten 15 »Spitfire«-Jagdflugzeuge von den Trägern und 7 aus Gibraltar stammende »Bristol-Blenheim« Bombenflugzeuge am 7. März wohlbehalten auf Malta. Dies waren die ersten Spitfire-Jäger, die zur Verteidigung der Insel Malta seit Kriegsausbruch dort eingetroffen sind.
Ich erhalte Befehl, mich in 3 Tagen, am 10. März, in Afrika beim dort inzwischen eingetroffenen Befehlshaber in Benghasi zwecks Erkundung von Einsatzhäfen in Nordafrika zu melden. An diesem Tage werde ich von einem Transportflugzeug des II. Fliegerkorps nach Benghasi geflogen. Noch am Nachmittage besichtigen der Befehlshaber und ich den Hafen Benghasi, um am nächsten Morgen im Pkw auf der betonierten Küstenstraße, der »Via Balbia«, über Ras el Hilal nach Derna zu fahren. Bei dieser Erkundungsreise lerne ich u. a. auch den Korvettenkapitän (ex K. u. K.) der Reserve Meixner kennen, der als »Seetransportchef für Nordafrika« eine große Verantwortung für die Abwicklung des Entladens und Löschens sowie Beladens der Schiffe, für den Betrieb in den Häfen, für das Ein- und Auslaufen der Schiffe sowie für das Zusammenstellen der Schiffe zu Geleitzügen im Zusammenwirken mit den italienischen Stellen trägt.
Bei unserer Erkundungsreise besteht Einigkeit darüber, daß Derna mit vorgeschobener Steinmole einen sicheren Ankerplatz für einzelbootsweises Ankern bietet.
Ras el Hilal besteht aus einer halbfertigen Mole ohne Landverbindung. Hier können die Boote nur zum Ausweichen ohne jeden Schutz gegen Wetter liegen, während Derna sogar Fla-Schutz besitzt. In Derna liegt auch das Hauptquartier des Fliegerführers Afrika, der für uns wegen der Zusammenarbeit in Aufklärung und Kampfeinsatz wichtig ist. Der Befehlshaber entscheidet auf meinen Vorschlag, Derna als Stützpunkt vorzubereiten.

WIEDER MINEN NACH MALTA

Am 14. März zurück in Augusta, laufe ich mit 4 Booten, beladen mit UMB- und erstmals wieder TMA-Minen aus. Die Sperre »MT 6« soll geworfen werden. Ob die TMA-Minen uns nach Freigabe durch die Seekriegsleitung nicht wieder enttäuschen werden, wenn wir sie auf »Kartoffel-Schmeiß-Entfernung« – so empfanden es die Besatzungen –

von den Küstenbatterien werfen? Schon um 2145 Uhr leuchten die Scheinwerfer auf. Die Flak schießt auf unsere Störflugzeuge. Wir gehen um 0037 Uhr auf Wurfkurs, werfen die Minen innerhalb von 12 Minuten, wenden um 9 Dez und laufen in umgekehrter Kiellinie auf südöstlichem Kurs von der Küste ab. Um 0213 Uhr wird eine an der Wasseroberfläche treibende Mine gesichtet. Um 0220 Uhr nehmen wir eine – wahrscheinliche – Minendetonation wahr. Ob es wieder eine Selbstzündung war oder ob ein auslaufendes Bewachungsfahrzeug oder ein Minensuchboot diese Minendetonation ausgelöst hat? Wir treten den Rückmarsch an und laufen um 0635 Uhr in Augusta ein, übernehmen Brennstoff, Minen und Verpflegung. Das Maschinenpersonal ist unentwegt mit Verholmanövern und Kontrollen der Maschinenanlagen für die nächste Unternehmung heute Abend ausgelastet. Um 2000 Uhr werden die Leinen losgeworfen, wir laufen mit 6 Booten aus. Wir gehen um Mitternacht auf eine Maschine und beginnen unsere Lotreihen zur Verbesserung unseres Standortes.

Um 0132 Uhr heulen die Fliegeralarmsirenen in Malta auf. Da fallen auch schon 2 Bomben seewärts von der Flottille ins Wasser und detonieren. Dieses Flugzeug hat die Insel nicht gefunden, weder leuchten Scheinwerfer noch schießt die Flak. Um 0156 Uhr fallen von einem weiteren Flugzeug 10 Bomben zwischen der Flottille und der Küste ins Wasser und detonieren.

Wir erreichen die Anfangsposition um 0241 Uhr, werfen die Minen von 0241 Uhr bis 0253 Uhr. Als wir uns vorsichtig von der Küste abgesetzt haben, detoniert um 0410 Uhr die 1. Mine mit hellem Feuerschein. Die Rauch- und Wassersäule wird gleich von Küstenscheinwerfern erfaßt. 3 Minuten später erfolgt die 2. Minendetonation mit hellem Feuerschein. Wie oft werden wir dieses enttäuschende Schauspiel noch erleben müssen? Da die Wetterlage günstig ist, erbitte ich Einsatz mit allen einsatzklaren Booten der Flottille noch heute Nacht, um die Wirkungsmöglichkeit der Sperren zu erhöhen.

Nach kurzer Rast laufen wir um 2000 Uhr mit denselben 6 Booten wieder aus zum Werfen der 8. Minensperre. Sie soll östlich von der Marsa-Scala-Bucht geworfen werden. Um 0145 Uhr steht die Flottille kurz vor der Wurfposition und wartet den erbetenen Luftangriff ab. Nach wenigen Minuten meldet »S 33« als in der Dwarslinie am weitesten östlich stehendes Flügelboot einen Schatten im Nordosten auf 1500 m, der sich als Minensuchboot vom Typ »Aberdare« mit 700 t entpuppt. Der Gegner läuft aus Sicht, so daß wir unsere Minen um 0228 Uhr werfen können.

Die erste Minendetonation erfolgt um 0327 Uhr. Schlagartig leuchten 5 Scheinwerfer auf und erfassen die Rauch- und Wassersäule. Auch die Boote liegen voll im Scheinwerferlicht. Wir glauben aber, daß wir nicht erkannt worden sind, andernfalls hätten die Küstenbatterien sicher ihr Feuer eröffnet. Da auch gegnerische Minensuchboote draußen in See stehen, können die Detonationen ja auch durch die Minenräumarbeiten verursacht worden sein! Die zweite Minendetonation erfolgt um 0353 Uhr, 5 Minuten später folgt die 3. und 4. und nach 1 weiteren Minute die 5. und 6. Minenselbstentzündung. Die Scheinwerfer suchen eine gute halbe Stunde die Wasseroberfläche ab, während wir nach abermaliger großer Enttäuschung über unsere Minen den Rückmarsch nach Augusta antreten. Wegen Übermüdung der Besatzungen bitte ich um eine Ruhenacht nach diesen 3 Einsatznächten.

Die Sinnlosigkeit, weiterhin TMA-Minen zu verwenden, wird nach dieser letzten Nacht auch im Stabe des Befehlshabers erkannt. Ab morgen sollen nur noch UMB's, welche speziell für den Einsatz gegen U-Boote konstruiert sind und daher nur eine sehr geringe Sprengladung von 40 kg haben, geworfen werden. Mit dieser Entscheidung wird die Zerstörungswirkung der Minen gegen Schiffe auf $1/6$ verringert.

Unter guter Unterstützung durch Bombenangriffe werfen wir unsere nächste Sperre »MT 9« am 19. März um 0114 Uhr unbemerkt mit 6 Booten. Welch Wunder! Keine Minenselbstdetonationen mehr! Kein feindlicher Scheinwerfer leuchtet auf und sucht! Nun, dieser Minentyp hat nur Berührungszündung und scheint eine gute Tiefenstelleinrichtung zu besitzen!

RADAR AUF MALTA?

In dieser Nacht stellen wir, wie auch bei der vorletzten Operation, Radarstrahlungen von der Küste fest. Ob die Insel inzwischen Funkmeßgeräte erhalten hat? Das würde unsere künftigen Annäherungen in den Bereich der feindlichen Küstenartillerie sehr erschweren, wenn nicht gar unmöglich machen. Funkmeß bedeutet für die Artillerie Schießverhältnisse wie bei Tage, der Schutz der Boote durch die dunkle Nacht wäre aufgehoben. Wir sind aber noch zuversichtlich, besonders deswegen, weil wir jetzt Minen werfen dürfen, die sich nach dem Werfen nicht selbst zünden.

Wir haben ein befreiendes Gefühl, endlich wieder sinnvollen Einsatz trotz der geringen Zerstörungswirkung dieser kleineren Minen zu wa-

ntes S-Boot

Unser Verbindungsoffizier »Gigi« mit italienischem Matrosen

Flottillensteuermann Erwin Schipke und Bootsmaat Theenhausen vor Torpedonachtzielapparat auf »S 54«

Erbeutetes »White Ensign« und roter Wimpel nach Versenkung Motorlaunch »ML 130« vor Malta

Mit Sprengbojen beladenes S-Boot

Links: UMB-Mine

Rechts: Sprengboje

gen. Etwas Besseres gibt es zur Zeit nicht auf dem »Minenmarkt«. Wegen anhaltend schlechten Wetters im »Maltakanal« ist ein Einsatz erst nach weiteren 5 Nächten, am 25. März abends, möglich. Dafür tut sich aber einiges auf der Gegnerseite, um das schlechte Wetter für eine Nachschuboperation nach Malta auszunutzen.

FLUGZEUGTRÄGERGRUPPE LÄUFT GIBRALTAR AUS NACH OSTEN

Schon am 21. März früh lag die erte Aufklärungsmeldung der Luftwaffe auf der Welle »Aufklärungsstern« vor. Südlich Ibiza wurden 2 Flugzeugträger, 1 Schlachtschiff und 10 leichte Seestreitkräfte mit Kurs 100° und mittlerer Fahrt gesichtet. Unsere Fühlungshalter-Flugzeuge, die von sardinischen Absprung-Fliegerhorsten starten, halten Fühlung und melden zum letzten Mal um 1625 Uhr, daß der Trägerverband kehrtgemacht hat und nach Westen zurückläuft. Entweder haben die Träger vor dem Kehrtmachen ihre Jagd- und Marineflugzeuge für Aufklärung, Bomben- und Torpedoeinsatz vor dem Kehrtmachen gestartet, um Malta zu verstärken oder aber es handelt sich um eine Scheinoperation, um Kräfte des II. Fliegerkorps im Westlichen Mittelmeer zu binden, während gleichzeitig ein Nachschubgeleitzug von Alexandria nach Malta unterwegs ist.

5. GELEITZUG 7 DAMPFER ALEXANDRIA-MALTA AM 21./23. MÄRZ

Ab 1842 Uhr gehen laufend Aufklärungsmeldungen von 1 italienischen U-Boot und vom II. Fliegerkorps über einen von Alexandria ausgelaufenen Geleitzug mit Westkurs ein. Er besteht aus 3 Handelsschiffen, 1 leichten Kreuzer und 4 Zerstörern. Der Standort liegt zur Zeit zwischen Kreta und der afrikanischen Küste.
Am nächsten Morgen, am 22. 3., meldet ein in Augusta stationiertes Wasserflugzeug der italienischen Marine den Geleitzug um 0940 Uhr 120 sm nördlich Benghasi. Nach Kopplung muß dieser Geleitzug 11,5 kn gelaufen sein. Nach einer weiteren Meldung um 1110 Uhr handelt es sich bei dem Geleitzug um 7 Handelsschiffe, die durch 5 Kreuzer und 7 Zerstörer gesichert sind und 330° in Richtung Malta steuern. Danach könnte der Feind in der kommenden Nacht in den Operationsbereich der Flottille gelangen. Leider aber läßt die Wetterlage ein Auslaufen der Flottille nicht zu.

2. SEEGEFECHT IN DER SYRTE

Während der letzten Nacht ist ein Teil der in Tarent und in Messina befindlichen italienischen Flotte ausgelaufen. Da es seit der Räumung Griechenlands und Kretas durch britische Truppen im Östlichen Mittelmeer keine Schlachtschiffe mehr in der britischen Mittelmeerflotte gibt, ist die Chance dieser unter den Admiralen Jachino und Parona operierenden italienischen Kampfgruppe sehr groß, den Geleitzug mit großem Erfolg anzugreifen. Die Kampfgruppe besteht aus 1 Schlachtschiff »Littorio«, 2 schweren Kreuzern, 1 leichten Kreuzer und 10 Zerstörern. Sie operiert auf das Malta-Geleit, welches nach letzter Meldung um 1430 Uhr aus 5 leichten Kreuzern, 7 Zerstörern und 7 mittleren Handelsschiffen besteht. Mit Sichtmeldung des II. Fliegerkorps von 1537 Uhr hat sich der Geleitzug geteilt in 1 Kampfgruppe, bestehend aus 3 leichten Kreuzern und 7 Zerstörern mit Kurs 30° und in 1 Geleitzuggruppe, bestehend aus 1 leichten Kreuzer, 11 Zerstörern und 7 Handelsschiffen mit Kurs 200°.

Um 1750 Uhr verbreitet der OB Süd die Meldung über Gefechtsberührung der beiden Flotten um 1500 Uhr etwa 150 sm nordwestlich Benghasi. Um diese Zeit begann am 22. März 1942 das in die Geschichte eingegangene »2. Seegefecht in der Syrte«.

Es gelang dem unter Admiral Vian stehenden Kreuzer- und Zerstörerverband, den Gegner in wiederholten taktisch geschickten Angriffen von der nach Süden steuernden Geleitzuggruppe abzulenken und den Geleitzug vor der Vernichtung zu bewahren. Am 23. früh um 0700 Uhr wird der – anscheinend – Restgeleitzug mit 1 Zerstörer und 1 Handelsschiff 25 sm südöstlich Malta von 1 deutschen Flugzeug gesichtet. Weitere Sichtmeldungen durch Flugzeuge des Fliegerführers Afrika vom Vormittag bis in die Abendstunden betreffen mehrere Gruppen von Seestreitkräften, die aus Kreuzern und Zerstörern bestehen.

Diese Gruppen scheinen die Sicherungsstreitkräfte zu sein, die nach Alexandria zurücklaufen, nachdem sie anscheinend ihre Aufgabe, den Geleitzug vor der Vernichtung durch die weit überlegene italienische Kampfgruppe zu schützen, am Nachmittag des Vortages erfolgreich gelöst und die Handelsschiffe an die Malta – »Force K« übergeben haben. Danach hat die italienische Kampfgruppe vor Einbruch der Dunkelheit gestern abend kehrtgemacht, und die Malta - »Force K« geleitet die übernommenen Handelsschiffe nach Malta.

Wir erfahren aber erst aus den Aufklärungsmeldungen des nächsten

Tages, am 24. März, daß insgesamt 4 Dampfer in La Valetta eingelaufen sein sollen. Vor Marsa Scala soll sich 1 mittelgroßes Handelsschiff auf Grund gesetzt haben, welches durch 1 Zerstörer gesichert wird. Das Achterschiff soll abgesunken und vom Wasser überspült sein. Weitere 3 Zerstörer in größerem Abstand scheinen Fla-Schutz für dieses Schiffswrack zu bilden, welches wohl eine kostbare Ladung haben muß. Als wir im Lagezimmer der Flottille die Position des Schiffes eintragen, stellen wir fest, daß das Wrack genau in unserer vorletzt geworfenen Minensperre »MT 7« liegt, die wir in der Nacht vom 15. zum 16. März geworfen haben. So nehme ich an, daß das große Schiff bei dem geringen Minenabstand möglicherweise mehrere Minentreffer erhalten haben könnte. Ein erwogener Nachteinsatz der Flottille zur Versenkung des Wracks muß wegen Wetter ausfallen.

VERLAUF DIESER 5. GELEITZUGOPERATION ALEXANDRIA-MALTA
NACH ENGLISCHEN ANGABEN

Nach Roskill Volume II sind von den aus Alexandria ausgelaufenen 3 Handelsschiffen und dem großen Marineversorgungsschiff »Breconshire« nur die Handelsschiffe »Pampas« und »Talabot« in Malta eingelaufen. Die »Clan Campbell« war am 23. 3. um 1040 Uhr 20 sm südlich Malta durch Bombenangriff gesunken. Die »Breconshire« als wertvollstes Nachschubschiff war am 24. früh 8 sm vor Malta durch Bomben getroffen worden und lag bewegungsunfähig vor der Insel. Am nächsten Tag, dem 25. März, wurde das Schiff nach Wetterbesserung an die Südküste Maltas geschleppt und vor Marsaxlokk-Bucht auf Grund gesetzt. 2 Tage später wurde sie durch Bombenangriff vollständig versenkt.
Die beiden unter Freudenkundgebungen durch die Malteser Bürger um 0930 Uhr eingelaufenen Frachter »Pampas« und »Talabot« wurden wenig später von heftigsten Bombenangriffen durch das II. Fliegerkorps im Hafen getroffen und sanken. Es konnten von den auf den 4 Schiffen ursprünglich geladenen 26 000 t an Nachschubgütern nur 5000 t gerettet und in Malta vor der Versenkung entladen werden.

UNSER 1. MINENERFOLG VOR MALTA

Am 24. März sank der Zerstörer der »Hunt«-Klasse, »Southwold«, als er zusammen mit anderen Zerstörern das bewegungsunfähig gewordene Versorgungsschiff »Breconshire« sicherte, durch Minentreffer in unserer Sperre »MT 7«.

BILANZ ÜBER DIE 5. GELEITZUGOPERATION ALEXANDRIA-MALTA

Die Bilanz der Operation war trotz kühnster und tapferster und taktisch hervorragender Führung durch den britischen Konteradmiral Vian für die britische Seite am Ende enttäuschend infolge der durchschlagenden Wirkung der Bombenangriffe des II. und auch des X. Fliegerkorps. Wenn es auch der überlegenen italienischen Kampfgruppe durch Admiral Vian's hervorragende taktische Führung und seine entschlossenen und kühnen Artillerie- und Torpedoangriffe auf geringe Entfernung bei Tage nicht gelungen war, den Geleitzug mit Erfolg anzugreifen, so waren am Ende der Operation doch nur 5000 t Nachschub nach Malta gelangt. Die Verluste an Dampferladungen durch die Luftwaffe und die bei den mehrtägigen Kampfhandlungen von den Seestreitkräften in Kauf genommenen Beschädigungen waren so stark, daß 9 große Flottenzerstörer, weitere 4 und 1 weiterer kleiner Zerstörer der »Hunt«-Klasse mehr oder weniger stark beschädigt in Alexandria bzw. Malta eingelaufen waren und für eine Zeitlang ausfielen.

Am 26. März sanken weiter im Hafen La Valetta durch Bombenangriff der Zerstörer »Legion« und das U-Boot »P 39«. Wenn man berücksichtigt, daß unmittelbar vor dieser Geleitzugoperation das Flaggschiff des Admiral Vian, der Kreuzer »Naiad«, am 11. März bei dem Versuch, 2 deutsch-italienische Geleitzüge nach und von Tripolis etwa 200 sm östlich von Malta anzugreifen, vom deutschen U-Boot »U 565« etwa 50 sm nördlich der ägyptischen Küste zwischen Mersa Matruh und Sollum versenkt wurde, wodurch der Vorstoß abgebrochen werden mußte, so weist die Bilanz für die Gegenseite zwar hervorragende Tapferkeit und ungebrochenen Angriffsgeist, aber keinen Erfolg auf. Die Mittelmeerflotte in Alexandria hatte am 1. März, also vor einigen Wochen, nur aus 3 leichten Kreuzern, 1 Fla-Kreuzer, 8 großen Zerstörern der »Jervis«-Klasse, 8 Zerstörern der »Sikh«-Klasse und 8 Zerstörern der »Hunt«-Klasse bestanden. Ende März nach der Geleitzugoperation waren der Kreuzer »Naiad« und Zerstörer »Southwold« versenkt. Beschädigt waren 14 Zerstörer, so daß am 1. April nur noch 2 Kreuzer und 10 Zerstörer von der früher so starken Mittelmeerflotte einsatzbereit waren.

In Malta sah es um die »Force K« ebenfalls nicht gut aus.

DURCHSCHLAGENDE WIRKUNG DER DEUTSCHEN LUFTWAFFE

Die unter Feldmarschall Kesselring stehende Luftflotte 2 mit dem II. und X. Fliegerkoprs auf Sizilien und Kreta sowie dem Fliegerführer Afrika in der Cyrenaika führte mit ihren Kräften eine Wende in der Mittelmeerkriegführung in bezug auf die Ausübung von Seeherrschaft in diesem Binnenmeer herbei. Die Folgen dieser Luftherrschaft sollte jetzt auch die Inselfestung Malta in besonders schwerer Weise erfahren, als im April täglich bis zu 300 Bombenangriffe gegen die Insel geflogen wurden und bis Juni kein einziges Nachschubgeleit in Malta einlaufen konnte.

Nachdem am 19. Januar der »Admiral Malta« mit Vizeadmiral Leatham neu besetzt wurde, wechselt jetzt zum 1. April im Zustand großer Schwäche des noch intakt verbliebenen Restes der britischen Mittelmeerflotte ihr langjähriger Oberbefehlshaber in Alexandria, Admiral Sir Andrew Cunningham. Er wird Repräsentant des Ersten Seelords und Chefs des Marinestabes beim »Kommitee der Vereinigten Stabchefs« in Washington in USA. Sein vorübergehender Nachfolger wird Admiral Pridham-Wippell. Doch sollte der langjährige seit 1. Juni 1939 im Amt befindliche Oberbefehlshaber dem Mittelmeer nicht endgültig »Adieu« sagen. Er kehrte später am Ende des Jahres 1942 als Oberbefehlshaber für die alliierte Großlandung in Nordafrika zurück. Dieser weitsichtige Admiral sollte recht behalten in seiner Hoffnung, die er in seinem Abschieds-Tagesbefehl an die Besatzungen der Mittelmeerflotte so ausdrückte:

»... I look forward to the day when the Mediterranean Fleet will sweep the sea clear and re-establish our age-old control of this waterway so vital to the Britisch Empire ...«

Die oberste englische Führung wußte, was Malta und der Seeweg durch das Mittelmeer und den Suezkanal zum Vorderen Orient und nach Indien für das Britische Empire bedeuteten.

Am Vormittage des 25. März melde ich mich beim OB Süd, Generalfeldmarschall Kesselring, in seinem Hauptquartier in Taormina. Es wurden Fragen des Oberbefehlshabers und seines Stabes bezüglich der Einsatzmöglichkeiten von Schnellbooten und der Zusammenarbeit mit der Luftwaffe besprochen. Einen Erfolg dieser Reise konnte ich mit nach Hause nehmen: Der OB Süd sprach den Haupterfolg für die Beschädigung des großen Marineversorgungsschiffes »Breconshire« – 24 000 BRT – östlich der Marsa Scala-Bucht der 3. S-Flottille zu, weil er der Meinung war, daß die schwerste Beschädigung dieses Schiffes durch unsere Minen hervorgerufen sei. Das aber trifft nicht zu. Heute wissen wir nach Roskill, daß das Schiff nach Morgendämmerung von einer Flugzeugbombe getroffen war, so daß das Schiff im Schlepp eines Zerstörers Malta ansteuerte. Unsere Luftbildauswertung ergab, daß der Schleppzug genau in unserer Minensperre »MT 7« stand. In dieser Sperre ist wahrscheinlich auch der Zerstörer »Southwold« durch Minentreffer gesunken. Die »Breconshire« wurde nach Roskill in die Bucht Marsaxlokk geschleppt und sank hier endgültig durch Bomben, weshalb wir den Verlust nicht als Erfolg der Flottille buchten.

DIE LAGE AUF MALTA IM APRIL 1942

Nach Roskill traten nach dem Einlaufen des letzten Geleitzuges Bombenschäden in ungeheurem Ausmaß auf Malta ein. Die schweren Luftangriffe, die mit dem Eintreffen der beiden Dampfer und der Kreuzer-Zerstörerkampfgruppe »Force K« einsetzten, folgten fast täglich. Am 1. 4. sanken 2 U-Boote der 10. U-Flottille, mehrere wurden beschädigt. Die im Dock liegenden Schiffe, Kreuzer »Penelope« und Zerstörer »Lance« sowie die Fliegerhorste und Landebahnen waren besondere Angriffsziele für die Bomber. Am 5. April wurde Zerstörer »Lance« im Dock versenkt, Zerstörer »Kingston« wurde durch Treffer beschädigt und Zerstörer »Gallant« mußte wegen Treffer auf Strand gesetzt werden. Große Schäden traten in der Werft und auf den Fliegerhorsten ein. Während des April wurden 126 Flugzeuge am Boden zerstört, 20 im Luftkampf abgeschossen.
Auf Grund dieser Lageentwicklung auf der Insel schlug die britische Admiralität vor, die in Malta stationierte 10. U-Bootflottille nach Alexandria zu verlegen. Aber der Admiral Malta und der Flottillenchef der 10. U-Flottille, Captain G. W. G. Simpson, wünschten, daß sie in Malta verbleibt. Die Flottille sollte dennoch vor Ende des Monats verlegen. Der mit dem letzten Geleitzug eingelaufene von Flugzeugen beschädigte Zerstörer »Havock« lief als erste Einheit aus und sollte nach Gibraltar verlegen. Durch Navigationsfehler lief er nachts am 6. 4. an der tunesischen Küste auf Grund und mußte zerstört werden. Die Besatzung wurde von den Franzosen interniert. Am 7. April flogen 300 Bomber Angriffe gegen die Insel. Als Kreuzer »Penelope« am 8. 4. ausgedockt hatte, wurde der Schiffskörper durch zahllose Bombensplitter-Treffer ziemlich durchsiebt. Noch am Abend um 2155 Uhr lief der beschädigte Kreuzer aus und konnte Gibraltar am 10. April erreichen. Die Malta-»Force K« hatte Malta zum Teil schon Anfang April

verlassen. Sie kehrte nicht vor Ende September/Anfang Oktober zurück.
Die tägliche Bombardierung der Insel hielt an. Am 12. April war die Werft nicht mehr arbeitsfähig. Zerstörer »Kingston« sank im Dock. Die wenigen Minensucher waren durch Bomben vernichtet, wodurch eine weitere Krise eintrat, weil die Hafeneinfahrt durch unsere Minen gesperrt war, die nicht mehr geräumt werden konnten. Der U-Boot-Flottillenchef gab als Begründung für die Räumung Maltas durch seine 10. U-Flottille Ende April an, daß
1. weitere Verminungen der Ein- und Auslaufwege zu erwarten seien und
2. die schweren Verluste an Minensuchbooten es nicht zulassen würden, minenfreie Ein- und Auslaufwege zu schaffen und zu erhalten.
So haben unsere 9 Minenunternehmungen in das Zentrum, in die Bündelung der Zufuhr nach Malta, zu diesem Zeitpunkt schon eine gewisse Wirkung ausgeübt.
Am 18. April entschieden die »Vereinigten Chefs der Teilstreitkräfte« in London, daß auf Grund der Kräfteverhältnisse im Mittelmeer keine Möglichkeit bestehen würde, einen Geleitzug nach Malta durchzubringen. Die Kräftelage und Schiffsverluste im Atlantik, das deutsche Schlachtschiff »Tirpitz« im Nordmeerraum und die japanischen Flugzeugträgeroperationen in den Indischen Ozean hinein ließen es nicht zu, Kräfte aus diesen Seeräumen abzuziehen und ins Mittelmeer zu verlegen. Aber niemand in der obersten britischen Führung dachte daran, Malta seinem Schicksal zu überlassen. So kam es zur Überführung von »Spitfire«-Jagdflugzeugen durch den amerikanischen Flugzeugträger »Wasp«, den Churchill persönlich bei dem US-Präsidenten Roosevelt in Anbetracht der Malta-Situation und damit der Kriegführung in Nordafrika erbeten hatte.
Durch die beinahe eingetretene totale Neutralisierung Maltas als Basis für Offensivaktionen der See- und Luftstreitkräfte gelang es auf der deutsch-italienischen Seite, im April 2 Geleitzüge ungeschoren nach Nordafrika zur Versorgung der Heeres- und Fliegerverbände an Malta vorbei durchzubringen.

WEITER MINEN GEGEN MALTA

In der Nacht zum 10. April führen wir die 10. Minenoperation mit 6 Booten durch. Wir beobachten ab 2300 Uhr Flakfeuer, Bombendeto-

nationen und anscheinend auch Scheinbrände, die der Gegner zur Irreführung der in dieser Nacht angreifenden Flugzeuge gelegt zu haben scheint.
Wir werfen die Sperre »MT 10« östlich Malta in einem Abstand zur Küste von 1,4 sm von 0137–0150 Uhr. Um 0246 Uhr beobachten wir eine eigene Minendetonation, um 0310 Uhr folgt die zweite. Es kann sich nur um Oberflächenstände handeln, da, wie bisher bei allen Selbstentzündungen, der helle Feuerschein sichtbar ist. Aber wir fragen uns, ob die Tiefenstelleinrichtung der LMF-Minen vielleicht auch Serienfehler haben könnte? Um 0700 Uhr laufen wir ein und beladen die Boote für die kommende Nacht mit Minen. Wir laufen am 11. April mit denselben 6 Booten um 2000 Uhr aus. Die Operation verläuft ähnlich wie in der Vornacht. Die Sperre wird von 0158–0210 Uhr geworfen. 11 Minuten später detoniert eine UMB. Beim Operieren auf den Einlaufwegen bis nach La Valetta wird kein Fahrzeug gesichtet. Wir laufen um 0730 Uhr ein und beladen neu.
Am Abend des 12. April laufen wir mit denselben 6 Booten um 2000 Uhr aus zum Werfen der Sperre »MT 12«. Wir werfen die Minen nach unserer Ansicht immer noch unbemerkt zwischen 0135–0146 Uhr mit 1,5 sm Abstand von der Küste. Die Störflugzeuge erfüllen ihre Aufgabe in guter Weise. Starke Brände im Hafenbecken – wahrscheinlich Ölbrände – sind weithin sichtbar.
Am 13. ist Ruhetag, nach 3 Tagen und Nächten intensiver Anspannung wohlverdient. Die Wetterlage mit »Scirocco«-Sturmerscheinungen aus Süden läßt in den nächsten Tagen keinen Einsatz zu. So können auch keine Minensuchboote, falls es noch solche in Malta geben sollte, unsere Minen suchen und räumen.

ORDEN FÜR MALTA – DAS »GEORGE CROSS« – AM 16. APRIL 1942

In der wohl verzweifelsten Situation vor allem auch für die Malteser Bevölkerung gab es für diese nach Roskill eine kleine Überraschung: »Seine Majestät der König von England verlieh den Maltesern das »George Cross« am 16. April 1942.«
Vor Juni, so glaubte man in London, würde es unmöglich sein, einen Nachschub-Geleitzug nach Malta zu bringen. Im Juni 1942 wollte auch General Auchinleck nach Auffüllung aller Reserven mit seiner britischen 8. Armee angreifen und die deutsch-italienischen Streitkräfte werfen.

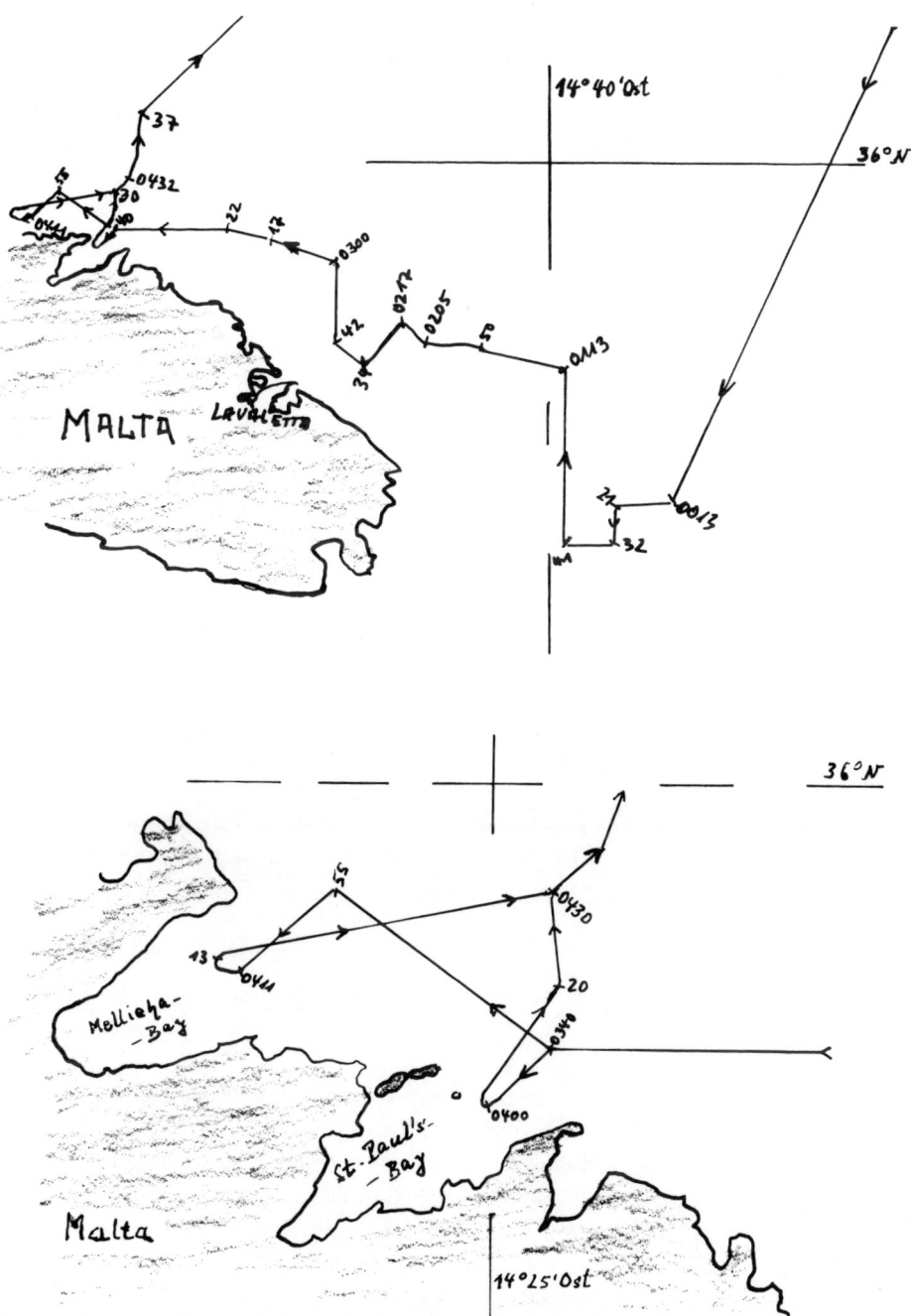

Minenwerfen von 0234 bis 0242 Uhr und Aufklären in Buchten der Insel

Bis dahin sollten U-Boote und schnelle Überwasserstreitkräfte einzeln mit wichtigstem Nachschub nach Malta durchbrechen. Roskill spricht in seinem Seekriegswerk von »Supreme Trial of Malta«, der »höchsten Bewährungsprobe Maltas«.

Am 19. April laufen wir mit 7 Booten zum Werfen der 13. Minensperre aus. Vor La Valetta im Abstand von 15 sm sichten wir um 0126 Uhr einen Schatten recht voraus im Westen. Wir stoppen, nach 8 Minuten ist der Gegner aus Sicht, hat uns also nicht bemerkt. Wir steuern unsere Anfangsposition für das Werfen der Sperre mit Westkurs an und sichten um 0157 Uhr einen weiteren Schatten auf einer Position 10 sm nordöstlich La Valetta. Wir stoppen alle Maschinen und lassen das vermutliche Minensuchboot auf etwa 900 m Entfernung vor uns nach Norden vorbeilaufen.

Wir beobachten mehrfache Bombenangriffe auf die Insel. Dann steuern wir unsere Wurfposition an und werfen unsere Minen nach Aussichtkommen des Gegners um 0227 Uhr. Wir setzen uns vorsichtig von der Küste ab, um befehlsgemäß im Anschluß an das Minenwerfen die Buchten St. Pauls und Mellieha zwischen La Valetta und der westlichen kleinen Insel Gozo einzusehen, in denen sich angeblich nach Agentenmeldung ein U-Boot-Stützpunkt befinden soll. Beide Rotten gehen in die beiden Buchten hinein und stellen auf 900 m Entfernung zur Küste fest, daß sich kein Fahrzeug hier aufhält. Wir machen um 0400 Uhr kehrt und treten den Rückmarsch an.

Abends am 20. April laufen wir mit 6 Booten aus zum Werfen der Sperre »MT 14«. Wir beginnen um 0210 Uhr mit dem Werfen der Minen, sichten kein Fahrzeug und treten Rückmarsch an.

US-FLUGZEUGTRÄGER »WASP« ÜBERFÜHRT »SPITFIRE«-JÄGER NACH MALTA

Was wir in der letzten Nacht und auch später nicht wußten, finden wir heute bei Roskill. Der von Präsident Roosevelt auf Antrag Churchill's der Royal Navy vorübergehend zur Verfügung gestellte US-Flugzeugträger »Wasp« übernahm am 13. April in Glasgow 47 Jagdflugzeuge für Malta. Durch Schlachtschiff »Renown«, die Kreuzer »Charybdis«, »Cairo« und britische sowie amerikanische Zerstörer gesichert, passierte der Träger am 19. April noch vor Morgendämmerung die Straße von Gibraltar zum Marsch nach Osten. Nach mehr als 24 Stunden war eine Position im Westlichen Mittelmeer erreicht, von welcher aus die

»Spitfire«-Jäger von Bord starteten und nach Malta flogen. 46 Jäger fielen am 20. April in Malta ein, nur 1 Flugzeug ging verloren. Aber das Schicksal dieser 46 gelandeten Jäger sollte sich schnell erfüllen: Das II. Fliegerkorps griff unmittelbar nach der Landung der Jagdflugzeuge an, die Masse der »Spitfire«-Jäger konnte nicht starten, weil sie gerade gelandet, nicht munitioniert und noch nicht aufgetankt waren. So wurden fast alle am Boden zerstört.

Heute, in der 3. Einsatznacht vom 20. zum 21. April, sollen 4 Boote als Minenträger und 2 Boote als Kampfboote mit 4 Torpedos zu einer »Minenverseuchung« eingesetzt werden. Anschließend sind gesichtete Fahrzeuge – gleich welcher Art – anzugreifen und zu vernichten. Für diesen Zweck allein sind 2 Boote als »Kampfboote« ausgerüstet. Ob dieser Angriffsbefehl sinnvoll ist, stellen wir innerlich sehr in Frage, da wir ja noch weitere Minensperren direkt unter der Küste möglichst unbemerkt werfen wollen. So hoffen wir im Stillen, daß wir keinem Fahrzeug vor Malta begegnen!

Wegen der Wetterlage kann die vorgesehene Sperre »MT 15« erst in der Nacht vom 24. zum 25. April ohne besondere Vorkommnisse geworfen werden.

Wir beladen wieder alle Boote als Minenträger und laufen mit FMC-Minen (Flußminen C) statt UMB- und LMF-Minen aus. Die Tiefeneinstellung beträgt 1 und 2 m. Die Minen stehen daher dicht unter der Wasseroberfläche und sind geeignet, auch ein kleines flachgehendes Minenräumfahrzeug zu beschädigen. Gleichzeitig sind diese Minen für uns selbst gefährlich für den Fall, daß wir eine solche Sperre einmal selbst überlaufen müssen. Am 25. April abends laufen wir mit 6 Booten aus und werfen die Sperre ohne Feindsichtung um 0222 Uhr.

In der nächsten Nacht werfen wir die Sperre »MT 17« mit 6 Booten. Diese Sperre soll als Verseuchung in unregelmäßigen Abständen bis zu 460 m vor der Küste geworfen werden. Wegen des erst um 0400 Uhr untergehenden Mondes stoppen wir um 0230 Uhr etwa 4 sm vor der Küste, denn es ist noch fast taghell. Da die Morgendämmerung schon um 0445 Uhr eintritt, müssen wir die Minen einschließlich Annäherung an die Küste und Absetzen von der Küste innerhalb von 45 Minuten geworfen haben. Um 0430 Uhr erreichen wir die Wurfposition und werfen die Minen innerhalb von 11 Minuten. Hier an der Küste, von der wir nur knapp 500 m entfernt sind, scheinen weder Wachtposten noch Scheinwerferstellungen vorhanden zu sein, denn in 3 Minuten setzt die Morgendämmerung ein. Wir schleichen leise fort von der Küste und gehen bald mit der Fahrt hoch, sonst glauben die Malteser

noch, wir wollten in Malta einlaufen! Um 0610 Uhr erscheinen unsere »Schutzengel« in Gestalt von 2 Me 109. Wir sichten eine treibende Mine, die wir beschießen und auch treffen, ohne daß das Minengefäß sinkt. Dies ist in wenigen Tagen die 3. treibende Mine, weshalb wir uns fragen, ob sich diese Minen in der Sizilienstraße durch den Sturm in der vergangenen Woche vom Ankertau losgerissen haben können.
Wegen noch günstiger Wetterlage schlage ich dem Befehlshaber telefonisch vor, auch heute Nacht – obwohl es die 4. Einsatznacht ist – die Sperre »MT 18« wegen des zur Wurfzeit noch nicht untergegangenen Mondes etwas weiter ab von der Küste zu werfen. Wir laufen wiederum mit FMC-Minen und Sperrschutzmitteln beladen mit 6 Booten wie in der Vornacht aus und können die Minen nordöstlich der Bucht Marsa Scirocco im Abstand von 2,5 sm von der Küste unbemerkt werfen. Wegen der ungünstigen Mondperiode unterbrechen wir unsere Minenoperationen. Die Besatzungen überholen die Boote und ruhen nach den anstrengenden Nachtunternehmungen aus.

NEUE AUFGABEN IN SICHT

Am 3. Mai bin ich zur Besprechung in Rom, in welcher die weitere Planung für den Einsatz der Flottille im Östlichen Mittelmeer besprochen wird. Dieser Einsatz ist mit Beginn der für den 26./27. Mai vorgesehenen Rommel-Offensive aus der El Ghazala-Stellung nach Osten geplant. Wir sollen die Seeflanke sichern.
Abends am 6. Mai laufen wir mit 3 Booten aus und werfen unsere Minen unbemerkt um 0041 Uhr. Anschließend laufen wir auf den Auslaufwegen von La Valetta nach Westen, um befehlsgemäß jeden Gegner vor der Insel anzugreifen.

DER 1. VERSENKUNGSERFOLG IM ARTILLERIEGEFECHT
VOR MALTA AM 7. MAI

Wir sichten um 0126 Uhr etwa 4,5 sm vor der Küste einen Schatten in 310°.
Die 3 Boote sammeln in eng aufgeschlossener Kiellinie mit nur 50 m Bootsabstand und laufen mit 15 kn von Backbord achtern auf den NW-Kurs steuernden Gegner zu, eröffnen um 0139 Uhr auf 300 m Entfernung unser vereinigtes Feuer mit unseren 2 cm Kanonen und

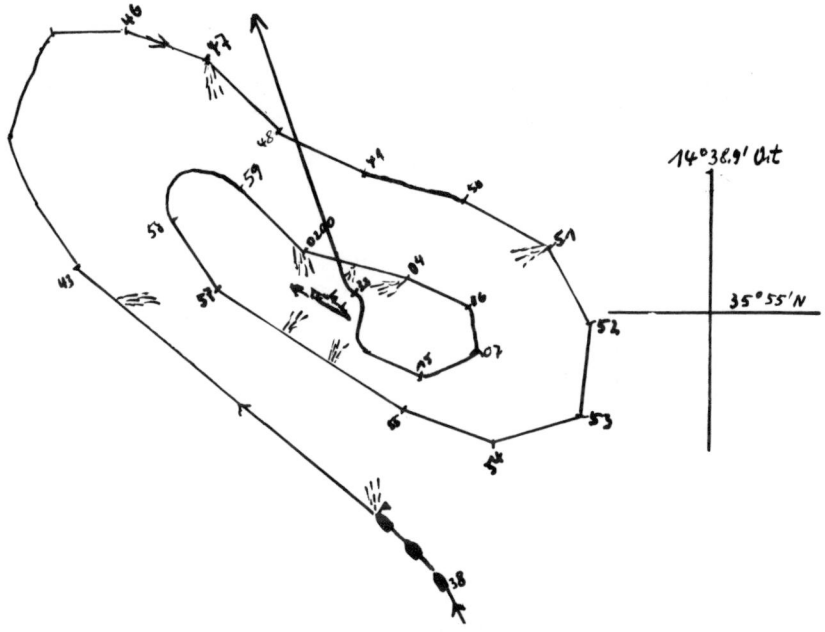

Artilleriegefecht S 31, S 34, S 61 mit Motorlaunch »ML 130« vor Malta
am 6./7. 5. 42

Maschinengewehren, was einem Feuerüberfall gleichkommt. Treffer schlagen auf der Brücke und im hohen Vorschiff des Gegners, wo seine Kanone steht, ein. Das Feuer wird erst nach einigen Minuten – allerdings mit größerem Kaliber von 4–5 cm und 1,75 cm »Lewis«-Guns – erwidert. Wir gehen daraufhin mit der Fahrt hoch, stellen nach 4 Minuten das Feuer ein, drehen nach diesem laufenden Gefecht an Steuerbord auf Parallelkurs vor dem Bug des Gegners nach Steuerbord, um jetzt ein Passiergefecht an Steuerbord auf geringste Entfernung zu führen. Um 0147 Uhr eröffnen wir das Feuer wieder, welches nun heftig erwidert wird. Um 0151 Uhr stellen wir das Feuer ein, um während unseres Drehens nach Steuerbord hinter dem Gegner vorbei Munition zu sparen. Um 0156 Uhr eröffnen wir das von allen 3 Booten vereinigte Feuer wieder auf nur 100 m Entfernung im laufenden Gefecht an Steuerbord. Als wir wegen der Eigengefährdung auf diese geringe Entfernung hohe Fahrt laufen, um eine hohe Auswanderungsgeschwindigkeit zu erzielen, bemerken wir, daß die gegnerischen Geschützführer anscheinend Richtschwierigkeiten mit ihren Kanonen haben, zumal das gegnerische Feuer schlecht liegt.

Wir drehen erneut um 0158 Uhr etwa 250 m vor dem Bug des Gegners nach Steuerbord zum nochmaligen Passiergefecht an Steuerbord. Wir eröffnen das Feuer um 0200 Uhr auf knapp 100 m Entfernung und stellen fest, daß im Vorschiff des Gegners ein Brand ausgebrochen zu sein scheint. Aber der Gegner ist zähe und wehrt sich. Da – um 0204 Uhr – nach 4 Minuten – verstummen seine Kanonen und von seiner Brücke werden wir mit einer Klappbuchse angemorst.

Wir stellen das Feuer sofort ein, drehen nach Steuerbord auf Gegenkurs und stoppen etwa 20 m an seiner Steuerbordseite alle Maschinen. In dieser »Rufweite« fordere ich den Gegner durch Megaphon auf englisch zur Übergabe durch Niederholen seiner an der hohen Gaffel wehenden Kriegsflagge auf. Der Kommandant erwidert, daß dies nicht möglich ist, weil die gesamte Besatzung verwundet und die Flaggleine zerschossen sei. Als noch Besatzungsmitglieder drüben an Oberdeck hin- und herlaufen, ordne ich an, daß sich die Besatzung vorn auf der Back, die in dieser dunklen Nacht gut zu übersehen ist, zu versammeln hat – andernfalls wir das Feuer wieder eröffnen müßten.

Das wirkt, alle Mann sind im Nu auf der Back des gestoppt liegenden Schiffes, in dessen Innern Brände schwelen. Das Führerboot »S 31« und »S 34« setzen Schlauchboote mit je 2 Mann aus. Beim Pullen zur Steuerbord-Bordwand des Gegners fischen sie hellschimmernde Gegenstände aus dem Wasser – es sind über Bord geworfene, wohl geheime Seekarten. 2 unserer Männer entern an Deck, die britische Besatzung und ihr Kommandant werden mit Unterstützung über die Steuerbord-Bordwand in die Schlauchboote heruntergefiert und auf das Führerboot übergeben. Hier werden die Männer auf die Kojen der Besatzung im Mannschaftsraum gelegt und versorgt.

Wir wundern uns, daß die Küstenartillerie uns nicht unter Feuer nimmt, denn unser Artilleriegefecht mit der Leuchtspurmunition und das laute Bellen der Schnellfeuerkanonen müssen von den Posten an der Küste bei dieser Entfernung festgestellt worden sein. Es rührt sich nicht mal ein Scheinwerfer. Allerdings liegt unmittelbar über der Wasseroberfläche eine flache Dunstschicht, die uns vielleicht bisher geschützt hat.

An Bord des brennenden Gegners bergen unsere Männer das »White Ensign«, die englische Kriegsflagge, indem ein Mann am glatten Mast aufentert. Andere erbeuten im Kartenhaus auf der Brücke mit Hilfe von Taschenlampen weitere Seekarten und was sie gerade auf dem Kartentisch finden.

Auf dem Achterdeck, auf dem an jeder Seite 6 Wasserbomben in Ablaufgerüsten lagern, schlägt der Flottillen-Sperrmechaniker Sprengpatronen an diesen Wasserbomben an, um den vermeintlichen U-Bootjäger »ML 130« in die Luft zu sprengen, da wir ihn nicht nach Hause schleppen können. Als alle Mann an Bord zurück sind, erhält der noch auf dem U-Jäger befindliche Sperrmechaniker Befehl zum Abziehen der Zündschnur. Schleunigst steigt er in das noch längsseit wartende Schlauchboot, welches nun zum Führerboot zurückpullt. Zu allem Überfluß fällt beim Anbordnehmen des Schlauchbootes ein »Mann über Bord«. Schnell pullt das Schlauchboot, um ihn zu fischen, denn die Zündschnur brennt! Kaum ist alles an Bord, da gehen wir mit allen Maschinen sofort an, um bei der zu erwartenden gewaltigen Detonation von 12 Wasserbomben an Oberdeck des schon brennenden U-Jägers wenigstens einige 100 m entfernt zu sein. Dann stoppen wir.

Um 0301 Uhr entsteht ein gewaltiger Feuerball, gefolgt von mehreren starken Detonationen. An der Küste rührt sich nichts. Von diesem U-Jäger ist sicher nichts übrig geblieben. Wir treten kurz darauf mit unseren »Kameraden von der anderen Feldpostnummer« unseren Rückmarsch an, auf dem die erste ärztliche Versorgung der verwundeten Kameraden erfolgt. Sie trinken Tee, unseren »Mittelwächter-Kaffee« und essen unsere Nachtverpflegung. Es sind 2 britische Offiziere, 2 Unteroffiziere der seemännischen und technischen Besatzung und 7 Mannschaften.

Der Kommandant, Lieutenant Jolly David Robert Hamilton, und sein Wachoffizier sowie 1 Unteroffizier und 2 Mann sind verwundet. Alle scheinen außer Lebensgefahr zu sein. Bei dem intensiven Schlagabtausch mit Maschinen-Feuerwaffen ist es ein Wunder, daß auf beiden Seiten nicht größere Verluste eingetreten waren.

Als wir um 0645 Uhr mit dem »roten Wimpel« an der UK-Stenge des Führerbootes in Augusta einlaufen und die britische Besatzung über die Stellung an Land geht, ergreift der britische Leutnant meine Hand und sagt: »Thank you, you made a good fight – and you won!«

Alle britischen Gefangenen – es waren wohl die ersten aus Malta – kamen zunächst ins italienische Lazarett in Augusta zur ärztlichen Versorgung und Untersuchung. Nach 1 oder 2 Tagen wurden alle mit Autos vom II. Fliegerkorps abgeholt und nach Catania gebracht, nachdem ich einige von ihnen nach der ärztlichen Untersuchung und Versorgung in Gegenwart meines protokollführenden Adjutanten vernommen hatte. Auf meine Fragen antworteten fast alle Engländer mit bewundernswerter Haltung und Disziplin. Vom Kommandanten erfuhr ich nur den Namen und seinen Geburtstag. Alle anderen einschlägigen Fragen, z. B. ob ihm bekannt gewesen sei, daß deutsche Schnellboote vor Malta operieren, wieviele britische Schiffe auf die Minen vor Malta gelaufen seien und in welchem Zustand sich Malta nach den Bombenangriffen befindet, beantwortete er – wie es nach der Genfer Konvention und der Haager Landkriegsordnung zulässig ist – mit »I don't know«. Ich konnte mir ein leises Lachen über soviel Haltung nicht verkneifen.

Soweit uns bekannt wurde, sollten alle britischen Gefangenen von Catania aus nach Deutschland geflogen werden.

Unsere eigenen Verluste bei diesem Gefecht waren gering. 1 Mann auf dem Führerboot erlitt einen leichten Kopfstreifschuß, die eigenen Boote hatten nur leichte Schäden.

Die Motorlaunch »ML 130« war uns artilleristisch überlegen. Wir hatten Erfolg, weil wir überraschend zuerst mit einem Feuerüberfall alle Vorteile auf unsere Seite holten. Die Motorlaunch ist nach Gefangenenaussagen vor einiger Zeit aus Gibraltar gekommen und stand fast jeden Tag zur Überwachung des Seegebietes um Malta in See. Aus einer der gefundenen Seekarten konnten wir den Weg des Schiffes von Gibraltar nach Malta erkennen, weil die Kurse mit Uhrzeiten nicht ausradiert waren. Anscheinend ist dies der minenfreie Geleitzugweg der Gibraltar-Malta-Geleitzüge. Überraschenderweise führt dieser Weg an sämtlichen in der Sizilienstraße gelegten deutsch-italienischen Minensperren vorbei, woraus zu schließen ist, daß diese Minenlagen der Gegenseite bekannt sein dürften, wodurch sie wirkungslos sind, aber den Gegner doch zu Zwangskursen in den engen Gewässern um Kap Bon zwingen.

Tagsüber werden die Boote mit Minen beladen, denn wir laufen abends am 7. Mai mit denselben 3 Booten um 1940 Uhr aus zum Werfen der Sperre »MT 20«. Sie soll ostwärts der Hafeneinfahrt von La Valetta parallel zur Küste mit einem Abstand von nur ½ sm = 926 m geworfen werden. Es gelingt uns, diese Sperre so dicht unter der Küste ohne jedes Zeichen eines Erkanntseins zu werfen.

Noch an demselben Abend des 8. Mai um 2000 Uhr – es ist die 3. Nacht – laufen wir mit denselben 3 Booten wieder aus. Als wir 1 Stunde nach Mitternacht nördlich La Valetta stehen, sichten wir im Westen zwei Schatten, die sich als Trawler entpuppen. So können wir unsere Wurfposition nicht ansteuern. Die Trawler jetzt direkt vor der Einfahrt anzugreifen und erst dann die Minen zu werfen, verbietet sich aus vielerei Gründen. Wir machen vorsichtig kehrt und steuern eine Position für eine »Ausweich-Sperre« an. Hier werfen wir »MT 21« von 0147–0157

Uhr, setzen uns vorsichtig von der Küste ab, patroullieren mit horchschwacher Fahrt nördlich La Valetta, sichten wieder die beiden Bewacher, die auf Einlaufkurs nach La Valetta zu liegen scheinen. Da sie sich in unseren Minensperren mit 1–2 m Tiefeneinstellung befinden, können wir sie nicht mehr angreifen, denn diese Sperren dürfen wir wegen unseres Tiefgangs nicht überlaufen. Vielleicht sind diese Trawler Hilfsminensuchboote?

»S 31« SINKT DURCH MINENTREFFER VOR MALTA

Heute Nacht vom 9. auf den 10. Mai soll die Flottille ausschlafen können. Das besagt das heute früh um 1100 Uhr eingehende Fernschreiben des Befehlshabers. Vorsichtshalber aber hatten wir gleich nach dem Einlaufen alle Boote beladen. Als gegen Abend um 1820 Uhr vom Befehlshaber und um 1935 Uhr vom II. Fliegerkorps je eine Aufklärungsmeldung eingeht, wonach 1 schnell laufender Zerstörer oder Kreuzer die Sizilienstraße in Richtung Malta zwischen 2100–2200 Uhr passieren wird, wissen wir, daß wir auslaufen werden, um dieses Schiff vor Malta abfangen zu können.

Nach einem Telefongespräch mit dem Befehlshaber um 2030 Uhr über den bevorstehenden Nachteinsatz gegen den schnellen wahrscheinlich 36 kn laufenden englischen Minenkreuzer – wohl »Manxman« – laufe ich mit den 3 Minenbooten »S 61«, »S 31« und »S 34« um 2130 Uhr aus. Die restlichen wegen des bevorstehenden Afrikaeinsatzes in bezug auf Betriebsstunden zu schonenden 4 Boote »S 56«, »S 54«, »S 58«, »S 57« laufen unter Führung des »ÄK«, Kommandant »S 56«, um 2200 Uhr mit Torpedos aus.

Ich habe den Befehl, die Minensperre direkt in die Hafeneinfahrt La Valetta, wo schon früher Minen geworfen wurden, die möglicherweise geräumt sein können, zu werfen und ab 0200 Uhr zusammen mit 4 Booten der 2. Gruppe einzelbootsweise in einem Teilgürtel nordwestlich La Valetta bis nordöstlich der Bucht Marsa Scala zu stehen, um den Kreuzer abzufangen, falls er noch bei Dunkelheit vor La Valetta eintreffen sollte. Trifft er erst mit oder nach Morgendämmerung ein, können wir nicht mehr mit Torpedos angreifen. Dann kommen hoffentlich die Minen in der Einfahrt zum Hafen zur Wirkung.

Um Mitternacht geht die Sichtungsmeldung eines italienischen U-Bootes ein, wonach der Kreuzer um 2120 Uhr 2 sm nördlich Kap Bon auf Südkurs gesichtet wurde. Mehrfache Bombenangriffe auf

Malta werden beobachtet, als wir mit der Führerbootsgruppe vor Malta stehen und um 0030 Uhr etwa 3 sm nördlich La Valetta 2 Fahrzeuge in südöstlicher Richtung ausmachen. Wir müssen auf Gegenkurs gehen, um dichter unter der Küste nunmehr vom Nordwesten her diese Bewacher oder Minensucher zu umgehen. In diesem Moment hören wir den Sirenenton der »Entwarnung« vom Fliegeralarm auf Malta. Es ist sehr sternenklare Nacht, wir haben wolkenlosen Himmel, der Wind weht mit Stärke 1–2 aus SSW, der Seegang ist 0. Wir haben eine selten glatte See unter der Küste, gar nicht günstig für unser Vorhaben.

Wir müssen sehr behutsam sein, um die Position zum Minenwerfen in der Einfahrt erreichen zu können, zumal die Minensuchfahrzeuge uns sehr stören können. Wir stellen alle Maschinen ab und warten auf die vom II. Fliegerkorps erbetenen Störflugzeuge. Nach einer halben Stunde kommen die beiden Fahrzeuge wieder in Sicht, weshalb wir wieder nach Nordwesten ausweichen müssen. Als wir um 0230 Uhr beim Versuch der Umgehung dieser Bewacher wieder nach Süden stoßen, haben sich die beiden Fahrzeuge näher unter die Küste begeben und steuern westliche Kurse auf uns zu. Nach nochmaligen zwei Umgehungsversuchen setzen sich die beiden Fahrzeuge auf östlichem Kurs von der Küste ab. Eine gewaltige Detonation erschüttert die Luft, es war wohl 1 Luftmine, die auf Malta geworfen wurde. Jetzt ist unsere große Chance, wir können um 0352 Uhr endlich unsere Wurfposition ansteuern und um 0401 Uhr auf Parallelkurs zur Küste gehen. Wir sehen die Bewacher etwa 1 sm nördlich des Molenkopfes von St. Elmo Point. Ob es sich vielleicht doch um Hilfsminensucher handelt, die in der Einfahrt einen minenfreien Weg für den einlaufenden Minenkreuzer räumen?

Um 0409 Uhr leuchtet ein kleiner Küsten-Morsescheinwerfer vor der Einfahrt nach Sliema eben westlich La Valetta auf und bleibt in einer bestimmten Richtung als »Finger« stehen. Nach 1 Minute um 0410 Uhr werden die gegnerischen Fahrzeuge von ihren eigenen Fla-Maschinenwaffen an der Küste beschossen. Sicher hält der Gegner uns, die wir dichter unter der Küste stehen, für seine eigenen Streitkräfte und die weiter draußen stehenden beschossenen Fahrzeuge für den Gegner. Jetzt geht der Mond auf, die Morgendämmerung bricht im Osten durch. Anhand laufender Tiefenlotungen und der Peilung des verdunkelten Leuchtturmes St. Elmo hat die Flottille ziemlich genauen Standort. Wir laufen schon die ganze Zeit mit horchschwacher Fahrt und Tiefseeauspuff in Dwarslinie backbord parallel zur Küste mit nur

50 m Bootsabstand, um eine große Minendichte zu erzielen. Werden wir es noch schaffen? Es ist spät.
Um 0414 Uhr endlich fällt die 1. Mine. Wir müssen mehreren kleinen Fahrwasserbojen ausweichen. Anscheinend sind wir auf dem von Minen freigesuchten Einlaufweg. Schnell verringern wir das Wurfintervall von 1 Minute auf 30 Sekunden zur Erreichung noch größerer Minendichte. An der Küste können wir schon Einzelheiten erkennen, als um 0421 Uhr die letzte Mine fällt. Wir fühlen die nahe Küste fast mit der ausgestreckten Hand.
Jetzt mit vorsichtigen Bewegungen von der Küste absetzen ist höchstes Gebot, zumal wir sicher von den Wachtposten als »Freund« angesehen werden. Also müssen wir uns auch entsprechend verhalten.
Plötzlich erfolgt nach 1 Minute um 0422 Uhr an Backbord eine Detonation ganz nahe, »S 31« als Nachbarboot in 50 m Abstand ist in Dampf und Wasser gehüllt. Sofort drehen wir mit dem Führerboot darauf zu und gehen an Steuerbord von »S 31« längsseit. Das Boot hat einen Minentreffer im Maschinenraum erhalten und ist in der Mitte auseinandergebrochen. Wir übernehmen die Überlebenden und Verwundeten vom sinkenden Boot und die schon im Wasser hilferufenden Kameraden, die bei der Detonation anscheinend durch den Luftdruck über Bord geschleudert waren.
Nachdem auch die Geheimsachen an das Führerboot übergeben sind, beginnt »S 31« zu kentern und hakt schon mit seinem Steven an unserer Reeling. Wir legen vorsichtig ab, fast flüsternd, denn wir sind nur wenige 100 m von der Küste weg. Da hören wir achteraus noch einen Hilferuf aus dem Wasser. Wir gehen mit den Maschinen zurück, sichten und retten den letzten Mann.
Es ist 0437 Uhr, es wird heller im Osten. Bis auf den spitzen Steven, der noch etwa ½ m aus dem Wasser ragt, ist das Boot schon gesunken. Wir müssen schnell fort und laufen erst mit 1, dann mit allen 3 Maschinen mit 30 kn nach Norden ab, um mit »S 34«, welches ich unmittelbar nach der Detonation auf »S 31« nach Norden zur Einnahme seiner Position im Teilgürtel entlassen hatte, zu sammeln.
Gerettet haben wir den Kommandanten, Obtl. z. S. Haag, den Flottillenarzt Dr. Mehnen, den 2. italienischen Verbindungsoffizier Tenente de Tomasi und den größten Teil der Besatzung. Auf der Gefechtsstation in den beiden Maschinenräumen fielen der Leitende Maschinist, alle 3 Fahrmaate, 3 Maschinengefreite, 1 Sperrmechanikersmaat, 1 Sperrmechanikersgast.
Schwer verwundet wurden der zur Ausbildung eingeschiffte Oberma-

schinist Göldenitz und 1 Mannschaftsdienstgrad, leicht verwundet 1 weiterer Mannschaftsdienstgrad. Der Flottillenarzt konnte sich sofort der Verwundeten annehmen, während wir 10 Minuten nach dem Untergang von »S 31« jetzt um 0448 Uhr den erwarteten Kreuzer am hellen Horizont im Nordosten in spitzer Lage sichten. Der Kreuzer steuert süd-süd-westlichen Kurs und läuft geringe Fahrt. Er steht etwa 15 sm nordöstlich vor La Valetta. Mit »S 61« und »S 34« holen wir unter Abgabe des »Alarm«-Funkspruchs nach Westen aus, um in eine günstigere Torpedoschußposition zu gelangen. Da dreht der Kreuzer um 0450 Uhr auf östlichen Kurs und vermehrt seine Fahrt, so daß wir fast genau achteraus von ihm stehen. Der Feind steht jetzt genau in Richtung des Mondes. Wir stoßen mit Höchstfahrt nach in der Hoffnung, daß der Kreuzer auf seinem Kurs den Booten der 2. Gruppe in die Arme läuft und dann von der 2. Gruppe und von uns in die »Zange« genommen werden kann. Ein Zangenangriff wäre geradezu ideal!
Nach 7 Minuten, um 0457 Uhr, beobachten wir im Nordosten ein Gefecht mit Maschinenwaffen und Leuchtspurmunition. Wir fragen uns, ob der Kreuzer die 2. Schnellbootgruppe in Sicht hat und sie mit seinen Maschinenwaffen beschießt?
Nach 3 Minuten dreht der Kreuzer nach Steuerbord auf Südwestkurs und vermindert seine Geschwindigkeit. Ob die im Osten stehende 2. Gruppe möglicherweise Torpedos geschossen hat, so daß der Kreuzer seinen Kurs um mehr als 90° nach Steuerbord änderte? Wir laufen deshalb mit »S 61« und »S 34« zum Angriff an. Das Führerboot »S 61« schießt um 0502 Uhr mit Lage 50 und 5 kn Gegnerfahrt auf etwa 3000 m und wir lösen nach 1 weiteren Minute einen 2. Torpedo mit Lage 80 und 9 kn Gegnerfahrt auf etwa 2500 m, um ein zu erwartendes Ausweichmanöver des Gegners auszugleichen. »S 34« schießt gleichzeitig 1 Doppelschuß mit Lage 70 und 8 kn Gegnerfahrt. Alle Torpedos verfehlen ihr Ziel, da der Gegner um mehr als 40° nach Backbord auf Südkurs dreht.
Um 0510 Uhr ist voller Tag, es wird höchste Zeit, daß wir – ohne Torpedos – jetzt nach Hause marschieren, um feindlichen Jägern zu dieser Stunde so dicht vor deren eigener Haustür zu entgehen. Wir fragen uns, wo sich die 2. Gruppe befinden mag und ob sie den Kreuzer überhaupt gesichtet hat. Wir fragen uns weiter, ob der Kreuzer beim Einlaufen auf unsere vor knapp 1 Stunde gelegte »taktische Minensperre« laufen und wenigstens beschädigt werden wird? Mehr als eine leichte Beschädigung kann die geringe Sprengladung einer FMC-Mine mit ihren wenigen kg Sprengstoff ja leider nicht bewirken, weshalb wir ver-

sucht haben, eine größere Minendichte zu erreichen mit dem Ziel mehrerer Minentreffer auf dem gleichen Schiff.
Der Verlust unserer Kameraden, fast der gesamten technischen Besatzung, die von zahlreichen Feindunternehmungen immer glücklich und unversehrt in den Hafen zurückkehren konnten, trifft uns schwer. Unerklärlich bleibt, um was für eine Mine es sich auf dieser Position in der Hafeneinfahrt gehandelt haben kann? Ob es vielleicht eine Luftmine war, denn nach Aussage eines Ausguckpostens von »S 31« nach dem Einlaufen will dieser eine TMA-ähnliche längliche Mine als Oberflächenstand an der Bordwand unmittelbar vor der Detonation gesehen haben.
Kurze Zeit nach Antritt des Rückmarsches sichten wir um 0538 Uhr die Boote der 2. Gruppe, sie hängen sich an. Ab 0630 Uhr kommen unsere Schutzengel – 4 »Me 109« – in Sicht und geleiten uns. Wegen der 3 Verwundeten an Bord des Führerboots läuft »S 61« mit Höchstdauerfahrt vor, um vor allem den beiden Schwerverwundeten schnellste ärztliche Hilfe im Lazarett gewähren zu können, wo Obermaschinist Göldenitz leider seiner schweren Verwundung erlag.
Viele Fragen bewegen uns auf dem Rückmarsch. Bei allem Unglück dieser Nacht hat »fortuna« uns doch nicht ganz verlassen, denn unser Rettungswerk gelang für alle Überlebenden und Verwundeten von »S 31«. Aber noch mehr – trotz der durchgebrochenen Dämmerung hat der Gegner an der nahen Küste nicht erkannt, daß es sich bei uns um einen Feind handelt. Er hätte uns andernfalls mit seiner Küstenartillerie noch größere Verluste zufügen können. Mit großer Wahrscheinlichkeit wäre auch das Führerboot, welches vom Zeitpunkt der Detonation um 0422 Uhr an bis 0438 Uhr volle 16 Minuten gestoppt neben dem sinkenden »S 31« lag und Überlebende rettete, vernichtet worden.
Alle Boote sind bis 0930 Uhr eingelaufen. Jetzt erfahren wir von den Kommandanten der 2. Gruppe, wie deren Nachtoperation in dem östlichen Teilgürtel verlaufen ist. Nachdem die Boote ihre Positionen um 0200 Uhr eingenommen hatten und bis fast zum Morgengrauen kein Kreuzer in Sicht kam, griffen die beiden Rotten ab 0447 Uhr 2 Bewacher ONÖ-lich von La Valetta mit Torpedos und Artillerie an. Nach etwa 6 Minuten brachen Brände auf dem einen Bewacher aus. Beide Bewacher setzten Rettungsboote aus, worauf die Boote ihren Rückmarsch wegen des angebrochenen Tages antreten mußten. Die Gruppe hat den Kreuzer nicht in Sicht bekommen, nachdem sie kurz vor Tagesanbruch den Alarmfunkspruch des Führerbootes erhalten hatte.

Der Mißerfolg, daß wir den gemeldeten Kreuzer nicht erfolgreich angreifen konnten, ist darauf zurückzuführen, daß der Kreuzer erst bei durchgebrochener Dämmerung schon auf etwa 10 000 m in Sicht kam. Praktisch herrschten schon Tageslichtverhältnisse.

NOCHMALIGE ÜBERFÜHRUNG VON JAGDFLUGZEUGEN DURCH US-TRÄGER »WASP«

Was wir nach Roskill heute wissen, ist, daß Präsident Roosevelt nach dem Fehlschlag der Jägerüberführung durch den US-Flugzeugträger »Wasp« am 20. April den Träger noch einmal für eine 2. Operation zur Verfügung stellte. So lud »Wasp« noch einmal 47 Jagdflugzeuge in England und passierte die Straße von Gibraltar in der Nacht vom 7. zum 8. Mai, wo der Träger »Eagle« mit weiteren 17 Jagdflugzeugen an Bord sich anschloß. Die beiden Träger, gesichert durch das Schlachtschiff »Renown« und die Kreuzer »Charybdis«, »Cairo« und amerikanische sowie britische Zerstörer, dampften ungesehen durch das Westliche Mittelmeer, starteten ihre insgesamt 64 Jagdflugzeuge am 9. Mai westlich der Sizilienstraße zum Flug nach Malta. Der Trägerverband lief nach Westen zurück, ohne überhaupt bemerkt zu werden. 3 Jagdflugzeuge erreichten die Insel nicht, aber 61 »Spitfire« mehr auf Malta, wo nach den schlechten Erfahrungen am 20. April verbesserte Vorbereitungen für die sofortige Betankung und Munitionierung der gelandeten Jäger getroffen waren, sollten eine folgenschwere Lektion für die inzwischen reduzierte Zahl an Bombenflugzeugen des II. Fliegerkorps und für die jetzt anstelle der deutschen stärker eingesetzten italienischen Flugzeugverbände werden.

ROSKILL: THE TURNING POINT IN THE BATTLE FOR MALTA

Als die deutsch-italienischen Verbände nämlich – wie alltäglich – am nächsten Tage, dem 10. 5., Malta angreifen wollten, wurden sie von den bereits in der Luft befindlichen an Zahl weit überlegenen Spitfire-Jägern auf dem Anflug nach Malta grausam empfangen. Sie erlitten so schwere Verluste, daß Roskill von dem »Wendepunkt in der Schlacht um Malta« spricht. Diese veränderte Situation ist auf unserer Seite mangels ausreichender Aufklärung nicht erkannt worden.
Nach Roskill war der Minenkreuzer »Welshmann«, ein Schwester-

schiff des »Manxman«, zusammen mit der Trägergruppe nach Osten gelaufen. Er lief als einziges Schiff mit Spezialversorgungsgütern und Munition für die Flak auf Malta weiter und erreichte Malta. Nach Entladung lief er bereits am Nachmittag nach 7 Stunden wieder aus in Richtung Gibraltar. Nach einer Luftaufklärung des II. Fliegerkorps soll der Minenkreuzer jedoch um 0820 Uhr in La Valetta im Dock gelegen haben. Ob er vielleicht doch eine »kleine Schramme« von einer unserer FMC-Minen erhalten haben könnte und das Loch im Dock zugeschweißt werden mußte?
Daß der Kreuzer am Tage ungestört entladen und zwischen 1300 und 1400 Uhr unbehelligt wieder auslaufen konnte, ist sicher dem Umstand zu verdanken, daß wegen der eingetretenen Luftüberlegenheit der Engländer keine Aufklärung oder Angriffe mehr bei Tage nach Malta geflogen werden konnten. So plötzlich kann infolge Jäger-Überlegenheit die Luftherrschaft von der einen auf die andere Seite wechseln. Es darf nicht übersehen werden, daß bereits Ende April, als Malta als militärischer Stützpunkt für See- und Luftstreitkräfte neutralisiert schien, starke Kräfte vom II. Fliegerkorps abgezogen und auf andere Kriegsschauplätze verlegt worden waren und die Aufgabe der weiteren Niederhaltung der Inselfestung Malta an die italienische Luftwaffe übertragen worden war.
Für die nächsten 3 Nächte ist kein Einsatz befohlen. So laufe ich erst am 13. 5. mit nur 2 Booten »S 35« und »S 34« um 2030 Uhr aus. Schon um 2230 Uhr sehen wir Scheinwerferleuchten auf Malta unter der Kimm. Um Mitternacht steuern wir die Wurfposition von Westen an. Obwohl die Boote oft hell beleuchtet in dem Scheinwerferlicht liegen, werden sie anscheinend nicht erkannt. Wir stoppen des öfteren, um bei der herrschenden Windstille keine Geräusche zu verursachen. Alle 10 Minuten suchen die Scheinwerfer den Horizont über dem Wasser ab. Um 0223 Uhr leuchten sie für volle 7 Minuten auf in Richtung der Boote. Beim Löschen gehen wir mit 1 Maschine an, beginnen um 0236 Uhr mit dem Werfen der Sperre »MT 23«. Die letzte Mine fällt nach 10 Minuten. Während des Werfens befinden sich die Boote zeitweise im Scheinwerferkegel. Ob wir wirklich nicht gesehen wurden? Es fällt kein Schuß!
Wir setzen uns von der Insel ab und patrouillieren außerhalb unseres nun schon als »Minengürtel« zu bezeichnenden Minensperrgebietes auf und ab und treten um 0330 Uhr den Rückmarsch an.

ARTILLERIETREFFER AUF »S 34« VOR MALTA AM 16./17. MAI

Am 16. Mai laufen wir um 2015 Uhr mit »S 59«, »S 34«, »S 58« und »S 35« mit Minen beladen aus. Wir wollen die Sperre »MT 24« werfen und ahnen nicht, daß diese 24. Minenoperation für längere Zeit die letzte sein und mit dem Verlust von »S 34« enden wird.

Ich beabsichtige, die Wurfposition von Westen anzusteuern, da dies navigatorisch wegen der bereits ausliegenden Minensperren am einfachsten sein wird. Um 0020 Uhr stehen wir bei Wind WSW 3–4 und Seegang 2–3 bei wolkenlosem Himmel in hellsichtiger Nacht nördlich der Melieha- und St. Pauls-Bucht. Die in dieser Gegend leuchtenden Scheinwerfer haben nur geringe Reichweiten. Um 0110 Uhr werden die Boote zum ersten Mal von einem Scheinwerfer bei Madalena Pt. beleuchtet, worauf wir den Scheinwerfer recht vorausnehmen, um unsere schmalste Silhouette zu zeigen. Wir befinden uns 2,5 sm vor der Küste und gehen auf Nordkurs, holen dann aus nach Nordosten, um die Wurfposition nunmehr von Osten aus anzusteuern. Beim Absetzen von der Küste hören wir einen Mündungsfeuerknall in Richtung Madalena Pt. Wir laufen weiter Nordost –, gehen dann auf Südostkurs parallel zur Küste, bis wir La Valetta mit Kurs 220° ansteuern können. Da wir mit der Möglichkeit eines erneuten Erfaßtwerdens durch Scheinwerfer und eines Beschusses durch die Küstenbatterien rechnen müssen, wobei die Flottille möglicherweise bei ihrem Ablaufmanöver über die eigenen soeben geworfenen flachstehenden Minen mit 1–2 m Tiefenstellung laufen müßte, lasse ich die Minen auf 3 m Tiefe umstellen, um die Boote nicht durch eigene Minentreffer zu verlieren.

Mehrere Scheinwerfer leuchten auf, die Boote werden aber nicht erfaßt. So sind wir hoffnungsvoll, als wir mit einer Wendung um 90° in die Backbord-Dwarslinie und auf den Wurfkurs von 130° gehen. Die ersten Minen fallen um 0204 Uhr. Plötzlich werden wir in breiter Silhouette vom Scheinwerferkegel erfaßt. Es ist 0207 Uhr. Wir sehen das Aufblitzen von Mündungsfeuer an Land. Der Detonationsknall dieser Granate aber kommt von unserer Backbordseite. Unser auf 100 m an Backbord stehendes Rottenboot »S 34« hat einen Volltreffer an Steuerbord mitschiffs in Höhe der Motorenräume erhalten, was wir im Scheinwerferlicht erkennen. Auf Befehl nebeln alle übrigen Boote und drehen mit Äußerster Kraft voraus auf Nordkurs.

Ich bin mir darüber klar, daß der Treffer im Maschinenraum das Boot bewegungsunfähig gemacht haben wird. Jetzt geht es darum, die Besatzung zu retten angesichts eines Gegners, der durch seine Scheinwer-

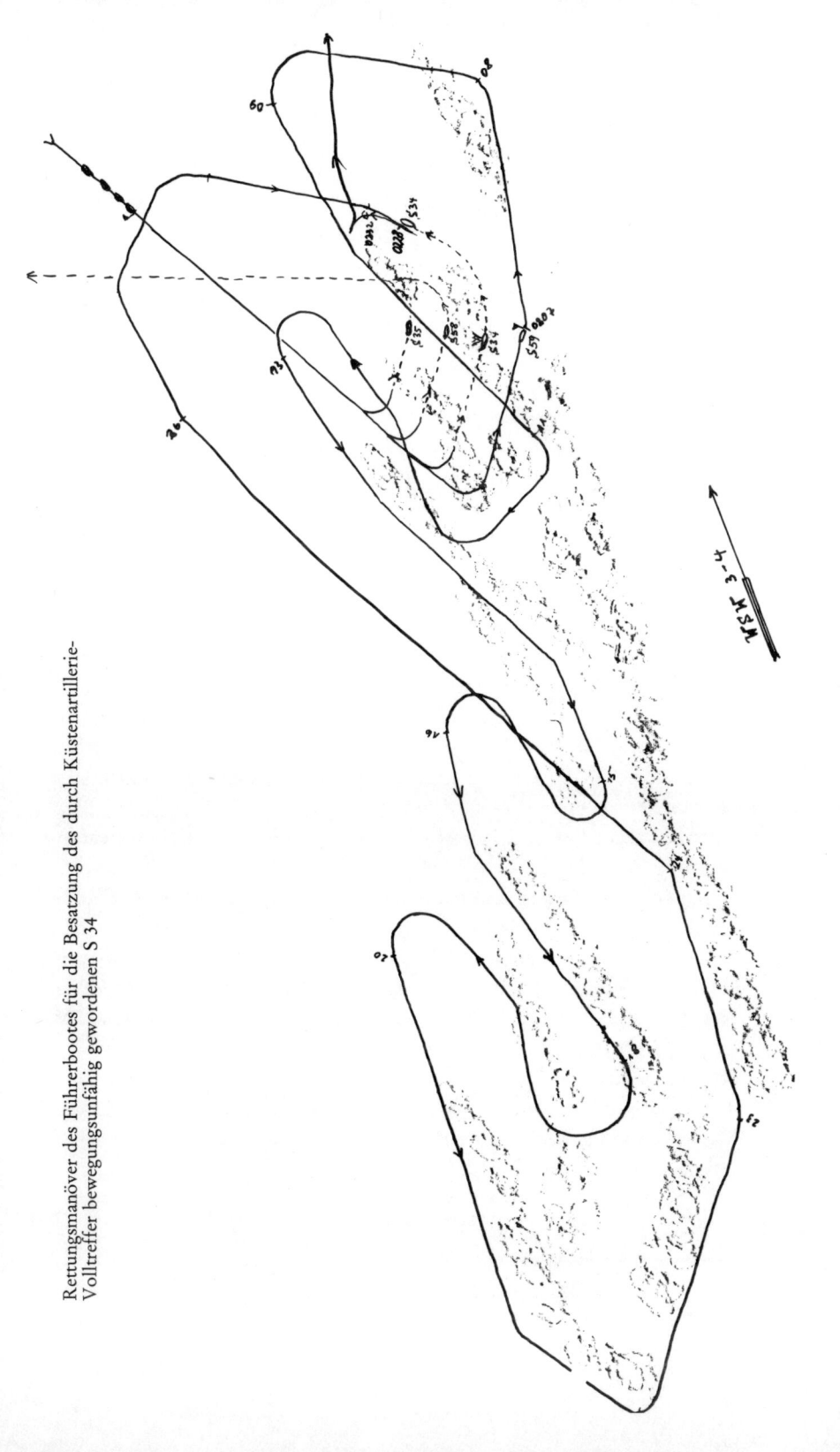

Rettungsmanöver des Führerbootes für die Besatzung des durch Küstenartillerie-Volltreffer bewegungsunfähig gewordenen S 34

fer Tagverhältnisse geschaffen hat und über gute Artillerie verfügt. Das havarierte Boot wird nur vorübergehend vom Nebel des Führerbootes gedeckt. So entlasse ich die 2. Rotte »S 58« und »S 35« mit dem Befehl, nach Westen und gegen die Küste vorzustoßen zur Ablenkung der gegnerischen Scheinwerfer- und Küstenbatterien. Die Boote reagieren prompt, nebeln und stoßen mit Südwestkurs auf die Küste vor, nebeln und drehen wieder ab. Mit dem Führerboot »S 59« beabsichtigen wir, die Besatzung zu retten und das Bootswrack zu versenken. Wir stoßen mit »S 59« auf Südwestkurs mit hoher Fahrt auf die Küste zu, werden sofort von Scheinwerfern erfaßt und von Küstenbatterien beschossen. Unsere Absicht ist, soweit wie möglich nach Süden zur Küste vorzudringen, so daß unser Nebel bei dem günstigen WSW-Wind das havarierte Boot gegen Sicht von der Küste schützen kann, um dann mit dem Führerboot selbst längsseit zu gehen, die Besatzung und Geheimsachen zu retten und das Bootswrack zu versenken, soweit es durch den Volltreffer der Artillerie in den Maschinenräumen nicht schon gesunken sein sollte nach den Erfahrungen, die wir gerade vor 1 Woche beim Minentreffer auf »S 31« gemacht hatten. Wir steuern mit Höchstfahrt auf Zickzack-Kursen durch die vor uns liegenden Wasserfontänen der feindlichen Granaten und nebeln, müssen aber wegen der deckenden Trefferlage nach 2 Minuten nebelnderweise wieder abdrehen. Wir nebeln weiter und drehen nach Backbord, um erneut gegen die Scheinwerfer und das Artilleriefeuer mit Südwestkurs unter dauerndem Nebeln anzulaufen in der Hoffnung, daß der mit dem Wind treibende künstliche Nebel das havarierte Boot gegen Sicht von der Küste schützen wird. Aber nein, wir sehen »S 34« erneut im Scheinwerfer liegen unter Küstenartilleriebeschuß, wenn auch nur vorübergehend. Nach 2 Minuten müssen wir unseren Vorstoß durch die Wasserfontänen abbrechen und drehen wieder immer noch nebelnd nach Steuerbord ab. Wir laufen erneut nach 1 Minute durch den Nebel auf die Küste zu und legen eine weitere Nebelwand. Es ist 0220 Uhr – 13 Minuten sind nach dem Artillerievolltreffer vergangen. Wir brechen noch einmal mit Höchstfahrt durch die von uns gelegten Nebelwände und legen eine Nebelwand auf östlichem Kurs parallel zur Küste, um dann wieder in den schützenden Nebel hineinzutauchen. Jetzt glauben wir, endlich soviel künstlichen Nebel erzeugt zu haben, daß »S 34« für längere Zeit von der Küste aus nicht gesehen werden kann.
Doch wo liegt das havarierte Boot? In diesem vernebelten Gefechtsfeld ein Schnellboot ohne gesetzte Laternen oder Lichtzeichen zu finden,

ist fast ausgeschlossen. Wir steuern in etwa in die Richtung der letzten Position des Bootes und sehen um 0226 Uhr das Boot kurz von einem Scheinwerfer beleuchtet. So steuern wir in Richtung dieser Peilung auf das Boot zu, welches jetzt Morsezeichen mit der Morsebuchse abgibt. Nach 2 Minuten schon sind wir längsseit. Beide Boote sind durch den Nebel gedeckt, die Scheinwerfer beißen sich an den Nebelwänden suchend fest, die Artillerie schießt wild durcheinander. Wie gut, daß sie noch nicht nach Radar durch den Nebel schießen kann!
Der Kommandant, Oblt. z. S. Günther Schulz, meldet den sinkenden Zustand des Bootes. Die Verwundeten werden übernommen, die Besatzung steigt mit Geheimsachen über auf das Führerboot. »S 34« scheint auf ebenem Kiel mit erheblicher Tiefertauchung durch den Wassereinbruch in den beiden Maschinenräumen zu liegen. Ich befehle die Versenkung des Bootes durch Sprengung, wie dies in der Klarschiffrolle festgelegt ist. Die im Vor- und Achterschiff festeingebauten Sprengpatronen zum Zwecke der Selbstversenkung werden unter Aufsicht des Kommandanten abgezogen, dann steigen der Torpedomechaniker, die seemännische Nr. 1 und der Kommandant auf meinen Befehl über. Fast im selben Moment ist der Nebel vertrieben, wir legen mit dem Führerboot um 0231 Uhr beschleunigt ab und werden von der Artillerie wieder beschossen. Wir nebeln und stoppen nach 3 Minuten hinter dem Nebel, um die Wirkung der Sprengung des Bootes abzuwarten und zu beobachten.
Um 0242 Uhr detonieren die Sprengpatronen, die Scheinwerfer suchen erneut die Wasseroberfläche ab und halten sich an der Rauch- und Wassersäule der Detonation fest. Den Untergang des Bootes können wir wegen des Artilleriebeschusses nicht mehr beobachten, zweifeln jedoch nicht daran, daß das Boot innerhalb der nächsten halben Stunde gesunken sein wird. Wir treten den Rückmarsch an und übernehmen den Arzt von der inzwischen auf uns sammelnden Rotte »S 58« und »S 35«.
Um sicher zu sein, eigentlich zur eigenen Beruhigung, setze ich um 0245 Uhr – 3 Minuten nach der Sprengung – einen Funkspruch ab an das II. Fliegerkorps und an den Befehlshaber mit der Bitte, bei der Morgenaufklärung gleich nach Einbruch der Morgendämmerung möglicherweise noch schwimmende Wrackteile mit Bomben oder Bordkanonen zu versenken, um zu verhindern, daß irgendetwas in Feindeshand fallen könnte.
Wir laufen um 0620 Uhr ein. Sofort rufe ich meinen üblichen Gesprächspartner beim II. Fliegerkorps in Messina an, um ihn nach dem

Ergebnis der Morgenluftaufklärung zu fragen. Zu meiner Überraschung erfahre ich, daß die eigenen Jäger das Wrack noch zur Hälfte schwimmend gesichtet haben und es durch 2maligen Einsatz von 2 Jagdbombern mit Bomben getroffen und versenkt haben. Leider ging bei diesem Einsatz 1 eigene Me 109 im Luftkampf mit britischen Spitfire-Jägern verloren.

Wieder hatten wir beklagenswerte Verluste. 1 Unteroffizier der technischen Besatzung war auf seiner Gefechtsstation als Fahrmaat eines Motors gefallen, mit ihm 2 Maschinenobergefreite. Schwer verwundet wurde 1 Maschinenobergefreiter, leicht verwundet 1 technischer Unteroffizier und der 2. italienische Verbindungsoffizier, Tenente Mario Barone.

Wir hatten uns kaum vom Schock dieser verlustreichen Nacht und in Erinnerung an den Untergang von »S 31« vor knapp 1 Woche erholt, als auch schon der Befehl zur Beladung von 4 Booten mit Minen eingeht. Ohne eine gründliche Überlegung über die veränderte Situation und die Voraussetzungen zum Werfen weiterer Minensperren direkt unter der Maltaküste in Reichweite der Küstenbatterien angestellt und ein Urteil über die Durchführbarkeit und Zweckmäßigkeit weiterer Minenoperationen gewonnen zu haben, erfolgt dieser neue Beladebefehl, obwohl der Stab in Rom den Funkspruch über den Untergang von »S 34« infolge Küstenartilleriebeschuß erhalten haben mußte. Sicher aber war dieser Beladebefehl routinemäßig ausgegangen, ohne unseren Gefechtsbericht abzuwarten.

Nachdem ich diesen Gefechtsbericht über die Nachtoperation abschnittsweise in mehreren Geheim-Fernschreiben an den Befehlshaber abgesetzt hatte, ging am nächsten Tage, am 18. Mai um 1925 Uhr, das alles erlösende und erwartete Fernschreiben vom Befehlshaber ein: »Kein Mineneinsatz mehr. Klarmachen zur Überführung nach Nordafrika.«

Die gesamte Flottille atmet auf, daß diese schwierige und gefährliche, zu Beginn wegen der zahllosen Zündversager enttäuschende und zum Schluß nervenaufreibende, von jetzt ab aber nicht mehr verantwortbare und zumutbare Aufgabe einer weiteren Verminung der Insel Malta in Reichweite der Küstenbatterien nunmehr entfällt.

ABSCHLIESSENDE BETRACHTUNG ÜBER DIE VERMINUNG MALTAS

Bei Abschluß der Verminung der Inselfestung Malta am 19. Mai 1942 trug ich damals folgende »Allgemeine Bemerkungen« ins KTB ein:

»Es sind insgesamt 24 Minenunternehmungen durchgeführt worden. Das mosaikartige Aneinanderreihen der einzelnen Sperren ist navigatorisch nur dadurch ermöglicht worden, daß ich anhand der Echolotanlagen oft Stunden dauernde Lotreihen anstellen konnte, um einen genauen Schiffsort zu erhalten.
Wenn es gelungen ist, insgesamt 23 Minensperren, von denen der größte Teil unmittelbar unter der Küste und vor der Moleneinfahrt durchgeführt wurde, vom Feinde unbehelligt zu legen, so ist das in erster Linie auf die Unaufmerksamkeit der Wachtposten an der Küste zurückzuführen.
Die Kommandanten und Besatzungen haben oft in 3–4 aufeinanderfolgenden Nachteinsätzen ein Höchstmaß an Beanspruchung und Einsatzbereitschaft durchgehalten. Für die Wirkung der Sperren war das schnelle Auslegen von entscheidender Bedeutung, zumal der Nordafrikaeinsatz bevorstand und die Flottille für diese Aufgabe wieder bereitgestellt werden mußte.
Die Hoffnung auf baldigen Torpedoeinsatz hat sowohl den Kommandanten als auch den Besatzungen erheblichen Auftrieb gegeben, was nach den verlustreichen und schwierigen Malta-Unternehmungen voll zu verstehen ist. Auch der jüngste Seemann hatte klar erkannt, daß bei jedem Einsatz die Gefahr der eigenen Vernichtung durch Artilleriefeuer oder durch eigene Minentreffer in dem überaus stark verseuchten Seegebiet bestand, wogegen der Erfolg dieser Unternehmungen ihm nicht sichtbar wurde. Insbesondere in dem Augenblick, als die Verluste eintraten, wurde den Besatzungen klar, was sie geleistet hatten. Sehr glücklich und psychologisch günstig wirkte sich der Umstand aus, daß die Überlebenden und Verwundeten beider verlorengegangenen Boote gerettet werden konnten. Der Begriff der »Rottenkameradschaft« gerade in schwierigsten Situationen ist den Männern in beiden Fällen zum Bewußtsein gekommen.«

BILANZ ÜBER DEN MINENEINSATZ GEGEN MALTA
VOM 16. 12. 41 BIS 17. 5. 42

Einschließlich der beiden Aufklärungsvorstöße am 12. und 13. Dezember 1941 hat die Flottille – zunächst bestehend aus 5 Booten, ab 5. Februar 1942 aus 10 Booten – in 156 Tagen

29 Operationen durchgeführt. Davon waren
24 Minenoperationen vor Malta,
2 erste Aufklärungsvorstöße nach Malta,
2 Operationen gegen 2 Alexandria-Malta-Geleitzüge,
1 Operation gegen das Wrack des Versorgers »Breconshire«,
5 S-Boote standen im Durchschnitt pro Operation zur Verfügung,
7 Operationen wurden wegen schlechter Wetterlage abgebrochen,
3 Aufklärungsmeldungen – 2 bei 2 Geleitzügen, 1 bei Kreuzer »Welshmann« – lagen vor, bei
2 Operationen wurden Kriegsschiffe und »Welshman« gesichtet,
0 Handelsschiffe wurden gefunden, bei
2 Minenoperationen wurden anschließend Artilleriegefechte geführt.
7 Torpedos wurden verschossen, davon
4 auf Minenkreuzer »Welshman« und
3 auf 1 Trawler und 1 Bewacher.
557 Minen wurden geworfen, davon
133 TMA
8 LMF
4 UMA
216 UMB
196 FMC-Minen.
416 Sperrschutzmittel wurden geworfen, davon
308 Sprengbojen
108 Reißbojen
Als versenkt wurden gemeldet
  1 Motor-Launch »ML 130« durch Artillerie
  1 Trawler durch Artillerie
Als beschädigt wurden gemeldet
  1 Bewacher durch Artillerie.
An Verlusten erlitt die Flottille
  13 Gefallene und 6 Verwundete bei 2 Bootsverlusten, »S 31« sank vor La Valetta durch Mine 10. 5. 42, »S 34« sank durch Küstenartillerievolltreffer 17. 5. 42.
Von 156 Tagen konnte auf Grund schlechter Wetterlage an
67 Tagen kein Einsatz durchgeführt werden,
an 16 Tagen war kein Einsatz wegen mangelndet Ziele bzw. wegen Minenzündungsversager,

Verminung der Insel Malta

MT 1	16.12.41
MT 10	18.12.41
MT 2	23.12.41
MT 3	24.12.41
MT 4	2.2.42
MT 5	15.1.42
MT 6	12.2.42
MT 7	16.2.42
MT 8	17.2.42
MT 9	19.3.42
MT 10	3.4.42
MT 11	11.4.42
MT 12	12.4.42
MT 13	13.4.42
MT 14	20.4.42
MT 15	21.4.42
MT 16	25.4.42
MT 17	26.4.42
MT 18	27.4.42
MT 19	28.4.42
MT 20	3.5.42
MT 21	6.5.42
MT 22	9.5.42
MT 23	10.5.42
MT 24	17.5.42
MT 25	3.11.42 südlich Malta
MT 26	4.11.42
MT 27	7.11.42

Minensperren vor Malta

an 15 Tagen hatten die Besatzungen »Ruhe« nach mehreren aufeinanderfolgenden Einsatznächten,
an 19 Tagen war kein Einsatz wegen Vollmond.
Es war ein Glück, daß die Zündungsversager bei den TMA-Minen gleich im Anfang der Verminung auftraten, als in der 2. Dezemberhälfte und in den Monaten Januar und Februar und noch im März meist so schlechtes Wetter herrschte, daß die Boote mit der Minenbeladung sowieso nur an wenigen Tagen hätten auslaufen können. Während dieser Zeit konnten andere bewährte Minenarten – wenn auch nicht für unseren Zweck besonders geeignet – aus deutschen Depots nach Sizilien transportiert werden.

BEURTEILUNG UND WERT DER VERMINUNG MALTAS

Nach einer 1. Bilanz über den Aufwand und die Verluste beim Mineneinsatz kann der Erfolg – die 2. Seite der Bilanz – zum Zeitpunkt der Beendigung der Minenoperationen nur in Gestalt von Fragen angedeutet werden.
Sie sollen lauten
  1. Was hat die Flottille mit diesen Sperren außer dem bisher bekannt gewordenen Verlust des britischen Zerstörers »Southwold« am 24. 3. 42 erreichen können im Zusammenwirken mit den schweren Schlägen des II. Fliegerkorps, die zu dem Zustand einer vorübergehenden Paralysierung der Insel als Stützpunkt für britische See- und Luftstreitkräfte führte?
  2. Von welchem Zeitpunkt ab war sich die britische Führung über das Ausmaß der Verminung vor Malta im klaren, nachdem im März 1 »Hunt«-Zerstörer »Southwold« gesunken war?
  3. Wieweit war die britische Führung bereit, ein höheres Risiko durch unsere Minen beim Nachschub für Malta in Kauf zu nehmen?
  4. Wieweit wurde der Nachschub für die Achsenkräfte in Nordafrika durch die Verminung Maltas indirekt begünstigt?
Eine Antwort auf diese und andere Fragen sowie ein Urteil über den Wert der Verminung kann erst nach längerer Zeit des Krieges gegeben bzw. gefällt werden, da die Wirksamkeit der Minen als Seekriegsmittel erst nach längerer Zeit erkannt und übersehen werden kann. Immerhin sagt Roskill über den Zeitraum April/Mai 42 im Volume II
»... und Verlust von Minensuchern rief schnell eine neue Krise hervor, wodurch die Hafenzufahrten durch Minen gesperrt waren.«

Alle Kreuzer und Zerstörer hatten Anfang April und die verbliebenen U-Boote der 10. U-Flottille bis Anfang Mai die Insel verlassen. Wir werden aber schon bei der Einbringung von »Resten« des nächsten Geleitzuges von Gibraltar nach Malta im Juni 42 sehen, welche Wirkung von den geworfenen Minen ausging. Hierzu wird zunächst folgende Feststellung im italienischen Seekriegswerk zitiert:

»In questo ordine di idee va inquadrato anche il minamento delle entrate del porto de La Valetta, eseguito in dicembre dalla 3 flottiglia MTB tedesca, con battelli S, agli ordini del comandante Kemnade: operazione brillante, che paralizzò per un certo periodo il traffico nella zona d'arrivo al Grand Harbour e causò perdite agli Inglesi, nonostante i loro efficaci sistemi di dragaggio ...«.

»... In dieser Beziehung wird noch die Verminung der Hafeneinfahrten nach La Valetta erwähnt, die seit Dezember 1941 durch die deutsche 3. Schnellbootflottille unter Führung des ... durchgeführt wurde: Brillante Operationen, die für eine gewisse Zeitperiode den Schiffsverkehr in der Hafeneinlaufzone zum »Grand Harbour« paralysierte und den Engländern trotz der Wirksamkeit ihrer Minenabwehr Verluste einbrachte ...«

WIRKUNGSMÖGLICHKEITEN VON JAGDFLUGZEUGEN UND KAMPFFLUGZEUGEN AUF MALTA

Bei Abschluß des Kapitels »Der Kampf gegen Malta« ist es nach Aufstellen einer 1. Bilanz über den Mineneinsatz notwendig, einige wenige Grundregeln über die Verschiedenartigkeit der Wirkungsmöglichkeiten von Jagdflugzeugen auf der einen und von Kampfflugzeugen auf der anderen Seite in ihrer Beziehung zu den Begriffen Luftherrschaft und Seeherrschaft in einem bestimmten geographischen Raum – in diesem Fall bezogen auf die Situation im Raum Malta, Östliches Mittelmeer, Nordafrika – anzuführen.

Mit überlegener Zahl an Jagdflugzeugen kann Luftherrschaft über der Insel Malta bis an die Grenze der brennstoffbedingten Reichweite voll ausgeübt werden. Seeherrschaft aber kann nur durch Angreifen und Vernichtung des deutsch-italienischen Seeverkehrs ausgeübt werden. Dies ist mit Jagdflugzeugen nicht erreichbar.

So konnten z. B. unsere Nachschubgeleite im April und Mai fast verlustlos in Tripolis und Benghasi einlaufen.

Anders liegen die Verhältnisse für weitreichende Aufklärungs- und Kampfflugzeuge, die – mit Bomben und Torpedos ausgerüstet – »Seekrieg aus der Luft« zu führen in der Lage sind, indem sie ihre schweren Waffen bei Tage und bei Nacht gegen feindliche Seestreitkräfte und den feindlichen Seeverkehr einsetzen können.
Solche Flugzeugtypen wie die »Fairy Albacore«, »Bristol Blenheim«, »Beaufort« und »Wellington« gibt es zu diesem Zeitpunkt in Malta überhaupt nicht und auf Flugplätzen in Ägypten kaum mehr.
Mitte Mai führte der Gegner eine neue Operation mit dem Ziel der Verstärkung der Luftstreitkräfte auf der Insel durch Jäger, Aufklärer, Bomber und Torpedoflugzeuge mit den alten Trägern »Eagle« und »Argus« durch, wodurch 17 »Spitfire«-Jäger Malta erreichten.
So besitzt Malta jetzt zwar eine gute Luftverteidigung mit innerhalb von 4 Wochen mehr als 123 überführten Jagdflugzeugen, aber kein Angriffspotential gegen den italienischen Seeverkehr nach Nordafrika oder zur Bombardierung italienischer Häfen.
Ein von Roskill erwähntes besonderes Ereignis im Seekrieg im Östlichen Mittelmeer soll für die oben zitierten Grundsätze als weiteres Beispiel angeführt werden. Es beleuchtet die dortigen Stärkeverhältnisse in der Luft und zur See und zeigt Auswirkungen auf die weitere Kriegführung in Nordafrika.
In den Tagen vom 7. bis 12. Mai, in denen die 2. Überführung von Jagdflugzeugen durch die Flugzeugträgergruppe »Wasp« nach Malta stattfand, lief ein deutsch-italienischer Geleitzug östlich an Malta vorbei in Richtung Benghasi. Diese Operation war durch den britischen Geheimdienst ermittelt worden. Von der im wesentlichen nur noch aus 2 leichten Kreuzern und wenigen einsatzbereiten Zerstörern bestehenden Mittelmeerflotte in Alexandria wurde 1 Zerstörerdivision unter Captain A. L. Poland mit den modernen Flottenzerstörern »Jervis«, »Kipling«, »Lively« und »Jackal« zum Angriff angesetzt. Die Zerstörer wurden schon auf ihrem Anmarsch von Alexandria am 11. Mai von deutscher Luftaufklärung erfaßt, worauf die Zerstörer gemäß Operationsbefehl kehrtmachten, um einem wahrscheinlich später folgenden Luftangriff bei Tage zu entgehen. Die deutschen Angriffsflugzeuge vom Typ »Ju 88« jedoch kamen schneller als gedacht. Sie starteten in Heraklion auf Kreta. Diese 31 Kampfflugzeuge vernichteten bzw. beschädigten bei ihrem Sturzflugangriff 3 von den 4 Zerstörern so schwer, daß alle sanken bzw. versenkt werden mußten. Nur der Führerzerstörer »Jervis«, der 630 Überlebende retten konnte, entkam und lief nach Alexandria zurück.

FRAGE: KANN MALTA ÜBERLEBEN UND WIEDERERSTARKEN?

Die Frage, ob Malta überleben und wieder Basis für Seestreitkräfte und schwere Kampfflugzeuge werden kann, nachdem alles Kampfpotential der Marine und der Luftwaffe auf Malta infolge der schweren Bombardierung im April/Mai und Verminung der Hafenzufahrten entweder vernichtet oder ausgelaufen war, hing davon ab, ob die oberste deutsch-italienische Führung dem Feldzug in Nordafrika die erforderliche Beachtung schenkte. Das war – auch nach einem Besuch Rommel's bei Hitler und Mussolini – nicht der Fall.
Roskill bezeichnet mit Recht das Eintreffen von rund 120 »Spitfire«-Jagdflugzeugen als »Turning Point in the Battle for Malta«.
So konnte Malta mit seiner neu geschaffenen »Luftverteidigung« zunächst überleben und sich der Bombenangriffe wirksam erwehren und durch U-Boote mit Treibstoff für die Jäger und mit Lebensmitteln für die Bevölkerung weiter versorgt werden. Unter solchen Umständen konnte auf der Insel aufgeräumt und konnten Bombenschäden beseitigt, die Seeminen zum Teil geräumt und Vorbereitungen für die Wiederstationierung von Kampfflugzeugen – Bombern und Torpedoflugzeugen – sowie von U-Booten, Kreuzern und Zerstörern in absehbarer Zeit getroffen werden.
Ein wiedererstarktes Malta wäre in der Lage, unseren Seenachschub nach Nordafrika zu einem solchen Zeitpunkt empfindlich zu schädigen, was sich entscheidend für die weitere Kampf- und Widerstandskraft der »Panzerarmee Afrika« auswirken würde.
Im Augenblick aber schienen alle Trümpfe der Achse noch zu stechen, denn der Nachschub über See war fast verlustlos in Tripolis und Benghasi eingetroffen, so daß Rommel seine Offensive aus der El Ghazala-Stellung Ende Mai beginnen konnte.

Kapitel IX

Der Einsatz der Flottille im Östlichen Mittelmeer

21. Mai bis 7. September 1942

Der Zustand der Kriegsbereitschaft der Flottille ist verhältnismäßig gut, dank rechtzeitiger Planung der Motorenüberholungen der Boote durch den Flottilleningenieur und des Zupackens der Besatzungen und des Flottillen-Stützpunktpersonals sowie der guten Zusammenarbeit mit der italienischen Marine, besonders der Marinewerft in Palermo, woran unser italienischer Verbindungsstab unter Führung seines von uns sehr geachteten und beliebten Verbindungsoffiziers Tenente di Vascello Luigi de Manincor, genannt »Gigi«, mit seinen Assistenten Sotto Tenente Mario Barone und de Tomasi ihren verdienstvollen Anteil haben. Ohne diese Hilfe unserer Gastgeber wäre die Flottille seit ihrem Eintreffen vor genau 6 Monaten nicht in der Lage gewesen, von Augusta und Porto Empedocle aus so reibungslos operieren zu können.

Mit Begeisterung rüsten die Besatzungen ihre Boote für die Verlegung nach Derna aus.

Die inzwischen unter Führung von Oblt. z. S. von Gernet von Wilhelmshaven nach La Spezia überführten Boote »S 30«, »S 36«, »S 55« und »S 60« sind ab 21. Mai in La Spezia verlegungsbereit nach Augusta.

Die Boote »S 33«, »S 61« und »S 35« haben ihre große Motorenüberholung in Palermo noch nicht beendet. So sind für die Verlegung nach Nordafrika bereit die Boote »S 54«, »S 56«, »S 57«, »S 58« und »S 59«.

Am 21. Mai abends laufen wir mit den Booten »S 54«, »S 57«, »S 58«, »S 56« und »S 59« aus Augusta aus und marschieren mit 26 kn in die Navarino-Bucht, wo wir um 0500 Uhr morgens an der griechischen Küste das Hochgebirge von Arkadia erkennen. 3 Stunden später passieren wir den Leuchtturm von Pylos und ankern auf Pylos-Reede.

In dieser Bucht von Navarino fand am 20. Oktober 1827 die letzte Schlacht der Segelschiffe statt. Hier unterlag die türkische Flotte der

von dem englischen Admiral Codrington befehligten verbündeten Flotte der Engländer, Franzosen und Russen, die den griechischen Freiheitskampf gegen die Türken unterstützten.
Wir gehen um 2100 Uhr Anker auf zum Nachtmarsch nach Suda-Bucht auf Kreta. Hier im Ionischen Meer haben wir schönstes Wetter mit SO-Wind Stärke 1 und glatter See. Um Mitternacht passieren wir die Insel Cerigotto an Backbord. Kap Spartha – die NW-Huk der Insel Kreta – kommt um 0130 Uhr in Sicht.
Mit unseren Schnellbooten durchpflügen wir zur Zeit ein Meer, auf dem im Altertum vor mehr als 2000 Jahren die alten Seevölker – die Phönizier, Griechen, Kreter, sowie Ägypter und Römer nicht nur Seehandel trieben, sondern sich auch gewaltige Seeschlachten um den Reichtum des Seehandels mit unbeschreiblichen und für unsere Zeit unvorstellbaren menschlichen Verlusten beim Untergang ihrer Schiffe lieferten.
In der Agäis wurde das von dem in griechischen Diensten stehenden Syrer Kallinicus erfundene »Griechische Feuer«, der Vorläufer des Geschützes, zum ersten Male als seekriegs-entscheidende neue Waffe im Jahre 677 n. Chr. gegen die sarazenische Flotte des Kalifen Moawiyah bei der 4jährigen Belagerung Konstantinopels angewandt. Konstantinopel hatte somit als Zentrum der abendländischen und griechischen Christenheit dem ersten Ansturm eines neuen fanatischen Glaubens getrotzt. So war eine Entscheidung von weltgeschichtlicher Tragweite mit Hilfe einer neuen Waffe im Seekriege gefallen!
Gegen 0500 Uhr lotst uns ein Lotsenfahrzeug durch die vor der Suda-Bucht ausliegenden Defensiv-Minensperren. Wir passieren das Wrack des durch italienische Schnellboote versenkten britischen Kreuzers »York«, machen um 0600 Uhr in Suda an der Mole fest, ergänzen Brennstoff und erwarten den Auslaufbefehl vom Befehlshaber, der inzwischen seinen »Führungsstand Afrika« mit einer Funkstelle in Derna errichtet hat.
Wir laufen am 26. 5. abends aus Suda aus und überqueren das Mittelmeer. Um 0500 Uhr kommt die nordafrikanische Steilküste in Sicht, 1 Stunde später machen wir an einer behelfsmäßig ausgerüsteten Pier bei Ras el Hilal im Päckchen fest zur Brennstoffübernahme aus Fässern mittels Handpumpen – ein ziemlich langwieriges Geschäft!
Zum ersten Mal haben wir afrikanischen Boden unter unseren Füßen – nur Steine, kein feiner Dünensand wie in der Sahara, womit wir gerechnet hatten! Nach einem kurzen Orientierungsspaziergang kehren wir an Bord zurück, um wegen des bevorstehenden Nachteinsatzes

noch ein wenig vorzuschlafen. Punkt 1300 Uhr erscheint ein Kurier auf der Pier und überbringt der Flottille den »Operationsbefehl« für die Nacht.

DER ADMIRAL SETZT SEINE FLAGGE AUF »S 57« BEI BEGINN DER OFFENSIVE AM 27. MAI

Zwischen der El Ghazala-Stellung und Tobruk ist in der kommenden Nacht ein kleines Schein-Landungsunternehmen mit dem Stichwort »Hecker« mit Fährprähmen und Pionierfähren von Derna auslaufend beabsichtigt.
Die Flottille hat die Aufgabe, das Landungsunternehmen nach Osten gegen feindliche Seestreitkräfte aus Richtung Tobruk kommend zu sichern. Als Nahsicherung für den Landungsverband ist die 6. Räumbootflottille unter meinem Kameraden Kapitänleutnant Peter Reischauer von der Crew 32 vorgesehen.
»S 57« wird noch vor Abenddämmerung nach Derna entlassen, um den Befehlshaber, Vizeadmiral Weichold, einzuschiffen, der für das Gesamtunternehmen die Verantwortung trägt.
Wir laufen abends mit den übrigen 5 Booten um 1800 Uhr am 27. Mai aus in Richtung Tobruk. Schon nach 1 Stunde erreicht uns der Rückrufbefehl »Sofort Derna einlaufen, ankern, 15 Minuten-Bereitschaft«. Wir laufen um 2000 Uhr in Derna ein und machen an der Bordwand eines Dampferwracks fest. Der Befehlshaber erwartet uns auf der Steinmole. Ich melde mich mit der Flottille zur Stelle und erfahre, daß Generaloberst Rommel das Landungsunternehmen »Hecker« um 24 Stunden verschoben hat. Seit heute – 27. Mai – um 1400 Uhr schießt die deutsch-italienische Artillerie auf die von den Engländern hervorragend ausgebauten Verteidigungsstellungen der El Ghazala-Front. Für die mondhelle Nacht, die auch in der Wüste zum Tage wird, hat die »Panzerarmee Afrika« eine umfassende, den Gegner überraschende Umgehungsoperation durch die Wüste geplant, bei welcher das Landungsunternehmen eine Diversionswirkung auf den Feind ausüben soll, zumal dem Gegner der Einblick in den mit vielen kleinen Fahrzeugen bis zur Halskrause voll belegten Hafen Derna und auch in die Bomba-Bucht durch seine Flugzeuge gelungen sein mußte.
Am nächsten Morgen begrüße ich unsere Männer vom Stützpunkt Derna unter Führung von Oblt. (Ing) Lührs, der inzwischen den von Oblt. (Ing) Bielitzer aufgebauten Stützpunkt als Leiter übernommen hat. Ein Rundgang zum mit Hilfe von Pionieren gebauten Torpedo-

und Munitionsbunker, zur Torpedoregelstelle, zum Brennstofflager und in die Werkstatträume überzeugt mich von der guten Aufbauleistung der wenigen hier als Spezialisten tätig gewesenen Soldaten der Flottille.
Am Abend des 28. Mai laufen wir gemäß Operationsbefehl um 1830 Uhr aus. »S 57« als Flaggschiff folgt mit dem Befehlshaber, um den Landungsverband zu führen.
Um 2015 Uhr entlasse ich die anderen 3 Boote zur Einnahme ihrer Position im Aufklärungsstreifen, den wir ½ Stunde später gebildet haben. Wir treten unseren Vormarsch auf Ostkurs an. Die Sicht ist gut in dieser mondhellen, wolkenlosen Nacht. Kein Gegner könnte unbemerkt bis zu 15 sm Abstand von der Küste durch unseren Aufklärungsstreifen durchschlüpfen.
Ab 2100 Uhr beobachten und hören wir Bombendetonationen und Artilleriefeuer der Panzerarmee Afrika von der Küste her. Als wir noch westlich von Tobruk stehen, herrscht dort Fliegeralarm. Bombendetonationen, Fla-Feuer und Scheinwerfer sind zu sehen. Eine feurige Vollmondnacht an Land, während auf See um uns herum Totenstille herrscht.
Um 2245 Uhr schält sich ein Schatten genau voraus als Bewacher heraus, der beim Näherkommen einen grünen Stern schießt. Das ist sicher das verabredete Alarmsignal mit seiner Befehlsstelle an der Küste. Wir machen kehrt und halten Fühlung an dem auf und ab stehenden Bewacher. An der beabsichtigten Landungsstelle leuchten hin und wieder Küstenscheinwerfer auf, die die Wasseroberfläche absuchen.
Um 2311 Uhr erreicht uns der Funkspruch vom Befehlshaber, daß das Unternehmen »Hecker« anzuhalten ist. Wir erhalten den kurzen Befehl »Einlaufen« und machen um 0215 Uhr in Derna fest.
Im Laufe des Tages wird bekannt, daß der Gegner Anweisung gegeben hat, an den beabsichtigten Landungsstellen der Deutschen scharf Ausguck zu halten. Der Feind hat also gewußt, daß das Landungsunternehmen »Hecker« beabsichtigt war. Dieses Schein-Landungsunternehmen wird nunmehr endgültig abgesagt.
Am 30. 5. laufen »S 60« und »S 55« aus Augusta kommend ein, so haben wir jetzt 7 einsatzklare Boote. Mit unserer gegenwärtigen Aufgabe und mit uns selbst sind wir nicht ganz zufrieden, weil wir wegen des Vollmondes nicht erfolgreich operieren können, während unser Kameraden an Land am heißen Tage und in der kalten Nacht kämpfen, angreifen und den gut verschanzten Feind werfen müssen, wobei die Flieger Unterstützung leisten.

Vom 3. Juni ab jedoch stört uns der Mond nicht mehr so stark, weil er erst nach Mitternacht aufgeht. Inzwischen sind auch »S 30« und »S 36« in Derna eingelaufen. Ich laufe mit 4 Booten am Abend des 3. Juni aus zu einem Erkundungsvorstoß in das Seegebiet vor der feindlichen Küste bis östlich Tobruk. Hier muß ja Geleitzugverkehr von Alexandria nach Tobruk laufen. Gegen 2300 Uhr sichten wir auf dem Führerboot einen schmalen Schatten auf östlichem Kurs. Wir gehen mit der Fahrt herunter. Beim Näherkommen glauben wir einen ablaufenden kleinen Zerstörer vor uns zu haben.

FEHLSCHÜSSE AUF DAMPFER VOR TOBRUK
– ABER 1 TREFFER AUF TRAWLER

Beim Aufdampfen zwischen der Küste und dem Schatten wird ein 2. größerer Schatten gesichtet. Vermutlich ist das zuerst gesichtete Schiff ein Geleitzerstörer und vor ihm 1 Dampfer. Nach Identifizierung setzen wir eine Aufklärungsmeldung für den Angriff der anderen 3 Boote ab. Der Mond geht jetzt im Osten auf, weshalb wir mit dem Führerboot »S 54« um 2335 Uhr 2 Torpedos auf den leeren etwa 5000 BRT-Frachter losmachen, die beide vorn vorbeigehen. 2 Minuten später wird hinter dem Dampfer 1 weiteres Schiff (vermutlich Geleitzerstörer) mit 2 Schornsteinen ausgemacht.
Inzwischen haben wir 2 Reservetorpedos nachgeladen und greifen abermals mit 2 Torpedos aus achterlicher Lage auf weniger als 1000 m Entfernung an. Sofort nach unserem Abdrehen zum Torpedoschuß dreht auch der Dampfer ab. So gehen auch diese beiden Torpedos parallel an seiner Steuerbordseite vorbei. Diese mondhelle Nacht ist zum Verzweifeln! Und der Dampferkapitän ist auf der Hut!
»S 57« schießt um 2342 Uhr 1 Einzelschuß auf den achtern stehenden vermutlichen Geleitzerstörer, leider auch vorbei.
»S 58« verfehlt mit einem Doppelschuß um 2356 Uhr den Dampfer ebenfalls. Nach Mitternacht um 0005 Uhr vernehmen wir eine Detonation. »S 57« meldet, daß es 1 Zerstörer getroffen hat und daß er sinkt. Jetzt macht der vor dem Dampfer laufende Zerstörer kehrt und läuft zur Untergangsstelle seines Kameraden-Zerstörers. An dem Dampfer halten wir weiter Fühlung und versuchen, die anderen Boote durch Aufklärungsmeldungen zum Angriff heranzuführen. Alle Boote kommen zum Schuß, aber kein Boot trifft den dauernd Kursänderun-

gen durchführenden Dampfer. »S 57« meldet, daß es von einem gerade aus Tobruk ausgelaufenen Zerstörer verfolgt wird.
Wir treffen sehr enttäuscht über uns selbst den Rückmarsch an. Auf 2 Booten führten zwei Bedienungsfehler zu Fehlschüssen.
Die Besatzungen haben seit 1 Jahr keine Torpedos mehr geschossen, neue Besatzungsteile haben sich bei den verschiedenen Gefechtsrollen noch nicht ins Teamwork eingewöhnt. Die taghelle Mondnacht schloß jeden Versuch eines unbemerkten Angriffs aus, da das Aufklatschen der Torpedos auf das Wasser von der Dampferbrücke aus sicher erkannt werden konnte. Schließlich hatten wir in dieser Nacht einen kleinen Trost durch den Erfolg von »S 57«.
Nach heutigen Erkenntnissen versenkte »S 57« keinen Geleitzerstörer, sondern den Escort-Trawler »Cocker« mit 350 t, der den Dampfer achteraus sicherte.
In den nächsten 4 Nächten bis zum 7./8. 6. ist die Flottille mit jeweils 1 Gruppe von 4 Booten zur Überwachung des Seegebietes bis östlich Tobruk in See. Außer bewacherähnlichen Fahrzeugen wird nichts gesichtet.

ENTWICKUNG DER LANDLAGE
BIS ZUM 8. JUNI 1942

Vom Befehlshaber werden wir über die Landlage unterrichtet. Dem listenreichen Oberbefehlshaber der Panzerarmee, Generaloberst Rommel, war es zunächst gelungen, mit seinen motorisierten Panzerverbänden durch Umgehung der 65 km langen El Ghazala-Verteidigungsstellung von der Wüste aus dem Gegner überraschend in den Rücken zu fallen und bis zur Küste zwischen der Hauptkampflinie und dem Verteidigungsring um Tobruk vorzustoßen. Dann aber schnitt der Gegner ihm die Verbindungen zu seinem Nachschub ab. Rommel konnte sich gerade noch mit der Masse seiner Kräfte von Osten her durch die britische Verteidigungsstellung nach Westen durchschlagen. Jetzt galt es, den gefährlichen südlichen Eckpfeiler der britischen Abwehrfront, das Fort Bir Hachheim zu nehmen, welches von einer französischen Brigade unter General Pierre König hart verteidigt wurde. Die Kräftelage bei Offensivbeginn war für Rommel nicht günstig. Er besaß 320 deutsche und 240 leichte italienische Panzer sowie 90 motorisierte – meist 8,8 cm – Geschütze, während sein Gegenspieler an der Front der britischen 8. Armee, General Ritchie, zunächst über 631 Panzer, später über weitere 250 Panzer verfügen konnte.

WIEDER EIN FEIND-GELEITZUG?

Auf Grund einer Horchmeldung der Luftwaffe soll am 9. Juni 1 Geleitzug im Östlichen Mittelmeer zwischen Mersa Matruh und Sidi el Barani festgestellt worden sein, dessen wahrscheinlicher Zielhafen Tobruk ist. Da mangels Kräften keine Sichtaufklärung geflogen werden kann, wird die Flottille mit allen 7 Booten im breiten Aufklärungsstreifen von 30 sm Breite nach Osten angesetzt.

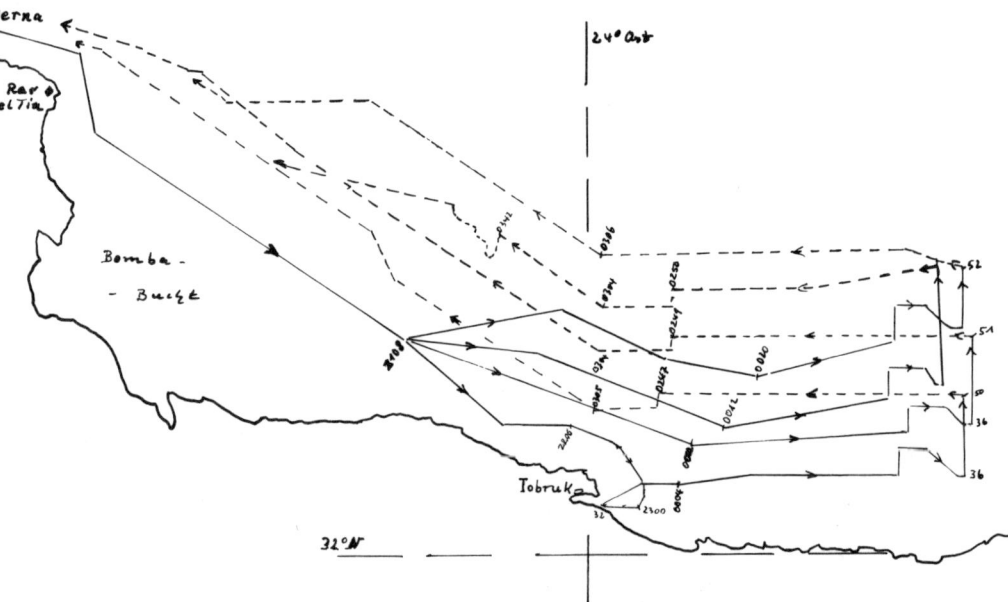

Aufklärungsstreifen mit 4 S-Booten vor Tobruk in der Nacht vom 5. zum 6. 6. 42

Wir laufen abends bei gutem Wetter aus und treten um 0530 Uhr kurz vor Morgengrauen den Rückmarsch an, nachdem wir nichts gesichtet haben.

Am nächsten Tage wird bekannt, daß am 11. 6. ein Geleitzug mit 6 Dampfern und zahlreichen Sicherungsfahrzeugen 10 sm vor Alexandria auf nordwestlichem Kurs gesichtet worden ist. Darunter sollen sich große Dampfer mit etwa 10000 BRT befinden, die 13–14 kn laufen. Die Kreuzerbelegung in Alexandria hatte sich in den letzten Tagen von 4 auf 8 Kreuzer erhöht. Ob es sich nicht doch um einen für die Insel Malta bestimmten Geleitzug handelt, denn solch große Schiffe können in Tobruk nur schwer entladen werden? So war die frühere Horchmeldung der Luftwaffe für den Einsatz der Flottille in der letzten Nacht vom 9. zum 10. Juni also doch keine Phantasie. Leider aber erhalten wir jetzt keine Aufklärungsmeldung, so daß wir abermals den Versuch machen müssen, dem Gegner entgegenzulaufen in der Hoffnung, daß er in unseren Aufklärungs- oder Vorpostenstreifen hineinläuft.

Wir laufen um 1900 Uhr mit 6 Booten aus. Um Mitternacht stehen wir 30 sm nördlich Ras Azzaz, der Wind weht aus NW mit Stärke 4–6, es herrscht Seegang 4, mäßige Sicht. Wir ziehen uns auseinander und stehen von der Küste bis etwa 50 sm nach Norden auf und ab. Hier kann kein Geleitzug ungesehen durchschlüpfen.

Befehlsgemäß treten wir, nachdem wir nichts gesichtet haben, um 0200 Uhr den Rückmarsch an.

Im Laufe des Tages, des 13. 6., wird durch Morgenluftaufklärung bekannt, daß der Geleitzug gemäß Horchmeldung nördlich Sidi el Barani kehrtgemacht hat und nach Meldung eines deutschen U-Bootes Ostkurs in Richtung Alexandria steuert. Ich schließe aus diesem mehrtägigen Auf- und Abstehen des Geleitzuges in durch deutsche U-Boote gefährdetem Seegebiet vor der ägyptischen Küste, daß es sich – auch unter Berücksichtigung der Größe der Dampfer – nicht um 1 Tobrukgeleit, sondern um 1 großen Nachschubgeleitzug für Malta handeln wird. Wir können ihn in der heute bevorstehenden Nacht noch nicht erreichen, aber wahrscheinlich passiert der Geleitzug das Seegebiet nördlich Derna–Tobruk in der Nacht vom 14. zum 15. Juni. Das kann unsere große Chance werden.

2 GELEITZÜGE VON ALEXANDRIA UND GIBRALTAR
AUF DEM MARSCH NACH MALTA

Am Morgen des 14. Juni stellt sich uns die Lage wie folgt dar: die britische Führung beabsichtigt, je 1 Geleitzug unter ungewöhnlich starker Sicherung sowohl von Alexandria als auch von Gibraltar gleichzeitig nach Malta durchzubringen. Die Insel konnte nämlich seit dem Fiasko mit dem Geleitzug vom 23./24. März, wodurch ganze 5000 t Ladung die Insel erreichten, nur durch den Minenkreuzer »Welshman« mit Fla-Munition und wichtigsten Ersatzteilen und durch einige U-Boote mit Treibstoff für die »Spitfire«-Jäger notdürftig versorgt werden. Um

Malta zu halten, sollen diese Operationen – »Vigorous« von Osten und »Harpoon« von Westen – gleichzeitig durchgeführt werden, um die Chance der Bindung starker deutsch-italienischer Luftstreitkräfte bei Rommels Offensive nach Osten zu nutzen und die für die Bekämpfung der beiden Geleitzüge freigemachten deutsch-italienischen Bomben- und Torpedoflugzeugverbände sowie italienische Flottenstreitkräfte zur Teilung und Aufsplitterung in 2 Seeräume zu zwingen. Auf diese Weise hofft die britische Führung sicherlich, soviele Nachschubdampfer nach Malta durchbringen zu können, daß die Insel in die Lage versetzt werden kann, wieder stärkere Kampfverbände der RAF sowie Kreuzer, Zerstörer und U-Boote aufzunehmen mit dem Ziel, den Nachschub über See für Rommel wirksam bekämpfen zu können. Als Seemacht weiß die englische Führung ganz genau, daß man einen auf Seeverkehr angewiesenen Gegner am sichersten dadurch besiegt, daß man ihm die Zufuhr, seinen Nachschub über See, abschneidet.
Sicher glaubt die englische Führung, daß der u. a. durch 2 Flugzeugträger und 1 Schlachtschiff gesicherte von Gibraltar laufende Geleitzug größere Chancen zum Durchkommen nach Malta haben wird, weil hier weder italienische Schlachtschiffe noch die Masse der deutschen Luftwaffenverbände würden eingreifen können.
Für die Achsenstreitkräfte kommt in dieser Lage alles darauf an, beide Geleitzüge so zu schädigen, daß die im April/Mai 1942 erreichte Neutralisierung der Insel Malta in bezug auf ihre Funktion als Basis für Luft- und Seestreitkräfte erhalten bleibt.
Der von Gibraltar kommende Geleitzug besteht aus 6 Handelsschiffen, gesichert durch das Schlachtschiff »Malaya«, 2 Flugzeugträger »Eagle« und »Argus«, 4 Kreuzer »Kenya«, »Liverpool«, »Charybdis« und »Cairo«, 17 Zerstörer, 4 Flotten- und 6 kleine Minensuchboote für flachstehende Minen.
Nach Roskill sollen die Minensuchstreitkräfte nicht nur für diesen Geleitzug einen minenfreien Weg durch die Minensperren in der Sizilienstraße und vor Malta schaffen, sondern fest auf Malta stationiert werden, um die bestehende akute Krise der Minengefahr vor Malta auch für die Zukunft zu beseitigen.
Der aus Alexandria kommende Geleitzug besteht aus 11 Handelsschiffen, die durch 1 Fla-Kreuzer, 7 Kreuzer, 26 Zerstörer, Korvetten, Minensuchboote und Rettungsschiffe sowie durch eine Schlachtschiff-Attrappe gesichert werden. Letztere war das in Friedenszeiten fernlenkbare Artilleriezielschiff »Centurion«, welches keine Geschütze mehr hatte, so daß Geschützturm-Attrappen an Bord gesetzt waren.

Dies fiel den deutschen Luftaufklärern jedoch gleich auf. Dieser versuchte Bluff konnte die aus Tarent ausgelaufenen italienischen Kampfgruppen mit 2 Schlachtschiffen »Littorio« und »Vittorio Veneto«, 2 schweren Kreuzern, 2 leichten Kreuzern und 12 Zerstörern nicht zum Abbruch ihrer Operation auf den feindlichen Geleitzug verleiten. Wir operieren auf den Geleitzug Alexandria-Malta am 14./15. 6. 42. Nachdem das auf Kreta liegende X. Fliegerkorps und Fliegerführer Afrika den britischen Geleitzug schon am 12. Juni mit Erfolg angegriffen hatten, hielten Aufklärer während der Nacht vom 13. zum 14. Juni Fühlung. Bis zum 14. nachmittags waren 2 Dampfer versenkt, 1 beschädigt und 1 nach Alexandria entlassen. Von der Abenddämmerung des 14. ab muß der Geleitzug zwischen Kreta und Derna und somit sehr günstig für den Ansatz der Flottille stehen.

Der vom Befehlshaber erteilte Auftrag lautet: Dampfer angreifen. Nach der Kommandantenbesprechung über die vor uns liegende Operation und die Absichten laufen wir um 1420 Uhr mit »S 54«, »S 58«, »S 55«, »S 56«, »S 36« und »S 59« aus Derna aus, beladen mit je 4 Torpedos. Das sind zusammen 24 Torpedos. Für vorübergehende Maschinenausfälle auf einigen Booten haben wir zeitliche Reserven eingeplant. Die auf Nordkurs liegenden Boote arbeiten schwer in der See. Mit Funkspruch gehen laufend Luftaufklärungsmeldungen über den Feind auf der taktischen Nr. 2 »S 36« ein, welches die Luftaufklärungswelle geschaltet hat. Wir operieren so, daß die Flottille schon um 1900 Uhr in Sichtweite recht voraus vom Geleitzug stehen kann. Unser Angriffsplan ist ein Angriff aus der Umstellung mit gleichzeitiger Schußabgabe aller 6 Boote mit dem Ziel, Ausweichbewegungen des Gegners ausgleichen zu können und größere Trefferchancen zu haben. Sobald wir die Mastspitzen des Geleitzuges über der Kimm sehen, beabsichtige ich, 3 Boote als Doppelrotte unter Führung des Ältesten Kommandanten, Kommandant »S 56«, nach Süden zu entlassen, um diese 2. Gruppe im Süden am Geleitzug Fühlung halten zu lassen, während ich mit der Führerbootsgruppe zunächst an der Grenze der Sicht nach Norden ausholoe, um über die Abenddämmerung bis zum Angriff Fühlung im Norden zu halten. Auf diese Weise ersparen wir uns Zeit für die Einnahme der Schußposition im Norden und Süden des Geleitzuges. Zu einer mit Funkspruch noch zu befehlenden Zeit sollen alle Boote ihre Torpedos schießen.

Kurz vor 1800 Uhr umkreist uns ein »Beaufighter«, ohne anzugreifen. So werden wir sicher schon gemeldet, nachdem wir von diesem Flugzeug aufgeklärt sind.

MASTSPITZEN DES GELEITZUGES ÜBER DER KIMM

Um 1820 Uhr sichten wir genau in Ost-Richtung hunderte von Flaksprengwölkchen am Himmel. Darunter steht sicher der Geleitzug. Wir haben die »Kreuzeraufgabe« des Auffindens des Geleitzuges zunächst gelöst und hoffen, als wir kurz darauf die Mastspitzen über der Kimm auftauchen sehen, daß wir mit der in diesen Breiten schnell hereinbrechenden Dämmerung und Dunkelheit »dran« bleiben und bald angreifen können.

Ich entlasse die 2. Gruppe »S 56«, »S 36« und »S 59« um 1915 Uhr und erinnere daran, daß die Uhrzeit des kombinierten Umstellungsangriffs mit Funkspruch noch befohlen wird und nur Handelsschiffe anzugreifen sind.

Der Feind scheint nicht mehr nordwestlichen, sondern südwestlichen Kurs zu steuern. Beide Schnellbootgruppen marschieren auf die befohlenen Positionen im Süden bzw. Norden vom Geleitzug. Um 1952 Uhr stehen plötzlich 3 Wassersäulen mit Bombendetonationen vor dem Steven unseres Rottenbootes »S 58«, die von einem in der Dämmerung unbemerkten Angriff einer eigenen Ju 88-Maschine herrühren. Diese Bomben hätten besser auf den Geleitzug geworfen werden sollen. Wir steuern jetzt Kurs Süd, weil die Dunkelheit einbricht und wir am Gegner an der Grenze der Sicht Fühlung halten wollen.

LEUCHTBOMBEN UNSERER FLUGZEUGE VERRATEN UNS

Um 2025 Uhr sehen wir 2 Zerstörer und dahinter 3 große Dampferschatten quer vor uns. In diesem Moment erscheinen Leuchtbomben am Himmel, die Nacht wird zum Tage – wir müssen abdrehen, um nicht erkannt zu werden. Nach 2 Minuten schon geht mein Funkspruch aus an den Befehlshaber in Derna: »Alarm Quadrat..., bitte keine Leuchtbomben.«

Diesen Funkspruch haben auch alle 6 Boote innerhalb von 5 Minuten entschlüsselt auf der Brücke. Wir haben die Hoffnung, daß der Befehlshaber das sofortige Einstellen des Werfens von Leuchtbomben bei der Luftwaffe erwirken wird. Wir lassen uns daher sacken und setzen uns mit der Führerbootgruppe um 2045 Uhr ins Kielwasser des bisher an Backbord von uns mitlaufenden »Jervis«-Zerstörers, der – wie wir jetzt erkennen – den Schluß des Geleitzuges zu bilden scheint, und hängen uns sozusagen an. So halten wir in seinem Kielwasser – wie im

Friedensmanöver – auf etwa 2000 m Abstand Fühlung. An Steuerbord und Backbord vorlich vor diesem Zerstörer stehen 2 weitere sichernde Zerstörer, zwischen denen 3 Dampferschatten zu erkennen sind, die von Leuchtbomben taghell beleuchtet werden. Der Feind steuert genau 260° und läuft 13 kn.
Die Leuchtbomben schließen jede Angriffsmöglichkeit aus. Um 2140 Uhr bitte ich mit Funkspruch noch einmal um Einstellung des Leuchtbombenwerfens. Auf unserem Funksprechkanal hören wir auf dem Führerboot mit, daß die 2. Gruppe die Fühlung am Geleitzug verloren zu haben scheint. Es gelingt aber, diese Gruppe mit Kursbefehlen wieder an den Gegner heranzuführen. Bei diesen Leuchtbomben, die wie Operationslampen über dem Geleitzug stehen, können wir unsere Angriffspositionen im Norden und Süden des Geleitzuges nicht einnehmen, ohne frühzeitig erkannt zu werden.

ZERSTÖRERJAGDEN AUF S-BOOTE

Es wird 2300 Uhr – das ist die ursprünglich nach Sichten des Gegners von mir ins Auge gefaßte Uhrzeit des gleichzeitigen Umstellungsangriffs. Ich bitte nochmals mit Funkspruch um Einstellung des Leuchtbombenwerfens auch auf die Gefahr hin, daß wir durch das mehrfache Durchbrechen unserer Funkstille von gegnerischen Funkpeilstationen an Land eingepeilt werden können. Jetzt steht sogar 1 Leuchtbombe eben achteraus von uns und beleuchtet die weißgemalten Boote in ihrem vollen Glanz. So erzeugen die beleuchteten Boote fast eine Blendwirkung für den Betrachter! Da blitzt es auf dem vor uns laufenden Zerstörer auch schon auf, er beschießt uns mit seiner Leuchtspurmunition der Maschinenwaffen und mit seiner 12 cm-Batterie, dreht zu und jagt uns unter Hochgehen mit der Fahrt über das hell erleuchtete Gefechtsfeld. Uns bleibt nichts übrig, als nach Backbord abzudrehen und zu nebeln, wodurch alle 3 Boote der Sicht des Gegners erst einmal entzogen sind. Nach 5 Minuten stellt der Zerstörer das Feuer ein. Um 2320 Uhr sammeln die beiden während der Jagd abhängenden Rottenboote auf das Führerboot, was bei dem Leuchtbombenschein keinerlei Schwierigkeiten macht, da wir uns auf weite Entfernung sehen. Nach 2 Minuten aber hat uns der Zerstörer wieder, er hat ja Radar! Er nimmt uns unter Feuer, wir nebeln erneut – da werden wir nach einer weiteren Minute von unseren eigenen Flugzeugen mit Bomben angegriffen, die

zwischen den Booten detonieren, ohne Schaden anzurichten. So viele Flüche über Leuchtbomben wie in dieser Nacht sind wohl selten ausgestoßen worden!
So setze ich um 2345 Uhr einen weiteren Funkspruch an den Befehlshaber ab mit dem Text: »Bitte keine Bombenangriffe mehr, wegen Leuchtbomben Torpedoangriff unmöglich.«
Wir stoppen, da auf dem Führerboot 1 Maschine ausgefallen ist. Durch die Zerstörerjagd und den Bombenangriff ist der Geleitzug aus Sicht gekommen. Nach 35 Minuten endlich ist die Maschinenstörung behoben – welch ein Glück, daß wir den jagenden Zerstörer vorher abgeschüttelt hatten!
Mit den 3 Booten bilden wir um 0026 Uhr einen Aufklärungsstreifen einzelbootsweise, der durch die 2. Gruppe im Süden zu erweitern ist, falls diese Gruppe auch keine Fühlung mehr am Geleit haben sollte. Ziel ist, mit hoher Fahrt in der letzten Peilungsrichtung des Geleitzuges nachzustoßen, um wieder Fühlung zu gewinnen und in der 2. Nachthälfte nach Möglichkeit die noch übrig gebliebenen 7 Dampfer anzugreifen. »S 36« von der 2. Gruppe meldet, daß es keine Fühlung mehr hat. Es gewinnt Anschluß an unsere Führerbootsgruppe und ordnet sich in den Aufklärungsstreifen ein.
Obwohl der beruhigende Funkspruch vom Befehlshaber eingeht, daß die »Luft-Fühlungshalter« Befehl erhalten haben, 1 Stunde lang keine Leuchtbomben zu werfen, stehen diese weiter am Himmel, blenden und verraten uns. Aus dem Funkspruch des Befehlshabers entnehmen wir ferner, daß der in der Abenddämmerung von uns gesichtete »Beaufighter«-Aufklärer uns gemeldet und als U-Boot identifiziert hat. Diese Mitteilung ist eine hervorragende Leistung unseres gut funktionierenden eigenen B-Dienstes, der Funkaufklärung!
»S 56« meldet, daß es Fühlung an einem Zerstörer hat. Das scheint noch zu wenig, wir wollen ja die Dampfer finden. Um 0100 Uhr drükken wir nochmals auf die Funktaste und melden: »Falls weiterhin Leuchtbomben, Angriffe ausgeschlossen.«
Infolge der Blendwirkung durch die Leuchtbomben, die ziemlich wahllos, aber niemals genau über dem Geleit stehen und auch nicht stehen können, sind wir außerstande, Dampferschatten in der Richtung der Leuchtbomben zu entdecken.
Um 0120 Uhr haben wir endlich einen Schatten in Sicht. Es ist 1 Zerstörer, der mit Lage 0 direkt auf uns zukommt. Wir holen aus und drehen auf West- und Südkurs, um ihn zu umgehen. Da kommt nach wenigen Minuten recht voraus ein 2. Zerstörer mit etwa Lage 10 auf uns

zu, weshalb wir auf Nordkurs drehen. Nach weiteren 4 Minuten sichten wir Backbord voraus den 3. Zerstörer mit spitzer Lage 20. Wir müssen abdrehen auf Ostkurs, auf dem wir nach 4 Minuten wiederum 1 Zerstörer auf Westkurs direkt in die Arme laufen, ohne bei dieser spitzen Lage 1 Torpedo schießen zu können. Wir drehen nach Steuerbord auf Südost-Kurs, der Zerstörer folgt mit hoher Fahrt in unserem Kielwasser. Es ist 0138 Uhr.

Wir wundern uns, warum uns keiner dieser Zerstörer mit einem Feuerhagel seiner Artillerie überschüttet. Schließlich sind die feindlichen Zerstörer mit ihren Radargeräten in der Lage, uns auf ihrem Leuchtschirm zu sehen und zu beschießen. Es bleibt nur die Erklärung, daß die Zerstörerkommandanten die Dampferbesatzungen nicht unnötig nervös machen wollen. Wir fragen uns ferner, aus welchem Grund von den 4 gesichteten Zerstörern 3 auf Ostkurs lagen. Malta liegt doch im Westen und der Geleitzug steuerte um 2300 Uhr noch Generalkurs West! Wir sind der Auffassung, daß die 7 Dampfer ganz in der Nähe stehen müssen.

Nach 1 Minute um 0139 Uhr werden wiederum 2 Zerstörer an Steuerbord voraus gesichtet. Wir drehen auf nordöstlichen Kurs und stehen plötzlich vor neu geworfenen Leuchtbomben in nordöstlicher Richtung. Ob dort die Dampfer stehen? Das wäre ein Glück! Aber diese zahllosen Zerstörer – ganze 26 sind beim Geleitzug! Wir fragen uns, weshalb sie in solcher Zahl hier achteraus vom Geleitzug im Osten stehen? Ob der Gegner auf Grund der Aufklärungsmeldung des »Beaufighter« um 1800 Uhr und der ergänzenden Sichtmeldung des vor uns liegenden und ab 2309 Uhr uns beschießenden Zerstörers einen Sicherungsgürtel achteraus vom Geleitzug aufgestellt hat, um unseren Durchbruch zu den Nachschubdampfern zu verhindern?

Wir finden noch mehr Zerstörer. Es ist 0150 Uhr. Ich unterrichte die anderen Boote durch Funkspruch über die Bewegungen der auf östlichen Kursen gesichteten Zerstörer. Um 0246 Uhr geht von »S 55« ein »Alarm«-Funkspruch über das Sichten der Dampfer ein, die jetzt Nordkurs steuern sollen. Auf unserem Ausweichkurs nach Süden kommen wiederum 2 in enger Artilleriestaffel laufende Zerstörer recht voraus in Sicht. Wir drehen über Nord- auf Westkurs und gehen auf Höchstfahrt, um nach Südwesten in Richtung des von »S 55« gemeldeten Dampferteils des Geleitzuges durchzubrechen und endlich aus dieser Zerstörer-Hexenküche herauszukommen. Die Zerstörer haben es einfacher, sie sehen uns im Radar, während wir nur nach Sicht operieren können!

FEUERSCHEIN UND TORPEDODETONATIONEN IM SÜDWESTEN

Plötzlich sichten wir um 0251 Uhr im Südwesten einen Feuerschein und hören kurz danach mehrere dumpfe Detonationen. 1–2 Minuten später beobachten wir Artilleriefeuer in derselben Richtung. Sicher hat eines unserer Boote einen erfolgreichen Torpedoangriff gefahren und wird jetzt von den sichernden Zerstörern beschossen und gejagt. Wir halten auf die Position der Detonationen und des Artilleriefeuers zu. Die vorher gesichteten Zerstörer haben wir abgehängt. »S 55« meldet, daß es die Fühlung am Geleitzug verloren hat und daß es von Zerstörern beschossen und abgedrängt wurde. Wir drehen auf südlicheren Kurs, um vorzuhalten. Wir sichten nichts, obwohl wir in der Nähe der Detonationspositionen stehen müssen.

Nachdem wir auf dem Führerboot nichts sichten, gehen wir um 0400 Uhr auf Südkurs und treten den Rückmarsch an.

»S 56« MELDET DOPPELTORPEDOTREFFER AUF KREUZER

Um 0419 Uhr geht von »S 56« folgender FT ein:
»0251 Uhr 1 Kreuzer, 5 Zerstörer, Position... Kurs 100°, Fahrt 15 kn. Doppeltorpedotreffer auf Kreuzer.«
Das ist der 1. mit Torpedos von deutschen Schnellbooten erfolgreich angegriffene Kreuzer! Eine großartige Leistung des Bootes.
Einige Zeit danach, um 0445 Uhr, meldet »S 55« 4 Zerstörer um 0416 Uhr auf Kurs 110°.
Nach diesen beiden Meldungen von »S 56« und »S 55« scheint zumindest ein Teil der Sicherungsstreitkräfte kehrtgemacht zu haben und nach Osten zurückzulaufen. Vielleicht aber hat der gesamte Geleitzug kehrtgemacht in Anbetracht der aus Tarent und Messina ausgelaufenen überlegenen italienischen Flottenverbände.
Wir laufen trotz des Erfolges von »S 56« ziemlich enttäuscht gegen 0800 Uhr in Derna ein, wo schon 4 Boote vor Anker liegen. »S 36« kommt etwas später. Auf »S 56« weht ein »roter Wimpel« an der UK-Stenge zum Zeichen, daß es 1 Kriegsschiff getroffen hat. Als ich mit einer Flasche Cognac im Arm im Schlauchboot auf »S 56« übersteige, treffe ich eine fröhliche Besatzung an. Ich beglückwünsche den Kommandanten und seine Besatzung zu diesem schönen Erfolg der erfolgreichen Torpedierung eines Kreuzers. Sodann erfahre ich alle Einzelheiten über diesen Nachtangriff. Ob der Kreuzer gesunken sein kann – das werden wir erst später erfahren.

MEHRERE TORPEDO-FEHLSCHÜSSE AUF ZERSTÖRER

»S 59«, »S 58« und »S 55« haben während ihres Vorstoßes im befohlenen Aufklärungsstreifen nach Westen mehrfach Fühlung an Zerstörern aufnehmen können und auch Torpedos geschossen. Alle 3 Boote haben Doppelfehlschüsse gemeldet. Auch »S 56« schoß um 0227 Uhr einen Doppelfehlschuß auf 1 Zerstörer.

»S 55« TRAF ZERSTÖRER »HASTY« – NACH ROSKILL

Wie wir heute von britischer Seite aus dem englischen Seekriegswerk von Roskill wissen, wurde einige Zeit nach der Torpedierung des Kreuzers »Newcastle« – eines 10 000 t Kreuzers – der Zerstörer »Hasty« durch 1 Torpedo getroffen und so schwer beschädigt, daß er nach Übernahme der Besatzung durch Fangschuß eines anderen Zerstörers versenkt werden mußte. Nach Meinung von Roskill kann es sich hier nur um »S 55« handeln, welches nach der Kreuzertorpedierung einen Doppelfehlschuß auf 1 Zerstörer meldete. Daß einer der Torpedos zum Treffer geworden ist, konnte bei der einsetzenden Zerstörerjagd von der Besatzung »S 55« anscheinend nicht mehr beobachtet werden. So war der Flottille wenigstens noch ein 2. Erfolg beschieden bei dieser so enttäuschenden Nachtoperation, die so glänzend begonnen hatte, als wir den Gegner schon vor Einbruch der Abenddämmerung gefunden hatten und unbemerkt 3 Stunden lang Fühlung halten, aber nicht angreifen konnten.

ENTTÄUSCHUNG ÜBER MANGELNDE KOORDINIERUNG BEI OBERER FÜHRUNG

Der Befehlshaber läßt uns nach dem Einlaufen wissen, wie sehr er sich bemüht habe, beim Oberbefehlshaber Süd, Feldmarschall Kesselring, zu bewirken, daß das Leuchtbombenwerfen eingestellt wird. Dieser jedoch habe sich mit seiner Luftflotte 2 für diesen Geleitzug verantwortlich gefühlt und sich daher außerstande gesehen, die Fühlung durch seine Luft-Fühlungshalter mit Leuchtbomben während der Nacht abreißen zu lassen, weil bei Morgendämmerung außer der Bombardierung des Geleitzuges durch seine Fliegerkräfte auch der italienische Flottenverband auf den Geleitzug treffen sollte. Diese übergeordneten Gesichtspunkte übersahen wir damals in See natürlich nicht. Mit Sicherheit waren die Wirkungsmöglichkeiten dieser Fliegerkräfte und der italienischen Flotte unvergleichlich höher und sicherer als der Angriff von 6 Schnellbooten! Aber eine Koordinierung vor dem Ansatz der Flottille auf höherer Ebene wäre sinnvoll gewesen; wir hätten dann gleich nach Einbruch der Dämmerung die Schiffe angegriffen, die uns gerade günstig vor die Rohre gelaufen wären.

GELEITZUG MACHTE 0200 UHR WEGEN ITALIENISCHER SCHLACHTSCHIFF-KAMPFGRUPPE KEHRT

Erst im Laufe des Vormittags erfahren wir durch Luftaufklärung, daß der gesamte Geleitzug vor der Morgendämmerung kehrtgemacht hat und in Richtung Alexandria zurückläuft. So wird uns jetzt auch klar, aus welchem Grunde nach Abreißen unserer Fühlung durch die Zerstörerjagd fast alle danach gesichteten Zerstörer auf östlichen Kursen lagen und weshalb wir die Dampfergruppe nicht wiedergefunden haben. Nach Roskill wissen wir jetzt auch, daß der britische Kreuzeradmiral Vian vom Oberbefehlshaber der Mittelmeerflotte in Alexandria, Admiral Harwood, den Befehl erhalten hatte, um 0200 Uhr kehrtzumachen, weil die italienische Schlachtschiffgruppe auf diesen Geleitzug operierte und es um 0700 Uhr früh zur Schlacht um den Geleitzug gekommen wäre, in welcher für die britische Seite kaum eine Chance zum Überleben des Geleitzuges bestanden hätte, abgesehen von den in der Morgendämmerung beabsichtigten massierten Luftangriffen durch das auf Kreta stationierte X. Fliegerkorps und die in der Cyrenaika liegenden Fliegerkräfte.

An dieser Stelle soll der Kommandant des erfolgreichen Bootes »S56«, Oblt. z. S. Wuppermann, zu Worte kommen. Er schrieb damals über den erfolgreichen Torpedoangriff folgendes in seinem »Gefechtsbericht«:

»15. 6.

0140 Uhr Ft Kr an Befehlshaber von Chef 3. S-Flottille: Falls weiterhin Leuchtbomben, Angriffe ausgeschlossen. Bei Abreißen Fühlung 2309 Uhr Quadrat 5247 steuerte Feind 280°, 14 kn.

Mir war jedoch vollkommen unklar, ob ich im Norden oder im Süden des Geleitzuges stand. Ich kam dann in UK-Reichweite mit »S 58«, welches zur Führerbootsgruppe gehörte, nachdem ich »S 59« verloren hatte, und versuchte nun, mit ihm zusammen zu operieren. »S 58« kam dann kurz nach 0200 Uhr in günstige Schußposition zu einer Geleiteinheit – es besteht die Möglichkeit, daß es der später von »S 56« torpedierte Kreuzer war – jedoch Doppelfehlschuß. Leider war es mir nicht möglich festzustellen, wie »S 58« zu mir selbst stand; ich nahm jedoch an, daß das Boot westlich von mir stand, da es mehrere Einheiten auf Ostkurs meldete und der von mir ständig beobachtete schon oben erwähnte Zerstörer auch vorwiegend Ostkurs steuerte.

0215 Quadrat CO 5168 1. u. Ich habe den Funkspruch erhalten: Falls bis 0230 Uhr keine Feindberührung, abbrechen und Rückmarsch unter der Küste, Unterschrift Chef. So gebe ich die für mein Boot allerletzte Hoffnung, durch den Zerstörer doch noch auf 1 Handelsschiff geführt zu werden, auf und habe mich entschlossen, meine Torpedos auf Kriegsschiffe loszumachen.

0220 Ich stehe mittlerweile vorlich von 2 Zerstörern – der 2. war plötzlich an meiner Steuerbordseite in Sicht gekommen – und setzte zum Angriff auf den oben erwähnten Zerstörer der »Jervis«-Klasse an, an dem ich fast 2 Stunden Fühlung gehalten hatte.

0227 Doppelfehlschuß auf den Zerstörer, Gegnerbug rechts, Lage 80, Fahrt 18 kn, Entfernung 800 m. Hierbei war klare Sicht, gut zu erkennende Kimm, Nordwestwind 4, Seegang 2–3, mittlere bis lange Dünung, daher unsere Doppelgläser dauernd feucht. Alle Einzelheiten waren jedoch einwandfrei mit bloßem Auge zu erkennen.

0228 Ich drehe nach Osten und dann nach Süden mit 15 kn Fahrt ab, ohne bemerkt worden zu sein. Doppelfehlschuß.

0230 Ich habe mich aus der nächsten Nähe der beiden Zerstörer entfernt, lade meine Torpedos nach, und beobachte, wie aus dem Westen mehrere neue Schatten mit östlichem Kurs größer werden.

0235 Ich gehe auf Südkurs mit 24 kn, da ich den Eindruck habe, daß 1 Zerstörer hinter mir her ist.

0236 Unter den sich nach Osten schiebenden Schatten mache ich einen weit größeren als die anderen aus.

0237 Ich gehe daher auf 200° und 15 kn, um mir den Verband näher zu betrachten.

0238 Drehe nach Norden auf den Verband zu, Fahrt 9 kn.

0239 Ich stoppe auf Nordkurs, gleichzeitig, um meine Torpedos besser nachladen zu können. Der Backbordtorpedo klemmte nämlich, nachdem er halb ins Rohr eingeführt war. Die Störung wurde beseitigt und die Anlage war bis auf die notwendige Ausstoßluft zum Ausstoßen des Torpedos beim Schuß wieder klar.

0240 Im Norden von mir sehe ich folgendes Bild: 1 großen langen Schatten in der Mitte – er paßte auf die Entfernung von etwa 3500 m gerade ins Glas – und im Vollgürtel um ihn herum 4 Zerstörer. Merkmale des Kreuzers: Beinahe doppelt so lang wie die vor und hinter ihm stehenden Zerstörer. Die seitlichen hatten jeweils eine stumpfe oder spitze Lage zu mir. Auf dem Kreuzer 2 etwas schräg stehende Schornsteine, 2 schräg stehende hohe Dreibeinmasten, abgeschrägter Steven, Anzahl der Geschütztürme noch nicht auszumachen. Zerstörertypen: Spitzenzerstörer »Jervis«-Klasse, wahrscheinlich der, auf den ich 0227 Uhr geschossen hatte. Steuerbord achtern 1 kleinerer 2-Schornsteinzerstörer, achtern 1 »Jervis«-Zerstörer. Typen der an Backbordseite des Kreuzers stehenden 2 Zerstörer noch nicht auszumachen, später ebenfalls als 2-Schornsteinzerstörer erkannt.

0241 bis 0243 Ein 5. Zerstörer dampft in 350 Grad von mir mit hoher Fahrt auf den Verband zu. Er steht also noch Steuerbord achteraus und scheint bestrebt zu sein, die noch unbesetzte Position im Vollgürtel Steuerbord vorn zu besetzen.

0244 Ich bin mit 15 kn und Nordostkurs auf den Verband zugelaufen und erkenne, daß er auf SO-Kurs geschwenkt hat. Der Kreuzer liegt jetzt etwa in Lage 30–40 zu mir, Entfernung etwa 2500 m.

0245 Die Zerstörer nehmen unter starker Qualmentwicklung anscheinend höhere Fahrt auf (der linke Flügel), um ihre alten Positionen im Vollgürtel zu halten.

0246 Ich drehe über Ost auf 110°, um den genauen Kurs und die Fahrt des Verbandes festzustellen. Mittlerweile steht der zuletzt zum Verband getretene Zerstörer – der Typ ist wegen spitzer Lage nicht einwandfrei auszumachen – in r.w. 350° zu mir. Ich schätze die Entfernung auf 800 m, hohe Bugwelle, die unmittelbar auf mich zukommt.

0247 Obwohl der Zerstörer auch weiterhin auf mich zuliegt, glaube ich selbst nicht, daß er mich erkannt hat, da auch die übrigen Zerstörer leichte Zickzack-Kurse steuerten. Ich gehe auf 130°, Fahrt weiterhin 15 kn.

0248 Gehe auf 150°, 15 kn unverändert.

0249 Bin nun sicher, daß der Kreuzer 150° steuert und 15 sm läuft. Meine Lage zu ihm ist jetzt etwa 40°, Entfernung etwa 1000 m. Kreuzer paßt nur noch zur Hälfte ins Glas. Der hinter mir stehende Zerstörer ist durch mein Kielwasser geschoren und steht nun Steu-

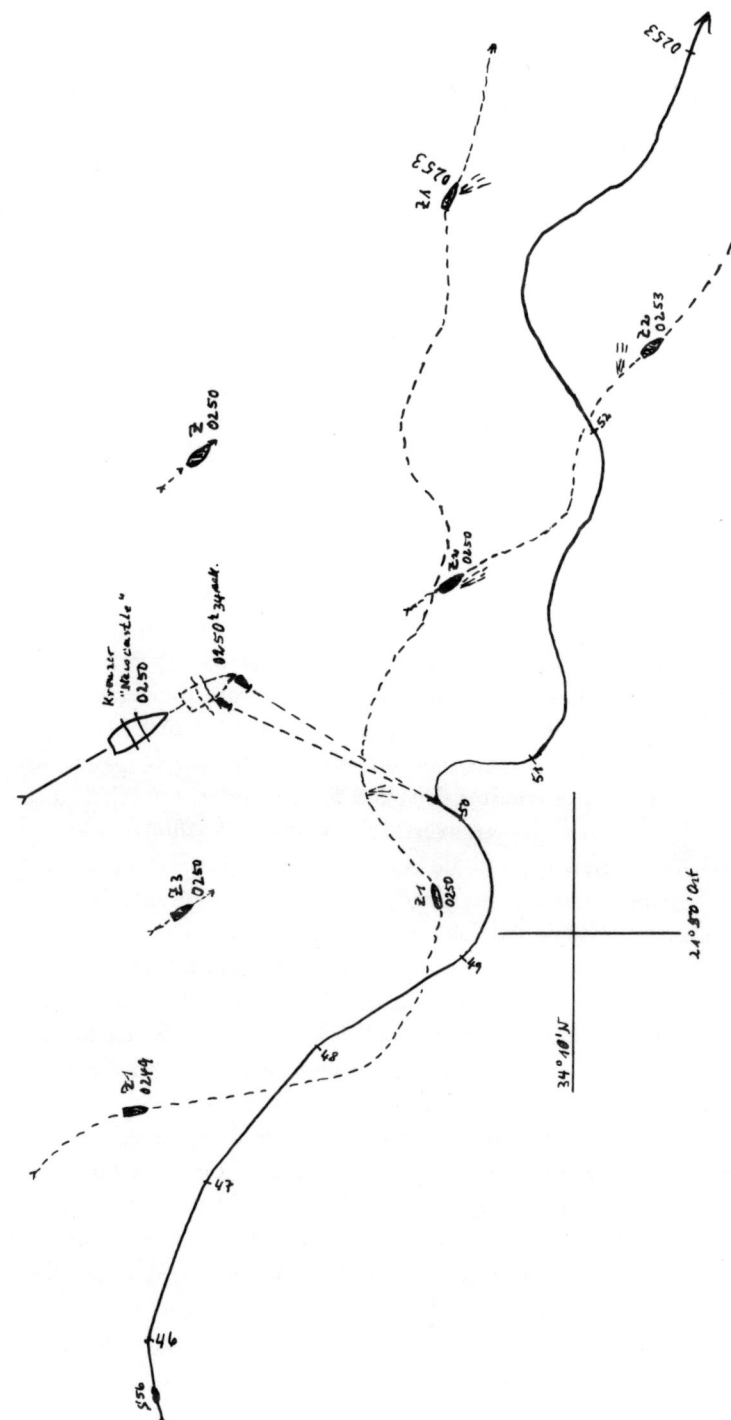

S 56 torpediert 10 000 t Kreuzer »Newcastle« nördlich Derna am 15. 6. 42

erbord achteraus von mir, Entfernung etwa 500 m. Der in der Sicherung vorn stehende Zerstörer steht jetzt Steuerbord voraus vom Kreuzer, etwa 800 m von mir entfernt.
0250 Ich habe auf den Kreuzer zugedreht und will im Zudrehen schießen. Erst ganz kurz vorher ist genügend Ausstoßluft auf den Preßluftflaschen. Bei meiner nochmaligen Frage, ob die Torpedoanlage klar ist, stelle ich fest, daß der Backbordrohrdeckel nicht richtig geöffnet ist. Ich befehle Kurs rechtweisend 40° mittschiffs, recht so, Fahrt 9 kn, Tiefseeauspuff. Im selben Augenblick, nachdem ich selber noch den viereckigen großen Gefechtsturm und davor 2 oder 3 Türme mit je Drillings- oder Zwillingsrohren und davor die hoch aufragende Kreuzerback und den Bug, der etwa mit Lage 40–50 auf mich zulag, erkannt hatte, ging der große Scheinwerfer am vorderen Mast an und ich lag genau in seinem Kegel, selbst vollkommen geblendet. Ich sah, wie mein Backbordrohrdeckel ganz aufging, befahl Backbord 5, beide Rohre fertig und machte den Steuerbordtorpedo kurz vor dem Eindrehen meines Stevens in den Scheinwerfer los. Den Backbordtorpedo löste ich kurz darauf genau in den Scheinwerfer hinein. Beide Torpedos wurden also von mir über den Daumen losgemacht, da die seemännische Nr. 1 am Zielgerät nichts mehr erkennen konnte. Eingestellte Lage war 60, Fahrt 15 kn, geschätzte Entfernung zwischen 500 und 700 m. Nach Lösen des Backbordtorpedos erfaßte mich ein 2. Scheinwerfer, wahrscheinlich vom achteren Mast des Kreuzers. Ich lag genau im Schnittpunkt beider Scheinwerfer. Ich befehle Hart Steuerbord, Backbordmaschine Große Fahrt voraus, Mittelmaschine Halbe Fahrt voraus, die Steuerbordmaschine ließ ich zunächst auf Stopp, damit das Boot besser herumkam. Bei einem Blick nach achtern erkenne ich, daß der hinter mir stehende Zerstörer beinahe bis auf 100 m an mich heran ist, sein Steven und seine Brücke auch noch beleuchtet vom Scheinwerferlicht des Kreuzers. Im selben Augenblick eröffnet dieser Zerstörer mit leichten Fla-Waffen das Feuer auf mich.
0250 34 Sekunden Beide Scheinwerfer sind ruckartig aus. Der Steuerbordtorpedo hat im Vorschiff getroffen, dort muß Munition hochgegangen sein, da es dort wie bei einem Feuerwerk aussieht. Gleichzeitig geht ein schwerer Stoß durch unser Boot, ein dumpfer Knall ist zu hören. Wenige Sekunden darauf eine starke 2. Detonation und – wo bisher noch das Mittelschiff des Kreuzers gewesen war, erschien eine große schwarze Qualmwolke, darin eine graue noch höhere Dampfwolke, pilzartig herausquellend (Treffer in den

Maschinen- oder Kesselräumen?).

0251 Ich bin auf 180° und gehe auf Äußerste Kraft = 33 kn. Ich sehe nochmals selbst mehrere Sekunden mit dem Glas achteraus und erkenne, wie die Qualmwolke alles einhüllt und nichts mehr von dem Kreuzer erkennen läßt. Die Explosion im Vorschiff, das Hochgehen der Munition war vorbei. Ich mußte nun meine Aufmerksamkeit den beiden Zerstörern widmen, zwischen denen ich stand. Mein Ausguck beobachtete weiterhin die Qualmwolke und meldete, daß sie langsam kleiner würde und daß der Kreuzerbug nicht mehr aus der Qualmwolke herausgekommen sei (0252 Uhr). Unmittelbar nach den beiden Detonationen setzte der hinter mir und der an Backbord-Seite des Kreuzers stehende Zerstörer Seitenlaternen und stellte das Feuer rechtzeitig ein; mehrere kurze Töne mit der Sirene waren zu hören. Ich lief mit südöstlichen wechselnden Kursen ab. Kurz vor 0252 Uhr eröffnete der nun Backbord achteraus von mir stehende mich verfolgende Zerstörer das Feuer erneut mit leichten Fla-Waffen auf mich. Ich beginne zu nebeln, das Feuer des Zerstörers liegt gut, schlägt jedoch vor oder hinter dem Boot ein. Dann beißt es sich am Ende der Nebelwand fest. Kurz darauf – ich stehe nunmehr beinahe Steuerbord querab von dem vordersten »Jervis«-Zerstörer – morst dieser Zerstörer zu dem anderen jetzt Steuerbord achteraus von mir stehenden Zerstörer hinüber. Das Feuer dieses letzteren lag nämlich dicht hinter dem 1. Zerstörer. Das Feuer wurde sofort eingestellt. Ich ließ Nebel abstellen, um ihn bei der nächsten Kursänderung noch einmal anzustellen und ließ eine Wasserbombe werfen.

0253 Ich stehe noch genau zwischen den beiden Zerstörern, steuere 120°, Fahrt 33 kn. Ich schätze die Fahrt der Zerstörer auf 28 kn.

0254 Der Steuerbord achteraus stehende Zerstörer ist langsam in mein Kielwasser eingeschoren, eröffnet erneut das Feuer aus leichten und mittleren Waffen. Der Zerstörer an Backbord dreht langsam nach Backbord ab.

0255 Der mich verfolgende Zerstörer steht genau im Kielwasser und verfolgt mich bis 0320 Uhr. Er schießt nicht mehr planmäßig und scheint mein Kielwasser zu verlieren, da ich mehrere Zickzack-Kurse steuere.

FT Kr von Chef: Auf nach Osten laufende Zerstörer achten.

0323 Kurs 180°, 30 kn, Zerstörer aus Sicht. Rückmarsch nach Derna angetreten. UK-Fühlung mit »S 58« aufgenommen. »S 58«

setzt sich ebenfalls ab, nachdem es schon längere Zeit mit dem Verband Fühlung verloren hatte.
FT Kr von Chef: Standort melden.
0403 Um der eigenen Luftwaffe zu ermöglichen, bei Tage Genaues festzustellen, setzte ich folgenden FT ab: 0251 Uhr 1 Kreuzer, 5 Zerstörer CO 5168, Kurs 100, Fahrt 15. Doppeltreffer auf Kreuzer. Gez. Wuppermann, Oberleutnant zur See«.
Das Boot hat dank des hervorragenden taktischen Verhaltens und kühnen Angriffs inmitten der sichernden Zerstörer eine hervorragende Leistung vollbracht, die durch Verleihung des Eichenlaubs zum Ritterkreuz des Eisernen Kreuzes an den Kommandanten und weiterer Auszeichnungen für die ganze Besatzung, die sich in dieser Situation ausgezeichnet bewährt hat, gewürdigt wurde.

NOCHMALIGER ANSATZ DER FLOTTILLE AUF GELEITZUG
IN NÄCHSTER NACHT 15./16. 6.

Alle Boote füllen tagsüber ihre fast leergefahrenen Brennstofftanks auf und übernehmen Torpedos, denn ab 1800 Uhr ist Sofortbereitschaft befohlen. Wir rechnen damit, daß wir den in Richtung Alexandria laufenden Geleitzug in der Nacht noch einmal werden angreifen können. Nach der letzten Aufklärungsmeldung steht er um 1800 Uhr nämlich südwestlich Kreta, steuert 120° und läuft 13 kn. Wir können wegen noch nicht beendeter Brennstoffübernahme aber erst um 1920 Uhr mit »S 36«, »S 58«, »S 57«, »S 56« und »S 59« auslaufen. »S 54« ist maschinell außer Kriegsbereitschaft, »S 57« muß nach 1 Stunde wegen eines Maschinenschadens kehrtmachen. Die Wetterlage ist an der Grenze der Einsatzfähigkeit der Boote. Wir operieren zunächst mit allen 4 Booten geschlossen auf den Geleitzug und können ihn vielleicht zwischen 0030 Uhr und 0200 Uhr in der Nacht fassen. Es muß aber auch mit der Möglichkeit gerechnet werden, daß der Geleitzug wieder kehrtmacht und doch noch nach Malta läuft, wenn nämlich die italienische Schlachtschiff- und Kreuzergruppe aus Brennstoff- oder anderen Gründen – z.B. Beschädigung der beiden Schlachtschiffe durch britische Luftwaffe bei Tage – nach Tarent zurückläuft. Außerdem läuft die Geleitzugoperation »Harpoon« von Gibraltar nach Malta auch noch. Mit den fühlunghaltenden Aufklärern hatten wir – wie auch bei der gestrigen Operation – vereinbart, daß das über dem Geleitzug stehende Flugzeug Funksignale ausstrahlt, die wir mit unserem Funkpeiler einpeilen können. So haben wir 2 Möglichkeiten zur Unterstützung des Auffindens des Geleitzuges in der dunklen Nacht. Nach der Aufklärungsmeldung des U-Bootes »U 205« unter Führung des Kptlt. Reschke haben wir um 2030 Uhr einen neuen Standort des Geleitzuges, der um 0044 Uhr mit einer weiteren Standortmeldung von 2300 Uhr mit Quadrat 6572 mit Kurs 80° ergänzt wird. Danach können wir den Gegner um 0200 Uhr herum treffen. Wir stoßen daher um 0117 Uhr im Aufklärungs-Streifen einzelbootsweise mit 28 kn auf Kurs 75° vor.

Um 0215 Uhr stellen wir mit dem Fu MB Radarstrahlungen in einem Bereich von 120° links herum bis etwa 300° rechtweisend fest. Das ist ein Bereich von 180°, in dem die 7 Handelsschiffe, 8 Kreuzer, etwa 25 Zerstörer und Korvetten und die Schlachtschiff-Attrappe in verschiedenen geteilten Gruppen zu stehen scheinen. Da die Zeit sehr fortgeschritten ist und nur noch etwa 2 Stunden bis zur Morgendämmerung zur Verfügung stehen, entschließe ich mich, auf den achteren Teil des Großgeleitzuges zu operieren.

Wir stoßen daher ab 0228 Uhr im neuen Aufklärungsstreifen in nordwestlicher Richtung vor und empfangen auf »S 59« Radarstrahlungen von direkt voraus bis Backbord querab in westlicher Richtung. Danach müssen wir eine gute Chance haben, eine der vielen Gegnergruppen zu finden. Da hören plötzlich und schlagartig alle Strahlungen auf, der Gegner scheint seine Geräte ausgeschaltet zu haben und Radarstille zu halten. Als »S 56« um 0351 Uhr »Alarm im Quadrat 6573« gibt, operieren alle Boote einzeln sofort auf dieses Alarmquadrat mit Dauerhöchstfahrt. Wir können diese Position aber erst nach Hellwerden erreichen, sind daher nicht mehr in der Lage, anzugreifen. Wir laufen aber dennoch in diese Richtung, um zumindest »S 56« mit Hellwerden aufnehmen zu können für den Fall, daß es bei dieser Grenzwetterlage im freien Seegebiet bei Tage von feindlichen Zerstörern gejagt werden sollte. Um 0400 Uhr stehen anscheinend von Zerstörern geschossene Leuchtgranaten am Himmel in Richtung des Alarmquadrats. Vielleicht wird »S 56« schon gejagt, was kurz darauf mit Funkspruch von »S 56« bestätigt wird. Um 0437 Uhr bei Tagesanbruch sichten wir 2 Zerstörer auf östlichem Kurs auf eine Entfernung von etwa 6–7000 m. Kein Angriff ist mehr möglich. Wir drehen daher um 0445 Uhr auf Nordkurs. »S 56« meldet, daß es sich von den 5 Zerstörern bei Helligkeit abgesetzt hat und auf dem Rückmarsch ist. So ist die Chance, den Geleitzug in dieser Nacht noch einmal angreifen zu können, nicht mehr gegeben.

Auf dem Rückmarsch lasse ich von allen 3 Booten die am Abend übermittelte Position von in Seenot befindlichen Fliegern südlich Kreta ansteuern, um nach Überlebenden zu suchen. Wir treten leider ohne Ergebnisse um 1000 Uhr den Rückmarsch an und laufen gegen 1300 Uhr ein. »S 56« hatte schon geankert. Bei der nach jeder Unternehmung üblichen Kommandantenbesprechung meldet Kommandant »S 56«, daß er beim Sichten eines Scheinwerfers um 0302 Uhr in dieser NO-Richtung vorgestoßen sei und nach Sichten von 2 Zerstörern um 0318 Uhr 2 Torpedos als Doppelschuß auf den vorderen »Jervis«-Zerstörer geschossen habe, die fehlgingen. Ein nochmaliger Torpedoangriff um 0345 Uhr auf denselben Zerstörer wurde zum Fehlschuß. Ein Trost für die deutsche Seite blieb, denn um 2328 Uhr hatte »U 205« unter Führung von Kptlt. Reschke den »Dido«-Kreuzer »Hermione« mit 3 Torpedos getroffen, der sofort sank.

ITALIENISCHE SCHLACHTSCHIFFGRUPPE VERANLASSTE
ALEXANDRIA-GELEITZUG ABERMALS ZUM KEHRTMACHEN

Nach Roskill erhielt der um 0200 Uhr nach Osten zurücklaufende Geleitzug Befehl, um 0700 Uhr früh wieder auf Westkurs in Richtung Malta zu laufen. Um diese Uhrzeit etwa griffen britische Torpedo- und Bombenflugzeuge aus Malta die italienische schwere Kampfgruppe mit Torpedos und Bomben an. Nur der Kreuzer »Trento« wurde getroffen, konnte aber beim Verband bleiben. Bei einem weiteren Luftangriff mit Torpedoflugzeugen und »Liberator«-Bombern, die von ägyptischen Flugplätzen starteten, wurde zwischen 0900–1000 Uhr der vordere Geschützturm des Schlachtschiffes »Littorio« von 1 Bombe getroffen, die keinen ernsten Schaden anrichtete. Gegen 1000 Uhr war die italienische Kampfgruppe nur noch 150 sm vom Nordwestkurs steuernden Geleitzug entfernt. Nach diesem Fehlschlag der Luftangriffe gegen den italienischen Flottenverband befahl der Oberbefehlshaber der Mittelmeerflotte, Admiral Harwood, seinem Kreuzeradmiral zum 2. Mal, kehrtzumachen und auf Ostkurs zu gehen, um eine Niederlage in einer möglichen Schlacht mit dem italienischen Flottenverband zu vermeiden.
Durch deutsche Luftangriffe von Kreta aus hatte der Geleitzug am 15. Juni bei Tage Verluste erlitten. Der schwere Kreuzer »Birmingham« war durch Bombentreffer beschädigt, der Zerstörer »Airedale« war schwer getroffen und mußte selbst versenkt werden. Der Zerstörer

»Nestor« war durch 1 Bombe so schwer beschädigt, daß er ebenfalls selbst versenkt werden mußte. Von den ursprünglich 11 für Malta bestimmten Dampfern, von denen 2 gesunken waren und von denen insgesamt 3 nach Alexandria bzw. nach Tobruk beschädigt entlassen werden mußten, waren nur noch 6 übrig geblieben. Bei dem noch verbliebenen Munitionsbestand von nur noch einem Drittel für die Fla-Waffen der Kreuzer und Zerstörer konnte Admiral Vian auch nach Kehrtmachen der italienischen Schlachtschiff- und Kreuzergruppe um 1600 Uhr nachmittags es nicht mehr riskieren, wieder kehrtzumachen und mit dem Geleitzug nach Malta zu laufen, was sein im Hauptquartier in Alexandria befindlicher Oberbefehlshaber von ihm erwartete, indem er ihm funkte: »Jetzt ist die Chance zum Durchbringen des Geleitzuges nach Malta gekommen.«
Aber der wagemutige und tüchtige Kreuzeradmiral wußte aus mehrjähriger Erfahrung, daß ein nochmaliger Vorstoßversuch nach Westen gen Malta bei der eigenen Munitionslage und der Sturzbombertaktik der Deutschen verheerende Folgen haben und ein Durchbringen der Dampfer unmöglich sein würde. So lief Admiral Vian mit seinem Verband nach Alexandria zurück und traf am 16. Juni nachmittags dort ein zu etwa der gleichen Uhrzeit, zu der die italienische Schlachtschiffgruppe in Tarent einlief, nachdem »Littorio« während der Nacht noch einen Flugzeugtorpedotreffer im Vorschiff erhalten hatte.
Diese Operation »Vigorous« blieb für längere Zeit der letzte erfolglose Versuch, einen Geleitzug mit Nachschub für Malta durch ein Seegebiet zu führen, dessen beide Flanken vom Gegner besetzt waren. Von Kreta und Sizilien im Norden und von der Cyrenaika im Süden konnten deutsch-italienische Bomben- und Torpedoflugzeuge zum Teil sogar unter Jagdschutz solche Geleitzüge vernichtend treffen.
Bemerkenswert ist an dieser Stelle die Tatsache, daß wieder Kampfflugzeuge – Bomber und Torpedoflugzeuge – auf Malta liegen. Ein Zeichen dafür, daß die auf den Flugplätzen im April und Mai entstandenen schweren Schäden schnell beseitigt worden sind.

WAS WURDE AUS DEM GIBRALTAR-GELEITZUG NACH MALTA?

Wenden wir uns jetzt der schon vorher angedeuteten Geleitzugoperation »Harpoon« zu, die von Gibraltar ausgehend zeitlich parallel mit der Operation »Vigorous« lief.
Nach Roskill hatte dieser »Harpoon«-Geleitzug England mit 6 Handelsschiffen am 5. Juni verlassen und in der Nacht vom 11. zum 12.

Juni die Straße von Gibraltar passiert. Die 6 Dampfer waren »Troilus«, »Burdwan«, »Orari« unter britischer Flagge, »Chant« und »Kentukky« unter US-Flagge und »Tanimbar« unter holländischer Flagge. Sie hatten eine Ladung von zusammen 43 000 t für Malta an Bord. Der Befehlshaber der Sicherungsstreitkräfte, Vizeadmiral Curteis, hatte seine Flagge auf Kreuzer »Kenya« gesetzt. In losem Zusammenhang mit dieser Operation lief der Minenkreuzer »Welshman« mit Fla-Munition für die Flak auf Malta und mit Spezialersatzteilen mit hoher Fahrt allein nach Malta vor, ohne von der Luftaufklärung erfaßt zu werden. Als der Geleitzug am 14. Juni morgens in Reichweite der inzwischen nach Sardinien vorverlegten italienischen und deutschen Torpedo- und Bombenflugzeuge kam, griffen diese ab 1030 Uhr im Sturzflug und aus der Höhe mit Bomben und über dem Wasser in geringer Höhe mit Torpedos an. Der Dampfer »Tanimbar« sank, Kreuzer »Liverpool« wurde bewegungsunfähig und mußte vom Zerstörer »Antilope« nach Gibraltar geschleppt werden.

Gegen Abend befand sich der Geleitzug eben westlich der Straße von Sizilien in Reichweite der auf Sizilien stationierten Verbände des II. Fliegerkorps. Eigenartigerweise brachten die gleichzeitigen Dämmerungsangriffe der deutschen Sturzbomber und italienischen Torpedoflugzeuge keinen einzigen Erfolg. Um 2100 Uhr machte Admiral Curteis mit seinen schweren Schiffen und den zu ihrer Sicherung notwendigen 2 von den verbliebenen 3 Kreuzern und einigen Zerstörern bei der Skerki-Bank kehrt, während er die verbliebenen 5 Nachschubdampfer unter Führung des Kommandanten des Fla-Kreuzers »Cairo« mit diesem Kreuzer und 9 Zerstörern zum Marsch um das Cap Bon nach Malta entließ, wobei er hoffte, daß der Geleitzug ab Morgendämmerung unter dem Schutz der auf Malta stationierten Jagdflugzeuge keine Luftangriffe mehr zu befürchten brauche. Mit dem Eingreifen von italienischen Kreuzern aus Palermo rechnete die britische Führung anscheinend nicht, weil dies bei vorherigen Geleitzügen nicht mehr der Fall gewesen war, zumal bis dahin immer mindestens 2 britische Kreuzer bis Malta mitliefen. Das sollte sich am 15. 6. morgens als Fehleinschätzung der englischen Führung erweisen.

ITALIENISCHE KREUZER-KAMPFGRUPPE GREIFT BEI PANTELLERIA AN

Die beiden italienischen schweren Kreuzer »Eugenio di Savoia« und »Montecuccoli« sowie 3 Zerstörer waren am 14. abends aus Palermo ausgelaufen und wurden erst von einem von Malta gestarteten »Beaufighter« am 15. früh um 0630 Uhr 15 sm nördlich des britischen Geleitzuges etwa 30 sm südlich der Insel Pantelleria gesichtet. Während die Handelsschiffe mit dem Fla-Kreuzer »Cairo« und den kleineren Sicherungseinheiten nach Süden abdrehten und durch Nebelwände verdeckt wurden, griffen die Zerstörer unter Führung des Commander Scurfield auf »Bedouin« den weit überlegenen italienischen Kreuzerverband an. Die Zerstörer »Bedouin« und »Partridge« erhielten Treffer und waren bewegungsunfähig. Die restlichen 3 Zerstörer setzten ihre Angriffe gegen den vielfach überlegenen Gegner fort und beschädigten 1 italienischen Zerstörer.

Nachdem die Dampfer vom Nebel gegen die Sicht durch den Feind gut gedeckt waren, sammelte der Kommandant des Fla-Kreuzers »Cairo« mit seinen 4 »Hunt«-Zerstörern und wandte sich zur Unterstützung der verbliebenen, angreifenden 3 Flottenzerstörer gegen den Feind.

4 VON 6 DAMPFERN DURCH BOMBEN GETROFFEN

In dieser Phase hatten die Handelsschiffe keinerlei Luftverteidigung mehr, als sie um 0700 Uhr von deutschen Sturzkampfflugzeugen noch außerhalb der Reichweite der »Spitfire«-Jäger auf Malta angegriffen wurden.

Der Dampfer »Chant« sank, der Tanker »Kentucky« wurde getroffen, konnte aber in Schlepp genommen werden. Beim 2. Luftangriff um 1120 Uhr wurde Dampfer »Burdwan« getroffen. Um wenigstens 2 noch verbliebene Dampfer zu retten, wurden der geschleppte Tanker »Kentucky« und der Frachter »Burdwan« aufgegeben.

Der vom beschädigten, aber wieder fahrbereit gewordenen Zerstörer »Partridge« in Schlepp genommene Zerstörer »Bedouin« mußte ebenfalls aufgegeben werden, als die italienische Kreuzergruppe sich näherte. Der Zerstörer »Partridge« entzog sich der Sicht des Feindes und lief nicht einsatzfähig nach Gibraltar zurück. Die Dampfer »Orari« und »Troilus« wurden laufend eingenebelt. Inzwischen gelangten sie in den Schutzbereich der Malta-Jäger, wodurch neue Luftangriffsversuche erfolglos blieben.

Um 1530 Uhr schließlich vereinigten sich der Fla-Kreuzer »Cairo« und die überlebenden Zerstörer und Minensuchboote mit ihrem Schutzobjekt in Gestalt der restlichen 2 Dampfer.

5 MINENTREFFER VOR MALTA

Zur Überraschung traten beim Einlaufen, als alle Gefahren nach diesen Tage und Nächte andauernden Luftangriffen und dem Gefecht mit der italienischen Kreuzergruppe gebannt schienen, neue Verluste ein: 3 Zerstörer, 1 Minensuchboot und 1 der beiden Dampfer – »Orari« – mit 10350 BRT liefen auf die von uns bis zum 17. Mai geworfenen Minen.

Der polnische Zerstörer »Kujawiak« sank, die anderen Schiffe konnten beschädigt noch den Hafen La Valetta erreichen. Wären die Minen nicht »Kleinst«-Minen wie UMB, FMC und LMF, sondern TMA's gewesen, wären mit Sicherheit alle 5 Schiffe gesunken. Obwohl die Flottille nicht anwesend war und im Östlichen Mittelmeer gerade 1 Kreuzer torpediert und 1 Zerstörer versenkt hatte, war hier vor Malta bei diesem Restgeleitzug von Gibraltar nach Malta eine »Fernwirkung« der Flottille durch ihre vor Monaten geworfenen Minen eingetreten. Von seiten der britischen Führung auf Malta war die Minengefahr unzulässigerweise weit unterschätzt worden. So haben unsere Minenoperationen, die uns auch einige Verluste eingebracht haben, doch ihren Sinn und einen Erfolg gehabt.

BILANZ DER BEIDEN GELEITZUGOPERATIONEN

Das Ergebnis dieser Geleitzugoperation »Haarpon« mußte für die Gegenseite unbefriedigend sein. Von 6 Schiffen kamen nur 2 an, davon 1 beschädigt. 2 Zerstörer gingen verloren, 1 Kreuzer, 3 weitere Zerstörer und 1 Minensuchboot waren schwer beschädigt.

Zählt man die Verluste der 2. Geleitzugoperation »Vigorous« hinzu, sieht die Negativ-Bilanz für das Einbringen von 1 unversehrten und 1 beschädigten Dampfer folgendermaßen aus:

Verloren gingen
    1 Kreuzer »Hermione«
    5 Zerstörer »Hasty«, »Airdale«, »Nestor«, Bedouin«, »Kujawiak«
    5 Dampfer
    1 Tanker
    7 Träger-Jagdflugzeuge.

Beschädigt wurden
    3 Kreuzer »Newcastle«, »Birmingham«, »Liverpool«
    3 Zerstörer »Partridge«, »Matchless«, »Badsworth«
    1 Minensuchboot »Hebe«

In Kiellinie –
große Boote der
1. S-Flottille

In Navarino mit
italienischem Hafen-
kommandanten

Getarnt
in Ras el Hilal

In Derna-Bucht

Auf Kreta

Arabische Freunde

»Unsere« Pionier-
fähre mit Flo-Ing.
und II. Ing.

3 Dampfer beschädigt – zurückgelaufen
1 Dampfer wurde aus anderen Gründen – wohl Maschinenschaden – zurückgeschickt.

Solche Verluste im Verhältnis zum Erfolg sind normalerweise ein nicht mehr vertretbares Risiko. Hier ging es aber um Existenz oder Verlust einer »gesamtstrategischen Position« mit Auswirkungen besonders auf die britische Kriegführung in Nordafrika sowie um politisch bedeutsamste Fragen und nicht um die Inselfestung Malta allein. Die oberste britische Führung kannte die nicht vorstellbaren Folgen für das Britische Empire und den Nahen Osten sowie für die Verteidigung des Niltales, des Suezkanals mit dem Wasserweg durchs Rote Meer in den Indischen Ozean, falls Malta verloren gehen würde. Die eingelaufenen 2 Dampfer bedeuteten daher viel für die Inselverteidigung und das Durchhaltevermögen der Bevölkerung. Zusätzlicher Nachschub an Flugbenzin, Bomben, Torpedos und Munition sowie Ersatzteilen für die Jagd- und Kampfflugzeuge mußte weiterhin mit U-Booten und schnellen Einzelfahrern wie Minenkreuzer »Welshman« transportiert werden, weil die Kräftelage der Royal Navy mit ihren vielseitigen Aufgaben auf allen Ozeanen die Zuführung eines neuen Geleitzuges nach Malta auf absehbare Zeit nicht zuließ.

VERGLEICH MALTA-NACHSCHUB 1941 UND 1942

Roskill stellt einen Vergleich an über den Nachschub nach Malta im Jahre 1941 und in den ersten 7 Monaten einschließlich Juli 1942 und kommt zu folgendem Ergebnis:
Im Jahre 1941 liefen von Gibraltar und Alexandria nach Malta
   31 Schiffe, von denen nur
   1 Schiff verloren ging.
In den ersten 7 Monaten 1942 liefen von Gibraltar und Alexandria nach Malta
   21 Schiffe in größeren Konvoys und
   9 Schiffe in kleineren Einzeloperationen, zusammen
   30 Schiffe. Davon gingen
   10 Schiffe auf See verloren
   10 Schiffe mußten umkehren, nur
   10 Schiffe liefen in Malta ein, von denen
   3 Schiffe im Hafen versenkt wurden, nur
   7 Schiffe konnten in Malta entladen werden.

Dieser Vergleich schließt mit einer Negativ-Bilanz ab. Aber nach Abzug von deutschen Fliegerkräften von Sizilien nach der fast eingetretenen Neutralisierung der Insel Malta im April und Mai und der inzwischen erfolgten Verstärkung der Luftverteidigung durch Überführung von Jagdflugzeugen war Malta wieder erstarkt. Die Insel konnte bei Tag durch unsere Bombenflugzeuge kaum mehr angegriffen werden. Daß auch die ersten Bomben- und Torpedoflugzeuge wieder auf Malta stationiert werden konnten, sollte sich für unseren Nachschub nach Nordafrika in nicht zu ferner Zeit als lebensbedrohend für die gesamte deutsch-italienische Panzerarmee Afrika erweisen.

Die frühere Kreuzer– Zerstörerkampfgruppe, die Malta – »Force K« – und die U-Boote konnten Malta wegen der nicht beseitigten Minenbedrohung noch nicht wieder anlaufen und als Stützpunkt nutzen.

WIE WAR DIE LAGE IN NORDAFRIKA IN DIESER ZEITPHASE MITTE JUNI 1942?

Der Eckpfeiler der El Ghazala – Verteidigungsstellung im Süden in der Wüste, das Fort Bir Hachheim, fiel nach pausenlosen Angriffen des Heeres und der Luftwaffe am 11. Juni morgens in unsere Hand. Unter dem Kommandierenden General des DAK, General Nehring, traten die 21. und 15. Panzerdivisionen ihren Vormarsch zur Küste und nach Tobruk an. Es gelang, alle Panzerbrigaden des Feindes mehr oder weniger einzeln zu vernichten und die Küste sowie Tobruk am 15. Juni zu erreichen, nachdem auch die letzten britischen Kräfte den nördlichen Teil der El Ghazala-Stellung geräumt hatten und nach Tobruk zurückfluteten.

Dies spielte sich ab, als wir von Derna aus auf den britischen Geleitzug in den Nächten vom 14. auf den 15. und vom 15. auf den 16. Juni operierten. Die deutschen Luftwaffenkräfte waren fast alle auf den Geleitzug angesetzt, so daß es den Engländern der 8. Armee erleichtert wurde, ihren Rückzug nach Tobruk und teils weiter nach Osten ohne zu große Luftgefährdung geordnet durchzuführen.

DIE FESTUNG TOBRUK FÄLLT AM 21. 6. 42

Rommel vor Tobruk – dieser Satz war schon wieder in aller Munde. Die britische Führung bereitete die Räumung von Tobruk vor. So hatten alle Schiffe am 17. Juni Tobruk zu verlassen. Aber Rommel tat zur Täuschung des Feindes so, als ließe er Tobruk wie vor einem Jahr unangetastet liegen. An der Spitze der 90. leichten Division erreichte er am 19. Juni Bardia vor der libysch-ägyptischen Grenze. Am nächsten Morgen, am 20. 6., um 0520 Uhr begann er zur Überraschung des Gegners den kombinierten Angriff der Luftwaffenkräfte seines Fliegerführers Afrika und der Stoßdivisionen des DAK mit dem XX. italienischen motorisierten Korps. 80 Stukas und 100 Bomber eröffneten die 1tägige Schlacht um Tobruk, welches vor Jahresfrist angesichts der damaligen Schwäche des DAK noch als uneinnehmbar galt.

Nach 24 Stunden, am 21. 6. um 0500 Uhr morgens, fuhr Rommel an der Spitze seiner Stabs-Kampfstaffel in Tobruk ein. Der südafrikanische Festungskommandant, General Klopper, kapitulierte und übergab die Festung um 0940 Uhr. Es wurden 33 000 britische Gefangene gemacht. Unvorstellbare Versorgungs- und Verpflegungslager fielen in unsere Hand.

Die Straße nach Ägypten hinein schien nun frei. Wo würden der Rest der 8. Armee und neue Verbände eine Abwehrfront in Ägypten aufbauen können? Würden diese Kräfte in der Lage sein, Rommel auf seinem Vormarsch nach Alexandria und Kairo noch rechtzeitig aufzuhalten? Oder sollte Malta erst genommen werden?

BRITISCHE ADMIRALITÄT BEFÜRCHTET VERLUST ALEXANDRIAS

Nach Roskill rechnete man in der Britischen Admiralität in London mit dem möglichen Verlust von Alexandria, weshalb Vorbereitungen für die Verlegung der noch übrig gebliebenen britischen Mittelmeerflotte von Alexandria nach Haifa und südlich des Suezkanals ins Rote Meer in Angriff genommen werden sollten. Der Suezkanal sollte danach durch Schiffsversenkungen unpassierbar gemacht werden. Auch die Stäbe sollten von Alexandria nach Port Said verlegen.

Aus solchen Überlegungen der anderen Seite ersehen wir heute, daß die oberste britische Marineführung Rommel in Kürze in Alexandria sah. Aber noch war es nicht soweit, denn die Panzerarmee hatte keinen Brennstoff mehr.

ANGRIFF AUF FLÜCHTLINGSFLOTTE AUS TOBRUK AM 21. JUNI

Am Nachmittag des 20. Juni erhalten wir vom Führungsstand Derna folgende Lage und Auftrag für die kommende Nacht übermittelt:

Lage: Die Eroberung von Tobruk steht bevor und wird bis zum Abend um 2000 Uhr erwartet. Mit einem Rückzug der Engländer auch über See muß gerechnet werden. Die 6. Räumboot-Flottille unter Kptlt. Reischauer hat Befehl, während der Nacht von Derna nach Tobruk zu marschieren und vom Morgen des 21. 6. ab einen minenfreien Weg in den Hafen von Tobruk zu schaffen.
Auftrag: 1. Angriff auf alle aus Tobruk ausgelaufenen und auslaufenden Fahrzeuge.
2. Sicherung der 6. R-Flottille gegen feindliche Zerstörer durch Vorpostenstreifen 5 sm Bootsabstand nördlich Ras Azzaz.
Vorpostenstreifen ist solange einzuhalten, bis Morgenluftaufklärung das Seegebiet frei von feindlichen Seestreitkräften gemeldet hat.«

Das ist ein klarer Auftrag. Wir laufen am 20. Juni um 2045 Uhr aus Derna mit den Booten »S 54«, »S 55«, »S 58«, »S 56«, »S 36« und »S 59« aus. Um 0100 Uhr stehen wir auf unserem Vormarsch querab von Tobruk. Es brennt überall an Land. In Keilformation stößt die Flottille mit 26 kn nach Osten vor.

Um 0400 Uhr kurz vor Hellwerden entlasse ich die Boote zur Einnahme ihrer Position einzelbootsweise im Vorpostenstreifen.

»S 58« als taktische Nr. 3 sichtet 3 kleine Fahrzeuge im Nordosten. Ich detachiere die Nachbarboote »S 56« und »S 58« zum Nachstoßen zur Identifizierung. Es ist inzwischen heller Tag, wir sehen eine Reihe von kleinen Fahrzeugen.

Ich setze daher alle Boote möglichst rottenweise zum Angriff an. Ab 0450 Uhr bis in die Mittagsstunde hinein führen wir Artilleriegefechte mit den gegnerischen Fahrzeugen, mit Landungsfähren, einem großen Landungsschiff, mit Trawlern und Schleppern, die zum Teil sogar mit 4 cm Kanonen hartnäckigst kämpfen. Es gelingt schließlich, fast alle gesichteten Fahrzeuge durch das jeweils von 2 S-Booten vereinigte Feuer bei schweren Verlusten für den Gegner – aber auch unter Inkaufnahme eigener Verluste – niederzukämpfen. Alle Gefangenen werden auf die eigenen Boote übernommen, zum Teil müssen sie auf das große von »S 55« aufgebrachte Landungsschiff von etwa 300 t übergeben werden, auf dem sich schon der Leitende Maschinist von »S 55« und ein paar Soldaten als Prisenkommando eingeschifft haben. Die durch Artilleriebeschuß beschädigten kleineren LCM-Fähren werden mit Sprengpatronen gesprengt.

Eingebracht nach Tobruk werden insgesamt 175 Überlebende, darunter 10 Offiziere. 1 große Landungsfähre »HMS Lighter 150« mit

3 Lkw's und 1 Raupenschlepper an Bord und 2 kleine längsseit befindliche zum Steuern der großen Landungsfähre festgemachte Landungsfähren marschieren, gesichert durch 2 S-Boote, nach Tobruk zurück.
Gesprengt bzw. versenkt wurden von allen Booten
    5 Landungsfähren bzw. Landungsboote mit etwa 40 t
    1 Vorpostenboot etwa 400 t (»Parktown« 250 t?)
    1 Schlepper etwa 100 t
    1 Motorboot
    1 Motorsegler etwa 150 t
»S 58« unter stellvertretender Führung meines Adjudanten, Oblt. z. S. Backhaus, versenkt auf dem Rückmarsch mit Schwerverwundeten einen bereits von der Luftwaffe beschädigten anscheinend von der Besatzung verlassenen Frachter von etwa 5000 t mit Benzinladung an Bord ostwärts Tobruk durch Fangschuß.
Gegen 1900 Uhr übergeben wir unsere Prisen und Gefangenen an die 6. R-Flottille in Tobruk und laufen weiter zur Brennstoff- und Munitionsergänzung nach Derna, wo wir nach einer harten 26stündigen Unternehmung gegen 2235 Uhr einlaufen.
»S 58« verlor im Artilleriegefecht als taktische Nr. 2 in der Führerbootsrotte seinen von der Besatzung sehr geliebten Kommandanten, Oblt. z. S. Eberhard Geiger. Der neben ihm auf der Brücke stehende Flottillenarzt, Stabsarzt Dr. Mehnen, erlitt einen schweren Bauchschuß, an dessen Folgen er am nächsten Abend im Lazarett in Derna verstarb. Weitere 6 Schwer- und Leichtverletzte wurden sofort nach den Gefechten an »S 56« übergeben, welches mit Höchstdauerfahrt nach Derna entlassen wurde, wo es gegen 1415 Uhr einlief. Leider wurde »S 36« auf dem Rückmarsch noch östlich Tobruk irrtümlich von eigenen Jägern angegriffen, wobei 2 Mann schwer verwundet wurden.
Oblt. z. S. Geiger und Marinestabsarzt Dr. Mehnen wurden am 22. Juni um 0800 Uhr bzw. am 23. Juni um 1600 Uhr im Beisein unseres Befehlshabers auf dem Ehrenfriedhof in Derna beigesetzt.

WIR FAHREN GELEITSICHERUNG UNTER DER KÜSTE

Nach provisorischer Beseitigung der Trefferschäden durch die Besatzungen werden alle Boote zu verschiedenen plötzlich anfallenden Geleitsicherungsaufgaben zwischen Benghasi und Tobruk eingesetzt.
»S 59« übernimmt den Befehlshaber um 1400 Uhr in Derna und verlegt

nach Tobruk. »S 54« sichert 1 »Siebelfähre« und 2 Pionierlandungsboote mit unseren Torpedos, Brennstoff, Munition und Verpflegung für die Flottille sowie 2 Mannschaftsverkehrsboote ab 1630 Uhr von Derna nach Tobruk. »S 56« läuft um 1725 Uhr aus Derna aus zur Sicherung des kostbaren kleinen Nachschubdampfers für das Heer »Brook« und von 4 Motorfährprähmen der 2. Landungs-Flottille unter Führung von Korv. Kpt. Dr. Flesche nach Tobruk.
Am nächsten Tag, dem 23. Juni, laufen alle Kleingeleite in Tobruk ein. Eines der S-Boote sichtet in See vor Tobruk 1 Faß mit 2 versprengten britischen Soldaten und rettet die beiden Überlebenden. »S 36« und »S 55« laufen um 1930 Uhr aus Derna aus und geleiten Dampfer »Savona« nach Benghasi. Sie sichern anschließend das beladene Motorschiff »Lola« und Dampfer »Trapani« von Benghasi nach Derna. In dieser Situation wird uns erst richtig klar, mit welch primitiven und geringen Mitteln wir den Nachschub für Heer und Luftwaffe über See befördern müssen!

NACH LUFTAUFKLÄRUNG IST DAS ÖSTLICHE MITTELMEER »FEINDFREI«

In den nächsten Tagen wird von der Luftaufklärung kein einziges Fahrzeug mehr im Östlichen Mittelmeer gesichtet. So bleiben auch wir in Tobruk und bauen einen provisorischen Stützpunkt auf, den wir sicher bald wieder verlassen müssen. Die Besatzungen organisieren einige in der Wüste abgestellte und zum Teil durch Beschuß beschädigte britische Lkw's und Kräder und reparieren sie mit Erfolg. Auf diesen fahrbereit gemachten Fahrzeugen wird auch die Torpedoregelstelle mit Luftpumpe aufgebaut.
Die Techniker der Flottille helfen dem Heer, die Hafeneinrichtungen wieder betriebsfähig zu machen. Die von uns eingebrachten Landungsfähren und im Hafen beschlagnahmten Kleinfahrzeuge und Schlepper werden fahrbereit gemacht. Die große Kühlanlage des Lagerhauses für Gefrierfleisch wird durch unsere Männer wieder in Betrieb gesetzt, so daß 25 t englisches Gefrierfleisch für unser DAK gerettet werden können.

BRITISCHE VORRATSLAGER VERSORGEN ALLE DEUTSCH-ITALIENISCHEN VERBÄNDE

In den in der näheren Umgebung Tobruks von den Engländern angelegten großen Versorgungslagern rüsten sich die Truppenteile aus. Wir von der Marine besaßen ja nur eine Khaki-Hose und 1 Khaki-Jacke plus 2 Khaki-Hemden. Hier konnten wir sogar unsere Männer mit Wollmänteln der 8. Armee für die nachts immer kalten Nächte ausrüsten! Nicht zu vergessen die »Senior Service«, »Gold Flake« und »Woodbine«-Zigaretten und auch Rum! Solch' üppige Dinge kannte doch kein Landser oder Seemann mehr! Zelte für das Stützpunktpersonal und für Teile der Besatzungen fanden wir bei unseren Stichfahrten durch die Tobruk-Wüste, bauten sie ab, verluden sie und richteten sie in der Nähe der Ankerplätze der Boote wieder auf.

FLOTTILLE ANKERT AM 2. JULI IN MERSA MATRUH

In diesen Tagen gelingt es der Panzerarmee, bei der Verfolgung des Gegners nach Ägypten einzubrechen und Mersa Matruh zu erobern. Am 29. Juni ist der Ort an einer geschlossenen Meeresbucht mit einer kleinen Landungspier genommen.
Am 1. Juli laufen wir um 1700 Uhr mit »S 54«, »S 59« und S 56« aus Tobruk aus und ankern am nächsten Morgen um 0500 Uhr in der Mersa-Matruh-Bucht. Mit 1 Boot können wir sogar an einer kleinen Zementpier festmachen und haben dadurch mit dem Führerboot Landverbindung.

UNSER »SCHWIMMENDER STÜTZPUNKT«

Unseren »Schwimmenden Stützpunkt«, der nunmehr nur noch aus einer Pionierlandungsfähre mit 12 gefechtsklaren Torpedos und 1 fahrbaren Torpedokran an Bord und 1 griechischen Küstenmotorsegler mit 45 t Dieselbrennstoff in Fässern besteht, verlegen wir um 2100 Uhr unter Sicherung durch 1 Räumboot der 6. R-Flottille unter der Küste von Tobruk nach Mersa Matruh. Die Torpedomechaniker unter ihrem tüchtigen Flottillen-Obertorpedomechaniker Pusak treffen auf ihren 4 erbeuteten ex-englischen Lkw's mit Torpedoregelstelle und erbeuteten Zelten in Mersa Matruh ein. Am 3. Juli ist der Stützpunkt einsatzbereit. Jetzt kann die Flottille Seeoperationen bis Alexandria und weiter östlich bis zur Nilmündung unternehmen. Der Vormarsch an Land gestattet uns solche Unternehmungen, an die vor einem Vierteljahr niemand gedacht hätte. Die Flottille erhält am 4. Juli Verstärkung, als

»S 61«, »S 60« und »S 33« aus Augusta über Suda-Bucht kommend einlaufen.

VOR ALEXANDRIA BEI EL ALAMEIN AM 30. 6.

Die Landfront liegt seit dem 30. Juni bei El Alamein, 96 km vor Alexandria. Unsere Bomber können jetzt sogar mit Jagdschutz bis Alexandria fliegen! Der britische Oberbefehlshaber der Mittelmeerflotte, der seine Flagge auf dem durch italienische Sturmkampfmittel mittels Haftmine beschädigten und noch im Dock liegenden Schlachtschiff »Queen Elizabeth« gesetzt hatte, befahl nach der Darstellung von Roskill wegen der Gefahr nicht nur der Bombardierung, sondern auch des Verlustes von Alexandria bei einem überraschenden deutschen Vorstoß, daß alle entbehrlichen Kriegs- und Handelsschiffe Alexandria zu verlassen haben und südlich des Suezkanals – also im Roten Meer – ankern sollten. Die übrigen Kriegsschiffe wurden von Alexandria nach Port Said und Haifa verlegt, die 1. U-Flottille ging nach Beirut. Alle Landbefehlsstellen wurden rückverlegt in die Kanal-Zone. Vorbereitungen zum Sprengen von Hafen- und Werfteinrichtungen und zur Sperrung der Hafeneinfahrt nach Alexandria durch Versenken von Blockschiffen wurden getroffen. Das unter dem französischen Admiral Godfroy in Alexandria »immobilisierte« französische Kampfgeschwader verblieb nach der Weigerung des französischen Admirals, ins Rote Meer zu verlegen, in Alexandria.

Wirft man einen Blick auf die Karte des Östlichen Mittelmeerraumes, so mutet es verwegen an, daß eine einzige Panzerarmee, unterstützt durch Luftverbände und in der Seeflanke durch ein paar U-Boote, eine Landungsflottille mit 4–6 Fährprähmen, 1 Räumboot- und 1 Schnellboot-Flottille, diese wichtigste Position für das Britische Empire in solcher Weise zu erschüttern vermochte. In London war man sich dieser Gefahren bewußt, aber im Führerhauptquartier blickte Hitler nur nach Osten in die Sowjetunion hinein und unterschätzte den Hauptgegner in diesem Kriege, die britische Seemacht, besonders im Mittelmeer. Jetzt fehlte nur eine besondere Maßnahme, nämlich, Rommel die Kräfte zuzuweisen, die ihn schnell in die Lage hätten versetzen können, die schwach gesicherte Alamain-Front zu durchbrechen und in einem Zuge bis Alexandria oder auch Kairo zu gelangen.

So liegen sich nun die geschlagene 8. Armee und die vom langen Nachschub abhängig gewordene deutsch-italienische Panzerarmee bei Alamein für längere Zeit erschöpft gegenüber.

MALTA ERSTARKT

In dieser Lage meldet sich Malta wieder:
Der Admiral Leatham berichtete am 5. Juli an den Oberbefehlshaber der Mittelmeerflotte, daß die Insel Malta in der Lage sei, die 10. U-Flottille wieder aufnehmen zu können, nachdem die Bombenangriffe dank der Luftverteidigung aufgehört hätten und nachdem die Ein- und Auslaufwege nach La Valetta minenfrei gesucht wären, wobei seit Anfang Mai 206 von unseren Minen geräumt worden seien. Der Admiral ahnte aber nicht, daß wir in 24 Nächten insgesamt 557 Minen und 416 Sperrschutzmittel in Gestalt von Reiß- und Sprengbojen zur Vernichtung der gegnerischen Minensuchgeräte geworfen hatten! Solche Unterschätzung hatte sich schon beim Einbringen des Restgeleitzuges bei der Operation »Harpoon« von Gibraltar nach Malta am 16. Juni schlecht ausgezahlt! Immerhin liegen noch über 300 Minen aus.
Der Zahl der Jagdflugzeuge auf Malta war durch weitere 2 Überführungen mit dem Flugzeugträger »Eagle« mit je 31 bzw. 28 »Spitfire«-Jägern weiter erhöht worden. Der Minenkreuzer »Welshman« brachte am 16. Juli außer Spezialteilen für die Verteidigung Maltas Nahrungsmittelkonzentrate für die Bevölkerung. Schließlich lief in der 2. Monatshälfte Juli das U-Boot »Unbroken« der 10. U-Flottille wieder in Malta ein. Der Name dieses ersten wieder nach Malta zurückkehrenden U-Bootes spiegelte symbolisch den ungebrochenen Kampfgeist wider, der die Engländer in diesem fast mörderisch umkämpften Raum trotz erlittener Niederlagen beseelte. Die auf Malta wieder stationierten Torpedo- und Bombenflugzeuge sollten für unseren Nordafrikanachschub über See zur größten Gefahr für den weiteren Verlauf des Nordafrikakrieges werden.

1. OPERATION DER FLOTTILLE NACH ALEXANDRIA UND ZUR NILMÜNDUNG

Nach Luftaufklärung am 2. Juli liegen in Alexandria 1 Frachter 8–9000 BRT, 1 Tanker 6–7000 BRT, 1 Fahrgastschiff 3000 BRT und 1 Geleitboot.
Das demobilisierte französische Geschwader besteht aus 1 Linienschiff »Lorraine«, 4 Kreuzern »Duquesne«, »Tourville«, »Suffren« und »Le Dugay-Trouin«, 3 Zerstörern »Basque«, »Fortimé«, »Forbin« und 1 U-Boot »Protée«.

Die Belegung mit den 4 britischen Schiffen läßt erkennen, daß es sich hier vermutlich um die zur Sperrung der Hafeneinfahrt verbliebenen Blockschiffe mit einem Sicherungs-Geleitboot handelt. Ob heute am 4. Juli eine andere Hafenbelegung besteht, ist unbekannt, weil keine Aufklärung geflogen werden konnte.

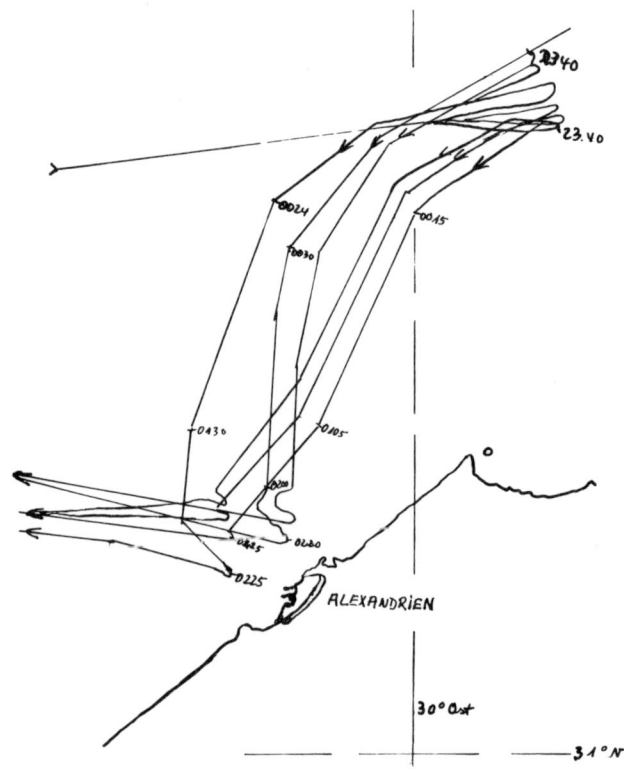

Mit 6 S-Booten in der Aufklärung des Seegebietes vor Alexandrien in der Nacht vom 4. zum 5. 7. 42

Wir laufen am 4. 7. mit »S 54«, »S 33«, »S 61«, »S 60«, »S 56« und »S 59« aus, um rechtzeitig nach Einbruch der Dunkelheit nordöstlich von Alexandria bei Rosette vor der westlichen Nilmündung zu stehen. Gegen 2300 Uhr beobachten wir einen deutschen Bombenangriff auf Alexandria. Nachdem wir unsere Position etwa 25 sm nördlich der Küste um 2315 Uhr im Aufklärungsstreifen erreicht haben, stoßen wir auf süd-südwestlichen Kursen im Aufklärungsstreifen nach Süden in Richtung Alexandria vor. Ab 0100 Uhr sehen wir die Küste bei dem gerade aufgegangenen Mond ein, sichten gegen 0200 Uhr einen Bewacher in Richtung Hafeneinfahrt, der einzulaufen scheint. Wir nähern uns vorsichtig der Hafeneinfahrt bis auf etwa 2 sm und stoppen alle Maschinen. Was uns in dieser »Lauerstellung« stört, ist der Mond – auch wenn er noch im Osten steht und wir den Hafen vor dem Mond sehen können.

Im Angesicht dieses in der Nacht vom Mond so hell beleuchteten Hafens wird uns bewußt, daß hier einmal das »alexandrinische Zeitalter« seine Geburtsstätte hatte. Wie gern wären wir hier einmal kurz an Land gegangen, um den Zauber und das Fluidum einer geheimnisvollen, längst versunkenen Welt des Orients zu spüren!

In dieser Stimmung treten wir den Rückmarsch um 0230 Uhr an und werden etwa 45 Minuten lang von 2–3 sehr lichtstarken Küstenscheinwerfern erfolglos gesucht. Da wir in unserem Fu MB Radarstrahlungen von der Küste beobachten, sind unsere Boote sicher geortet. Über 6 Stunden dauernde An- und Abmarschwege bedingen, daß nur kurze Zeit im eigentlichen weit vorgeschobenen Operationsgebiet – bei dieser Unternehmung ganze 3 Stunden – vor der Haustür des Gegners operiert werden kann. Solche Wege kosten Betriebsstunden!

An der Westseite der Bucht in Mersa Matruh bauen die Männer die Beutezelte auf, weil die Besatzungen bei Tage auf den vor Anker liegenden Booten durch Luftangriffe zu sehr gefährdet sind. Die Boote werden – wie seit dem 1. Tag unseres Eintreffens in Augusta – nach dem Einlaufen mit Persennings und Holzlattenrahmen viereckig getarnt, sodaß sie als Schnellboote nicht identifiziert werden können. Hier in der Bucht verlassen wir uns flakmäßig auf die aufgebaute Flak mit 8,8 cm Geschützen und Maschinenwaffen. Würden die Boote mitschießen, wie wir das früher einmal versucht haben, würden wir die ganze Aufmerksamkeit und Wirkung feindlicher Flugzeuge auf uns ziehen.

BOMBENANGRIFFE AUF MERSA MATRUH

Am 5. Juli um 1400 Uhr wird die kleine Hafenbucht von 1 britischen Aufklärer in sehr niedriger Höhe überflogen. Die Flottille liegt einzelbootsweise getarnt gegenLuftsicht vor Anker. Um 0100 Uhr nachts erfolgt der 1. Bombenangriff aus mittlerer Höhe, nachdem der Mond aufgegangen ist und Schiffe und Boote auf dem Wasser vor dem Mond liegend gut als Silhouetten ausgemacht werden können. Zusätzlich stehen Leuchtbomben über dem Hafen.

Gegen 0300 Uhr folgt die 2. Welle. »S 61« wird vor Anker liegend von 1 Flugzeug von der Seite angeflogen und erhält bei dem Reihenwurf von 6 Sprengbomben viele Bombensplitter, durch die der Kommandant, Oblt. z. S. v. Gernet, leicht und der Maschinengefreite Gerold Unbekannt tödlich verwundet werden. Wir betten unseren gefallenen Kameraden am Nachmittag um 1600 Uhr zur letzten Ruhe auf dem Soldatenfriedhof in Mersa Matruh.

Das Boot hat so schwere Bootskörperschäden erlitten, daß es nach provisorischer Abdichtung in die Werft nach Palermo gehen muß.

BETRIEBSSTUNDENSORGEN

Am 7. Juli verlegen »S 56«, »S 57« zur Motorenüberholung über Tobruk, Suda, Navarino, Augusta nach Palermo. Die Besatzungen erhalten Urlaub. »S 61« folgt nach erster Abdichtung zusammen mit »S 59« einige Tage später, denn am 9. Juli muß »S 59« noch an einem 2. Vorstoß zur Nilmündung teilnehmen. So wird die Flottille nur noch mit 2 Booten einsatzbereit sein. Die Betriebsstundengrenzen von 250 Stunden für kleine Überholung und theoretisch 500 Betriebsstunden für große Motorenüberholung setzen ein enges Limit.

WIEDER GELEITZÜGE NACH ALEXANDRIA AM 6. JULI

Die Luftaufklärung hat seit dem 6. Juli eine starke Hafenbelegung in Alexandria festgestellt. Im Hafen liegen 12 Frachter mit etwa 45 000 BRT, 1 Tanker 6000 BRT, 1 Lazarettschiff, 1 Zerstörer, 1 Geleitboot und 5 kleinere Kriegsschiffe.

Der Gegner hat nach den ersten Schreckenstagen wohl wieder Tritt gefaßt. Solch ein Massennachschub mit 12 Schiffen und 1 Tanker in wenigen Tagen nach Alexandria für die 8. Armee kann für Rommel bald gefährlich werden.

Wir laufen mit »S 33«, »S 60« und »S 59« um 1630 Uhr aus für den Fall, daß ein Teil der Schiffe nach Abenddämmerung aus Alexandria auslaufen sollte. Schon um 2200 Uhr stehen wir 30 sm nördlich von Alexandria. Im Aufklärungsstreifen stoßen wir auf Ost- und Südostkurs, später auf Südwestkurs vor der Nilmündung parallel zur Küste bis Alexandria vor. Die Küste ist gut einzusehen. Nachdem wir bis 0200 Uhr außer einem deutschen Bombenangriff auf Alexandria um 0130 Uhr nichts sichten, treten wir den Rückmarsch an.

DAMPFER »BROOK« BEIM ENTLADEN GETROFFEN – »STURLA« GESUNKEN

Am 11. Juli um 1300 Uhr überraschen uns 8 britische Bomber im Hochangriff mit Reihenwürfen von 20–30 Sprengbomben. Unglücklicherweise wird außer dem Ostteil des Ortes und der kleinen Entladepier der vor Anker liegende und gerade beim Löschen der Ladung befindliche einzige Dampfer »Brook« in der achteren Ladeluke von einer Bombe getroffen, sodaß die dort lagernden Benzinkanister explodieren, wodurch das Schiff in Brand gesetzt wird. Es sinkt um 2100 Uhr. Während der Nacht um 0100 Uhr werden wir unsanft durch Kanonendonner geweckt. Anscheinend handelt es sich um Zerstörer und Flugzeuge, die unter Beleuchten des Hafens durch Leuchtbomben Stadt und Hafen beschießen. Binnen kurzem sind wir an Bord und Anker auf, um auszulaufen. Da geht auch schon die Nachricht ein, daß der durch 1 Räumboot gesicherte Dampfer »Sturla« kurz vor der Hafeneinfahrt wahrscheinlich durch Torpedoschuß eines Zerstörers gesunken ist. Nach 20 Minuten sehen wir einen Schatten – es ist das deutsche R-Boot. Wir gehen in Rufweite und erfahren Näheres über die Versenkung und die Untergangsstelle. Nach ½ Stunde sichten wir 1 Rettungsboot, Wrackteile und 1 Floß. Unsere Männer retten die Überlebenden mit Schlauchbooten, Rettungsringen und Rettungsleinen. Zum Teil haben sie einen Palsteg als Sicherungsleine um ihre Hüfte gelegt und springen über Bord, um im Wasser schwimmende Schiffbrüchige zu retten. Wir hören überall Hilferufe. Von den Geretteten erfahren wir weitere Hinweise, wo wir weiter suchen müssen. Um 0450 Uhr haben wir tatsächlich den letzten Mann gerettet! Wir haben mit kaum vorstellbarem Glück 45 Mann und den Kapitän sowie seinen italienischen Verbindungsoffizier dank günstiger Wetterlage und glücklicher Umstände retten können.

Als kurz darauf 3 einzelne Küstenmotorsegler unter der Küste in Sicht kommen, halten wir auf sie zu und geleiten sie in den Hafen, wo wir um 0630 Uhr einlaufen und unsere inzwischen wieder aufgewärmten Schiffbrüchigen, denen man den Schrecken noch aus den Gesichtern lesen kann, an den Seetransportchef zur weiteren Betreuung übergeben.

KAUM CHANCEN, ALEXANDRIA-GELEITZÜGE ZU FASSEN

Die Hafenbelegung in Alexandria bleibt vom 12. bis 15. Juli ziemlich unverändert. Ein Ansatz der Flottille – sprich 2 S-Boote (!) – auf nach Alexandria einlaufende oder auslaufende Geleitzüge wird weiterhin erfolglos bleiben, weil der Gegner seine Geleitzüge so steuert, daß sie zur Nachtzeit nicht in dem von uns erreichbaren Operationsgebiet stehen. Die Flottille hat Weisung vom Befehlshaber, während der Periode des Auffüllens der Kräfte der britischen 8. Armee und auch der deutsch-italienischen Panzerarmee die Motorenüberholung der Boote durchzuführen, um Ende August/Anfang September mit einem Höchstmaß an Booten bei Offensivbeginn der Panzerarmee präsent zu sein.

BRITISCHE ZERSTÖRER BESCHIESSEN MERSA MATRUH BEI NACHT

Als wir in der Nacht vom 17. auf den 18. Juli mit 2 Booten einen erfolglosen Aufklärungseinsatz nördlich Alexandria zwischen der Rosette- und Daniette-Mündung des Nil durchführen, beschießen britische Zerstörer kurz nach Mitternacht den Hafen Mersa Matruh. Nach dem Einlaufen erörtern wir mit dem Befehlshaber, daß die Boote in den kommenden Nächten eine Sicherung des Hafens gegen den nochmaligen Versuch einer Hafenbeschießung durch britische Zerstörer vor der Küste bilden könnten.
Wir laufen daher am Abend des 18. Juli mit 3 Booten eine Stunde vor Mitternacht aus und bilden östlich Mersa Matruh einen Vorpostenstreifen mit 9 sm Aufklärungsbreite. Kaum haben wir unsere Position erreicht, als wir mit unserem Fu MB im Osten mit Radar ortende Zerstörer feststellen. Eine viertel Stunde später kommen 2 Schatten in Sicht – es sind 2 große Zerstörer der »Jervis«-Klasse. Wir laufen gerade mit »S 55« zum Angriff an, als beide Zerstörer auf Nordwestkurs abdrehen. Wir versuchen auf Parallelkurs Fühlung zu halten und alarmieren die beiden anderen Boote durch Funksignal zum Angriff. Unsere Doppelgläser können wir wegen überkommenden Spritzwassers nicht mehr benutzen. Wir verlieren den Gegner aus Sicht und stoßen nach. Er herrscht Radarstille, es ist kurz vor Mitternacht.
Als um 0009 Uhr Leuchtbomben über See und Geschosse mit Leuchtspurmunition im Westen gesichtet werden, vermuten wir einen Flugzeugangriff auf eines der beiden anderen Boote. Kurz darauf um 0020 Uhr empfangen wir wieder Radarstrahlen genau im Süden – das müs-

sen die Zerstörer sein. Wir drehen auf Südkurs, sehen um 0026 Uhr Leuchtbomben über Mersa Matruh und Flakfeuer an Land. 14 Minuten später um 0040 Uhr erkennen wir die beiden Zerstörer im Leuchtbombenschein als Silhouette vor der Küste in voller Breite auf Ostkurs. Wir laufen mit Höchstfahrt an. Da eröffnen beide Zerstörer ihr Artilleriefeuer um 0045 Uhr auf den Hafen über die vorgelagerte Düne hinweg. Nach 1 Minute gehen wir auf 9 kn herunter, um unsere Torpedos auf 1000 m zu schießen. Aber in dieser Minute dreht erst der rechte hintere, dann auch der Führungszerstörer auf uns zu und deckt uns mit seinem ganzen Artilleriesegen – mit 12 cm Granaten und Leuchtspurgeschossen der Fla-Maschinenwaffen – ein. Wir drehen nebelnd nach Steuerbord ab und werden von beiden Zerstörern gejagt. Die kurz liegenden 4 cm Leuchtspurgeschosse prallen auf der Wasseroberfläche ab und springen in hohem Bogen über unsere Boote hinweg. Während dieser Jagd nutzt »S 60« seine Chance und schießt um 0050 Uhr 2 Torpedos, die leider hinten vorbeigehen. Um 0107 Uhr endlich hat das Führerboot die beiden Zerstörer abgeschüttelt, wir haben nur einen kleinen Treffer in den Bootskörper erhalten.

Als die Radarstrahlen schwächer werden, wissen wir, daß die Zerstörer ihren Rückmarsch angetreten haben. Wir beobachten aber im Westen wieder Leuchtbomben und Leuchtspurmunition über See und vermuten Angriffe eines »Albacore«-Flugzeugs auf eines unserer Boote, als ein Alarmfunkspruch von »S 33« eingeht, der unsere Vermutung bestätigt. Diese häßlichen langsamen Nachtaufklärer und gleichzeitig Torpedobomber der Royal Navy mit Radar-Ortungsgeräten an Bord werden nicht nur uns, sondern später auch unsere Nachschubgeleite mit größerem Erfolg bei Nacht aufs Korn nehmen. Wir laufen um 0515 Uhr ein. »S 33« wurde wiederholt und hartnäckig von diesem Flugzeug geortet, mit Kanonen und MG beschossen und außerdem mit 4 Bomben angegriffen, die 15–20 m neben dem Boot ins Wasser fielen. 2 Besatzungsangehörige wurden bei diesem Angriff verwundet.

DAMPFER »AGRIGENTO« WIRD ENTLADEN

Wenn bei dieser Abwehroperation kein erfolgreicher Torpedoangriff erzielt werden konnte, so war doch erreicht, daß die Zerstörer beim Anlaufen des Führerbootes zum Angriff ihr Artilleriefeuer auf den Hafen bereits nach 2 Minuten einstellen und zur Schnellbootjagd übergehen mußten. Auf diese Weise gelang es, den im Hafen liegenden

Dampfer »Agrigento« am nächsten Morgen entladen zu können. Der Beschuß des Hafens war ohne jede Wirkung geblieben.

HEUTE NACHT 5 ZERSTÖRER IN 2 GRUPPEN VOR MERSA MATRUH

Am Abend des 19. 7. um 2300 Uhr laufen wir wiederum mit den 3 Booten zur Sicherungsaufgabe wie in der vergangenen Nacht aus. Schon nach 20 Minuten stellen wir Radarstrahlungen im Osten fest. Und 12 Minuten später – um 2335 Uhr – kommen in 60° 3 Schatten in Sicht. Da sind sie also wieder, aber mit 1 Zerstörer mehr. So stehen 3 Zerstörer 3 S-Booten gegenüber. Da der Gegner uns auf seinem Radarschirm sieht, herrschen für ihn praktisch Tagverhältnisse. Wir fragen uns, ob sich der Gegner durch unsere Anwesenheit gehindert fühlen wird, den Hafenbeschuß durchzuführen? Es genügt ja, wenn er uns mit 1 oder 2 Zerstörern jagt und 1 Zerstörer den Hafen beschießt.
So halten wir mit dem Führerboot zunächst Fühlung am Feind, der in geschlossener Formation Westkurs mit höherer Fahrt steuert. Gleichzeitig alarmieren wir die anderen beiden Boote »S 33« und »S 60« mit Funksignal. Wir stehen in einer Entfernung von 4 sm vor der Küste, die Zerstörer stehen nördlich von uns. Auf diese große Entfernung können die Zerstörer das Feuer auf den Hafen nicht eröffnen. Vielleicht wollen sie auf dem Küstenweg in Richtung Tobruk unseren Kleinschiffsverkehr aufrollen oder aber nur nach Westen ausholen, um dann auf Ostkurs dicht unter der Küste den Hafen bombardieren zu können. Es steht noch keine Leuchtbombe am Himmel. Als die Zerstörer nach Nordwesten drehen und wir uns bereits erheblich westlich der Hafeneinfahrt befinden, fallen plötzlich Leuchtbomben Backbord achteraus. Sie stehen genau über dem Hafenbecken und beleuchten auch die Ortschaft und die Außendüne. Jetzt sehen wir im Leuchtbombenschein plötzlich 2 weitere Zerstörer achteraus im Osten, die gerade ihr Artilleriefeuer auf den Hafen um 0037 Uhr eröffnen. Die West steuernde Zerstörergruppe, an der wir Fühlung halten, macht zu diesem Zeitpunkt kehrt und beginnt, uns mit Artilleriefeuer zu jagen im Zusammenwirken mit 1 »Albacore«-Flugzeug, welches Leuchtbomben über uns abwirft, sodaß wir für beide Zerstörergruppen wie auf dem Präsentierteller liegen. Wir können nicht nach Süden drehen wegen der vor uns liegenden Küste, sondern müssen uns mit Höchstfahrt unter Nebelverwendung nach Norden absetzen. Das Rottenboot »S 60« sackt plötzlich stark achteraus, weshalb wir weitere Nebel-

Die Kommandanten Geiger und Schmidt mit Besatzungsangehörigen

Landgang, Dr. Mehnen, Lührs, Wuppermann, Müller und Geiger

Führerbootskommandant K.-D. Schmidt und Adjutant Joh. Backhaus

Die Bucht von Tobruk

Von »S 58« torpedierter Dampfer östlich Tobruk

wände legen, um den jagenden Gegner zu irritieren. Ob das Schnellboot einen Treffer erhalten hat?
Um 0055 Uhr ist der Gegner aus Sicht. Wir erfahren jetzt vom Kommandanten »S 60«, daß das Boot wegen eines Treffers im Mittelmaschinenraum nur noch 9 kn laufen kann. Ein Segen, daß die Zerstörer abgeschüttelt sind, sonst würde »S 60« eine leichte Beute für sie sein.

OHNE RADAR TAKTISCH NACHTBLIND

In dieser Nachtoperation hat uns der Gegner taktisch aufs Glatteis geführt, indem er 1 mit Radar ortende Zerstörergruppe etwa 6 sm nördlich der Küste an Mersa Matruh vorbei nach Nordwesten laufen ließ in der Annahme und Hoffnung, daß die deutschen Schnellboote sich an ihr festbeißen würden, was logischerweise auch geschah! Dann konnte der Gegner mit seiner Radarstille haltenden und später eintreffenden 2. Zerstörergruppe ungehindert anlaufen und den Hafen unter Beschuß nehmen. 1:0 für den Gegner! Diese Taktik konnte dem Gegner nur auf Grund seiner Radarüberlegenheit gelingen. Nach diesen beiden Nachtoperationen schrieb ich damals unter »Erfahrungen« ins Kriegstagebuch:

»Die Absicht, den Gegner während der Bindung durch seine Hafenbeschießung anzugreifen, führte in keinem Fall zum Erfolg, da der Gegner in seinen taktischen Maßnahmen – laufende Ortung der Boote, Aufstellung einer Sicherungsgruppe, Leuchtbomben der mit Radar ausgerüsteten Nachtaufklärer – infolge seiner Technik überlegen war. Es ergibt sich daher die Frage, wie weit unter diesen Umständen überhaupt noch unbemerkte Torpedoangriffe möglich sein werden. ...Ich halte es für falsch, daß unsere Boote im weiteren Verlauf des Krieges mit ungleichen und unterlegenen Waffen kämpfen müssen, wenn die Möglichkeit besteht, derartige Ortungsgeräte an Bord einzubauen. Die Erfolgsaussichten werden geringer werden und gering bleiben, wenn die Lösung dieser Frage nicht mit allen Mitteln betrieben wird.«

Wenn es damals möglich war, ein solches aktives Ortungsgerät in ein kleines Flugzeug einzubauen – unsere Seeaufklärer sind mit dem »Hohentwiel«-Gerät ausgerüstet – hätte es möglich sein können, ein solches Gerät auch auf Schnellbooten einzubauen. Gefordert war es von der Flottille erstmalig im Dezember 1940!

Für den Schutz des Hafens gegen Beschuß von See her werden nun neue Maßnahmen getroffen, an denen die Flottille nicht ganz unschuldig ist. Es werden einige 8,8 cm Fla-Geschütze auf der Seeseite der Außendüne in Stellung gebracht. Diese erhalten den zusätzlichen Auftrag, feindliche Schiffe vor der Küste mit Seezielmunition zu beschießen, während die Schnellboote östlich von Mersa Matruh außerhalb der Reichweite und der Bestreichungswinkel der Fla-Geschütze operieren werden. In Zukunft wird die Flottille daher etwa 30 sm östlich Mersa Matruh und 15 sm nördlich Kap Chenais einen Vorpostenstreifen auf dem vermutlichen Anmarschweg der Zerstörer bilden und ausreichend Zeit zur Entwicklung von Torpedoangriffen haben. Möglicherweise wird der Gegner infolge dieser Bindung durch die S-Boote garnicht erst bis Mersa Matruh weiterlaufen wollen oder können. Mit 3 »nachtblinden« S-Booten können wir jedoch immer wieder durch 2 Zerstörergruppen taktisch irregeführt werden.

Für die nächsten Nächte ist Ruhe befohlen. In der Nacht vom 22. auf 23. Juli um 0110 Uhr erfolgt ein überraschender Artilleriebeschuß des Hafens durch Zerstörer, die von Fla-Scheinwerfern auf der Außendüne erfaßt und von der 8,8 cm Batterie beschossen werden. Die Zerstörer drehen bei dieser Abwehr sofort ab. 1 Kanone an Land ist mehr wert als viele Schiffe – das kann wohl ein richtiger Grundsatz sein. An diesem Abend war wiederum keine Luftaufklärung vor der Küste bis Alexandria geflogen worden, sonst wären diese Zerstörer beim Anmarsch noch bei Tage erfaßt und gemeldet worden.

RITTERKREUZ FÜR FLOTTILLENCHEF

Am 23. Juli 1942 wird mir als Flottillenchef für die Leistungen der Flottille in den letzten 2½ Jahren das Ritterkreuz zum Eisernen Kreuz verliehen. Das ist eine Auszeichnung, mit der die Leistungen aller Besatzungen und auch des Stützpunkt- und Flottillenpersonals anerkannt werden.

In der Nacht vom 28. auf den 29. Juli werden wir zur Suche nach 3 überfälligen Fährprähmen auf dem Wege von Sollum nach Mersa Matruh angesetzt. In dieser Nacht wird uns wiederum vor Augen geführt, mit welch primitiven Mitteln die Panzerarmee mühsam einen Teil ihres Nachschubs an der Küste entlang erhält. Es schmerzt einem dabei das Herz angesichts einer Ansammlung von so vielen britischen großen Handelsschiffen, die von England um Afrika herum durch das Rote Meer und den Suezkanal von Port Said nach Alexandria laufen und ihren Nachschub dort dicht hinter der Front der 8. Armee ausladen können. Von Tobruk aus, wo die wenigen deutsch-italienischen Handelsschiffe ihren Nachschub ausladen, müssen praktisch alle Versorgungsgüter auf der Küstenstraße etwa 700 km weit bis Alamein mit Lkw's befördert werden. Unter der Küste über See bis Mersa Matruh können nur die Kleinsttransporter laufen, weil Mersa Matruh wegen der Wassertiefen kein größeres Schiff aufnehmen kann. Diese kleinen Schiffe fassen vor allem Massengüter wie Munition, Brennstoff in Kanistern und Verpflegung, aber kein schweres Gerät wie Geschütze, Fahrzeuge oder Panzer.

»FAIRY ALBACORE« GREIFEN DEN VERKEHR UNTER DER KÜSTE AN

Wir laufen mit der Rotte »S 55« und »S 60« am 28. 7. um 2130 Uhr aus nach Westen. Von 2200 Uhr bis 2315 Uhr werden wir nicht weniger als 6mal von »Albacore«-Flugzeugen mit Bomben und Maschinengewehrfeuer in dunkler Nacht angegriffen. Die Bomben liegen von 20–50 m vor dem Steven bzw. Backbord oder Steuerbord querab. Wir bleiben vor Treffern bewahrt. Gegen 0525 Uhr morgens sichten wir bei Helligkeit 1 der Fährprähme, der in ganzer Länge quer auf dem Strand liegt und von der Besatzung verlassen ist. Auf dem Weitermarsch um 0600 Uhr sichten wir den 2. Motorfährprahm brennend halb auf dem Strand. Vom 3. Fährprahm wird bis Einlaufen in Sollum nichts gesichtet. Er ist wahrscheinlich versenkt worden. Wir nehmen an, daß 1 »Fairy Albacore« alle 3 Fährprähme während der Nacht angegriffen und vernichtet hat. Dieser Küstenweg ist daher sehr gefährdet, was selbst wir mit unseren kleinen, schnellen und wendigen Booten in dieser Nacht festgestellt haben. Wir laufen um 1120 Uhr vormittags wieder ein.

Vom 1. bis 10. August werden in 5 Nächten nach Mondaufgang Bombenangriffe auf die Bucht Mersa Matruh geflogen, ein Zeichen, für wie wichtig der Gegner diese kleine Bucht für den Güterumschlag hält. Wie durch ein Wunder treten keinerlei Verluste oder Schäden ein.

BESPRECHUNG FLOTTILLENCHEF IN ROM

Am 9. August übergebe ich die Führung der Nordafrikarotte »S 55« und »S 33« dem Kommandanten »S 55«, Oblt. z. S. von Gernet, da

ich zur Besprechung beim Deutschen Marinekommando Italien nach Rom befohlen bin. Ich habe Gelegenheit, in einer DO 70 nach Tobruk und von hier nach Heraklion und weiter nach Catania auf Sizilien zu fliegen, sodaß ich schon abends am 9. 8. in Augusta bin.
Am 10. 8. abends treffe ich von Catania abfliegend in Rom ein, nachdem ich mir am Abend vorher und am Vormittag durch die Offiziere meines Stabes in Augusta einen Überblick über die materielle Lage der Kriegsbereitschaft der Flottille und die weitere Planung verschafft habe. So kann ich am Vormittag des 11. August Vortrag beim Chef des Stabes, Kapitän zur See Loycke, in Vertretung des abwesenden Befehlshabers, halten und seine Weisungen für die weiteren Aufgaben der Flottille entgegennehmen. Im wesentlichen erfahre ich:
Mit einer neuen Offensive in Nordafrika ist vor Mitte September nicht zu rechnen. Aus diesem Grunde wird die Flottille unter möglichster Schonung von Betriebsstunden Einzel- und Gefechtsausbildung betreiben, sobald die Boote ihre Werftliegezeit beendet haben, um die Besatzungen einzufahren. Es sollen vorerst keine Verlegungen nach Suda oder Verstärkungen nach Mersa Matruh erfolgen. Über die Aussichten eines weiteren Vormarsches der Panzerarmee nach Alexandria kann wegen des noch unbekannten Kräfteverhältnisses nichts ausgesagt werden. Über der Inselfestung Malta besitzen die Engländer die Luftherrschaft. Auf Malta liegen wieder Torpedo- und Bombenflugzeuge der Royal Navy, vor allem vom Typ »Fairy Albacore«, die unserem Nachschub bei Nacht größere Verluste durch ihre Torpedoangriffe zufügen können. Sie werden sich vor allem die Tanker als Ziele vornehmen, denn Brennstoff ist die Lebensfrage für jede Bewegung in der Wüste in Nordafrika.
Diese Zeitplanung gibt auch einmal eine Chance für einen eingeschifften Schnellbootflottillenchef, auf Urlaub zu fahren, denn seit März 1940 blieb dafür keine Zeit.

GROSSGELEITZUG GIBRALTAR – MALTA – 14 HANDELSSCHIFFE –
72 KRIEGSSCHIFFE AM 12./13. AUGUST

Mitten hinein in unsere Besprechung platzt eine Meldung von einem französischen (!) Flugzeug, daß angeblich ein englischer Geleitzug die Gibraltarstraße mit Ostkurs passiert hat und im Seegebiet zwischen Oran und Cartagena stehen soll. Wir rechnen uns auf der Seekarte aus, daß dieser Geleitzug die Straße von Sizilien in der Nacht vom 12. zum

13. August passieren kann. Hier in diesem engen Seegebiet, das durch ausgedehnte Minenfelder noch mehr eingeschränkt ist, wird sich zum ersten Mal die Möglichkeit und größte Wahrscheinlichkeit bieten, einen Geleitzug zu finden und in einer längeren Nacht mehrfach mit unseren Torpedos angreifen zu können. Doch sind der Zustand der Kriegsbereitschaft der Boote und die gegenwärtig weiträumige Dislozierung sehr sorgenvoll. Es muß daher sofort gehandelt werden.
»S 33« und »S 35« liegen zur Sicherung der Seeflanke Ägyptens in Mersa Matruh. »S 35« und »S 36« betreiben mit neuen Kommandanten und zum Teil auch Besatzungen in der Sudabucht Einzel- und Rottenausbildung. »S 58« und »S 59« liegen wegen Personalausfalls durch Feindeinwirkung, Krankheit und Beurlaubungen und in ihrer materiellen Einsatzbereitschaft etwas eingeschränkt in Augusta, wo sich auch das personell nicht besetzte Reserveboot der Flottille »S 30« befindet. Die übrigen Boote liegen in der Werft in Palermo.
Bis zum Auslaufen zur Operation auf den Geleitzug am morgigen Abend können die Boote »S 58«, »S 59« und »S 30« mit zusammengewürfelten Besatzungen und Kommandanten nach Porto Empedocle als Absprunghafen verlegt werden. Die Rotte »S 35« und »S 36« kann bei sofortigem Auslaufen aus Sudabucht mit Brennstoffergänzung in Augusta auch morgen Abend in Porto Empedocle eintreffen.
Da möglicherweise – wie auch Mitte Juli – gleichzeitig ein 2. Geleitzug von Alexandria nach Malta laufen kann, um die deutsch-italienischen Angriffskräfte zu zersplittern, soll die Rotte »S 55«, »S 33« von Mersa Matruh nach Sudabucht verlegen, weil sie von dort aus in den Nachtstunden günstiger gegen einen solchen Geleitzug operieren kann.
Alle Verlegungsbefehle mit entsprechenden Bereitschaften werden sofort mit Funkspruch aus Rom abgesetzt, um keine Zeit in der Bereitstellung von Booten und Besatzungen zu verlieren.
Im Stabe des Deutschen Marinekommandos verfolgen wir die Zusammensetzung und Bewegungen des außerordentlich stark gesicherten Geleitzuges anhand der eingehenden Aufklärungs- und Erfolgsmeldungen der Angriffe des II. Fliegerkorps und der italienischen Luftstreitkräfte. Am Abend des 11. August ist genügend Überblick gewonnen, um einen Operationsbefehl für den morgigen Nachteinsatz aufzustellen, zu welchem die italienische Seekriegsleitung ihre Zustimmung geben muß. Es sollen auch italienische Schnellboote gegen den Geleitzug angesetzt werden. Deutsche und italienische U-Boote stehen im Westlichen Mittelmeer bis westlich der Straße von Sizilien in Wartestellungen. Ein starker italienischer Kreuzerverband, bestehend

aus 6 schweren und leichten Kreuzern sowie 11 Zerstörern und 2 Torpedobooten, soll im Seegebiet Pantelleria operieren.

DER OPERATIONSBEFEHL FÜR DEN ANSATZ

Von seiten der Achse Berlin-Rom ist somit alles aufgeboten worden, was zur Bekämpfung des Geleitzuges auf seinem langen mehrtägigen Marsch geeignet erscheint. Unser Operationsbefehl lautet:
»...
I. Feindlage:
Seit dem Morgen des 10. 8. befindet sich ein stark gesicherter englischer Geleitzug im Westlichen Mittelmeer Kurs Sizilienstraße. Er besteht nach bisher vorliegenden Meldungen aus
3 Schlachtschiffen
4 Flugzeugträgern
4 Kreuzern
30 Zerstörern und Korvetten
20 Dampfern von 8–20000 BRT.
Die feindlichen Streitkräfte marschieren in mehreren Gruppen. Die Aufstellung hat während des 10. 8. mehrfach gewechselt. Für den 10. 8. um 1020 Uhr wurde folgende Aufstellung durch deutsche Luftaufklärung gemeldet:

Hauptgruppe: 3 Schlachtschiffe (möglicherweise »Nelson«,
                    »Rodney« und 1 Attrappe)
               3 Träger (darunter »USS Wasp«)
               20 Kreuzer und Zerstörer
               20 Handelsschiffe
15 sm davor: 1 Träger
               4 Kreuzer
               7 Zerstörer
südlich davon
45 sm ab: 6 Zerstörer in Dwarslinie.
Standort: ...

Es wird damit gerechnet, daß der Gegner am 12. 8. gegen 2100 Uhr bei Kap Bon stehen kann.
II. Eigene Streitkräfte:
1. 6 italienische MS-Boote am 12. 8. nachts Wartestellung bei Kap Bon, 11 MAS-Boote im Gebiet...
2. Italienischer Verband, bestehend aus Kreuzern

»Gorizia«
»Bolzano«
»Trieste«
»Eugenio di Savoia«
»Montecuccoli«
»Attendolo«
11 Zerstörern
2 Torpedobooten,
steht 12. 8. 1800 Uhr auf Position ..., steuert von hier mit 15 kn nach Pantelleria.
Leitung des italienischen Gesamteinsatzes in dem Gebiet zwischen Sizilien und tunesischer Ostküste hat Admiral Messina.
3. Lage neuer italienischer Minensperren ... wird noch mit FT übermittelt.
III. Auftrag:
Torpedoeinsatz 3. S-Flottille mit 5 Booten gegen Geleitzug. Hauptangriffsziel sind schwere Schiffe für den Fall, daß diese mit durch die Sizilienstraße durchbrechen, andernfalls Dampfer. Entscheidung erfolgt nach den vorliegenden Aufklärungsmeldungen spätestens am 12. 8. 2000 Uhr durch Funkspruch.
IV. Durchführung:
1. Führumg Flottillenchef 3. S-Flottille
2. Taktische Gliederung
»S 36« Oberleutnant zur See Brauns (Führerboot)
»S 35« Oberleutnant zur See Schmidt (Klaus-Degenhard)
»S 30« Oberleutnant zur See Weber
»S 58« Oberleutnant zur See Wuppermann
»S 59« Oberleutnant zur See Müller (Albert)
3. Auslaufen Porto Empedocle 12. 8. spätestens 1600 Uhr, Marsch über Quadrate...
2130 Uhr Vorpostenstreifen bilden ... 2,5 sm nördlich Kap Bon. Bootsabstand je nach Sicht nach Ermessen Flottillenchef
4. Mit Befehl für weiteren Vormarsch nach Westen je nach Entwicklung Feindlage rechnen.
5. Falls bis 0430 Uhr keine Feindberührung, nach Norden absetzen über Skerki-Bank, südlich Marettimo nach Kap Granitola, von dort unter der Küste nach Augusta. Dort sofort Brennstoff- und Torpedoübernahme.
V. Angriffsverbot gegen U-Boote und Kleinfahrzeuge
VI. Nachrichtenanordnungen...«

Ein solcher Geleitzug mit so starker Sicherung insbesonders auch durch die 4 Flugzeugträger, deren Jagdflugzeuge nur für die Luftverteidigung des Geleitzuges gegen Bomben- und Torpedoflugzeuge vorgesehen sein werden, ist seit unserer Anwesenheit im Mittelmeer noch niemals in Erscheinung getreten. Nach den großen Fehlschlägen besonders bei den beiden gleichzeitigen Geleitzugoperationen von Gibraltar und Alexandria nach Malta Mitte Juni scheint die oberste britische Führung alles zu riskieren, um dem vor der Aushungerung befindlichen Malta Entsatz zu bringen.

Wenn auch die militärische Luftverteidigung der Insel dank der vielen Jagdflugzeugüberführungen und der Zuführung von Flugbenzin in begrenztem Maß sichergestellt werden konnte, so litt die Malteser Bevölkerung stark unter Ernährungsmangel. Die Briten wollten Malta um jeden Preis halten.

Am nächsten Morgen fliege ich um 0700 Uhr von Rom ab und treffe über den Flugplatz Sciacca westlich Porto Empedocle im Hafen um 1400 Uhr ein, wo »S 58«, »S 59« und »S 30« schon eingelaufen sind und sich bei der Brennstoffergänzung befinden. »S 35« und »S 36« liegen zu dieser Zeit bei der Brennstoffergänzung in Augusta, wo sie von Suda kommend inzwischen eingelaufen sind.

Am Spätnachmittag wird bekannt, daß der Flugzeugträger »Eagle« am gestrigen Tage um die Mittagszeit von dem deutschen U-Boot »U 73« unter Führung von Kptlt. Rosenbaum versenkt wurde. Vom II. Fliegerkorps erfahre ich abends vor dem Auslaufen, daß seit gestern 5 Großangriffe von deutschen und italienischen Flugzeugen mit Bomben und Torpedos mit einigen Erfolgen besonders gegen Kriegsschiffe durchgeführt worden sind.

Die Formation des Geleitzugverbandes um 1930 Uhr vor der Abenddämmerung hat sich nach Kehrtmachen der 3 Schlachtschiffe, des 1 noch intakten Trägers und von etwa 15 Kreuzern und Zerstörern um 1958 Uhr völlig verändert, zumal der Geleitzug mit den zur weiteren Sicherung beigegebenen Kreuzern und Zerstörern nordwestlich Kap Bon etwa in Höhe der Skerki Bank wegen der ausliegenden Minenfelder eine schmalere Formation einzunehmen gezwungen war. Ein so langer Geleitzug mußte beim Passieren des Kap Bon auf seinen Zwangskursen von uns gefunden werden können.

WIR LAUFEN MIT 4 BOOTEN AUS

Da »S 35« wegen Maschinenschaden in Augusta bleibt und »S 36« mit einem neuen Kommandanten als Führerboot von Augusta kommend erst gegen 2130 Uhr vor Porto Empedocle eintreffen kann, lasse ich die mit altbewährten tüchtigen Kommandanten besetzten Boote »S 58« und »S 59« bereits um 1730 Uhr auslaufen mit dem Befehl, bei Kap Bon im Vorpostenstreifen auf und ab zu stehen, den Feind zu melden, anzugreifen und Fühlung zu halten, bis auch wir mit der 2. Rotte angreifen können.

Mit »S 30« laufe ich um 2130 Uhr aus. Wir stoppen vor der Einfahrt und warten auf »S 36«. Der neue Kommandant von »S 36«, Oblt. z. S. Günter Brauns, ist neu zur Flottille kommandiert und fährt seine 1. Unternehmung, weshalb ich mich mit meinem Adjutanten – zugleich FTO-, dem Flottillenobersteuermann und Flottillenoberfunkmeister auf diesem Boot einschiffe. Um 2230 Uhr treten wir nach Übersteigen auf »S 36« den Marsch zusammen mit »S 30« ins Operationsgebiet an. Ich habe die Absicht, auf Grund der »Alarmmeldung« der schon vor 5 Stunden ausgelaufenen Rotte »S 58« und »S 59« auf den Gegner zu operieren, da wir ihn bei Kap Bon nicht mehr rechtzeitig erreichen können. Wir werden ihn aber wohl südwestlich von Pantelleria suchen müssen.

Aus Rom kommt um 2240 Uhr der Funkspruch, daß der italienische Kreuzerverband ab 0300 Uhr östlich 12° östlicher Lage stehen wird und daß die schweren feindlichen Einheiten kehrt gemacht haben. Unser Hauptangriffsziel sind nunmehr die Dampfer. Wir nehmen auf Grund der schlechten Erfahrungen des Gegners beim letzten Gibraltar-Malta-Geleitzug an, daß außer Zerstörern auch mehrere feindliche Kreuzer den Geleitzug bis zum Einlaufen in Malta sichern werden. Mit der 2. Rotte passieren wir die Insel Pantelleria westlich mit 2,5 sm Abstand um 0100 Uhr und warten schon auf das Funksignal der anderen Rotte über den Geleitzug. Der Wind weht aus WNW mit Stärke 2–3, es herrscht Seegang 2, am Himmel stehen einige Wolken, die Sicht beträgt etwa 4–6000 m.

»ALARM« VON ROTTE »S 58«, »S 59«

Um 0131 Uhr geht von der Rotte »S 58«, »S 59« der »Alarm«-Funkspruch über das Sichten des Geleitzuges mit Standort von 0030 Uhr

etwa 10 sm südlich Kap Bon mit Kurs 160° und Fahrt 15 kn ein. »S 58« meldet zusätzlich, daß die Fühlung verlorengegangen ist.
Nach Kopplung müssen wir gegen 0300 Uhr auf den Geleitzug treffen. Wir gehen auf SW-Kurs und sichten um 0250 Uhr mehrere Leuchtgranaten am Himmel. Hier ist sicher eine Jagd durch feindliche Zerstörer im Gange. Wahrscheinlich sind unsere Kameraden, die italienischen S-Boote, erkannt.
Pünktlich um 0308 Uhr sichten wir auf dem Führerboot 3 Schatten voraus. Wir stoppen mit der Rotte und betrachten den näher kommenden Gegner. Der Spitzenzerstörer ist 1 Zerstörer vom Typ »Eskimo«, ein wunderschönes Schiff als Silhouette. Dahinter befinden sich seitlich herausgestaffelt 2 kleinere Zickzack fahrende Zerstörer. Nun kommt dazwischen und dahinter 1 großer Dampfer, vielleicht 1 Tanker mit 10–12 000 BRT auf etwa 4000 m in Sicht, Lage etwa 40. Wegen der noch spitzen Lage für das Führerboot gebe ich Schußerlaubnis für das an Steuerbord von uns stehende Rottenboot »S 30«, während wir mit dem Führerboot gleichzeitig den führenden Spitzenzerstörer angreifen. Wir schießen um 0314 Uhr 2 Torpedos mit Lage 60 und Lage 75 und Gegnerfahrt 15 auf 1500 m Entfernung. Leider gehen beide Torpedos vorn vorbei. Wir bleiben gestoppt liegen, laden die

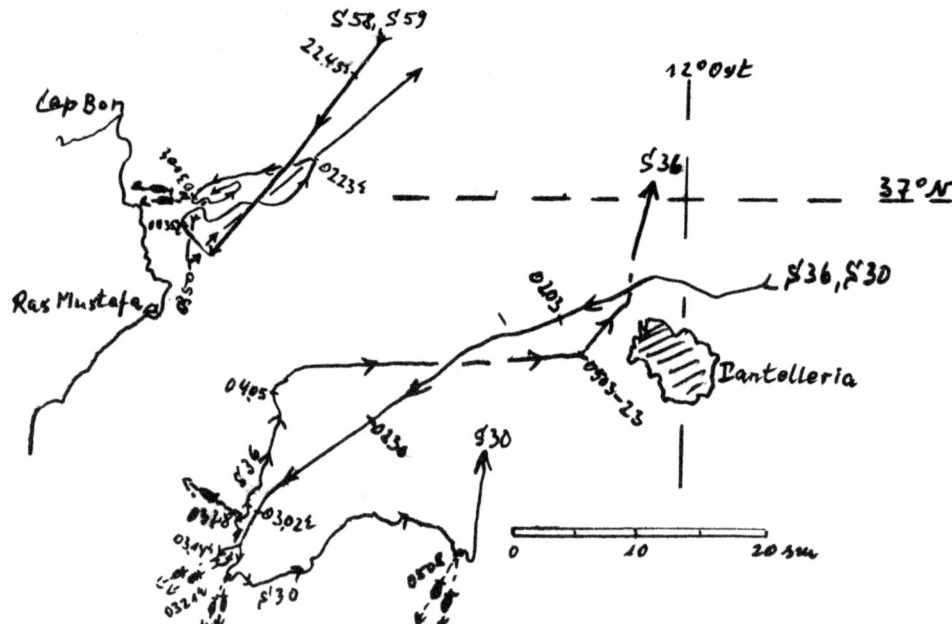

Operation gegen Geleitzug »Operation Pedestal« in der Straße von Sizilien am 13. 8. 42

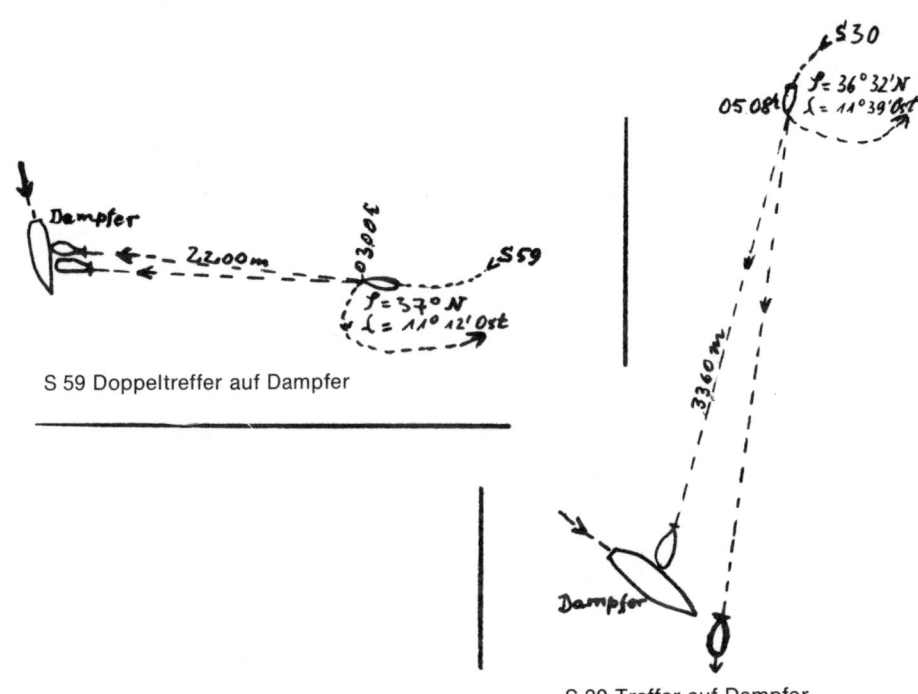

S 59 Doppeltreffer auf Dampfer

S 30 Treffer auf Dampfer

S 36 Fehlschuß auf Zerstörer

S 30 Doppeltreffer auf Dampfer

Torpedoschuß-Situationen

beiden Reservetorpedos nach und warten auf den Angriffserfolg von »S 30«. Um 0322 Uhr erfolgt die 1. Detonation bei dem großen Dampfer, kurz darauf sichten wir eine 2. Detonation eben rechts hinter dem getroffenen Dampfer. Ob die 2. Detonation auch 1 Treffer auf dem überlappenden Dampfer ist?
Inzwischen haben wir nachgeladen. Es ergießt sich unmittelbar nach der Detonation ein Feuerhagel von den Zerstörern auf unsere beiden Boote unter Beleuchtung durch Scheinwerfer und Leuchtgranaten. Wir drehen mit hoher Fahrt ab und nebeln, verfolgt von mehreren Zerstörern. Nach 5 Minuten sichten wir direkt voraus und hell von den Leuchtgranaten beleuchtet ein großes Schiff in breiter Silhouette. Wir gehen schnellstens auf eine Maschine, um eine Kollision zu vermeiden und schießen um 0327 Uhr 1 Torpedo, der bei der Lage 80 auf 700 m Entfernung nicht mehr fehlgehen kann, wenn nicht vom Schützen, der seemännischen Nr. 1, ein Abkommfehler gemacht wird. Wegen der Salvenaufschläge der jagenden Zerstörer müssen wir gleich nach dem Abdrehen zum Torpedoschuß auf Höchstfahrt gehen, um noch wegen der bestehenden Kollisionsgefahr mit dem Dampfer vorn vorbeizukommen. In diesem Moment trifft der Torpedo den Dampfer in der Mitte mit hellem Feuerschein und hoher Wassersäule. Wir sind so nahe, daß wir die Detonationswirkung auf der Brücke und im eigenen Boot hautnah spüren und fürchten müssen, daß hochgeschleuderte Schiffsteile uns noch treffen können.
Bei dieser Zerstörerjagd und dem Schnellangriff ist unser Rottenboot »S 30« aus Sicht gekommen. Auch auf UK wird das Boot nicht mehr gehört. Vielleicht hat es einen Treffer erhalten. Um 0341 Uhr endlich ist die Zerstörerjagd vorbei, die LG's sind erloschen. Wir laufen weiter in nördlicher Richtung in der Hoffnung, noch weitere Einzelfahrer der anscheinend in großer Unordnung fahrenden Dampfer ohne jede Sicherung zu finden. Da es 0514 Uhr dämmert und wir nicht bei Tage in den Bereich der Malta-Jäger kommen wollen, beabsichtige ich, ab 0500 Uhr westlich Pantelleria mit allen Booten zu sammeln, was leider nicht gelingt, weil unsere für diese Unternehmung eingesetzten »Reserve-Funker« ihrer Aufgabe noch nicht gerecht werden können. Es war schon ein großes Glück, daß die Alarmmeldung von »S 58« um 0131 Uhr auf dem Funkwege durchgekommen war und auch die Mitteilung, daß der italienische Kreuzerverband kehrtgemacht hat.
So treten wir kurz nach 0500 Uhr den Rückmarsch allein an und laufen um 1012 Uhr in Porto Empedocle ein, wo »S 58« und »S 59« schon an der Pier getarnt liegen. »S 58« aber liegt mit dem Achterschiff tief im

Wasser. Sicher hat es einen schweren Treffer erlitten. Nachdem wir mit dem Führerboot festgemacht und die Trefferschäden »S 58« besichtigt haben, berichten die Kommandanten. »S 58« hat um 0035 Uhr im Angriff liegend bereits auf 3000 m einen 10 oder 12 cm Volltreffer von einem wahrscheinlich mit Radar schießenden Zerstörer in Abteilung III – im mittleren Brennstofftankraum – erhalten. 2 Besatzungsangehörige wurden schwer, 2 weitere leicht verletzt. Das Ruder klemmte Backbord, sodaß das Boot direkt in einen Zerstörerkessel hineinlief. Der Bootskörper und die Aufbauten waren durch Splitter und Fla-Maschinenwaffentreffer ziemlich durchsiebt. Nur unter vollem Einsatz gelang es der Besatzung unter Führung des Leitenden Maschinisten, des ausgebrochenen Brandes Herr zu werden. Nach 20 Minuten Beschuß endlich reagierte das Ruder wieder für eine gewisse Zeit, sodaß »S 58« den Zerstörern nebelnd entkommen konnte. Aber nach einiger Zeit klemmte das Ruder erneut in Backbord-Lage. Es wurde die Notrudertalje angeschlagen und der Rückmarsch mit 24 kn angetreten. Der Wassereinbruch konnte gehalten werden bei etwa 1 m Tiefertauchung des Achterschiffes.

»S 59«, das bei der Zerstörerjagd auf »S 58« um 0100 Uhr auch abgedrängt war, gelang es, wieder Fühlung mit dem Feind zu gewinnen. Es schoß um 0302 Uhr 1 Doppelschuß auf 2000 m und erzielte 2 Treffer auf 1 Frachter von etwa 8000 BRT. Die einsetzende Jagd durch Zerstörer verhinderte einen nochmaligen Angriff.

Der Kommandant »S 30«, der schlauerweise zur Torpedoergänzung gleich nach Augusta weitergelaufen war, berichtete, daß er außer der Torpedierung des wahrscheinlichen Tankers um 0322 Uhr – wobei möglicherweise noch 1 weiterer überlappender Dampfer von dem 2. Torpedo getroffen sein konnte – ein sehr großes Schiff mit 4 Masten und einem Schornstein von etwa 15000 BRT um 0508 Uhr mit 2 Torpedos angegriffen hat, wovon 1 nach einer Laufzeit von 2 Minuten 48 Sekunden = 3300 m Laufstrecke im Vorschiff traf, der das ganze Schiff sofort in Brand setzte. Der andere Torpedo ging vorn vorbei. Die von »S 30« beobachteten italienischen Schnellboote griffen auch wiederholt an, leider ohne Erfolg. Dieses Schiff wurde durch Aufklärungsflugzeuge noch am Nachmittag des 13. August brennend gesichtet, es ist dann gesunken.

Soweit die Berichte der Kommandanten.

Im Laufe des Vormittags können Flugzeuge des II. Fliegerkorps ihre Angriffe fortsetzen, bis der Restgeleitzug in den Schutzbereich der Malta-Jäger gelangt.

WINSTON CHURCHILL:
»...THE FATE OF THE ISLAND OF MALTA IS AT STAKE1...«

Dieser Satz von Churchill entspricht dem Zustand auf der Insel. Nach Roskill's Darstellung dieser Operation »Pedestal« in Volume II war dieser Geleitzug mit 14 Handelsschiffen am 3. August vor der Clyde-Mündung in Schottland zusammengestellt worden. Churchill hatte der Admiralität mitgeteilt, daß »das Schicksal der Insel Malta auf dem Spiele steht« und er müsse der Regierung mitteilen können, daß »die Royal Navy Malta niemals im Stich lassen würde«. Der First Lord und First Sea Lord teilten Churchills Ansicht, daß »der Verlust Maltas eine Katastrophe erster Ordnung für das Britische Empire bedeuten und wahrscheinlich verhängnisvoll auf dem weiteren Wege der Verteidigung des Niltales sein würde«.

Die oberste britische Führung war nach dem Fiasko der beiden Juni-Geleitzugoperationen »Vigorous« und »Harpoon« bereit, größte Risiken auf sich zu nehmen, weshalb den nur 14 Handelsschiffen eine außergewöhnliche starke Sicherung durch Seestreitkräfte unter Führung von Vizeadmiral E. N. Syfret zugeteilt wurde. Ihm wurden unterstellt

3 Flugzeugträger mit zusammen 72 Jagdflugzeugen an Bord »Victorious«, »Indomitable«, »Eagle«

1 Flugzeugträger »Furious« mit 38 Jagdflugzeugen zur Überführung nach Malta

2 Schlachtschiffe »Nelson«, »Rodney«

6 Kreuzer »Sirius«, »Phoebe«, »Charybdis«, »Nigeria«, »Kenya«, »Manchester«

1 Fla-Kreuzer »Cairo«

32 Zerstörer

2 Ölübernahme-Flottentanker

4 Korvetten

1 Schlepper

8 U-Boote auf Wartestellungen südöstlich Pantelleria und vor Palermo und nördlich Messina.

Insgesamt marschierten 66 Überwasserschiffe durch das Westliche Mittelmeer bis westlich der Straße von Sizilien. Gleichzeitig am 10. 8. lief eine Ablenkungsoperation von Port Said aus. Admiral Vian sicherte mit seinen Kreuzern und Zerstörern ein Scheingeleit in Richtung West. So wurden die deutsch-italienischen Kräfte gespalten. Aber die Handelsschiffe mit wenigen Zerstörern kehrten schon am nächsten Tage um, während die Kreuzer mit einigen Zerstörern weiter Westkurs steuerten und schließlich am 13. August die Insel Rhodos mit Artillerie beschossen, was einige Verwirrung beim Oberbefehlshaber Süd in Taormina und beim Admiral Ägäis in Athen auslöste.

VERLAUF DER OPERATION »PEDESTAL« AUS ROSKILL'S SICHT

Nach Roskill hatten deutsche Aufklärer am 11. August morgens Fühlung am von Gibraltar kommenden Geleitzug gewonnen. Sie waren von Sardinien aus gestartet. Am Nachmittag des 11. 8. waren die »Spitfire«-Jäger für Malta auf dem Träger »Furious« 550 sm von Malta entfernt gestartet. Mittags um 1315 Uhr sank der Träger »Eagle« durch Angriff von »U 73« innerhalb von 8 Minuten. Von 1160 Mann Besatzung konnten über 900 gerettet werden. Mit Abenddämmerung machte der Träger »Furious« mit 8 Zerstörern kehrt und lief nach Gibraltar zurück. Kurz danach erfolgte der erste Luftangriff von etwa 36 deutschen Torpedo- und Bombenflugzeugen ohne jeden Erfolg, obwohl die Jäger auf den Flugzeugträgern wegen der eingebrochenen Dämmerung nicht mehr hatten starten können.

Luftangriffe am nächsten Morgen konnten von den Jägern erfolgreich abgeschlagen werden. Um die Mittagszeit des 12. August zwischen 1215 Uhr und 1345 Uhr erfolgte ein kombinierter Großangriff von etwa 80 deutschen und italienischen Torpedo- und Bombenflugzeugen, Sturzkampfbombern und Jagdbombern. Der Träger »Victorious« erhielt einen leichten Treffer auf dem gepanzerten Flugdeck, der Dampfer »Deucalion« wurde schwer getroffen und später selbst versenkt.

Am Nachmittag des 12. August passierte der Geleitzug eine U-Boot-Standlinie. Kein Schiff ging hier verloren, aber der Zerstörer »Ithuriel« rammte und versenkte das italienische U-Boot »Cobalto«. Am Abend schließlich um 1835 Uhr erfolgte ein gleichzeitiger Angriff von etwa 100 deutschen und italienischen Flugzeugen. Der Träger »Indomitable« wurde von 3 schweren Bomben getroffen, wodurch das Flugdeck so beschädigt wurde, daß kein Flugzeug mehr landen oder starten konnte. So mußte der einzig verbliebene und intakte Träger »Victorious« die Jagdflugzeuge der »Indomitable« aufnehmen. Nach dem Verlust des Trägers »Eagle« waren noch etwa 60 Jäger auf den beiden Trägern verblieben. Von diesen waren bis zum Abend 13 verlorengegangen. Etwa 30 deutsche Flugzeuge wurden von den englischen Jägern und der Schiffsflak abgeschossen. Der englische Zerstörer »Foresight« sank durch Lufttorpedotreffer.

Um 1900 Uhr waren die Luftangriffe vorüber. Der Geleitzug stand eben westlich der Skerki-Bank nördlich Bizerta, wo die Schlachtschiffe und Träger mit ihrer Kreuzer- und Zerstörersicherung kehrtmachten. Der Geleitzug wurde unter Führung des in diesem Seegebiet schon aus dem Jahre 1941 erfahrenen Admiral Burrough durch die Kreuzer »Nigeria«, »Kenya«, »Manchester« und den Fla-Kreuzer »Cairo« und 12 Zerstörer zum Marsch durch die Enge der Straße von Sizilien nach Malta gesichert. Schon nach 1 Stunde um 2000 Uhr wurden das Flaggschiff »Nigeria« und der Fla-Kreuzer »Cairo« durch Torpedos des italienischen U-Bootes »Axum« getroffen. Während der Kreuzer »Cairo« versenkt werden mußte, konnte »Nigeria« schwerbeschädigt den Rückmarsch nach Gibraltar antreten, nachdem der Admiral auf den Zerstörer »Ashanti« übergestiegen war. Auch der Tanker »Ohio« erhielt einen Torpedotreffer, konnte aber weiterlaufen.
Diese U-Bootangriffe fanden in einer Position und zu einem Zeitpunkt statt, als die Handelsschiffe eine Formationsänderung von 4 in 2 Kolonnen in Kiellinie durchführen mußten, um durch die Enge der Minenfelder und des Skerki-Bank-Kanals marschieren zu können. Dieses Manöver und das Abwenden aller Schiffe weg von der U-Bootposition verursachte am Abend starke Unordnung im gesamten Geleitzug.
In dieser gefahrvollen Situation erfolgte um 2030 Uhr überraschend noch ein Luftangriff mit 20 Flugzeugen im letzten Büchsenlicht, als die Langstreckenjäger von Malta schon auf dem Rückflug waren und nachdem die beiden Jägerleit-Schiffe »Nigeria« und »Cairo« ausgefallen waren. 2 Handelsschiffe, die »Empire Hope« und »Clan Fergusson« wurden versenkt. Die »Brisbane Star« war ebenfalls getroffen, konnte aber mit geringer Fahrt unter der tunesischen Küste weiterlaufen. Ferner wurde der Kreuzer »Kenya« durch einen Torpedo des italienischen U-Bootes »Alagi« getroffen, er konnte aber beim Geleitzug bleiben.
Nach diesen schweren Einwirkungen und Verlusten einschließlich der Rettungsmanöver für die überlebenden Schiffsbesatzungen versuchte der Geleitzug, wieder Tritt zu fassen und Kap Bon unter Vorsetzen eines minenräumfähigen Zerstörerverbandes anzusteuern. Wegen der Kreuzer – und Zerstörerverluste hatte Admiral Syfret den Kreuzer »Charybdis« und 2 Zerstörer zum Geleitzug entlassen, denn es waren ja 7 italienische Kreuzer und Zerstörer am nächsten Morgen bei Pantelleria zu erwarten.
Kap Bon wurde um Mitternacht passiert, der Geleitzug hielt sich dicht unter der tunesischen Küste.

Kommandant »S 58«, Oblt. z. S. Geiger und Flottillenarzt Dr. Mehnen im Gefecht mit Tobruk-Flüchtlingsflotte gefallen

Der »Weg« nach Ägypten

Flottillenobermechaniker Pusak mit seiner »neuen Geheimwaffe« vor Derna (Beschädigter Zusatztank einer Me 109)

Flottillenchef und »ÄK« Wuppermann in Tobruk

Generalfeldmarschall Rommel besucht Flottille in Mersa Matruh

Jetzt kam eine neue Gefahr für den Geleitzug auf – die Schnellboote. Um 0120 Uhr am 13. August erhielt der Kreuzer »Manchester« einen Torpedotreffer im Achterschiff, der alle 4 Propellerwellen beschädigte, sodaß das Schiff bewegungsunfähig liegenblieb. Der Kreuzer wurde morgens um 0500 Uhr mit Hellwerden von der eigenen Besatzung versenkt, die Besatzung ging in Booten in Tunesien an Land und wurde von den Franzosen interniert, bis sie im November bei der späteren Landung der Alliierten in Algerien und Französisch-Marokko wieder befreit wurde. Ein großer Erfolg der italienischen S-Boote!
Später zwischen 0315 und 0430 Uhr wurden noch 5 Handelsschiffe von Torpedos der Schnellboote getroffen, von denen 4 gesunken sind. Roskill sagt,
»it was a cruel blow suddenly to suffer such heavy casualties, after the convoy had come so far with such success«,
was auf deutsch heißt
»Es war ein grausamer Schlag, plötzlich so schwere Verluste zu erleiden, nachdem der Konvoi – gemeint sind die Handelsschiffe – soweit erfolgreich geführt worden war.«
Soweit Roskill.
Das waren die Boote »S 30«, »S 58«, »S 59« und »S 36«, die diesen Erfolg erzielt hatten. Die Versenkung der britischen Frachter
»Wairangi« – 12 436 BRT und
»Glenorchy« – 8982 BRT sowie die US-Frachter
»Santa Eliza« – 8379 BRT und
»Almeria Lykes« – 7723 BRT
war mit zusammen rund 37 500 BRT – wir schätzten damals 41 000 BRT – ein beträchtlicher Erfolg. Die Offiziere, Unteroffiziere und Mannschaften aller 4 Boote haben mit diesem Erfolg eine außergewöhnlich große Leistung vollbracht einschließlich von »S 58«, das in solch beschädigtem Zustand unter vollem Einsatz der Besatzung den Hafen erreichen konnte.
Nach Roskill griffen bald nach Tagesanbruch am 13. August um 0800 Uhr 12 deutsche Flugzeuge an. Die »Waimarama« explodierte und sank, während der schon am Abend getroffene Tanker »Ohio« nochmals beschädigt wurde. Er war um 1050 Uhr bewegungsunfähig und wurde geschleppt. Ferner wurden getroffen die Handelsschiffe »Rochester Castle«, die trotz Brandentwicklung durchhielt und der Frachter »Dorset«, der gestoppt liegenbleiben mußte.
Während sich die Zerstörer um die Überlebenden und beschädigten Schiffe mühten, liefen die übrig gebliebenen fahrmäßig intakten 3

Handelsschiffe »Port Chalmers«, »Melbourne Star« und »Rochester Castle« mit aller Kraft gen Osten in Richtung Malta, sodaß sie bald in den Schutzbereich der Malta-Jäger gelangen konnten. Sie liefen unter Minengeleit nachmittags um 1630 Uhr im Grand Harbour von Malta ein.

Die beschädigten Schiffe »Ohio«, »Brisbane Star« und »Dorset« hingen wegen ihrer teilweisen Bewegungsunfähigkeit erheblich zurück. »Ohio« und »Dorset« wurden in einem Dämmerungsangriff nochmals von Flugzeugen des II. Fliegerkorps getroffen, wobei »Dorset« sank. Der Tanker »Ohio« konnte schließlich im Schlepp von Zerstörern nach weiteren 2 Tagen am 15. August morgens einlaufen, nachdem »Brisbane Star« kurz vorher angekommen war.

HOHER PREIS, UM MALTA ZU ERHALTEN

Das Ergebnis dieser Operation »Pedestal«, in welcher 5 von 14 Handelsschiffen Malta erreichen konnten und von denen 2 sich in fast sinkendem Zustand befanden, bestand darin, daß Malta für einen längeren Zeitraum gehalten werden konnte unter zusätzlicher Versorgung durch 3 U-Boote, die Torpedos, Munition und Benzin für die Jagd- und Kampfflugzeuge sowie Munition für die Flak überführten. Bis zum 22. August waren immerhin 32 000 t Ladung aus den 5 Schiffen gelöscht – 500 t weniger, als wir mit 4 Booten innerhalb von knapp 2 Stunden versenkt hatten.

Die Verluste von
9 Handelsschiffen
1 Flugzeugträger »Eagle«
2 Kreuzern »Cairo«, »Manchester«
1 Zerstörer sowie die Beschädigungen der Träger »Indomitable«, »Victorious«, der
2 Kreuzer »Nigeria« und »Kenya« sowie der Handelsschiffe
»Ohio«
»Rochester Castle«
»Brisbane Star«
waren im Verhältnis zu der Zahl der unbeschädigt eingebrachten Dampfer einschließlich der Gefallenen und Verwundeten militärisch gesehen ein kaum mehr vertretbarer hoher Preis. Aber politisch und gesamtstrategisch gesehen war dieses große Opfer verantwortbar, weil die zentrale Funktion der Insel Malta als entscheidende gesamtstrate-

gisch-geographische Position besonders für die später von hier geführten Schläge gegen den deutsch-italienischen Seenachschub nach Nordafrika indirekt den späteren Sieg in Nordafrika herbeiführte.

MALTA IST WIEDER VOLL KAMPFFÄHIG

Was wir damals nicht wußten, lesen wir jetzt bei Roskill: Malta ist wieder kampffähig geworden. An Kräften sind Mitte August 1942 hier stationiert:
Von der Royal Air Force
    5 »Spitfire«-Jagdstaffeln
    4 »Beaufighter«-Staffeln (Coastal Command)
    3 »Beaufort«-Torpedo/Bomber-Staffeln
    3 Nachtbomber-Staffeln
    1 Tagbomber-Staffel
    2 Aufklärungs-Staffeln
    186 Flugzeuge insgesamt.
Von der Royal Navy
    1 Torpedo-Bomber-Staffel
    4 Minensuchboote
    7 Hilfsminensuchboote
    3 U-Boote.
Die Torpedo-Bomberstaffel der Royal Navy besitzt eine hohe Kampfkraft sowohl für Aufklärung über See besonders bei Nacht und für Torpedoangriffe bei Nacht gegen Handels- und Kriegsschiffe. Das sollten unsere Afrika-Geleitzüge in den nächsten Wochen noch härter erfahren, nachdem schon im Juni statt der erforderlichen Nachschubmenge von 60000 t nur 3000 t für Rommels Panzerarmee bei Alamein in den Häfen Tripolis und Benghasi ausgeladen werden konnten. Kreuzer und Zerstörer treten erst ab September/Oktober 1942 als Malta-»Force K« wieder in Erscheinung.

MATERIELLER ZUSTAND DER FLOTTILLE

Da in den nächsten Wochen auf Grund der Gesamtlage kaum mit größeren Operationen zu rechnen ist und die Boote der Flottille für Anfang September personell und materiell einsatzklar sein sollen, tritt eine Schonungszeit für die Flottille ein. So fährt auch der Flottillenchef einmal auf »Heimaturlaub«. Ich übergebe die Führung der Flottille in meiner Vertretung an den ältesten Kommandanten, Oblt. z.S. Wuppermann.

»S 35« und »S 59« verbleiben vorerst in Porto Empedocle, »S 30« und »S 36« in Augusta und »S 33« und »S 55« in Mersa Matruh. Diese Nordafrikagruppe hat gerade am 10. August etwa 10 sm nördlich Mersa Matruh 2 Flieger aus Seenot retten können.

»S 36« und »S 61« verlegen am 26. August von Augusta nach Suda, wo die Rotte am nächsten Morgen festmacht. Somit liegen 4 Boote – »S 33«, »S 55«, »S 36« und »S 61« – in Suda. Am 31. August laufen diese Boote unter Führung meines Vertreters aus Suda aus, runden die Insel Kreta im Osten gegen 2300 Uhr und laufen am 1. September gegen 0900 Uhr in Mersa Matruh ein.

Der inzwischen nach Mersa Matruh zurückgekehrte Befehlshaber, Admiral Weichold, befiehlt allabendliche ½stündige Bereitschaft für den Fall, daß lohnende Ziele bei der Abendaufklärung über See erfaßt sind.

ROMMEL'S LETZTER OFFENSIVVERSUCH
BEI EL ALAMEIN AM 30. 8. 42

Der Angriff der Panzerarmee Afrika hatte am 30. August begonnen. Wird es Rommel gelingen, den weit überlegenen Feind aus seiner Verteidigungsstellung zu werfen und nach Osten durchzustoßen? Die Gegenseite hatte täglich Nachschub durch die anglo-amerikanischen Geleitzüge um das Kap der Guten Hoffnung herum erhalten. Neue Divisionen wurden aus England, Syrien, Indien, aus dem Irak und anderen Commonwealth-Ländern nach Alamein geführt. Rommel erhielt zur Auffüllung nur eine Division, die 164., und die Fallschirmbrigade Ramcke – beide ohne Fahrzeuge! Niemals traf mehr als etwa ⅓ des benötigten Nachschubs an der Front ein, weil die auf Malta wieder stationierten englischen Kampfflugzeuge und U-Boote die nach Tripolis, Benghasi und Tobruk laufenden Geleitzüge der Achse mit zunehmendem Erfolg angriffen und die in Ägypten stationierten weit überlegenen britischen Jagd- und Kampfflugzeuge den Achsennachschub über Land auf der Küstenstraße von Tobruk bis Alamein zusätzlich dezimierten. Ende August stand das Kräfteverhältnis etwa 3:1 zugunsten der britischen Seite, in der Luft sogar 5:1! Ab Mitte September rechnete Rommel mit der Möglichkeit einer britischen Offensive. So glaubte er, früher losschlagen zu müssen, was ihm seit 1941 immer mit Erfolg gelungen war.

MONTGOMERY ÜBERNIMMT BRITISCHE 8. ARMEE AM 13. 8.

Auf britischer Seite hatte Churchill, der Anfang August auf dem Fluge zu Stalin nach Moskau in Kairo zwischengelandet war, einen Wechsel in der Kommandoführung vorgenommen.
Oberbefehlshaber der 8. Armee wurde am 13. August der General Montgomery, dessen erste Maßnahme darin bestand, alle Instruktionen und Pläne für einen weiteren Rückzug der 8. Armee aus der Alamein-Stellung nach dem Mittleren Osten aufzuheben. Seine These lautete: Eine Preisgabe der Alameinfront ist ausgeschlossen!
So forderte er Panzer und Artillerie in ausreichenden Mengen. Benzin floß ihm sowieso unmittelbar aus Beirut und dem Nahen und Mittleren Osten zu. In Strategie und Taktik führte er einen Wandel ein.
»Er werde nicht eher angreifen, als seine materiellen Forderungen erfüllt seien. Solange würde er Alamein halten.«
So berichtete er an seine oberste Führung in London.
Seinen Truppenkommandeuren befahl er, nur noch in geschlossenen Verbänden anzugreifen und Panzer und Artillerie nur noch in Massen mit starker Luftunterstützung einzusetzen.
So blieb seinem Gegenspieler Rommel nur die Wahl des frühzeitigen Angriffs, für den ausreichende Versorgung mit Brennstoff für seine überlegene bewegliche Kampfführungsweise die wichtigste Voraussetzung war.
Als Rommels Armee am 30. August um 2000 Uhr im Südabschnitt der Alamein-Front zum Angriff antrat, fanden die 15. und 21. Panzerdivisionen starken Widerstand sowohl durch überlegene Artillerie als auch durch intensive Verminung vor. In der Schlacht bei Alam Halfa im Rücken der britischen Alamein-Front unterlagen die deutschen Angriffsverbände wegen des hartnäckigen Widerstandes der britischen Abwehrkräfte, welche Tag und Nacht überlegene Luftunterstützung erhielten, sodaß sich die deutschen Einheiten auch infolge Benzinmangels am 1. September unter großen Verlusten in ihre Ausgangsstellungen zurückziehen mußten, die sie nach 3 Tagen erreichen konnten.
Zum ersten Mal mußte die eigene Führung in Nordfrika erkennen, daß feindliche Überlegenheit im Luftraum über dem Schlachtfeld ein tödliches Handicap war und daß die nunmehrige britische Luftüberlegenheit trotz hervorragender Einzelleistungen unserer wenigen Jagdflieger schlachtentscheidend geworden war, abgesehen davon, daß zu diesem Zeitpunkt das Kräfteverhältnis auf der Erde von 3:1 zugunsten des Gegners lag.

Der vom italienischen Marschall Cavallero zugesagte Brennstoff – eine Reserve von 6000 t – blieb aus, nachdem alle Tanker, die »Picci Fassio«, »Abruzzi« und »Pozza Ricca« mit 12 000 t und der mit Benzinfässern beladene Frachter »Tergestaere« von britischen Torpedoflugzeugen, teils noch unmittelbar vor der Einfahrt nach Tobruk, versenkt waren. So blieb für Rommel nur der Entschluß, die Alamein-Front für den Gegner in der nächsten Zeit möglichst uneinnehmbar zu machen, was nur durch Massenverminung bewirkt werden konnte. Taktisch war Rommels Panzerarmee bewegungsunfähig geworden.

BEFEHL ZUR RÜCKVERLEGUNG DER FLOTTILLE
NACH SIZILIEN AM 7. 9. 42

Auf Grund dieser Veränderung der Lage erhält die Flottille Befehl, über Suda nach Sizilien zurückzuverlegen, um erneut eine Verminung der Insel Malta durchzuführen und erreichbare Versorgungsgeleitzüge von Gibraltar nach Malta anzugreifen.
Die 4 Boote »S 33«, »S 55«, »S 61« und »S 36« laufen am 7. September um 1800 Uhr aus Mersa Matruh aus. Gleichzeitig rückverlegt die inzwischen in der Sudabucht eingetroffene Rotte »S 59« nach Augusta. Um 1000 Uhr morgens am 8. 9. laufen die 4 Afrikaboote in Suda ein, um nach Brennstoffergänzung um 1500 Uhr den Weitermarsch nach Augusta anzutreten, wo sie am 9. September einlaufen.
Der stellvertretende Flottillenchef, Oblt. z. S. Wuppermann, und Flottilleningenieur, Kptlt. (Ing.) Döpner, befinden sich am 11. September in Rom zu einer Besprechung beim Befehlshaber über die weiteren Aufgaben der Flottille. Mein ursprünglich nur bis Ende August befristeter Heimaturlaub war telefonisch vom Befehlshaber verlängert worden, weil die steckengebliebene Offensive in Nordafrika die Anwesenheit der Flottille in Mersa Matruh zunächst überflüssig machte und die Bekämpfung des Nachschubs für Malta vordringlichste Aufgabe wurde.
Wir erkannten damals nicht, daß die gescheiterte Offensive die spätere Niederlage der Panzerarmee in Nordafrika einläutete. In Montgomery als Verfechter der risikolosen Materialschlacht war Rommel ein Gegner erwachsen, der von nun an das Kriegsgeschehen in Nordafrika bestimmen sollte.

Kapitel X

Wieder gegen Zufuhr nach Malta

12. September bis 9. November 1942

Der Schwerpunkt für den Einsatz der Flottille soll wieder die Verminung Maltas und neuerdings die Überwachung der Sizilienstraße werden, weshalb die Flottille nach Porto Empedocle verlegen muß. Die Boote »S 59«, »S 61«, »S 33«, »S 30« und »S 55« verlegen bereits am 12. 9., gefolgt von größeren Teilen des Stützpunktpersonals aus Augusta am 14. September. Am 19. September kehre ich nach Augusta zurück und übernehme am 22. September in Porto Empedocle wieder die Führung der Flottille.

Porto Empedocle ist mittlerweile zu einem Hauptstüztpunkt ausgebaut worden. Torpedo-, Munitions- und Brennstoff- sowie Minenlagerung und 1 Slip für die S-Boote sind vorbereitet. Fla-Schutz ist durch eine deutsche Fla-Batterie gegeben. Die Unterbringung der Besatzungen erfolgt im Hotel di Templi und in erstellten Baracken im Garten dieses Hotels.

Ab 1. Oktober beginnen wir nach einigem Stellenwechsel und Beförderungen mit planmäßiger einzelbootsweiser Gefechtsausbildung. Die Herstellung der vollen Kriegsbereitschaft wird bis zum Ende des Monats erreicht. Mit dem Staffelkapitän der Aufklärungsstaffel 1. F/122, Hauptmann Junghans, führe ich in Catania Gespräche über unsere Zusammenarbeit in der Aufklärung über See. Am 31. Oktober ergeht der Befehl für die nächsten Minenoperationen gegen Malta.

MONTGOMERY GREIFT BEI EL ALAMEIN AM 23. OKTOBER 42 AN

Der Seenachschub für die Nordafrika-Armee war durch U-Boote der wieder in Malta stationierten 10. U-Boot-Flottille und durch »Albacore« – sowie »Beaufort« – Torpedo/Bomber seit August in sich steigerndem Maße getroffen. Allein im Oktober sanken durch U-Boote 14 Schiffe mit 36 000 t und durch Flugzeuge 11 Schiffe mit 20 000 t La-

dung. Hinzu kommt noch der Verlust einiger deutscher Handelsschiffe.
So konnte Montgomery mit seiner glänzend versorgten 8. Armee seinen Angriff auf die Alameinfront der deutsch-italienischen Panzerarmee am 23. Oktober um 2045 Uhr mit einem gewaltigen Artillerie-Feuerschlag fast ohne Risiko beginnen. Die deutsch-italienische Panzerarmee mußte nach 14 Tagen schwerster und verlustreicher Abwehrkämpfe in der Nacht vom 4. zum 5. November den Rückzug nach Westen antreten, wollte sie nicht in voller Stärke in Gefangenschaft geraten.
Feldmarschall Rommel, der seinen Heimaturlaub trotz noch angeschlagener Gesundheit abgebrochen hatte und 2 Tage nach Beginn der Offensive am 25. Oktober gegen Abend an der Front eintraf, erkannte sofort, daß sein Gegenspieler Montgomery den Großangriff mit einer riesigen Materialüberlegenheit an Artillerie, Panzern, Jagdflugzeugen und Bomberverbänden begonnen hatte. Nach einigen Tagen warf Montgomery am 31. Oktober nochmals zusätzliche 400 Panzer in die Schlacht, als die Panzerarmee Afrika nur noch 80–100 deutsche und italienische Panzer zählte. Am 4. November gab Rommel den Befehl zum Rückzug zunächst in die »Fuka«-Stellung etwa 100 km westlich Alamein, denn ohne Waffen nützt auch die größte persönliche Tapferkeit nichts. Der Einsatz drohte sinnlos zu werden.
Aber weder diese Linie, noch der in der Vergangenheit so oft und schwer umkämpfte Halfaya-Paß an der ägyptisch-libyschen Grenze, noch die frühere El Ghazala-Stellung zwischen Tobruk und Derna waren zu halten. Es gab weder Waffen, noch Munition, noch Brennstoffnachschub, noch ausreichende Verpflegung, Wasser oder Ruhepausen auf dem Eil-Rückzug, den die Infanterie und die Fallschirmjäger teils zu Fuß angetreten hatten, wodurch sie bald in britische Gefangenschaft gerieten, soweit sie nicht bei Nacht englische Lkw's auf den Halteplätzen der vormarschierenden 8. Armee erbeuten konnten.
Den ideenreichen Pionieren war es in erster Linie zu verdanken, daß die Reste der Panzerarmee nach Westen entkommen konnten, weil es ihnen immer wieder gelang, den Gegner durch alle möglichen Arten von Straßenverminungen oft tagelang in der Verfolgung der Panzerarmee aufzuhalten. Am 13. November schließlich wird nach 1000 km Rückzug die alte Marsa el Brega-Stellung bei El Agheila erreicht, von wo aus Rommel schon zweimal – am 31. März 1941 und am 21. Januar 1942 – zu seinen großen Offensiven nach Osten aufgebrochen war, als noch Nachschub in Nordafrika ankam, weil die auf Malta stationierten

Streitkräfte in ihrer Angriffsfähigkeit durch unsere Luftangriffe schwer angeschlagen waren.

WIR WERFEN WIEDER MINEN

Nach Beendigung der Motorenüberholungen sind alle Boote wieder einsatzbereit. Die Kommandantenbesetzung sieht am 1. November 42 wie folgt aus:
S 33 Oblt. z. S. Brauns
S 60 Oblt. z. S. Haag
S 59 Oblt. z. S. Müller
S 54 Oblt. z. S. Schmidt
S 36 Oblt. z. S. Weber
S 56 Oblt. z. S. Wuppermann
S 30 Oblt. z. S. Schulz
S 57 Oblt. z. S. Erdmann
S 61 Oblt. z. S. von Gernet
S 35 Oblt. z. S. Lüders
S 55 Reserveboot ohne Kommandant
S 58 Reserveboot ohne Kommandant

Nachdem die Flottille in der Nacht vom 1. zum 2. November auf Grund einer Warnung vor britischen Kommandounternehmungen an der Südküste Siziliens in Sofortbereitschaft im Hafen gelegen hat, laufen wir am 2. November gegen 1800 Uhr mit 7 Booten aus zum Werfen der 25. Minensperre südöstlich von Malta zwischen Marsa Scala und Marsa Scirocco unmittelbar unter der Küste. Ob es uns jemals wieder gelingen kann, bei der Radarüberwachung des Seegebietes durch Küstenradarstationen so nahe unbemerkt an die Küste heranzukommen, nachdem wir Anfang Mai »S 34« durch Küstenartillerie-Volltreffer verloren hatten?

Auf 7 sm Abstand von der Insel Gozo werden wir bereits mit Radar geortet, um 2358 Uhr erfassen uns 2 Scheinwerfer bei Dellimara Point, weshalb wir uns mit 24 kn Fahrt absetzen müssen, als auch schon innerhalb 1 Minute die ersten Granaten in unserer Nähe einschlagen. Nach kurzer Feuerpause wird das Artilleriefeuer um 0012 Uhr mit Scheinwerferbeleuchtung wiedereröffnet, der Beschuß dauert 9 Minuten lang. So sind wir gezwungen, die Sperre auf der Ausweichposition weiter ab von Malta außerhalb der Artilleriereichweite zu werfen. Natürlich werden wir weiterhin geortet – zusätzlich auch von Flug-

zeugen. Wir erreichen unsere Wurfposition nordwestlich der Insel Filfola zur Zeit des Mondaufgangs und werfen die Sperre um 0150 Uhr. Auf der Insel herrscht Flugbetrieb mit gesetzten Positionslaternen wie im tiefen Frieden. So haben sich die Verhältnisse seit gut einem Vierteljahr verändert! Mit Morgendämmerung laufen wir wenig befriedigt mit dieser Minenoperation in Porto Empedocle ein, denn der Gegner hat alle Bewegungen der Flottille – auch das Auseinanderziehen der Boote in die Dwarslinie – mit seinen Ortungsgeräten genau erfaßt und weiß navigatorisch genau, wo wir unsere Minen geworfen haben. Damit wird eine Minensperre wirkungslos, weil ihre Lage vom Gegner zum Sperrgebiet erklärt wird und die Minen bei Gelegenheit gezielt geräumt werden können.
Oberstes Gesetz im Minenkrieg ist, Minen unbemerkt vom Gegner zu werfen. Aber wir müssen trotzdem noch weitere Sperren werfen, weshalb wir die Boote nach dem Einlaufen gleich wieder beladen.
Im Laufe des Vormittags erfahren wir vom II. Fliegerkorps, daß der feindliche Funksprechverkehr bei Malta in der vergangenen Nacht mitgehört wurde. Nachtjäger und Bodenstellen unterhielten sich im Klartext über feindliche Fahrzeuge südöstlich der Insel Malta. Diese feindlichen Fahrzeuge waren wir!
Mit denselben 7 Booten laufen wir am 3. November gegen 1800 Uhr aus zur 26. Minenunternehmung nach Malta. Schon um 2130 Uhr werden wir westlich der Hurd-Bank von Radargeräten auf der Insel erfaßt. Wie in der Vornacht stellen wir auch heute regen Flugbetrieb auf der Insel fest. Wir erreichen unsere Wurfposition anscheinend weit genug ab von der Küste und werfen die Minen um 0048 Uhr. Sicher wartete die Küstenartillerie mit dem Feuereröffnen in der Hoffnung, daß wir noch näher an die Küste herankommen würden. Wir sichten nichts, treten den Rückmarsch an und laufen um 0615 Uhr ein. Sicher ist auch diese geworfene Sperre durch Ortungen erfaßt.
Tagsüber beladen wir alle 7 Boote erneut mit Minen zum Werfen der Sperre »MT 27« südlich Malta. Obwohl ich in den Kurzberichten über die beiden letzten Minenoperationen zum Ausdruck gebracht habe, daß die Lage der Sperren mit Sicherheit vom Gegner erfaßt ist und das Ziel des Unbemerktbleibens und des Überraschungsmomentes nicht erreicht werden kann, sollen weiterhin Minen geworfen werden. Diese Lage veranlaßt mich, dem Befehlshaber in Rom ein Bild über die zu erwartende Kriegsbereitschaftslage der Flottille aufgrund der begrenzten Motoren-Betriebsstundenzahl zu entwickeln, falls weiterhin solche nutzlosen Minenoperationen im Ortungsbereich der Maltaküste

durchzuführen sind bei einem Rhythmus von 2 aufeinanderfolgenden Einsatznächten und 1 Ruhenacht. Das Fernschreiben enthält die alternative Frage, ob die Flottille mit möglichst allen 10 Booten für einen möglichen Durchbruch von Geleitzügen nach Malta verfügbar gehalten werden soll, zumal auf Grund einer Aufklärungsmeldung am Mittag starke Schiffsansammlungen in Gibraltar gemeldet sind, oder ob solche dem Gegner bekannt werdende Minenverseuchungen Vorrang haben sollen. Im letzteren Fall nämlich könnten wegen der einsetzenden Motorenüberholungen bis zum Jahresende laufend nur höchstens 6 Boote einsatzbereit sein.

Die Entscheidung fällt am nächsten Tage, am 5. November. Wir verminen weiter und laufen mit denselben 7 Booten gegen 1800 Uhr aus. Schon 22 sm nordwestlich Gozo empfangen wir die Radarstrahlungen der Küstenstationen. Nach etwa 1 weiteren Stunde um 2200 Uhr suchen die Küstenscheinwerfer die Wasseroberfläche in Richtung der Flottille ab, ohne uns bei der noch großen Entfernung fassen zu können. Wir werfen unsere Minen um 2327 Uhr und werden 5 Minuten später noch beim Werfen von einem Scheinwerfer beleuchtet. Diese 27. Minensperre sollte die letzte werden!

GROSSE SCHIFFSANSAMMLUNGEN IM RAUM GIBRALTAR
AM 6. NOVEMBER 1942

Wir rüsten die Boote mit 4 Torpedos zum Torpedoeinsatz aus und sollen in der kommenden Nacht nach Trapani an der Westseite von Sizilien verlegen, weil mit je 1 Geleitzug von Gibraltar und Alexandria nach Malta gerechnet wird. Danach scheinen sich die Meldungen über Schiffsansammlungen in Gibraltar vom 4. November mittags zu bestätigen. Aber abends um 2000 Uhr wird die Verlegung der Flottille nach Trapani auf die übernächste Nacht vom 7. zum 8. November verschoben.

Auf Grund dieser sich überholenden Befehle nehmen wir an, daß bei der oberen Führung noch kein klares Bild über die feindlichen Schiffsbewegungen bei Gibraltar und über die möglichen Absichten des Gegners besteht. Am nächsten Tage, am 7. November, gegen 2300 Uhr geht ein längeres Fernschreiben des I c II. Fliegerkorps über die Seelage am 7. November 42 ein. Danach handelt es sich um 3 durch Schlachtschiffe, Flugzeugträger, Kreuzer und Zerstörer gesicherte Geleitzüge mit je ca. 35, 27 bzw. 10 großen und mittleren Handelsschiffen und 6 großen Fahrgastschiffen, die Gibraltar nach Osten passiert haben. Insgesamt sind es rund 200 Schiffe einschließlich der Sicherungsstreitkräfte.

Nach dieser Meldung muß der Gegner eine Riesenoperation beabsichtigen, die nicht nur eine Versorgung Maltas zum Ziel haben kann. Sicher steht eine Landung bevor, aber es sind keine Landungsschiffe gemeldet worden!

Am 8. November laufen wir um 0400 Uhr mit allen 10 Booten aus und sind 4 Stunden später in Trapani, wo wir Brennstoff ergänzen und halbstündige Bereitschaft halten.

ALLIIERTE LANDUNGEN IN ALGERIEN UND FRANZÖSISCH-MAROKKO AM 7./8. NOVEMBER

Wir erfahren in Trapani, daß die Anglo-Amerikaner am 7. und 8. November Landungen in Algerien und Französisch-Marokko durchgeführt haben.

Für die Nacht bleibt die Flottille in Bereitschaft. Aus einem »Lage«-Fernschreiben des Befehlshabers über die zusammengefaßte Feindlage im Westlichen Mittelmeer am 8. November um 1800 Uhr erkennen wir, daß die französischen Streitkräfte – vor allem die in Casablanca, Oran und Algier befindlichen Seestreitkräfte – Widerstand leisten.

BOTSCHAFT PRÄSIDENT ROOSEVELT UND NOTE MARSCHALL PETAIN

Heute wissen wir aus dem Buch »Unter der Trikolore« von Paul Auphan und Jacques Mordal:
Die von Präsident Roosevelt an Marschall Pétain durch Rundfunk verbreitete Botschaft
»Deutschland und Italien beabsichtigen eine Invasion und eine Besetzung Nordafrikas. Daher ist eine Intervention amerikanischer Streitkräfte beschlossen worden«
veranlaßte Marschall Pétain zu einer spontanen Antwort, welche lautete:
»Bestürzt und betrübt erfuhr ich heute Nacht von dem Angriff Ihrer Truppen... Sie unterstellen Ihren Feinden Absichten, die niemals in die Tat umgesetzt wurden. Frankreich und seine Ehre stehen auf dem Spiel. Wir sind angegriffen worden und werden uns verteidigen. Diesen Befehl werde ich geben.«

Aber bevor dieser Befehl die französischen Streitkräfte in Nordafrika erreichte, waren schon viele Soldaten und Seeleute gefallen und verwundet und manches französische Kriegsschiff gesunken. Der Krieg war von den Alliierten somit auf französisches Territorium getragen worden.

Die oberste deutsche Führung verlangte auf die Aktion der Anglo-Amerikaner von der französischen Regierung die Erlaubnis für eine Gegenaktion in Gestalt einer Landung deutscher Streitkräfte in Tunesien, was schließlich von der Vichy-Regierung genehmigt wurde. Die Flottille verlegt um 1400 Uhr aus Trapani auslaufend zurück nach Porto Empedocle, wo sie um 1730 Uhr einläuft. Der Transport von Brennstoff, Schmieröl, Torpedos und Munition mittels Kümos von etwa 300 t nach Tunesien wird vorbereitet, um die Flottille von tunesischen Häfen aus operieren zu lassen. Für die Nacht vom 10. zum 11. November müssen wir vorsorglich mit Einsatz gegen einen aufgeklärten Geleitzug rechnen, der nachts die Straße von Sizilien nach Osten passieren könnte. Aber es kommt anders.

Kapitel XI

Einsatz der Flottille in Tunesien

11. November 1942 bis 6. Mai 1943

SPRUNG DER FLOTTILLE NACH TUNESIEN IN DER NACHT VOM 10. ZUM 11. NOVEMBER 42

Wir laufen mit »S 60«, »S 35«, »S 57«, »S 56« und »S 30« um 2200 Uhr aus Porto Empedocle aus gemäß Fernschreibbefehl des Deutschen Marinekommandos Italien von 1430 Uhr. Dieser Befehl leitet eine neue Einsatzphase der Flottille im Mittelmeer ein. Er lautet:
»Mit sparsamer Fahrt 10. 11. nachmittags so Tunis verlegen, daß 11. 11. 0900 Uhr Einfahrt La Goulette erreicht ist. Franzosen sind über OB Süd benachrichtigt worden und gebeten, Lotsen vor Einfahrt zu entsenden. Durchführung nicht sichergestellt, notfalls ohne Lotsen einlaufen. Keine Zwangskurse im Golf von Tunis. Vorsicht bei Annäherung Hafen. Einzelboot vorschicken. Als ES-Signal gegenüber Franzosen rot-grüne Doppelsterne ohne Erwiderung vereinbart.
Aufgabe:
a. Allgemein:
Schutz des für nachfolgende Transporte der Achse wichtigen Hafens auf Basis Zusammenarbeit mit französischen Behörden, welche die Vichy-Befehle befolgen.
b. Im Besonderen:
1. Flagge zeigen am Hauptstandort französischer Behörden, dadurch moralische Rückenstärkung.
2. Verhinderung Sperrung Hafens einschließlich Zufahrt durch französische Sabotageakte oder Schutzmaßnahmen.
3. Verhinderung anlaufender englischer Landungsoperationen.
4. Sofort Fühlung nehmen mit eigenen und französischen Dienststellen, besonders Oberst Harlinghausen.
5. Täglich Lagemeldung.«
Was dieser Befehl in der späteren Ausführung alles beinhalten wird, ist jetzt noch nicht zu übersehen. Oberst Harlinghausen ist anscheinend Fliegerführer Tunesien in der Nähe von Tunis.

Während unseres Marsches durch die Straße von Sizilien erreicht uns kurz nach Mitternacht am 11. November ein neuer Funkspruch vom Befehlshaber:
»Entwicklung Beziehungen Achse-Frankreich lassen Zusammenarbeit in Tunis fraglich werden, vielleicht auch feindselige Haltung sofort oder später. Größte Vorsicht. Zunächst... unter Land ankern... Ein Boot ankert vor La Goulette. Verbindung aufnehmen mit Harlinghausen. Weiteres Einlaufen, wenn Lage sicher erscheint. 1 Rotte Tunis, 4 Boote La Goulette.«

DIE DEUTSCH-ITALIENISCHE GEGENAKTION

Mit Hellwerden um 0700 Uhr sichten wir mehrere Ju 88- und zahlreiche Ju 52-Staffeln im Formationsflug in geringer Höhe über dem Golf von Tunis mit Kurs auf Tunis. Damit beginnt wohl unsere deutsch-italienische »Gegenaktion«. Wir erhalten kurz vor 0800 Uhr eine weitere Information mit dem Inhalt:
»Achsentruppen besetzten ab 0710 Uhr unbesetztes Frankreich, Korsika und Tunesischen Brückenkopf. Anweisungen gemäß ergangener Fernschreiben und Funksprüche bleiben in Kraft. Vorsicht, nicht im Hafen abschneiden lassen.«
Jetzt überfliegen uns eigene Jagdflugzeuge Me 109, sie landen in Tunis. Wir beobachten von See aus starken Flugbetrieb eigener Flugzeuge, was uns zu der Vermutung führt, daß im Tunisraum Ruhe und Frieden herrschen...

WIR LAUFEN IN LA GOULETTE AM 11. NOVEMBER EIN

Ich gehe um 0845 Uhr mit dem Führerboot bis an die geschlossene Hafen-Balkensperre der Einfahrt von La Goulette heran und lasse die übrigen 4 Boote an der Ansteuerungstonne auf und ab stehen. Auf der Signalstation auf der Pier weht das internationale Flaggensignal »Einlaufen verboten«.
Durch Megaphon fordere ich auf französisch das Öffnen der Sperre und Einschiffung eines Lotsen, als ich auf der Pier Angehörige der französischen Marine sehe. An der Pier und an der Küste sind MG-Nester und Posten in größerer Zahl zu beobachten.
Nach etwa ½ Stunde kommt in einem kleinen Hafenversetzboot ein italienischer Hauptmann von der Waffenstillstandskommission mit ei-

nem französischen Lotsen in Uniform an Bord. Nachdem ich ihnen die Absicht meines Einlaufens mitgeteilt und die Öffnung der Balkensperre gefordert habe und die beiden sich wohl vergewissert haben, daß wir Deutsche und nicht Engländer mit falscher Flagge sind, fahren sie wieder von Bord, um den französischen Hafenkommandanten zu unterrichten. Nach dieser 1. Begegnung haben wir das Gefühl, daß wir auf keinen Widerstand stoßen werden.

Es tut sich was im Hafen, es ist 1015 Uhr geworden. Die Balkensperre wird geöffnet, ein Lotse kommt an Bord, wir laufen mit dem Führerboot ein und stellen fest, daß die Einfahrt in den Kanal von La Goulette nach Tunis durch 2 versenkte Dampfer total gesperrt ist. Wir machen im Vorhafen La Goulette an einem Leichter fest, die übrigen über UK nachgezogenen 4 Boote machen in der Sperrlücke der Hafensperre bzw. an Leichtern fest. Die Artilleriewaffen an Bord sind geladen und gesichert, aber es befindet sich wegen unserer friedlichen Mission selbstverständlich niemand an den Waffen.

BEGEGNUNG MIT FRANZÖSISCHEM GENERAL AUF DER PIER

Auf der Pier steht ein französischer General der Waffenstillstandskommission. Ich erkläre ihm meinen Auftrag, worauf er mich bittet, daß unsere Besatzungen möglichst an Bord bleiben und sich nicht mit den jetzt abziehenden französischen MG-Posten auf den Molen und an der Küste sowie den französischen Besatzungen unterhalten möchten. Als der Kommandant des Minensuchbootes »Canard«, Lt. de Vaisseau Guillon, der gleichzeitig die Funktion des Hafenkommandanten ausübt, erscheint, bitte ich ihn, die Sperre offenzulassen, nachdem bereits 2 unserer S-Boote in der Sperrlücke der Hafensperre festgemacht und die Bewachung übernommen haben. Im Vorhafen liegt außer dem Minensuchboot ein 800 t großes Tankfahrzeug, angeblich mit Alkohol gefüllt. Wir stellen fest, daß der eine der beiden versenkten Dampfer in der Einfahrt anscheinend noch schwimmfähig ist und möglicherweise abgeschleppt werden kann. Der Flottilleningenieur und seine Männer überprüfen die Lage.

BESPRECHUNG MIT OBERST HARLINGHAUSEN

Um 1115 Uhr lasse ich mich von einem Pkw der französischen Marine zum Flugplatz El Aouina bei Tunis fahren, um mich mit Oberst Har-

Neuer Stützpunkt – Zeltlager in Mersa Matruh

Nach dem Fischfang...

...Dampfer »Brook« durch Bombe getroffen

linghausen zu besprechen und danach weitere Maßnahmen im Sinne des der Flottille erteilten Auftrags zu treffen. Das Ergebnis unserer Besprechung hielt ich damals im KTB so fest:
»1. Unklare Haltung und Einstellung der Franzosen.
2. Luftwaffenverbände und auch Erdtruppen der Franzosen ziehen ab nach Westen.
3. Sicherung gegen Sabotage treffen, obwohl diese zunächst nicht angenommen wird.
4. Flottille übernimmt Sicherung des Hafens La Goulette und des Küstenvorfeldes und versucht, die Einfahrt zum Tunis-Kanal für das Einlaufen der Nachschubdampfer für die Bildung des Brückenkopfes durch Heerestruppen freizumachen.
5. Gemeinsame Auffassung, daß Hafen Bizerta als Brückenkopf und insbesondere Nachschubhafen und Einsatzbasis erheblich günstiger als Tunis.
6. Weitere Landungsoperationen des Feindes erfolgen im Raum Bougie.«
In einem Funkspruch gebe ich dem Befehlshaber in Rom einen Lagebericht, der weitere Maßnahmen bezüglich der Räumung der durch Dampfer gesperrten Einfahrt nach Tunis auslösen soll. Da der erste bereits in See befindliche Geleitzug schon am nächsten Tag, am 12. 11., um 1600 Uhr einlaufen soll, ist Bizerta zu erkunden. Der Geleitzug soll aus 2 Dampfern bestehen, die durch 5 italienische Zerstörer und Torpedoboote gesichert sein werden. Die Lage erfordert Eile und überraschendes Handeln bei unseren Maßnahmen und Verhandlungen mit den Franzosen.
Am Morgen des 12. November bitte ich Oberst Harlinghausen um ein Flugzeug nach Bizerta und um Gestellung von Jagdschutz für den Geleitzug ab Einlaufen Bizerta bis zur Dunkelheit und für den nächsten Tag, bis die Dampfer entladen sind. Auf den Dampfern sind deutsche und italienische Truppen in Stärke von etwa einem Regiment sowie Panzer, Geschütze, Munition, Kraftfahrzeuge und Benzin eingeschifft bzw. geladen. Diese Truppe bildet die erste kampffähige Erdtruppe im Brückenkopf Tunesien.

FLUG ZUM FRANZÖSISCHEN ADMIRAL IN BIZERTA
AM 12. NOVEMBER

Schon für 1015 Uhr hat Oberst Harlinghausen ein Flugzeug für den Flug nach Bizerta bereitstellen lassen. Mit mir fliegen noch der Oberst

Lederer, der vorgesehene Kommandeur der heute früh mit Ju 52 in Tunis gelandeten Heerestruppen und der auf den beiden Dampfern befindlichen Truppen sowie Kptlt. Reischauer als Vorkommando für das Deutsche Marinekommando Tunesien. Wir landen nach einer knappen Viertelstunde um 1030 Uhr in Bizerta. Nach uns landet eine Staffel Ju 52 mit Benzinladung für die ab Mittag auf diesem Flugplatz einfallenden Jagdflugzeuge, die Jagdschutz für die einlaufenden Dampfer bilden sollen. Vor dem Abflug hatte ich angeordnet, daß die Führerbootsrotte »S 60«, »S 56« sofort nach Bizerta verlegt, um die Flagge zu zeigen.

Vom französischen Fliegerhorst-Kommandanten lassen wir uns einen Pkw zur Verfügung stellen, der uns nach Bizerta bringen soll. Auf dem Wege dorthin überlegen wir, daß wir den Leiter der italienischen Waffenstillstandskommission für die Marine, unseren Verbündeten Contre Ammiraglio Soldati, nicht übergehen sollten. Vielleicht kann er den Auftrag der deutschen Flottille mit seinen Admiralsärmelstreifen bei der Verhandlung, die ich mit dem französischen Admiral zu führen habe, sogar unterstützen.

Auf italienisch und französisch berichte ich dem italienischen Admiral meinen Auftrag und bitte ihn, mit mir zum französischen Admiral in den französischen Kriegshafen, die »Pêcherie«, zu fahren und mich zu unterstützen, wozu er sich sofort bereit erklärt.

ADMIRAL DERRIEN GIBT SEINE ZUSTIMMUNG

Schon um 1145 Uhr sitze ich Admiral Derrien und seinem Chef des Stabes Capitaine de Vaisseau Le Chuiton gegenüber und trage ihm meinen Auftrag, den Geleitzug in Bizerta aufzunehmen und mit der Flottille einzulaufen, vor. Nach längerem Zögern und meiner Behauptung, daß die französische Regierung unter Marschall Pétain unser Einlaufen gebilligt habe, gibt er schließlich seine Zustimmung zu meinen Forderungen und beauftragt seinen Chef des Stabes, entsprechende Maßnahmen für Liegeplätze, Lotsen- und Schleppergestellung zur Aufnahme der Dampfer sowie Personal zum Bedienen der Krananlagen auf der Pier und zum Ausladen und Transport der geladenen Güter anzuordnen. Ein Stein fällt mir vom Herzen – das wäre also schon erreicht. Aber 3 Hauptfragen sind noch zu klären:

    1. Meine Frage, ob die Küsten- und Flakartillerie-Besatzungen den Befehl der Vichy-Regierung haben, bei Annäherung angloamerika-

nischer Schiffe oder Flugzeuge das Feuer zu eröffnen, beantwortet er mit ja.
2. Ich bitte den Admiral um Anweisung an seine Küstenbatterien, auf die in etwa 1 Stunde einlaufenden deutschen Schnellboote und den gegen 1600 Uhr vor Bizerta eintreffenden Geleitzug nicht zu schießen, was er zu tun verspricht.
3. Die Frage, ob französische Minen vor der tunesischen Küste liegen, wird von ihm verneint.

Nach meiner Verabschiedung und dem Dank an Admiral Derrien fahre ich in Begleitung des französischen Hafenkapitäns, Capt. de Corv. Billot, um 1230 Uhr mit seiner Pinaß zur Hafensperre im Vorhafen, um die Einsteuerungsmöglichkeit vorbei an den 3 versenkten Dampfern in der Einfahrt des Vorhafens zu erkunden. Zu meiner großen Freude stellen wir fest, daß genügend Raum vorhanden ist, unsere beiden Dampfer an den versenkten Blockschiffen vorbei nach Bizerta einbringen zu können. Gegen 1300 Uhr steht die aus La Goulette nach Bizerta befohlene Führerbootsrotte vor den Außenmolen, wo ich sie mit dem französischen Hafenkapitän in der Pinaß erwarte. Wir steigen von der Pinaß über auf das Führerboot und laufen mit »S 60« und »S 56« um 1315 Uhr in Bizerta ein. Wir machen an der langen Pier vor dem großen freien Bahnhofsplatz in der Innenstadt unter den neugierigen Blicken der Bevölkerung fest. Ein Dringlichkeitsfunkspruch geht an den Befehlshaber mit der Meldung, daß Bizerta für den in 2 Stunden einlaufenden Geleitzug aufnahmebereit ist.

Um 1415 Uhr besprechen Reischauer und ich uns mit Oberst Lederer über das Ausladen der Dampfer, den Abtransport der Truppen und des Kriegsmaterials. Nach ½ Stunde führe ich auf dem Flugplatz eine Besprechung mit dem Jagdflugzeug-Gruppenkommandeur des JG 53, Hauptmann Michalski, über Einzelheiten bezüglich des Jagdschutzes für den kommenden Geleitzug. Zusammen mit dem inzwischen eingeflogenen deutschen Fla-Batteriechef, der 2 MG C/38 – Flakzüge mit 4–2 cm Kanonen zur Verfügung hat, erkunden wir Stellungen im Hafen in der Nähe des Ausladungskais.

DIE ERSTEN 2 DAMPFER LAUFEN AM 12. NOVEMBER IN BIZERTA EIN

Bei Insichtkommen des Geleitzuges laufen wir mit den beiden S-Booten und eingeschifften Lotsen aus, um dem Geleitzug entgegenzulaufen und die Lotsen auf den Dampfern abzusetzen. Um 1600 Uhr laufen die beiden Dampfer ein. Am Liegeplatz ist inzwischen der »Seetransportchef Bizerta« Kptlt. (Sonderführer) Gündel mit seinen Männern eingetroffen, um seine Aufgaben zu übernehmen. Die ersten Panzer, Fahrzeuge und leichten Geschütze und die Truppen werden gelandet bzw. ausgeladen. Die italienischen Zerstörer laufen zurück nach Sizilien, nachdem vorher einer der Zerstörer mit den Dampfern eingelaufen war und nach demonstrativem Zeigen der Flagge kehrtmachte und gleich wieder auslief.

Jetzt ziehen vor der zum Hafen etwa 60 m entfernt liegenden Häuserfront französische Wachen und Postenketten in großer Zahl unter Gewehr auf. Wir nehmen an, daß dies zu unserem Schutz geschieht! Allgemein ist über den ersten sehr arbeitsreichen Tag in Bizerta zu bemerken, daß die französische Bevölkerung sich uns gegenüber korrekt und höflich und nicht ablehnend verhielt, weder im Restaurant bei einer Tasse Kaffee, noch bei Fragen, die wir hier und da stellten. Die französischen Posten erwiesen größtenteils Ehrenbezeigungen.

Auf dem Flugplatz Bizerta stellen wir im Lauf des späten Nachmittags fest, daß das französische Luftwaffenkommando mit Eintreffen des ersten deutschen Jagdflugzeuges und der Ju 52 Transportmaschinen den Flugplatz räumte. Die Flugzeuge nahmen Kurs West und flogen sicher algerische Flugplätze an. Desgleichen verließen die auf beiden Seiten des Flugplatzes stehenden Panzer und Panzerspähwagen ihre Stellungen.

In dieser Lage kommt es jetzt darauf an, auf französischer Seite Vertrauen in unsere Entschlossenheit und Zuverlässigkeit zu schaffen, zumal wir erst dabei sind, ein knappes Regiment auszuschiffen. Intensive Zusammenarbeit durch Befragen und Mitwirkung französischer Stellen ist anzustreben. Unsere Position ist schwach, jederzeit könnte eine entschlossene alliierte Truppe unter Jagdschutz an Bizertas Küsten landen, in Bizerta einlaufen oder aber auch über Land von Westen in Bizerta einmarschieren.

Das ist der Eindruck am Abend des ersten Tages in Bizerta.

Während der Nacht liegen die S-Boote in halbstündiger Bereitschaft, da wegen noch nicht eingetroffener Brennstoffreserven kein Vorpostendienst in See vor der Küste durchgeführt werden kann.

MASSNAHMEN ZUR VERSTÄRKUNG DES BRÜCKENKOPFES
IN TUNESIEN

Zur Festigung und Bildung eines echten Brückenkopfes müssen noch weitere Maßnahmen getroffen werden. Beide Häfen sind für die Aufnahme der in den nächsten Tagen zu erwartenden Nachschubdampfer vorzubereiten. Das erledigt Kaptlt. Gündel als Seetransportchef mit den französischen Stellen in Bizerta und sein Kollege in Tunis. Fragen der gemeinsamen Hafen-, Küsten- und Luftverteidigung sind mit den Franzosen zu klären mit dem Ziel ausreichender Kompetenz auch für unsere Seite. Aber das Wichtigste ist das Eintreffen von Heerestruppen mit Panzern, Artillerie, motorisierter Infanterie mit ausreichendem Treibstoff und Munition, denn der Feind steht im Westen vor unserer Haustür.

BESPRECHUNG MIT STABSCHEF DES KOMMANDIERENDEN ADMIRALS

Am nächsten Tage, dem 13. November, führe ich eine erneute Besprechung mit dem Chef des Stabes des französischen Kommandierenden Admirals in der Pêcherie.
Als Ergebnis hielt ich damals im KTB fest:
»1. Hafen- und Küstenverteidigung
Franzosen haben trotz des Aufrufs des in Algier befindlichen Admirals Darlan, daß alle Feindseligkeiten gegenüber den Anglo-Amerikanern einzustellen sind, eindeutigen Befehl von Vichy, auf jedes sich in offensiver Absicht der Küste oder dem Hafen nähernde Schiff amerikanischer oder englischer Nationalität zu schießen. Stabschef sichert auf ausdrückliches Befragen nochmals zu, daß dieser Befehl auch von der Truppe durchgeführt werden wird. Ausgenommen sind englische Geleitzüge, die außerhalb des Hoheitsgebietes 3 sm vor der Küste nach Malta laufen.
2. Küstenbatterien
Küstenbatterien und Scheinwerferstellungen unmittelbar an der Küste von Cap Bizerta bis Ras Zebib sollen ausreichend sein, um jeden Angriff von See her abwehren zu können. Einige Batterien sind gemäß Waffenstillstandsbedingungen desarmiert und teilweise unbesetzt.
3. Fla-Schutz
2–3 Fla-Batterien mit 7,5 cm Kaliber und mehrere Maschinengewehre sowie 15–16 Scheinwerfer sollen bei feindlichen Fliegerangriffen auf die Stadt Bizerta eingesetzt werden. Diese Zusage ist eine große Beruhigung, weil unsere beiden 2 cm Fla-Züge ja nur ein Tropfen auf den heißen Stein sind.

4. Meiner Bitte, die Küstenbatterien nachmittags besichtigen zu können, wird entsprochen.
5. Im Hafen liegende französische Seestreitkräfte können bei Angriffen von See her nicht eingesetzt werden, weil sie zum Teil nicht voll besetzt sind und nicht noch einmal Verluste wie in Oran, Algier und Casablanca eintreten sollen.
6. Unterstützung durch Einsatz hier liegender Minensuchboote und Magnetminensucher wird verneint.
7. Zuständig für Hafen, Befeuerung, Lotsengestellung usw. ist der Hafenkapitän Cmdt. Billot.
8. Im Kriegshafen und im Lac de Bizerta liegen 3 kleine Torpedoboote, 9 U-Boote, 6 Minensuchboote und 3 Minensuchboote gegen Magnetminen.

In französischer Begleitung erkunde ich ab 1115 Uhr die Hafenanlagen der französischen Marine, um für die Flottille einen günstigeren Stützpunkt auszuwählen. Am Nachmittag gewinne ich bei der Besichtigung der Küstenbatterien einen günstigen Eindruck, vor allem von den Bedienungsmannschaften. Über allem aber bleibt die Frage offen: Werden sie auch schießen, falls die Anglo-Amerikaner sich unter schwerem Luftbombardement dieser Batterien mit einer Landungsflotte an flacher Küste nähern oder falls sie in den Hafen Bizerta direkt einlaufen sollten? Endgültig kann diese Frage im gegenwärtigen Zeitpunkt niemand beantworten.

Die auf den Höhenzügen westlich von Bizerta liegenden französischen Landtruppen unter General Barré in Stärke von 12 000 Mann und die – wenn auch geringen Kampfwert besitzenden – Seestreitkräfte sowie die Besatzungen mit ihren Küsten- und Fla-Batterien sind unserem bisher gelandeten Kampfpotential mit Ausnahme unserer etwa 100 Jagdflugzeuge weit überlegen. Werden die französischen Befehlshaber und Kommandeure aller Teilstreitkräfte die Befehle der Vichy-Regierung wirklich ausführen, nachdem Admiral Darlan am 10. November in Algier allen in Abwehrkämpfen gegen die anglo-amerikanische Landung befindlichen französischen See-, Land- und Luftstreitkräften in ganz Nordafrika Feuereinstellung befohlen hat entgegen dem Befehl seiner Vichy-Regierung, der er selbst als Marineminister angehörte, bis Marschall Pétain ihn vor 1–2 Tagen aus seiner Regierung entließ und wegen seiner Handlungsweise gegenüber den Alliierten in Algier absetzen mußte? Sein Nachfolger als Marineminister ist Admiral Auphan.

Unsere Zweifel sind nicht unberechtigt, weshalb wir anstreben müssen, baldmöglichst die Sicherung des Hafens und des Küstenvorfeldes in eigene Regie zu bekommen. Schließlich müssen wir auch Sabotagehandlungen zu verhindern suchen. Dies alles aber ist eine Frage ausreichender eigener Kräfte – und die haben wir nicht.

CHEF DEUTSCHES MARINEKOMMANDO TUNESIEN TRIFFT AM 13. NOVEMBER EIN

Gegen Abend um 1800 Uhr melde ich mich beim soeben mit Flugzeug eingetroffenen »Chef Deutsches Marinekommando Tunesien«, Kapitän zur See Loycke, der sein Amt als Chef des Stabes des Befehlshabers in Rom vertretungsweise an seinen A 1 übergeben mußte, um hier mit den nötigen Ärmelstreifen und mit Befehlsgewalt ausgerüstet nach außen hin zu dokumentieren, daß wir Deutschen es mit der Verteidigung Tunesiens ernst nehmen. Solch höhere Führungspersönlichkeit bewirkt in labilen Lagen oft Wunder nicht nur gegenüber unseren »Gastgebern«, den Franzosen, sondern auch gegenüber Heer und Luftwaffe, über deren Bereitschaft zur Unterstützung und gegenseitigen Zusammenarbeit ich bisher nur Gutes vermelden kann.
Ich berichte unserem neuen militärischen Vorgesetzten, der in dem verflossenen Jahr oft viel Herz und Mitgefühl für unsere Probleme an der Front bewiesen hat, über die »Lage« in Bizerta und die bisher von uns getroffenen Maßnahmen. Von manchen landgebundenen Aufgaben kann ich mich nunmehr entlasten und mehr der Flottille widmen.
Zur See tut sich aber zur Zeit nichts. »S 57«, »S 35« und »S 30« sind um 1415 Uhr aus Tunis aus- und um 1630 Uhr in Bizerta eingelaufen. »S 59« und »S 54« verbleiben zur Sicherung der Tuniseinfahrt, die durch Abschleppen des halb versenkten Dampfers »Saint Fernand« seit heute 0900 Uhr für den Nachschubverkehr freigeworden ist, in La Goulette. Für die Nacht liegen die Boote »S 56«, »S 60«, »S 57«, »S 35« und »S 30« in halbstündiger Bereitschaft. Wir müssen jede Betriebsstunde sparen, weil wir noch keinen Brennstoffnachschub haben. Der nächste Tag, der 14. November, beschert uns einige Überraschungen. Der Oberbefehlshaber im Raum Tunis, General Nehring, ordnet für den nächsten Morgen um 0630 Uhr die handstreichartige Besetzung aller französischen Küsten- und Fla-Batterien an. Dieser Befehl ergeht auf Grund einer neuerlichen Äußerung des französischen Admirals, daß bei einem Angriff der Anglo-Amerikaner von See das Feuer der französischen Küstenbatterien gegen Schiffe und auch gegen Flugzeuge nach einem neuen Befehl der Vichy-Regierung nicht eröffnet werden würde.

Diese Äußerung des Admirals Derrien kann nach den Aussagen im Buch »Unter der Trikolore« nur auf den Befehlen des in Algier befindlichen Admiral Darlan fußen, der zuerst am 10. November den Befehl an alle in Nordafrika befindlichen französischen Streitkräfte gegeben hatte, das Feuer gegen die Anglo-Amerikaner einzustellen und dann am 14. November auf der Seite der Anglo-Amerikaner mit Französisch-Nordafrika wieder in den Krieg gegen Deutschland eintrat. Eine verzweifelte Lage für Admiral Derrien in Bizerta, in dessen engster Nachbarschaft wir Deutschen uns befinden, sodaß er praktisch isoliert ist.

In meiner noch bestehenden zusätzlichen Aufgabe als Leiter der Hafenverteidigung erhalte ich Befehl, Vorbereitungen für die Besetzung des Hafens und der wichtigsten Stadtwerke sowie für die Entwaffnung der an diesen Stellen befindlichen französischen Truppenteile zu treffen. Bei meiner unauffälligen Erkundungsfahrt in einem französischen Pkw vor der Abenddämmerung stelle ich Lage und Postenstärke der Elektrizitäts- und Wasserwerke, der Post und Eisenbahn sowie die Bewachung der Hafenanlagen und Kasernen fest, denn am nächsten Morgen sollen alle diese Anlagen mit 100 (!) Mann Heerestruppen, die nur mit Karabiner und 10 leichten »Maschinengewehren 42« mit nur je 1000 Schuß Munition ausgerüstet sind und keine Fahrzeuge haben, besetzt werden, nachdem die französischen Bewachungsmannschaften »entwaffnet« sein werden. So leicht aber läßt sich ein französischer Soldat in solcher Situation nicht entwaffnen, nachdem der französische Admiral gerade den neuen Befehl der Regierung aus Vichy, das Feuer auf alliierte Fahrzeuge und Flugzeuge nicht zu eröffnen, erhalten und an seine Truppe weitergegeben hat!

Auf den Hauptstraßen Bizertas und an den Stadtausgängen steht alle 20 m ein französischer Soldat. Auf den Hauptstraßen an den Stadtausgängen sind Löcher für das Einlegen von Minen gesprengt. Wir fragen uns, ob dies die Auswirkung des neuen Vichy-Befehls ist oder ob die französische Führung von unserer Absicht des für den nächsten Morgen geplanten Handstreichs Kenntnis erhalten haben könnte.

Schleunigst trage ich meine Feststellungen und allerschwersten Bedenken gegen den in dieser Situation sinnlosen und nicht durchführbaren Handstreich-Befehl dem Chef des Deutschen Marinekommandos Tunesien vor. In einer um 1900 Uhr stattfindenden Besprechung meines neuen Chefs mit dem vorläufigen Kommandeur der Landtruppen, Oberst Lederer, zu der auch ich befohlen werde, fällt die Entscheidung, daß der Handstreich nicht stattfindet. So bleiben die schweren

Küstenbatterien und auch die Flak gemäß Waffenstillstandsbedingungen weiterhin unangetastet in französischer Hand. Ein Fehlschlag unserer »Handstreich-Aktion« würde mit Sicherheit unseren gerade gebildeten schwachen Brückenkopf in Tunesien voll zum Einsturz bringen.

Solche Bedenken bewogen sicher auch den OB Süd, Feldmarschall Kesselring, noch während der Nacht anzuordnen, daß keinerlei Gewaltmaßnahmen anzuwenden seien. Außerdem teilte der französische Admiral noch am Spätabend schriftlich mit, daß auf Grund eines neuen Befehls der französischen Regierung alle französischen Küsten- und Flak-Batterien das Feuer gegen anglo-amerikanische Schiffe und Flugzeuge eröffnen würden, falls sie sich in offensiver Absicht der Küste mehr als 3 sm nähern sollten. Diese frohe Botschaft wirkte beruhigend auf alle Gemüter nach der alarmierenden gegensätzlichen Äußerung des französischen Admirals vom Vormittage.

Die wechselvolle Haltung des französischen Admirals Derrien war sicher eine Folge der sich widersprechenden Befehle seiner militärischen Vorgesetzten und der Vichy-Regierung. In seiner Eigenschaft als Marineminister hatte Admiral Darlan von Algier aus sogar den französischen Flottenchef, Admiral de Laborde, aufgefordert, mit seiner in Toulon befindlichen französischen Flotte sofort auszulaufen und nach Dakar in Nordafrika zu verlegen, was Admiral Derrien natürlich nicht unbekannt geblieben war. Der Flottenchef jedoch folgte dieser Aufforderung nicht, obwohl sie nach Roskills Ausführungen und den Aussagen des Admirals Auphan in seinem Buch die Zustimmung des am 11. November zum Marineminister ernannten Admirals Auphan hatte. Letzterer saß in Vichy bei Marschal Pétain! In seinem Buch »Unter der Trikolore« sagt Admiral Auphan selbst aus: »Der arme Derrien war genauso gut ein Opfer der zaudernden Politik der Alliierten, wie er ein Gefangener politischer Strömungen war.« Admiral Auphan führt in seinem Buch ferner aus:

»Alles sprach zugunsten der Alliierten. Wären die anglo-amerikanischen Schiffe am Morgen des 8. November vor Bizerta erschienen, wären sie vermutlich mit offenen Armen statt mit Geschützfeuer empfangen worden.«

Als nach der Besetzung der bisher unbesetzen Zone in Frankreich durch deutsche Truppen am 11. November der Admiral Derrien bei seinem Vorgesetzten anfragte, »Gegen wen kämpfen wir eigentlich – gegen die Deutschen oder gegen die Anglo-Amerikaner?«, empfahl Admiral Auphan ihm, sich neutral zu verhalten, bis abends der Mini-

sterrat in Vichy getagt hätte. Nach Befragen des Generalgouverneurs von Tunesien in Tunis, Admiral Esteva, erließ Derrien dann am 11. 11. den uns erst später bekannt gewordenen Tagesbefehl mit dem Wortlaut:
»Nach 2 Tagen des Debattierens und der Unklarheit hat mich soeben ein Befehl erreicht, der ausdrücklich den Feind nennt, gegen den ihr kämpfen sollt. Es sind die Deutschen und Italiener. Soldaten, Matrosen und Flieger Bizertas, jetzt kennt ihr den Befehl an euch – feuert auf den Feind von 1940! Die Abrechnung steht vor der Tür. Es lebe Frankreich!«
Aber schon um Mitternacht widerrief er den Tagesbefehl, weil die Anglo-Amerikaner entgegen ihrem dem Admiral Esteva in Tunis gegebenen Versprechen nicht in Bizerta erschienen. Statt dessen landeten am 12. November früh deutsche Flugzeuge auf dem Flugplatz Sidi Ahmed bei Bizerta, liefen 2 deutsche Schnellboote um die Mittagszeit in Bizerta ein, gefolgt von 2 Dampfern der Achse unter dem Schutz von 5 italienischen Zerstörern. Und am Morgen des 12. November um 1145 Uhr hatte ich mit demselben Admiral Derrien erfolgreich über die Aufnahme der deutsch-italienischen Dampfer und der deutschen Schnellboot-Flottille verhandelt.

ALLIIERTE TRUPPEN LANDEN IN BONE UND PHILIPPEVILLE

Nach einer Luftaufklärungsmeldung am 14. 11. scheinen die algerischen Häfen Bone und Philippeville seit einigen Tagen vom Feind besetzt zu sein. Somit können anglo-amerikanische Schiffe ihren Nachschub bis an die vorderste Front über See transportieren. Gleichzeitig erscheint der Hafen Bone zur Stationierung von feindlichen Kreuzern, Zerstörern und Schnellbooten geeignet, was uns wiederum in die Lage versetzen wird, Torpedo- und Minenoperationen vor diesen Häfen durchzuführen, sobald wir unsere Aufgaben zur Sicherung in Bizerta und La Goulette vor Tunis in andere Hände übergeben können und auf dem Verhandlungswege die See- und Luftverteidigung durch Übernahme der französischen Küsten- und Fla-Batterien durch deutsche oder italienische Bedienungsmannschaften sichergestellt ist. Während der Nacht liegen die Boote teils in Sofort-, teils in halbstündiger Bereitschaft bei verstärkter Postenbewachung ab Abenddämmerung.
Am nächsten Morgen richten wir am Silo am Nordkai einen provisorischen Stützpunkt für die Flottille ein. Nachmittags führe ich eine Be-

sprechung mit dem Kommandanten der französischen Seeverteidigung, Capitaine de Vaisseau Penet. Wir vereinbaren »Interessenzonen« im Hafengelände und in der Verteidigung des Hafens, wobei wir Wert auf die Übernahme des Vorhafens und der Außenanlagen legen, um die Sicherung des Küstenvorfeldes in die eigene Hand zu bekommen. Hierbei ergeben sich keinerlei Schwierigkeiten.

FLOTTILLE SICHERT KÜSTENVORFELD BIZERTA UND TUNIS

Über Nacht liegt 1 Rotte in Sofortbereitschaft am Nordkai des Hafens, der Rest hat halbstündige Bereitschaft. Am Abend beantrage ich beim Fliegerführer Tunis Morgenluftaufklärung im Hafen und Seegebiet Bone – Philippeville und westlich davon, um ein Bild über die Lage bezüglich der feindlichen Versorgungsgeleitzüge und hier möglicherweise schon stationierte leichte Seestreitkräfte zu gewinnen, weil wir nicht noch länger nur defensiv im eigenen Küstenvorfeld, sondern unserem Zweck entsprechend offensiv im Küstenvorfeld des Gegners operieren müssen.

So erfahren wir am nächsten Morgen das Aufklärungsergebnis des Jagdgeschwaders 53:

»1. Amerikanische und britische Truppen stehen bereits – nachdem sie erst in den vergangenen Tagen sowohl in Philippeville als auch in Bone gelandet sind – in Tabarca und östlich davon auf der Straße nach Bizerta etwa 100 km entfernt.

2. 1 Geleitzug, bestehend aus 7 Schiffen und 2 Zerstörern, steht 30 sm nordostwärts von Bougie.«

Es wird bekannt, daß die anglo-amerikanischen Truppen um die Mittagszeit schon 40–50 km vor Bizerta stehen können. Anscheinend hat der Gegner die Schwäche der Achsenmächte in Tunesien erkannt. Er könnte bei kühnem Vorstoßen mit seinen Panzern schon am Abend oder am nächsten Vormittag in Bizerta sein! Am Morgen könnte auch der gemeldete Geleitzug mit möglicher Verstärkung der Sicherung durch schwere Streitkräfte vor Bizerta stehen und mit Luftunterstützung unter Inkaufnahme einiger Risiken in Bizerta einlaufen und seine Truppen, Panzer und Artillerie im Hafen Bizerta ausschiffen.

Um einem solchen denkbaren Versuch zuvorzukommen, wird die Flottille einschließlich der Tunisrotte während der Nacht einen Vorpostenstreifen zwischen Cap Serrat und der Insel La Galite bilden, um den Gegner schon auf seinem möglichen Anmarsch hier angreifen zu können. Diese Absicht melde ich dem noch im Aufbau befindlichen Deutschen Marinekommando Tunesien.

ERSTE OPERATION NACH WESTEN AM 16. NOVEMBER

Wir laufen am 16. 11. um 2240 Uhr mit »S 60«, »S 55«, »S 56« und »S 57« aus, sammeln mit der Tunisrotte »S 59«, »S 54« um 2135 Uhr nördlich von Bizerta und nehmen unseren Vorpostenstreifen genau um Mitternacht ein. Das Wetter ist an der oberen Grenze der Waffeneinsatzfähigkeit, aber der möglichen Gefahr für Bizerta muß mit allen Mitteln begegnet werden. Auf unserer Seite steht ja nur die Handvoll S-Boote zur Verfügung!
Die Boote stehen einzelbootsweise auf westlichen und östlichen Kursen auf und ab. Es wird nichts gesichtet. Wegen überkommender Seen – es weht aus West in Böen mit Stärke 7, der Seegang ist 5 – können wir keine Torpedos mehr schießen und keine 100 m weit sehen. So befehle ich um 0230 Uhr, den Rückmarsch anzutreten. Alle Boote sind bis 0500 Uhr in Bizerta eingelaufen.

UNSER MOTORSEGLER MIT NACHSCHUB TRIFFT IN BIZERTA EIN

Am 17. November läuft der erste für die Versorgung der Flottille wichtige italienische Motorsegler vollbeladen mit 75 cbm Treibstoff, 8 Torpedos, Munition und mit Verpflegung für 4 Wochen in Bizerta ein. So sind wir wieder voll beweglich. Die Torpedos sind gefechtsklar, denn wir haben noch keine Torpedoregelstelle in Bizerta. In den nächsten Tagen – am 19., 20. und 21. 11. – bauen die Besatzungen unseren vorläufigen Stützpunkt auf, entladen den Motorsegler und bereiten die Boote für den weiteren Einsatz vor.
Am Abend des 21. erreicht uns der Anruf des Geschwaderkommodore vom JG 53, daß mittags um 1200 Uhr etwa 25 sm südlich Malta 1 Kreuzer und 8 Zerstörer mit wechselnden Kursen gesichtet sind. Da diese Kampfgruppe während der Nacht in der Sizilienstraße gegen unseren hier laufenden Geleitzugverkehr operieren kann, melde ich diese Gefahr an unseren Einsatzstab, der daraufhin einen Aufklärungseinsatz der Flottille im Seegebiet der Skerki-Bank befiehlt.
So laufen wir am 22. 11. um 0030 Uhr aus mit »S 60«, »S 35«, »S 54«, »S 59« und »S 57«. Es weht mit Stärke 3–4 aus SW, die Nacht ist

mondhell. Um 0230 Uhr stehen wir einzelbootsweise auf unserer befohlenen »Standlinie I« und sichten nichts.

1. ALLIIERTER BOMBENANGRIFF AUF BIZERTA AM 23. 11.

In der nächsten Nacht zum 24. 11. führt die anglo-amerikanische Luftwaffe ihren 1. schweren Bombenangriff auf Bizerta durch. Danach haben die Alliierten fast 14 Tage benötigt, um Kräfte für diesen Zweck einsatzbereit zu haben.
Zu diesem Zeitpunkt etwa – am 20. November – hat die Panzerarmee Afrika unter Feldmarschall Rommel auf ihrem Rückzug gerade die Stadt Benghasi in der Cyrenaika geräumt. Sie wird in wenigen Tagen in der Marsa el Brega-Stellung sein, die bereits seit Mitte November durch die ersten Vorkommandos der rückflutenden Armee vorbereitet wird. Es wird auch nicht lange dauern, bis die Armee Tripolis erreicht, wohin noch Nachschub über See transportiert werden muß, um sie in die Lage zu versetzen, die britische 8. Armee in hinhaltender Verteidigung aufzuhalten und sich selbst nach Südtunesien zurückziehen zu können. So werden sich in absehbarer Zeit die in Tunesien befindlichen deutsch-italienischen Truppen in einer Zange der von Osten nachdrängenden 8. britischen Armee und von Westen der 1. anglo-amerikanischen Armee befinden.

DIE LAGE IM BRÜCKENKOPF TUNESIEN BLEIBT UNSICHER

In der nächsten Nacht vom 25. zum 26. folgt ein weiterer Nachtangriff feindlicher Bomber auf Bizerta. Wegen der immer noch unsicheren Lage steht in allen Nächten eine Schnellbootrotte zur Sicherung des Küstenvorfeldes in der Bucht von Bizerta zwischen Cap Bizerte, der Insel Cani und dem Cap Ras Zebib auf und ab, während die anderen Boote im Vorhafen von Bizerta und Tunis in Bereitschaft liegen. Die unsichere Lage bezieht sich sowohl auf möglicherweise vor der Küste erscheinende feindliche Streitkräfte, als auch auf vielleicht aus Bizerta ausbrechende französische Seestreitkräfte, die wir aber im Hafen nicht anrühren dürfen wegen der gemäß Waffenstillstand zugesicherten Hoheitsrechte, die wir zu respektieren haben, ganz abgesehen von der zu erwartenden Reaktion der Franzosen, falls von unserer Seite eine Verletzung dieses Rechtsstatus erfolgen würde.

IN TOULON VERSENKT SICH DIE FRANZÖSISCHE FLOTTE
AM 27. NOVEMBER

Am 26. 11. abends laufen wir mit »S 60«, »S 57«, »S 59«, »S 54«, »S 56« und »S 35« aus zum Vorpostendienst vor der Küste wegen des für den nächsten Morgen angeordneten deutschen Handstreichs zur Inbesitznahme der französischen Küstenbatterien. Dieser Befehl von höchster Stelle ist sicher als Reaktion auf das abtrünnige Verhalten des Admiral Darlan in Algier und anderer führender Persönlichkeiten auch in der Vichy-Regierung im Verlaufe der anglo-amerikanischen Landung zu werten, wie auch die am 11. November erfolgte Besetzung des bis dahin unbesetzten Frankreich.
Wir erhalten in See den Funkspruch vom OB Süd an den Befehlshaber um 0230 Uhr, daß 500 Mann Infanterie im Morgengrauen für Admiral Weichold luftüberführt werden. 1 Stunde später kommt ein Funkspruch vom Befehlshaber in Bizerta mit dem Befehl, daß wir morgens nicht einlaufen sollen, um das Einlaufen der im Anmarsch befindlichen Dampfer abzuwarten und uns zum Nebelschutz für die Dampfer gegen einen möglichen Beschuß durch die noch in französischer Hand befindlichen Küstenbatterien bei der Annäherung der Dampfer klarzuhalten.
Mit dem nächsten Funkspruch vom Befehlshaber um 1135 Uhr erhält die Flottille Befehl, sich vor dem Hafen so aufzustellen, daß Torpedoschußgelegenheit beim Auslaufen auf Zwangskursen gegeben ist, weil mit dem Auslaufen französischer Seestreitkräfte gerechnet werden muß.
Um 1200 Uhr endlich kommt der Geleitzug im Osten über die Kimm. Wir laufen ihm entgegen, lösen unsere geschlossene Formation auf, sodaß wir bei Aufblitzen von Mündungsfeuer an der Küste ohne Verzug wirksam nebeln können, um die Handelsschiffe der Sicht durch die Küstenbatterien zu entziehen.
Gottlob kommt um 1340 Uhr der erlösende Funkspruch, daß die »Lage entspannt« ist und wir einlaufen können mit Ausnahme 1 Rotte, die aus Sicherheitsgründen vor der Hafeneinfahrt liegen bleibt. Die Rotte »S 59«, »S 57« marschiert zur Sicherung des Hafens Tunis wieder nach Süden.
Erst aus dem Buch »Unter der Trikolore« habe ich erfahren, daß Admiral Weichold am Morgen des 27. November den Admiral Derrien in Bizerta aufsuchte und ihn über die in Gang befindliche deutsche Operation zur Inbesitznahme der französischen Flotte und der Festung

Toulon unterrichtete und nun von ihm die Zusicherung verlangte und auch erhielt, daß die französischen Schiffe in Bizerta keinen Fluchtversuch machen werden. Daß sich die französische Flotte in Toulon auf Befehl ihres Flottenchefs, Admiral de Laborde, an diesem Tage wegen des Versuchs deutscher Truppen, im Handstreich Schiffe zu besetzen, um das Auslaufen der französischen Flotte nach Französisch-Nordafrika zu verhindern, selbst versenkte und damit ein französisches »Scapa Flow« eintrat, ist verständlich. Ich erinnere daran, daß der Flottenchef sich der verlockenden Aufforderung des in Algier befindlichen Admiral Darlan am 11. November, mit der Flotte auszulaufen und nach Französisch-Marokko zu kommen, widersetzte, weil er die vertraglichen Waffenstillstandsbedingungen als bindend betrachtete und wußte, daß bei einem Bruch dieser Bedingungen schwere Folgen von seiten der Deutschen zu erwarten waren.

Zur Überraschung der Flottille ist am 26. November unser Stützpunktpersonal aus Mersa Matruh, Tobruk und Derna unter Führung von Lt. (V) Max Jensen mit den damals in Tobruk erbeuteten 4 englischen Lkw's mit aufgebauter Torpedoregelstelle eingetroffen. So können wir jetzt unsere Torpedos wieder regeln und sind voll einsatzbereit.

Bei meinem Besuch im Gefechtsstand des JG 53 am Morgen des 29. 11. erfahre ich das Einlaufen von 14 mittleren bis großen Schiffen in Bone. Ferner liegen im Hafen 2 Kreuzer und 4 Zerstörer. Dies ist die erste für uns brauchbare Aufklärungsmeldung über den für uns in erreichbarer Nähe befindlichen vom Gegner genutzten Hafen, weshalb ich dem Dt. Mar. Kdo. Tun. vorschlage, die Flottille zu einem Aufklärungsvorstoß in dieses Seegebiet bis zum Cap de Garde und in die Bucht von Bone anzusetzen. Der Ansatz wird befohlen, wir laufen mit 4 Booten am 29. um 1700 Uhr aus und stehen nach 5 Stunden Anmarsch um 2200 Uhr vor dem Cap de Garde. Hinter den Hafenmolen von Bone erkennen wir im Vorhafen 1 Handelsschiff. Wir haben keine Angriffsmöglichkeit. Die Bucht ist leer.

WIR BRAUCHEN MINEN FÜR BONE UND PHILIPPEVILLE

Wir überlegen, daß sich die Zufahrtswege zum Hafen und die Bucht mit ihren Wassertiefen bis zu 50 m hervorragend zur Verminung eignen. Was wir vor Malta wegen des Radar und der Küstenbatterien heute

nicht mehr können, das läßt sich in dieser Bucht mit großer Wahrscheinlichkeit noch für einige Zeit durchführen.
Im Laufe des Tages trage ich dem Chef des Dt. Mar. Kdo. Tun. unsere Eindrücke von dem Vorstoß in die Bone-Bucht und unseren Vorschlag für die Notwendigkeit von Minenoperationen vor. Mit Minen an Bord hat jeder Vorstoß nach Bone seinen Sinn, auch wenn die Flottille kein Torpedoziel findet, weil das Seegebiet zwischen Cap Bougaroni und Bone von den Nachschubgeleitzügen wahrscheinlich nur bei Tage unter Jagdschutz passiert wird. So werden jetzt Minen aus Sizilien angefordert.

ZUSAMMENARBEIT MIT LUFTWAFFE

Am 1. Dezember führe ich in Tunis eine Besprechung mit dem inzwischen zum »Führer der Luftstreitkräfte Tunis« avancierten Fliegerführer Tunesien über Zusammenarbeit und Luftaufklärung vor allem in den Abendstunden in dem gerade vorher beschriebenen Seegebiet, weil die Flottille ihre Aufgaben nunmehr wieder in Offensivunternehmungen im Vorfeld der feindlich besetzten Küste aufnehmen kann, nachdem Brennstoff in Bizerta eingetroffen ist. Der Hafen von Bone scheint fortlaufend ziemlich belegt zu sein. Im Augenblick liegen nach Bildauswertung 12–15 mittlere bis große Frachter, 1 Fla-Kreuzer und weitere 4 kleine Kreuzer oder Zerstörer im Hafen. Wegen zu geringer Jagdfliegerkräfte, die durch Unterstützung des Heeres im Erdkampf stark gebunden sind, muß Luftaufklärung der Häfen Philippeville und Bone bis auf weiteres ganz ausfallen. Das ist für unsere Absichten sehr bedauerlich.
Als ich am Nachmittag ein Gespräch mit dem Chef Dt. Mar. Kdo. Tun. führe, erreicht uns die Meldung vom Stab des Admiral Derrien, daß Amerikaner und Engländer in der Bucht von Ras al Koran etwa 10 sm nordwestlich Bizerta gelandet seien. Ein Funkspruch vom FdL Tunis besagt, daß 1 Flugzeug 2 Landungsboote und Schleif- bzw. Fahrspuren am Strand, vermutlich von Panzern herrührend, am Nachmittag gesichtet hat. Da die inzwischen in Bizerta eingetroffenen italienischen Schnellboote mit italienischen Truppen an Bord in der bevorstehenden Nacht die französische Insel La Galite besetzen, laufen wir mit »S 60«, »S 54«, »S 56« und »S 30« und dem auf dem Führerboot »S 60« eingeschifften Chef Dt. Mar. Kdo. Tun. am 2. Dezember nachts um 0100 Uhr nach aufgegangenem Mond aus, um die Küste vor der gemeldeten Landungsstelle bei Ras al Koran seewärts abzusu-

Getarnt in Porto Empedocle

Die Offiziere der Flottille

Von Palmen
geschützte Wohn-
baracke im Templi-
Garten

Links:
Der neue Flottillen-
arzt Dr. Heising

Rechts:
Kommandant »S 60«,
Wuppermann

...erhält
3 italienische
Auszeichnungen

...mit den Komman-
danten Backhaus,
Erdmann, Müller,
von Gernet, Schulz,
Weber und Brauns

chen und zu sichern. Wir haben die Position kaum erreicht, als ein Alarmfunkspruch von Rom eingeht, wonach ein Flugzeug um 2240 Uhr 30 sm nördlich Bizerta 5 feindliche Seestreitkräfte mit Kurs Ost und hoher Fahrt gemeldet hat.

BRITISCHE KREUZER-/ZERSTÖRERKAMPFGRUPPE AUS BONE – STRIKING FORCE »Q« – VERSENKT 1 GANZEN GELEITZUG AM 1./2. 12.

Da in der Nacht ein eigener Geleitzug die Straße von Sizilien nach Süden passiert, ist seine Gefährdung sicher sehr groß, zumal der Gegner Radar besitzt. Als der FT aus Rom um 0228 Uhr eingeht, daß 2 eigene Transporter brennen und 1 italienischer Zerstörer 1 britischen Kreuzer torpediert hat, wird die Flottille in Richtung des Gefechtsfeldes umdirigiert.
Nach Kopplung können wir einen in der Fahrt auf etwa 20 kn herabgesetzten feindlichen Verband auf Westkurs von unserer jetzigen Position noch erreichen. Läuft aber der Verband höhere Fahrt, kann er von uns nicht mehr gestellt werden. In der Annahme, daß die Meldung über den torpedierten britischen Kreuzer stimmt, operieren wir im »kurzen Aufklärungsvorstoß« mit 30 kn so, daß wir den Gegner abfangen können, der allerdings den Vorteil hat, uns früher mit Radar orten und auf Grund unserer hohen Geschwindigkeit identifizieren und ausweichen zu können, als wir ihn mit unserem Doppelglas entdecken können.
Auf Grund von 2 Aufklärungsmeldungen eines italienischen Zerstörers und eines deutschen Ortungsflugzeuges korrigieren wir unseren Aufklärungsvorstoß in Richtung 90°. Gegen 0400 Uhr stehen Leuchtbomben oder Leuchtgranaten eben an Steuerbord voraus in 110° ziemlich weit ab. Als wir ab 0436 Uhr zahlreiche Leuchtbomben in 140° sichten, schwenken die Boote einzelbootsweise auf diesen Kurs. Ob der Feindverband etwa nach Malta läuft?
Um 0552 Uhr endlich sichten wir 1 Schatten 7 Dez an Steuerbord. Wir drehen auf ihn zu, laufen auf Hundekurve mit Schleichfahrt auf ihn zu und erkennen einen 1-Schornstein-Zerstörer. Die Lage ist 60, der Zerstörer läuft geringe Fahrt, die Entfernung beträgt etwa 2000 m.
Der Kommandant fragt nach Feuererlaubnis – wir sind knapp 1000 m entfernt. Niemand von uns kann den Zerstörer identifizieren. Ist er Freund – sicher sind die italienischen Zerstörer nach dem Seegefecht zersprengt –, oder ist er ein Feind? Um diese Uhrzeit noch so nahe der

tunesischen Küste zu stehen und auf Westkurs in Richtung Bizerta-Bucht zu liegen, läßt vermuten, daß es sich um 1 italienischen Zerstörer oder eher um 1 Torpedoboot handelt.
So gebe ich keine Feuererlaubnis, wir drehen ab und lassen uns ins Kielwasser sacken. Es ist 0603 Uhr kurz vor Morgendämmerung. Wir halten mit Südwestkurs auf die Küste zu und setzen uns ab. Als es hell wird, sehen wir den vermeintlichen Zerstörer – es ist 1 Torpedoboot – in Bizerta einlaufen. Unsere »Nase« war also gut, indem wir den Torpedoangriff abbrachen und nicht ein verbündetes Schiff torpedierten! Wir laufen um 0730 Uhr in Bizerta ein.
Nach Roskill handelte es sich um 2 Kreuzer und einige Zerstörer, die sogenannte Bone–»Striking Force Q«, die ihren ersten Vorstoß auf unseren Nachschubverkehr in der Straße von Sizilien durchführte. Sie versenkte alle 4 Dampfer des Geleitzuges und 1 Zerstörer, verlor aber auf dem Rückmarsch den Zerstörer »Quentin« durch Lufttorpedoangriff.

WIR FAHREN GELEIT-NAHSICHERUNG

Noch an demselben Abend, am 2. 12. um 2000 Uhr, geht der Einsatzbefehl von Rom ein, mit 3 Booten in der Nacht zusätzliche Sicherung an einem aus Trapani ausgelaufenen Geleitzug von 4 Dampfern und 4 Torpedobooten zu bilden und ab Hellwerden zur U-Bootsicherung überzugehen. Wir laufen mit 3 Booten um 2115 Uhr aus und nehmen unsere Positionen als Fernsicherung für den Geleitzug 15 sm entfernt ein. Wir sichern die Dampfer »Menes« und »Caupania«, die für Bizerta bestimmt sind, und »Arleziana« und »Lauro«, die nach Tunis laufen sollen. Die Schiffe laufen 9 kn Fahrt. Als wir mit Hellwerden unsere Fernsicherung gegen Überwasserstreitkräfte abbrechen, sichten wir den Geleitzug und bilden in den von den Torpedobooten gelassenen Lücken U-Bootsicherung am Geleit. Gleichzeitig sichten wir 2–3 Ju 88, 6–8 Me 109-Jäger als Jagdschutz und 2 italienische Seeflugzeuge als Sicherung.
Um 1140 Uhr hängen sich 1 Zerstörer und die beiden für Tunis bestimmten Dampfer mit Südkurs ab, während 2 Torpedoboote und die beiden Dampfer »Menes« und »Caupania« sowie wir mit den S-Booten nach Westen in Richtung Bizerta steuern. 1 Zerstörer und 1 Torpedoboot setzen sich ab zur Fernsicherung – vielleicht auch auf Grund eines U-Bootechos.
»S 54« und »S 56« sichten um 1315 Uhr 3–4 Treib- oder treibende Mi-

nen, die dann von 1 italienischen Torpedoboot mit Maschinenwaffen beschossen werden, um sie unschädlich zu machen.

DAMPFER »MENES« FLIEGT VOR BIZERTA IN DIE LUFT

Um 1335 Uhr, 20 Minuten später, fliegt der große Dampfer »Menes«, der als 2. Schiff in Kiellinie hinter der »Caupania« steht, buchstäblich in die Luft. Wir stehen mit unseren Booten keine 1000 m ab und sichten eine noch nie beobachtete Detonationserscheinung ohne jede Wassersäule. Heller, weißer Qualm schießt pilzartig 200 bis 300 m hoch in die Luft. Im Augenblick der Detonation ist das Schiff vollkommen atomisiert, es ist nichts mehr von ihm zu sehen. Die Explosion erfolgte etwa in Schiffsmitte. Auf keiner Seite wurden Torpedolaufbahnen gesichtet. Auf unseren Booten stellen wir nicht – wie sonst bei Torpedodetonationen – Erschütterungen im Bootskörper fest, sondern wir sind einem starken Luftdruck und einem harten Detonationsknall ausgesetzt. Auf Grund der Detonationserscheinung sind wir der Auffassung, daß es sich um Selbstentzündung von Munition oder um Sabotage handelt. Wir stehen genau 6 sm östlich der Insel Cani, unter uns sind 80 m Wasser. In diesem Zusammenhang muß noch erwähnt werden, daß der Geleitzug 2 Stunden später als geplant aus Trapani ausgelaufen war. Die Explosion erfolgte fast genau 2 Stunden vor dem Einlaufen in Bizerta. Wir retten etwa 30 Überlebende, die alle schwerverwundet sind, und laufen zur ärztlichen Versorgung mit Höchstfahrt nach Bizerta.

1 GANZER GLEITZUG VON MALTA-»FORCE K« VERSENKT

Nach Roskill wurde in der vergangenen Nacht von der Malta-»Force K« 1 anderer Geleitzug angegriffen, der schon am Tage des 2. 12. von Flugzeugen und dem U-Boot »Umbra« schwer angeschlagen war. Insgesamt wurden 4 Dampfer und 1 Zerstörer versenkt. Solche allnächtlichen Verluste können von uns nicht über längere Zeit in Kauf genommen und verantwortet werden. Aber nach Roskill ist Malta wieder erstarkt, sodaß die Straße von Sizilien in nächster Zukunft ein heißumkämpftes Seegebiet werden wird.

MALTA UND BONE ALS BASEN FÜR KAMPFGRUPPEN

Die Insel Malta kann ihre große Aufgabe als Basis für Offensivstreitkräfte unter Wasser, über Wasser und für den Seekrieg aus der Luft

Anfang Dezember wieder voll übernehmen. Die Insel wurde am 20. November durch 4 Dampfer mit Sicherung durch Kreuzer des 15. Kreuzergeschwaders und 7 Zerstörer von Alexandrien versorgt. Durch Luftangriff von Resten des X. Fliegerkorps auf Kreta wurde der leichte Kreuzer »Arethusa« schwer getroffen, er konnte aber mit 155 Gefallenen an Bord nach Alexandrien geschleppt werden. Dieser schwere und verlustreiche Treffer sollte der letzte sein, den die britische Flotte während des Krieges im Östlichen Mittelmeer erleiden mußte. So wurde diese »Operation Stoneage« die letzte zum Entsatz der Insel Malta in diesem Kriege. Mit dieser und weiterer laufender Versorgung Maltas wurden Ende November/Anfang Dezember folgende Offensivstreitkräfte der Royal Navy wieder auf der Insel operationsfähig: 1 Staffel »Albacore«-Flugzeuge, 10. U-Flottille mit 8–10 U-Booten, 3 Kreuzer »Cleopatra«, »Euryalus« und »Orion«, 4 Flottenzerstörer und 1 Motortorpedoboot-Flottille.

Fast gleichzeitig wurden im Hafen Bone stationiert: 2 Kampfgruppen mit je 2 Kreuzern »Aurora«, »Argonaut« und mehreren Zerstörern, sowie »Sirius« und »Dido« mit mehreren Zerstörern.

Diese Kampfgruppen können sich allnächtlich im 2-Nächte-Turnus beim Einsatz gegen unseren nach Tunesien laufenden Geleitzugverkehr ablösen, während die von Malta aus operierende »Force K« und die MTB-Flottille sowie U-Boote und Marinekampfflugzeuge sowohl gegen den Geleitzugverkehr nach Tripolis als auch gegen den Geleitzugverkehr nach Tunesien in der Sizilienstraße eingesetzt werden können. Die auf Malta stationierten Bomberverbände der Royal Air Force und auch solche in Ostalgerien können zusätzlich bei Tage zur Bekämpfung des Geleitzugverkehrs eingesetzt werden.

So wird die sehr minenverseuchte Straße von Sizilien zum Schwerpunkt aller britischen Operationen gegen unseren Seenachschub nach Tunesien und Tripolis, den wir wegen unserer Unterlegenheit zur See und in der Luft möglichst in die Nachtstunden verlegen müssen, um überhaupt noch eine Chance zum Durchbringen einiger Dampfer im Schutz der Dunkelheit zu haben.

Der Gegner hatte bei der Großlandungsoperation »Torch« 75000 Amerikaner und 25000 Engländer schon bei der ersten Anlandung an Land gebracht, während wir am 15. 11. nicht einmal eine Division, sondern nur einen Kommandierenden General des 90. Korps, General Nehring, mit

1 Fallschirmjägerregiment unter Oberstlt. Koch,
1 Fallschirmjäger-Pionierbataillon unter Major Witzig,

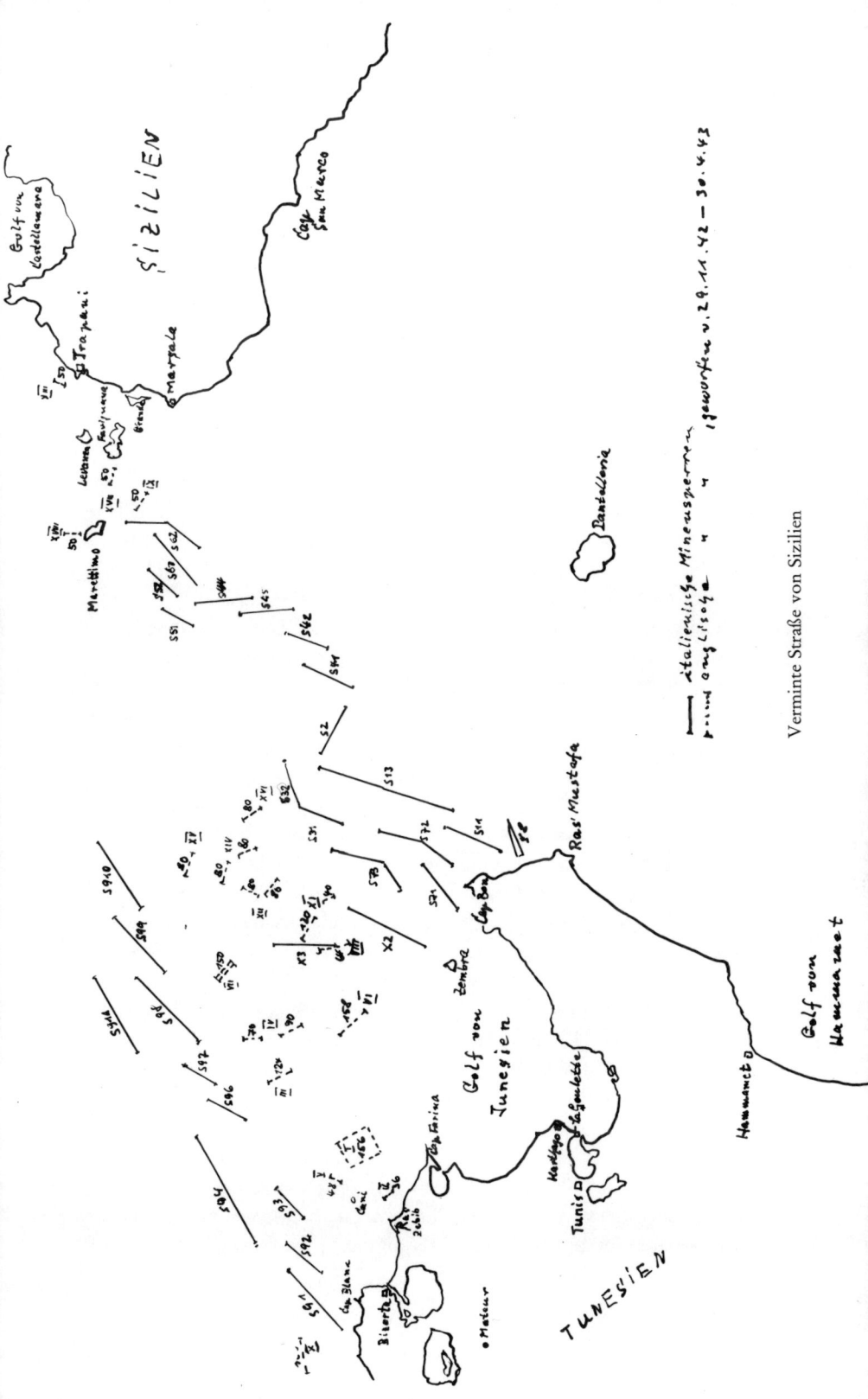

1 Panzerspähkompanie unter Obtl. Kahle und
1 Flakbatterie 8,8 cm und
keine Sanitätsgruppe, aber schon
1 Oberarzt in Tunesien verfügbar hatten.

GELEIT-NAHSICHERUNG FÜR DAMPFER »ANKARA«.

Nachdem wir am 4. 12. am Vormittag einen Bombenangriff von 14 amerikanischen und englischen Bombenflugzeugen auf Stadt und Hafen Bizerta überlebt haben, erhalten wir nachmittags Befehl, den durch 2 italienische Zerstörer gesicherten deutschen Dampfer »Ankara« südöstlich der Skerki-Bucht aufzunehmen und bis zum Einlaufen in Tunis zusätzlich zu sichern.
Wir laufen mit 3 Booten aus, sichten den Geleitzug um 1318 Uhr und bilden U-Bootsicherung für die 13 kn laufende »Ankara«. Um 1625 Uhr läuft das Schiff in La Goulette ein, die Flottille marschiert zurück und macht um 1900 Uhr in Bizerta fest. So wurden wir in den letzten Tagen Zeugen von 1 in Bizerta und 3 in Tunis eingelaufenen Nachschubdampfern – wahrlich ein klägliches Ergebnis im Vergleich zum Nachschub allein im Hafen Bone! Wie wichtig aber gerade diese 4 Dampfer für den Aufbau des »Tunesien-Korps« von General Nehring waren, wissen wir heute genau, denn die vom 1.–4. Dezember bei Tebourba vor Tunis gewonnene Abwehrschlacht hatte Verluste gekostet. Aber der »Wettlauf um Tunesien« war von den weit unterlegenen Achsentruppen bisher gewonnen! Die 11. britische Brigade und die amerikanische Kampfgruppe B verloren in dieser Schlacht ihre gesamte Ausrüstung. Das 18. Infanterieregiment der 1. US-Panzerdivision erlitt schwere Verluste. Ein britisches Bataillon wurde vollständig vernichtet. 1100 Gefangene wurden eingebracht, 134 Feindpanzer waren vernichtet, 40 Geschütze wurden erbeutet, 47 Feindflugzeuge waren abgeschossen. Das war für die Invasionsarmee und ihren Oberbefehlshaber, General Eisenhower, ein harter Schlag, zumal es sich um die erste größere Schlacht zwischen der Invasionsarmee und den deutsch-italienischen Truppen handelte.
Nachdem für den 5. und 6. Dezember Ruhe befohlen ist, erhalte ich am nächsten Tage vertraulich den mündlichen Befehl, am 8. 12. mit der Flottille die im Hafen und im Lac de Bizerte vor Anker liegenden französischen Seestreitkräfte und Dampfer zu nehmen und zu besetzen. Das wird eine undankbare Unternehmung, auch wenn Marschall Pé-

tain die Auflösung aller in Nordafrika bewaffneten Verbände und Einheiten auf Verlangen der Deutschen Regierung angeordnet hat – anordnen mußte. So überlege ich, auf welche Weise der Befehl schnell und wirksam, aber dennoch möglichst wenig schmerzlich für die französischen Besatzungen durchgeführt werden kann.
Um mir einen Überblick über Zahl, Art und Liegeplatz der Schiffe zu verschaffen, werde ich im »Fieseler Storch« über den Lac de Bizerte geflogen.

INBESITZNAHME DER FRANZÖSISCHEN SCHIFFE IN BIZERTA AM 8. DEZEMBER

Am Morgen des 8. Dezember um 0930 Uhr empfängt der Beauftragte des OB Süd, General Gause, den französischen Admiral Derrien mit seinem Chef des Stabes und den Befehlshaber der französischen Heerestruppen. Er übermittelt den Befehl zur Demobolisierung aller im Tunisraum befindlichen französischen Truppen aller Wehrmachtteile und die unbeschädigte Übergabe aller Kampfmittel in deutsche Hand.
Nachdem sich die französische Seite für 10 Minuten zur Beratung zurückgezogen hat, erklärt der französische Admiral Derrien, daß er sich der Gewalt füge und die erforderlichen Befehle erteilen werde.
Zu diesem Zeitpunkt befindet sich die Flottille im Werfthafen in Ferryville. Ich erbat bei der Besprechung des Oberst von Broich mit dem Admiral der französischen Werft 6 französische Marineoffiziere als Verbindungsoffiziere für die Übergabe der Schiffe und nahm sie an Bord der 6 Boote der Flottille, damit sie den Kommandanten der französischen Schiffe den Befehl der Vichy-Regierung und des Admiral Derrien bekanntgeben konnten.
Als die Flottille aus Ferryville ausläuft, entlasse ich die Boote zum einzelbootweisen Längsseitgehen an den französischen Schiffen. Es ist ein trauriges Bild, wie innerhalb einer knappen Viertelstunde die Offiziere und Besatzungen mit einem Seesack ihre Schiffe verlassen, nachdem sie ihre Flagge unter den üblichen Ehrenbezeigungen zum letzten Mal niederholen und auf unsere Schnellboote übersteigen. Wir landen die Besatzungen im französischen Kriegshafen in der Pêcherie und in der Baie de Carrieres. Dieses Manöver muß die Flottille mehrfach durchführen, weil es sich um 23 Schiffseinheiten handelt, sodaß die letzten Besatzungen erst kurz vor Einbruch der Dunkelheit gelandet werden

können. Auf jedem Schiff werden 1 Matrose und 1 Heizer als Wache abgesetzt.

Als wir am Abend vor Anker gingen, waren wir froh darüber, daß es auf keinem Schiff zu einem Widerstand gekommen war. Auch am nächsten Tage wurde keinerlei Sabotage oder Vorbereitung dazu festgestellt. Den Offizieren und Besatzungen hatten wir auftragsgemäß mitgeteilt, daß sie auf Wunsch mit ihren Familien auf dem Seewege über Italien in das Mutterland überführt werden können.

Am nächsten Morgen meldet mir der Kommandant »S 61«, daß er auf dem Minenleger »Castor« eine Schiffskiste mit dem Silber des Schiffes entdeckt habe. So fahre ich mit meinem Adjutanten und der von 2 Matrosen getragenen Silbertruhe des Minenlegers »Castor« in der Pinaß zur Pêcherie, um dem französischen Admiral Derrien und seinen Offizieren diese wertvolle Kiste zurückzugeben. Dem in diesen Wochen schwer geprüften weißhaarigen Admiral mit seinen klaren blauen Augen war anzumerken, wie gerührt er über diese Handlung war.

Gemäß Befehl sind alle Schiffe in italienische Hände zu übergeben, was am 12. Dezember geschieht, als 2 italienische Offiziere bei der Flottille eintreffen. Es werden übergeben:
3 Torpedoboote »T 121 bis 123«, 2 Avisos »A 32« und »A 33«, 1 Minenleger »Castor«, 2 Vorpostenboote »Ravignon« und »Penfret«, 6 U-Boote »Calypso«, »Dauphin«, »Espardon«, »Phogue«, »Requin«, »Saphir«, Fahrgastschiff »Gueydon«, Dampfer »Min«, Dampfer »Balzac«, 1 U-Bootjäger und 1 Hochseeschlepper.

DAS 90. KORPS WIRD 5. PANZERARMEE TUNESIEN

Am 9. Dezember übergibt General Nehring den Oberbefehl über die neugebildete 5. Panzerarmee in Tunesien an Generaloberst von Arnim, der bisher das 39. Panzerkorps an der Ostfront bei Rschew befehligt hat.

Die Panzerarmee soll nach Hitlers Aussage auf
   3 Panzerdivisionen und
   3 motorisierte Schützendivisionen
aufgefüllt werden. Der Nachschub würde trotz Maltas Wiedererstarken sichergestellt – so lautete Hitlers Zusage am 3. Dezember an den Generaloberst von Arnim.

Zu diesem Zeitpunkt liegt Rommel mit seiner 150 000 Mann zählenden deutsch-italienischen Panzerarmee noch in der Marsa el Brega-Stellung

bei El Agheila, mit Teilen schon westlicher. Rommels Vorschlag an Hitler am 28. November im Führerhauptquartier, die Panzerarmee und alle Kräfte von Afrika nach Sizilien und Italien zurückzuüberführen, weil der Afrikafeldzug wegen Mangel an Nachschub infolge fehlender See- und Luftherrschaft endgültig verloren sei, traf auf heftigsten Widerstand von Hitler.
So nahmen die Dinge ihren Lauf.

UNTERNEHMEN »MÖWE«
»FOSCOLO« SINKT DURCH LUFTTORPEDO AM 12. 12.

In der Nacht vom 12. zum 13. Dezember laufen wir mit »S 58«, »S 57«, »S 61« und »S 33« um Mitternacht aus zum Marsch nach Trapani. Hier erwartet uns eine Sonderaufgabe. Nach dem Einlaufen um 0730 Uhr erhalten wir den Operationsbefehl mit dem Stichwort »Möwe«.
Wir haben die Aufgabe, ein lebenswichtiges Schnellgeleit, bestehend aus dem Motorschiff »Foscolo« und dem Zerstörer »Freccia«, auf dem Wege von Trapani nach Tripolis zu sichern. Bei Erreichen der Insel Lampedusa, wo die Gefahr des Angriffs der »Force K« aus Malta als nicht mehr existent betrachtet wird, soll die Flottille in Richtung Kerkenah an der tunesischen Küste, dann unter der Küste um Kap Bon nach Bizerta zurückkehren. Das schnelle Motorschiff hat Brennstoff in Kanistern für die auf dem Rückzug befindliche Panzerarmee Afrika an Bord.
Das Stichwort »Möwe 1473« geht um 1230 Uhr mit Funkspruch ein. Ich bespreche mich mit dem Kommandanten des Zerstörers »Freccia« als Geleitführer über seine Absichten. Wir führen eine erneute Besprechung um 1630 Uhr kurz vor dem Auslaufen. Unsere letzte Aufklärung über La Valetta-Hafen sichtet 3 »Dido«-Kreuzer und 5 »Tribal«- und »Javelin«-Zerstörer um 1500 Uhr im Hafen. Mit Ansatz dieser Kampfgruppe zwischen den Inseln Pantelleria und Lampedusa während der Nacht müssen wir rechnen. Bei 15 kn Fahrt können wir die 160 sm lange Seestrecke bis Lampedusa in etwa 10 Stunden zurücklegen.
Wir laufen um 1730 Uhr aus. Die Flottille fährt angehängt in Kiellinie. Um 1910 Uhr bilden wir mit je 2 Schnellbooten U-Bootsicherung an Steuerbord und Backbord. Um 2140 Uhr steuern wir Südkurs. Um 2146 Uhr sichten wir Leuchtbomben genau im Westen kurz über der

Kimm. Um 2145 Uhr wird dieser Leuchtbombenfächer erneuert. Es sind also Aufklärungsflugzeuge mit Radar in der Luft, sie scheinen ein anderes Schiffsziel erfaßt zu haben.
Um 2159 Uhr steht ein neuer Leuchtbombenfächer etwa 5–10 000 m an Steuerbord querab.
Um 2200 Uhr fallen 10 Leuchtbomben Steuerbord querab von uns etwa 500 m ab. Jetzt wird's gefährlich, die Gefahr droht jetzt von Backbord, denn das Handelsschiff steht jetzt als klar erkennbare Silhouette vor dem westlichen Leuchtbombenpfad. Wir nebeln daher sofort, während der Zerstörer und das Motorschiff richtigerweise sofort auf östlichen Kurs wenden, um die schmale Silhouette zu zeigen.
Um 2210 Uhr fällt ein neuer Leuchtbombenpfad an Backbordseite vom Dampfer, der inzwischen auf NO-Kurs gedreht hat.

WIR RETTEN DIE ÜBERLEBENDEN DER »FOSCOLO«

Um 2212 Uhr detoniert 1 Torpedo an der Bordwand. Das Schiff brennt sofort, das Achterschiff ist abgebrochen und bleibt liegen, während das Vorschiff noch Fahrt durch das Wasser macht. Um 2214 Uhr – also nach 2 Minuten – ist das Schiff gesunken, das auf der Wasseroberfläche schwimmende Öl und Benzin brennen. Wir steuern hinein, um Überlebende zu retten, die sich an Benzinfässern und Holzbalken inmitten des brennenden Ölfeldes festklammern. Es gelingt tatsächlich, 31 Deutsche und 50 Italiener aus dem Flammenmeer zu retten, ein trotz großer Brandgefahr für die eigenen Besatzungen und Boote gelungenes Rettungswerk. Das Herz schmerzt uns. Aber wir müssen weiter.
Da die Flottille noch während des Rettungsmanövers um 0050 Uhr einen neuen Einsatzbefehl erhalten hat, nachdem unsere Verlustmeldung mit Funkspruch in Rom eingegangen war, übergeben wir die Überlebenden, von denen die meisten Verbrennungen im Gesicht und an den Händen erlitten haben, auf den Zerstörer, der mit Höchstfahrt nach Trapani läuft.
Wir haben Befehl, sofort nach Ras Mahmur zu gehen, der Nordecke des Golf von Hammamet, wo Dampfer »Macedonia« durch 1 U-Boot torpediert und auf Grund gesetzt ist. Dampfer »Jadjör« soll mit Maschinenschaden in der Nähe vor Anker liegen oder dicht unter der Küste auf dem Marsch nach Sousse im Südteil der Bucht von Hammamet sein. Nach Kopplung können wir in 4 Stunden gegen 0600 Uhr bei den Havaristen stehen. Ergänzend erfahren wir, daß das italienische Tor-

pedoboot »Cigno« die »Jadjör« um 0700 Uhr nach Sousse einschleppen wird.
Mit Uhrzeit 0410 Uhr meldet 1 italienisches Flugzeug 3 Kreuzer und Zerstörer 60 sm südlich Malta auf Westkurs. Diese »Force K« hätte uns mit dem Schnellgeleit im Seegebiet westlich Lampedusa abgefangen, weshalb wir bei Tage nichts zur Abwehr hätten ausrichten können – es sei denn, wir hätten die Flottille dabei geopfert und doch nichts erreicht. Dies aber wäre ohne jeden Sinn und nicht verantwortbar gewesen. In solcher Situation können nur Kampfflugzeuge gegen Kreuzer-Zerstörergruppen wirksam werden, von denen wir aber im jetzigen Zeitpunkt zu wenige haben.
Wir sichten das Torpedoboot »Cigno« um 0757 Uhr, halten etwas vor und sichten nach einer weiteren Viertelstunde die allein laufende »Jadjör«. Wir bilden U-Boot- und Fla-Sicherung für dieses kleine Schiff. Um 0930 Uhr setzt sich das Torpedoboot als Geleitführer wieder an die Spitze. Wir laufen um 1210 Uhr als letzte in Sousse ein und erleben – noch ohne festgemacht zu haben – um 1223 Uhr einen völlig überraschenden Bombenangriff von 6 Flugzeugen aus 100–200 m Höhe auf den Hafen. Es tritt kein Schaden ein, es gibt nicht einmal einen Verwundeten. Im Hafen gibt es auch keine Flak, denn als Nothafen wurde er praktisch nie genutzt.
Um 1225 Uhr laufen wir wieder aus, runden Kap Bon um 1620 Uhr und laufen um 1930 Uhr in Bizerta ein.

STÜTZPUNKT FERRYVILLE – WIR ZIEHEN INS FORT LOECH

Am 15. 12. geht ein schwerer Bombenangriff auf Hafen und Stadt Bizerta nieder, unter dem die Franzosen wahrscheinlich mehr leiden als wir. Die erste Minenunternehmung für die nächste Nacht wird vorbereitet. In dem äußeren Hafenbecken der Marinewerft in Ferryville richten wir nunmehr unseren Stützpunkt ein. Die lange Pier ist gut als Liegeplatz geeignet. In der Nähe am Berg steht eine Kaserne, das Fort Loech. Sie wird das Landquartier für alle Besatzungen, nachdem die Kasernenanlagen von französischen Truppen geräumt sind.

WIR WERFEN MINEN VOR BONE UND PHILIPPEVILLE

Nachdem unsere angeforderten Minen eingetroffen sind, können wir mit den offensiven Minenoperationen beginnen. Am 16. 12. laufen wir mit 4 Booten mit Minen beladen um 2030 Uhr aus und steuern die Wurfposition südostwärts von Cap de Garde nach Monduntergang mit 1 Maschine an. Um 0333 Uhr fällt die 1. Mine, wir sichten bald 1 Bewacher auf 2000 m auf Nordkurs, können aber die letzte Mine um 0343 Uhr unbemerkt werfen. Wegen fortgeschrittener Uhrzeit treten wir den Rückmarsch an und laufen um 0820 Uhr in Bizerta ein. Bei Beendigung der Brennstoffübernahme erfolgt ein schwerer Bombenangriff auf den Hafen. Wir können gerade noch rechtzeitig ablegen und uns im Lac de Bizerte einzeln auseinanderziehen.

Nach Minenübernahme laufen wir abends am 17. 12. mit 4 Booten aus. Wir werfen unsere Minen in der Bone-Bucht um 0415 Uhr, setzen uns von der Küste ab und stoßen nördlich Cap de Garde im Aufklärungsstreifen einzelbootsweise mit 28 kn nach Westen vor. Als um 0530 Uhr die Morgendämmerung im Osten einsetzt, machen wir kehrt. Wir laufen um 1030 Uhr ein, als feindliche Bomber im Anflug sind, die ihren Angriff um 1100 Uhr auf Bizerta fliegen. Es sind 32 4-motorige US-Flugzeuge. Wegen der Vollmondperiode ist zunächst keine Minenunternehmung durchführbar.

MANGELNDE WERFTKAPAZITÄT IN PALERMO BEEINTRÄCHTIGT EINSATZBEREITSCHAFT DER FLOTTILLE

Der Zustand der materiellen Kriegsbereitschaft der Flottille verschlechtert sich infolge Überbelegung der italienischen Marinewerft Palermo und aus vielerlei anderen Gründen, nicht zuletzt auch infolge Kriegsmüdigkeit. Der Flottilleningenieur hält daher Vortrag beim Befehlshaber in Rom mit dem Vorschlag der Verlegung der großen Motorenüberholungen in das Marinearsenal Toulon in Südfrankreich, wobei längerer An- und Rückmarsch in Kauf genommen werden müssen im Interesse schneller Wiederherstellung der Kriegsbereitschaft der Boote. In Toulon gibt es keinen Fliegeralarm und damit keinen Arbeitsausfall. Mit einer solchen Verlegung ist die Einrichtung eines neues Stützpunktes der Flottille in Toulon verbunden.

3. KRIEGSWEIHNACHT DER FLOTTILLE

Am 23. Dezember besichtigt der neue Chef Dt. Mar. Kdo. Tun., Kapitän zur See Meendsen-Bohlken, die Flottille.

Wir begehen Heiligabend in unserer Kaserne in Ferryville. Es ist die 3. Kriegsweihnacht der Flottille. Nie waren wir so sorgenvoll in unseren Gedanken an das, was vor uns liegt. Die feindliche Übermacht läßt uns in diesen Weihnachtstagen in Ruhe.
Aber unser Heer muß an allen Weihnachtstagen kämpfen. Es geht um den Besitz des so getauften »Weihnachtsbergs«, den »Longstop-Hill« vor Tunis – gegen eine britische Brigade. Eine Kampfgruppe der 10. Panzerdivision trägt schließlich den Sieg davon, so daß die Stadt Tunis vorerst gesichert bleibt.
In diesen Tagen zählt die 5. Panzerarmee Tunesien erst 35000 Mann mit 150 Panzern.

ALLIIERTER GELEITZUG NACH BONE
WIRD WEGEN SCHNELLBOOTGEFAHR VERZÖGERT

Am 29. Dezember erhalten wir eine Meldung vom Dt. Mar. Kdo. Ital. mit folgendem Inhalt:
»Nach Funkaufklärung verbreitete am 11. 12. eine Dienststelle in Bone folgenden für den Geleitzugführer bestimmten Funkspruch: »Angriff feindlicher Schnellboote zu erwarten. Fahrt so einrichten, daß Höhe Philippeville bei Hellwerden und Hafen Bone um 1300 Uhr erreicht wird. Jagdschutz gegen Bomber zwischen Philippeville und Bone wird gestellt.«
Aus dieser B'Dienstmeldung erkennen wir, daß das von uns bei Nacht erreichbare Seegebiet von feindlichen Geleitzügen nur bei Tage passiert werden darf, um der Gefahr der Torpedoangriffe durch Schnellboote zu entgehen. Dafür werden Bombenangriffe der Luftwaffe bei Tage in Kauf genommen, weil sie von Jagdflugzeugen abgewehrt werden können.
Am 30. Dezember übernehmen wir Minen, laufen um 1700 Uhr mit 6 Booten aus und werfen unsere 3. Minensperre kurz vor Mitternacht. Um 1715 Uhr am Silvesterabend laufen wir mit 6 Booten aus. Leider müssen wir um 2123 Uhr wegen schlechter gewordener Wetterlage kehrtmachen. Als wir Cap Bizerte um Mitternacht passieren, beobachten wir einen bunten Feuerzauber an Land – die Begrüßung des »Neuen Jahres« mit Leuchtspurmunition und bunten Signalraketen, während wir klitschnaß mit abgeblendeten Booten und Minen an Deck an der Küste längs schleichen und um 0100 Uhr wegen schlechter Sicht in der Pêcherie festmachen müssen. Jetzt beginnen wir hier unsere Sil-

vesterfeier mit unseren Besatzungen, um ab 0700 Uhr in unseren Stützpunkt Ferryville zu verlegen, nachdem die Sicht besser geworden ist.

1 JAHR EINSATZ IM MITTELMEER

Bei Abschluß des KTB am 31. Dezember 1942 schrieb ich damals unter »Allgemeine Bemerkungen«:
»Die Flottille wurde auch in diesem Monat in erster Linie für Defensivaufgaben – Geleitzugsicherung, Vorpostendienst – eingesetzt. Wegen der ungünstigen Vollmondperiode konnten nur 3 offensive Minenunternehmungen in den Golf von Bone durchgeführt werden. Feindliche Geleitzüge haben offenbar Anweisung, das Operationsgebiet der Schnellboote nur bei Tage zu passieren.
Es bleibt daher die Mine das einzige Mittel, den Gegner zu bekämpfen. Minensuchtätigkeit ist bisher nicht beobachtet worden. Mangelnde Luftaufklärung infolge starker eigener Verluste und nur geringer Anzahl von Flugzeugen im tunesischen Raum hat einen genauen Überblick über die Zeiten des Passierens der Geleitzüge durch das von Schnellbooten erreichbare Seegebiet noch nicht zugelassen.
... Die laufende starke Hafenbelegung (13–15 Schiffe mit rund 80000 BRT, 2 Kreuzern und mehreren Zerstörern) des am weitesten vorn an der Front liegenden feindlichen Nachschubhafens Bone läßt erkennen, welch ungeheure Bedeutung der Niederkämpfung und Abriegelung dieses Hafens beigemessen werden muß. Aus diesem Grunde müssen auch alle Streitkräfte, die dem Zweck des Minensuchens vor dem Hafen Bone dienen, angegriffen werden, auch wenn dadurch die Anwesenheit der Schnellboote bekannt wird, was nach meiner Ansicht bereits der Fall ist.
Rückblick und Ausblick:
Nach 1jähriger Tätigkeit der Flottille im Mittelmeer ist es außer der Verminung Maltas, den damit verbundenen Erfolgen und der Vernichtung der Flüchtlingsflotte aus Tobruk nur dreimal gelungen, die Flottille erfolgreich gegen die zahlenmäßig äußerst geringen Geleitzüge einzusetzen. In einem Fall ist die Flottille beim Ansatz auf ein von Alexandria nach Malta bestimmtes Schnellgeleit mit einem Marineversorgungsschiff vorbeigestoßen. Wegen Wetterlage fiel nur ein Einsatz gegen einen Versorgungsgeleitzug aus.
Die Versorgung Maltas bis Ende August war äußerst dürftig ... Mit

dem Rückzug der Panzerarmee Afrika aus Ägypten und der Landung des Feindes in Französisch-Nordafrika ist nunmehr eine Entwicklung eingetreten, die aufzuhalten – wenn überhaupt – nur durch äußerste Maßnahmen und Verstärkungen des Brückenkopfes Tunesien mit dem Ziel eigener Offensive nach Westen hin möglich sein wird.
Ich sehe den Grund für die mangelhafte Versorgung der Panzerarmee Afrika in der Verstärkung der Luftstreitkräfte auf Malta, denen es gelungen ist, mit Hilfe der Ortungsgeräte an Bord der Flugzeuge jedes nach Nordafrika gehende eigene Geleit bei Nacht zu finden und nach vorbildlichem Heranführen der Torpedoflugzeuge Schiffe herauszuschießen, ohne daß von seiten der Luftwaffen oder Marinen der beiden Achsenmächte eine Abwehr hiergegen ins Leben gerufen werden konnte. Dieser noch heute bestehenden Tatsache wird nach meiner Überzeugung auf die Dauer eine entscheidende Bedeutung in der Versorgung der in Tunesien eingesetzten Verbände beizumessen sein, wenn es nicht gelingt, die feindlichen mit Ortungsgeräten ausgerüsteten Nachtaufklärer und Torpedoflugzeuge durch Errichtung einer eigenen starken Nachtjagdwaffe über der Sizilienstraße abzuschießen und auszuschalten.
Ferner muß das Ziel für die Bekämpfung feindlicher Geleitzüge im Westlichen Mittelmeer in der Förderung der eigenen Torpedoflugzeugwaffe gesehen werden, um dem Gegner bereits vor Erreichen seiner Häfen bei Nacht durch unmittelbare Zusammenarbeit Nachtaufklärer mit Radargerät und Torpedoflugzeug Verluste zufügen zu können.
Der Einsatz der U-Boote und auch der Schnellboote im Westlichen Mittelmeer kann und wird nur ein zusätzlicher sein und bleiben. Die Hauptlast im Kampfe um die Vernichtung feindlicher Geleitzüge im Mittelmeer kann nur von der Luftwaffe getragen werden.«
So sah die Kriegslage zu Beginn des Jahres 1943 wenig verheißungsvoll aus.

»S 58« VERSENKT DAS MINENSUCHBOOT »HORATIO« VOR BONE

Wir setzen unsere Minenunternehmungen fort und laufen am 6. Januar 1943 nach Besserung der Wetterlage um 1730 Uhr mit 6 Booten aus. Da der Kommandant »S 58« ausgefallen ist, übernehme ich das Boot vorübergehend als Kommandant. Beim Ansteuern der Wurfposition melden die im Norden stehenden Boote wahrscheinlich 2 Zerstörer auf

Südostkurs in die Bucht von Bone einsteuernd. Mit Minen an Deck anzugreifen, ist ein zu hohes Risiko, weshalb wir zunächst auszuweichen versuchen, um die Minen auf der Ausweichposition nördlich Cap de Garde zu werfen und danach den Gegner anzugreifen.
Wir umgehen die uns störenden Schatten, die uns aber wieder vor den Bug kommen. So entschließe ich mich, die Minen unscharf als »Stuhlstand« zu werfen und den Gegner unter Teilung der Flottille in 2 Gruppen aus der Zange anzugreifen. Die Sicht verschlechtert sich infolge tiefhängender Regenwolken, so daß die Boote teilweise ihren Vordermann verlieren. Wir stoßen in Richtung des Gegners nach, da auch wir ihn verloren haben.
Um 0149 Uhr endlich sehe ich ihn wieder in 60° auf geringste Entfernung. Ich laufe mit dem Führerboot an, mache ihn als wahrscheinlich Minensuchboot aus. Um 0211 Uhr sind wir in Schußposition und machen 2 Torpedos auf 1000 m los. Nach 45 Sekunden Laufzeit treffen beide Torpedos, was einer Torpedolaufstrecke von 900 m entspricht. Wir drehen auf die Untergangsstelle zu, sehen den sinkenden Vorsteven noch kurz aus dem Wasser ragen und suchen nach Schiffbrüchigen. Es gelingt, 2 Überlebende zu retten. Nach einer weiteren Stunde des Suchens nach Schiffbrüchigen sammelt die Flottille und tritt den Rückmarsch an.
Die beiden Überlebenden sind Stephan Hooper und Georges Vennables. Von ihnen erfahren wir, daß wir das Minensuchboot »Horatio« mit 600 t Verdrängung und Kohlefeuerung versenkt haben. Nach ihrer Aussage hat die in Bone liegende Räumflottille in den letzten 14 Tagen 6 Minen geräumt. Bisher sollen 2 Dampfer einlaufend auf Minen gelaufen und gesunken sein, davon einer vor etwa 14 Tagen. Nach dem Einlaufen übergeben wir unsere Geretteten an den Hafenkapitän zur weiteren Betreuung.

DIE 7. S-FLOTTILLE LÄUFT AM 7. 1. 1943 IN BIZERTA EIN

Am 7. Januar um 1740 Uhr läuft die 7. S-Flottille mit 7 Booten ein. Ihr Chef ist mein Crewkamerad Hans (Archibald) Trummer, der mich schon vor 2½ Jahren während meines Ausfalls durch meine Verwundung im Englischen Kanal vertreten hatte. So gibt es auch bei Teilen der Besatzungen ein frohes Wiedersehen mit früheren Kameraden. Die Flottille hat ein kleineres Typ-Boot vom »Mäxchen«-Typ mit 50 t.

Unser 1. Geleitzug mit 2 Dampfern läuft in Bizerta ein

Italienischer Zerstörer

Der neue Befehlshaber, Admiral Meendsen-Bohlken, kommt in Tunesien an Bord

Der mit seiner gesamten Besatzung gefallene Kommandant von »S 35«, Oblt. z. S. Stolzenburg

In See aufgefischte Bootsplanken von »S 35«

Es kann leider keine Minen auf dem Achterdeck fahren, aber 14 Torpedorohre mehr im Mittelmeer ist eine gute Verstärkung.
Leider haben wir schon eine Viertelstunde später seeklar, wir laufen mit 5 Booten aus Bizerta aus zum Werfen unserer 4. Minensperre vor Bone. Um 2345 Uhr steuern wir unsere Wurfposition eben nördlich der direkt vor der Hafeneinfahrt liegenden Sperre an. Wir sehen um 0022 Uhr die beiden von einem im Hafen brennenden Dampfer beleuchteten Molenköpfe und können nach Verbesserung unseres Schiffsortes die Minen zwischen 0035 und 0045 Uhr werfen. Wir wenden dann nach Norden, sichten 1 anscheinend vor Anker liegendes kleines Fahrzeug. »S 55« schießt 1 Torpedo mit 2½ m Tiefeneinstellung, der das Ziel wegen zu geringen Tiefgangs untersteuert hat und schließlich an der felsigen Küste detoniert. Wir treten um 0100 Uhr den Rückmarsch an und laufen kurz nach 0600 Uhr ein.
Schlechtes Wetter und die folgende Vollmondperiode schließen Einsatz aus. So finden die Besatzungen der Boote »S 61«, »S 33« und »S 55« Zeit, ihre Boote und Anlagen zu überholen.
Der Flottilleningenieur reist über das Oberkommando der Kriegsmarine-Konstruktionsamt in Berlin nach Paris zum Oberwerftstab der Gruppe West und weiter nach Toulon, um in der Werft und im Arsenal Toulon die Werftliegezeiten für die Boote vorzubereiten, nachdem in der Nacht vom 2. zum 3. Januar durch britische »Charriots« – eine Art 2-Mann-Torpedo – der in Fertigstellung befindliche Kreuzer »Ulpio Traiano« an der Pier in Palermo versenkt ist, wobei der Werkstatteil der Werft für Schnellboot-Motorenwechsel so stark in Mitleidenschaft gezogen worden ist, daß statt der bisherigen Kapazität für 5 nur noch eine solche für 2 S-Boote verblieben ist. Mit »S 54«, das zu einer Kurzreparatur in die Werft verlegt, fahre ich für einige Tage nach Sizilien, um organisatorische, personelle und Werftfragen zu regeln. In meiner Vertretung führt Kommandant »S 61«, Oblt. z. S. von Gernet, die Doppelrotte »S 61«, »S 55«, »S 33« und ab 28. 1. auch »S 36«.

ERSTE BEGEGNUNG MIT MTB'S

Die Boote laufen am 29. Januar um 1730 Uhr zur 5. Minenunternehmung nach Bone aus. Die Sperre wird ohne besondere Vorkommnisse um 0035 Uhr geworfen, nachdem Scheinwerfer an der Küste wiederholt die Wasseroberfläche abgesucht haben, ohne anscheinend die Boote zu erfassen.
Die Boote treffen auf dem Rückmarsch um 0420 Uhr auf 3 feindliche

entgegenlaufende Schnellboote. Es kommt zu einem kurzen Feuerwechsel ohne Ergebnis. So ist nun auch in Bone eine MTB-Flottille stationiert.

Am 30. Januar kehre ich mit »S 54« von Porto Empedocle nach Bizerta zurück und übernehme wieder die Führung der Boote. Wir laufen um 1745 Uhr mit 5 Booten zur 6. Minenunternehmung aus. Auf dem Anmarsch stellen wir Funkmeßstrahlungen von insgesamt 4 Landstationen auf den hohen Kaps an der Küste fest. Um 2220 Uhr können wir in die Bone-Bucht einsteuern.

Um 2320 Uhr meldet »S 33« Motorengeräusche an Steuerbord. 15 Minuten später meldet das am weitesten achtern stehende Boote »S 61« mehrere feindliche S-Boote an Steuerbord. Die MTB's eröffnen um 2336 Uhr ihr Feuer auf 500–600 m, das von den achtern stehenden Booten »S 61« und »S 33« erwidert wird. Wir wenden auf der Stelle und laufen in umgekehrter Kiellinie mit Generalkurs 90° und 28 kn aus der Bucht heraus, dabei ein laufendes Gefecht an Backbord führend. Wegen Explosionsgefahr bei Artillerietreffern in den Minen und Sprengbojen werfen wir unsere Minen unscharf über Bord – unscharf, weil ihre Lage navigatorisch ungenau ist. Dann konzentrieren alle Boote ihr Feuer auf etwa 800 m Entfernung auf das Führerboot des Gegners, von dem allerdings nur das Mündungsfeuer von unseren Richtschützen erkannt werden kann. 1 von den 4 MTB's sackt achteraus, hat sicher 1 Treffer in der Maschine erhalten. Der Feind dreht ab, wir stellen das Feuer um 0007 Uhr ein. Immerhin – ein etwa halbstündiges Gefecht auf zu große Entfernung, die wir aber absichtlich nicht verringern wollten, denn unser Ziel war nur, den Gegner abzuwehren, ohne eigene Verluste oder Schäden zu erleiden. Zwar hat der Gegner sein Ziel erreicht, daß wir unsere Minensperre nicht planmäßig und scharf werfen konnten, aber wir haben keinen einzigen Treffer erhalten.

NACHSCHUB DES GEGNERS IN ALGERIEN

Von Roskill wissen wir heute, daß alle 3 Wochen 1 schneller Geleitzug mit Truppen in Algier einlief und 1 oder 2 langsamere Geleitzüge mit Versorgungsnachschub einige Tage später in Oran, Algier oder Philippeville-Bone eintrafen. Die Truppen wurden von Algier auf Landungsschiffen für Infanterie schnell nach den vorn an der Front liegenden Häfen wie z. B. Bone weiterbefördert, um die kämpfende Front zu verstärken. Mit 3 Landungsschiffen für Panzer – mehr standen dem

alliierten Oberbefehlshaber zur See, Admiral Cunningham, nicht zur Verfügung – wurden die meist in Oran ausgeladenen amerikanischen Panzerfahrzeuge und Geschütze von hier nach Philippeville weiterverschifft. Kleinere Landungsfahrzeuge verschifften dringenden Nachschub an Brennstoff und Munition von Bone unter der Küste nach Tabarca und anderen kleinen Buchten nahe der Front.
Nach Roskill waren bis Anfang Februar 43 in französisch-nordafrikanischen Häfen angelandet
 4,5 Millionen t
während nur
 229 000 t
verloren gegangen waren.
Innerhalb von 2 Monaten nach Beginn der Landung am 7. November – also bis Anfang Februar 43 – hatten die Alliierten
 437 200 Mann Kampftruppen und
 42 420 Fahrzeuge
in Französisch-Nordafrika gelandet.

PANZERARMEE AFRIKA TRIFFT AUF IHREM RÜCKZUG AM 12. 2. IN SÜDTUNESIEN EIN

Zu Lande hatte die britische 8. Armee unter General Montgomery Tripolis am 23. Januar erreicht. Am 29. Januar überschritten erste Verbände erstmals die libysch-tunesische Grenze. Rommel konnte mit seiner verbliebenen Panzerarmee am 12. Februar in die Mareth-Stellung in Südtunesien einrücken, die vorerst gehalten werden konnte. Er hatte Mussolinis Wunsch, Tripolitanien, die Perle seines Kolonialreiches, zu verteidigen und zu halten, infolge mangelnden Nachschubs nicht erfüllen können.
Nun steht diese afrikaerfahrene, aber sehr angeschlagene deutsch-italienische Panzerarmee nach fast 2000 km Rückzug durch die Wüste unter Feldmarschall Rommel wenigstens in Tuchfühlung mit der 5. Panzerarmee Tunesien unter Generaloberst von Arnim. Das Ziel der Alliierten, beide Armeen vor der Vereinigung einzeln und vernichtend zu schlagen, ist nicht erreicht worden.

MINEN VOR PHILIPPEVILLE

Nach 2 Schlechtwettertagen laufen wir am 4. Februar um 1615 Uhr mit 5 Booten aus zur 7. Minenunternehmung, dieses Mal nach Philippeville. Der Anmarschweg ist etwa 60 sm weiter als nach Bone. Wir laufen weit von der feindbesetzten Küste abgesetzt nach Westen, um von den Küstenradarstationen nicht erfaßt zu werden. Um 2118 Uhr sichten wir in Richtung Cap de Fer 1 starken Scheinwerfer, der flach über dem Wasser sucht. Wir stehen noch unter der Kimm, im Fu MB stellen wir keine Radarstrahlungen fest. Wir steuern um 2200 Uhr in schmaler Silhouette in die Bucht von Philippeville hinein, der Scheinwerfer ist gelöscht.

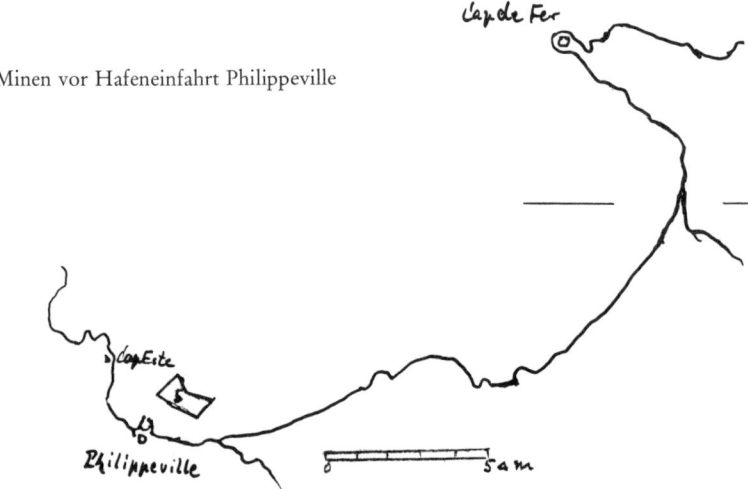

Minen vor Hafeneinfahrt Philippeville

Um 2330 Uhr gehen wir auf Südkurs, 12 Minuten später beobachten wir Radarstrahlungen einer Landstation. Sicher sind wir erfaßt, aber vielleicht hält man uns für einen »Freund«. Wir steuern weiter in die Bucht hinein und wenden um 0105 Uhr auf Westkurs in Dwarslinie Steuerbord. Vom Führerboot aus erkennen wir an Land parkende, beleuchtete Lkw's und sehen die Brandung vor der Hafenmole. Vor Cap Este steht 1 Bewacher eben Steuerbord voraus, weshalb wir auf südöstlichen Kurs wenden müssen, um unsere Minen nunmehr schleunigst unbemerkt zu werfen. Leider ist starkes Meeresleuchten.
Die Minen fallen um 0115 Uhr auf Kurs 120°. Wir wenden wegen des von achtern aufkommenden Bewachers auf 90° und werfen die letzte Mine um 0125 Uhr. Sicher ist es gut, daß wir kein Artilleriegefecht so nahe vor der Hafeneinfahrt führen, um nicht überflüssigerweise »schlafende Hunde zu wecken«. Wir wollen ja noch einmal hierherkommen und weitere Sperren vor Philippeville werfen.

Am 27. 2. ist die Mondphase so, daß wir unsere Verminung fortsetzen können. Mit »S 54«, »S 55« und »S 35« als Kampfbooten sowie der 7. S-Flottille als Minenträger mit unterstelltem »S 36« laufen wir um 1700 Uhr aus zum Schießen der 8 Torpedominen durch die 7. S-Flottille vor die Hafeneinfahrt von Bone. Gleichzeitig soll die 3. S-Flottille eine Art Flankensicherung für unseren Geleitzugverkehr westlich der Sizilienstraße bilden können, falls die Feindlage dies erfordern sollte.

EIN EIGENES RADARFLUGZEUG FÜR NÄCHTLICHE SEEAUFKLÄRUNG

Um gleichzeitig die befohlene Flankensicherung zu ermöglichen, wird beim OB Süd Seeaufklärung westlich der Sizilienstraße durch ein Radarflugzeug mit dem »Hohentwiel«-Gerät beantragt. 2 italienische MAS-Boote stehen ohnehin auf Länge 09 Grad 30 Minuten Ost in einem Vorpostenstreifen. Die Wetterlage, besonders Regen- und Hagelböen mit einer Sicht von 200–300 m, schränken die Durchführung unserer Minenoperation sehr ein. So brechen wir die Unternehmung kurz nach 2000 Uhr ab. Ich entlasse die 7. S-Flottille zum Einlaufen, während wir mit unseren 3 Kampfbooten gemäß Funkspruch vom Dt. Mar. Kdo. Tun. auf 09° östlicher Länge einen Vorpostenstreifen bilden, um Überwasserstreitkräfte melden und unseren Geleitzugverkehr warnen und auch angreifen zu können. Obwohl Wetterlage und insbesondere die schlechten Sichtverhältnisse einen Waffeneinsatz kaum mehr zulassen, halte ich an der Aufgabe fest, um zumindest im Westen der Sizilienstraße die Aufklärung und Sicherung gegen durchbrechende Seestreitkräfte zu übernehmen. Die beiden italienischen S-Boote haben ihre Positionen wegen des Wetters längst verlassen müssen und sind eingelaufen.

Wir haben unsere Position im Vorpostenstreifen erreicht und sehen um 2314 Uhr 6 Dez an Backbord plötzlich starkes Meeresleuchten. Wir nehmen an, daß es sich um Schnellboote handelt und eröffnen das Feuer, obwohl wir den Schiffstyp nicht erkennen.

»S 35« GESUNKEN AM 28. FEBRUAR 1943

Um 2315 Uhr eröffnet der Gegner das Feuer mit seiner Batterie und Maschinenwaffen. Im Mündungsfeuerschein erkennen wir 3 Schornsteine, es ist also 1 Kreuzer oder Zerstörer. Der Feind steuert Ostkurs, der Schatten ist wegen der schlechten Sicht kaum auszumachen. Zur

Vermeidung der Rammposition drehen wir unter Nebelverwendung nach Steuerbord auf Nordkurs ab. Um 2318 Uhr stellt der Feind das Feuer ein und ist aus Sicht. Kurz darauf um 2320 Uhr sammle ich die Flottille auf Westkurs in Kiellinie, um anschließend im Aufklärungsstreifen mit hoher Fahrt nach Osten nachzustoßen. »S 35« steht 400 m Steuerbord achteraus vom Führerboot, »S 55« fährt als taktische Nr. 2 im Kielwasser. Um 2325 Uhr meldet sich »S 35« nicht mehr auf UK, »S 55« meldet auf Anfrage, daß das Boot aus Sicht ist. Wir stoßen weiter im Aufklärungsstreifen einzelbootsweise mit 30 kn nach Osten und sichten um 2327 Uhr 1 feindlichen Zerstörer mit Kurs Ost und hoher Fahrt. Wir setzen eine Alarmmeldung ab und orten die Radarstrahlen des vermutlichen Zerstörers in 60 und 70°. Wir stoßen nach. Um 0011 Uhr meldet »S 55« Ortungen 3 Dez an Steuerbord in 90°, weshalb wir auf 90° Kurs gehen. Um 0020 Uhr gebe ich den Funkbefehl an »S 35«. »Allein operieren, Vorsicht, 2 Zerstörer mit Gerät.« Um 0030 Uhr liegt der Funkspruch von 0003 Uhr von »S 35« auf der Brücke mit der Anfrage: »Erbitte Sammelpunkt.« Um 0032 Uhr antworte ich mit Standortangabe von 0030 Uhr, Kurs Ost, 28 kn. So weiß »S 35«, daß wir im Aufklärungsstreifen hinter den Feindstreitkräften nachstoßen. Um 0050 Uhr frage ich beim Dt. Mar. Kdo. Tun. nach dem Standort des eigenen Geleites um 0130 Uhr, weil wir bei der Verfolgung der feindlichen Überwasserstreitkräfte in einer knappen Stunde etwa auf der Skerki-Bank stehen werden. Es ist immer noch nicht klar, ob es sich um 1 oder mehrere Feindstreitkräfte handelt. Zu dieser Anfrage veranlaßte mich auch die Überlegung, die 3 Boote so anzusetzen, daß der mit Ortungsgerät suchende Zerstörer zumindest noch vor Erreichen bzw. Auffinden des Geleitzuges durch uns abgelenkt und angegriffen werden kann und er zumindest in seiner Bewegungsfreiheit und in der Durchführung seiner Absichten durch die 3 nachstoßenden Boote gehemmt ist.

Um 0055 Uhr meldet das Rottenboot »S 55«, daß alle Peilungen der Radarstrahlungen Fehlmeldungen gewesen sind und daß laufend die Strahlungen der eigenen UK-Antenne erfaßt wurden, eine Erscheinung, die erstmalig mit diesem reparierten wieder eingebauten Bastelversuchsgerät von Dr. Bode aufgetreten ist. Da aus diesem Grunde ein weiteres Nachstoßen aussichtslos ist, mache ich kehrt und sammle mit dem in Sichtweite stehenden »S 55«. Zur Ausnutzung der letzten Möglichkeit zur Erfassung des Gegners befehle ich die Bildung eines Vorpostenstreifens ab 0200 Uhr auf der Länge 9 Grad 40 Minuten Ost, 1. Kurs 0 Grad, 9 kn.

Da sich der Gegner wegen der Bedrohung durch die deutsche Luftwaffe spätestens um 0100 Uhr von einem deutsch-italienischen Geleitzug wieder absetzen muß, erscheint mir dieser Vorpostenstreifen als einzige Möglichkeit, den durchgebrochenen Gegner noch stellen zu können. Um 0150 Uhr geht der Alarmfunkspruch von »S 35« mit der Uhrzeitgruppe 0046 Uhr ein: »Alarm Quadrat 7685«. 10 Minuten später meldet das Boot: »Zerstörer Kurs West, habe Fühlung verloren.« Wir nehmen an, daß es sich bei dem von »S 35« gemeldeten Zerstörer um den handelt, den wir bei Einnahme unseres ersten Vorpostenstreifens durch seine Ortungen gepeilt haben, der uns beschossen hat, als wir ihn am Meeresleuchten um 2314 Uhr erkannten.

Um 0220 Uhr erhalten wir vom Dt. Mar. Kdo. Tun. den Befehl, die befohlene Position im Vorpostenstreifen wieder einzunehmen mit dem Zusatz, daß ein eigenes Geleit vor Bizerta und ein zweites vor Palermo steht. Um 0230 Uhr gehen wir im Vorpostenstreifen auf 150°, da wir 180° wegen der Wetterlage nicht steuern können. Um 0250 Uhr teilt das Dt. Mar. Kdo. Tun. mit, daß der eigene Geleitzug um 0200 Uhr einlaufen wird. So befehle ich um 0300 Uhr an alle 3 Boote, den Rückmarsch um 0500 Uhr anzutreten. Um 0400 Uhr sichten wir ein hell erleuchtetes Lazarettschiff im Nordosten. Um 0505 Uhr gehen wir mit 25 kn auf Südkurs und treten den Rückmarsch an. Wir machen um 0650 Uhr mit dem Führerboot fest, »S 55« folgt um 0734 Uhr. Als »S 35« bis 0800 Uhr noch nicht eingelaufen ist, befehle ich dem Boot mit Funkspruch: »Standort melden.« Als nach nochmaliger Aufforderung zur Standortmeldung bis 0930 Uhr immer noch keine Antwort eingegangen ist, nehmen wir an, daß dem Boot etwas zugestoßen ist und es sich mit FT nicht melden kann. Ich laufe daher um 0945 Uhr mit dem Führerboot »S 54« und mit »S 55« wieder aus zur Suche nach »S 35«, nachdem ich das Dt. Mar. Kdo. Tun. telefonisch gebeten habe, Flugzeuge zum Auffinden des Bootes ansetzen zu lassen.

Als wir nördlich von Cap Bizerte in Sichtweite voneinander nach Westen vorstoßen in Richtung auf die von »S 35« innegehabte Position im Vorpostenstreifen, meldet der Kommandant »S 55« auf UK, daß er um 0220 Uhr noch UK-Verkehr mit dem im Vorpostenstreifen stehenden Boot »S 35« gehabt hat. Um 1024 Uhr meldet »S 55« zusätzlich, daß der Funker auf einer Frequenz unmittelbar neben der Schnellbootwelle 1mal die Kriegsnotmeldung »M« aufgenommen hat. Die Kriegsnotmeldung »M« bedeutet Minentreffer. Wir gehen um 1222 Uhr in der Dwarslinie auf Ostkurs und suchen weiter östlich des Vorpostenstreifens. Um 1305 Uhr sichten wir mehrere treibende Minen. Bei einer gelingt es uns, sie abzuschießen. Um 1340 Uhr überfliegen uns 5 feindliche Jagdflugzeuge vom Typ »Lightning«, die uns eigenartigerweise nicht angreifen. Wir haben uns auch gehütet, die Waffen zu besetzen und das Feuer zu eröffnen. Wir sichten ab 1520 Uhr 4 Me 109, die uns bei der Suche helfen und uns wohl Jagdschutz geben wollen. Um 1707 Uhr meldet »S 55«, daß es Bootsplanken mit Spanten gefunden hat. Ich gehe mit dem Führerboot in die Nähe und wir identifizieren dieses Wrackteil als zum Maschinenraum gehörig. Wir drehen jetzt mit der Rotte auf 120°, um die Veruststelle und möglicherweise die Besatzung zu finden, da uns nunmehr klar ist, daß das Boot gesunken sein muß. Es handelt sich um ein etwa 1 qm großes Unterwasserplankenstück aus der Steuerbordwand des vorderen Maschinenraumes, welches völlig vierkantig nach außen hin ausgebrochen sein muß. Hieraus schließen wir, daß die Besatzung ihr Boot nach einem wahrscheinlichen Minentreffer selbst endgültig versenkt hat.

Um 1725 Uhr suchen wir weiter in Richtung des Windes in 315°. Nach 20 Minuten finden wir ein 5 m langes Plankenstück aus dem vorderen Maschinen- und vorderen Tankraum mit Scheuerleiste und Hilfsauspuff. Als wir mit Kurs 310° weitersuchen in der Überzeugung, daß die Besatzung noch im Schlauchboot bzw. auf dem Rettungsboot treibt, fischen wir um 1747 Uhr, also nach 7 Minuten – das Schlauchboot von »S 35«. Die Riemen liegen unbenutzt unter den Duchten, ein 1½ m langes Bruchstück aus dem Kiel des Bootes liegt halb über, halb unter den Duchten. Eine dreieckige Flurplatte mit Aufschrift »S 35« liegt schräg im Schlauchboot, welches an seiner Unterseite 2 kleine Risse und mehrere Riefen aufweist. Es werden keine Benutzungsspuren an den völlig neuen Holzdollen festgestellt. Auch die Duchten des neuen Schlauchbootes sind noch völlig unbenutzt, so daß wir zu der Überzeugung kommen, daß das Schlauchboot überhaupt nicht benutzt worden ist und wahrscheinlich auch nicht gebraucht werden mußte. Von dieser Fundstelle aus suchen wir um 1813 Uhr auf Südkurs weiter, um das möglicherweise auf Land zugeruderte Rettungsfloß mit der Besatzung zu finden. Leider finden wir bis zum Einbruch der Dunkelheit weder die Besatzung noch Schwimmwesten noch sonstige Wrackteile von »S 35«. Wir treten bei Dunkelheit unseren Rückmarsch an und laufen nach Ferryville ein.

Nach allen Feststellungen kann das Boot nur auf eine Mine gelaufen sein. Ein Gefecht mit feindlichen Seestreitkräften, welches zur Vernichtung des Bootes geführt haben könnte, ist ausgeschlossen, da die Flottille das Gefecht bemerkt hätte. Bei dem seit Tagen bestehenden

Südostwind sind zahlreiche treibende Minen aus den großen Minenfeldern in der Straße von Sizilien nach Nordwesten getrieben. Nach menschlichem Ermessen und aller Kriegserfahrung ist es ausgeschlossen, daß von der 25 Mann starken Besatzung niemand am Leben geblieben ist, zumal das Schlauchboot vollkommen unbenutzt leer aufgefunden worden ist. Ich neige daher zu der Auffassung, daß irgendwelche besonderen Umstände den Kommandanten veranlaßt haben, das Boot durch die eigene Besatzung zu sprengen mit der sicheren Aussicht auf Rettung der Besatzung, denn andernfalls hätte der Kommandant sein Boot solange schwimmfähig erhalten, bis die eigene Flottille die Besatzung gerettet und das Boot ggfs. eingeschleppt hätte.

Das Abhören des englischen Nachrichtendienstes in den nächsten Tagen und Wochen erbrachte keinen Anhalt dafür, daß »S 35« in einem Gefecht versenkt und ein Teil der Besatzung gerettet worden wäre, wie dies im November 1940 bei dem Verlust von »S 38« der Fall gewesen war. Wir hofften aber immer noch, daß die Überlebenden von englischer Seite gerettet sein können. Leider hat sich diese Hoffnung in der Zukunft nicht erfüllt, so daß die Besatzung »S 35« mit ihrem Kommandanten Oblt. z. S. Stolzenburg gefallen ist.

Aus dem italienischen Seekriegswerk Vol. XVIII »La Guerra di Mine« geht hervor, daß der britische Minenkreuzer »Abdiel« die aus 160 Minen bestehende »Minensperre X« nordwestlich Bizerta in der Nacht vom 27. zum 28. 2. geworfen hat. So besteht Grund zu der Vermutung, daß »S 35« auf eine dieser Minen gelaufen und gesunken ist, denn die Flottille operierte während dieser Nacht in eben diesem Seegebiet, in welchem bei der am hellen Tage folgenden Suche des vermißten Bootes mehrere treibende Minen von »S 54« und »S 55« gesichtet wurden.

DIE 7. S-FLOTTILLE SCHIESST TORPEDOMINEN VOR BONE

Am 1. März führen wir die kombinierte Operation mit der 7. Schnellbootflottille als Minenträger durch. Wir laufen um 1700 Uhr mit »S 54« und »S 55« als Kampfbooten und die 7. S-Flottille mit 3 Booten und »S 36« aus. Um 2332 Uhr wird die 7. S-Flottille zum Abschießen der Minen vor dem Hafen Bone entlassen, während ich mit »S 54« und »S 55« demonstrativ in Richtung Cap de Garde vorlaufe. Wir sind laufend vom Küstenradar erfaßt. Scheinwerfer bei Cap de Garde beleuchten uns um 0032 Uhr, woraufhin wir einige Feuerstöße mit unserer 2 cm Leuchtspurmunition provozierend in Richtung des Küstenscheinwerfers schießen, um die volle Aufmerksamkeit auch von möglicherweise noch in der Bone-Bucht stehenden Fahrzeugen – vor allem MTB's – auf uns zu ziehen. 2 Küstengeschütze eröffnen daraufhin um 0035 Uhr das Feuer auf unsere beiden Boote. Wir nebeln und drehen ab, als die Aufschläge sofort deckend weit und kurz 20–30 m vor unserer Booten liegen. Das ist eine gute artilleristische Leistung bei der hohen Auswanderungsgeschwindigkeit von Schnellbooten!

Wir brechen um 0037 Uhr wieder durch den Nebel und schießen demonstrativ in Richtung des Scheinwerfers. Die Küstenbatterien erwidern das Feuer, wir drehen ab und nebeln. Der Scheinwerfer beißt sich an unserem Nebel fest und die Küstenbatterie stellt ihr Feuer erst um 0048 Uhr ein.

Da wir die beabsichtigte Wirkung und Reaktion beim Gegner erreicht zu haben scheinen, steuern wir nördlich Cap de Garde in breiter Dwarslinie Minenwurf-Scheinkurse bis 0220 Uhr. Zu diesem Zeitpunkt muß die 7. S-Flottille bereits 1 Stunde auf dem Rückmarsch sein. So treten auch wir den Rückmarsch um 0230 Uhr an. Um 0600 Uhr sichten wir die 7. S-Flottille bei Cap Serrat und marschieren in Doppelkiellinie unter Jagdschutz durch 2 Me 109 nach Bizerta, wo wir gegen 1000 Uhr einlaufen. Als wir festgemacht haben, freuen wir uns, daß diese kombinierte Operation ohne Störung durchgeführt werden konnte.

Wegen schlechter Wetterlage kann die Flottille ihre nächste Unternehmung erst am 11. März durchführen. Wir laufen um 1650 Uhr mit »S 55«, »S 60« und »S 54« aus. Bei Windstärke 5–6 aus Südost gelingt es uns, unsere Wurfposition unter der Küste dichter als sonst zu erreichen.

Wir werfen die neue Sperre von 2225 bis 2235 Uhr. Um 2303 Uhr erfaßt uns der Scheinwerfer auf Cap de Garde, worauf die Küstenbatterie 2 Minuten später ihr Feuer eröffnet. Wir nebeln und laufen ab, treten den Rückmarsch an und machen um 0420 Uhr fest. Der Beschuß durch die Küstenbatterie im Anschluß an das Scheinwerferleuchten zeigt uns an, daß sich die Küstenabwehr auf uns eingestellt hat. Wir können nur hoffen, daß bei den nächsten Unternehmungen nicht eine Situation wie vor Malta bei dem Verlust von »S 34« eintreten möge.

Nachdem wir Brennstoff und Minen geladen haben, laufen wir an demselben Abend des 12. März um 1700 Uhr wieder aus. Wegen Seegang 4 und grober Dünung müssen wir um 2000 Uhr kehrtmachen. Eigenartigerweise sehen wir beim Abdrehen im Westen Flakfeuer unter der Kimm.

Da dieses Flakfeuer nur von Seestreitkräften herrühren kann und wir wissen, daß in dieser Nacht 2 eigene größere Geleitzüge nach Bizerta und Tunis laufen, bin ich sicher, daß dieser Feindverband, der vermutlich ein eigenes Aufklärungsflugzeug beschießt, auf unsere beiden Geleitzüge in der Sizilienstraße operieren wird.

TORPEDOTREFFER AUF 2 ZERSTÖRERN DER
BONE-STRIKING FORCE »Q« AM 12. 3.

Wir gehen daher auf Kurs Nord und 15 kn und beabsichtigen, die Flottille mittels unseres Fu MB an den Feindverband heranzuführen, wenn er sein Radar schon jetzt benutzen sollte. Die Sicht ist zur Zeit schlecht, etwa 300–500 m, der Mond ist verdeckt und steht im Südwesten. Um 2055 Uhr – das ist fast 1 Stunde nach Sichten des Flakfeuers – beobachten wir Ortungen von Seestreitkräften mit Lautstärke 2 in 315°. Zur Warnung unserer Geleitzüge setzen wir gleich einen Alarmfunkspruch über unseren Standort und die Feindortung ab. Um 2115 Uhr steigt die Lautstärke auf 3–4. Wir gehen daher auf 28 kn und Kurs 45°, um vorzuhalten. Wir empfangen die Ortungen jetzt zwischen 6–3 Dez an Backbord voraus, so daß die Gefahr des Durchbrechens der Kreuzer- und Zerstörergruppe besteht. Es handelt sich sicher um die »Striking Force Q« aus Bone. Wir gehen auf 30 kn und geben ein neues Funksignal zur Warnung der Geleitzüge ab. Um 2145 Uhr geht bei uns die Luftaufklärungsmeldung mit Standort, Kurs und Fahrt von 4 feindlichen Zerstörern mit der Uhrzeitgruppe 2018 Uhr ein. Die Zusammenarbeit mit der Luftaufklärung hat nachrichtenmäßig gut geklappt.

Die Ortungen 5 Dez an Backbord nehmen an Lautstärke zu auf 4–5. Der Feind muß sehr nahe stehen, wir laufen immer noch mit 30 kn. Die Sicht im Nordhorizont beträgt wegen tiefhängender Wolken nur 500 m, das ist bei 30 kn Eigengeschwindigkeit und bei einer angenommenen Gegnerfahrt von 25–30 kn nicht ganz ungefährlich wegen der Kollisionsgefahr, aber wir müssen ja dranbleiben und wollen den Feind angreifen.

Um 2205 Uhr liegen die Ortungspeilungen genau recht voraus mit Stärke 5, so daß wir auf Ostkurs bleiben, um aufzudampfen. Plötzlich sehen wir nach 5 Minuten um 2210 Uhr genau voraus eine Detonation und hören anschließend Artilleriefeuer. Wind und Seegang lassen nach, die Sicht wird besser. Wahrscheinlich hat die hier im Vorpostenstreifen stehende 7. S-Flottille 1 Torpedotreffer erzielt und wird nun gejagt. Um 2215 Uhr kommt auch schon das Funksignal vom Chef 7. S-Flottille über 3 Zerstörer, die um 2210 Uhr angegriffen wurden. Wir halten auf die Detonationsstelle zu, sichten um 2234 Uhr ein deutsches Stern-Erkennungssignal 3 Dez an Backbord, das sicher von unserem Radar-Aufklärungsflugzeug geschossen worden ist, um uns an den Feind heranzuführen. 2 Minuten später um 2236 Uhr meldet »S 60« auf UK »Schatten 4 Dez an Steuerbord in 140°«.

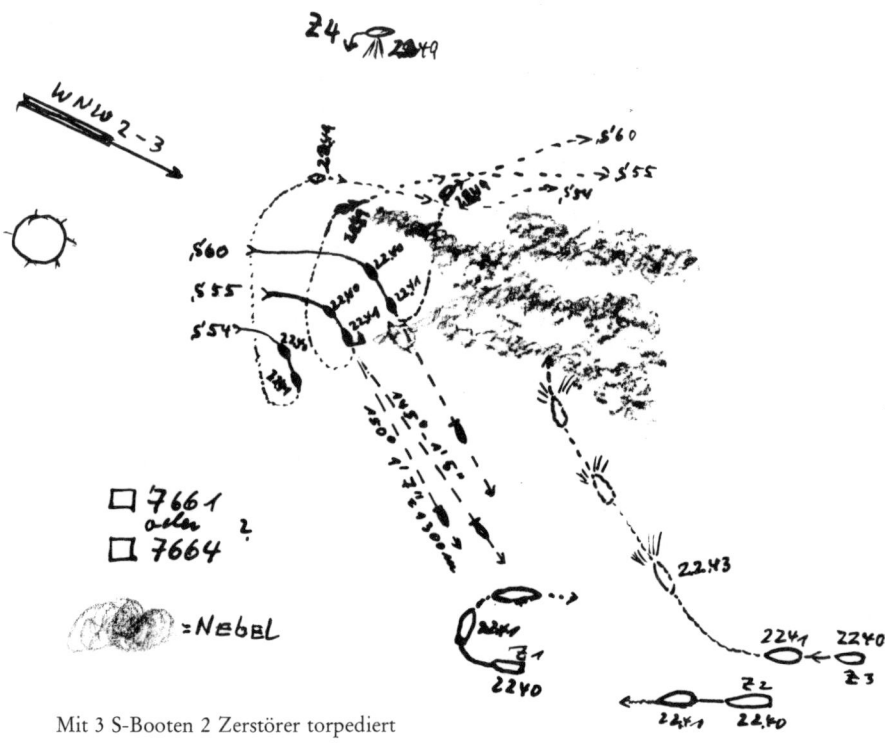

Mit 3 S-Booten 2 Zerstörer torpediert

Nach 1 Minute sehen auch wir einen Schatten 6 Dez an Steuerbord. Die Flottille geht sofort auf eine Maschine und läuft auf Hundekurve an. Wir erkennen jetzt 1 Zerstörer, der auf Westkurs liegt und ganz geringe Fahrt zu laufen scheint. Da wir im heller gewordenen Nordwesthorizont – Mondazimut 250–260° – stehen, müssen wir schnell schießen. »S 60« und »S 54« dampfen auf in Dwarslinie, die Flottille läuft zum Angriff an, ich gebe Schußerlaubnis.

Plötzlich dreht der Zerstörer aus der günstigen Lage 60 nach Steuerbord, weshalb die Schußerlaubnis belegt wird. Aber »S 60« schoß um 2240 Uhr unmittelbar vor dem Zudrehen des Zerstörers auf einen hinter diesem zuerst gesichteten Zerstörer befindlichen 2. Zerstörer in Lage 80 mit Bug rechts und Fahrt 6 kn. Diesen Zerstörer hatten wir noch gar nicht gesehen. Der 1. Zerstörer hat im Moment Lage 0, weshalb wir verhalten und stoppen.
Kommandant »S 55« meldet einen weiteren 3. Zerstörer weiter links von den anderen Zerstörern. Als der 1. Zerstörer in Lage 0 jetzt weiter auf Ostkurs dreht, gebe ich Schußerlaubnis für alle Boote.
Das Führerboot schießt um 2241 Uhr mit Lage 30, Gegnerfahrt 5 kn 1 Doppelschuß. Unmittelbar danach macht »S 60« seinen 2. Torpedo los mit Lage 100 und 2 kn Fahrt. Beide Boote haben auf den auf Ostkurs liegenden 1. Zerstörer gezielt, der mit dem Westkurs steuernden Zerstörer noch vor der Überlappung auf Gegenkurs steht. »S 54« kommt leider nicht mehr zum Schuß. Wir stoppen nach Schußabgabe, um die Blasenbahnen der Torpedos besser einsehen zu können.
Nach 1 Minute 5 Sekunden und 1 Minute 7 Sekunden – Laufstrecke der Torpedos etwa 1500 m – sehen wir kurz nach 2242 Uhr je eine feuerrote Detonation mit Wassersäulen in geringem Abstand voneinander. Danach folgt eine 3. feuerrote Detonation rechts von den beiden ersten Wassersäulen. Bei der Detonation links von den Wassersäulen und dem Qualm ist nur noch 1 Zerstörer in spitzer Lage zu erkennen, der um 2243 Uhr sofort nach der 3. Detonation das Feuer auf die Boote eröffnet und auf uns zudreht. Wir laufen nebelnderweise auf nördlichen Kursen ab. Der jagende Zerstörer schießt bevorzugt mit Seezielmunition, aber auch mit Fla-Granaten, die in der Luft über uns zerplatzen, während die Aufschläge sehr gut – teils deckend 10 und 20 m vor und neben den Booten liegen. Wir steuern die vor uns liegenden von den Granaten hochgerissenen Wasserfontänen an. Der Zerstörer muß einen Doppelturm auf der Back haben, weil wir Doppelaufschläge feststellen, die ganz dicht zusammenliegen. Wir werfen unsere immer noch auf dem Achterdeck stehenden vergessenen Minen wegen der Treffer- und Explosionsgefahr unscharf über Bord.
Granatsplitter durchschlagen die Bordwand des Führerbootes »S 55«, die Anlaß-Luftleitungen für die Motoren sind durch Splitter beschädigt, so daß wir die Motoren bis zum Einlaufen nicht mehr abstellen dürfen. Auf »S 60« und dem Führerboot haben wir durch Granatsplitter 1 Schwer- und 1 Leichtverwundeten.
Plötzlich sichten wir um 2248 Uhr 1 weiteren Zerstörer voraus im

Norden mit Lage 40 auf Westkurs, weshalb wir mit »Hart Steuerbord« auf Ostkurs abdrehen, um der »Zange« der beiden Zerstörer zu entgehen. Dieser Zerstörer eröffnet sein Feuer mit einem Leuchtgranaten-Fächer, um ab 2250 Uhr mit Seezielmunition zu schießen. Das an Backbord stehende »S 54« wird zu diesem Zeitpunkt besonders hart von Salven eingedeckt, bis auch dieses Boot in unserem Nebel Schutz findet.

Um 2300 Uhr geht von »S 158« von der 7. S-Flottille ein Funkspruch ein mit der Meldung der Versenkung eines Zerstörers mit der Uhrzeitgruppe 2220 Uhr im Quadrat 7661 CJ. Chef 7. S-Flottille meldet mit Uhrzeitgruppe 2250 Uhr »Bin im Gefecht mit 2 feindlichen Zerstörern Quadrat 7636«.

Wir hatten mit Uhrzeitgruppe 2255 Uhr 3 Zerstörer im Quadrat 7664 gemeldet. Danach muß es sich möglicherweise um 2 getrennte Zerstörer- oder Kreuzer/Zerstörergruppen gehandelt haben.

Um 2311 Uhr endlich brechen die Zerstörer die Schnellbootjagd ab und laufen unter laufendem LG-Schießen nach allen Richtungen auf Südkurs ab. Daher setze ich um 2320 Uhr den Funkspruch ab, daß die Zerstörer nicht mehr nach Osten laufen mit der Absicht der Unterrichtung unserer beiden Geleitzüge, für welche nunmehr die Gefahr für diese Nacht, von den feindlichen Zerstörergruppen angegriffen zu werden, vorüber zu sein scheint – zumindest von dieser Zerstörergruppe. Wir übernehmen den Arzt wegen unseres Schwerverwundeten und treten den Rückmarsch um 2338 Uhr auf Südkurs an.

Um 0052 Uhr meldet Chef 7. S-Flottille mit Uhrzeitgruppe 0040 Uhr »2 Zerstörer Quadrat 7662, Kurs West, mittlere Fahrt«. Auch diese Zerstörer scheinen nunmehr ihren Rückmarsch nach Bone angetreten zu haben. Um 0214 Uhr meldet »S 158« Quadrat 7661 Fehlschuß auf Zerstörer«.

Wir laufen geschlossen mit 3 Booten um 0400 Uhr ein, als kurz danach um 0431 Uhr eine »Kriegsnotmeldung« von »S 158« mit der Uhrzeitgruppe 0430 Uhr eingeht mit dem Inhalt »Angriff von Überwasserstreitkräften Quadrat 7686«.

Sicher ist das Boot von dem von ihm angegriffenen Zerstörer seit dem Fehlschuß mit Radar verfolgt und bei der schlechten Sicht plötzlich vom Zerstörer durch einen Feuerüberfall überrascht worden, zumal es nach seinen späteren Angaben auf dem befohlenen Sammelpunkt grüne Sterne zur Erleichterung des Sammelns der 7. S-Flottille schoß. Eines ist sicher, was den Erfolg dieser Nacht anbetrifft: »S 158« unter Oblt. z. S. Schultze-Jena hat den Zerstörer »Lightning« versenkt und

einen Überlebenden mit nach Hause gebracht. Wir konnten nach den Detonationen wegen der einsetzenden Jagd durch den 3. und später den 4. Zerstörer das Ergebnis unserer Torpedotreffer auf Grund der beobachteten 3 Detonationen nicht beobachten. Wahrscheinlich ist 1 Zerstörer oder Kreuzer von 2 und 1 Zerstörer oder Kreuzer von 1 Torpedo getroffen worden.
Da an diesem Tage nach Roskill nur der Zerstörer »Lightning« als versenkt angegeben ist, scheinen unsere Torpedotreffer nur Beschädigungen erzeugt zu haben.
Nach dem Einlaufen trete ich wegen der Vollmondperiode einen Heimaturlaub bis zum 29. März an. Ich übergebe die Führung der Flottille ab 13. März an den Ältesten Kommandanten, Kommandant »S 59«, Oblt. z. S. Müller.
Vom 14. 3. bis 3. April findet wegen der Vollmondperiode und anschließend wegen Wetterlage kein Einsatz statt. Inzwischen ist der frühere Adjutant, Oblt. z. S. Backhaus, nach seiner Ausbildung Kommandant geworden und hat »S 30« übernommen. Sein Nachfolger als Adjutant ist Lt. z. S. Hardtke.

ROMMEL'S LETZTER VERSUCH EINER OFFENSIVE AM 6. MÄRZ 1943

Was wir damals nicht wußten, war die Tatsache, daß – nachdem am 23. Februar die »Heeresgruppe Afrika« unter Führung von Feldmarschall Rommel aus der vereinigten 5. Panzerarmee Tunesien und der langbewährten deutsch-italienischen Panzerarmee Afrika gebildet worden war – die letzte Offensive der Achsenkräfte aus der Mareth-Stellung heraus gegen die im Aufmarsch befindliche britische 8. Armee unter Montgomery am 6. März früh schon während des Nachmittags am selben Tage gescheitert war.
Als die Panzer der 15., 21. und 10. Panzerdivision nach ausreichender Artillerievorbereitung angreifen, werden sie von einem solchen Feuerhagel der bisher verborgenen britischen Artillerie empfangen, daß der Panzerangriff zum Stehen gebracht wird. Die gegnerische Abwehr hatte ihre Stellungen schon vor 2 Tagen bezogen, wie später bekannt wurde. Da der deutsch-italienische Großangriff schon am 4. März nach der ersten Planung beginnen sollte, besteht bei der deutschen Führung kein Zweifel, daß der Angriffsplan verraten worden ist.
Nach dem Buch von Paul Carell wurde der Verratsbeweis bald in der Tasche eines gefangenen französischen Unteroffiziers gefunden. Die-

ses Papier enthielt genaue Angaben über Offensivbeginn und über die geplante Angriffsrichtung von Rommel. Aber woher hatte dieser französische Unteroffizier diese genaue Information?
Diese Schlacht bei Medenine-Metameur war nicht mehr zu gewinnen, sie wurde um 1600 Uhr abgebrochen.

DER RING SCHLIESST SICH

Die Übermacht der 8. Armee und der anglo-amerikanischen Invasionsarmee drückt nunmehr an allen Stellen an der 800 km langen Front, die von 2 deutsch-italienischen Armeen in Stärke von 300 000 Mann ohne ausreichenden Nachschub zu verteidigen war. Von den 100 000 Deutschen und 200 000 Italienern waren aber nur 150 000 Mann echte Kampfverbände, die andere Hälfte gehörte zur Nachschuborganisation. Es erhebt sich die Frage, wie lange wird die Heeresgruppe Afrika noch Widerstand leisten können?
Nach der gescheiterten Offensive wird Rommel von Generaloberst von Arnim abgelöst, um endlich seine angeschlagene Gesundheit zu kurieren.

WIR WERFEN WEITER MINEN VOR BONE UND PHILIPPEVILLE

Am 4. April laufe ich mit 5 Booten um 1700 Uhr aus, nachdem ich die Führung der Flottille am 30. März wieder übernommen habe.

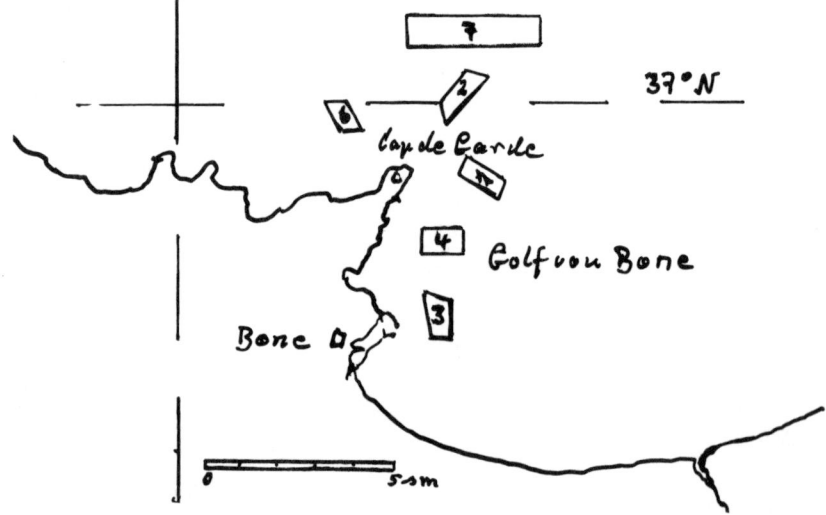

6 Minensperren vor Bone

Als wir um Mitternacht bei Cap de Fer stehen und in die Bucht von Philippeville einsteuern, sichten wir um 0053 Uhr genau voraus 3 Zerstörer in Lage 0 auf uns zukommen. Wir wenden auf West- und Nordkurs und setzen uns mit Erfolg ab. Nach 20 Minuten sind die Zerstörer aus Sicht. Beim Umgehungsversuch sichten wir 11 Minuten später um 0126 Uhr erneut 1 Zerstörer in spitzer Lage.
So müssen wir unsere Absicht des Minenwerfens in der Innenbucht von Philippeville aufgeben und versuchen um 0134 Uhr, unter Cap Toukoush eine Ausweichsperre mit 32 FMC zu werfen, nachdem wir den Zerstörer abgeschüttelt haben. Beim Anlaufen auf Wurfposition kommen 2 andere Zerstörer mit hoher Fahrt direkt auf uns zu, wir laufen auf Nordostkurs unter Nebelverwendung ab, bis der Feind um 0150 Uhr aus Sicht ist. Um 0205 Uhr, eine Viertelstunde später, stoßen wir dieses Mal mit hoher Fahrt von 26 kn nach Süden zur Position der zu werfenden Ausweichsperre vor. Als wir uns um 0228 Uhr mit Lotreihen und geringer Fahrt an unsere Wurfposition herantasten, leuchten 3 suchende Scheinwerfer an der Küste auf. Wir laufen weiter, denn die Minen sollen ja auf der richtigen Position liegen. Um 0240 Uhr werden wir von Leuchtgranaten beleuchtet, die taktische Nr. 4 – »S 36« – meldet einen jagenden Zerstörer achteraus. Es ist jetzt 0305 Uhr, weshalb wir die Unternehmung abbrechen und die Minen wieder mit nach Hause nehmen. Wir laufen um 0800 Uhr ein.
Wenn der Gegner 3 Zerstörer zum Patrouillieren vor seinen Häfen einsetzt, so müssen ihn unsere bisherigen Minensperren sicher schon sehr geärgert haben. Es ist ein ungleiches Spiel, mit 4 nachtblinden S-Booten 3 radarstrahlende Zerstörer vor deren Küste umgehen zu wollen. Wenn solche Patrouillen andauern, müssen wir unseren Mineneinsatz vor diesen Häfen einstellen.
Am Abend des 5. April laufen wir mit 4 Booten aus zur Fernsicherung unseres Geleitzugverkehrs westlich der Sizilienstraße. Nachdem wir bis 0500 Uhr morgens nichts gesichtet haben, laufen wir ein.

WIR WERFEN DEFENSIV-MINENSPERREN VOR SOUSSE

Am 11. April abends laufen wir mit 3 minenbeladenen Booten aus zur Verminung der Hafeneinfahrt von Sousse im Golf von Hammamet. Unsere Landfront im Süden steht demnach schon nördlicher, so daß Sousse für den gegnerischen Nachschub über See mit kleineren Fahrzeugen eine gewisse Bedeutung gewinnt. Da wir in diesem Seegebiet mit feindlichen Zerstörern rechnen müssen, fährt die 7. S-Flottille als Kampfgruppe mit Torpedos ausgerüstet angehängt. Wir entlassen sie um 2300 Uhr zur Flankensicherung nach Südosten in Richtung Malta, während wir Sousse ansteuern.

Um 0042 Uhr meldet Chef 7. S-Flottille »mehrere feindliche Zerstörer auf Südkurs im Quadrat...«. Nach 8 Minuten empfangen wir aus östlicher Richtung Funkmeßstrahlen. Nach 20 Minuten meldet der fühlunghaltende Chef 7. S-Flottille, daß die Zerstörer nach Norden aus Sicht gelaufen sind.

Wir fragen uns schon – wohin immer unser Kurs uns führt –, woher die vielen britischen Zerstörer kommen! Wir haben einen einzigen, den ex-griechischen Zerstörer »Hermes« im Mittelmeer!

Wir stehen um 0200 Uhr vor der Hafenmole von Sousse und werfen die 24 Minen von 0201 bis 0226 Uhr sehr genau vor die Einfahrt. Auf dem Rückmarsch stellen wir ab 0242 Uhr laufend Ortungen in nördlicher Richtung fest, die um 0300 Uhr eine Lautstärke von 4–5 erreichen. 5 Minuten später sehen wir auch schon 2 Schatten in spitzer Lage auf uns zukommen. Wir stoppen. Es sind Zerstörer, die Entfernung beträgt 3000 m. Mit Lage 30 und hellweißer Bugsee kommen sie näher. Um 0307 Uhr gebe ich den Befehl zum Angriff, nachdem wir in Dwarslinie aufmarschiert sind. Jetzt hält der Feind direkt auf uns zu, wir können in dieser Lage nicht schießen und versuchen, nach Osten auszuholen, als »S 36« Ortungen von 2 Geräten aus Osten meldet. So laufen wir jetzt wahrscheinlich in eine Zange von 2 Zerstörergruppen hinein. Mit Sicherheit haben diese Zerstörer uns und auch die 7. S-Flottille bei unserem Anmarsch nach Sousse mit Radar geortet; sie ließen uns passieren, um uns auf unserem Rückmarsch nach Norden abzufangen.

Wir gehen daher jetzt auf Nordostkurs, um zwischen diesen beiden Gruppen durchzubrechen. Die im Norden gesichteten Zerstörer drehen auf Parallelkurs und laufen im Abstand von etwa 3000 m Backbord achteraus mit.

Das am weitesten östlich stehende Boot »S 36« meldet 2 Zerstörer aus Osten kommend auf Nordwestkurs direkt auf uns zulaufend. Jetzt stoppen wir, um die an Backbord mitlaufenden 2 Zerstörer aus günstiger Lage anzugreifen. In diesem Moment drehen sie auf uns zu. Wir wundern uns, warum sie uns nicht unter Feuer nehmen. Sicher ist dies eine neue Taktik. Sie werden versuchen, uns glauben zu machen, sie hätten uns nicht erfaßt. Erst bei größerer Annäherung werden sie uns dann mit einem Feuerhagel überfallen. Bisher haben die Zerstörer bei der Bekämpfung von S-Booten zunächst Leuchtgranaten geschossen und erst dann ihre Artillerie auf größere Entfernung zum Einsatz gebracht und dabei viel Munition vergeudet, ohne Treffer zu erzielen. Heute aber ist sogar Mondbeleuchtung und zwar stehen leider wir im Mond!

Die Zange wird enger, weshalb es nur einen Weg gibt. Wir laufen mit Höchstfahrt auf nordwestlichem Kurs auf die Küste zu in der Hoffnung, beide Gegner abzuhängen und anschließend auf Nord-Nordost-Kurs aus der Bucht von Hammamet wieder herauszulaufen. Um 0318 Uhr haben wir das geschafft, der Feind ist um 0339 Uhr im Südosten aus Sicht gekommen. Nach dem Einlaufen nehmen wir Brennstoff und Minen und laufen abends am 12. April zu einer 2. Minenunternehmung gegen Sousse zusammen mit der 7. S-Flottille aus. Nach Maschinenausfall auf »S 55«, auf dem sich wegen der Störanfälligkeit infolge Zylinderleckagen und Rissen in den Auspuff-Hosenstücken der II. Ing. der Flottille eingeschifft hat, verläuft die Unternehmung nach Beseitigung dieser Störung ohne besondere Vorkommnisse. Wir werfen wieder 24 Minen vor Sousse. Anscheinend ist der Hafen noch nicht vom Feind benutzt. Auf dem Rückmarsch wird »S 55« zur Motorenüberholung nach Porto Empedocle entlassen. Mit »S 60« und »S 36« laufen wir um 0900 Uhr wieder in Bizerta ein. Bei Roskill ist zu lesen, daß vor Sousse Minen geräumt wurden und am 22. April die ersten britischen Motortorpedoboote dort stationiert wurden, um Vorstöße in die Tunis-Bucht und Sizilienstraße gegen unseren Geleitzugverkehr durchführen zu können. Aus den nach dem Kriege bekannt gewordenen Verlusten ist das britische »MTB 264« am 10. Mai auf eine unserer 48 Minen vor der Hafeneinfahrt gelaufen und gesunken.

DIE FLOTTILLE WIRFT WEITERE DEFENSIV-MINENSPERREN VOR DER TUNESISCHEN KÜSTE

Mit der Verminung von Sousse beginnt die Phase der defensiven Verminung der Zufahrten und einiger Buchten der tunesischen Küste. Es ist mühsam, solches Unterfangen mit nur 2 von 11 Schnellbooten der Flottille durchführen zu müssen. Was wir tun, ist ein Tropfen auf den heißen Stein.

DIE LANDFRONT WEICHT

Unser Geleitzugverkehr verdient seinen Namen nicht mehr, denn es fahren nur noch kleinste Fahrzeuge und Siebelfähren, um Nachschub

zu bringen. Auch das ist nicht mehr als ein Tropfen auf den heißen Stein und kann den Widerstand an der Landfront vielleicht nur um Stunden verlängern.
Im April wurden von 26 Schiffen 15 versenkt und 4 beschädigt, meist durch britische Flugzeuge. »Anfang Mai war die Blockade in der Sizilienstraße fast komplett« – sagt Roskill.
8 kleine Fahrzeuge und Siebelfähren mit zusammen 7000 t Versorgungsgütern wurden versenkt und nur 2163 t erreichten Bizerta – Tunis. Roskill sagt weiter, daß wir aus Mangel an Schiffsraum den Nachschub mit Großflugzeugen, dem »Gigant«, auszugleichen versuchten. 117 »Giganten« wurden mit Truppen und Ladung von britischen Jägern abgeschossen, aber im April waren noch 18 000 Mann und 5000 t Nachschub mit diesen Großflugzeugen in Tunesien gelandet worden. Für diese Truppen gab es keine schweren Waffen und kaum Munition, keine Fahrzeuge, keinen Brennstoff und nichts zu essen. Diese Transportaktion war schon in keiner Weise mehr vertretbar angesichts der Verluste. Davon aber erfuhren wir nichts.
Am 20. März hatte Montgomery die Mareth-Stellung angegriffen. Nach 9 Tagen verzweifelten Widerstandes mußte General von Arnim diese Stellung räumen lassen. Die deutsch-italienischen Verbände zogen sich in die Enfidaville-Stellung am oberen Teil des Golf von Hammamet zurück. Im Norden war das Cap Serrat vom Feind erobert, der Ort Mateur als Eckpfeiler vor Bizerta wurde noch gehalten.
In dieser Lage kann die Heeresgruppe Afrika ihre noch vorhandenen Waffen, Munition und Brennstoff nur noch mit Anstand aufbrauchen unter möglichster Vermeidung von Verlusten. Die Landfront ist Ende April nicht mehr zu halten.
Am 14. April nachts verminen wir die Bucht westlich Ras al Koran mit 2 Booten.
Am 15. April laufen wir mit den beiden Booten zur 4. Minenverseuchung vor der Küste aus, während die 7. S-Flottille uns nördlich von Cap Blanc im Vorpostenstreifen sichert. Gleichzeitig läuft ein Kleinstgeleit mit dem Dampfer »Beluno« nach Tunesien, so daß, nachdem wir unsere Minen vor dem Strand um 2214 Uhr geworfen haben, wir ebenfalls zur Sicherung des Dampfers »Beluno« beitragen.
Um 0029 Uhr meldet der Chef 7. S-Flottille 2 Zerstörer im Quadrat 7925. Wir operieren auf diese nach Osten durchgebrochenen Zerstörer. Um 0116 Uhr sehen wir in der taghellen Mondnacht die Boote der 7. S-Flottille auf 5–6000 m Entfernung. Wir gehen in Rufweite und besprechen uns durch Megaphon von Bord zu Bord. Von »S 36« werden

keine Radarstrahlungen der Zerstörer empfangen. Im übrigen erfahre ich, daß die Zerstörer Westkurs steuerten. Zu dieser Zeit kann dieser Kurs kein Scheinkurs gewesen sein. So beschließen wir Flottillen-Chefs, gemeinsam nach Westen vorzustoßen, obwohl die taghelle Nacht nichts bringen kann. Vielleicht aber können wir erreichen, den Gegner zu binden und ihn von seiner Absicht abzubringen.
Auf dem Rückmarsch sichten wir 2 MTB's auf Westkurs. Wahrscheinlich handelt es sich um dieselben Boote, die bereits vor Mitternacht von der 7. S-Flottille gemeldet waren, die jetzt nach Bone zurücklaufen. Auf 800 m führen wir mit ihnen ein kurzes Passiergefecht und laufen zusammen mit der 7. S-Flottille um 0600 Uhr ein.
In den Nächten vom 16. zum 17. und 17. zum 18. April werfen wir die 5. und 6. Minenverseuchung westlich Ras al Koran vor der Küste. In der Nacht vom 19. zum 20. bilden wir mit »S 36« und »S 60« sowie 3 Booten der 7. S-Flottille Fernsicherung für die Minenunternehmung des deutschen Zerstörers »Hermes« in der Sizilienstraße. Als wir ohne Feindberührung mit Hellwerden in Bizerta einlaufen, ist gerade wieder ein schwerer Bombenangriff auf Stadt und Hafen niedergegangen. In den Nächten vom 21. bis 24. April werfen wir die 7., 8., 9. und 10. Minensperre vor der Küste. Nach dem Werfen machen wir im Vorhafen fest, um von hier aus jederzeit schnell auslaufbereit zu sein, falls sich im Küstenvorfeld feindliche Bewegungen abzeichnen sollten. Mit dem Lagezimmer des Dt. Mar. Kdo. Tun. stehen wir in Telefonverbindung.
Auf Grund von Ortungen unserer Küstenradarstation auf Cap Blanc wird die Rotte »S 36«, »S 60« und die 7. S-Flottille angesetzt. Wir stellen nichts als Radarstrahlungen einer »Albacore« mit eingeschaltetem Radargerät fest und laufen um 0300 Uhr ein. Nach Minenübernahme am 26. April laufen wir mit »S 36« und »S 57« sowie 3 Booten der 7. S-Flottille zur 11. Minenunternehmung nordostwärts von Cap Blanc aus. Die Minen fallen um 2100 Uhr, anschließend beziehen wir Lauerstellung zwischen Cap Blanc und der 10 sm entfernten Insel Cani, um die Bucht von Bizerta bis zum Morgen zu überwachen.
In der Nacht vom 28. zum 29. April liegen wir mit »S 36«, »S 33« und »S 57« an der Außenmole des Vorhafens wiederum in Telefonverbindung mit dem Dt. Mar. Kdo. Tun., um verzugslos auslaufen zu können, falls vor der Bucht Feindkräfte auftreten sollten. Aber es rührt sich nichts in dieser Nacht.
Am Abend des 29. April laufe ich um 1950 Uhr mit denselben 3 Booten aus zur 12. Verminung vor der Küste bei Tabarca. Wir werfen die Mi-

nen um 0130 Uhr und laufen um 0700 Uhr wieder ein. Leider ist auf »S 57« der Brennstoffpumpenantrieb ausgefallen, weshalb das Boot zur Reparatur nach Augusta verlegen muß.
So laufen wir mit »S 36« und »S 33« abends am 30. April aus, um die 13. Minenverseuchung bei Cap Blanc durchzuführen. Die letzte Mine fällt um 0100 Uhr, wir machen um 0300 Uhr in Ferryville fest.

DAS ENDE NAHT...

Am 1. Mai ist schlechtes Wetter, aber wir haben immer noch Minen. Mit 2 Booten fällt es fast schwer, den Minenbestand zu verbrauchen. Die Kriegslage in Tunesien macht es erforderlich, daß eine größere Zahl von Soldaten des Stützpunktes nach Sizilien rückverlegt werden muß, um diese Spezialisten für den weiteren Einsatz von Sizilien und Sardinien aus verfügbar zu haben.
An der Südwestecke von Sardinien wird ein kleiner Schnellbootstützpunkt in Porto Vesme aufgebaut, weil nach Verlust von Tunesien von hier aus Operationen gegen den vor der tunesischen Küste laufenden feindlichen Geleitzugverkehr durchgeführt werden sollen. Am 2. Mai droht ein Durchbruch feindlicher Panzerkräfte bei Mateur, weshalb das Dt. Mar. Kdo. Ital. in Rom eine Weisung an das Dt. Mar. Kdo. Tun. unter Kapitän zur See der Reserve Meixner, den früheren bewährten »Seetransportchef Afrika« gibt, die Schnellbootflottillen rechtzeitig aus Bizerta zu entlassen.

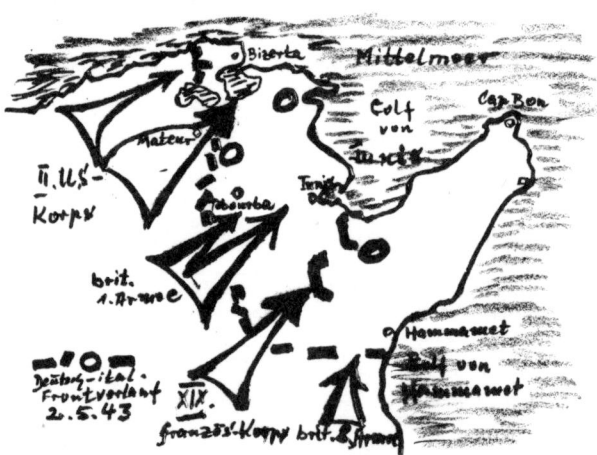

Frontverlauf 10 Tage vor Kapitulation in Tunesien

Sowohl am 2. wie auch am 3. Mai herrscht schlechtes Wetter. Der Feind hat Mateur genommen, so daß alle Fla-Geschütze und Fla-Maschinenwaffen von Bizerta zum Einsatz im Erdkampf zur Unterstützung des Heeres abgezogen werden.
Am 4. 5. besetzt unsere Marineartillerie mit ihren Geschützen die Tindja-Enge etwa 5 km von unserem Liegeplatz in Ferryville entfernt. Sie eröffnet am Morgen des 4. Mai das Feuer auf Panzerspitzen des Feindes am Ishkoel-See. Heute muß mit der Eroberung Bizertas durch den Feind gerechnet werden – alle Kameraden außer den Besatzungen der Schnellboote, Siebelfähren, Fährprähme und anderer Kleinstfahrzeuge können dem Schicksal der Gefangenschaft nicht entgehen. Ein furchtbarer Gedanke, der auch den letzten von uns erfaßt. Die größte persönliche Tapferkeit vermag gegen die Waffen des Gegners nichts mehr auszurichten – der Einsatz wird sinnlos und kann nicht mehr verantwortet werden. Aber es gibt noch eine Galgenfrist – der Feind wird schon in seiner Bereitstellung zum letzten Angriff schwer getroffen, der Angriff wird noch einmal abgeschlagen.
Die beiden nicht einsatzklaren Boote »S 57« und »S 60« nehmen unser Stützpunktpersonal und weitere in Tunesien nicht mehr benötigte Soldaten an Bord und laufen am 5. Mai abends aus nach Porto Empedocle. Mit »S 36« und »S 33« haben wir noch einmal Minen übernommen, um unsere vorletzte Minenoperation durchzuführen. Wir laufen am 6. Mai abends aus und werfen die 14. Minensperre vor Tabarca. Wir haben keine Feindberührung während der Nacht und laufen um 0420 Uhr wieder in Ferryville ein. Wir vernehmen rollendes Artilleriefeuer an der nahen Landfront.
Als wir am Vormittag des 6. Mai noch einmal Minen an Bord nehmen, liegen die Einschläge der feindlichen Artillerie schon in der Nähe unseres Liegeplatzes. Unsere Kaserne hat einige Treffer erhalten, weshalb wir schnellstens in den Lac de Bizerte verlegen.
Zusammen mit dem Chef 7. S-Flottille fahre ich im Pkw zum Dt. Mar. Kdo. Tun., um letzte Befehle zu empfangen. Um 1000 Uhr kommt der Chef des Dt. Mar. Kdo. Tun. gerade vom Hafenkommandanten zurück mit der Mitteilung, daß das Stichwort »Odessa« durchzuführen ist. Es bedeutet Sprengung und Unbrauchbarmachen des Hafens Bizerta. Wir fahren sofort an Bord zurück, beenden unsere Minenübernahme und laufen zur allerletzten Minenunternehmung um 1200 Uhr aus. Wir werfen die Minen an der Bizerta-Ansteuerungstonne und werden von einigen in 50 m Höhe uns überfliegenden »Lightning«-Jägern überraschenderweise nicht angegriffen.

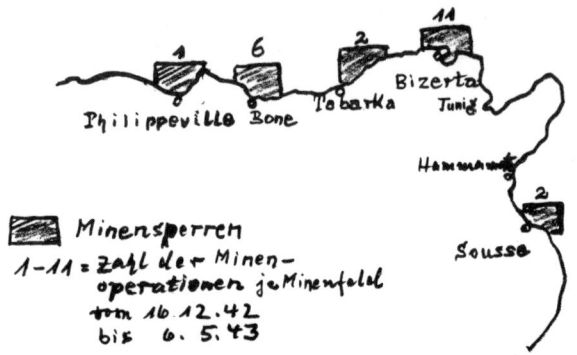

Verminung des Küstenvorfeldes in 22 Operationen

WIR VERLASSEN TUNESIEN

Nach dem Einlaufen machen alle Boote an der Außenmole des Vorhafens fest und warten die Nacht ab. Um 1915 Uhr verabschieden wir Flottillenchefs uns vom Dt. Mar. Kdo. Tun. und von seinem Chef, mit dem wir gemeinsam versucht haben, das Beste aus der Situation zu machen.

Die Schnellboote übernehmen je Boot bis zu 100 Soldaten, worunter sich auch die Besatzung – zumindest Teile der Besatzung – des vor Tunis durch Bombenangriffe gesunkenen Zerstörers »Hermes« befinden. Im Hafen gehen donnernd die vorbereiteten Sprengungen hoch. Bomben fallen – ein Inferno sind diese massierten Detonationen.

Wir laufen am 6. Mai um 2040 Uhr in letzter Abenddämmerung mit »S 36«, »S 33« und 2 Booten der 7. S-Flottille aus Bizerta aus und überqueren die Straße von Sizilien. Der Wind weht aus Ost mit Stärke 5–6, der Seegang ist 4, es herrscht schlechte Sicht. Für die Schnellboote ist es die Grenzwetterlage. Wir laufen mit 24 kn, müssen aber wegen eines Maschinenausfalls auf »S 158« für längere Zeit auf 15 kn heruntergehen. Infolge der Gewichtszunahme durch die eingeschifften Soldaten hat sich das Metazentrum der Boote verändert, weshalb wir bei der schlechten Wetterlage nur noch geringe Ruderlagen legen können. Wir orten nach einiger Zeit Radarstrahlungen von Zerstörern an Backbord, so daß wir zum Ausweichen auf Ostkurs gehen. Bei diesem Wetter können wir keine Torpedos mehr schießen. Die Strahlungen werden lauter, die Zerstörer kommen näher, sind aber nicht zu sehen in dieser schlechtsichtigen Nacht, die auch uns Schutz gibt.

So tasten wir uns mittels des Fu MB an den Zerstörern vorbei. Nachdem »S 158« wieder mit allen Maschinen klar ist, gehen wir auf 26 kn und drehen um 90° weg von den Zerstörern auf Nordkurs, um hinter ihnen durchzubrechen, was uns um 0200 Uhr nachts gelungen ist.
Die eingeschifften Soldaten liegen flach an Oberdeck, weil unter Deck nur Platz für wenige ist. Als um 0300 Uhr die Insel Marettimo in Sicht kommt und wir unser Besteck nach Lotreihen verbessert haben, gehen wir nach Umgehung unserer ausgedehnten Minenfelder auf Ostkurs. Die kleineren Boote der 7. S-Flottille können gegen die aus Osten kommende See nicht anlaufen, weshalb diese Flottille um 0500 Uhr abhängt und Trapani als Nothafen anläuft.
Mit »S 36« und »S 33« gehen wir auf höhere Fahrt – auf 28 kn – und laufen unter der Küste am 7. Mai um 0800 Uhr in Porto Empedocle ein.

Kapitel XII

Operationen vor und nach der Feindlandung auf Sizilien

8. Mai bis 17. August 1943

Unsere ausgeschifften Soldaten werden im Stützpunkt aufgenommen und versorgt, bis neue Anweisungen über ihre weitere Verwendung folgen. Da die schlechte Wetterlage in den Nächten vom 7. zum 8. und vom 8. zum 9. Mai einen Einsatz nicht zuläßt, bringen die Besatzungen ihre Boote in Ordnung.

Wir können noch nicht begreifen und ermessen, wie sehr sich die Kriegslage verändert hat. Uns bleibt in diesen Tagen und Stunden kaum Zeit zum Nachdenken über die Frage, warum eigentlich die höhere Führung den Feldzug in Nordafrika endgültig verlorengehen ließ, trotz der hervorragenden Tapferkeit der Soldaten der deutsch-italienischen Panzerarmee und später »Heeresgruppe Afrika« unter der überlegenen Führung durch Feldmarschall Rommel und nach dessen Ausfall durch Generaloberst von Arnim, der am 12. Mai nachmittags der Kapitulation gegenüber sinnlosem Widerstand auf der Halbinsel Cap Bon den Vorzug gab, wodurch mehr als 150 000 deutsche und 120 000 italienische Soldaten in Gefangenschaft gerieten. Uns war damals nicht klar, daß die Vernichtung der deutsch-italienischen Heeresgruppe und der Verlust Nordafrikas eine Folge des ersten Schwertstreichs der von Churchill und Roosevelt festgelegten »Großen Strategie« für den schließlichen Sieg in diesem Weltkrieg sein würde. Der zweite Streich sollte bald folgen – gegen Sizilien. So hatten es die »Vereinigten Stabschefs« der USA und Großbritanniens in ihrer Planung vorgeschlagen.

DEFENSIV-MINENSPERREN VOR PORTO EMPEDOCLE

Am 16. Mai beginnen wir mit unseren noch 4 klaren Booten mit dem Auslegen defensiver Minensperren vor der flachen und landungsgefährdeten Küste bei Porto Empedocle. In 3maligen Nachteinsätzen ab 2000 Uhr werfen wir 3 Minensperren mit 66 UMB-Minen. Anti-Invasions-Minen besitzen wir leider nicht.

Am 17. Mai setzen wir unsere Minenoperationen fort. Während des Beladens der Boote zur 2. Nachtoperation erfolgt um Mitternacht ein Bombenangriff auf den Hafen. Die 3 Boote bleiben unversehrt, obwohl die Bomben bis zu 100 m entfernt Schäden im Elektrizitätswerk und im Hafengelände anrichten. Wir laufen um 0015 Uhr aus und steuern unsere Wurfposition an. Nach einer Viertelstunde detonieren überraschend mehrere im Gleitflug geworfene Bomben neben unseren Booten – die nächste etwa 5 m neben dem Führerboot »S 55«, wobei die neben mir auf der Brücke stehende seemännische Nr. 1, der junge Bootsmaat Echtermeyer, tödlich, der Richtschütze an der in der Back versenkten 2 cm Kanone schwer und 2 weitere Besatzungsangehörige, darunter der Leitende Maschinist, leicht verwundet werden. Alle Maschinen sind durch Splitterwirkung ausgefallen, das Boot ist bewegungsunfähig. Das Rottenboot »S 57« kommt längsseit und bringt uns in den Hafen, wobei es dem verwundeten Obermaschinisten Stelzer gelingt, wenigstens eine Maschine wieder in Betrieb zu setzen, so daß wir mit eigener Kraft an der Pier anlegen können.

BESPRECHUNG BEIM BEFEHLSHABER IN ROM AM 20. MAI

Am 19. Mai nachmittags fliege ich zu einer Besprechung beim Befehlshaber nach Rom. Hier habe ich Gelegenheit, Vizeadmiral Ruge unsere Sorgen und meine Ansichten über unsere weiteren nur noch beschränkten Einsatzmöglichkeiten vorzutragen und von ihm die »Große Lage« zu erfahren. Schließlich hat sich die gesamtstrategische Situation – nicht nur im Mittelmeer – folgenschwer zu Ungunsten der Achse Berlin – Rom verändert.
Allein die Tatsache, daß die Flottille gemäß Forderung der italienischen Marine vor ihrem eigenen Hauptstützpunkt und Einsatzhafen Porto Empedocle schon jetzt defensive Minensperren gegen mögliche britisch-amerikanische Landungen auf Sizilien auslegen muß, läßt darauf schließen, daß die Eroberung Siziliens durch die Alliierten nur noch eine Frage der Zeit ist, die der Gegner benötigt, um seine Invasionsarmeen und Fallschirmtruppen sowie seine Luftwaffen- und Marinestreitkräfte in Malta und in tunesischen Häfen und auf Flugplätzen bereitzustellen.
Für die Flottille ergibt sich in dieser Zeit die Forderung, sich mit möglichst vielen Booten zur Bekämpfung anmarschierender Landungsflotten bereitzuhalten und gleichzeitig andere im rückwärtigen Gebiet auf

dem Festland liegende Häfen als Einsatz- und Absprunghäfen ausfindig zu machen sowie das in Porto Empedocle und in Augusta befindliche Personal und Material, Reservemotoren, Minen und Munition, Torpedos und Torpedoregelstellen u. a. m. auf dem See- und Landwege in die neuen Stützpunkte zu verlegen. Wie weit die Flottille ihren künftigen Aufgaben gewachsen sein wird, kann noch nicht übersehen werden angesichts der zu erwartenden Überlegenheit des Feindes zur See und in der Luft.
Am 23. und 24. Mai setzen wir unsere nächtlichen Verminungen vor Porto Empedocle fort. Insgesamt sind bisher 163 UMB-Minen und 40 Sprengbojen geworfen.

SCHWERER BOMBENANGRIFF AUF PORTO EMPEDOCLE AM 25. MAI

Am 25. Mai gegen 1400 Uhr lassen 33 Bombenflugzeuge unter Jagdschutz von nur 5 »Lightning«-Jägern ihre Bombenlast in den kleinen Hafen fallen. Die Flak, bestehend aus 4 Batterien 7,6 und 9 cm Geschützen, ist wirkungslos. Das Führerboot »S 55« wird durch Splitter beschädigt, von der Wache erleiden 2 Soldaten Verwundungen. Ferner sind Licata östlich von Porto Empedocle und Porto Vesme auf Südsardinien als Stützpunkte der 7. S-Flottille durch starke Luftverbände mit Bomben angegriffen worden. Unter dem Eindruck der Intensivierung der Luftangriffe auf die Stützpunkte unserer beiden deutschen Schnellbootflottillen setze ich folgenden Funkspruch an den Befehlshaber in Rom ab:

»... im Hinblick auf bereits erfolgte und noch zu erwartende Luftangriffe auf S-Bootsstützpunkte dringend Entscheidung über neue Hauptstützpunkte auf Festland erbeten. Habe schwerste Bedenken für weitere Aufrechterhaltung Hauptstützpunkte auf Sizilien in kommenden Tagen. Vorschlage daher beschleunigte Verlegung Material bisheriger Hauptstützpunkte an französische Südküste, zumal gleiche Entfernung zu vorgeschobenen Einsatz- und Absprunghäfen wie von norditalienischen Häfen La Spezia oder Genua. Nach bereits durchgeführter Erkundung durch Flottilleningenieur Kptlt. (Ing.) Döpner sind Häfen in Reihenfolge Nizza, Toulon und Marseille geeignet. Hinweise außerdem auf leichtere Versorgung und Nachschubmöglichkeiten nach Südfrankreich im Vergleich zu Italien.«

EICHENLAUB FÜR FLOTTILLE

Am 27. Mai wird mir als Flottillenchef das Eichenlaub zum Ritterkreuz des Eisernen Kreuzes mit der »Hausnummer 249« für die Leistungen aller Soldaten der Flottille in den vergangenen Jahren verliehen. Das ist das 2. Eichenlaub in der Flottille, nachdem dem früheren sehr erfolgreichen Kommandanten von »S 60« und »S 56«, Oblt. z. S. Wuppermann, das Eichenlaub am 3. April 1943 nach seiner Abkommandierung im Januar 1943 verliehen worden war. Wuppermann wurde im Januar Chef einer Schnellboot-Schulflottille in der Ostsee, er bildet künftige Kommandanten und Besatzungen für die neuen Boote aus.

NEUE HAUPTSTÜTZPUNKTE AUF FESTLAND

Aus Rom geht endlich am 29. Mai die Entscheidung ein, daß die Hauptstützpunkte Porto Empedocle und Augusta aufzugeben und Personal wie Material nach Marseille zu verlegen sind.

AMMIRAGLIO RICCARDI BESICHTIGT DIE FLOTTILLE AM 31. MAI

Am 27. Jahrestag der Skagerrakschlacht, 31. Mai, besucht der Admiralstabschef der Königlich-Italienischen Marine, Ammiraglio Riccardi, die Flottille. Nachdem der Admiral die Front der angetretenen Flottillenbesatzungen abgeschritten hat, verleiht er italienische Auszeichnungen im Namen des Königs von Italien an mehrere Soldaten der Flottille. Anschließend besichtigt er eines unserer Boote und nimmt unsere sorgenvollen und fragenden Blicke mit nach Rom. In dieser Zeitphase den Besuch des italienischen Admiralstabschefs in italienischen Marinestützpunkten auf Sizilien zu erhalten, soll sicher ein Ansporn sein zum Durchhalten aller italienischen und deutschen Kriegsschiffbesatzungen und der Hafenverteidigungsbatterien für die bevorstehenden Kampfaufgaben bei der Abwehr einer Invasion auf Sizilien. Darüber hinaus wird der Admiral auf dieser Reise ein Bild von dem schwachen Verteidigungszustand in den Häfen und auf der Insel gewonnen haben.

BEREITSCHAFTSZUSTAND DER FLOTTILLE MAI 1943

Der Bereitschaftszustand der noch aus 11 Booten bestehenden Flottille war während des Monats Mai mit im Durchschnitt 3,4 einsatzbereiten Booten pro Tag sehr gering. Die verschiedenen Liegehäfen der Boote – Neapel, Ferryville, Augusta, Porto Empedocle, Toulon und Maddalena – beim Fronteinsatz der Flottille im Anfang des Monats allein vor der tunesischen Küste lassen erkennen, wie weitverzweigt die Organisation eines so kleinen Verbandes mit nur 11 Booten ist.
Der Flottilleningenieur trägt mit seinen beiden Gehilfen II. Ing. und III. Ing. und seinem ihm unterstellten technischen Flottillen- und Stützpunktpersonal bei einer örtlich so weitverzweigten Stützpunkt- und Werftorganisation eine außerordentliche Verantwortung mit dem Ziel der Erhaltung eines hohen materiellen Einsatzbereitschaftszustandes der Boote. Ein Fehler oder eine Unterlassungssünde in der vorausschauenden Planung konnte sich in nicht wiedergutzumachender Weise auswirken, denn der Nachschubweg z. B. für eine Öldruckpumpe von Stuttgart nach Ferryville in Tunesien nahm Wochen in Anspruch und ließ keinen Einsatz für das auf die Öldruckpumpe wartende Schnellboot zu.

LAGEBETRACHTUNG ZUM 31. MAI 1943

Am 30. Mai führte ich nach dem Einlaufen eine Besprechung mit dem Chef des Stabes des II. Fliegerkorps, Oberst Kusserow, und seinem Ia, Major Müller, in Catania. Wir wurden uns darüber klar, daß die grundlegend veränderte Lage mehr denn je gemeinsames schnelles Handeln unserer beiden Teilstreitkräfte in der nächsten Zukunft erfordern wird. Im einzelnen sowie über die »Allgemeine Lage« schrieb ich damals ins KTB:
»... 1. Sämtliche Kampfverbände der Luftwaffe verlegen auf das italienische Festland.
2. Es verbleiben auf Sizilien das Jagdgeschwader 53 in Comiso und Zerstörergeschwader 27 in Trapani.
3. Eine Staffel der Aufklärungsgruppe 122 (nur 3 Ju 88 mit Hohentwielgerät) bleibt für Nachtaufklärung in Trapani.
4. Eine Gruppe vom Nacht-Jagdgeschwader II bleibt in Comiso.
5. Eine Gruppe vom Zerstörergeschwader I bleibt in Gerbini bei Catania für Tagaufklärung im Seegebiet westlich und östlich Sizilienstraße bis Malta.

6. Ein Geschwader FW 190 als Jagdbomber für Schiffsbekämpfung in der Sizilienstraße verbleibt in Gerbini und San Piedro.
Die Überlegenheit der feindlichen Luftwaffe läßt es nicht mehr zu, die Ju 88 als Aufklärer oder als Kampfflugzeug über dem Mittelmeer bei Tage einzusetzen. Diese Aufgaben werden daher bei Tage durch Jagdflugzeuge und Zerstörer in der Aufklärung und durch FW 190 in der Schiffsbekämpfung übernommen.
Die laufende Aufklärung bei Tage durch die Zerstörer ist um 1900 Uhr abends beendet. Ein Fühlunghalten an feindlichen Verbänden bei Tage verbietet sich wegen der Gefährdung durch die englischen Jäger, so daß ein lückenloses Bild und die Erfassung möglicher Geleitzugwege nicht mehr zu gewinnen ist. Es ist daher der Übergang der Fühlung vom Tage zur Nacht nicht möglich, zumal die Ju 88 als Nachtaufklärer frühestens nach Einbruch der Dunkelheit um 2030 Uhr in Trapani starten dürfen. An einem bei Tage gesichteten Geleitzug, der das Operationsgebiet der Schnellboote in der Nacht passieren wird, muß daher erst wieder Fühlung durch den Nachtaufklärer gewonnen werden.
Seit dem Verlust Tunesiens passiert der Gegner die Straße von Sizilien und das durch deutsche S-Boote gefährdete Seegebiet unter stärkstem Jagdschutz – Flugplätze an der tunesischen Küste – ausschließlich bei Tage, weil er weiß, daß er sich die Jagdbomber bei Tage mittels seiner Jäger besser vom Leibe halten kann als die S-Boote bei Nacht. Er geht daher keinerlei Risiko mehr ein.
Mein Vorschlag, den Engländer durch Massenangriffe mit Jagdbombern bei Tage zu zwingen, das Operationsgebiet der S-Boote bei Nacht zu passieren, damit die S-Boote zum Ansatz kommen können, schlägt fehl aus Mangel an Kräften. Somit sind die Ansatzchancen für die 3. und 7. S-Flottille gering, und es werden sich für die Zukunft kaum noch nennenswerte Angriffsgelegenheiten auf Geleitzüge bieten.
Der starke feindliche Geleitzugverkehr im Westlichen Mittelmeer bis einschließlich Tunesien und die starke Ansammlung von Landungs- und Panzerlandungs- sowie Transportschiffen (LCT, LST, LSI usw.) läßt erkennen, daß der Gegner in absehbarer Zeit größere Landungsunternehmen durchführen und damit eine zweite Landfront in Europa errichten will. Ich denke hier an die Besetzung Siziliens, Sardiniens oder des ägäischen Raumes.
In diesem Falle werden die S-Boote noch einmal zum Schlage ausholen können. Nur unter Berücksichtigung der Landungsgefahr halte

ich den Verbleib beider S-Flottillen im Mittelmeer für gerechtfertigt. Im anderen Fall oder unter der Voraussetzung, daß der Gegner an der südeuropäischen Front zurückgeschlagen wird, wäre die Frage zu prüfen, ob das weitere Verbleiben beider S-Flottillen im Mittelmeer im übergeordneten Interesse der Schwerpunktbildung der Schnellbootwaffe im Englischen Kanal noch für richtig und erfolgversprechend gehalten wird.

Ich bin der Auffassung, daß dann eine Flottille durch große 20-Zylinderboote auf 14 Boote verstärkt für die Erfüllung der hiesigen Aufgaben ausreichen wird.

Die Boote der 7. S-Flottille werden im Hinblick auf verstärkte Überführung englischer Schnellboote und Motorkanonenschnellboote in den Mittelmeerraum materiell nicht mehr in der Lage sein, ihre Stellung als Schnellboote zu behaupten. Übernahme dieser Flottille durch U-Jagdbesatzungen und Verwendung als schnelle U-Jäger nach Einbau der erforderlichen Sondergeräte sowie Freistellen der Besatzungen für eine neue Flottille im Englischen Kanal erscheinen lohnender und richtig.

Zum Ansatz der Nachtaufklärung für das Heranführen der S-Boote an den Feind wird folgendes mit dem II. Fliegerkorps vereinbart:

1. Engste Tuchfühlung mit Aufklärungsgruppe 122 in Trapani.
2. Vorübergehende Abstellung eines Schnellboot-Kommandanten bei Aufklärungsgruppe 122.
3. Vorträge und eingehende Belehrung aller Flugzeugbesatzungen über Eigenart des Schnellbooteinsatzes.
4. Zunächst wird 1 Ju 88 für reinen Schnellbootansatz abgestellt, im Endziel soll nach Auffüllung der Staffel eine Kette = 3 Ju 88 erreicht werden. Diese Flugzeuge werden bezgl. Überholung pp. direkt mit Schnellbooteinsatz gekoppelt.
5. Anforderung der Aufklärung 5 Stunden vor erforderlichem Start der Maschine, also bis 1500 Uhr.
6. 1 Boot der Flottille – taktische Nr. 2 – schaltet die taktische Aufklärungsfrequenz des Flugzeuges. Funksprüche vom Flugzeug werden wegen zu geringer Sendestärke des Aufklärers von der Bodenstelle Trapani wiederholt, so daß die taktische Nr. 2 den Funkspruch empfangen kann. Schlüsselverfahren Auka-Tafel.

Es besteht die Möglichkeit, dem Aufklärer mit Funkspruch Befehle über Leuchtbombenwerfen pp. zu erteilen. Das auf dem Führerboot eingebaute Funksprechgerät FUG 16 zum direkten Heranführen der S-Boote an den Feind läßt direkte Sprechverbindung mit dem

Aufklärer zu. Das Heranführen durch Einpeilen der vom Aufklärer abgesetzten Peilzeichen ist von Seiten der Aufklärungsgruppe aus Gründen zu starker feindlicher Nachtjägertätigkeit nicht erwünscht. Das Abwerfen von Peilsonden wird geprüft, jedoch kommt nach den Versuchsergebnissen der Luftwaffe die Peilsonde nur für hochanfliegende Flugzeuge infrage. Das Schnellboot wird daher wegen der geringen Sicht- und Empfangshöhe nicht in der Lage sein, die im Wasser schwimmende Peilsonde einzupeilen.

Es wird vereinbart, daß – wie bisher – sämtliche Aufklärungsmeldungen vom II. Fliegerkorps telefonisch bzw. mit Fernschreiben an den Stützpunkt der Flottille übermittelt werden. Ist die Flottille in See, wird die Aufklärungsmeldung mit Funkspruch auf der S-Bootswelle ausgestrahlt.

7. Zum Ansatz selbst ist noch zu berichten, daß auf Grund der Morgenaufklärung durch die Zerstörer Me 110 ein möglicher Ansatz der Flottille in der kommenden Nacht erwogen wird. Die Entscheidung über den Ansatz kann auf der Grundlage der Nachmittagsaufklärung erfolgen, die um 1800 Uhr an den äußeren Kanten der Aufklärungsgebiete kehrtmacht und deren Ergebnis bis spätestens 1900 Uhr bei der Flottille vorliegt.

Es hat sich während der 1½ Jahre Mittelmeerkriegführung immer wieder herausgestellt, daß die operative Führung der S-Boote von Rom aus nicht nur stark verzögernd und hemmend, sondern fast ausgeschlossen war.

Bei der augenblicklichen Lage kann ein rechtzeitiger Einsatz der Boote nur so erfolgen, daß die Flottillen nach Vorliegen der Nachmittagsaufklärungsmeldungen selbständig seeklar machen unter gleichzeitiger Meldung ihrer Auslauf- und Einsatzabsichten an Dt. Mar. Kdo. Ital. in Rom durch den ältesten Flottillenchef. Werden in solchen Nächten auch italienische S-Boote angesetzt, müssen die deutschen Flottillen über die den italienischen S-Booten zugewiesenen Operationsgebiete von Rom aus unterrichtet werden. Wie bisher, so wird auch in Zukunft allein auf Grund der noch in See übermittelten Aufklärungsergebnisse operiert.

Die kurzen Sommernächte beeinträchtigen bei einer Marschgeschwindigkeit von 26 kn zwangsläufig die Weite des Operationsgebietes. Im gleichen negativen Sinne wirkt die feindliche Luftherrschaft. Es kann daher unter Berücksichtigung der geringen Stärke und anderweitigen Beanspruchung der eigenen Jagdverbände immer erst um 2030 Uhr nach Einbruch der Dunkelheit ausgelaufen und es muß bis vor Morgendämmerung um 0515 Uhr wieder eingelaufen werden ...«

Der Befehlshaber in Rom, Vizeadmiral Ruge, brachte in seiner Stellungnahme zu diesem KTB der Flottille folgendes zum Ausdruck: »Die 3. S-Flottille hat im Tunesien-Einsatz einen wesentlichen Anteil an der Kriegführung in Afrika gewonnen. Nach Verlegung aus dem Östlichen Mittelmeer hat die Flottille durch wiederholte Mineneinsätze vor Bone und Philippeville den feindlichen Nachschub merklich gestört, hat in der Fernsicherung der eigenen Geleitwege ihre Aufgabe gut gelöst und dabei auch erfreuliche Erfolge gegen Feindstreitkräfte erzielt. Im letzten Stadium des Afrikafeldzuges hat sie durch Verminung der landungsgefährdeten Küstenstellen die erforderliche Sicherung nach See zu geschaffen.

Zu den Schlußbemerkungen des Flottillenchefs ist die gute und tatkräftige Zusammenarbeit mit den Verbänden der Luftwaffe hervorzuheben, die der persönlichen Initiative der Flottillenführung zu verdanken ist. Den Bemerkungen wird zugestimmt.«

BILANZ ÜBER DEN EINEINHALBJÄHRIGEN EINSATZ IM MITTELMEER
VOM 12. 12. 1941 BIS 31. 5. 1943

In 536 Tagen = 17,5 Monaten wurden
108 Operationen, davon
 55 Minenoperationen durchgeführt,
4,5 S-Boote standen im Durchschnitt pro Operation zur Verfügung,
 16 Operationen wurden wegen Wetterlage abgebrochen, bei
  6 Operationen lagen Aufklärungsmeldungen vor, bei
 14 Operationen wurden Kriegsschiffe gesichtet, bei
  3 Operationen wurden Handelsschiffe gesichtet.
  5 Torpedo-Operationen waren erfolgreich gegen Kriegsschiffe,
  2 Torpedo-Operationen waren erfolgreich gegen Handelsschiffe,
  3 Artillerie-Operationen waren erfolgreich gegen Kriegsschiffe.
 70 Torpedos wurden geschossen, davon
 43 Torpedos auf Kriegsschiffe mit 9 Torpedo-Treffern
 23 Torpedos auf Handelsschiffe mit 6 Torpedo-Treffern
  4 Torpedos auf Schiffswracks mit 3 Torpedo-Treffern.
Diese Treffer wurden erzielt von
  8 Schnellbooten, woran »S 55« und »S 30«
    je 2mal beteiligt sind.

Bei
55 Minen-Sperren wurden geworfen 1271 Minen, 532 Spreng- und Reißbojen

davon
27 Operationen vor Malta
(16. 12. 1941 – 17. 5. 42) 669 Minen, 337 Spreng- und Reißbojen,
22 Operationen von Bizerta aus
(16. 12. 1942 – 12. 3. 43) 404 Minen, 195 Spreng- und Reißbojen,

davon
7 offensive Operationen nach Bone und Philippeville (11. 4. – 6. 5.) 218 Minen, 116 Spreng- und Reißbojen,
und
15 defensive Operationen vor Sousse, Bizerta und nordtun. Küste 186 Minen, 79 Spreng- und Reißbojen,

In 6 defensiven Minen-Operationen vor Porto Empedocle (16. – 24. 5.) 198 Minen, 0 Spreng- und Reißbojen.

Durch Torpedotreffer wurden
1. als versenkt gemeldet
   1 Zerstörer »Hasty«
   1 Minensuchboot »Horatio«
   1 Trawler, wahrscheinlich »Cocker«
   5 Handelsschiffe mit 42570 BRT
2. beschädigt
   1 Kreuzer »Newcastle« 10000 t.

Durch Fla-Maschinenwaffen und Maschinengewehre wurden
1. versenkt
   1 Motorlaunch »ML 130«
   2 Trawler, wahrscheinlich »Moor« und »Highland Queen« je 500 t
   1 Schlepper, wahrscheinlich »JTA 1«
   5 Landungsboote – LCM, LCI – je etwa 40 t
   1 Hilfsminensuchboot, wahrscheinlich »Parktown«
   1 Küstenmotorsegler etwa 150 t
2. beschädigt
   1 Bewacher
   1 MTB

Durch unsere Minen sind
1. gesunken
   1 U-Boot »Urge« – vor Malta, wahrscheinlich
   1 U-Boot »Olympus« – vor Malta

  2 Zerstörer »Southwold« und »Kujawiak« – vor Malta
  2 Schlepper »C 308« und »St. Angelo« – vor Malta
  1 Trawler »Eddy« – vor Malta
  1 Drifter »Justified« – vor Malta
  1 Trawler »Stronsay« – vor Phillippeville
  1 »MTB 264« – vor Sousse
  2 Minensuchboote »MS 89« und »HIL 1154« – vor Bizerta
2. beschädigt
  2 Zerstörer »Badsworth« und »Matchless« – vor Malta
  1 Minensuchboot »Hebe« – vor Malta
  1 Korvette »Fantome« – vor Bizerta
  1 Frachter »Orari« 10350 BRT – vor Malta
  1 US-Tanker »Yankee Arrow« 8000 BRT – vor Bizerta
Im Artilleriegefecht niedergekämpft und als Prisen nach Tobruk eingebracht
  1 Landungsschiff »LCT 150«, 296 t mit geretteten
175 Engländern und Soldaten des British Empire
  2 Landungsboote »LCM 145« und »146«, je 37 t
An Verlusten erlitt die Flottille
 38 Gefallene
 26 Verwundete
  4 Schnellboote,
    »S 31« durch Minentreffer vor Malta 10. 5. 42
    »S 34« durch Küstenartillerie-Volltreffer vor Malta 17. 5. 42
    »S 35« wahrscheinlich durch Minentreffer nördlich Bizerta 28. 2. 43
    »S 56« durch Bombenangriff Palermo Hafen 1. 3. 43 gesunken, aber wieder gehoben und Toulon geschleppt, gesunken 20. 11. 43 durch Bomben auf Toulon
Von
536 Tagen konnte auf Grund schlechter Wetterlage an
113 Tagen kein Einsatz durchgeführt werden, an
172 Tagen war kein Einsatz wegen mangelnder Ziele, wegen Minenzündungsversagern, wegen Verlegungen oder aus anderen Gründen, an
 64 Tagen hatten die Besatzungen »Ruhe« nach mehreren aufeinanderfolgenden Einsatznächten, an
 63 Tagen war kein Einsatz wegen Vollmond,
 16 Operationen mußten wegen schlechter Wetterlage abgebrochen werden.

Aus der Bilanz ist zu erkennen, daß etwas mehr als die Hälfte aller Operationen auf Mineneinsatz fällt. Entsprechend verhalten sich die Erfolge im Vergleich zu den wenigen Möglichkeiten, Schiffe mit Torpedos anzugreifen, weil nur wenige Nachschubgeleite des Gegners nach Malta liefen.

Nach Beendigung des 3jährigen, wechselvollen Ringens um die strategische Position der Achsenmächte in Nordafrika ist auch dem letzten Zweifler die Erkenntnis gekommen, daß der Weg zum Nil hätte über Malta führen müssen. Daß diese kleine, bollwerkartige Insel Malta nach 2maliger Neutralisierung durch das X. Fliegerkorps im Frühjahr 1941 und durch das II. Fliegerkorps zusammen mit der Abriegelung zur See durch Verminung der Hafenzufahrten durch die S-Boote und die Versenkungserfolge unserer U-Boote im Frühjahr 1940 nicht sofort durch eine Luftlandung – wie auf Kreta – von uns erobert wurde, ist der folgenschwere Fehler, den die oberste Führung in der Auseinandersetzung mit England in diesem Kriege begangen hat. Nachdem die italienische Seite Mitte März 1942 erklärt hatte, daß die Vorbereitungen zur Eroberung der Insel Malta Ende Juli 1942 beendet sein würden, hatte Hitler am 30. April 1942 vorgeschlagen, den Angriff in Libyen aus der El Ghazala-Stellung östlich Derna und westlich Tobruk für Ende Mai und die Eroberung der Insel Malta – Unternehmen »Herkules« – für Mitte Juli 1942 vorzusehen.

Als aber Tobruk am 20./21. Juni von Rommel erobert war und die deutsch-italienischen Kräfte die ägyptische Grenze schon am 22. Juni erreicht und einen flüchtigen Feind vor sich hatten, ließ Hitler Mussolini vorschlagen, nunmehr zunächst Alexandria und Kairo zu nehmen und die Eroberung der Insel Malta zurückzustellen. Am 30. Juni 1942 jedoch blieben die Kräfte der Achse vor Erschöpfung und vor allem infolge fehlenden Benzins 100 km vor Alexandria bei El Alamein liegen. Hier aber siegte Ende Oktober – Anfang November 1942 der neuernannte Befehlshaber der britischen 8. Armee, Generalleutnant Montgomery.

Hitler glaubte, England in Rußland treffen und nach siegreicher Beendigung des Krieges gegen die Sowjetunion im Mittelmeerraum bis nach Kleinasien vorstoßen zu können, um England dann dort endgültig zu besiegen, falls es nach Ausschaltung seines Verbündeten Rußland noch nicht zu einem Friedensschluß geneigt gewesen sein würde – so lautete sinngemäß die »Weisung 32« vom 11. Juni 1941! Jetzt aber – nach dem Verlust des Kriegsschauplatzes Nordafrika und Wiedererringung der See- und Luftherrschaft im Mittelmeer durch die Alliierten – ist für sie das Tor zur Eroberung Europas aufgestoßen. Diese Veränderung der Lage wird zur Grundlage der »Großen Strategie« der mit großer Überlegenheit kämpfenden Anglo-Amerikaner.

NEUEN AUFGABEN ENTGEGEN

Die durch Verlust der strategischen Position Nordafrika eingetretene Veränderung der Lage zwingt die Achsenmächte im Mittelmeer nunmehr vollends in die Defensive. Nachdem auch die 6. Armee am 2. Februar in Stalingrad kapitulieren mußte, im Mai allein 37 deutsche U-Boote im Nordatlantik verloren gingen und in der Zeit vom 17. – 26. Mai zum ersten Mal seit 1941 wieder ein britischer Geleitzug direkt von Gibraltar an Malta vorbei nach Alexandria durch das Mittelmeer laufen konnte und der Umweg um Afrika herum überflüssig geworden war, führt der Gegner jetzt diejenigen Kräfte ins Mittlere Mittelmeer, die zur Eroberung der Insel Sizilien notwendig sind. Wir rechnen damit, daß der Aufmarsch des Gegners in wenigen Wochen beendet sein wird.
Außer unseren Schnellbooten befinden sich nur noch 17 deutsche U-Boote im Mittelmeer. Die italienische Flotte sowie die anderen italienischen Teilstreitkräfte scheinen am Ende ihrer Kräfte zu sein. Der italienischen Wirtschaft und Bevölkerung scheint es ähnlich zu ergehen. Vor der Südküste von Sizilien wird sich noch einmal eine Chance für den Einsatz unserer Schnellboote in der Invasionsnacht ergeben können unter der Voraussetzung, daß unsere Luftaufklärung und der B'dienst funktionieren und der Gegner am Vorabend auf dem Anmarsch von Malta und von tunesischen Häfen aus rechtzeitig erfaßt werden kann. Wird dieser Zeitpunkt versäumt, werden die Möglichkeiten für einen erfolgreichen Schnellbooteinsatz immer geringer werden, abgesehen davon, daß die 3. und 7. S-Flottille bei dem voraussichtlich riesigen Ausmaß der Feindlandungen sowieso nur einen Nadelstich als Erfolg erreichen können, der keinerlei Auswirkungen auf den weiteren Verlauf einer solchen Invasion haben würde. Der Gegner könnte sogar in der Lage sein, uns durch einige MGB-Flottillen und Zerstörer von bei der Invasion sich einmalig bietenden Zielen abzudrängen, weshalb es entscheidend darauf ankommt, daß wir den Gegner schon auf dem Anmarsch im freien Seeraum mit dem Ziel größerer Handlungsfreiheit sowohl räumlich wie zeitlich finden und angreifen können.

Sizilien im Mittelpunkt aller Operationen

Als Einsatz- bzw. Absprunghäfen sind Porto Empedocle, Licata, Augusta sowie Trapani und Porto Vesme auf Südsardinien vorbereitet. Mit großer Wahrscheinlichkeit werden die kleinen Häfen an der Südküste Siziliens nach erfolgter Invasion nicht mehr für uns verfügbar sein, da der Gegner sie baldigst für seinen eigenen weiteren Nachschub für Heer und Luftwaffe auf Sizilien benötigt.

Die Flottille erhält Befehl, ein Höchstmaß an einsatzbereiten Booten zur Bekämpfung der Invasions-Flottenverbände sicherzustellen. Aber bis zum Zeitpunkt einer Invasion fallen noch andere Aufgaben für die Flottille an.

SEEÜBERWACHUNG IN SIZILIENSTRASSE

Die Sizilienstraße und das Seegebiet um Pantelleria müssen von Porto Empedocle und Trapani aus und das Seegebiet von La Galite über Bizerta bis Tunis von Porto Vesme aus durch nächtliche Vorstöße überwacht werden. Wegen schlechter Wetterlage können wir mit 4 Booten erst in der Nacht vom 7. zum 8. Juni von Trapani nach Porto Vesme verlegen, nachdem ein Vorstoß mit 4 Booten ins Seegebiet von Pantelleria in der Nacht vom 1. zum 2. Juni ohne Feindsichtung durchgeführt worden war.

Obwohl unsere Verbindungen zu den Aufklärern des II. Fliegerkorps in Trapani besonders eng geworden waren, konnten die Tagaufklärungsflugzeuge kaum Neuigkeiten über feindlichen Schiffsverkehr in dem für Schnellboote erreichbaren Operationsgebiet melden. Meine Sorge um die kostbaren Betriebsstunden der Motoren veranlaßte mich damals zu folgendem Hinweis an den Befehlshaber:

»... Habe im Hinblick auf mit Sicherheit noch zu erwartenden Großeinsatz S-Boote beim feindlichen Landungsunternehmen Bedenken für Betriebsstundenverbrauch der Boote der 3. und 7. S-Flottille. Versammlung aller Kräfte und sogar Stillegung der Boote erforderlich und nur Ansatz Gebiet Pantelleria – Osttunesienküste bei erreichbaren und sehr lohnenden Zielen, zumal Überwachung eines so großen Seegebietes nicht durch S-Boote, sondern besser nur durch Flugzeuge mit »Hohentwiel« Gerät – in Trapani stehen 3 Radar Ju 88 zur Verfügung – möglich.«

Doch zurück nach Porto Vesme, wo wir inzwischen eingelaufen sind. Als wir nach meiner Besprechung mit dem Fliegerführer Sardinien, Oberst v. Wild, den ich schon von unserer Zusammenarbeit in Riga kenne, nach Porto Vesme zurückkehre und wir um 1900 Uhr zum überraschenden Vorstoß auf den Schiffahrtsweg von Bone nach Bizerta und weiter nach Osten auslaufen wollen, überfliegen uns etwa 45 amerikanische doppelrumpfige »Lightning«-Jäger in 500 bis 1000 m Höhe. Sie scheinen uns, die wir eben außerhalb der Molenköpfe mit geringer Fahrt stehen, nicht erkannt zu haben und laden ihre furchtbare Bombenlast im Sturzflug über einer Ortschaft etwa 5 km ostwärts des Hafens Porto Vesme ab. Wir werden nicht einmal mit Bordkanonen angegriffen! Welche Abschußerfolge unsere gestarteten 4 Me 109-Jäger gegen diesen Überfall hatten, erfuhren wir nie. Wir sichten 2 Me 109 um 2000 Uhr, sie fliegen auf unserem Anmarsch bis zum Dunkelwerden Jagdschutz, den ich morgens beim Fliegerführer beantragt hatte. Während der Nacht finden wir in dem gesamten abgeharkten Seegebiet vor der afrikanischen Küste nicht ein einziges Fahrzeug und laufen um 0700 Uhr in Trapani ein.

PANTELLERIA MUSS KAPITULIEREN

Am 11. Juni um 1056 Uhr kapituliert der italienische Admiral auf der Insel Pantelleria nach 2maligem Ultimatum von Seiten der Engländer wegen Wassermangel. Gegen Abend geht ein Einsatzbefehl von Messina ein, nach welchem die Flottille vor der osttunesischen Küste bis Ras Mustafa am Eingang zum Golf von Hammamet zu operieren hat.

FEINDLICHE MGB'S VOR UNSERER KÜSTE

Schon eine halbe Stunde nach dem Auslaufen um 2300 Uhr treffen wir in Doppel-Kiellinie stehend auf mehrere Schatten unter der eigenen Küste, die genau vor dem Mond stehen. Wir empfangen auch ihre Radarstrahlungen mit größter Lautstärke. Bei weiterer Annäherung machen wir 2 Fahrzeuge mit 2 Masten, also wohl kleine Zerstörer der »Hunt«-Klasse aus. Die Flottille marschiert in Dwarslinie auf zur gleichzeitigen Schußabgabe mit verschiedenen Gegnerfahrtwerten. Wir schießen je 1 Doppelschuß auf etwa 2000 m – 12 Torpedos laufen. Das muß ein Erfolg werden – wir warten bei gestoppten Maschinen auf die Detonationen der Torpedos. Leider vergebens, denn nach fast 2 Minuten dreht der Feind aus seiner Querlage auf uns zu. Wir erkennen plötzlich 6 MGB's, die sich vorher in der breiten Silhouette liegend überlappten und vor dem hellen Mond als Zerstörer wirkten.

– Aus dem von der Naval History Division in Washington, D. C., herausgegebenen Buch »At Close Quarters – PT Boats in The US-Navy« geht hervor, daß es sich bei den von der Flottille gesichteten feindlichen MGB's um die amerikanischen 18 Boote des »Squadron 15« unter Lieutenant Commander Stanley M. Barnes handelte. –
Der Feind läuft auf uns zu, wir drehen ab, da wir kein Artilleriegefecht führen und uns nicht »abnutzen« lassen wollen.
Außer dieser MGB-Gruppe peilen wir Radarortungen einer anderen Feindgruppe im Südwesten, die mit uns auf Parallelkurs zu laufen scheint.
Es geht auf Mitternacht. Der Vorstoß nach Ras Mustafa zur Aufklärung kann wegen des verspäteten Befehlseingangs und infolge Verzögerung durch die beiden MGB-Gruppen nicht mehr sinnvoll durchgeführt werden. Auf der anderen Seite stellt sich die Frage, aus welchen Gründen 2 MGB-Gruppen so früh und so nahe unter unserer Küste operieren. Ob hier ein Kommandounternehmen zur Vorbereitung der erwarteten Großlandung läuft? Wir entschließen uns, vor der Küste auf und ab zu stehen und einzugreifen, wenn solch ein Unternehmen in nächster Nähe erfolgen sollte. Ich setze einen entsprechenden Funkspruch an unsere neue Einsatzleitung in Messina ab. Bei Auftreten von Radarstrahlungen stoßen wir jeweils nach Süden nach, ohne jedoch den Feind zu sichten. Der Gegner scheint nach Malta zurückzulaufen, weshalb wir kehrtmachen und um 0400 Uhr einlaufen.
In der nächsten Nacht vom 13. zum 14. Juni laufen wir mit 2 Booten aus mit dem Auftrag, Soldaten der Luftwaffe, die auf der Insel Lampione stationiert sind, abzuholen, da auch diese Insel – wie vorher schon Lampedusa – vor der Besetzung durch den Feind steht. Gegen 0100 Uhr nachts machen wir uns durch Licht- und Schallsignale vor der nahen Küste bemerkbar und umrunden das kleine Eiland. Als sich nirgendwo an der Küste etwas rührt, nehmen wir an, daß die Männer schon in Gefangenschaft geraten sind oder, daß sie die Insel bereits mit Booten verlassen haben. Enttäuscht treten wir um 0200 Uhr den Rückmarsch an und laufen gegen 0600 Uhr ein. Nach dem Einlaufen wird bekannt, daß auch in der vergangenen Nacht britische MGB's vor der Küste bei Porto Empedocle operiert haben.
Es ist noch Vollmondperiode, die Flottille hat keinen Einsatz. Nachts hören wir wiederum Motorengeräusche von MGB's! Sie scheinen sich zum Schatten der 3. S-Flottille zu entwickeln! Auch in der nächsten Nacht vom 15. zum 16. Juni hören wir die Motorengeräusche vor der Küste gegen Mitternacht. Die feindlichen Boote werden auch von der

deutschen Fla-Batterie von Porto Empedocle mittels eines Funkmeßgerätes erfaßt und auf 7 bis 8000 m beschossen.
Die Mondperiode nutze ich zu einem Mitflug nach Rom, um die Absichten der höheren Führung und ihre Beurteilung der Lage zu erfahren. Gleichzeitig forciere ich die schleppende Vorbereitung neuer Stützpunkte und Absprunghäfen für die 3. und zugleich 7. S-Flottille auf dem italienischen Festland, wenn Augusta, Porto Empedocle, Licata und Trapani vom Feind besetzt sein sollten. Die Besprechung beim Befehlshaber findet am Sonntag, 20. Juni, statt. Nach Rückkehr aus Rom verringern die Flottillen ihr Stützpunktpersonal in Augusta und Porto Empedocle und vermindern gleichzeitig den Bestand an Ersatzteilen, Torpedos, Munition und sonstigen Versorgungsgütern. Auch die Torpedoregelstellen und Restvorratsgüter werden zum Weitertransport mit LKW's und zugehörigem Stützpunktpersonal vorbereitet, um gemäß aufgestelltem »Alarm-Kalender« in die noch von der italienischen Marine zu genehmigenden Häfen Salerno und Via Reggio verlegt zu werden.

DER ENGLISCHE KÖNIG GEORG VI. AUF MALTA

Wie bei Roskill im VOL. III PART I nachzulesen ist, befand sich der englische König Georg VI. in diesen Tagen auf dem Kreuzer »Aurora«, mit dem er ab 18./19. Juni von Algier durch die Straße von Sizilien nach Malta lief. Diese Tatsache an sich spricht für die Einschätzung der Überlegenheit der Alliierten durch die englische Führung zu diesem Zeitpunkt im Seegebiet dicht vor der Südküste Siziliens.

LETZTER AUFKLÄRUNGSVORSTOSS IN SIZILIENSTRASSE

Am 26. Juni mittags tut sich etwas im Mittleren Mittelmeer. So etwas spielt sich wahrscheinlich an fast allen Tagen ab. Aber dieses Mal konnten unsere Luftaufklärer etwas feststellen und melden. Nördlich Bizerta ist um 0925 Uhr ein Großgeleitzug mit 20 Schiffen auf Ostkurs mit mittlerer Fahrt gesichtet worden. Vor Bizerta liegt ein Flugzeugträger mit 8 Zerstörern. Um 1545 Uhr steht dieser Verband 10 sm nordwestlich Cap Bon auf Ostkurs. Eine Stunde später melde ich meine Auslaufabsicht mit 7 Booten für 2015 Uhr an den Befehlshaber in Rom und an Admiral Messina für den Fall, daß das Großgeleit nach

noch ausstehender Abend-Luftaufklärung in der Nacht für unsere Boote noch erreichbar sein sollte und nach Malta geht.
Das II. Fliegerkorps teilt mit, daß unsere Jagdbomber FW 190 das Großgeleit bei Cap Bon angreifen. Die von mir erbetene Nachtaufklärung durch eine der 3 Ju's mit Hohentwielgerät wird zugesagt.
So laufen wir um 2015 Uhr mit 7 Booten aus. Obwohl wir dicht unter der Küste nach Westen laufen, hat uns ein britischer Nachtaufklärer mit Radargerät erfaßt. »S 33« als taktische Nr. 2 und »S 55« können die Marschfahrt von 28 kn nicht halten, weshalb ich mich mit den 4 schnelleren Booten mit »Auflademotoren« mit 30 kn vorsetze, um zumindest den letzten Teil des Großgeleites fassen zu können. So entlasse ich die 2. Gruppe mit 2 Booten mit dem Auftrag, zunächst das Seegebiet südlich Pantelleria anzusteuern und dann auf noch eingehende Aufklärungsmeldungen unseres Nachtaufklärers zu operieren.
Um Mitternacht geht noch ein Einsatzbefehl mit der Uhrzeitgruppe des Aufgebens von 1952 Uhr als Funkspruch vom Deutschen Stabschef Admiral Messina ein, wonach wir in einem bestimmten Seegebiet Lauerstellung beziehen sollen. Hätten wir auf diesen Befehl gewartet, lägen wir jetzt noch im Hafen und könnten erst nachts um 0200 Uhr auslaufen! Aber wir stehen auf Grund unserer direkten und schnellen Verbindung zum II. Fliegerkorps und zur Aufklärungsstaffel in Trapani mit Direktschaltung der Funkfrequenz des Nachtaufklärers schon südwestlich von Pantelleria! Wenn der Geleitzug oder ein Teil nach Malta geht, können wir ihn fassen. Läuft er weiter nach Süden in Richtung Tripolis, können wir ihn in der Nacht nicht mehr erreichen. Das ist das Ergebnis unserer Berechnung nach dem Standort des Geleitzugs von 2140 Uhr.
Als der Geleitzug nach der letzten Meldung des Luftaufklärers von 0025 Uhr bei Ras Mahmour steht, wird klar, daß wir den nach Süden in Richtung Tripolis steuernden Gegner nicht mehr einholen und angreifen können. Wir machen daher um 0345 Uhr kehrt und laufen um 0615 Uhr ein.

FLOTTILLENCHEF FÄLLT DURCH AUTOUNFALL 29. 6. 43 AUS

Zur Überprüfung unseres »Alarmbefehls« und für den Fall feindlicher Landungen befehle ich nach Einbruch der Dunkelheit »Alarm zur Übung« für den gesamten Standort. Bei der Fahrt von der Flottillenunterkunft zur Einschiffung im Hafen während eines zufälligen echten britischen Bombenangriffs mit Leuchtbomben über den Zufahrtstraßen zum Hafen wird mein Wagen von einem ebenfalls ohne Licht entgegenkommenden Autobus, der Schnellbootbesatzungen zum Hafen transportiert hat, in einer Kurve frontal gerammt, so daß vom PKW nicht viel übriggeblieben ist. Mit dem Kopf durch die Scheibe gehend und mit einem Kniegelenkbruch rechts bleibe ich transportfähig zunächst im Stützpunkt liegen. Die Führung der Flottille im Einsatz übertrage ich dem »Ältesten Kommandanten«, Oblt. z. S. Albert Müller.

Gleichzeitig setzt sich der Flottilleningenieur zur Vorbereitung der Stützpunkte Salerno und Via Reggio bei Livorno mit einigen Spezialisten in Marsch. Die 7. S-Flottille wird später nach Via Reggio verlegen, während Salerno für die 3. S-Flottille vorgesehen ist.

Die Kriegsbereitschaftslage der Flottille am 1. Juli sieht mit 8 Booten verhältnismäßig günstig aus. Wenn alle Boote mit zusammen 32 Torpedos beim Ansatz auf eine Invasionsflotte zum Schuß kommen würden, so wäre das ein über alle Maßen großer Erfolg. Dazu müßte zunächst einmal die feindliche Fern- und Nahsicherung solcher Invasionsflotten-Gruppen durchbrochen und überwunden werden, die aber mit Radar mehr sieht als wir, die wir nur auf beschränkte Sichtweite bei Nacht angewiesen sind. Als großes Malheur betrachte ich die Tatsache, daß ich meine Kommandanten und Besatzungen, mit denen ich 3 Jahre lang gegen einen meist immer überlegenen Gegner zu See gefahren bin, nunmehr allein in See gehen lassen muß, wenn es in Kürze zur großen Kraftprobe kommt.

BOMBENANGRIFFE AUF BOOTE UND STÜTZPUNKT –
»S 59« SINKT AM 6. 7.

Nachdem in den ersten Julitagen keine besonderen Beobachtungen über den Feind gemacht oder Ereignisse eingetreten sind, wird »S 59« am 6. Juli nachmittags bei einem Angriff von 15 britischen Jagdbombern auf den Hafen Porto Empedocle von einer Bombe getroffen und sinkt. Durch sich auf dem Wasser ausbreitendes brennendes Öl sind »S 61« und »S 55« gefährdet, können aber aus dem Gefahrenbereich verholt werden. Die Boote haben nur leichte Splitterschäden erlitten. Auf »S 59« sind 2 Besatzungsmitglieder, die als Wache an Bord waren, gefallen.

Um 1850 Uhr folgt ein weiterer Jabo-Angriff mit 15 Flugzeugen. Alle

30 Bomben fallen ins Wasser, so daß kein Schaden angerichtet wird. In den späten Abendstunden geht eine Warnung vom Befehlshaber aus Rom mit Funkspruch ein, die eine vergrößerte Landungsgefahr aus dem Raum Bizerta vermuten läßt. Gleichzeitig wird die Flottille bis auf Weiteres mit Abenddämmerung in Sofortbereitschaft gelegt.

RITTERKREUZ FÜR KOMMANDANT »S 55« OBLT. Z. S. WEBER

An diesem Tage, am 6. Juli, erhält der Kommandant »S 55« das Ritterkreuz zum Eisernen Kreuz, nachdem er sein Boot und seine Besatzung fast 3 Jahre lang erfolgreich geführt hat. Seine Besatzung war schon vorher mit mehreren Eisernen Kreuzen ausgezeichnet worden. Wie erst durch Roskill's Auswertung nach dem Kriege bekanntgeworden ist, muß dem Boot noch die Versenkung des Zerstörers »Hasty« bei der britischen Geleitzugoperation »Vigorous« von Alexandria nach Westen am 15. Juni 1942 zuerkannt werden, obwohl »S 55« den Torpedotreffer auf diesem Zerstörer während des Abwehrgefechtes durch die Zerstörer gar nicht erkannt und gemeldet hatte.

Der 7. Juli beschert uns 2 weitere Bombenangriffe durch je 15 Jagdbomber um 1700 bzw. 1800 Uhr. Ein Teil der Bomben fällt auf die Eisenbahnanlagen der Stadt Agrigento und in die Nähe unserer Unterkunftsbaracken.

Am nächsten Tag läuft die Flottille auf Befehl von Rom um 0140 Uhr mit 7 Booten aus zum Vorstoß in die Bucht von Licata, weil dort angeblich Feindfahrzeuge gesichtet sind. Nachdem bis 0400 Uhr weder Radarpeilungen von Seestreitkräften beobachtet noch etwas gesichtet wurde, macht die Flottille kehrt und läuft um 0530 Uhr wieder ein. Für die nächste Nacht vom 9. zum 10. Juli ist wieder Sofortbereitschaft befohlen. Kurz vor 2000 Uhr noch bei Tageslicht erfolgt ein schwerer Bomben- und Bordkanonen-Tiefangriff durch britische Jagdbomber auf den Unterkunftsbereich der Flottille und eine in der Nähe liegende Eisenbahnbrücke. Wie durch ein Wunder treten weder Verluste noch Schäden ein.

FLOTTILLE SOLL AUS LUFTGEFAHRGRÜNDEN NACH AUGUSTA VERLEGEN

Nachdem diese auf die Flottille gezielten Bombenangriffe an 3 aufeinander folgenden Tagen stattgefunden haben, beantrage ich am 8. Juli sofortige Verlegung der Flottille noch heute Nacht nach Trapani bzw.

Augusta. Ziel der Verlegung ist es, zu vermeiden, daß der Gegner die im kleinen leicht übersehbaren Hafen Porto Empedocle noch liegenden 7 Schnellboote beim nächsten Angriff am nächsten Morgen verheerend treffen könnte. Vom Befehlshaber in Rom aber wird der Verlegungsmarsch nach Augusta erst für die Nacht vom 9. zum 10. Juli freigegeben.

OBLT. Z. S. MÜLLER ALS »ÄK« ÜBERNIMMT FÜHRUNG
DER FLOTTILLE AB 9. JULI

Mit der Verlegung nach Augusta übergebe ich dem Ältesten Kommandanten Oblt. z. S. Müller, dessen Boot »S 59« vor 3 Tagen gesunken ist, nunmehr die Gesamtführung der Flottille, da ich im Sanitätskraftwagen in das Luftwaffenlazarett in Catania überführt werden muß, nachdem feststeht, daß mein Ausfall 2 bis 3 Monate dauern wird. In Catania wird ein Kniegelenkbruch festgestellt, wodurch mein Ausfall noch länger dauern wird.
Wie erwartet, erfolgen am Vormittag des 9. Juli mehrere Bombenangriffe auf den Hafen, ohne Schäden an den Booten anzurichten. Die Flottille erhält vom Deutschen Stabschef beim Admiral Messina Befehl, zum Marsch nach Augusta auszulaufen und unterwegs ggfls. Feindstreitkräfte anzugreifen. Von einer Invasionsgefahr in dieser Nacht aber ist nicht die Rede.
Die Flottille läuft mit »S 36«, »S 30«, »S 33«, »S 55«, »S 61«, »S 54« und »S 58« um 2320 Uhr aus. Niemand ahnt und weiß, daß dies das letzte Auslaufen der Boote aus Porto Empedocle in diesem Kriege sein wird, daß während dieser Nacht die anglo-amerikanische Invasionsflotte anmarschiert und daß die Operation »Husky« mit der Landung der Alliierten vor Morgendämmerung läuft. Andernfalls hätte der Befehlshaber in Rom oder der Admiral Messina den Befehl gegeben: »Invasionsflotte Quadrat..., 3. S-Flottille angreifen!« Bei der herrschenden schlechten Wetterlage rechnete auf deutsch-italienischer Seite anscheinend niemand mit einer Invasion während dieser Nacht. Das größte Versäumnis aber scheint zu sein, daß die anmarschierenden Flottenverbände mit insgesamt etwa 2500 Schiffen von unserer Luftwaffe überhaupt nicht erfaßt worden sind. Mit Sicherheit haben die alliierten Bomberverbände der strategischen und taktischen Luftflotten die auf Sizilien und Sardinien sowie auf dem italienischen Festland liegenden Flugplätze so umgepflügt, daß keine Aufklärer starten konnten.

Die Schnellboote marschieren bei Windstärke 5 und Seegang 4 bis 5 aus West in sternklarer Nacht mit achterlicher See dicht unter der sizilianischen Südküste nach Osten. Über Land werden bis etwa zum Hafen Licata zahlreiche Leuchtbomben am Himmel beobachtet. Wahrscheinlich ist der Flugplatz Gela Ziel feindlicher Bombenangriffe, zumal die Flottille mehrfach von verhältnismäßig tieffliegenden schweren Bombern überflogen wird, die trotz der Dunkelheit vor dem Himmel erkannt werden.

Kurz nach Mitternacht sichtet die Flottille voraus dicht unter der Küste mehrere Schatten, die sich als Motorkanonen-Schnellboote entpuppen. Die Flottille wendet zur Umgehung des Gegners um 4 Dez auf südlichen Kurs, wo nach wenigen Minuten weitere 4 MGB's gesichtet werden, die auf die Flottille zulaufen. Mit bootsweiser Wendung um 3 Dez nach Backbord wird auch dieser Gruppe ausgewichen. Aber schon nach kurzer Zeit kommt eine weitere MGB-Gruppe Bb. voraus in Sicht. Hier westlich von Licata in der Gela-Bucht scheint ein starker Sicherungsgürtel von Kanonen-Schnellbooten zum Abfangen der deutschen S-Boote aufgestellt zu sein. Damit ist ein Durchbruch der Boote nach Augusta ohne Inkaufnahme von zu erwartenden Verlusten und Beschädigungen heute Nacht nicht möglich. Der stellvertretende Flottillenchef entschließt sich daher zum Kehrtmachen, weil – auch unter Berücksichtigung der Wetterlage – infolge der hohen und steilen Dünung an einen sinnvollen Artillerieeinsatz gegen die überlegen feindlichen MGB's nicht zu denken ist.

Die Flottille setzt um 0130 Uhr einen Funkspruch ab mit der Meldung, daß sie kehrtgemacht hat und nach Palermo zu gehen beabsichtigt, um anschließend durch die Straße von Messina nach Augusta zu verlegen. Wegen des zunehmenden Seegangs müssen die Boote ihre in den Bugrohren liegenden Torpedos unscharf verschießen, um das Vorschiff leichter zu machen und dadurch Seeschäden bei der von vorn kommenden See zu vermeiden. Um 0830 Uhr läuft die Flottille in Palermo ein, wo sie ihre Brennstofftanks wieder auffüllt, was bis zum Abend um 1900 Uhr dauert. Hier in Palermo erfährt die Flottille erst, daß der Feind bei Licata und bei Syrakus gelandet ist.

FEINDLANDUNG AUF SIZILIEN BEGANN LETZTE NACHT

Um 1920 Uhr am heutigen 10. Juli geht der Einsatzbefehl für die Nacht aus Rom ein. Er lautet kurz und bündig: »Sofort Messinastraße gehen, angreifen vor Syrakus!«

Die Boote laufen beschleunigt um 2000 Uhr aus, erreichen nur das Seegebiet vor Catania, sichten lediglich ein feindliches MGB und treten um 0300 Uhr den Rückmarsch an. Da noch keine Möglichkeit zur Torpedoergänzung in Messina besteht, laufen die Boote weiter nach Salerno, wo sie gegen 1100 Uhr festmachen. Salerno und Via Reggio waren Mitte Juni als Absprunghäfen für die beiden S-Flottillen in Rom beantragt worden, was am 18. Juni von dort bestätigt wurde, wofür aber noch die Zustimmung durch die italienische Marine fehlte. Nunmehr soll Salerno für die 3. S-Flottille und Via Reggio für die 7. S-Flottille zur Verfügung stehen. Nachdem die Leitstelle für die S-Bootswelle in Porto Empedocle nicht mehr gehört wird, nimmt die Flottillenführung an, daß Porto Empedocle feindbesetzt ist und das restliche Stützpunkt- und Funkpersonal gemäß Alarmkalender den Marsch mit den eigenen Kraftfahrzeugen und Geräten sowie den verbliebenen wichtigsten Nachschubgütern einschließlich der unentbehrlichen Torpedoregelstelle unter Führung von Oberfähnrich (V) Thönnessen über Messina auf das Festland angetreten hat.

DIE FLOTTILLE OPERIERT GEGEN FEINDLICHE NACHSCHUBGELEITE

Die 3 einsatzklaren Boote verlegen am 12. Juli nach Messina, wo sie gegen 2000 Uhr auf Paradiso-Reede bei anderen Fahrzeugen festmachen, weil der vollbelegte Hafen zu luftgefährdet ist. Nunmehr setzt der Deutsche Stabschef beim Admiral Messina die deutschen S-Boote vor der Ostküste Siziliens an. Um 2100 Uhr laufen die 3 Boote der 3. und die 4 Boote der 7. S-Flottille unter gemeinsamer Führung durch Chef 7. S-Flottille aus zum Vorstoß nach Süden. Über diese Operation sind keine Unterlagen verfügbar, es findet sich auch kein Hinweis über das Sichten eines Gegners oder über Gefechtsberührung. Um 0522 Uhr macht der Chef 7. S-Flottille einen Funkspruch, in dem er die Rückkehr aller S-Boote nach Salerno wegen der Reparaturnotwendigkeit meldet. Die Boote laufen um 1230 Uhr in Salerno ein.

NUR NOCH EIN BOOT EINSATZBEREIT

Von der 3. S-Flottille ist nur noch »S 55« einsatzbereit. Die Kommandanten von »S 61« und »S 33« werden mit Gelbsucht ins Lazarett Neapel eingeliefert. Das ist eine desolate Lage für die Flottille gerade in den ersten entscheidenden Nächten der Invasion. Das Stützpunktpersonal von Porto Empedocle hat die Straße von Messina mit den Versorgungsgütern der Flottille überquert und befindet sich auf dem Marsch zum neuen Stützpunkt Salerno, wo es am 15. Juli eintrifft. Durch Tieffliegerangriffe auf Sizilien sind 2 Soldaten verwundet worden.

DER NEUE FLOTTILLENCHEF TRIFFT AM 16. JULI EIN

Am 16. Juli trifft mein Nachfolger, Korvettenkapitän Herbert Max-Schultz, Crew 26, seit Beginn des Schnellbootkrieges im Englischen Kanal im Mai 1940 1. Admiralstabsoffizier beim Führer der Torpedoboote und anschließend beim Führer der Schnellboote, in Salerno ein und übernimmt die Flottille vom stellvertretenden Flottillenchef, Oblt. z. S. Albert Müller. Das ist wahrlich kein günstiger Zeitpunkt für den Wechsel eines Flottillenchefs.

Der neue Chef 3. S-Flottille hat gleichzeitig die neue Aufgabe als Chef 1. Schnellboot-Division erhalten, womit ihm auch der Chef 7. S-Flottille mit seinen 8 Booten unterstellt ist. Diese Doppelaufgabe ist im Anfang sicher nicht einfach zu lösen in der gegenwärtigen Phase des Bewegungskrieges an Land, zumal sich diese Umstände auch auf die Zusammenarbeit mit der Luftwaffe in Bezug auf Aufklärung auswirken. Auf der anderen Seite ist endlich der seit langem erwünschte Führungsvorteil entstanden, daß der Divisionschef den Einsatz beider Flottillen unmittelbar und verzugslos nach den Weisungen des Befehlshabers Deutsches Marinekommando Italien in Rom befehlen kann und nicht mehr solche Verzögerungen zum Nachteil einer Operation eintreten, wie dies bei der Einsatzführung von Rom bzw. von Messina aus der Fall war. Anscheinend haben meine wiederholten Vorstellungen und Darlegungen dem Befehlshaber in Rom gegenüber im Mai und Juni 1943 diese Änderung der Einsatzführung bewirkt.

WECHSEL DES FLOTTILLENINGENIEURS IM JUNI

Im Juni hat auch der Flottilleningenieur gewechselt. Kptlt. (Ing.) Hans-Martin Döpner ist als Kompaniechef für Fähnriche (Ing.) an die Marineschule Mürwik versetzt worden, während der bisherige II. Ing. Obtl. (Ing.) Peter Völckers, Crew 37 a, der schon seit mehreren Monaten bei der Flottille Dienst tut, die Aufgaben des Flottilleningenieurs

übernommen hat. So ist er gut mit seinen verantwortungsvollen Aufgaben vertraut.
Der neue Chef 3. S-Flottille – zugleich Chef 1. Schnellboot-Division – schrieb damals bei Übernahme der beiden Flottillen ins KTB:
»Feindkräfte als Teile von 6–7 Divisionen sind an der Südostküste Siziliens gelandet. Der Feind ist im Besitz der Häfen Syrakus und Augusta. Schwerpunkt des feindlichen Nachschubs nach diesen Häfen und zur Ost- und Südküste. Die beiden Mittelmeer-S-Flottillen sind nach Aufgabe ihrer Stützpunkte von Sizilien nach dem Festland (Salerno) verlegt und sollen in den Kampf gegen den feindlichen Nachschub eingreifen. Ich erhalte von der Seekriegsleitung den Befehl, bei Durchführung und Organisation des Schnellbooteinsatzes aus der Offensivkraft der Waffe von soweit wie möglich vorgeschobenen Stützpunkten aus alles herauszuholen.
In Rom, wo ich mich am 14. Juli nachmittags beim Befehlshaber melde und auch den Chef 7. S-Flottille, Korvettenkapitän Hans Trummer antreffe, erfahre ich Einzelheiten über Dislokation und Kriegsbereitschaft der Boote sowie Absichten bzw. erteilte Befehle für den Neuaufbau von S-Bootsstützpunkten auf dem Festland.
1. Kriegsbereitschaft der 1. Schn. Div.
a. 3. S-Fl.: in Salerno liegt kriegsbereit nur »S 55«, außer Kriegsbereitschaft »S 30«, »S 36«. In Neapel liegen außer Kriegsbereitschaft »S 33«, »S 54«. In Castellamare liegen außer Kriegsbereitschaft »S 61« und »S 58«, in Toulon liegen »S 56« und »S 57« außer Kriegsbereitschaft.
b. 7. S-Fl.: in Salerno liegen kriegsbereit »S 151«, »S 152«, »S 154«, »S 155«. In Toulon liegen außer Kriegsbereitschaft die Boote »S 153«, »S 156«, »S 157«, »S 158«.
2. Stützpunkte
Als Ruhe- und Hauptversorgungsstützpunkte sollen auf der Westseite der Messinastraße Salerno, auf der Ostseite Tarent eingerichtet werden. Einsatzhäfen sollen werden auf der Westseite Vibo Valentia, auf der Ostseite Crotone. Es ist Absicht des Dt. Markdo. Ital., bei Schließung der Messinastraße die 7. S-Fl. im Westlichen Mittelmeer zu belassen, die 3. S-Fl. für das Östliche Mittelmeer vorzusehen. Die Einrichtung dieser Stützpunkte ist im Westen der 7. S-Fl., im Osten der 3. S-Fl. übertragen.
3. Stützpunkteinrichtungen
An Stützpunkteinrichtungen zur Zeit noch nichts vorhanden. Die Grundelemente jedes S-Bootsstützpunktes sind: Torpedoregelstel-

le, Brennstoffversorgungseinrichtungen und Funkstation. Sie sind nur zum Teil von Sizilien zu erwarten – aus Porto Empedocle und Trapani. Alles andere muß neu aufgebaut werden ...
Die Torpedoversorgung ist durch den Nord-Süd-Eisenbahntransport von 48 Torpedos nach Reggio zunächst sichergestellt. Hiervon sollen 18 nach Crotone und 30 nach Vibo Valentia geleitet werden. Die Brennstoffversorgung an der Westküste soll durch Tankleichter, für die Ostküste durch Eisenbahntransport sichergestellt werden.
Zur Feststellung weiterer Einzelheiten der gesamten Organisation der S-Boots-Operationsbasen komme ich in Rom nicht, da ich den Befehl erhalte, mich beschleunigt auf den Booten einzuschiffen.«
Die in der Nacht vom 16. zum 17. Juli im Einsatz an der Ostküste Siziliens befindliche 7. S-Flottille mit 4 Booten und »S 30« von der 3. S-Flottille meldet nach dem Einlaufen in Salerno abends um 1930 Uhr, daß sie in der vergangenen Nacht in heftigen Artilleriegefechten mit feindlichen Motor-Gun-Gooten zwar Erfolge gehabt – 2 Feindboote brannten, sie haben Benzinmotoren –, selbst aber auch ziemlich gelitten habe. Alle Boote seien durch Artillerietrefferschäden außer Kriegsbereitschaft. So ist ab 17. Juli von 2 Flottillen nur 1 einziges Boot – nämlich »S 30« – kriegsbereit.

ERFOLG VOR SYRAKUS IN DER NACHT VOM 19./20. JULI

Am 19. Juli mittags läuft die Flottille mit den wieder einsatzklaren Booten »S 30«, »S 33«, »S 54« und »S 61« zusammen mit den Booten »S 152« und »S 155« von der 7. S-Flottille aus Salerno aus mit Kurs auf die Messinastraße, die um 2100 Uhr passiert wird. Es ist helle Mondnacht mit glatter See.
Eine halbe Stunde nach Mitternacht werden vor Syrakus vorübergehend 3 Schatten gesichtet. Beim Nachstoßen kommen sie um 0050 Uhr wieder in Sicht. Die Boote greifen ab 0112 Uhr einzelbootsweise an – es handelt sich um 3 feindliche Zerstörer und 3 große Schiffe. Das Führerboot schießt je 1 Torpedo auf ein Landungsschiff für Panzer – LST – und 1 Dampfer von 5–8000 BRT, die beide fehlgehen. »S 61« – Oblt. z. S. Schulz – versenkt 1 Zerstörer der »G«- oder »H«-Klasse, »S 33« – Lt. z. S. Marxen – versenkt 1 Zerstörer mit 1 Schornstein, »S 54« – Oblt. z. S. Schmidt – erzielt 1 Torpedotreffer auf 1 Dampfer von etwa 8000 BRT, dessen Vorschiff absackt. Das Sinken kann nicht

beobachtet und abgewartet werden, da der übriggebliebene 3. Zerstörer die S-Boote auf Grund der Torpedodetonationen beschießt und jagt, wobei der Fähnrich zur See Röseler auf »S 61« tödlich verwundet wird. »S 152« – Lt. z. S. Heye – versenkt noch 1 Nachzügler-Dampfer von etwa 3000 BRT.

Nachdem alle Boote mit Ausnahme von »S 30« ihre Torpedos verschossen haben, wird der Rückmarsch um 0140 Uhr nach Crotone angetreten. Hier aber gibt es vorerst keinen Brennstoff und keine Torpedos.

Zu den in der letzten Nacht gemeldeten Versenkungserfolgen ist zu bemerken, daß nach Prüfung der Angaben bei Roskill vom Beginn bis Abschluß der Landungsoperationen auf Sizilien und Einnahme von Messina am 17. 8. im britischen Landungsbereich kein Zerstörer verloren gegangen ist. Insgesamt wurden 2 Zerstörer von der Luftwaffe beschädigt, keiner wurde versenkt.

Nachts um 2350 Uhr wird die im Hafen schlafende Flottille vom italienischen Hafenkommandanten über das Sichten eines großen feindlichen Kriegsschiffverbandes in der Nähe von Punta Stilo eben östlich der italienischen Stiefelspitze um 2230 Uhr mit Nordost-Kurs unterrichtet. Da es sich um einen Landungsverband mit der möglichen Absicht einer Landung auf dem Festland im Morgengrauen handeln kann, läuft die Flottille nach Vorwärmen der Motoren um 0100 Uhr aus Crotone aus. Kurz nach dem Auslaufen werden Radarstrahlungen in südöstlicher Richtung festgestellt. Da blitzt auch schon das Mündungsfeuer der Schiffsgeschütze eines in Kiellinie laufenden Kriegsschiffverbandes auf. Der Hafen Crotone wird durch die Leuchtgranaten-Fächer hell beleuchtet, dann beginnt das Salvenschießen der mittleren und schweren Artillerie. Da die S-Boote mit Ausnahme von »S 30«, welches nur 1 Torpedo im Rohr hat, keine Torpedos an Bord haben und nicht angreifen können, halten sie zunächst Fühlung am Feind und verlegen anschließend zur Brennstoffergänzung nach Tarent.

Hier findet die Flottille weder Brennstoff, noch Schmieröl, noch Torpedos vor. So schnell lassen sich Stützpunkte für S-Boote in einer so angespannten Kriegslage mit sich rückwärts bewegenden Landfronten nicht aufbauen. Es vergehen Tage um Tage, ehe 1 Schnellboot wieder eingesetzt werden kann! In ganz Italien werden Recherchen nach dem Verbleib der deutschen Torpedos und der Gefechtsköpfe angestellt. Alle Bahnhöfe werden untersucht. Schließlich werden einige Waggons mit einem großen roten »P« auf einem Abstellgleis irgendwo in Mittelitalien festgestellt. Die Waggons waren als feuergefährlich angesehen

und daher vom italienischen Bahnpersonal auf einem Abstellgleis abgestellt worden.
Bei 2 Unternehmungen der Flottille mit je 4 Booten nach Syrakus in den Nächten vom 27. zum 28. 7. und vom 31. 7. zum 1. 8. wird kein Feind gesichtet.
Mit Abschluß des KTB am 31. Juli bemerkt der Flottillenchef in klarer Beurteilung der Situation:
»1. Die S-Bootswaffe war nach einem 1. Erfolg wegen nicht vorhandener Torpedoversorgungseinrichtung in den wichtigen entscheidenden Tagen zur Untätigkeit verdammt. Ein großer Kreuzerverband konnte trotz rechtzeitiger Alarmierung mangels Torpedos nicht angegriffen werden. Der Feind hat inzwischen auf Sizilien weiter Fuß gefaßt und ist nicht mehr auf täglichen Nachschub angewiesen, so daß ich fürchten muß, daß die Zeit eines entscheidenden und wirkungsvollen Eingreifens der S-Boote vorbei ist.
2. Die Teilung der S-Bootswaffe in 2 Gruppen auf der West- und auf der Ostseite des italienischen Stiefels erfolgt zu einem Zeitpunkt, wo beide Gruppen in Kürze durch Ausfall von Booten so einsatzschwach werden, daß größere Erfolge nicht mehr zu erwarten sind.
3. Die Boote der 7. S-Flottille sind technisch störanfällig, im hiesigen Klima und unter ungünstigen Werft- und Stützpunktverhältnissen sinkt ihre Leistung über die Maßen ab. Das Personal wird in den heißen Motorenräumen ungewöhnlich überbeansprucht. Die taktische Geschwindigkeit schließt die Verwendung dieser Boote im weiten Seeraum aus und läßt sie Gebiete, in denen große Boote mit Erfolg operieren können, nicht erreichen.
4. Die Stützpunktabhängigkeit des Schnellbootes, der unmittelbare Zusammenhang zwischen beabsichtigten Operationen und organisatorischer Vorbereitung ist in diesen Tagen erneut vor Augen geführt worden. Meine Absichten und unentwegten Bemühungen um den Aufbau der Stützpunkte und um die Sicherstellung der Versorgung dürfen nur so verstanden werden.«

TAKTISCHE GLIEDERUNG, STELLENBESETZUNG UND DISLOZIERUNG AM 1. AUGUST 1943

Flottillenchef	Korv.Kpt. Max-Schultz
Adjutant	Lt. z. S. Hardtke
Flottillenarzt	M.St.Arzt Dr. med. Heising

Flottilleningenieur		Oblt. (Ing.) Völckers
Flottillenverwaltungsoffizier		Oblt. (V) Hiestermann
Boote	Kommandanten	Hafen
»S 30«	Oblt. z. S. Backhaus	Crotone
»S 33«	Oblt. z. S. Brauns	Crotone
»S 36«	unbesetzt	Vibo Valentia
»S 54«	Oblt. z. S. Schmidt	Tarent
»S 55«	Oblt. z. S. Weber	Saloniki
»S 56«	unbesetzt	Toulon
»S 57«	Oblt. z. S. Buschmann	Toulon
»S 58«	Oblt. z. S. Schulz	Castellamare
»S 60«	Oblt. z. S. Haag	Tarent
»S 61«	Oblt. z. S. von Gernet	Crotone.

EINSATZ VOR PALERMO

In Tarent sind jetzt »S 30«, »S 33« und »S 61« einsatzbereit, »S 60« und »S 54« liegen außer Kriegsbereitschaft in Tarent.
In der Nacht vom 1. auf den 2. August beschießen britische Kreuzer abermals den Hafen Crotone, wobei der Stützpunkt der S-Boote leichte Schäden erleidet, weshalb ein neues Lager außerhalb des Hafengebietes eingerichtet wird.
Am 2. August vormittags verlegen »S 30«, »S 33« und »S 61« von Tarent nach Crotone, wo Brennstoff- und Torpedoergänzung durchgeführt wird. Die Boote laufen aus Crotone so aus, daß die Straße von Messina um 0500 Uhr nach Westen passiert wird. Querab von Vibo Valentia sammelt »S 36« auf die Flottille, die für eine Sonderaufgabe um 1400 Uhr in Neapel einläuft. Nach Brennstoffergänzung verlegen die Boote nach Salerno, wo sie um 2000 Uhr abends festmachen. Der Flottillenchef ist überraschend zum Befehlshaber nach Rom befohlen, wo er per PKW am 4. August morgens gegen 0400 Uhr eintrifft.
Nach der Besprechung und Rückkehr nach Salerno laufen die 4 Boote um 1630 Uhr aus. Das aus Neapel kommende Boot »S 58« sammelt um 1900 Uhr auf die Flottille, die den Auftrag hat, überraschend vor Palermo aufzutreten und feindlichen Nachschubverkehr vor der Küste anzugreifen. Vor Mitternacht werden Radarstrahlungen geortet und bald danach kommen 2 Zerstörer in Sicht. Das Führerboot »S 58« greift kurz nach 0020 Uhr mit 2 Torpedos an, die leider vorbeigehen. Die S-Boote sind erkannt und werden 40 Minuten lang hartnäckig von

den anscheinend auf »freier Patrouille« befindlichen Zerstörern gejagt. Vor der Küste wird kein Schiffsverkehr festgestellt. Die Boote laufen gegen 0800 Uhr wieder in Salerno ein.
Am 6. August um 1600 Uhr unternimmt die Flottille mit »S 36«, »S 57«, »S 58« und »S 61« einen weiteren Vorstoß in Richtung Nordwestküste Sizilien bis Palermo. Um 2300 Uhr stehen die Boote vor der Termini-Bucht bis etwa 1000 m vor der Hafeneinfahrt. Kein Schiff, kein Ankerlieger ist zu finden. Es hat den Anschein, als ob – wie vor Syrakus und Augusta – auch hier der Schiffsverkehr nur bei Tage läuft, weil deutsch-italienische Luftwaffenverbände kräftemäßig nicht mehr in der Lage zu sein scheinen, diesen Nachschubverkehr anzugreifen. Schließlich befinden sich die 3 deutschen Divisionen und das italienische XVI. Armeekorps in schweren Rückzugskämpfen in Richtung Messina, wobei die Heerestruppen nicht auf Luftunterstützung verzichten können.
Die Flottille läuft ohne Feindberührung gegen 0900 Uhr zur Brennstoffergänzung in Neapel ein. Für die kommende Nacht ist Ruhe befohlen. Die Besatzungen müssen nach solch langen Unternehmungen auch einmal ausschlafen können.

WIEDER – ABER ZUM LETZTEN MALE – VOR SYRAKUS

Am 8. August um 1400 Uhr verläßt die Flottille mit 6 Booten den Hafen Salerno, nachdem die Boote am Vortage von Neapel nach Salerno verlegt hatten. Es ist ein Vorstoß durch die Messinastraße nach Syrakus beabsichtigt mit Rückkehr der Flottille nach Tarent.
Wind und Seegang nehmen erheblich zu, so daß die Flottille 17 sm nördlich Syrakus ihren Rückmarsch antreten muß. Die Boote laufen um 1015 Uhr in Tarent ein.
Unglücklicherweise fallen 3 Boote – »S 30«, »S 33« und »S 61« – aus, da die kleine 14tägige Motorenüberholung durchgeführt werden muß. »S 36« verlegt zur großen Werftliegezeit mit Motorenwechsel nach Salamis. So sind nur noch »S 54« und »S 58« klar, ab 12. 8. auch »S 57«, wenn das Boot ausgedockt hat. Beim Auslaufen mit diesen 3 Booten fällt die Brennstoffpumpe auf »S 54« wiederum aus, so daß der Vorstoß nach Syrakus mit nur 2 Booten nicht lohnt.
Nach Klarwerden von »S 60« läuft die Flottille mit 3 Booten – »S 58«, »S 57« und »S 60« – am 13. 8. um 1315 Uhr aus Tarent aus zum Vorstoß ins Seegebiet Syrakus – Augusta. Diese Operation ist gleichzeitig

eine Art Fernsicherung für die zur Zeit bei Tage und bei Nacht laufende Evakuierung der deutsch-italienischen Heerestruppen und des Luftwaffenbodenpersonals einschließlich Waffen und Gerät über die Messinastraße. Die Flottille steht schon um 2300 Uhr vor Syrakus, es ist helle Mondnacht mit guter Sicht. Beim weiteren Vorstoß nach Süden bis Cap Passero wird unter der Küste nicht ein einziges Schiff gesichtet. Die Boote laufen um 0905 Uhr in Crotone ein. Auch nach dieser Unternehmung vermerkt der Flottillenchef im KTB,

» ..., daß es der Feind nicht mehr nötig hat, seinen Schiffsverkehr nachts in dem von Schnellbooten gefährdeten Seegebiet laufen zu lassen.«

Im Laufe des 14. August geht ein Funkspruch aus Rom mit dem Befehl ein, daß die Flottille nach dem für heute Nacht beabsichtigten Einsatz durch die Messinastraße nach Salerno verlegen soll. Damit ist nun die Entscheidung gefallen, daß beide Schnellbootflottillen nicht mehr – wie ursprünglich von der Seekriegsleitung vorgesehen – in die Ägäis verlegen, sondern künftig im Tyrrhenischen Meer eingesetzt werden sollen. Dies zu diesem späten Zeitpunkt durchzuführen, wird schwierig sein, denn »S 36« und »S 55« befinden sich in der großen Werftliegezeit in Salamis und »S 30«, »S 33« und »S 61« führen in Tarent ihre kleine Motorenüberholung durch. »S 54« liegt außer Kriegsbereitschaft auch in Tarent.

1 ZERSTÖRER TORPEDIERT

Die Flottille läuft am 15. August mit 3 Booten – »S 58«, »S 57«, »S 60« – um 1700 Uhr aus Crotone aus zum Vorstoß gegen die Südostküste Siziliens. Auf dem Rückmarsch sollen die Boote durch die Messinastraße nach Salerno gehen. Es ist wieder eine helle Mondnacht, die See ist glatt. Gegen 2230 Uhr beobachtet die Flottille Radarausstrahlungen im Südosten. Es dauert nicht lange, da kommen 3 feindliche 1-Schornsteinzerstörer direkt im Mond stehend in Sicht. Sie überlappen einander – das ist eine sehr günstige Angriffschance. Alle Boote schießen auf etwa 2000 m je 2 Torpedos, von denen einer den vorderen Zerstörer unter der Brücke getroffen zu haben scheint. Im gleichen Augenblick eröffnen die beiden anderen Zerstörer ihr Feuer auf die unter Nebelverwendung ablaufenden S-Boote. Bei dieser Zerstörerjagd fällt auf dem Führerboot »S 58« die Mittelmaschine aus. Das Boot kann nur noch knapp 20 kn Höchstfahrt laufen, wodurch der eine Zerstörer auf etwa 600 m hinter dem Nebel herankommt. Das durch Nebel gegen Sicht gedeckte, aber trotzdem durch Radar geortete Boot wird weiter beschossen, bis es schließlich dem Obermaschinenmaat Littmann gelingt, seine Mittelmaschine wieder in Betrieb zu setzen, so daß das Boot dem Zerstörer davonlaufen kann. Da sich die Boote während der Zerstörerjagd auseinandergezogen und nicht mehr in Sicht haben, sammelt die Flottille gegen 0100 Uhr etwas nördlicher in einem mit Funksignal befohlenen Sammelquadrat, um geschlossen durch die Straße von Messina zu marschieren.

INVASION, ABWEHR UND EVAKUIERUNG DER INSEL SIZILIEN VOM 10. JULI BIS 16. AUGUST

Es ist der 16. August, der Tag, an dem die Evakuierung der deutsch-italienischen Truppen aus Sizilien abgeschlossen ist. Nach Roskill lief die letzte deutsche Fähre am 17. 8. um 0600 Uhr früh aus Messina aus, als die alliierten Truppen von Süden in die Stadt einmarschierten. An dieser Stelle erscheint es angebracht, einige Bemerkungen über den Ablauf der Invasion, die Abwehr von unserer Seite und über die gelungene Evakuierung unserer Truppen aus Sizilien einzufügen.

Die für die Achsenmächte überraschend durchgeführte Invasion auf Sizilien – Operation »Husky« – durch die britische 8. Armee mit im Anfang 115 000 Mann des Britischen Empire unter General Montgomery im Landungsbereich Cap Passero bis südlich Syrakus sowie durch die 7. US-Armee mit zunächst 66 000 Mann unter General Patton im Landungsbereich Licata – Gelabucht am 10. Juli vor Hellwerden um 0245 Uhr stellte die deutsch-italienische Abwehr von vornherein vor eine äußerst schwierige Lage.

Allein 113 britische und 146 amerikanische Flugzeuggeschwader mit 4000 Flugzeugen, die von Malta, Pantelleria, Tunesien, Algerien und von Tripolis aus operierten, stellten eine Luftüberlegenheit dar, unter der die etwa 2500 Schiffe und Landungsfahrzeuge ihren von unserer Seite unbemerkten, gut koordinierten Anmarsch zu den Landungsräumen an der sizilianischen Küste im Laufe des 9. Juli bei Tage und bei Nacht durchführen konnten. Für den Fall einer Abwehroperation durch die italienische Flotte, die zu diesem Zeitpunkt aus 6 Schlachtschiffen, 7 Kreuzern, 32 Zerstörern, 16 Torpedobooten, 27 Geleitfahrzeugen, 48 U-Booten und 115 MAS-Booten bestand, war südöst-

lich Sizilien eine alliierte Kampfgruppe unter Admiral Sir Bertram Ramsay in See, bestehend aus 4 Schlachtschiffen, 2 Flugzeugträgern, 6 leichten Kreuzern und 18 Zerstörern.
Westlich von Sizilien war zur Sicherung und gleichzeitig zur Ablenkung eine kleinere alliierte Kampfgruppe unter Führung des US Vizeadmiral H. K. Hewitt mit den 2 Schlachtschiffen »Howe« und »King George V« und 6 Zerstörern in See.
Auf unserer Seite befanden sich Anfang Juni noch 17 deutsche U-Boote im Mittelmeer. Am 10. Juli waren etwa 900 deutsche Flugzeuge, darunter nur 200 Langstreckenbomber, auf Sizilien, Sardinien und in Süditalien vorhanden. Für den Fall von Landungen in der Ägäis waren in Griechenland und auf Kreta 300 Flugzeuge stationiert. Die italienische Luftwaffe hatte noch 70 Bomben- und 300 Jagdflugzeuge zur Verfügung, von denen die Jäger zum Schutz der Häfen und Städte auch auf dem italienischen Festland verteilt waren.
An eigenen Heerestruppen befanden sich einschließlich der in den ersten Tagen eingeflogenen Truppen auf Sizilien
3 nicht voll ausgerüstete deutsche Divisionen unter General Hube und das
XVI. italienische Armeekorps.
Nach nur 5 Kampfwochen befand sich die Insel in alliierter Hand, ohne daß schwere Verluste eingetreten waren.
Eine Bilanz über die gegenseitigen Verluste auf See vom 9. bis 31. Juli ist aufschlußreich und läßt erkennen, in welcher Unterlegenheit sich die deutsch-italienischen Kräfte befanden. Nach Roskill verlor der Feind im US-Landungsbereich Licata – Gelabucht
durch deutsche U-Boote
  4 Handelsschiffe
  2 US-Landing Ship Tank (LST)
beschädigt wurden
  3 Handelsschiffe
  2 Kreuzer
durch italienische U-Boote
  0 Schiffe
durch deutsche Luftwaffe
  1 Zerstörer
  1 Minensuchboot
  2 LST
  1 Handelsschiff 7000 BRT
beschädigt wurden

mehrere LST, Minensuchboote und kleine Landungsfahrzeuge.
Im britischen Landungsbereich Cap Passero bis Syrakus verlor der Gegner durch deutsche Luftwaffe
   6 Handelsschiffe mit 41500 BRT
   3 Landungsschiffe
beschädigt wurden
   1 Flugzeugträger »Indomitable«
   1 Monitor »Erebus«
   2 Zerstörer
   4 Landungsschiffe
   3 Handelsschiffe.
Durch deutsch-italienische Küstenbatterien in der Messinastraße wurden
   1 MTB und
   3 MGB
versenkt.
Auf unserer Seite gingen in See verloren
   3 deutsche U-Boote
   9 italienische U-Boote.
Italienische Überwasserstreitkräfte wurden mit Ausnahme von einigen MAS-Booten nicht eingesetzt.
Während die US-Truppen zunächst den West- und Mittelteil der Insel eroberten, kämpfte die britische 8. Armee nach Norden, um schnellstmöglich Messina zu erreichen und dadurch eine größere Evakuierung deutsch-italienischer Truppen verhindern zu können. Dies mißlang, weil Geländeschwierigkeiten und hartnäckiger Widerstand schnellen Raumgewinn nicht zuließen. Dieser Zeitgewinn für unsere Seite erlaubte eine planmäßig vorbereitete und hervorragend durchgeführte Evakuierung fast aller Truppen unter der Leitung des Kapitän zur See der Reserve Liebenstein auf der deutschen und des Ammiraglio di Divisione Barone auf der italienischen Seite.
Nach Roskill, der sich auf den Bericht des deutschen Oberbefehlshabers Süd, Feldmarschall Kesselring, stützt, wurden über die Messinastraße evakuiert

	Italienisch 3. – 16. 8.	Deutsch 11. – 16. 8.
Truppen	62 000	39 569
Fahrzeuge	227	9 605
Panzer	unbekannt	47
Geschütze	41	94

| Munition, Vorräte | unbekannt | 17 000 t |
| Verluste an Evakuierungsfahrzeugen | 8 | 7 |

Es erscheint unbegreiflich, daß es bei der gewaltigen Luftüberlegenheit des Feindes möglich war, täglich 24 Stunden durchgehend – vor allem bei Tage – fast alle eigenen Kräfte, Waffen und Vorräte sicher über die 2–6 sm breite Straße von Messina zu überführen. Als die ersten US-Truppen am 17. früh in Messina einmarschierten, war die Evakuierung bereits 24 Stunden vorher beendet.

Roskill nennt als Gründe für das Gelingen der Evakuierung die unzureichende Koordinierung in der oberen und obersten alliierten Führung, was vor allem durch die große räumliche Trennung der Hauptquartiere der Oberbefehlshaber der Teilstreitkräfte verursacht war. Der Oberste Befehlshaber, General Eisenhower, hatte seinen Sitz in Algier. Der Oberbefehlshaber aller Landtruppen, General Alexander, befand sich auf Sizilien. Der Oberbefehlshaber aller Luftstreitkräfte, Luftmarschall Tedder, hatte sein Hauptquartier bei Tunis und der Oberbefehlshaber aller Seestreitkräfte, Admiral Sir Andrew Cunningham, saß auf Malta. Roskill glaubt aber auch, daß sich diese Planungs- und Führungsstäbe schon viel intensiver mit der Planung der weiteren Operationen in Gestalt von Landungen auf dem italienischen Festland bei Salerno und mit der Überführung des größten Teils der britischen 8. Armee über die Straße von Messina nach Reggio befaßten und Sizilien für sie kein bedeutungsvolles Problem mehr darstellte. Aber nach Clausewitz muß der Gegner nicht nur besiegt, sondern auch verfolgt und gefangengenommen werden! Auf Grund dieses Versäumnisses konnten alle evakuierten Truppen nach Ergänzung ihrer Waffen und Geräte in Süd- und Mittelitalien erneut gegen die landenden Alliierten eingesetzt werden.

Mit der Eroberung Siziliens haben die Alliierten als größte Seemächte ein Stück Land unseres Verbündeten Italien gewonnen und in Europa Fuß gefaßt. Der am 24./25. Juli erfolgte Umsturz der Regierung durch Marschall Badoglio mit der Gefangensetzung Mussolinis hat zusammen mit dem Sieg der Alliierten auf Sizilien einen Gesinnungs-Umschwung in der Bevölkerung ganz Italiens bewirkt, wenn auch die Erklärung des neuen Regierungschefs, des Marschall Badoglio, zum Ausdruck bringt, daß der Kampf gegen die Alliierten fortgesetzt werden würde.

Mit der Inbesitznahme Siziliens ist eine 2. Landfront für Deutschland auf dem Kontinent entstanden in einer Situation, die ohnehin sorgen-

voll war. In Rußland befanden sich große Teile unserer Heeresgruppen in verlustreichen und schweren Rückzugskämpfen. Die U-Bootwaffe verlor allein im Monat Mai 37 U-Boote, weshalb alle U-Boote vorübergehend vom Nordatlantik abgezogen und in Seeräume verlegt wurden, die außerhalb der Reichweite feindlicher Flugzeuge lagen. Hinzu kommt, wie wir heute wissen, daß die Zahl der alliierten Handelsschiffs-Neubauten die Zahl der durch U-Boote versenkten Handelsschiffe ab Juli 1943 mit stark ansteigender Tendenz überschritt.
Zu diesem Zeitpunkt befand sich Deutschland an allen beweglichen Fronten in der strategischen Defensive mit dem Ziel, den angreifenden Gegner möglichst weit von den eigenen Grenzen fernzuhalten, um Zeit für die Entwicklung und Produktion »neuer Waffen« zu gewinnen, mit denen die oberste Führung glaubte, den Gegner England doch noch überwinden zu können.
Der deutsche Landser und die Männer an der Front glaubten noch an solche Möglichkeiten, weshalb sie sich mit ihren unterlegenen und unzureichenden Mitteln weiterhin voller Vertrauen in die oberste Führung voll einsetzten, wodurch auch beim Gegner in der Folgezeit schwerste Verluste eintreten sollten, besonders bei dem später schwer umkämpften Monte Cassino in Mittelitalien. Doch diese »entscheidenden Wunderwaffen« sollten eine unerfüllte Hoffnung bleiben!

Kapitel XIII

Ansatz gegen feindlichen Nachschubverkehr zum Landungsraum Salerno-Bucht

26. August bis 31. Dezember 1943

Die Kriegsbereitschaftslage der Flottille am 1. September 1943 ist katastrophal:

»S 57«	kriegsbereit	Salerno
»S 58«	nicht kriegsbereit	Salerno
»S 60«	nicht kriegsbereit	Salerno
»S 56«	nicht kriegsbereit	Toulon
»S 30«	nicht kriegsbereit	Tarent
»S 33«	nicht kriegsbereit	Tarent
»S 54«	nicht kriegsbereit	Tarent
»S 61«	nicht kriegsbereit	Tarent
»S 55«	nicht kriegsbereit	Salamis
»S 36«	nicht kriegsbereit	Salamis

Alle in Tarent liegenden 4 Boote stehen zur kleinen Motorenüberholung heran. Sie werden aber – wie alle anderen Boote – für bevorstehende Sonderaufgaben noch fahrbereit gehalten, um für denkbare Lageänderungen verfügbar zu sein.
Während alle 8 Boote der 7. S-Flottille im Tyrrhenischen Meer liegen, wird die 3. S-Flottille infolge Änderung der Entscheidung der Seekriegsleitung und der dadurch nicht rechtzeitig erfolgten Verlegung der in Tarent bzw. Salamis befindlichen 6 Boote in das Seegebiet westlich der Sizilienstraße aufgeteilt. Somit können diese 6 Boote bei den zu erwartenden weiteren alliierten Landungen im Tyrrhenischen Meer nicht mehr eingesetzt werden. Von den 3 von Salerno aus operierenden Booten allein ist in der Zukunft kaum etwas zu erwarten.
Bei einem schweren Luftangriff auf das Eisenbahngelände und den Handelshafen von Tarent am 26. 8. erleiden einige Boote Schäden. Leider wird der in zahllosen Einsätzen bewährte frühere leitende Maschinist von »S 54«, Stabsobermaschinist Aaling, der einer der ältesten Schnellbootfahrer war, bei diesem Angriff tödlich getroffen. Bei einer Verlegung von »S 60« und »S 58« von Salerno über Nettunia nach

Maddalena an der Nordostspitze Sardiniens fallen beide Boote wegen Maschinenschaden aus. »S 60« kehrt nach Nettunia zurück, »S 58« muß nach Toulon zur Reparatur und gleichzeitiger Motorenüberholung verlegen. So ist westlich der Messinastraße nur noch »S 57« einsatzbereit. Nachdem die Besatzung von »S 60« den Drucklagerschaden selbst beseitigt hat, marschiert die Rotte »S 57«, »S 60« unter Führung des Flottillenchefs in der Nacht vom 29. zum 30. 8. von Nettunia nach Maddalena. Nach Fortsetzung des Marsches nach Cagliari laufen die Boote morgens in diesen südsardinischen Kriegshafen ein.

VORSTOSS AUF GELEITZUGWEG BONE – BIZERTA

Die Rotte läuft am 30. August mit weiteren 3 Booten der 7. S-Flottille unter Führung des Divisionschefs gegen Abend um 1900 Uhr aus zum Vorstoß auf den Schiffahrtsweg zwischen Bone und Bizerta. Kein Feindfahrzeug wird gesichtet, es lag auch kein Luftaufklärungsergebnis vor. Die Boote laufen um 0700 Uhr wieder in Cagliari ein.
Östlich der Messinastraße verlegen die in Tarent liegenden Boote »S 30« und »S 33« am 31. August von Tarent über Bari durch die Adria nach Pola zur Durchführung der kleinen Motorenüberholung.
Am 2. 9. läuft die Rotte »S 57«, »S 60« um 1900 Uhr erneut mit weiteren 2 Booten der 7. S-Flottille zum Ansatz auf einen 1800 Uhr von der Luftaufklärung erfaßten Großgeleitzug mit etwa 40 Schiffen und einer Sicherung durch 1 Kreuzer und 6 Zerstörer, die Ostkurs steuern, aus. Der Gegner muß während der Nacht durch das Seegebiet zwischen Bone und Bizerta laufen, welches von den S-Booten von Cagliari aus erreichbar ist. Schon ab 2300 Uhr werden mit dem Funkmeßbeobachtungsgerät feindliche Radarstrahlungen in südlicher und östlicher Richtung festgestellt.
Nach Sichtung von 2 Zerstörern im Osten kurz nach Mitternacht nehmen die Zerstörer die S-Boote recht voraus, so daß die Flottille nach Westen ablaufen muß, um die Zerstörer abzuschütteln und zu umgehen. Als dies nach 20 Minuten gelungen ist, stößt die Flottille nach Süden vor in der Hoffnung, diesen langen Geleitzug zu finden. Nach vergeblicher Suche wird der Rückmarsch um 0200 Uhr angetreten. Gegen 0600 Uhr stößt die Flottille überraschend auf 3 feindliche Zerstörer, denen ausgewichen werden muß, da die durchgebrochene Morgendämmerung keinen Torpedoangriff mehr zuläßt. Die Zerstörer verfolgen die Boote an der Grenze der Sichtweite, bis sie nach einer halben

Imbiß der Portepeeunteroffiziere an Oberdeck im Stützpunkt Ferryville

Dampfer »Menes« fliegt 5 sm vor Bizerta in die Luft

Wir verlassen das brennende Bizerta

Kommandantenbesprechung im Olivenhain bei Trapani

Der »Admiral Messina«, Ammiraglio Barone, mit Sohn Mario und Hafenkommandanten von Porto Empedocle, Capitano di Vascello Ziino

Stunde unter der Kimm verschwunden sind. Alle Boote laufen bis 0900 Uhr in Cagliari ein.

Da »S 60« und 2 Boote der 7. S-Flottille wegen Maschinenschäden nur noch fahr- und verlegungsbereit, aber nicht mehr einsatzbereit sind, bleiben nur noch »S 57« voll und 1 Boot der 7. S-Flottille eingeschränkt einsatzklar. Dieser erneute Tiefstand in der materiellen Bereitschaftslage ist in Erwartung möglicher feindlicher Landungen in den nächsten Nächten mehr als betrüblich. Vielleicht wäre »mehr Ökonomie der Kräfte« in Erwartung lohnenderer und näher liegender Objekte angebrachter gewesen als diese Betriebsstunden fressenden Verlegungen und Ansätze der Boote vor der weit entfernten nordafrikanischen Küste, wo die Chance des Auffindens des Gegners im freien Seeraum äußerst gering war. Auch zu diesem Zeitpunkt hat noch kein einziges deutsches S-Boot ein aktiv ortendes Funkmeßgerät an Bord, was bei den feindlichen MTB's und MGB's seit langem der Fall ist.

FLOTTILLENCHEF ZUR BESPRECHUNG IN ROM AM 6. SEPTEMBER

Der Flottillenchef ist zu einer Besprechung beim Befehlshaber in Rom. Es werden Maßnahmen erörtert und festgelegt, die für den Fall des Ausbrechens und Überlaufens italienischer Flottenverbände bei einem möglichen Waffenstillstandsangebot der italienischen Regierung von den in Tarent liegenden S-Booten durchzuführen sind. Nach Rückkehr zur Flottille mit noch 1 einsatzklaren Boot in Salerno und den in Tarent bzw. Pola und Salerno befindlichen nur noch fahrbereiten 6 Booten wird angesichts der Lageentwicklung für die folgenden Tage 1/2stündige Bereitschaft angeordnet. Alle Bootskommandanten in der Adria sind über die mögliche Lageentwicklung und ihr Verhalten bei Auslösung eines Stichwortes durch den Befehlshaber unterrichtet.

DIE ALLIIERTEN LANDEN AM 9. SEPTEMBER BEI SALERNO

Am 8. September gegen 0900 Uhr geht ein Funkspruch aus Rom ein mit dem »1 Landungsgeleit 0525 Uhr 10 sm westlich Palinuro und südlich Salerno beim Einnebeln« gemeldet wird. Der Flottillenchef kommt zu der Ansicht, daß diese bevorstehende Feindlandung des etwa 45 sm südlich Salerno gemeldeten Landungsgeleites auch den näheren Raum Salerno bedrohen kann, weshalb alle mobilen Einrichtun-

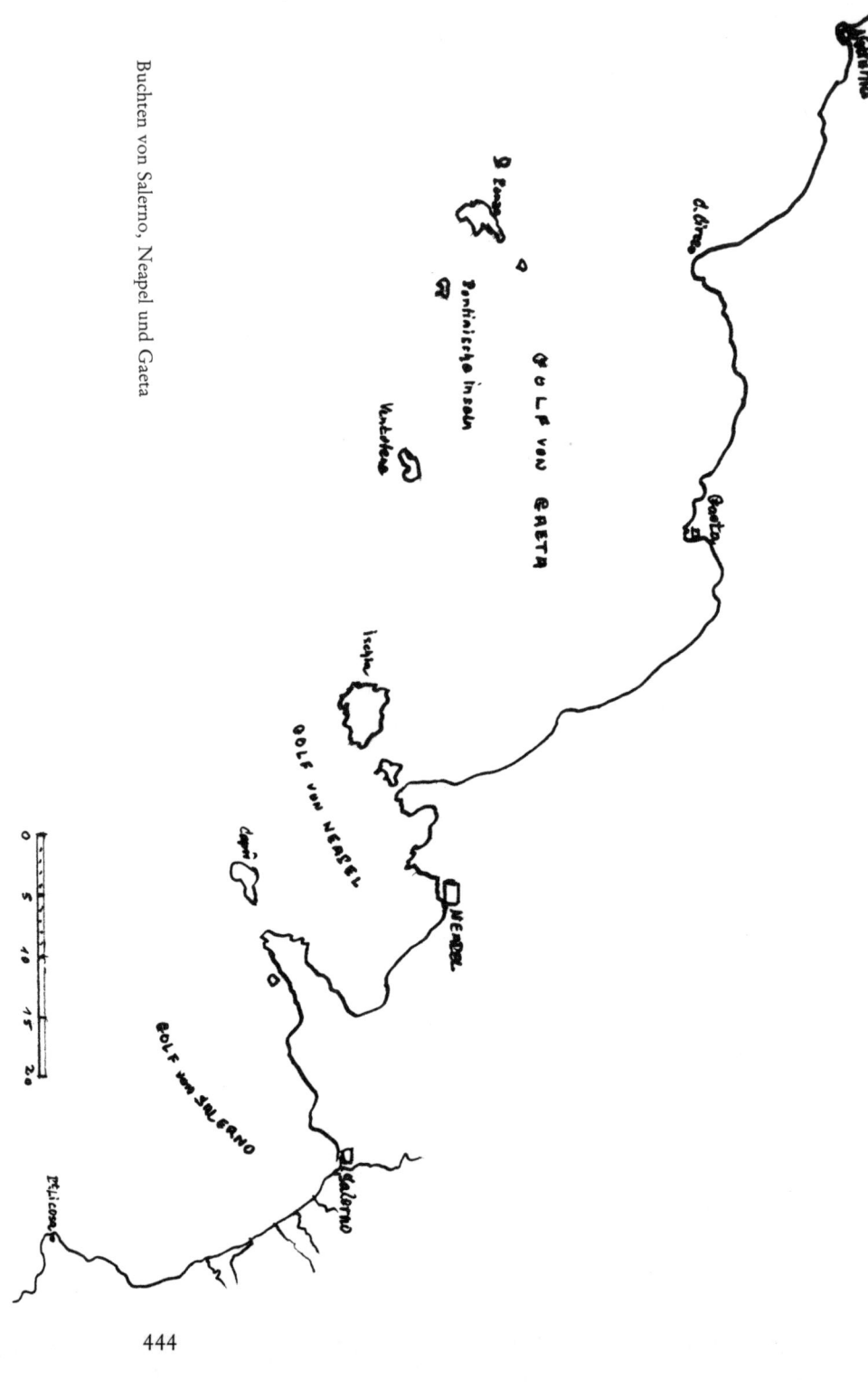

Buchten von Salerno, Neapel und Gaeta

gen der Flottille, Waffen, Geräte, Torpedos und Torpedoregelstelle sowie Munition zur Verlegung nach Norden vorbereitet werden. Schon um 1400 Uhr geht aus Rom der Befehl zur Verlegung aller Seestreitkräfte und Handelsschiffe aus dem Raum südlich Gaeta nach Norden ein.

Abends gegen 2100 Uhr nimmt »S 57« an einem Vorstoß mit 1 Boot der 7. S-Flottille von Salerno aus in die Bucht von Neapel teil, ohne einen Feind zu sichten. Auf dem Rückmarsch wird westlich vor der Bucht von Gaeta um 0340 Uhr ein auf die Boote zudrehender, hohe Fahrt laufender Zerstörer gesichtet, der wegen seiner spitzen Lage nicht angegriffen werden kann. »S 57« läuft mit dem Rottenboot »S 154« um 0630 Uhr im Hafen Nettunia ein.

ITALIEN KAPITULIERT

Noch während der Nacht wird ein Funkspruch von »S 54«, das mit »S 61« in Tarent liegt, mit folgendem Wortlaut empfangen:
»2000 Uhr Freudenschießen, Sirenengeheul und Glockenläuten über Tarent. Nach Aussagen italienischer Soldaten Waffenstillstand zwischen Italien und England. Erbitte Befehle.«
Die Antwort auf diesen Funkspruch lautet: »Fall Ernte vorbereiten!«
Fall »Ernte« mit Stichwort »Achse« betrifft Maßnahmen der im Kriegshafen Tarent liegenden Boote »S 54« und »S 61«, weil sich hier ein Teil der italienischen Flotte befindet, die möglicherweise zum Gegner nach Malta zur Internierung überlaufen könnte.
Nach Einlaufen von »S 57« in Nettunia unterrichtet der dort befindliche Chef der 6. Räumboot-Flottille den Flottillenchef über die Lage in Nettunia. Die Stadt ist von deutschen Truppen geräumt und befindet sich in der Hand italienischer Truppen, die den Befehlen des Marschall Badoglio, des neuen Regierungschefs, Folge leisten. Der Hafen Nettunia wird gemäß Befehl aus Rom geräumt.
Die Lage an Land ist in diesen Stunden völlig unklar, da niemand weiß, welche italienischen Landtruppen und im Hafen liegenden italienischen Schiffe achsentreu bleiben und welche den Befehlen des Marschall Badoglio gehorchen werden. Die Funkverbindung mit dem Befehlshaber in Rom ist unterbrochen, über die Lage in der Stadt Rom ist nichts bekannt.
Die Flottille handelt daher selbständig und beabsichtigt einen Vorstoß in den tatsächlichen Landungsraum des Gegners. Es ist aber noch nicht

endgültig bekannt, ob der Feind außer in der Salerno- auch in der Neapel-Bucht gelandet ist. Den Rundfunknachrichten wird entnommen, daß der Gegner nur in der Bucht von Salerno gelandet ist. Die S-Boote haben inzwischen nach Civitavecchia verlegt. Dieser Hafen liegt schon nordwestlich der Hauptstadt Rom und befindet sich in der Hand deutscher Truppen.

MIT »S 57« ZU VORSTÖSSEN IN SALERNO-BUCHT – 7. S-FL. VERSENKT 1 ZERSTÖRER

Am 10. September um 1600 Uhr läuft »S 57« zusammen mit 3 Booten der 7. S-Flottille aus zum Vorstoß in das Landungsgebiet vor Salerno. Wegen Maschinenschaden muß »S 57« schon nach 1 Stunde kehrtmachen, das Boot läuft nach Civitavecchia zurück. Die 3 Boote der 7. S-Flottille unter Führung des übergestiegenen Chefs der 1. S-Boots-Division schießen um 0045 Uhr je 2 Torpedos auf einen Dampferpulk von etwa 11 Dampfern, die von 5 Zerstörern gesichert sind. Als die Boote in der hellen Mondnacht gestoppt liegend nachladen, werden sie von 1 Zerstörer erkannt und unter Artilleriefeuer genommen. Um 0132 Uhr wird eine Detonation in der Richtung des Dampferpulks beobachtet, die aber nicht von den eine halbe Stunde vorher geschossenen Torpedos herrühren kann. Vielleicht ist hier ein U-Boot zum Erfolg gekommen. Nach Roskill ist in dieser Nacht 1 britischer Zerstörer durch Schnellboote versenkt worden, was von den S-Booten jedoch nicht bemerkt worden ist. Nach »Chronology of the War at Sea« von Prof. Rohwer/Dr. Hümmelchen Vol. II handelt es sich um den Zerstörer »Rowan« eines US Convoys nach Salerno. Da »S 57« bei dieser Nachtunternehmung als einziges Boot der 3. S-Flottille vorher kehrtgemacht hatte, ist die Versenkung dieses Zerstörers ein Erfolg der 7. S-Flottille. Die 7. S-Flottille tritt um 0250 Uhr den Rückmarsch an. Vom Nachmittage des 11. September an besteht wieder Funkverbindung mit Rom, die aber in der übernächsten Nacht schon wieder abreißt.

Von seiten des Heeres ist bei Nettunia ein Ultimatum an 1 italienisches Fallschirmjägerbataillon mit der Aufforderung zum Niederlegen der Waffen ergangen. Glücklicherweise kapituliert das Bataillon.

Am 12. September um 1430 Uhr nimmt »S 57« als Führerboot wieder an einem Vorstoß mit 3 Booten der 7. S-Flottille in die Salerno-Bucht teil. Nach Umgehung eines MGB und von 5 hell erleuchteten Lazarettschiffen sowie 2 kleineren Landungsbooten greifen die Boote um 0100 Uhr rottenweise 1 Zerstörer oder Kreuzer auf 4500 m Entfernung in heller Mondnacht an. Alle Torpedos gehen bei dieser großen Schußentfernung fehl. Auf dem Rückmarsch werden 2 italienische Motorsegler aufgebracht, mit einem Prisenkommando besetzt und nach Civitavecchia eingebracht.

Als sich der Chef 3. S-Flottille am 13. abends um 2330 Uhr auf »S 57« einschifft und zusammen mit 1 Boot der 7. S-Flottille einen kurzen Aufklärungsvorstoß in das Seegebiet nördlich Civitavecchia auf Grund einer eingegangenen Aufklärungsmeldung unternimmt, nach der sich angeblich größere Schiffsverbände der Küste nähern, geht um 0100 Uhr nachts vom Befehlshaber der Funkspruch ein:

»In Salerno gelandeter Feind geschlagen, in zügellosem Rückzug. Erwarte noch heute Nacht vollen Einsatz aller noch klaren Boote.«

Die in See befindliche Rotte steuert nunmehr direkt die Salerno-Bucht an, während das noch im Hafen liegende einsatzklare Boot »S 151« seinen Marsch unter der Küste nach Süden in Richtung Salerno-Bucht antritt. Erst um 0600 Uhr steht das schneller laufende Führerboot »S 57« bei Capri. 20 Minuten später kommen 2 Dampfer mit Kurs in die Salerno-Bucht hinein auf große Entfernung in Sicht. Es ist schon Morgendämmerung. Kurz darauf erscheint 1 Panzerlandungsschiff (LST) mit 1 Zerstörer über der Kimm. Es ist voller Tag. Der Zerstörer entpuppt sich als Korvette. »S 57« läuft zum Angriff an und löst auf 2500 m einen Torpedoschuß, der von den beiden Fahrzeugen ausmanövriert wird. Die beiden anderen Boote der 7. S-Flottille können die Salerno-Bucht nicht mehr vor Tagesanbruch erreichen, so daß nunmehr alle Boote ihren Rückmarsch nach Neapel antreten, um am gleichen Abend einen rechtzeitigeren Einsatz in den Landungsraum sicherstellen zu können, da Neapel näher bei Salerno liegt.

Am Abend des 14. September laufen »S 57« und 2 Boote der 7. S-Flottille um 1930 Uhr aus Neapel aus zum erneuten Vorstoß in Richtung Salerno-Bucht. Hauptziel sind Dampfer, die nach Angabe des Befehlshabers in Rom mit bei Salerno wiedereingeschifften Truppen nach Südwesten ablaufen sollen. Gegen 2100 Uhr werden südlich Capri 3 erleuchtete Lazarettschiffe gesichtet und umgangen. Um 0110 Uhr kommt ein schnell laufender Kriegsschiffverband in spitzer Lage mit südlichem Kurs auf die Boote zu. 2 Zerstörer drehen sofort auf die im hellen Mondhorizont stehenden 3 S-Boote zu und eröffnen ihr Artilleriefeuer auf etwa 2000 m. Keine schöne Situation für die Boote, für die sich keine Torpedoangriffsmöglichkeit mehr bietet. Sie entziehen sich der etwa 1stündigen Verfolgung durch häufiges Nebeln, denn die kleinen Boote der 7. S-Flottille haben gegenüber den Zerstörern keinen Fahrtüberschuß.

Um 0310 Uhr stoßen die nach Neapel rückkehrenden Boote direkt unter der Insel Ischia an der Westseite des Golfs von Neapel auf 1 Zerstörer, der die Boote nach Nordwesten jagt. So weit westlich der Salerno-Bucht sichernde feindliche Zerstörer waren von der Flottille nicht erwartet. Die Boote kehren nach Nettunia zurück.

3 Nächte hintereinander Einsatz mit im Durchschnitt nur knapp 1–2 Stunden Schlaf pro Tag für die Besatzungen ist eine nur kurzfristig zulässige Belastung für die Männer. Die Torpedo- und Brennstoff-Bestandslage ist miserabel. Der Nachschub funktioniert nicht mehr, da an Land die Straßen verstopft sind. Von einer Zusammenarbeit mit der Luftwaffe ist seit Wochen keine Rede mehr. Deren nur noch schwache Kräfte werden ausschließlich gegen den Brückenkopf zur Unterstützung des Heeres eingesetzt.

Am Morgen des 16. September um 0700 Uhr verlegen die Boote nach Civitavecchia zur Torpedo- und Brennstoffversorgung. »S 57« kann nur 1, »S 153« und »S 152« können nur 2 Torpedos an Bord nehmen. Nach dem Auslaufen am Abend werden mehrere Radarausstrahlungen erfaßt. Um 0100 Uhr kommt 1 Zerstörer in der hellen Mondnacht auf große Entfernung in Sicht. Die 3 Boote greifen nach gebührender Annäherung mit 5 Torpedos an, erzielen aber keinen Treffer. Einen einzeln operierenden Zerstörer mit Torpedos erfolgreich anzugreifen, ist schon ein Glücksfall! Die Boote laufen gegen 1200 Uhr in Civitavecchia ein. Wiederum zeigt sich, daß der Angriff gegen Zerstörer wegen der Radarüberlegenheit des Gegners in dunkler und auch in heller Mondnacht nicht lohnend ist. Torpedos werden vergeudet bei solch schlechter Nachschublage. An die vollbeladenen Nachschubdampfer ist in den Tagen seit der Landung nicht 1 einziges S-Boot herangekommen, weil der Landungsraum nach allen Seiten durch Zerstörer und MGB's zu dicht abgesichert ist. Der Flottillenchef schreibt am 17. 9. u. a. in sein KTB:

»...Ein Vorstoßen in die innere Salerno-Bucht ist bei dieser Mondhelligkeit und der Stärke der feindlichen Sicherung völlig ausgeschlossen...«

Wieder stößt die Versorgung der Boote auf Schwierigkeiten. Am 18. September trifft endlich ein Fährprahm mit 8 gefechtsklaren Torpedos in Civitavecchia ein. 5 Boote beider Flottillen haben nunmehr je 2 Torpedos an Bord.

Um 1500 Uhr laufen »S 57« und 4 Boote der 7. S-Flottille zum Vorstoß in die Salerno-Bucht aus. Außer 3 Lazarettschiffen werden gegen 2230 Uhr nach 7stündigem Anmarsch 1 LST und 1 Zerstörer gesichtet. Alle Boote greifen mit je 2 Torpedos an. Leider gehen alle Schüsse fehl, da die beiden Gegner auf Grund ihres Radar energische Kurs- und Fahrtänderungen zum Ausmanövrieren der Torpedos durchführen.
Auch der Einsatz von »S 57« mit 1 Boot der 7. S-Flottille in der kommenden Nacht vom 19. zum 20. September bleibt ohne Erfolg, nachdem die Boote je 2 Torpedos auf wiederum 1 LST und 1 Zerstörer – wie in der Vornacht – geschossen haben, die alle vorbeigehen. Ob diese beiden Schiffe vielleicht ein »Lockvogel« für die S-Boote sind?
Die am 14. 9. von Rom ausgestrahlte Funkmeldung, daß der »Feind bei Salerno geschlagen sei und sich in zügellosem Rückzug und bei der Wiedereinschiffung befinde«, hat sich nicht bestätigt. Inzwischen sind sogar die kleinen Inseln Ventotene vor dem Golf von Gaeta und Ischia sowie Capri vor dem Golf von Neapel vom Feind besetzt. Von hier aus operieren feindliche MGB's in der Sicherung des Landungsraumes. Wegen Torpedomangel kann wieder nicht ausgelaufen werden, da die in Livorno liegende Peniche »Stuttgart« mit 24 gefechtsklaren Torpedos an Bord durch Luftangriff gesunken ist und weitere aus Toulon ausgelaufene Penichen mit 40 Torpedos an Bord sich noch auf dem Marsch über Genua nach Viareggio befinden.
Ab 23. 9. ist, nachdem »S 58« aus Toulon kommend einläuft, wenigstens 1 Rotte der Flottille einsatzbereit. Aber was bedeutet das gegenüber Streitkräften von so seemächtigen Gegnern!
Die Rotte »S 57«, »S 58« führt zusammen mit Booten der 7. S-Flottille bis Ende September nur noch 1 ergebnislosen Vorstoß in die Salerno-Bucht in der Nacht vom 24. zum 25. 9. durch. Außer 1 MGB wird nichts gesichtet.
Nach dieser ziemlich ergebnislosen Einsatzphase der Schnellboote im Landungsraum vor Salerno sollen jetzt die Ereignisse in Tarent und in der Adria vom Zeitpunkt der Räumung Siziliens an dargestellt werden.

WAS PASSIERTE BEI DER IN TARENT LIEGENDEN S-BOOTSGRUPPE SEIT DEM 17. AUGUST, DEM TAG DER EROBERUNG MESSINAS DURCH DIE ALLIIERTEN?

Die zur Motorenüberholung heranstehenden Boote »S 30«, »S 33«, »S 61« und »S 54« versuchen nach Wiederherstellung einer beschränk-

ten Fahrbereitschaft unter Führung des »ÄK« und zugleich stellvertretenden Kommandanten »S 33«, Kptlt. Müller, in der Nacht vom 19. zum 20. August aus Crotone auslaufend die Messinastraße anzusteuern und unter der noch von eigenen Truppen besetzten Südküste Calabriens nach Westen zum Tyrrhenischen Meer durchzubrechen. Wegen laufender Maschinenausfälle sowohl auf »S 30« als auch auf »S 33« scheitert der Durchbruchsversuch. Der Gruppenführer entschließt sich zur Umkehr und läuft mit 2 bzw. nur 1 Maschine nach Tarent zurück mit dem Vorschlag an den Befehlshaber in Rom, die Boote »S 30« und »S 33« nunmehr nach Venedig zu verlegen, von wo aus sie mit sogenannten »Kuhlemeyer-Transportwagen« über Land an die italienische Westküste transportiert werden könnten. Auf diese Weise wurden die Boote der 1. S-Flottille 1941 von der Elbe bei Dresden zur Donau bei Linz über Land transportiert, als sie ins Schwarze Meer verlegt wurden.
Am 22. August meldet Kptlt. Müller, daß sämtliche italienischen Überwassereinheiten am 21. August vor Tarent Artillerie-Übungsschießen in See durchführten und abends wieder in Tarent eingelaufen seien. Ob dieses Auslaufen aller Flotteneinheiten mit dem Wiedereinlaufen ein vorbereitetes Tarnmanöver für die deutsche Seite zum Zwecke eines späteren Auslaufens zur Internierung in Malta bei einer bevorstehenden Kapitulation Italiens bedeuten konnte?
Die Rotte »S 30«, »S 33« verlegt am 30. 8. befehlsgemäß zur kleinen Motorenüberholung von Tarent nach Pola, wo sie Anfang September einläuft.

»S 54«, »S 61« UND MARINEFÄHRPRAHM »478«
VERMINEN TARENT-HAFEN AUF STICHWORT »ACHSE«

Am 8. September, dem Vorabend des italienischen Waffenstillstandes, befindet sich der Gruppenführer der Tarent-Gruppe, Kptlt. Müller, zur Besprechung im Hauptquartier des Armee-Oberkommando 10 östlich Salerno. Der Kommandant »S 54«, Oblt. z. S. Schmidt, ist vorher durch ihn über die der Rotte »S 54«, »S 61« zufallenden Sonderaufgaben in Tarent für den Fall »Ernte« mit dem Durchführungsstichwort »Achse« eingewiesen worden. Er vertritt den Gruppenführer während dessen Abwesenheit.
Nachdem abends um 2128 Uhr der Funkspruch mit dem Inhalt »Ernte vorbereiten« aus Rom eingeht, versuchen »S 54« und »S 61« um 2200 Uhr, von ihrem Liegeplatz Mare Piccolo ins Mare Grande zu verlegen,

was ihnen wegen der ausgelegten Hafen-Netzsperre nicht gelingt. Auf Aufforderung des italienischen Admirals Brevonesi begibt sich Kommandant »S 54« in dessen Kommandogebäude. Er fordert vom Admiral angesichts der Lageentwicklung in Italien und möglicher Landungen der Alliierten in Tarent den freien Abzug aller deutschen Marinelandeinheiten und des Stützpunktpersonals aus dem italienischen Marinebefehlsbereich Tarent sowie Öffnung aller Hafensperren von Tarent zum Auslaufen der beiden S-Boote und des Marinefährprahms »MFP 478«, Anbordnahme der deutschen Minen bzw. Unbrauchbarmachen des Restbestandes an deutschen Minen, was ihm vom italienischen Admiral zugestanden wird.

Um 0115 Uhr werden mit dem vom Befehlshaber ausgelösten Stichwort »Achse« alle Maßnahmen für den «Fall Ernte« durchgeführt. Beim Auslaufen der Boote und des »MFP 478«, auf dem sich Kptlt. Winkler vom Sperrwaffenkommando mit eingeschifft hat, werfen alle 3 Fahrzeuge ihre auf akustische und magnetische Zündung eingestellten 30 TMA/B-Minen ab 0430 Uhr im Mare Grande und auf dem Auslaufweg über Bord. So ist die Wahrscheinlichkeit erreicht, daß weder italienische Flottenstreitkräfte ungeschoren auslaufen, noch britisch-amerikanische Seestreitkräfte ungehindert und unbeschädigt einlaufen können. Als der kleine Verband um 0500 Uhr die freie See erreicht, steuert er parallel zur Küste zunächst nach Südosten. Mit nur 9 kn Marschfahrt marschieren die 3 kleinen Einheiten durch die Straße von Otranto in die Adria hinein.

ODYSEE DER ROTTE »S 54«, »S 61« VON TARENT NACH VENEDIG VOM 9. BIS 13. SEPTEMBER

Nachdem der Marinefährprahm bei Annäherung eines italienischen Kreuzers vom Typ »Scipio Africano« von der eigenen Besatzung versenkt und die Besatzung von den beiden S-Booten übernommen ist, setzen die S-Boote ihren Marsch mit nur 2 klaren Maschinen und Höchstfahrt 18 kn fort, während der hohe Fahrt laufende Kreuzer abdreht. Schon 3 Stunden vorher war ein italienisches Hilfsminensuchboot mit ausgebrachtem Ottergerät bei Cap S. Maria Leuca angehalten und versenkt worden, nachdem die Besatzung unter der Küste ins Rettungsboot übergestiegen war und Kurs auf die nahe Küste nahm. Kurz darauf wurden die S-Boote von den Küstenbatterien mit 30 Salven unter Feuer genommen.

Die Rotte steuert quer durch die Straße von Otranto auf die dalmatinische Küste zu und ankert gegen 2000 Uhr nördlich Valona unter Land bei Skala Vjosa, nachdem die Boote vorher in eine Netz-Minensperre geraten waren. Unter hervorragendem Einsatz beider Besatzungen gelang es, die Schrauben und Ruder durch Tauchen einiger Männer von den Netzen zu befreien und dabei die eingeflochtenen Minen von der Bordwand freizuhalten.

Am nächsten Morgen, dem 10. September, gehen die Boote Anker auf und laufen unter der dalmatinischen Küste nach Norden. Wegen Lekkagen in der Zylinderkühlung muß »S 61« seinen Frischwasserbestand ergänzen, weshalb Ragusa angesteuert wird. Dabei läuft das führende »S 54« – »S 61« wird nämlich in Ermangelung seines Kommandanten von der seemännischen Nr. 1, Oberbootsmaat Blömker, geführt – über eine Mine, die den Bootskörper mittschiffs berührt hat. Die Detonation erfolgt glücklicherweise erst 10 m hinter dem Heck des Bootes. Wegen dieser Minengefährdung setzen sich die Boote von der Küste ab und steuern quer über die Adria in Richtung Ancona an der italienischen Ostküste.

Nachts um 0315 Uhr wird ein Schatten 7 sm querab von Ancona auf Südost-Kurs gesichet. Es ist eine armierte moderne größere Yacht. Sie wird torpediert, 70 Mann der Besatzung – darunter der Kommandant – werden von den S-Booten gerettet. Das Schiff war auf dem Wege von Pola nach Tarent, um an die Alliierten übergeben zu werden.

Um 0535 Uhr kommt ein weiteres Fahrzeug in Sicht. Es ist der Transporter »Leopardi«. Der Forderung des Kommandanten »S 54«, alle Waffen über Bord zu werden, wird entsprochen. Dann entert ein kleines Prisenkommando von 10 Mann unter Führung von Kptlt. Winkler den 4200 BRT großen Transporter, auf dem sich 700 italienische Soldaten und einige Offiziere von Heer und Marine, darunter auch Frauen und Kinder, befinden. Das Schiff war aus Triest ausgelaufen mit Bestimmungshafen Tarent. Der Kapitän und alle Offiziere werden auf »S 54« übergesetzt. »Leopardi« läuft nun unter deutschem S-Bootsgeleit als Prise mit Gegenkurs wieder nach Norden in Richtung Venedig.

Um 0630 Uhr kommt ein weiterer Schatten in Sicht. Er ist ein etwa 2000 BRT großes Handelsschiff. Nach Übersetzen eines Prisenkommandos von »S 61« nimmt auch dieser Dampfer Kurs auf Venedig.

Um 1610 Uhr nachmittags sichtet »S 54« im Osten einen Dampfer mit Kurs Südost. Das Boot läuft auf dieses Schiff zu. Schon nach etwa 10 Minuten wird im Nordwesten ein Kriegsschiff gesichtet, welches auch auf den Dampfer zuläuft. Es kann sich nur um einen italienischen Zerstörer handeln.

Was soll ein Schnellbootkommandant, dessen Boot nicht einmal mehr 20 kn laufen kann, aber noch Torpedos an Bord hat, in solcher Lage tun?

Der Kommandant mit seinem bei Tage völlig unterlegenen Boot geht an der Leeseite des Dampfers längsseit und macht das Boot mit den Leinen fest. Er selbst und 2 Mann entern den Dampfer, übernehmen das Kommando auf der Brücke und steuern den Dampfer so geschickt, daß der Zerstörer das auf der Leeseite festgemachte S-Boot nicht sehen kann. Beide Torpedorohrdeckel sind geöffnet, beide Torpedos sind klar zum Losmachen.

Als der Zerstörer kurz vor 1700 Uhr etwa 80 m vor dem Bug des Dampfers die Kurslinie des Dampfers kreuzt, wobei der Zerstörer alle Kanonen auf den Dampfer gerichtet hat, befiehlt der Kommandant »S 54« von der hohen Dampferbrücke aus »Beide Torpedos los!«. Der 1. Torpedo trifft den Zerstörer nach etwa 4 Sekunden Laufzeit vorn unter der Brücke, der 2. etwa in der Mitte. Der Zerstörer zerbricht bei diesen beiden Detonationen buchstäblich in 3 Teile. Durch sofort einsetzende Rettungsmaßnahmen können 80 Überlebende und Verwundete gerettet werden, darunter der Kommandant des italienischen Zerstörers »Quintino Sella«. Aus italienischen Unterlagen geht hervor, daß sich das deutsche S-Boot hinter dem 5000 BRT Dampfer »Albatros« versteckt gehalten habe, so daß der Zerstörer nichts von der Anwesenheit eines S-Bootes ahnen konnte.

Obermaschinist Schäfer und Matrosenobergefreiter Pabst verbleiben als Prisenkommando auf »Albatros«. Der Dampfer erhält Befehl, auf die Prise »Leopardi« südlich Venedig zu sammeln.

Nach Aussage des italienischen Kapitäns der »Leopardi« und Bestätigung durch den geretteten italienischen Zerstörerkommandanten, soll sich Venedig in der Hand deutscher Truppen befinden. Diese Angaben sollen sich, wie wir gleich sehen werden, nicht bestätigen.

Als die vorgeschickten 2 Prisendampfer abends am 11. 9. unter Geleit durch »S 54«, welches achteraus bleibt, vor der Einfahrt nach Venedig ihre Einlaufabsicht durch Setzen nationaler Einlaufflaggensignale bekunden, wird die Hafensperre geöffnet. Beim Einlaufen von »S 54« verdecken die an Oberdeck stehenden Matrosen die ohnehin kleine vom Wind zerfetzte deutsche Kriegsflagge am Flaggenstock, indem sie sich davor stellen und das Winken und Jubeln der Bevölkerung erwidern. Das Freudengeschrei der 700 auf »Leopardi« eingeschifften italienischen Marine- und Landtruppen wirkt sehr förderlich, so daß niemand an Land überhaupt wahrnimmt, daß es sich bei dem folgen-

den Schnellboot um ein deutsches handelt. Die Schiffe »Leopardi« und »Albatros« machen an 2 Bojen im Fahrwasser fest; »S 54« geht bei »Leopardi« längsseit, während »Albatros« die zum Teil verwundete Zerstörerbesatzung an der Pier ausschifft.
Um 2100 Uhr – es ist dunkel – geht der Kommandant, begleitet von Kptlt. Winkler, 2 Unteroffizieren und 2 Mann der Besatzung von »S 54«, von Bord, um die Lage an Land zu erkunden. Als sie sogleich auf eine italienische Streife treffen, lassen sie sich von ihr zum Hotel »Gabrieli«, dessen Wirt nach Angaben der Streife Deutscher sein soll, führen. Von diesem Wirt erfährt der Kommandant, daß die italienische Marine in voller Stärke mit etwa 10 000 Mann in Venedig vertreten ist und außer dem Lufthansa-Vertreter auf dem Flugplatz keine deutsche Dienststelle in Venedig vorhanden ist.
Was tun? Das ist die große Frage?

VENEDIG WIRD VOM KOMMANDANTEN »S 54«
KAMPFLOS ÜBERNOMMEN

An Bord zurück, stellt Oblt. z. S. Schmidt zu seiner Freude fest, daß auch »S 61« mit 2 weiteren Prisendampfern eingelaufen ist. Die Brennstofftanks der S-Boote sind leer, die noch intakt gebliebenen 2 Motoren sind nach verschiedenen Störungen nicht mehr betriebsklar. Die Boote haben weder Proviant, noch Trinkwasser an Bord. Schlüsselunterlagen für den Funkverkehr sind veraltet, so daß keine Funkverständigung mehr besteht. »S 54« hat alle Torpedos, »S 61« 1 Torpedo verschossen. In der Stadt und an Bord der Dampfer herrscht in dieser Nacht zum Glück Ruhe, so schlafen auch die beiden Schnellbootbesatzungen erst einmal aus.
Mit Hellwerden am 12. September liegt dichter Nebel über Venedig und seinen Kanälen. Das ist günstig. Nach Ausfindigmachen des deutschen Generalkonsuls Dr. Köster und des deutschen Eisenbahn-Bevollmächtigten Norditalien, Major Schmidt-Neudorf, fährt der Kommandant »S 54« um 1230 Uhr mit deren Unterstützung ins Marinearsenal zum italienischen Marineoberbefehlshaber in der nördlichen Adria, Vizeadmiral Brenta, bei dem sich gerade der Chef der Marinestation Venedig, Konteradmiral Zanoni, befindet. In 2stündiger Verhandlung wird die Erfüllung der vom Kommandanten »S 54« gestellten Forderungen bezüglich der Entwaffnung und des Abtransports der 10 000 Marinesoldaten sowie der ordnungsmäßigen Übergabe aller mi-

litärischen und Versorgungseinrichtungen zugesagt. Der Kommandant berichtet in seinem KTB, daß die Verhandlung in gegenseitiger Höflichkeit geführt werden konnte.
Auch der Polizeichef mit den ihm unterstellten Carabinieri und Einsatztruppen sagt in einer weiteren Besprechung zu, für die Aufrechterhaltung von Ruhe und Ordnung zu sorgen. Es werden sogar gemeinsam verfaßte öffentliche Aufrufe in deutsch und italienisch zur Entwaffnung und bedingungslosen Folgeleistung aller Anordnungen deutscher Militärbehörden erlassen und Zeitungsartikel über die veränderte Lage veröffentlicht. Hierbei leistet ein Luftwaffenfeldwebel, der im Zivilberuf Schriftleiter ist, gute Dienste, weil er seine beruflichen Qualitäten in dieser Situation zur Wirkung bringen kann.
Von 1700 bis 2400 Uhr marschieren 5000 Marinesoldaten unter Führung ihrer Offiziere und unter Begleitung durch 40 Mann der beiden Schnellbootbesatzungen und des inzwischen ausgeschifften Sperrwaffenpersonals aus Tarent in das auf Veranlassung von Kommandant »S 54« vom Heer inzwischen provisorisch vorbereitete Gefangenenlager bei Mestre, was etwa 12 km außerhalb Venedigs auf dem Festland liegt.
Am nächsten Morgen beginnt der Abtransport der weiteren 5000 Marinesoldaten nach Mestre. Die italienischen Dienststellenleiter mit Schlüsselpersonal ihrer Stäbe und Betriebe verbleiben auf ihren Posten. In einer Besprechung mit dem Präfekten, dem Quästor und weiteren Persönlichkeiten der Zivilverwaltung wird deren weitere Verantwortung für ihre Bereiche, besonders für die Versorgung der Bevölkerung mit Getreide, Kohle, Elektrizität und Wasser festgelegt.
Am 13. September nachmittags übergibt der Kommandant »S 54« seine von ihm selbst geschaffene Stellung und Verantwortung als »Stadtkommandant Venedig« an den inzwischen eingetroffenen Oberstleutnant Nehring und dessen ständigen Vertreter, Korvettenkapitän Korn. Die eingebrachten 4 Dampfer mit etwa 13 000 BRT werden an die inzwischen errichtete Seetransportstelle übergeben.

RITTERKREUZ FÜR KOMMANDANT »S 54« – OBLT. Z. S. SCHMIDT

So plötzlich kommt eine nie gekannte Aufgabe auf einen jungen 24jährigen Marineoffizier mit knapp 6 Dienstjahren und eine Handvoll Männer zu, die Schnellbootfahren gelernt haben! Die Besatzung wurde dekoriert und Oblt. z. S. Schmidt erhielt für die bisherigen Leistungen des von ihm seit fast 2 Jahren geführten Schnellbootes und für die erfolgreiche Tätigkeit in den kritischen Tagen vom Verlassen des Kriegshafens Tarent bis zur kampflosen Einnahme der ehrwürdigen Lagunen- und Seehandelsstadt Venedig das Ritterkreuz zum Eisernen Kreuz am 22. Dezember 1943. Welch ein Segen, daß zur Einnahme Venedigs weder eine Bombe, noch ein einziger Schuß zu fallen brauchte!

Leider hat dieser ideenreiche und tüchtige Offizier den Frieden nicht mehr erleben dürfen. Oblt. z. S. Schmidt ist auf den Tag genau 1 Jahr später mit 25 Jahren als »Ältester Kommandant« in der 10. S-Flottille im Gefecht mit britischen Motor-Kanonen-Schnellbooten am 22. Dezember 1944 im Englischen Kanal gefallen. Sein Vater fiel als U-Boot-Kommandant im 1. Weltkrieg.

Es bleibt noch die Rolle der beiden Boote »S 33« und »S 30« zu erwähnen, die seit dem 7. September mit nicht voll intakten Motoren im Kriegshafen Pola lagen und »kleine Motorenüberholung« durchführten. Als am 8. 9. abends um 2000 Uhr der Waffenstillstand zwischen Italien und den Alliierten bekannt wird, stellen die Boote unter dem Rottenführer und Kommandanten »S 33«, Oblt. z. S. Brauns, eine notdürftige Fahr- und Kriegsbereitschaft her. Torpedos können nicht übernommen werden. Als das im Hafen liegende Schlachtschiff »Guilio Cesare« am nächsten Tage um 1600 Uhr ablegt und aus Pola ausläuft, kann keines unserer im U-Bootstützpunkt liegenden U-Boote dies verhindern, weil die Schußrichtung für einen Torpedo von italienischen Hilfsschiffen und Korvetten verblockt wird. Die italienische Marine verhindert jeden Auslaufversuch der beiden deutschen S-Boote. So verlassen weitere Kriegsschiffe den Hafen mit Kurs Süd, sie laufen sicher zwecks Internierung nach Malta. Eine tragische Situation für beide Seiten, die bisher engste Partner und Verbündete waren und jetzt nach dem Willen ihrer politischen Führung von heute auf morgen zur Gegnerschaft gezwungen werden!

Erst ab 10. 9. erhalten die im Hafen liegenden deutschen U-Boote und die beiden S-Boote Bewegungsfreiheit. Die S-Boote werden bis zum Monatsende für Sicherungsaufgaben im unmittelbaren Küstenvorfeld und zur Sicherstellung und Übernahme im Hafen verbliebener italienischer Klein- und Hilfsfahrzeuge eingesetzt. Zeitweise unterstützen sie auch kleinere Kommandounternehmen von Heereseinheiten bei der Bekämpfung von Partisanen. Bei einem Partisanenüberfall von der Mole des Hafens Rovigno werden der Steuermannsmaat Wirth tödlich, Bootsmaat Granitzky und die Obergefreiten Wollburg und Trotte schwer bzw. leicht verwundet.

Während der 1. Hälfte des Oktober sind nur 2 Boote klar. Außer 1 Unternehmung gegen den Nachschubverkehr nach Neapel, bei welcher 6 Torpedos vergeblich auf 1 Tanker und 1 Zerstörer geschossen werden, führen die Boote 2 Mineneinsätze vor dem Hafen Olbia auf Sardinien und vor Ajaccio auf Korsika nach der Evakuierung aller deutschen Truppen durch.

Das Deutsche Marinekommando Italien hat infolge des alliierten Vormarsches nach Norden von der Hauptstadt Rom nach Levico in Oberitalien verlegt. Es werden Vorüberlegungen angestellt, auf welchem Wege die im Tyrrhenischen Meer befindlichen Boote der 3. S-Flottille und die 8 Boote der 7. S-Flottille über Land transportiert und den Po flußabwärts in die Adria verschifft werden können, nachdem die allgemeine Erkenntnis gewonnen ist, daß auf Grund der negativen Erfahrungen des Schnellbooteinsatzes im Tyrrhenischen Meer zu diesem Zeitpunkt in diesem Seegebiet keine Erfolgsaussichten mehr bestehen. In der Adria hingegen können die S-Boote noch in der Küstenvorfeldsicherung vor der dalmatinischen Küste in dem Inselarchipel gegen Partisanenschiffsverkehr operieren und sogar gegen gegnerischen Schiffsverkehr an der adriatischen Küste Italiens eingesetzt werden, wenn sich herausstellt, daß der alliierte Nachschub nach Bari und Brindisi und Ancona geleitet wird. Hierzu ist rechtzeitiger Aufbau von Stützpunkten und Absprunghäfen in der Adria erforderlich.

LETZTER VORSTOSS IN DEN GOLF VON NEAPEL
IN DER NACHT VOM 25. ZUM 26. OKTOBER

Die Boote »S 58« und »S 60« liegen in Viareggio und warten auf besseres Wetter zur Verlegung nach Civitavecchia. Am 19. 10. abends laufen die Boote nach Süden, sie machen gegen 0500 Uhr morgens fest. Nach 2 ergebnislosen Vorstößen auf den Nachschubverkehr nach Neapel in den beiden Nächten vom 20. bis 22. 10., bei denen in dem weiten Seegebiet kein einziges Fahrzeug gesichtet war, erfolgt noch ein Vorstoß in die Olbia-Bucht in Nordsardinien, wo außer MGB's nichts gefunden wird.

Als am 24. Oktober gegen 2300 Uhr eine Grobauswertung eines Luftaufklärungsbildes der Reede von Neapel mit Datum 23. 10. eingeht, plant der Befehlshaber einen Vorstoß der S-Bootsrotte auf die festgestellten 31 vor Anker liegenden Frachter bis je etwa 7000 BRT und 1 Tanker von 8000 BRT, die durch 1 Kreuzer, 7 Zerstörer und 3 Geleitboote gesichert werden, für die Nacht vom 25. bis 26. Oktober.

Weitere Aufklärungsergebnisse sollen den Booten noch am 25. abends in See übermittelt werden.
Um mehr Zeit im Operationsgebiet des Golfs von Neapel zu gewinnen, verlegen die Boote »S 58« und »S 60« schon in den frühen Morgenstunden nach Nettunia, wo sie um 0600 Uhr einlaufen. Am 25. um 1700 Uhr läuft die Rotte aus zum Vorstoß. Die Feindlage auf der Reede von Neapel hat sich nach erneuter Luftaufklärung gegenüber dem bekannten Luftbild vom 23. 10. nicht verändert. Leider fehlt immer noch die Angabe über die genaue navigatorische Position der Ankerlieger, denn der Golf ist 15 sm breit und hat 15 sm Ausdehnung in der Tiefe, wenn die Inseln Ischia und Capri als Begrenzung nach See zu eingerechnet werden. Nach Umgehung von 3 patrouillierenden Zerstörern und Passieren von Ischia steuern die Boote vorsichtig in den inneren Golf hinein. Scheinwerfer von Ischia und Capri leuchten als Lichtsperre fest in Richtung des Festlandes, so daß die Boote noch nicht bemerkt zu sein scheinen. Sie schleichen mit 9 kn weiter auf die Reede zu. Mit Fu MB auf »S 58« wird um 2348 Uhr eine feste den Booten folgende Radarstrahlung von einem im Hafen von Neapel aufgestellten Radargerät erfaßt. Nach 5 Minuten wird vor den vielen Lichtern an Land ein Schatten ausgemacht. Es ist 1 Zerstörer, der etwa 1000 m vor den Booten vorbeizieht. Als er etwas zudreht, werden um 2400 Uhr von beiden Booten je 2 Torpedos geschossen. Der erste Torpedo von »S 58« ist Grundgänger, der zweite geht vorbei. Die beiden von »S 60« geschossenen Torpedos gehen hinter dem Zerstörer vorbei. Welche Chance – welches Pech! Der Zerstörer läuft an den Booten vorbei und scheint sie nicht gesehen zu haben. An dieser Stelle wird bemerkt, daß sich nicht nur moderne britische und amerikanische Zerstörer, sondern auch ältere von anderen im Kriege mit uns befindlichen Nationen entsandte Zerstörer im alliierten Geleitverkehr befinden, die möglicherweise kein Radargerät an Bord haben und daher die S-Boote nicht orten können. Vielleicht war es gerade ein solcher Zerstörer, den die S-Boote vor den Rohren hatten.
Beim weiteren Vordringen kommt ein 2. Zerstörer in Sicht. Vielleicht aber arbeiten beide Zerstörer zusammen und lassen die Boote weiterlaufen, um ihnen den Rückzug zu verlegen und das Ausbrechen aus dem Golf unmöglich zu machen. Um 0016 Uhr stehen nämlich die ersten Leuchtgranaten am Himmel über den Booten. Die Boote sind also erfaßt gewesen. Sie haben leider keinen Dampfer gesichtet, machen kehrt und versuchen, vor den Zerstörern aus der Bucht herauszubrechen, was ihnen – ohne Treffer einzustecken – gelingt.

Oben: Cattaro-Bucht

Links: Neuer Flottillenchef ab 16. Juli 1943 – zugleich Divisionschef – Korvettenkapitän Herbert Max-Schultz

Rechts: Neuer Flottillenchef ab 1. September 1944, Kapitänleutnant Albert Müller, mit Kommandant »S 55«, Oblt. z. S. Weber

Links: Der Führer der Schnellboote, Kommodore Petersen, besichtigt Flottille in Pola

Rechts: Neuer und letzter Chef der 3. S-Flottille ab 13. Oktober 1944, Kapitänleutnant Günther Schulz

Letzte Fahrt der
Flottille in der Adria

So endet auch diese letzte Unternehmung, die von der 3. S-Flottille im Westlichen Mittelmeer gegen den feindlichen Nachschubverkehr in den Landungsraum durchgeführt worden ist, mit einem Fehlschlag, da die feindliche Sicherung – wie immer – auf der Hut und überlegen war. Die Chancen der S-Boote im Mittelmeer sind passé!
Die Boote laufen gegen 0700 Uhr in Nettunia bzw. Civitavecchia ein. Am 27. Oktober verlegen sie weiter über Viareggio nach Toulon zur Werftliegezeit. Es ist ein Zustand erreicht, der für die Flottille in diesem Kriege einmalig ist. Weder im Tyrrhenischen Meer, noch in der Adria, noch in der Ägäis ist ein einziges Boot der 3. S-Flottille einsatzbereit! Die Besatzungen machen Urlaub, der Flottillenchef schifft sich aus und unternimmt eine Dienstreise zum Deutschen Marinekommando Italien in Levico, zum Führer der Schnellboote in Holland, welcher truppendienstlicher Vorgesetzter aller Schnellbootflottillen ist, und zum Oberkommando der Kriegsmarine in Berlin, um die Maßnahmen einzuleiten, die für den künftigen Einsatz der beiden S-Flottillen in der Adria notwendig sind und vor Eintreffen der S-Boote durchgeführt sein müssen. Es sind Stützpunkte und Absprunghäfen in der Adria mit hoher Dringlichkeit aufzubauen.
Bei Abschluß des KTB Ende Oktober vermerkt der Flottillenchef u. a.:
»...Die Ausschiffung ist erforderlich, damit die organisatorischen Belange der 3. S-Flottille, ihre truppendienstliche Führung und die Aufgaben organisatorischer Art, die der 1. Schn. Div. gestellt sind, endlich in feste Hände genommen werden können. Ich habe im zurückliegenden 3½monatigen Einsatz keine Gelegenheit gehabt, den Hauptstützpunkt der 3. S-Flottille in Palmanova zu besichtigen, kenne den Hauptteil des Flottillenpersonals noch nicht und hatte im Zuge der Operationen keine Gelegenheit, einen Stützpunkt der Flottille in Frontnähe arbeitsfähig einzurichten. ...Die S-Bootswaffe hat im Mittelmeer während dieser Zeit unter schwierigsten Verhältnissen in ununterbrochenem Einsatz gestanden. Kommandanten und Besatzungen waren körperlich voll beansprucht. Ich habe der Kriegsnotlage entsprechend mehr von ihnen verlangt, als es unter normalen Verhältnissen möglich erschien, und kann ihnen hinsichtlich Zähigkeit, Einsatzfreudigkeit und innerer Bereitschaft nur volle Anerkennung zollen...«
Zu dieser Einsatzphase bleibt nach Roskill noch zu bemerken, daß der britische Minenkreuzer »Abdiel« beim Einlaufen mit dem britischen 12. Kreuzergeschwader in Tarent am 10. 9. kurz nach dem Auslaufen der italienischen Schlachtschiffe, Kreuzer, Zerstörer und U-Boote auf

eine von den Booten »S 54«, »S 61« und vom »MFP 478« im Hafen geworfenen Minen lief und sank.
Für den Monat November ist kein Kriegstagebuch auffindbar. Es kann auch wegen der Werftliegezeit aller Boote nicht viel ausgesagt haben, nachdem auch »S 54« von Venedig in die Werft von Salamis verlegt hat. Während des Dezember nehmen »S 56« und »S 60« an mehreren Unternehmungen der 7. S-Flottille von Viareggio aus teil. Bis zum 21. 12. werden einige Minensperren in der Bucht von Gaeta und in der Straße von Bonifacio zwischen Sardinien und Korsika geworfen.

ERSTER EINSATZ IN DER ÄGÄIS UND ADRIA

Die in der Ägäis befindlichen Boote »S 55« und »S 36« sind ab 6. Dezember, »S 54« ab 18. Dezember wieder einsatzbereit. Die Boote führen einige Sicherungsaufgaben für Kleingeleite zwischen den ägäischen Inseln durch und überführen Heerestruppen von Piräus nach Samos. Der Kommandierende Admiral Ägäis schifft sich ein und besichtigt die Dodekanes-Inseln, die nach dem Waffenstillstand Italiens, teils nach harten Kämpfen, in deutsche Hand gefallen sind.
Die Boote »S 55« und »S 36« verlegen am 17. 12. durch den Kanal von Korinth vorbei an Korfu nach Cattaro in die Adria. Sie sind dem Kommandierenden Admiral Adria, Vizeadmiral Lietzmann, mit dem Marinehauptquartier in Abbazia unterstellt. Der neue Befehlshaber will gleich »Seekrieg führen«, nachdem ihm erstmalig schnelle Torpedoträger zur Verfügung gestellt sind. So wird die kleine Rotte sofort in der Nacht vom 19. zum 20. 12. zu einem Vorstoß gegen den Schiffahrtsweg vor der italienischen Ostküste von Brindisi bis Bari angesetzt, anschließend sollen die Boote die Hafenanlagen der Insel Vis (Lissa) mit ihren 2 cm Maschinenwaffen beschießen. Diese Operation beansprucht allein einen Marsch von mehr als 480 sm! Die Rotte läuft um 1645 Uhr aus, sichtet von Brindisi bis Bari unter der Küste kein einziges Schiff, steuert den Hafen auf der Insel Vis – um die Insel nordwestlich herumholend – von Norden an, eröffnet um 0430 Uhr das 2 cm Artilleriefeuer auf den Hafen, das von einigen Maschinengewehren erwidert wird, und läuft um 0930 Uhr wieder in Cattaro ein. Hier in dem Inselarchipel sind die von britischer Seite mit Waffen unterstützten Partisanen zu Hause, weshalb der Befehlshaber das Erscheinen der kleinen schnellen, überall überraschend auftretenden Schnellboote zur Bekämpfung des Banden-Schiffsverkehrs, der meist

mit Küstenmotorseglern zur Nachtzeit betrieben wird, sehr begrüßt. Aber – dies ist nicht eine Dauer-Aufgabe für Schnellboote, die gegen Treffer durch Maschinenwaffen auf geringste Entfernung außerordentlich empfindlich sind. Eine »Hafenbeschießung« mit 2 cm Schnellfeuerkanonen mit Leuchtspurmunition kann nur als »Demonstration« gewertet werden!
In mehreren Nachteinsätzen wird Jagd auf mehrere Partisanen-Motorsegler zwischen den Inseln Vis, Brac, Hvar, Korcula, Lagosta, Mljet und Scedro gemacht unter jeweiliger Beschießung der Hafenanlagen auf diesen Inseln.

RITTERKREUZ FÜR KPTLT. ALBERT MÜLLER AM 13. 12. 1943

Am 13. Dezember wird dem Kommandanten des am 6. Juli in Porto Empedocle durch Bomben versenkten »S 59« das Ritterkreuz des Eisernen Kreuzes verliehen. Kptlt. Müller führte seine Besatzung und sein Boot seit 2½ Jahren. Das Boot hatte seinen 1. Erfolg im Englischen Kanal in der Nacht vom 23. zum 24. Dezember 1940, als es mit 2 Torpedos 2 Dampfer versenkte.
Nach Verlust seines Bootes ist er als »ÄK« ohne Boot und stellvertretender Flottillenchef eingesetzt worden. Er führte zunächst die Tarent-Gruppe, erfaßte und organisierte die am und nach dem 9. September in unsere Hand gefallenen italienischen Schnellboote vom MS- und MAS-Typ. Diese Boote werden nach und nach von deutschen Besatzungen in Dienst gestellt und bilden die 24. S-Flottille mit Unterstellung unter 1. Schnellboot-Division.

VORBEREITUNG DER BOOTE ZUR VERLEGUNG VON GENUA ÜBER LANDSTRASSEN UND DEN FLUSS PO IN DIE ADRIA

Im Westlichen Mittelmeer werden Ende Dezember »S 57«, »S 60« und »S 58« in Genua für den Transport in die Adria vorbereitet. Auch die Boote der 7. S-Flottille befinden sich in solcher Vorbereitung. So bleibt also kein einziges S-Boot mehr im Tyrrhenischen Meer.
Zum »Jahresabschluß« schreibt der Flottillenchef resigniert ins KTB:
»... Der Jahreswechsel sieht die S-Bootswaffe im Mittelmeer auf einem Einsatztiefstand, begründet durch die Überbeanspruchung der Motorenanlagen und die beginnende Verlegung in die Adria ...«

Im letzten Halbjahr standen die Besatzungen und auch das Flottillen-Stützpunktpersonal mit der Veränderung der militärischen Lage vor allem an Land in pausenlosem Einsatz, so daß sie jetzt während der Werftliegezeiten endlich etwas verschnaufen und auf Heimaturlaub fahren können.

Nach dieser Schilderung der Ereignisse seit dem 8. September aus der Sicht der Flottille sollen nun die Ansichten und Aussagen der anderen Seite zu Wort kommen, die im wesentlichen dem Volume III – Part I von Roskill entnommen sind.

VERLAUF DER SALERNO-LANDUNG »AVALANCHE« AUS BRITISCHER SICHT

Nachdem Messina am 17. August von den Alliierten genommen war, setzte Montgomery mit der 8. Armee am 3. September über die Straße von Messina und drang von Calabrien aus den italienischen »Stiefel« hinauf nach Norden vor. Die deutschen Küstenbatterien und Truppen bei Reggio mußten der tagelangen Beschießung durch die Schlachtschiffe »Nelson«, »Rodney«, »Warspite«, »Valiant«, die 3 Monitore, 2 Kreuzer und 6 Zerstörer sowie der Bombardierung durch die britisch-amerikanischen Luftwaffenkräfte weichen. An diesem 3. September waren nach erster Fühlungnahme der italienischen Unterhändler mit den Alliierten in Madrid die Waffenstillstandsbedingungen in Syrakus von italienischer Seite akzeptiert und unterschrieben worden. Der Zeitpunkt des Waffenstillstandes sollte zeitlich mit der Großlandung der Alliierten – Operation »Avanlanche« – in der Bucht von Salerno übereinstimmen, weil hierdurch eine starke Bindung deutscher Heereskräfte in ganz Italien und bezüglich der Marine auch in den Häfen bewirkt werden konnte, was zur Entlastung während der ersten Tage nach der Großlandung beitragen würde. Die Deutschen würden mit der Entwaffnung der auf dem Festland befindlichen zahlenmäßig starken italienischen Heeresverbände vollauf beschäftigt sein, zumal nur 17 deutsche Divisionen in Italien standen. Der italienische Marschall Badoglio wünschte eine alliierte Landung mit 15 anglo-amerikanischen Divisionen bei Rom in der Hoffnung, daß die neue italienische Regierung ihren Sitz in Rom hätte behalten können. Da die Alliierten aber einen solch weiten Sprung ohne ausreichenden Jagdschutz über dem Landungsgebiet nicht riskieren wollten, blieb es bei Salerno, weshalb die Badoglio-Regierung nach Brindisi flüchten mußte, als die deutschen Truppen die Hauptstadt Rom am 10. September in Besitz nahmen.

Marschall Badoglio sah im Waffenstillstand die einzige Möglichkeit, sein Land vor dem völligen Ruin zu bewahren, weil es seit längerer Zeit keinerlei eigene Verteidigungskraft mehr besaß und Italien nun den Krieg im eigenen Lande hatte. Immerhin teilte Badoglio der deutschen Reichsregierung seinen Entschluß schon am 8. September offiziell durch seinen Botschafter in Berlin mit, so daß die Überraschung für unsere oberste Führung am 9. September, als der Waffenstillstand in Kraft trat, nicht allzu groß sein konnte. Unsere Truppenverbände erfuhren diesen Entschluß im allgemeinen während der Nacht vom 8. zum 9. September, so daß keine Zeit blieb, die am 8. und 9. 9. mit dem Ziel Malta auslaufenden italienischen Flottenverbände am Auslaufen zu hindern. So wurden in Malta 5 italienische Schlachtschiffe, 8 Kreuzer, 31 Zerstörer und Torpedoboote, 40 U-Boote sowie 100 Handelsschiffe mit etwa 180 000 BRT von den Briten interniert, nachdem das Schlachtschiff »Roma« in See von einer deutschen von einem Flugzeug ferngelenkten Gleitbombe getroffen und gesunken war.

Die für den 9. September um 0330 Uhr angesetzte alliierte Landung bei Salerno gelang. Die Verluste auf dem Seenachschubweg und an Land hielten sich auch in der Zukunft in Grenzen, weil der Landungsraum bei Tage durch 35 kontinuierlich in der Luft befindliche Jagdflugzeuge von den »Escort«-Trägern und von Sizilien aus gegen Luftangriffe geschützt war. Nach See hin war das Landungsgebiet bei Tage und bei Nacht durch ausreichende Sicherungsstreitkräfte vom Zerstörer über die Korvette bis zum MGB gegen U-Boot- und Schnellbootangriffe gesichert, zumal die Inseln Capri und Ischia frühzeitig durch kleine Kommandounternehmen der MGB's genommen waren.

Die Überlegenheit der anglo-amerikanischen Luftwaffenverbände – sowohl der von Nordafrika operierenden »strategischen« als auch der von Malta und Sizilien operierenden »taktischen« – und die Überlegenheit zur See verhinderten ernsthafte Verluste im Nachschubverkehr durch die schwachen deutschen Luftwaffenkräfte, U-Boote und Schnellboote. Von 9 deutschen U-Booten operierten im Oktober 4 vor der algerischen Küste, wo sie 1 Minensuchboot, 1 amerikanischen Zerstörer und 3 Frachtschiffe versenken konnten.

Die Alliierten verloren in den ersten 21 Tagen einschließlich der Landungsphase nur 1 britischen Zerstörer, 1 US Zerstörer, 1 Hochseeminensuchboot, 2 britische LST, 2 britische LCI, 17 britische kleine LCT, 3 US Frachter und 1 britisches Lazarettschiff.

70 Fahrzeuge vom Schlachtschiff bis herunter zum kleinen Landungsboot erlitten Beschädigungen. Angesichts der großen Zahl an Schiffen und Booten fallen diese Verluste und Schäden nicht ins Gewicht.
Am 1. Oktober ist Neapel in britische Hand gefallen, als sich die vom Süden kommende britische 8. Armee mit den Heeresverbänden der Invasion, der verbündeten »5. Armee«, bei Salerno vereinigt hatte.
Ab Oktober wurden auch die britischen Schlachtschiffe nicht mehr im Mittelmeer benötigt. Sie verlegten in den Fernen Osten zur Verstärkung der britisch-amerikanischen Kräfte im Pazifik bzw. in die Heimat zur Bereitstellung für die im nächsten Jahr beabsichtigte große alliierte Landung »Overlord« in der Normandie.
Soweit Roskill.

AUSBLICK ENDE 1943

Mit dem Waffenstillstand Italiens ist der Zeitpunkt eingetreten, zu dem außer wenigen deutschen Flugzeugen nur noch eine Handvoll deutscher U-Boote und S-Boote sowie im Küstenvorfeld operierende Minenstreitkräfte eingesetzt werden können.
Die militärstrategische Lageentwicklung, die Anfang November 1942 mit der alliierten Landung »Husky« in Französisch-Nordafrika und Ende Oktober 1942 mit der von den Engländern bei Alamein gewonnenen letzten Schlacht in Ägypten begann, hatte ihre Fortsetzung mit der Eroberung Siziliens und Süditaliens genommen. Der »Sturm der Alliierten auf die Festung Europa« hat eingesetzt. Wir stehen überall in der strategischen Defensive. In der vom 28. November bis 1. Dezember 1943 in Teheran abgehaltenen Konferenz zwischen Roosevelt, Stalin und Churchill wurden die Vereinbarungen getroffen, die für den Endsieg der Alliierten und das Schicksal Deutschlands nach dem Kriege entscheidend werden sollten.

Kapitel XIV

Der Einsatz der Flottille in der Adria

1. Januar 1944 bis 2. Mai 1945

DIE LAGE IN DER ADRIA ZUM JAHRESWECHSEL 1943/44

In der Adria waren die Häfen Brindisi und Bari schon am 11. September 1943 von den Engländern in Besitz genommen. So kann der britische Nachschub über See für die nach Norden vordringende britische 8. Armee unter General Montgomery in diesen Häfen dicht hinter der kämpfenden Front ausgeladen werden. 2 Zerstörerflottillen mit 12 Zerstörern und 2 Motortorpedobootflottillen mit 15 Booten und Begleitschiff »Vienna« unter dem in Brindisi befindlichen »Commander Coastal Forces«, dem Führer der Küstenvorfeld-Streitkräfte, werden nicht nur zur Sicherung des italienischen Küstenvorfeldes und zur Geleitzugsicherung, sondern in erster Linie zum Angriff auf unseren deutschen Seenachschub unter der dalmatinischen Küste angesetzt, der von oberitalienischen Häfen nach jugoslawischen und griechischen Häfen läuft, um einen Teil unserer dort befindlichen Truppen mit immerhin 18 Divisionen auf dem Balkan zu versorgen, weil der Transport über Land durch Partisanen sehr gefährdet ist. Mitte Oktober waren von 6 deutschen Handelsschiffen 4 in der Straße von Otranto von Zerstörern, U-Booten und Flugzeugen versenkt worden.

Von Bari und Brindisi aus wurden außer Kommandounternehmen an der dalmatinischen Küste auch die Landung einer britischen Brigade im Rücken unserer in Italien stehenden Heeresfront bei Termoli am 3. Oktober erfolgreich durchgeführt.

Von Brindisi und Bari aus werden auch die Partisanenverbände auf den Inseln vor und an der dalmatinischen Küste mit Waffen, Munition und Proviant versorgt. Jugoslawische Partisanen beherrschen fast alle vor der Küste liegenden Inseln und den Festlandhafen Split. Diese Inseln können erst im Laufe der nächsten Wochen teilweise von unseren Heerestruppen besetzt werden. Korcula wurde von uns erst am 24. Dezember genommen. Die Zusammenarbeit zwischen Engländern und

Die Adria

Partisanen war nach dem Urteil von Roskill ausgezeichnet. Es existierte sogar ein britischer »Marineverbindungsoffizier« zur Spitze der Partisanenorganisation auf der Insel Vis – früher Lissa. Ganz allgemein bringt Roskill zum Ausdruck, daß die Deutschen in den Monaten September bis Dezember 1943 kaum Seestreitkräfte in der Adria zur Verfügung gehabt hätten und es ihnen trotzdem bis zum Jahresende gelungen sei, mit improvisiertem Bau und Transport kleiner bewaffneter Fähren, Fährprähme und Siebelfähren soviel Transportraum zu organisieren, daß fast die gesamte jugoslawische Küste und fast alle dalmatinischen Inseln von ihnen genommen werden konnten. Allerdings wäre auf der alliierten Seite ein solcher Zuwachs an Zerstörern, Motortorpedo- und Motorkanonenbooten sowie an Flugzeugen und Partisanenverbänden eingetreten, daß die Versorgung der deutschen Heereseinheiten über See an der dalmatinischen Küste entlang bis nach Griechenland in absehbarer Zeit völlig unterbunden werden konnte. Und kein Geringerer als Mr. Churchill selbst hätte den baldigen deutschen Zusammenbruch an dieser Balkanfront vorausgesehen.

Die Entfernung von der dalmatinischen zur ostitalienischen Küste beträgt im Durchschnitt etwas über 100 sm, so daß Operationen gegen die Feindküste von beiden Seiten innerhalb einer Nacht möglich sind. In dem Inselarchipel wird sich bald ein – nach Roskill – Krieg in »Hide and Seek-operations« – ein Kleinkrieg im Such- und Versteckspiel – zwischen Kleinfahrzeugen, Sabotagetrupps und Partisanenkommandos entwickeln, der auf längere Dauer größere Personal- und Bootsverluste auf unserer Seite fordern wird. Für solche Aufgaben sind unsere als Torpedo-Angriffsboote gebauten Schnellboote, die in ihrem ungepanzerten Zustand gegen Maschinenwaffentreffer sehr empfindlich sind, nicht besonders geeignet. Aber mangels anderer kleiner, schneller Fahrzeuge müssen die Besatzungen auf diesem neuen Kriegsschauplatz ihren Beitrag zu der Sicherung des Küstenvorfeldes zusammen mit wenigen erbeuteten ex-italienischen kleineren Fahrzeugen und Torpedobooten sowie Minenräumbooten bis zum Kriegsende Anfang Mai 1945 leisten.

Die gefährlichsten Gegner sind bei Tage die feindlichen Jagdbomber und bei Nacht britische Zerstörer und zum Teil auch britische MGB's, die an der Adria stationiert sind. Bei Nacht kommen noch die bewaffneten »Albacore«-Seeaufklärer mit Radargerät als gefährliche Gegner hinzu. Bis zum Kriegsende wird es sich in der Adria nicht um einen Kampf um Tonnageversenkung, sondern um Artillerieduelle mit Kleinfahrzeugen und Partisanenkuttern handeln.

Für den Chef der 3. S-Flottille fallen in seiner gleichzeitigen Eigenschaft als Chef 1. Schnellboot-Division mit Beginn des Jahres 1944 vermehrte Führungs- und Organisationsaufgaben an, die einen kleinen Stab mit festem Führungsstand und Funkstellen an Land erfordern. Der künftige Einsatz aller Boote der 3. und 7. S-Flottille und zusätzlich von 10–12 erbeuteten ex-italienischen in der 24. S-Flottille zusammengefaßten Schnellbooten nach ihrer Überführung von Genua über den Po in die Adria erfordert den Aufbau von Stützpunkten, Einsatz- und Absprunghäfen mit entsprechenden Nachrichtenverbindungen von der norditalienischen Küste ab längs der dalmatinischen Küste nach Süden bis in die Ägäis hinein. Der Aufbau einer solchen Führungs- und Stützpunktorganisation mit Personal und Material, welches aus Deutschland herangeschafft werden muß, nimmt längere Zeit in Anspruch.

Vorerst sind nur »S 55« und »S 36« in der Adria einsatzbereit. Sie werden zur Unterstützung kleinerer Heeresoperationen zur Inbesitznahme einiger Inseln und zur Bekämpfung von Partisanennestern sowie zur Unterbindung des Versorgungsverkehrs für die Partisanen eingesetzt. »S 54« sichert zur Zeit Kleingeleite in der Ägäis, bis es Anfang Februar zur Werftliegezeit heransteht.

Mit Eintreffen der vom Tyrrhenischen Meer zu überführenden Boote ist nicht vor April/Mai 1944 zu rechnen. So kann in den nächsten 4–5 Monaten mit nicht mehr als 3–4 einsatzbereiten Booten gerechnet werden, wenn »S 30« und »S 61« ihre große Werftliegezeit in Pola etwa Mitte Februar beendet haben werden.

»S 55« AM 16. JANUAR DURCH JAGDBOMBER GESUNKEN

In der Nacht vom 8. zum 9. Januar operiert die Rotte »S 55«, »S 36« von Cattaro aus gegen den vermuteten Partisanenschiffsverkehr. Zwischen den Inseln Hvar und Brac werden 2 mit Artilleriemunition und Brennstoff beladene Motorsegler zum Stoppen gebracht und nach Übernahme der Besatzungen mit Sprengpatronen versenkt. Vor Morgengrauen beschießen die Boote befehlsmäßig den Hafen der Insel Vis. Die Partisanen erwidern das Feuer mit Geschützen mittleren Kalibers. Sie scheinen nunmehr Nachschub an Geschützen erhalten zu haben! In der nächsten Nacht vom 9. zum 10. Januar beschießen die Boote um 2100 Uhr zunächst den Hafen Komiza an der Westküste der Insel Vis. Sie sichten nach 1 Stunde 1 größeren Motorsegler, zwingen ihn zum

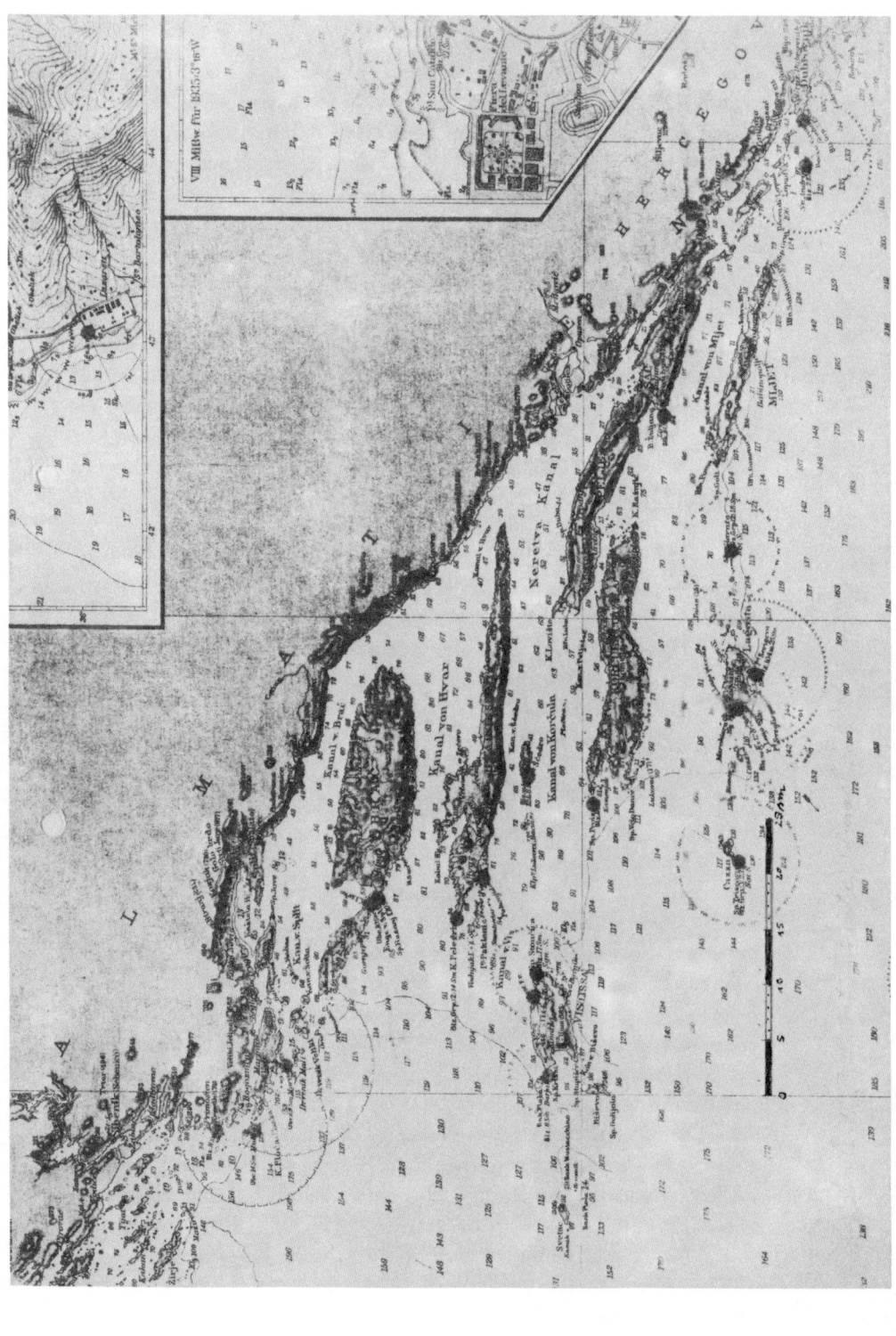

Süddalmatinische Inseln

Stoppen, übernehmen die seemännische Besatzung mit ihrem Kommissar, setzen 1 Prisenkommando mit 4 Mann über und geleiten den mit 3 modernen italienischen 10,5 cm Geschützen, MG's und Gewehren sowie panzerbrechender Munition und Sprengmunition und englischem Proviant beladenen Motorsegler zunächst in die Vela-Luka-Bucht an der Westseite der Insel Korcula. Beim Einsteuern in die kleine Bucht werden die Boote von 2 feindlichen Jägern angegriffen, wodurch auf »S 55« die Backbordmaschine durch Splitterschäden ausfällt. Auf »S 36« sind 2 Mann tödlich verwundet.

Um 1040 Uhr erfolgen die nächsten Angriffe durch etwa 10 »Tomahawk«- und »Spitfire«-Jagdbomber. Nach einer weiteren 1/2 Stunde greift die 3. Welle feindlicher Jagdbomber – es sind 8 Flugzeuge – an. Auf dem Motorsegler brechen Brände und Explosionen der Munition aus, als schon die 4. Welle angreift. Die Brände können nicht bekämpft werden. Gegen 1500 Uhr erscheint die 5. Welle mit 13 Jagdbombern und kurz darauf die 6. Welle mit 10 Flugzeugen. »S 55« brennt, das Boot kann nicht gerettet werden, zumal die Reservetorpedos in die Luft fliegen. Durch auslaufendes brennendes Öl gerät auch der hölzerne Bootskörper in Brand. »S 55« sinkt gegen 1700 Uhr.

»S 36« läuft mit 2 Maschinen, der geretteten Besatzung von »S 55« und den Verwundeten gegen Abend in Cattaro ein.

Der Gegner setzte fast 50 Jagdflugzeuge ein, um 2 deutsche Schnellboote und 1 aufgebrachten Motorsegler zu vernichten. Fast wäre ihm alles gelungen, aber »S 36« hatte in der kleinen Bucht zum Glück einen Liegeplatz unter einem Felsvorsprung, so daß es schwierig war, das Boot mit Bomben und Bordwaffen zu treffen. Mit dem Verlust von »S 55« und dem Ausfall von »S 36«, das in die Werft nach Pola verlegen muß, ist kein S-Boot in der Adria einsatzfähig.

Ein Beispiel, welche erdrückende Übermacht sich von Seiten des Gegners über die Adria bis in den letzten nördlichen Winkel – sowohl aus der Luft als auch auf See – ausbreitet, ist der beabsichtigte nur 60 sm lange Verlegungsmarsch des Dampfers »Dietrichsen« von Triest nach Pola am 1. März, wobei 2 eigene Torpedoboote und 2 U-Jäger sowie die 12. Räumbootflottille unter Führung des Chefs der 11. Sicherungsflottille die Nahsicherung bildeten. Der Dampfer wurde nach Erfassung durch britische Flugzeuge durch britische Zerstörer versenkt, 1 Torpedoboot wurde so schwer beschädigt, daß es liegenblieb und 1 U-Jäger wurde vermißt. Hierüber schrieb der Chef 3. S-Flottille in sein KTB:

»...Der Feind, durch Luftaufklärung und wahrscheinlich auch

durch planmäßige Zusammenarbeit mit Tito-Spionagegruppen von der Herstellung der Fahrbereitschaft des Dampfers und der Torpedoboote und ihrer anschließenden Verlegung in Kenntnis gesetzt, hat mit einem Zerstörerverband zugeschlagen. Ich bin der Ansicht, daß sich die Bewegungen des Verbandes von Triest nach Pola bei Nacht und die Auslaufabsichten in dem von Feindelementen durchsetzten Triest und Pola nicht tarnen ließen. Ich bin auch der Ansicht, daß ein Durchkommen des Dampfers auch dann ausgeschlossen gewesen wäre, wenn nicht Verrat, sondern nur die Luftaufklärung bei Nacht dem Feind Kenntnis vom Marsch des Verbandes gegeben hätte...«

TAKTISCHE GLIEDERUNG, KOMMANDANTENBESETZUNG, LIEGEHÄFEN UND BEREITSCHAFTSZUSTAND AM 1. MÄRZ 1944

Flottillenchef	Korv. Kpt. Max-Schultz	
ständiger Vertreter	Kptlt. Müller	
»S 61« Kptlt. von Gernet	Pola	
»S 36« Ob. Stm. Ahlers	Pola	
»S 30« Oblt. z. S. Backhaus	Pola	
»S 33« Oblt. z. S. Brauns	Pola	
»S 53« Oblt. z. S. Schmidt	Saloniki	
»S 57« Oblt. z. S. Buschmann	bei	
»S 58« Oblt. z. S. Milbradt	Überführung	
»S 60« Oblt. z. S. Haag	auf Po	

Der Kommandant des gesunkenen »S 55«, Oblt. z. S. Weber, der fast seit Kriegsbeginn Schnellboot fährt, erhält eine neue Verwendung. Er wird 1. Admiralstabsoffizier im Stabe der 1. Schnellbootdivision und bearbeitet den operativen Einsatz der 3 Schnellbootflottillen, wofür er auf Grund seiner langjährigen Erfahrungen an der Front besondere Eignung mitbringt.

LAGEBETRACHTUNG DES FLOTTILLENCHEFS AM 16. MÄRZ 1944

Der Chef der 3. S-Flottille stellt am 16. März in seinem KTB eine »Lagebetrachtung« an, welche wegen ihrer grundsätzlichen Bedeutung teilweise hier wiedergegeben wird:
1. Operative Aufgabe
Der bevorstehende Kampf in der Adria sieht nur Schnellboote in der

Offensive gegen einen Feind, der längs der italienischen Ostküste seinen rechten Flügel versorgt, über die Insel Vis den Kampf der Banden im gesamten kroatisch-serbischen Raum versorgt und auf dem Wasser und in der Luft eine totale Blockierung des Wasserweges Adria längs der deutsch besetzten Adriaküste anstrebt. Am 20. 2. gab die Gruppe Süd ihre Zustimmung zu den Absichten eines offensiven S-Bootseinsatzes gegen die Zufuhr des Feindes und Bewegungen seiner Zerstörergruppen. Am 9. März wurde der Kampf gegen die Verstärkung der Insel Vis als vordringlich herausgestellt. Am 14. März erging eine operative Weisung vom Admiral Adria, welche auf Grund der Blockierung der eigenen Küstenwege durch feindliche Schnellboote und Zerstörer den Ansatz der S-Boote gegen diese Gegner sowie gegen die Bandenvorpostenboote im Inselgebiet vor der dalmatinischen Küste anordnete.

II. Voraussetzungen
a. Feindlage
1. In der Luft

Die Lage in der Adria wird bestimmt durch die totale Luftüberlegenheit des Feindes. Feindliche Jagdflugzeuge überspringen die Adria mit kurzem Anflug und kämpfen bei Tage ungehindert jedes erkennbare Schiffsziel auch in den innersten Buchten zwischen hohen Bergketten nieder. Nur unter totaler Tarnung können sich kleinere Fahrzeuge in kleinsten Buchten halten. Nachts überwacht der Feind mit Aufklärungsflugzeugen mit Radargerät gegen Schiffe planmäßig die Häfen. Diese mit Bomben und Bordkanonen ausgerüsteten Aufklärungsflugzeuge greifen selbst kleine Ziele, wie R- und S-Boote an. Bomberverbände legen ungestört Bombenteppiche auf die Häfen, in denen erkennbare Kleinbootziele angehäuft sind.

2. Auf dem Wasser

Unter diesem Luftschirm totaler Überlegenheit ist der Feind in der Lage, mit relativ geringen Kräften kampfkräftiger Zerstörer und MGB-Gruppen eine totale Blockierung des deutschen Küstenweges auszuüben. Zerstörer marschieren unbemerkt wenige Stunden nach Dunkelwerden unter der deutsch besetzten Küste in der Adria auf. MTB's und MGB's stützen sich auf den Hafen Komiza auf Vis und haben damit geringste Anmarschwege in ihr Operationsgebiet auf unserem Küstenweg. Bewaffnete Partisanen-Vorpostenkutter ergänzen diesen Einsatz. Die Versorgung der Banden im kroatisch-serbischen Raum wird durch Motorsegler von Vis aus durchgeführt. Der Seenachschub für die britische Front in Italien läuft durch die

Otrantostraße an der italienischen Ostküste entlang in die Häfen Brindisi, Bari und Manfredonia ...
b. Eigene Lage
1. In der Luft
Dem Fliegerführer Kroatien und Albanien stehen nur geringe Nahaufklärer zur Verfügung. Die Kräftelage schließt eine lückenlose Aufklärung der Adria aus. Die Flugplätze liegen im Hinterland. Eine Bekämpfung feindlicher Jagdflugzeuge in ihrer Blockadetätigkeit ist nicht möglich. Luftaufklärung wird tagsüber mit Me 109 von einer schwachen Aufklärungsstaffel geflogen. Für Jagdschutz sind keine Kräfte frei. Das bedeutet, daß S-Boote in ihren Operationen keinerlei Unterstützung von Seiten der Luftwaffe erfahren können.
2. Auf dem Wasser
Das S-Boot stellt bei Nacht das einzige Offensivmittel gegen größere feindliche Streitkräfte dar. Bewegungen von Überwasserfahrzeugen bei Tage sind wegen der Luftherrschaft des Gegners nicht mehr möglich. Die eigene Nachschubschiffahrt beschränkt sich auf kleine Motorfahrzeuge, Fährprähme, Pionier- und Infanterie-Landungsboote.
3. Auf dem Lande
a. Küstenverteidigung
Das Heer steht an der Adriaküste mit nur schwachen Kräften. Die Häfen sind gewissermaßen stützpunktartige Inseln in dem sonst partisanenverseuchten, vor allem in der Nordadria, fest in Partisanenhand befindlichen Küstengebiet. Die schwache deutsche Besetzung der vielen dalmatinischen Inseln reizt den Feind zu fortlaufendem Angriff mit Partisanenkräften und Kommandotrupps von der Insel Vis aus. Eigener Fla-Schutz besteht nur dort, wo Küstenbatterien gegen Flugzeugangriffe geschützt werden müssen. Häfen und Liegeplätze der Fahrzeuge sind durchweg nicht fla-geschützt.
b. S-Bootsstützpunkte
Der Ausbau von Cattaro und Dubrovnik steht bei der katastrophalen Nachschublage noch in den Anfängen. Nur in Cattaro ist Torpedo- und Brennstoffversorgung in kleinen Mengen und eine Nachrichtenverbindung vorhanden. In Dubrovnik ist nur Brennstoff vorhanden. Zur Zeit und bis auf Weiteres ist Cattaro die einzige Operationsbasis für Schnellboote mit geringem Fla-Schutz ...«
Diese Kurzanalyse und Lagebeurteilung läßt an Klarheit nichts zu wünschen übrig und läßt erkennen, vor welch schwieriger Aufgabe die Männer der S-Boote mit ihren ungepanzerten Booten stehen.

MIT 1 ROTTE EINSATZKLAR

Die Rotte »S 36«, »S 61« läuft mit dem eingeschifften Flottillenchef in der Nacht vom 15. zum 16. März von Pola nach Cattaro. In der Nacht vom 17. zum 18. führt sie einen Aufklärungsvorstoß in das Inselgebiet zwischen Mljet, Lagosta und Glavat durch. Um 2200 Uhr wird ein Motorkutter gesichtet und mit Artillerie versenkt. Erstmalig werden auf der Insel Vis stationierte Funkmeßgeräte festgestellt.
Die Insel Solta scheint am 19. März morgens vom Feind besetzt zu sein. Auf der Landstraße nach Cattaro beschießen Jagdflugzeuge unsere Autokolonnen. Am 22. März scheint auch die Insel Hvar vom Feind besetzt zu sein, denn am 23. morgens stehen noch 7 Zerstörer vor der Insel. Auf der Insel Vis werden 4 MGB's und eine ganze Flotte von Motorseglern im Hafen von der Luftaufklärung festgestellt. Auf unserer Seite kann dem wachsenden Feinddruck über See und aus der Luft zur Zeit nicht wirksam begegnet werden. Am 27. März wird die an einem Felsen auf der Insel Brac getarnt liegende 12. Räumbootflottille im 1. Luftangriff von 14 Jabo's angegriffen. »R 191« sinkt, »R 188« ist schwer, »R 190« mittelschwer beschädigt. Im 2. Angriff mit 11 Jabo's wird »R 188« nochmals getroffen, das Boot sinkt.

OPERATIONEN VOM APRIL BIS JUNI 1944

Im April steht die 1. Schnellbootdivision zahlenmäßig mit
   3. S-Flottille mit 8 Booten
   7. S-Flottille mit 8 Booten
  24. S-Flottille mit 12 ex-ital. MAS-Booten und
  21. S-Flottille mit 4–6 LS-Booten
auf dem Papier.
Im Einsatz jedoch sind zur Zeit nur »S 30«, »S 33« und »S 36« und ab 14. April nur noch »S 30« als einziges Boot. Die meisten Boote befinden sich noch in großer Motorenüberholung in der Werft und haben technische Serienstörungen in ihren Ölkühlern zu beseitigen.
Die Boote der 7. S-Flottille befinden sich nach der Überführung in Venedig und werden zur Zeit wieder zusammengebaut. Die Beute-Boote der 24. S-Flottille haben unentwegt Maschinenstörungen und die 4 aus Deutschland überführten kleinen LS-Boote der 21. S-Flottille werden zur Verlegung nach Athen-Phaleron vorbereitet.
Der Divisionschef kennzeichnete die damalige Lage mit folgenden Worten im KTB:

»...Die Lage ist mit einfachen Worten die: Jetzt, wo die Nächte dunkel und noch lang genug für Operationen quer über die Adria bis zur italienischen Ostküste sind, stehen keine Boote zur Verfügung. Dann, wenn die Boote auf den Werften kriegsbereit werden, sind die Nächte zu kurz, um die italienische Ostküste erreichen zu können. Auch die Operationen bis südlich der Insel Lissa können nur noch als »kurze Vorstöße« durchgeführt werden ...«

Im April erfolgen 4 Vorstöße mit 2 mal 2 und 2 mal 3 Booten in das Inselgebiet ohne Feindberührung. An den übrigen Tagen des April ist jeweils nur 1 einziges Boot in Cattaro einsatzbereit.

Die für die Flottillen vorgesehene Schaffung von durch Flak geschützten Liegeplätzen, von Versorgungsmöglichkeiten mit Brennstoff, Torpedos, Munition, Wasser und Verpflegung sowie für kleinere Reparaturen in den verschiedenen Häfen Split, Dubrovnik, auf Korfu und auch in Cattaro macht kaum Fortschritte. Überall herrscht Mangel und der Nachschub kommt nur mühsam aus der Heimt heran. Cattaro ist immer noch die einzige – wenn auch nur mäßig – gesicherte Einsatzbasis für die Boote. Der Hafen Dubrovnik wird am 29. April von 0600 Uhr morgens bis 1630 Uhr 4 mal von britischen Jagdbombern angegriffen. Der Gegner hat die S-Boote sicher in diesem Hafen vermutet. Die Hauptwerft für unsere Schnellboote in Monfalcone bei Triest ist mehrfach mit Bomben angegriffen worden. Auch der Hauptstützpunkt für alle Schnellbootflottillen, Palmanova, ist Ziel britischer Bombenangriffe gewesen, die allerdings kaum Schaden angerichtet haben.

»S 54« läuft auf dem Verlegungsmarsch von Saloniki nach Cattaro in der Nacht vom 22. zum 23. 4. bei Cap Leukas auf eine Mine, wodurch das Heck in einer Länge von 8 m abgebrochen wird. Das Boot bleibt aber schwimmfähig und kann 24 Stunden später nach Viscardo an der Nordspitze Kephaloniens eingeschleppt werden. Von der Besatzung sind leider 3 Mann gefallen und 5 verwundet worden. Der Kommandant des Bootes, Oblt. z. S. Schmidt, hat sein havariertes, in der Werft Salamis liegendes Boot an Stabsobersteuermann Eilert übergeben. Er selbst ist als »ÄK« zu der in Swinemünde in Aufstellung befindlichen 10. S-Flottille versetzt worden.

Im Monat Mai sind im wesentlichen von Cattaro aus 9 Operationen mit 2 Booten – »S 30« bzw. »S 36« und »S 61« – durchgeführt worden, wobei es 6 mal zu Begegnungen mit jeweils 2 Zerstörern gekommen ist. In der Nacht vom 2. zum 3. Mai, als die Boote eine Minenräumbootgruppe der 12. Räumbootflottille von Cattaro durch die 40 sm breite durch Zerstörer gefährdete Otrantostraße auf dem Marsch in die Ägäis sichern, schießen beide Boote je 2 Torpedos auf eine Entfernung von etwa 2500 m, um die unter Feuer liegenden Räumboote zu entlasten. Eine Torpedodetonation wird wahrgenommen, die Zerstörer scheinen zu stoppen, laufen dann aber nach Süden in Richtung Brindisi – Bari ab. Möglicherweise hat einer der beiden Zerstörer einen Torpedotreffer erhalten, der für das Schiff nicht tödlich war. Die R-Boote hatten unter dem Zerstörerbeschuß auf die nahe Küste zugedreht und liefen nach Cattaro zurück.

Bei einem Vorstoß nach Lissa wird in der Nacht vom 10. zum 11. Mai 1 Küstenmotor-Passagierschiff von etwa 250 BRT von »S 61« und »S 30« durch Artillerie versenkt. Da »S 30« wegen Maschinenschäden für mehrere Tage nicht einsatzbereit ist, kann »S 61« als Einzelboot keine Unternehmung durchführen.

Nach Wiedererscheinen von »S 36« in Cattaro sichern das Führerboot »S 36« und »S 61« die 4 in die Ägäis zu verlegenden Räumboote in der Nacht vom 18. zum 19. Mai abermals bei dem Versuch des Durchbruchs durch die Straße von Otranto, nachdem die Vollmondperiode vorüber ist und die Nächte dunkler werden. Wiederum kommt es zur Begegnung mit 2 Zerstörern, wobei es den Räumbooten gelingt, ohne Schaden nach Durazzo zurückzulaufen, ohne daß die sichernde S-Bootsrotte rechtzeitig zum Angriff auf die Zerstörer zur Stelle sein konnte. In dieser Nacht ergibt sich keine Chance zu einem erfolgreichen Torpedoangriff, weil die Zerstörer dank ihres Radargerätes die Schnellboote auf die Hörner nehmen und mit Artilleriefeuer verjagen. In der nächsten Nacht wird der Versuch des Durchbruchs erneut von Durazzo aus unternommen.

Schon beim Auslaufen am 19. Mai um 1830 Uhr überfliegen 6 Jabo's die Boote, ohne anzugreifen. Nach Mitternacht werden die 4 R-Boote von 2 Zerstörern unter Feuer genommen. Sie versuchen, unter Nebelverwendung auf die zerklüftete Küste zuzulaufen, wo die Boote nicht so leicht geortet werden können. Bei Feueröffnen der Zerstörer und beim Sichten der Leuchtgranaten läuft die sichernde S-Bootsrotte mit Höchstfahrt auf die Zerstörer zu, die nunmehr die Schnellboote auf 2000 m beschießen. Mit Funkspruch meldet das Räumboot »R 190«, daß es im Gefecht mit Zerstörern gelegen hat und ab Morgendämmerung Jagdschutz benötigt. Auf mehrfache Aufforderung meldet sich »R 190« längere Zeit nicht auf der Funkwelle. Das Boot hat sicher den Anschluß verloren. Wegen bevorstehender Morgendämmerung kann aber keine Zeit zum Suchen des Bootes verloren werden. Die Boote laufen weiter nach Korfu. Um 0500 Uhr schließlich kommt ein Funkspruch mit der Standortangabe von »R 190« durch. Leider aber wird 1 Stunde später eine hohe Detonationswolke in dem Korfu-Kanal gesichtet. Kurz danach kommt die Meldung des deutschen Festungskommandanten von Korfu durch, daß »R 190« durch 4 feindliche Jäger angegriffen und in Brand geschossen worden ist. Das Boot explodierte, die Besatzung ist gerettet worden, leider sind 10 Mann verwundet, darunter 4 schwer.

Dieser schon einmal im Anfang des Monats vergeblich versuchte und nun in 2 Nächten durchgeführte Verlegungsmarsch von 4 kleinen, mittlere Geschwindigkeit laufenden Kriegsschiffen, die von 2 Schnellbooten ferngesichtet worden sind, beleuchtet die Situation im eigenen Küstenvorfeld. Es wird bei Nacht von mehreren feindlichen Zerstörergruppen und bei Tage von feindlichen Jagdbombern total beherrscht.

Während die 3 Räumboote in die Ägäis weiterlaufen, operiert die S-Bootsrotte in der Nacht vom 20. zum 21. Mai von Korfu aus gegen Zerstörer in der Otrantostraße. Außer 1 Fischerboot wird nichts gesichtet, die Boote laufen zur Erkundung in den kleinen Hafen Prevesa ein. In der nächsten Nacht rückverlegt die Rotte nach Korfu und läuft schließlich am 24. Mai morgens wieder in Cattaro ein, wo »S 33« einsatzbereit geworden ist.

Noch am gleichen Abend erfolgt ein Einsatz mit 3 Booten in Richtung der Insel Mljet, wo sich angeblich ein vor wenigen Tagen gelandeter feindlicher Kommandotrupp wieder einschiffen soll. Es werden 2 Zerstörer gesichtet, ohne daß sich eine Angriffschance für die S-Boote bietet. Sie werden beschossen und gejagt.

Am 25. Mai ist nur »S 36« einsatzklar. Eine Verstärkung der lächerlich geringen Bootszahl erfolgt mit Einlaufen der ersten 5 Boote der 7. S-Flottille in Split, von denen aber leider 2 wegen Ölpumpenschäden wieder nach Venedig in die Werft verlegen müssen. An diesem Tag wird die Schnellbootwerft in Monfalcone erneut durch Bomber angegriffen und schwer getroffen. Die Werft ist vorerst total lahmgelegt, 2 ex-italienische MS-Boote sinken, 2 sind schwer beschädigt.

Bei einem Vorstoß mit »S 36« und »S 61« in der Nacht vom 26. zum 27. Mai werden bei der Insel Lagosta 2 Zerstörer gesichtet, an denen nicht vorbeizukommen ist. Bewaffnete Seeaufklärungsflugzeuge greifen nach mehrmaligem Überfliegen der Boote schließlich mit einem Reihenbombenwurf an, der 3 Bootslängen hinter »S 61« ins Wasser geht.

UNSER FU MB IST VOM GEGNER PEILBAR

Zum ersten Mal stellt die Flottille fest, daß das Funkmeßbeobachtungsgerät infolge der Strahlungen des Gerätes von feindlichen Aufklärungsflugzeugen gepeilt werden kann. Bei den auf U-Booten eingebauten Geräten ist diese Erkenntnis schon im Mai/Juni 1943 nach den großen U-Bootverlusten im Nordatlantik gewonnen worden. Somit fährt die Flottille bei eingeschaltetem Gerät wie eine »leuchtende Funkbake« durch die Adria und zieht jeden Feind auf sich! Wann strahlungsfreie Geräte an die Front kommen, diese Frage kann niemand beantworten. Der Feind ist auf Grund seiner auf diesem Gebiet seit Jahren überlegenen Technik zum Meister der Taktik geworden. Während der Nacht vom 29. zum 30. Mai verlegt die Rotte »S 36«, »S 61« von Cattaro nach Dubrovnik, um in der nächsten Nacht Fernsicherung für Infanteriefähren gegen feindliche Zerstörer zwischen der Küste und der Insel Korcula zu bilden.

In der darauf folgenden mondhellen Nacht vom 31. Mai zum 1. Juni werden bei der Insel Mljet 2 Zerstörer-Radargeräte erfaßt. Kurz darauf kommen auch schon 2 Zerstörer in Sicht, sie sind bei der Helligkeit der Nacht auf fast 10 sm zu erkennen. Als die Boote zum Angriff anlaufen, drehen beide Zerstörer ab und laufen mit hoher Fahrt nach Süden in Richtung Bari.

DIE 7. S-FLOTTILLE TRIFFT EIN

In dieser Nacht hat die inzwischen wieder auf 5 Boote aufgefüllte 7. S-Flottille bei einem Vorstoß nach Cap Ploca an der Westküste der Partisaneninsel Lissa einen Erfolg erzielt. In Artilleriegefechten versenkt wurden 3 Motorkutter, 1 Kümo, 1 kleiner Tanker. Gerettet und übernommen wurden 159 Männer in Uniform, teils Engländer, teils Kroaten, Serben, Russen und Italiener, 1 US-»Lightning«-Jägerpilot sowie 37 Frauen und 5 Kinder. Alle Fahrzeuge befanden sich auf dem Marsch nach Lissa.

In der nächsten Nacht vom 1. zum 2. Juni führt die 7. S-Flottille einen 2. Vorstoß nach Lissa durch. Wiederum ist ihr ein Erfolg beschieden. Sie kämpft zum Teil im schweren Artilleriekampf auf nächste Entfernung 2 vollbesetzte Motorkutter nieder und übernimmt die 153 Gefangenen. 1 weiterer leerer Motorkutter wird versenkt. Als ein S-Boot an einer Art Fähre zur Übernahme der feindlichen Besatzung längsseit gehen will, geht dieses Fahrzeug plötzlich mit der Fahrt hoch und eröffnet das Feuer auf 50 m Entfernung mit überlegenen 4 und 2 cm Waffen, wobei 2 Mann auf dem Führerboot verwundet werden. Gerettet und nach Split eingebracht werden 77 Partisanen, 2 britische Fallschirmjäger, 50 Frauen und 24 Kinder. 2 Schnellboote erlitten Trefferschäden, 3 Boote haben Maschinenausfälle, so daß die gesamte 7. S-Flottille vorerst nicht mehr einsatzbereit ist.

In der Nacht zum 2. Juni ist der Feind auf der Insel Brac gelandet, weshalb die Boote »S 36« und »S 61« in dieser Nacht einen Vorstoß in Richtung Lissa unternehmen. Es ist mondhelle Nacht, 1 Seeaufklärer kreist über den Booten im schmalen Fahrwasser zwischen den Inseln und hält Fühlung. Am Ausgang des kanalartigen Fahrwassers liegt 1 Zerstörer in Lauerstellung, weshalb die Boote zur Abschirmung der kleinen Heeresoperationen auf der Insel Brac auf ihrer Position verharren und nicht weiter nach Lissa laufen. Einem Bombenreihenwurf des fühlunghaltenden Flugzeugs mit 6 Bomben kann knapp ausgewichen werden. 3 Verwundete und Bombensplitter im Torpedogefechtskopf – das ist der Erfolg des feindlichen Flugzeugs. »S 61« hat Schraubenschaden und kann nur 11 kn laufen. Es läuft in Makarska ein, um mit Helligkeit getarnt zu sein. »S 36« marschiert mit 2 Maschinen nach Split, wo gegen 1100 Uhr jeweils 12–4 motorige Flugzeuge in 2 Wellen ihre Bombenlast auf den Hafen abladen. Das Führerboot »S 36« bleibt in dieser Hölle völlig ungeschoren. Diese Angriffe werden ab 1300 Uhr wiederholt, die 1. Welle besteht aus 21, die 2. aus 12–4 motorigen Bombern. Hafen und Stadt sind »umgepflügt« – so steht es im KTB. Da »S 36« und »S 61« außer Kriegsbereitschaft sind, verlegen sie im Laufe der nächsten Nächte über Sibenik, Zara, Lussin in Richtung Norden nach Pola, wo sie am 11. Juni früh einlaufen, nachdem sie in der Nacht vom 5. zum 6. Juni durch Bombenangriff auf See 3 Verwundete hatten und Splitterschäden einstecken mußten. Zu allem Überfluß steht an der Südspitze der Insel Silba 1 lauernder Zerstörer, weshalb die Boote auf Grund ihrer geringen Höchstgeschwindigkeit von 18 kn abdrehen müssen. Unerklärlich, daß der Zerstörer die 3 Havaristen nicht verfolgt und vernichtet hat! Beim Einlaufen in den Hafen der Insel Lussin um 0200 Uhr werden 12 Bomben auf die Boote geworfen. Bei 2 weiteren Angriffen fallen 4 bis 6 Bomben. Diese Bombenangriffe werden ergänzt durch ein Bombardement des Hafens und der Stadt durch feindliche Zerstörer. Die Küstenbatterie von Lussin erwidert das Feuer, das aber ziemlich wirkungslos ist. Außer Bombensplittern erleiden die Boote keine Schäden. Beim Weitermarsch in der nächsten Nacht sichten die Boote kurz vor Pola wiederum 2 Zerstörer, die nicht

angreifen, sondern nach kurzem Zudrehen schnell nach Süden ablaufen. So haben die 3 Havaristen wieder einmal Glück gehabt!
Wo immer die beiden S-Boote in den letzten Wochen aufgetreten sind – überall trafen sie auf eine Gruppe von 2 Zerstörern. Der dalmatinische Küstenweg und das gesamte Küstenvorfeld ist durch das britische »Coastal Command« in Brindisi und Bari mit Zerstörern und Flugzeugen bei Tage und bei Nacht fast blockiert. Seit Mai 1944 befinden sich hier allein 10 Zerstörer und seit Mitte Juni treten hier vorübergehend die französischen Zerstörer »Le Fantasque« und »Le Terrible« auf.

KEIN EINSATZBEREITES BOOT –
FLOTTILLENCHEF UND BESATZUNGEN AUF URLAUB

Während die Boote in die Werft gehen, nehmen auch die Besatzungen und der Flottillenchef nach 11monatigem Einsatz Urlaub. Der Flottillenchef wird ab 17. Juni durch den ältesten anwesenden Kommandanten von »S 33«, Oblt. z. S. Brauns, vertreten, während die Dienstgeschäfte des Divisionschefs vom Chef 7. S-Flottille in Split wahrgenommen werden.

Ab Juli sind erstmals im Durchschnitt mehr als nur 2 Boote einsatzbereit. Ein Durchschnitt von 3,5 Booten pro Einsatz ist ein großer Fortschritt in der Kriegsbereitschaft der Flottille! Dennoch geht keine größere Wirkung von den S-Booten gegen die Feindüberlegenheit aus. Um 2 Zerstörer mit Radargerät erfolgreich angreifen zu können, werden 2 S-Bootsgruppen mit je 4 bis 5 Schnellbooten benötigt. Die fehlende technische Güte kann nur durch Masse ersetzt werden, die wir auch nicht besitzen! Die Blockierung der Küste durch den Feind schreitet fort. Nach Einbau eines neuartigen Fu MB werden ab Mitte Juli 6 Operationen als Nah- und Fernsicherung für Kleingeleite, für Übersetzen von Verstärkungen der Inselbesatzungen mittels Pionier- und Infanteriefähren durchgeführt, wobei es in der Nacht vom 17. zum 18. 7. zu einem kurzen, ergebnislosen Artilleriegefecht mit 3 britischen MGB's kommt.

DIE DEUTSCHEN FRONTEN BRECHEN

Der Ansturm auf die von den Deutschen verteidigten vielen Fronten in fast allenLändern Europas wird heftiger.

Nach der großen sowjetischen Sommeroffensive ist die Front der Heeresgruppe Mitte im Osten Anfang Juli mit der Rückeroberung von Minsk durch die Sowjets zusammengebrochen. Im Westen befindet sich seit der am 6. Juni gelungenen alliierten Großinvasion »Overlord« der Anglo-Amerikaner in der Normandie die gesamte deutsche Westfront in Rückzugskämpfen. Paris wird am 25. August von einer französischen Division unter General Leclerc genommen, so daß General de Gaulle hier eine französische Regierung bilden kann. Am 29. August sind Toulon und Marseille nach der alliierten Landung in Südfrankreich am 15. August vom Feind besetzt. Die rumänische Hauptstadt Bukarest wird am 31. August von den Sowjets erobert.
Im Süden Europas sind die Alliierten nach der Einnahme von Rom am 6. Juni bis nach Oberitalien vorgedrungen. Florenz wird am 4. 8. von alliierten Truppen genommen. Die Linie La Spezia – Rimini, genannt »Gothic Line«, kann im Herbst von unseren Trupen noch gehalten werden. Am 14. 10. landen die Alliierten in Piräus, 14 Tage später haben unsere Truppen Griechenland geräumt. Am 20. 10. besetzen sowjetische Truppen und unter Marschall Tito stehende Partisanenverbände Belgrad.
Am 20. Juli ist ein Attentat auf Hitler zum Mißerfolg geworden, der aus der Gefangenschaft befreite Mussolini regiert wieder in Oberitalien, wo sich u. a. auch einige italienische Marineeinheiten unter dem neu ernannten Oberbefehlshaber Ammiraglio Sparzani befinden, die dem deutschen Verbündeten die Treue halten und Seite an Seite mit den Deutschen bis zum bitteren Ende weiterzukämpfen versuchen. Hierzu gehört auch die durch Einzelkämpfer im Kriege bekannt gewordene X. MAS-Flottille unter dem italienischen Capitano di Fregata Fürst Borghese, deren Kampfschwimmer, Ein-Mann-Torpedos und Sprengboote in den ersten Kriegsjahren erfolgreich in die Häfen von Alexandria und La Valetta sowie auf die Reede von Gibraltar einbrachen. Selbst in unsere 24. S-Flottille wird »S 630« als ex-italienisches »MS 75« ab Dezember mit italienischer Besatzung unter Tenente Santagata eingereiht.

WEITER GELEIT- UND KÜSTENVORFELDSICHERUNG –
»S 57« IM MGB-GEFECHT AM 20. 8. GESUNKEN

In Zusammenarbeit mit Hafenkommandanten wird die Flottille im August im wesentlichen von Dubrovnik auslaufend zu 8 Operationen mit im Durchschnitt 3,5 Booten in der Sicherung von Kleinstgeleiten und Fähren des Heeres zwischen der Küste und den Inseln eingesetzt. Dabei kommt es 2mal zu Artilleriegefechten mit MGB's, denen es in der Nacht vom 19. zum 20. 8. auf Grund ihrer artilleristischen Überlegenheit auf 300 m Gefechtsentfernung gelingt, »S 57« so zu beschädigen, daß es manövrierunfähig wird, brennt und von der eigenen Besatzung durch Sprengung selbst versenkt wird. Die Besatzung kann in Schlauchbooten von der Flottille gerettet werden. »S 57« hat 1 Gefallenen und 10 Verwundete, »S 30« 1 Gefallenen und »S 58« und »S 60« je 1 Verwundeten zu beklagen. Der Hafen Dubrovnik wird im August 4mal mit Bomben angegriffen, wobei die Boote glücklicherweise keine Beschädigung erleiden.

WECHSEL DES FLOTTILLENCHEFS AM 1. SEPTEMBER – KOMMANDANT »S 60«, OBLT. Z. S. HAAG, ERHÄLT DAS RITTERKREUZ

Durch die Führungsaufgaben als Divisionschef ist der bisherige Flottillenchef so in Anspruch genommen, daß er von letzterer Aufgabe entlastet werden muß. So übernimmt der bisherige »ÄK« und ständige Vertreter des Flottillenchefs, Kptlt. Albert Müller, die Flottille als Chef am 1. September 1944.

Der letzte der seit Sommer 1940 in der Flottille befindliche Kommandant, Oblt. z. S. Heinrich Haag, übergibt sein Boot »S 60« an Oblt. z. S. Buschmann und übernimmt eine Schulflottille in der Schnellboot-Lehrdivision in Swinemünde. Für die Leistungen, die sein Boot unter seiner 4jährigen Führung erzielt hat, wird ihm am 25. 11. 1944 das Ritterkreuz zum Eisernen Kreuz verliehen. Damit haben 5 Kommandanten der Flottille und der 1. Flottillenchef diese Auszeichnung erhalten.

DIE INSELN WERDEN GERÄUMT

In die Rückzugsbewegungen an anderen Fronten werden jetzt auch wegen der Hoffnungslosigkeit weiteren Durchhaltens die Inseln einbezogen. Mljet und Korcula werden im September als erste geräumt, wobei die S-Boote von Cattaro aus den Abtransport über See in der Fernsicherung stehend sichern. Außer 3 solchen Einsätzen, darunter auch 1 Sicherung für nach Cattaro laufende Torpedoboote der 1. Geleitflottille, wird im September 1 Operation gegen den Schiffahrtsweg unter der italienischen Ostküste zwischen Monopoli und Bari durchgeführt, bei der kein Schiff gesichtet wird. Dafür aber werden die 3 Boote der Flottille von 2000 Uhr bis morgens um 0630 Uhr in See 6mal von mit Radargerät ausgerüsteten Seeaufklärern mit Bomben angegriffen, die leichtere Schäden im Bootskörper, an den Torpedos, den Torpedorohren und an der 2 cm Flak anrichten.

Das in der Saloniki-Werft befindliche »S 54« wird am 8. September außer Dienst gestellt, da eine Reparatur des Bootes nach dem schweren Minentreffer nicht mehr lohnt. So besteht die Flottille nur noch aus 6 Booten.

VERSTÄRKUNG 3. S-FLOTTILLE AUF 19 BOOTE –
NEUER CHEF 3. S-FLOTTILLE AM 13. 10.

Mit der Versetzung des Chef 3. S-Flottille, Kptlt. Müller, und des Chef 7. S-Flottille, Korv. Kapt. Trummer, wird aus Personaleinsparungsgründen eine Fusion beider Flottillen vollzogen. Am 13. Oktober übernimmt Kptlt. Günther Schulz – Crew 37a – als langjähriger Kommandant in der Flottille die Boote beider Flottillen als 1. bzw. 2. Gruppe der 3. S-Flottille. Ihm wird ferner am 26. 10. die 24. S-Flottille als 3. Gruppe unterstellt.

TAKTISCHE GLIEDERUNG UND STELLENBESETZUNG
AM 1. NOVEMBER 1944

Flottillenchef	Kptlt. Günther Schulz
1. Gruppe	
Gruppenführer	Oblt. z. S. Backhaus
»S 30«	Oblt. z. S. Kelm
»S 33«	Lt. z. S. d. R. Jarminowski
»S 36«	Lt. z. S. (KO) Ahlers
»S 58«	Oblt. z. S. Milbradt
»S 60«	Stbs. Ob. Strm. Kaufhold
»S 61«	Oblt. z. S. Hardtke
2. Gruppe	
Gruppenführer	Oblt. z. S. Buschmann
»S 151«	Lt. z. S. Greiner

»S 152«	Ob. Strm. Mensch
»S 154«	Ob. Strm. Schipke
»S 155«	Oblt. z. S. Heckel
»S 156«	Oblt. z. S. Marxen
»S 157«	Oblt. z. S. Liebhold
(»S 158« am 25.10.44 gesunken)	Stbs. Ob. Strm. Hertwig)

3. Gruppe

Gruppenführer	Oblt. z. S. Bollenhagen
»S 621«	Stbs. Ob. Strm. Wernicke
»S 623«	Ob. Strm. Elksneit
»S 626«	Lt. z. S. Burba
»S 627«	Lt. z. S. Svoboda
»S 628«	Lt. z. S. Overwaul
»S 629«	Lt. z. S. Müller
»S 630« ab Dezember	Tenente Santagata (ital. Marine)

46 OPERATIONEN IM LETZTEN QUARTAL 1944

Während die 1. Gruppe im Oktober mit im Durchschnitt pro Operation 4 eingesetzten Booten 3 Unternehmungen im Inselgebiet und 2 gegen den feindlichen Schiffahrtsweg bei Ancona ohne Erfolg unter 4maligen Luftangriffen in See und im Hafen durchführt sowie in 11 Verlegungsmärschen die Auflösung und Räumung der Stützpunkte Cattaro und Dubrovnik vollzieht, sichert die 2. Gruppe in unermüdlichem Einsatz Kleingeleite und Fähren bei Überführungen von Truppen im Zuge der Räumung der Inseln und Stützpunkte. In 20 Tagen werden 18 solche Operationen von Sibenik aus mit im Durchschnitt 3 pro Operation eingesetzten Booten durchgeführt, was für die Besatzungen praktisch allnächtlichen Einsatz bedeutet. Das überschreitet die Grenze der Belastbarkeit, denn die Besatzungen können nach dem Einlaufen bei Tage nicht schlafen, sondern übernehmen Brennstoff, Munition und Proviant und führen Reparaturen im Zuge der Instandhaltung der technischen Anlagen täglich durch, um abends wieder auslaufbereit zu sein. Hier geht es aber teilweise um Rettung und Bewahrung von Menschen vor dem Untergang bzw. vor der Gefangenschaft! Durch Bombenangriff sinkt »S 158« am 25. 10. im Hafen Sibenik. 2 Mann sind gefallen, mehrere schwer und leicht verwundet.

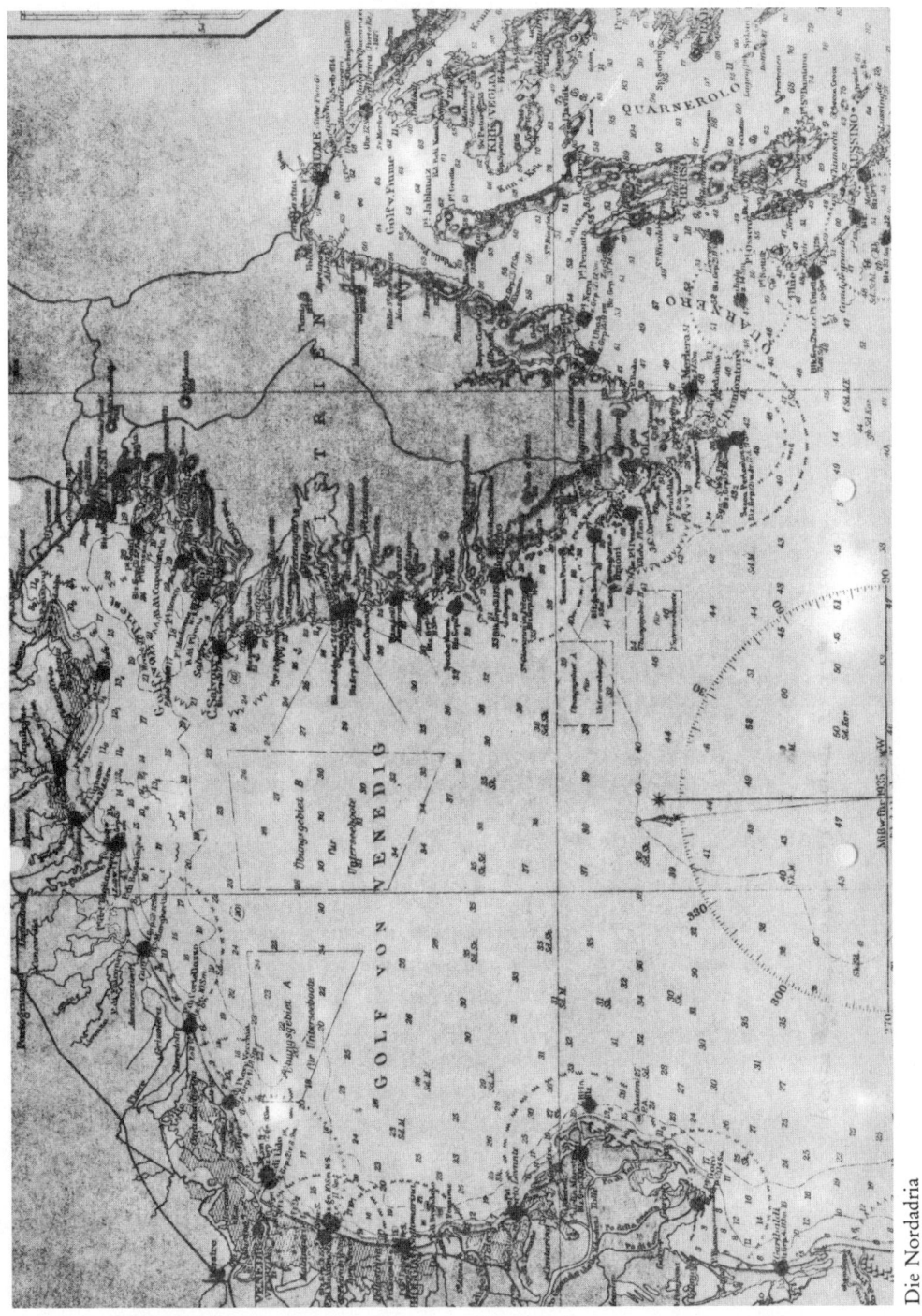

Die Nordadria

Während der Zugehörigkeit der 3. Gruppe zur Flottille ab 26. 10. führen die in Grado, Pola und Monfalcone liegenden kleinen Boote wegen der knappen Brennstofflage und hellen Mondnächte keinen Einsatz durch.

Im Monat November herrscht an 10 Tagen schlechtes Wetter, so daß kein Einsatz möglich ist. Die 1. und 2. Gruppe führen je 5 Operationen mit im Durchschnitt 5 bzw. 4 pro Operation eingesetzten Booten durch, wobei die Boote »S 61«, »S 36« und »S 58« 100 m vor der Hafeneinfahrt nach San Benedetto 1 vor Anker liegenden etwa 450 t großen 3-Mast-Schooner durch Torpedo und 1 zweiten etwa 350 t großen 2-Mast-Schooner nach Entern durch Sprengpatronen versenken, ohne daß eine Abwehr von der nahen Küste einsetzt. Die 1. Gruppe kann vor Cattolica/Pesaro auf dem feindlichen Schiffahrtsweg in der Nacht vom 22. zum 23. 11. noch 1 Minenverseuchung mit 12 UMB-Minen durchführen.

Alle 3 Gruppen der Flottille führen im November noch je 2 Geleitsicherungen bei Räumungstransporten mit Heerestruppen durch, so daß ab 18. November sämtliche Stützpunkte südlich der Breite von Pola geräumt sind. In diesem Monat wird die 1. Gruppe in See 3mal, im Hafen 2mal, die 3. Gruppe in See 2mal und im Hafen 1mal mit Bomben angegriffen, ohne daß Verluste eintreten. Mit Bordkanonen würden die feindlichen Jabos mehr Erfolg gegen die S-Boote gehabt haben!

DER FÜHRER DER SCHNELLBOOTE BESUCHT DIE FLOTTILLE
IM DEZEMBER

In den ersten Dezembertagen besichtigt der in Holland stationierte Führer der Schnellboote, Kapitän zur See und Kommodore Rudolf Petersen, die in Pola liegende Flottille und die Stützpunkte. Sicher hat er zu diesem Zeitpunkt nichts als Sorgen und Nöte zu hören bekommen. Wettermäßig liegt der Dezember noch ungünstiger als der Vormonat. 17 Tage lang können die Boote nicht auslaufen. Wie im November wird auch im Dezember Fernsicherung für die Minenunternehmungen der ex-italienischen Torpedoboote der 1. Geleitflottille mit dem Minenschiff »Fasana« im Zara-Kanal in der Nacht vom 7. zum 8. Dezember gebildet, die ohne Feindberührung verläuft. Am 16. 12. wird eine kombinierte Operation gegen angeblich bei Sibenik vor Anker liegende Schiffe mit vom Major Goldbach entwickelten durch Draht ferngelenkten Sprengbooten bei schlechter Wetterlage ohne Erfolg durchgeführt. Insgesamt können die 1. und 2. Gruppe mit durchschnittlich 4 Booten je 5 Operationen – teils in der Sicherung unserer Kleingeleite, teils im Transport von Verwundeten des Heeres – unternehmen. Dabei kommt es zwischen Booten der 2. Grupe und feindlichen MGB's zu 3 Torpedofehlschüssen auf den Gegner. Bei einem anderen Artilleriegefecht zwischen Booten der 2. Gruppe und MGB's wird 1 MGB in Brand geschossen. Es explodiert und sinkt. Dies geschah bei Tage am 17. 12., als 3 feindliche Zerstörer den Hafen auf der Insel Lussin-Piccolo beschossen und MGB's die im Hafen liegenden S-Boote mit Artillerie anzugreifen versuchten.

Von der 3. Gruppe ist nicht 1 einziges Boot einsatzbereit. Diese Boote scheinen mehr zur Belastung als zum Erfolg beizutragen, weil die technischen Anlagen der Boote außerordentlich störanfällig sind und der Aufwand an Personal, Material und Arbeit kaum lohnt.

DAS LETZTE KRIEGSJAHR BEGINNT MIT EINEM FIASKO – 3 BOOTE VERLOREN

Der Monat Januar mit 14 Schlechtwettertagen, 7 Bombenangriffen auf die Häfen und dem Verlust der 3 Boote »S 60«, »S 33« und »S 58« durch Strandung auf den Klippen der Insel Unie am 10. 1. um 2255 Uhr ist wenig verheißungsvoll, denn von der alten 3. S-Flottille mit ursprünglich 14 Booten verbleiben nur noch 3 Boote – »S 30«, »S 36« und »S 61«. Die Ursache für das Auflaufen der 3 von 4 Booten ist kein Navigierungs-, sondern ein Kompaßfehler, der unbekannt war, denn um 2221 Uhr standen die Boote querab vom Leuchtfeuer »Pericolosa« und änderten ihren Kurs auf 117° mit 28 kn Geschwindigkeit. »Pericoloso« heißt auf deutsch »gefährlich« – weshalb dieses Leuchtfeuer mit diesem Namen für den Seemann eingerichtet war! Nun – das Schicksal dieser Boote sollte sich wohl hier erfüllen. Alle Bergungsversuche in den nächsten Tagen mit Schlepperhilfe und Leichtern der Boote scheitern, so daß die Boote gesprengt werden. Die vernichteten 3 Boote und »S 61« hatten in der Nacht vor der Strandung unter Führung durch den Flottillenchef ein erfolgreiches Kommandounternehmen mit Einzelkämpfern an der Mündung des Flusses Tenna 26 sm südlich Ancona durchgeführt. Als die Boote um 2328 Uhr 1 sm vor der Mündung stehen und das Marineeinsatzkommando mit 10 Mann in 5 Faltbooten mit Sprengladungen zum Sprengen bestimmter Eisenbahn- und Straßenbrücken über den Tenna-Fluß zu Wasser lassen, scheint dieses Manöver unbemerkt vom Gegner zu gelingen. Während die Faltboote ihren Weg in die Flußmündung hinein flußaufwärts paddeln, bleiben die S-

Boote mit abgestellten Maschinen unter der Küste liegen. Auf der Küstenlandstraße herrscht reger Lastwagenverkehr mit eingeschalteten Scheinwerfern. Hier scheint keine deutsche Luftgefahr mehr zu bestehen.

Ab 0100 Uhr kreist 1 Suchflugzeug mit »Rotterdam«-Gerät über den gestoppt liegenden Booten, wirft nach einiger Zeit Leuchtbomben und auf dem Wasser brennende Phosphorkanister, wodurch die Boote hell beleuchtet werden, so daß sie ausweichen müssen, um einem Bombenangriff zu entgehen.

Um 0140 Uhr – genau 2 Stunden nach Aussetzen der Einzelkämpfer – erfolgt eine starke Detonation in Richtung der Tenna-Mündung. Als Wiedereinschiffungsuhrzeit war 0230 Uhr festgelegt worden. Pünktlich um 0232 Uhr kommen an der vereinbarten Aufnahmeposition die Faltboote mit Abgabe von Lichtsignalen mit der kleinen Morsebuchse in Sicht. Großartig – das ist eine navigatorische Meisterleistung! Auf das 1 fehlende Boot kann leider nicht gewartet werden, die Besatzung wird in der nächsten Nacht auf der vereinbarten Position abgeholt werden. Um 0248 Uhr treten die Boote den Rückmarsch an. Im gleichen Moment ertönen von Land her 4 gewaltige Detonationen. Der Erfolg des mutigen Einsatzes der 10 Einzelkämpfer besteht in der Sprengung von 2 Straßen- und 1 Eisenbahnbrücke und 1 Bahngleises über den Tenna. Dadurch wird der Nachschub für die vorn kämpfende britische 8. Armee wahrscheinlich für mehrere Tage unterbrochen, so daß unsere eigene Heeresfront etwas Entlastung bekommt. Die von Süden anrollenden Lkw-Kolonnen stauen sich – somit sind sie lohnende Ziele für Angriffe unserer in Oberitalien noch in geringer Zahl vorhandenen Jagdbomber.

Bei einer Unternehmung in der Nacht vom 17. zum 18. 1. in den Zara-Kanal treffen die 3 Boote der 1. und 5 Boote der 2. Gruppe unter Führung des Flottillenchefs auf eine größere Motor-Launch und 1 MGB. »S 30« schießt je 1 Torpedo auf 2500 m, leider gehen beide Torpedos fehl. Im anschließenden Artilleriegefecht auf 1700 m erzielen die Boote Treffer. Als die S-Boote von Landscheinwerfern geblendet werden, läuft der Feind unter die Küste, wo er von »S 61« und »S 154« nochmals mit 2 bzw. 1 Torpedo erfolglos angegriffen wird. Als jetzt 2 weitere MGB-Boote in das Gefecht eingreifen, lösen sich die deutschen S-Boote vom Gegner, der achteraus sackt.

Ein späterer Versuch um 0130 Uhr, bis zur Zara-Reede durchzudringen, gelingt, aber leider wird dort kein feindliches Schiff angetroffen. Die Flottille läuft bis 0600 Uhr morgens mit 1 Schwerverwundeten auf

»S 152« in Pola ein. 3 Boote haben mehrere 2- und 5,7 cm-Treffer erlitten, aber keine Maschinenanlage wurde getroffen!
Die Brennstofflage wird kritischer, weshalb nur noch wichtigster Einsatz gerechtfertigt ist. Hierzu gehört 1 Minenverseuchung mit 12 UMB-Minen durch die 3 Boote der 1. Gruppe unter Führung des Flottillenchefs in der Durchfahrt zwischen den Inseln Molat und Sestrugno, die in der Nacht vom 22. zum 23. 1. ohne Feindsichtung durchgeführt wird.
Von der 3. Gruppe sind zeitweise 3 und mehr Boote einsatzbereit geworden, so daß mehrfach Verlegungen zwischen Grado, Pola und der Werft in Monfalcone ermöglicht werden. Beim Jaboangriff auf Pola am 22. 1. wird der Matrosengefreite Martin durch Flaksplitter leicht verwundet.
Von eigenen Flugzeugen ist seit Monaten nichts mehr zu spüren. Dafür überfliegen oft mehr als 300 Flugzeuge in geschlossenen Formationen mit Jagdschutz den Hafen Pola. Wo sie ihre vernichtende Bombenlast abwerfen werden – das weiß niemand. Gerade in diesen Tagen ist die Motorenproduktion für Schnellboote bei der Firma Daimler-Benz in Untertürkheim von strategischen Fernbombern ziemlich schwer getroffen worden, so daß mit Nachschub an neuen Motoren kaum mehr gerechnet werden kann. So müssen die Boote ihre Betriebsstundengrenze überschreiten, um ihre letzten Einsätze in diesem Kriege noch durchführen zu können.
Mit Ablauf des Monats Januar 1945 folgt eine Bilanz über den Einsatz für die Zeit vom 1. Juni 1943 bis 31. Januar 1945, da für die letzten 3 Monate des Krieges bis zur Kapitulation keine Dokumente vorliegen. Nach schriftlicher Mitteilung des letzten Flottillenchefs sicherten die 3 Schnellbootgruppen in der letzten Zeit weiterhin Rückführungstransporte der zahlenmäßig geringen Heerestruppen im Zuge der Räumung der dalmatinischen Inseln und der letzten Festlandstützpunkte. Es kam kaum mehr zu nennenswerten Gefechten mit MGB's und MTB's. Diese letzten Operationen können daher beim Ziehen der zahlenmäßigen Bilanz am Ende der Existenz der Flottille vernachlässigt werden, weil sie das Bild der Bilanz zum 31. 1. 1945 nicht mehr beeinflussen.

BILANZ ÜBER DEN EINSATZ DER FLOTTILLE
VOM 1. JUNI 1943 BIS 31. JANUAR 1945

In 611 Tagen = 20 Monaten
wurden
- 147 Operationen, davon
- 3 Minenoperationen durchgeführt,
- 3,1 S-Boote standen im Durchschnitt pro Operation zur Verfügung,
- 23 Operationen wurden wegen Wetterlage abgebrochen, bei
- 2 Operationen lagen Aufklärungsmeldungen vor, bei
- 34 Operationen wurden Kriegsschiffe gesichtet, bei
- 11 Operationen wurden Handelsschiffe einschließlich Motorsegler gesichtet.
- 5 Torpedo-Operationen waren erfolgreich gegen Kriegsschiffe,
- 2 Torpedo-Operationen waren erfolgreich gegen Handelsschiffe,
- 7 Artillerie-Operationen waren erfolgreich gegen Motor-Kanonenschnellboote (MGB) und Motorsegler.
- 76 Torpedos wurden verschossen, davon
- 59 Torpedos auf Kriegsschiffe mit 6 Torpedo-Treffern
- 8 Torpedos auf Handelsschiffe mit 2 Torpedo-Treffern
- 7 Torpedos auf Schiffswracks
- 2 Torpedos in Hafeneinfahrten.

Bei
3 Minen-Operationen wurden
32 Minen geworfen.

Durch Torpedotreffer wurden
1. als versenkt gemeldet
2 Zerstörer
1 Bewacher
1 Aviso (ital.)
1 Zerstörer (ital.) – »Quintino Sella«
1 3-Mast-Schoner 450 t
2. beschädigt
2 Zerstörer
1 Handelsschiff etwa 8000 BRT

Durch Artillerie wurden
1. versenkt
1 ital. Hilfs-Minensuchboot
3 Partisanen-Motorsegler
1 Partisanen-Kümo

1 Küstenmotor-Passagierschiff 250 t
1 2-Mast-Schooner 350 t
1 Motorkanonen-Schnellboot (MGB)
2. beschädigt: mehrere Motor-Kanonenschnellboote (MGB)
Durch Minen sind
1. gesunken
1 Minenkreuzer »Abdiel« im Hafen Tarent
2. beschädigt: unbekannt
Als Prisen eingebracht wurden
4 ital. Dampfer mit 13 000 BRT mit etwa 1000 ital. Soldaten
1 ital. Motorsegler
1 Partisanen-Motorsegler, später durch britische Jabo's versenkt.
An Verlusten erlitt die Flottille
12 Gefallene
37 Verwundete
8 Schnellboote,
»S 59« durch Bombenvolltreffer Porto Empedocle am 6. 7. 43
»S 55« durch Jagdbomber bei Insel Korcula 10. 1. 44
»S 54« durch Minentreffer bei Kephalonia 23. 4. 44
»S 57« durch MGB bei Dubrovnik 19. 8. 44
»S 158« durch Bomben Hafen Sibenik 25. 10. 44
»S 33«
»S 58«
»S 60« durch Strandung auf Insel Unie bei Pola am 10. 1. 45,
»S 58« und »S 60« am 17. 1. selbst gesprengt.
Von
611 Tagen konnte auf Grund schlechter Wetterlage an
  99 Tagen kein Einsatz durchgeführt werden, an
179 Tagen war kein Einsatz wegen mangelnder Ziele, Verlegungen,
    Reparaturen oder aus anderen Gründen möglich, an
  34 Tagen hatten die Besatzungen »Ruhe«, an
  25 Tagen war kein Einsatz wegen Vollmond,
  23 Operationen wurden wegen schlechter Wetterlage abgebrochen.

DEM BITTEREN ENDE ENTGEGEN...

Mit dem 31. Januar 1945 enden die dokumentarischen Unterlagen des Kriegstagebuches der 3. Schnellbootflottille. In dem Buch »Chronology of the War at Sea« ist kein einziges Ereignis in Verbindung mit der Tätigkeit der Flottille ab Februar bis zur Kapitulation erwähnt. Durch Roskill's Darstellung in Vol. II. Part II jedoch ist Klarheit über die Entwicklung im Adriaraum aus englischer Sicht zu gewinnen. Was damals auf unserer Seite niemand ahnte, ist die Tatsache, daß Marschall Tito am 6. Juni 1944 auf einem britischen Zerstörer auf der Partisaneninsel Vis landete, nachdem er der Gefangennahme durch deutsche Kommandos auf dem Festland durch Ausfliegen aus seinem Hauptquartier mit einem englischen Flugzeug gerade entgangen war. Hier auf der Insel wurde die Koordinierung des weiteren Einsatzes von britischen MGB, britischen Truppen und Partisanenverbänden vollzogen. Von hier aus wurden in der ersten Junihälfte 44 ein großes Kommandounternehmen mit auf britischen Zerstörern, MTB's und MGB's eingeschifften 5000 alliierten und Partisanengruppen gegen die Insel Brac und später weitere Einsätze gegen andere Inseln sowie die dalmatinische Festlandküste durchgeführt.

Das letzte im Mittelmeer befindliche deutsche U-Boot »U 407« war am 19. September bei Kreta vernichtet worden, womit der U-Bootkrieg im Mittelmeer sein Ende fand.

Ab Oktober gab der Oberbefehlshaber der Mittelmeerflotte, Admiral Sir John Cunningham, die Anweisung, daß Schiffe in gewissen Seegebieten bei Nacht wieder mit gesetzten Laternen zur See fahren dürfen. Welch ein Gefühl für die Schiffsbesatzungen, nach 5 langen Jahren endlich das Dunkel der Nacht durchbrechen zu können!

Daß die britischen Fla-Kreuzer »Delhi« schon am 10. 11. in Split und »Colombo« am 18. 11. in Zara eingelaufen waren, um dort ihre britische Flagge zu zeigen, war auf deutscher Seite damals nicht bekannt. Das Liegen beider Schiffe in von Kommunisten beherrschten jugoslawischen Häfen war von höchster politischer Bedeutung für die weitere Koordinierung der Interessen der britischen Regierung und des Marschall Tito.

Britische Zerstörer und Schnellboote patrouillierten ab Januar 1945 weiter durch die nördliche Adria. Es gelang ihnen wiederholt, von den Inseln kommende und unter der Küste nach Norden flüchtende deutsche Pionier- und Infanteriefähren aufzubringen bzw. zu versenken. Die letzte große erfolgreiche Offensive der britischen 8. Armee, welche seit dem 21. 9. bei Rimini in der »Gothic Line« festlag, begann am 9. April 45. Am 29. April wurde die »bedingungslose Kapitulation« für alle in Italien befindlichen deutschen Streitkräfte im alliierten Hauptquartier in Caserta bei Neapel mit Inkrafttreten am 2. Mai um

1400 Uhr unterzeichnet. Schon am nächsten Tag erreichten Tito-Truppen die Vororte der Stadt Triest. Am 2. Mai ist Triest fest in der Hand neuseeländischer Truppen. Soweit Roskill.
Wenn wir an die Ereignisse in der Heimat denken, wird uns bewußt, daß unsere Hauptstadt Berlin am gleichen Tag – am 2. Mai – von sowjetischen Truppen genommen wurde.
An diesem Tage befinden sich im Stützpunkt Pola noch die 1. Gruppe mit »S 30«, »S 36«, »S 61« und die 2. Gruppe mit »S 151«, »S 152«, »S 155« und »S 156«. Diese 7 Boote verlegen unter Führung des Chefs der 1. Schnellbootdivision, Kapitänleutnant Wuppermann, der dieses neue Kommando erst vor wenigen Wochen übernommen hatte, und des Chef 3. S-Flottille, Kapitänleutnant Schulz, am 3. Mai mit dem gesamten Marinepersonal von Pola nach Ancona zur Übergabe an den bisherigen Feind. Diese Fahrt ist sicher die schwerste für die Besatzungen geworden, denn sie führte nicht wieder in den Heimat- oder Einsatzhafen, sondern in die Gefangenschaft. Daran ändert die Tatsache, daß das sinnlos gewordene Ringen nun endlich ein Ende gefunden hatte, sicher nichts. Die große Sorge um das Ergehen der Familienangehörigen, der eigenen Frauen und Kinder – der Mütter und altgewordenen, hilfsbedürftigen Väter – trat jetzt täglich voller ins Bewußtsein angesichts der Ungewißheit des bevorstehenden Einzelschicksals in der Gefangenschaft.

Kapitel XV

Schlußbetrachtung

Mit der Auslieferung der Boote am 3. Mai 1945 an die »Royal Navy« in dem italienischen Hafen Ancona endet die Geschichte der 3. Schnellbootflottille. Am 15. Mai 1945 wäre die Flottille 5 Jahre alt geworden. Zwar befinden sich die Besatzungen noch an Bord, aber sie sind kriegsgefangen in britischem Gewahrsam und werden nach Übergabe der 7 Boote im Gefangenentransport über Tarent nach Ägypten verschifft, wo für die meisten eine mehrjährige Gefangenschaft folgt. Dem im Hauptstützpunkt Palmanova befindlichen Personal der Flottille, welches sich befehlsgemäß zunächst auf dem Landweg nach Norden befindet, ergeht es nicht anders. Alle MAS-Boote der 3. Gruppe sind in Grado gesprengt.

In den 60 Monaten ihrer Existenz ist die Flottille 49 Monate gleich 4 Jahre und 1 Monat auf 3 Kriegsschauplätzen eingesetzt worden, von denen der letzte – das Mittelmeer – der bedeutungsvollste wurde. Von hier aus haben die Alliierten die 2. und 3. Front auf europäischem Boden über Französisch-Nordafrika, Sizilien, Italien und Südfrankreich gegen Deutschland errichtet. Sicher hat der Nordatlantik bezüglich der Zufuhr und des Überlebens der britischen Insel mit ihrer Kriegsproduktion und dem Nervenzentrum des Britischen Empire die überragendere Bedeutung in der Auseinandersetzung für beide Gegner gehabt.

Untersucht man aber den Einsatz und die Gesamtverluste aller britischen Flottenstreitkräfte von Kriegsausbruch am 3. 9. 1939 bis zum Waffenstillstand mit Japan am 2. 9. 1945, so ist zur eigenen Überraschung festzustellen, daß Großbritannien fast 50% seiner gesunkenen Flottenstreitkräfte allein im Mittelmeer verloren hat. Es sanken im Mittelmeer

von   5 Flugzeugträgern 2,
von 33 Kreuzern 17,

von 154 Zerstörern 63,
von 90 U-Booten 52,
von 39 Minensuchbooten 14.
Im Vergleich dazu gingen an Zerstörern nur 50 in Heimatgewässern, 21 im Nordatlantik und 10 in der Arktis verloren. Von den U-Booten sanken 22 in Heimatgewässern und 12 im Nordatlantik. Und von den 39 Minensuchbooten gingen nur 12 in Heimatgewässern verloren. Ein solches Verhältnis der Verlustquoten in bezug auf die der Seemacht Großbritannien aufgezwungenen rund um den Erdball verteilten Seekriegsschauplätze hat wohl selbst in Großbritannien niemand erwartet. Der Grund für diesen hohen Einsatz ist in erster Linie in der überraschend großen Wirkung der deutschen Luftwaffe zu sehen, die von nahen Küsten aus das gesamte Mittelmeer als ihr Operationsgebiet im »Seekrieg aus der Luft« ansehen konnte, solange das Heer die vorgeschobenen Küsten beherrschte und mit Jagdflugzeugen die erforderliche Luftüberlegenheit für den Einsatz der Kampfflugzeuge erhalten werden konnte. Das Heer wiederum war voll abhängig vom Nachschub über See nach Nordafrika bzw. Kreta. So wechselten die Stärke- und geographischen Besitzverhältnisse im Mittelmeer und dem angrenzenden Landraum mehrfach. Schließlich hat sich die Seemacht Großbritannien mit der größten Seemacht der Erde, den USA, verbündet und beide zusammen haben die 3 Achsenmächte, von denen Japan eine Seemacht ohne Stützpunkte in der Welt war, besiegt.
Ein Krieg gegen die damalige Seemacht England war immer ein Seekrieg. Er unterliegt anderen Gesetzen als ein Landkrieg, in welchem fremdes Territorium besetzt werden muß, um dort direkte Herrschaft über den Gegner auszuüben und ihn zum Frieden zu zwingen. Die Wirkung im Seekrieg hingegen ist nicht unmittelbar und direkt, sondern indirekt auf die ganze Bevölkerung des Gegners und auf Dauer gerichtet. Seekrieg ist ein Kampf gegen den Seeverkehr und die Zufuhr des Gegners, um ihn von Rohstoffquellen und Nahrungsgütern der Welt abzuschnüren und ihn so in seiner Wirkung auf die Bevölkerung zum Frieden geneigt zu machen.
Diese gültige Erkenntnis der seemächtigen Völker hatten auch wir Deutschen nach dem 1. Weltkrieg gewonnen und am eigenen Leib erfahren. Aber alle einschlägige Literatur über diese Erkenntnisse auf maritimen Gebiet war von den geistig und politisch führenden Schichten unseres Volkes nicht ausreichend gewürdigt worden.
In diesem großen Ringen hat die 3. Schnellbootflottille in mehr als 4 Jahren insgesamt 318 Operationen mit durchschnittlich 3,8 Booten

pro Operation durchführen können. Von den verschossenen 250 Torpedos wurden 184 auf Kriegsschiffe und 53 auf Handelsschiffe losgemacht. Während dieser Operationen wurden durch Torpedo, Artillerie und Minen sowie als Prisen insgesamt
85 Schiffe
vom Kreuzer bis herunter zum Hilfsminensuchboot und Motorsegler, darunter
21 große und mittlere Handelsschiffe mit etwa 120000 BRT
versenkt oder beschädigt oder eingebracht.
Von den 318 Operationen entfallen 33 Operationen in 8,5 Monaten auf den Englischen Kanal und 30 Operationen in 3 Monaten auf den Einsatz gegen die sowjetische Flotte in der Ostsee.
Während sich der materielle Aufbau der Flottille bis zur Indienststellung des 10. und letzten Bootes am 9. Mai 1941 in der ersten Einsatzphase im Englischen Kanal vollziehen mußte und die Besatzungen hier ihre ersten Fronterfahrungen, vor allem auch im Kampf gegen britische Zerstörer, sammeln konnten, trat die Flottille – inzwischen zu einer bewährten Kampfgemeinschaft zusammengewachsen – mit sehr viel mehr Selbstvertrauen bezüglich ihres Könnens in den Kampf gegen die Ostseeflotte in der Östlichen Ostsee und im Rigabusen ein.
Als der Auftrag der Flottille nach der Inbesitznahme der baltischen Inseln Ösel und Dagö und der estnischen Haupt- und Hafenstadt Reval durch unsere Heerestruppen erfüllt war und kein Gegner mehr in dem der Flottille zugewiesenen Seegebiet auftreten konnte, besaß sie auch in ihrem taktischen Können alle Voraussetzungen, in den weiten Seeräumen des Mittelmeeres erfolgreich gegen den gegnerischen Nachschubverkehr – vor allem nach Malta – operieren zu können.
Obwohl die Zusammenarbeit mit der Luftwaffe im gemeinsamen Wollen und in der Bereitschaft gut war, traten in der Praxis Mängel auf, die nicht wieder gutgemacht werden konnten, weil die einmalige Chance in der betreffenden Einsatznacht verpaßt war, wie z. B. in der Nacht vom 14. zum 15. Juni 1942, als der Alexandria-Malta-Geleitzug nördlich Derna noch bei Helligkeit von uns unter der Kimm gesichtet wurde, wir aber nach Einbruch der Dämmerung wegen des Leuchtbombenwerfens durch unsere Fühlunghalterflugzeuge von den sichernden Zerstörern schon vor dem Angriff erkannt und gejagt wurden. So konnten in diesem Falle kurz vor Morgengrauen nur 2 Boote zum Angriff auf Kriegsschiffe ansetzen.
Was uns auf allen 3 Kriegsschauplätzen fehlte, war das Radargerät, welches die Dunkelheit der Nacht mit seinem Wellenstrahl durch-

dringt, so daß der Gegner auf größere Entfernung, als das menschliche Auge dies bei Nacht zuläßt, erfaßt werden kann. Aus dieser Mitte bis Ende 1942 einsetzenden technischen Unterlegenheit dem Gegner gegenüber kamen wir bis zum Schluß des Krieges nicht heraus. Dieser Mangel konnte durch keine noch so listenreiche Taktik und neue Ideen bei nur 3,8 S-Booten pro Operation ausgeglichen oder überwunden werden. Größenordnungsmäßig gesehen hätte bei gleichwertiger technischer Ausrüstung unserer Boote zwar ein größerer Versenkungserfolg in den Jahren ab Sommer 1943 bei der großen Zahl feindlicher Zielobjekte vor und in den Landungsräumen erzielt werden können, aber bei den Ausmaßen des Seekrieges der beiden großen alliierten Seemächte wäre solcher Erfolg in Bezug auf seine Auswirkung ganz unbedeutend gewesen. Wozu allerdings einige wenige S-Boote fähig sein konnten, beweist der Angriff von nur 3 Booten, die noch 1942 in der Nacht vom 12. zum 13. August auf den in Unordnung geratenen Geleitzug der »Operation Pedestal« in der engen Straße von Sizilien ansetzen und 4 für Malta bestimmte Dampfer mit 37570 BRT mit Torpedos versenken konnten!
Unsere ab 1943 eingetretene Unterlegenheit wirkte sich schließlich wegen der Hoffnungslosigkeit auf positive Veränderung dieses Zustandes unbewußt in Richtung eines Unterlegenheitsgefühls aus. Wo immer die Boote sich im letzten Kriegsjahr bewegten – sie wurden auch in dunkelster Nacht von mit Radar ausgerüsteten Seeaufklärungsflugzeugen, Zerstörern oder Motor-Kanonenschnellbooten mit Radar erfaßt und gejagt, wodurch das Überraschungsmoment mit für den Gegner unbemerkter Torpedoschußabgabe entfiel und die Waffe des Schnellbootes stumpf wurde, abgesehen von der materiellen Überlegenheit des Gegners, der in der Schlußphase des Krieges außer seinen Zerstörern und MGB's an offensiven Kleinfahrzeugen allein 3 Motor-Torpedobootflottillen, die 28., 57. und 59., in der nördlichen Adria einsetzen konnte.
Diese Unterlegenheit in jeder Beziehung hat die materiellen Erfolgchancen in erschreckend zunehmendem Maße verringert und schließlich auf Null sinken lassen. Nicht anders erging es den wenigen übrig gebliebenen ex-italienischen von deutschen Besatzungen in Dienst gestellten Torpedobooten. Auch die jetzt hier zum Einsatz gekommenen Kleinkampfmittel – die ferngelenkten Sprengboote und Ein-Mann-Torpedos konnten die deutsche Position nicht ändern. Auch sie blieben ohne Erfolg.
Roskill bringt jedoch in seinem Vol. II, Part II zum Ausdruck:

»...As to the enemy...he lacked anything resembling a balanced fleet, and his attempt to dispute control of the Mediterranian with his U-Boats had been totally defeated; but at the beginning of 1945 the German Navy had by no means given up the struggle. With a degree of determination and ingenuity which may arouse even their adversaries' admiration, they improvised what they did not possess ...and compared to the forces which we were able to deploy their total strenght was almost derisory. Yet their E-boats and their heavily armed dual purpose escort and ferry craft continued to defend their charges with devotion...«

...Was den Gegner anbetrifft, fehlte ihm alles, was eine ausgewogene Streitmacht zur See ausmacht...und sein Versuch, uns die Seeherrschaft im Mittelmeer mit seinen U-Booten streitig zu machen, ist total fehlgeschlagen. Aber bei Beginn des Jahres 1945 hatte die Deutsche Marine den Kampf in keiner Weise aufgegeben. Mit einem Höchstmaß an Entschlossenheit und Scharfsinn, die selbst die Bewunderung des Gegners finden mußte, improvisierten sie das, was sie nicht besaßen...und, verglichen mit den Streitkräften, die wir verfügbar machen konnten, war ihr Gesamtpotential fast als lächerlich zu bezeichnen. Jedoch fuhren ihre Schnellboote und ihre gutarmierten Artilleriefähren fort, ihre Aufgaben unter vollem Einsatz mit Hingabe zu lösen...

Was alle Männer nach 5 Jahren Krieg vor allem an der Front im Herzen bewegte – das waren der Wille und die Bereitschaft, sich so lange einzusetzen und zu kämpfen, als es sinnvoll war in der Erwartung und Hoffnung, daß die oberste Führung die Dinge zum Guten – wenn auch zur ehrenvollen Niederlage – aber nicht zum Untergang wenden möge. Leider hat in dieser Beziehung das Bekanntwerden der von den Alliierten Anfang 1943 in Casablanca beschlossenen »bedingungslosen Kapitualtion« Deutschlands psychologisch eher zum Durchhalten als zur Brechung des Willens auf unserer Seite beigetragen.

Wieviel Opfermut und Entbehrung, wieviel Selbstüberwindung, Willenskraft und Ausdauer von allen Angehörigen der Flottille – des Flottillen- und Stützpunktpersonals, welches bei der Reparatur und Bereitstellung der Boote häufig unter krachenden Bomben seine Leistung erbrachte, sowie vor allem der Bootsbesatzungen, welche jahrelang, oft allnächtlich hintereinander, auf ihren Booten gegen Zerstörer, Geleitzüge und Flugzeuge unter Minengefahr kämpften – in Kauf genommen beziehungsweise erbracht worden sind, kann nicht in Zahlen ausgedrückt werden. Wohl aber ist dies auf der Grundlage unerschütterlichen Vertrauens zueinander und in die Führung ein Faktor, der bei einer Bilanz über die Leistung einer aus Menschen bestehenden und durch Menschen geführten Flottille die ausschlaggebende Rolle gespielt hat. Nicht Schiffe, sondern Menschen kämpfen – so hieß es schon in Segelschiffszeiten.

Was in diesen Jahren des Kampfes und der Gefahr an Kameradschaft entstanden ist und Wurzel geschlagen hat, das haben alle – ob Matrose, Unteroffizier oder Offizier – miteinander gemeinsam in der auf engem Raum zusammengepreßten Kampfgemeinschaft an Bord erlebt. Wir haben dieses große Erlebnis und den Wert des Füreinanderdaseins über den Krieg hinaus mit in den Frieden hinübergenommen. Es hat jeden einzelnen, der überlebte, für sein Leben mitgeprägt und seinen Lebensweg so oder so beeinflußt.

Fragen wir uns am Ende dieser Chronik nach dem Sinn des Opfergangs unserer 50 gefallenen und 83 verwundeten Kameraden und der durch unseren Einsatz auf der anderen Seite Gefallenen und Verwundeten, so kann sich der Chronist nur auf Vergil in seiner »Äneis« berufen:

»Nulla salus bello,
pacem te poscimus omnes!«

Vom Krieg kommt nichts Gutes,
den Frieden verlangen wir alle!

Anhang

Abkürzungen und Erläuterungen

ÄK	Ältester Kommandant
Asto	Admiralstabsoffizier
B-Dienst	Beobachtungsdienst des feindlichen Funkverkehrs = Funkaufklärung
BRT	Bruttoregistertonnen (Wasserverdrängung von Handelsschiffen)
Btsmt.	Bootsmaat
Commando Supremo	Italienisches Oberkommando der Wehrmacht
DAK	Deutsches Afrikakorps
Dete-Gerät	Erstes deutsches Radargerät
Dt. Mar. Kdo. Ital.	Deutsches Marinekommando Italien
Etmal	Tagesleistung eines Schiffes von Mittag zu Mittag
E-to	Durch elektrische Batterien angetriebener Torpedo, der keine Blasenbahn hinterläßt
FdM	Führer der Minensuchboote
FdS	Führer der Schnellboote
FdT	Führer der Torpedoboote
Fla-Batterie	Flugzeugabwehr-Batterie
Flak	Flugzeugabwehrkanone
Fla-Kreuzer	Flugzeugabwehr-Kreuzer
Flie-Fü	Fliegerführer
FMC	Flußmine Typ C
Force	Bezeichnung für eine britische Seekampfgruppe
FT-Kr	Funkspruch mit höchster Dringlichkeitsstufe
Fu MB	Funkmeßbeobachtungsgerät
Fu MG	Funkmeßgerät (deutsches Radar)
Hptm.	Hauptmann
i. G.	im Generalstab
Kpt. z. S.	Kapitän zur See
KG 56	Kampfgeschwader 56
km	Kilometer
kn	Knoten = Geschwindigkeit in Seemeilen pro Stunde
Korv. Kapt.	Korvettenkapitän
Kptlt.	Kapitänleutnant
KTB	Kriegstagebuch
LCI	Landungsboot für Infanterie
LCM	Landungsboot mittlerer Größe
LG	Leuchtgranate
LMF	Seemine vom Flugzeug geworfen
LSI	Landungsschiff für Infanterie

LST	Landungsschiff für Panzer
m	Meter
M-Boot	Minensuchboot
MS-Fahrzeug	Minensuchfahrzeug
MAS-Boot	Motorscafi-Anti-Somergibili = Schnellboot für U-Bootjagd = italienisches Schnellboot
MS-Boot	Motor-Siluranti = italienisches Motortorpedoboot
MFP	Marinefährprahm
MG	Maschinengewehr
MGB	Motor-Gun-Boat = britisches und US Motorkanonenschnellboot
MNO	Marinenachrichtenoffizier
MTA	Minentorpedo Typ A = aus dem Torpedorohr geschossene Mine, die mittels elektrischen Antriebs – wie ein Torpedo – eine gewisse Wegstrecke laufen kann
MTB	Motor-Torpedo-Boat = britisches Motortorpedoboot
Oblt. z. S.	Oberleutnant zur See
Ob. Masch.	Obermaschinist
Ob. Strm.	Obersteuermann
OKM	Oberkommando der Kriegsmarine
Qu...	Quadrat der Marine-Quadratkarte = geographische Positionsangabe im 6 sm-Quardrat
R-Fl.	Minenräumbootflottille
S-Fl.	Schnellbootflottille
Schn-Div.	Schnellbootdivision, welcher mehr als eine Schnellbootflottille unterstehen
SKL	Seekriegsleitung im Oberkommando der Kriegsmarine
sm	Seemeile = 1852 m = 1 Meridianminute
Stbs. Ob. Strm.	Stabsobersteuermann
Supermarina	Italienisches Oberkommando der Marine
t	Gewichtstonne von Kriegsschiffen (im Gegensatz zu BRT bei Handelsschiffen)
T-Boot	Torpedoboot
T-Fl.	Torpedobootflottille
TMA	Torpedomine Typ A = in äußerer Form einem Torpedo ähnelnde Mine, die auf einem Minenwagen über das Heck eines Schiffes geworfen wird
TMB	Torpedomine Typ B – wie vor. Beide Minenarten haben magnetische und/oder akustische Zündungsart
U-Boot	Unterseeboot
UK-Gerät	Ultrakurzwellen-Sprechgerät
UMB	U-Bootmine Typ B = Minen mit geringer Sprengladung gegen U-Boote

DEUTSCHES SCHNELLBOOT TYP »S 30/54«

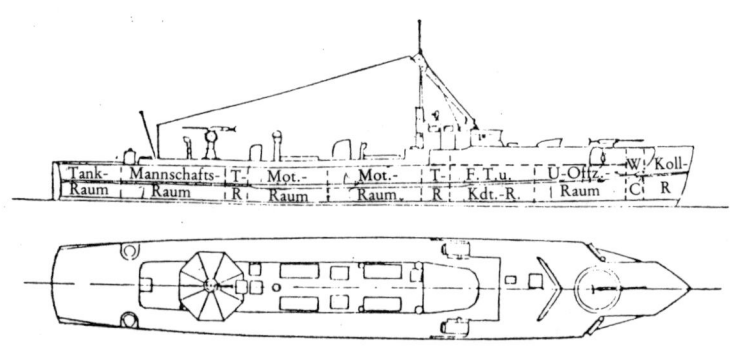

Verdrängung	82 t	Motorenleistung	3 x 1200 PS
Länge	32,76 m	Höchstgeschwindigkeit	34 kn
Breite	4,90 m	Marschgeschwindigkeit	26 kn
Tiefgang	1,65 m	Aktionsradius bei 26 kn	320 sm

2 x 1 Torpedorohr 53,3 cm, 2 Reservetorpedos
2 x 1 2 cm Flak 38
6 x 1 MG 34
2 x 120 Ltr. Nebelkannen und etwa 4 Nebelbojen
6 x 1 Wasserbombe oder Schreckbombe
1–40/70 Watt Kurzwellengerät
    Wellenbereich: 50– 100 m/6000–8000 KHz
                          500–1000 m/ 600– 300 KHz
1–1 Watt Ultra-Kurzwellentelefoniegerät
    Wellenbereich: 6,55–7,22 m/41,55–45,75 KHz
1 Echolotanlage

BRITISCHES MGB UND MTB

MGB – Typ »Fairmile-D« (UK):

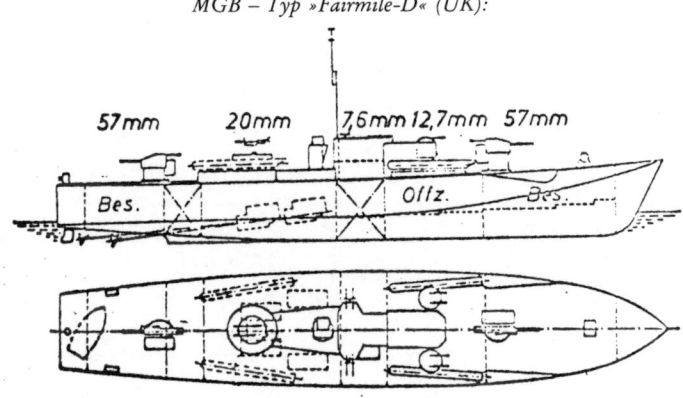

Länge	35,05 m	Verdrängung	120 ts
Breite	6,47 m	Motoren (Packard-Benzin)	4 x 1250 PS
Tiefgang	1,52 m	Höchstgeschwindigkeit	31 kn
Bewaffnung:	2 x 1–57 mm (6 Pfünder)		
	1 x 2–20 mm		
	2 x 2–12,7 mm		
	2 x 2– 7,6 mm		
Bemerkung:	Die »Fairmile-D«-Klasse gab es als MGB, als kombiniertes MGB/MTB (mit 2 Torpedorohren) oder als MTB (mit 4 Torpedorohren und schwächerer Artillerie).		

MTB – Typ »Vosper«-70 ft« (UK):

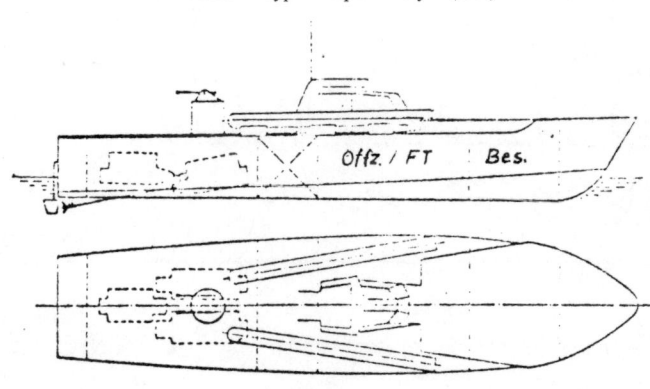

Länge	22,09 m	Verdrängung	47 ts
Breite	5,86 m	Motoren (Packard-Benzin)	3 x 1350 PS
Tiefgang	1,67 m	Höchstgeschwindigkeit	40 kn
Bewaffnung:	2 x 1–53,3 cm Torpedorohr		
	1 x 2–12,7 mm		
	2 x 2– 7,6 mm (nicht alle Boote)		

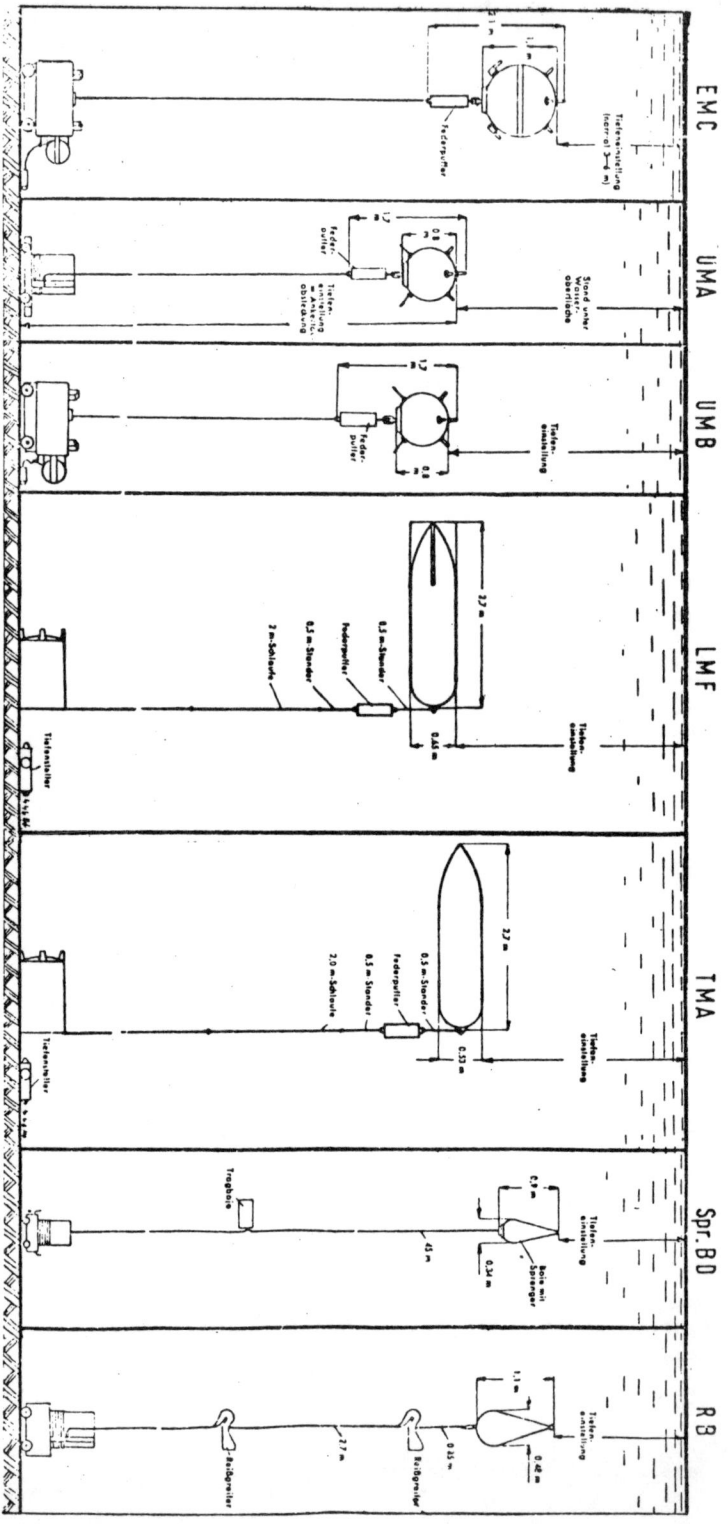

Minentypen

BESETZUNG DER SCHLÜSSELSTELLEN

Flottillenchef	Kemnade, Max-Schultz, Müller (Albert), Schulz (Günther)		
Flottilleningenieur	Döpner, Völckers, Bielitzer, Lührs, Jäger, Mauroschat		
Flottillenarzt	Dr. med. Tolk, Brandt, Nickol, Mehnen (†), Heising, Schreiber		
Flottillen-Verwaltungs-offizier	Schütte, Meyer, Hein, Hiestermann, Hartwig, Jensen, Leichsenring, Thönnessen		
Adjutant	Stolzenburg, Backhaus, Hardtke, Hühne		
Stützpunktoffizier	Jacobsen, Klünder (Kurt)		
Meteorologe	Dr. Bruch		
Flottillensteuermann	Schipke	Flottillenwerkstatt	Jens
-funkmeister	Dibbersen	Flottillenkraftfahrzug	Conrad, Tiller
-zimmermeister	Stahlhut	Flottillenwachtmeister	Völker
-torpedomechaniker	Pusak		
S-Boote Kommandant		Leit. Masch.	Nr. 1
S 30	Schulz, Weber, Backhaus	Liebig	
S 31	H. J. Meyer, Haag	Junghans	Ramien
S 33	Stolzenburg, Brauns	Siebenlist	Grau
S 34	Lüders, Schulz	Gutschon	Eichler
S 35	Weber, Stolzenburg (†)	Knoop	Roggenkamp
S 36	Lüders, Buschmann, Ahlers	Gutschon, Kapp	Schmidt
S 54	Wagner, Schmidt	Aaling (†), Schäfer	Theenhausen
S 55	Stolzenburg, Weber	Gohl	Echtermeyer (†)
S 56	Wuppermann	Utecht	Borkenhagen
S 57	Erdmann, Buschmann	Wulff, Schmold	Knöller
S 58	Geiger (†), Schulz	Rehberg, Klein	Bachmann
S 59	Haag, Müller	Dossinger, Kupke, Ludwig	Mensch
S 60	Wuppermann, Haag	Offermann	Borkenhagen, Ramien
S 61	von Gernet, Hardtke	Brommann	Blömker
Begleitschiff »Adolf Lüderitz«	Möbes	L. I. Welsch	

SCHNELLBOOTSTÜTZPUNKTE IM MITTELMEER

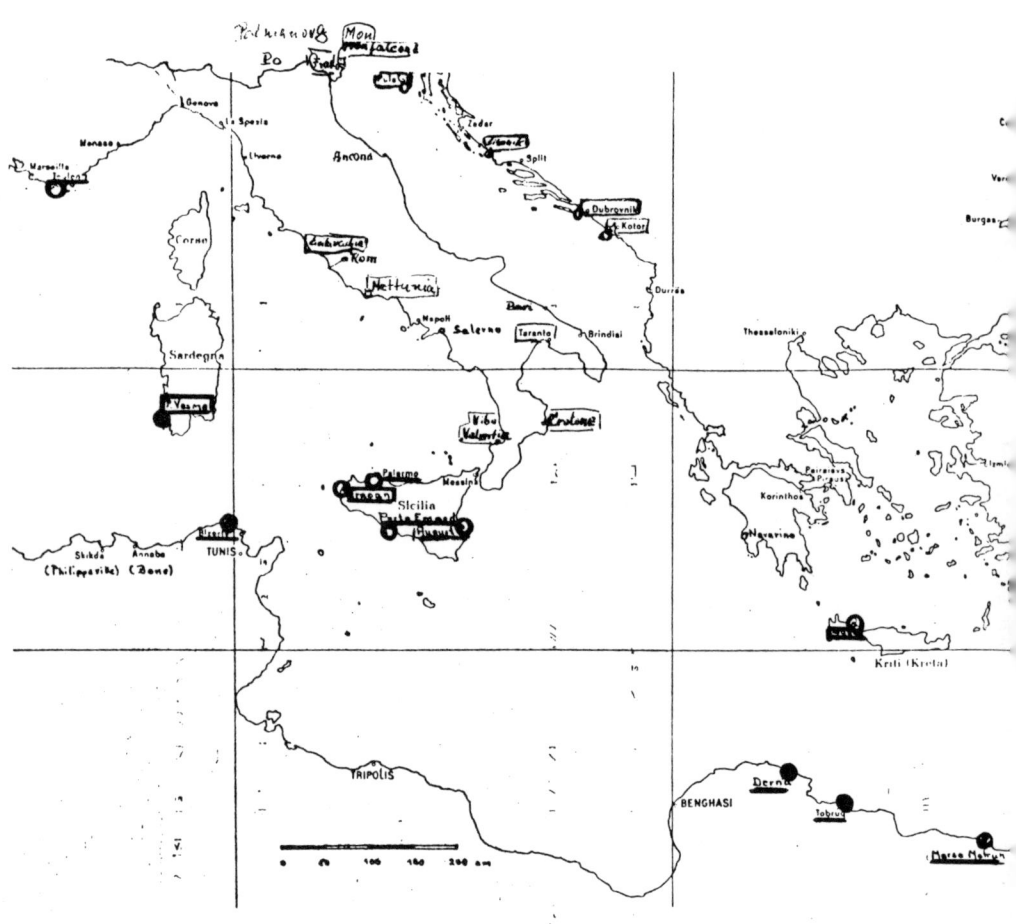

QUADRATKARTE »MITTELMEER«

BOOTSTAFEL

Boot	Indienststellung	Verbleib		
S 30	23. 11. 39	2. 5. 45		in Ancona ausgeliefert
S 31	28. 12. 39	10. 5. 45		vor Malta gesunken – Mine
S 33	23. 3. 40	10. 1. 45		in Adria gestrandet
S 34	30. 4. 40	17. 5. 42		vor Malta gesunken – Artillerie
S 35		28. 2. 43		nördlich Bizerta gesunken – Mine?
S 36	16. 6. 40	3. 5. 45		in Ancona ausgeliefert
S 54	9. 8. 40	8. 9. 44		in Werft Saloniki gesprengt, vorher Minentreffer
S 55	23. 8. 40	10. 1. 44		in Adria gesunken – Bomben
S 56	20. 9. 40	1. 3. 43		Palermo gesunken – Bombe, nach Hebung Toulon geschleppt,
		20. 11. 43		dort gesunken – Bombe
S 57	1. 10. 40	19. 8. 44		in Adria gesunken – MGB-Gefecht
S 58	8. 11. 40	10. 1. 45		in Adria gestrandet
S 59	27. 11. 40	6. 7. 43		Porto Empedocle gesunken – Bombe
S 60	21. 12. 40	10. 1. 45		in Adria gestrandet
S 61	31. 1. 41	3. 5. 45		in Ancona ausgeliefert

GESAMTBILANZ ÜBER DEN EINSATZ DER 3. SCHNELLBOOTFLOTTILLE
IM 2. WELTKRIEG VOM 11. 9. 1940 BIS 31. 1. 1945

In 1499 Tagen = 49 Monaten wurden
318 Operationen, davon
63 Minenoperationen durchgeführt,
3,8 S-Boote standen im Durchschnitt pro Operation zur Verfügung,
60 Operationen wurden wegen Wetterlage abgebrochen, bei
28 Operationen lagen Aufklärungsmeldungen vor, bei
65 Operationen wurden Kriegsschiffe gesichtet, bei
21 Operationen wurden Handelsschiffe gesichtet.
250 Torpedos wurden geschossen, davon
   184 Torpedos auf Kriegsschiffe mit   22 Torpedo-Treffern
   53 Torpedos auf Handelsschiffe mit   13 Torpedo-Treffern
   11 Torpedos auf Schiffswracks mit   3 Torpedo-Treffern
   2 Torpedos in Hafeneinfahrten.
Bei 63 Minen-Operationen wurden über 1500 Minen und 532 Sprengbojen geworfen.
Durch Torpedo-Treffer wurden

1. als versenkt gemeldet*
   10 Zerstörer
   1 Torpedoboot
   1 Minensuchboot
   1 Aviso
   2 Bewacher
   1 Trawler
   13 Handelsschiffe mit 79 800 BRT

2. beschädigt
   1 Kreuzer 10 000 t
   1 Torpedokreuzer »Taschkent«-Klasse
   4 Zerstörer
   1 Handelsschiff 8000 BRT

Durch Artillerie wurden

1. versenkt
   1 U-Boot
   1 S-Boot
   1 Minensuchboot

2. beschädigt
   mehrere MGB's
   mehrere Bewacher
   1 S-Boot

2 Hilfsminensuchboote
2 Trawler
5 Landungsboote
2 Schlepper
1 Handelsschiff 500 BRT (Sprengpatronen)
1 MGB
6 Motorsegler
Durch unsere Minen sind

1. gesunken	2. beschädigt
1 Minenkreuzer	2 Zerstörer
2 U-Boote	2 Korvetten
2 Zerstörer	1 Minensuchboot
2 Minensuchboote	1 Frachter »Orari« 10 350 BRT
2 Drifter	1 Frachter »Yankee Arrow« 8000 BRT
2 Schlepper	
1 MTB »264«	

Als Prisen eingebracht
1 Landungsschiff »LCT 150«
2 Landungsboote »LCM«-Typ
4 Dampfer mit 13 000 BRT
2 Motorsegler
An Verlusten erlitt die Flottille
50 Gefallene
83 Verwundete
12 Schnellboote
Von
887 Tagen konnte auf Grund schlechter Wetterlage an
302 Tagen kein Einsatz durchgeführt werden, an
533 Tagen war kein Einsatz wegen Ruhe nach mehreren Einsatznächten, wegen Verlegungen, Reparaturen oder wegen mangelnder Ziele, an
  88 Tagen entfiel Einsatz wegen zu hellen Mondes,
  62 Operationen mußten wegen schlechter Wetterlage abgebrochen werden.
Diese Aufrechnung läßt die große Wetterempfindlichkeit der S-Boote erkennen.

---

* »Anmerkung« zu den »gemeldeten« Erfolgen:
Die im Buch angegebenen Zahlenangaben bezüglich Größe und Tonnage der versenkten oder nur beschädigten Schiffe entsprechen den Angaben in den Kriegstagebüchern. Dasselbe trifft zu für den Begriff »versenkt« oder »torpediert«. Hierzu wird bemerkt, daß es den S-Booten in den meisten Fällen nicht möglich war, das Sinken eines durch Torpedo getroffenen Schiffes zu beobachten, da nach erfolgter Detonation die Jagd der Boote durch die anderen Feindzerstörer einsetzte. Die oft geringen Schußentfernungen ließen ein Handelsschiff leicht etwas größer erscheinen, als es in Wirklichkeit war. Dieselbe Erscheinung traf im Kriege auch für die Gegenseite zu.
Nach Roskill und Verlustlisten der Handels- und Kriegsschiffe sind die in ihnen gemachten Angaben nicht immer mit den von der Flottille gemeldeten Angaben deckungsgleich. Russische Unterlagen standen nicht zur Verfügung.
Es kann daher durchaus sein, daß die gemeldete »Versenkung« in dem einen oder anderen Falle nur eine »Torpedierung mit Beschädigung« war, so daß das torpedierte Fahrzeug allein oder geschleppt noch den rettenden Hafen erreichen konnte wie z. B. der Kreuzer »Newcastle«, dessen Trefferbeschädigung nur im Vorschiff lag. Bei dem Versenkungserfolg am 13. 8. 42 stimmt die geschätzte und gemeldete Größenangabe der 4 versenkten Dampfer fast mit den von Roskill gemachten Angaben überein. Wir schätzten 42 500 BRT, nach Roskill waren es 37 570 BRT.

QUELLEN UND LITERATUR

Auphan, Paul, Admiral a. D.
und Mordal, Jacques,
Konteradmiral a. D.
 — Unter der Trikolore — Kampf und Untergang der Französischen Marine im 2. Weltkrieg

Bulkley, Robert J., jr.
Captain US NR (ret.)
 — At Close Quarters — PT Boats in the United States Navy — Washington 1962

Bundesarchiv/Militärarchiv in Freiburg Band M 363/1–11 — Kriegstagebuch der 3. Schnellbootflottille 1940–1945

Carell, Paul, Pseudonym für Dr. Paul K. Schmidt, Gesandter a. D. — Die Wüstenfüchse — Mit Rommel in Afrika

Cooper, Bryan — The Battle of the Torpedoboats

Frank, Hans, Korvettenkapitän — Der Einsatz der 3. Schnellbootflottille im Mittelmeer 1941–1943 — Studie in Führungsakademie der Bundeswehr —

Fromm, Günter, Kapitänleutnant jetzt Konteradmiral — Malta, ein seestrategisches Versäumnis auf dem Kriegsschauplatz Mittelmeer — Studie in Führungsakademie der Bundeswehr —

His Majesty's Stationary Office, London 1947
His Majesty's Stationary Office
 — Ships of the Royal Navy — Statement of Losses during the Second World War
British Merchant Vessels Lost and Damaged by Enemy Action during the Second World War 3. 9. 39 – 2. 9. 45

Jacobsen, Hans-Adolf, Dr. — 1939–1945, Der 2. Weltkrieg in Chronik und Dokumenten

Motley, J. J. und Philip R. Kelly — Now, hear this! — US Naval Vessels Lost during the Second World War, Washington 1947

Meurer, Alexander, Vizeadmiral a. D. — Seekriegsgeschichte

Rohwer, Jürgen, Prof. Dr. und Hümmelchen, Gerhard, Dr. — Chronology of The War At Sea 1939–1945, Vol. I und II

Roskill, S. W., Captain, D.S.C., R N — Her Majesty's Stationary Office — The War At Sea — History of the Second World War, Vol. I–III

Ruge, Friedrich, Vizeadmiral a. D. und Professor — Der Seekrieg 1939–1945

Ufficio Storico della Marina Militare — La Marina Italiana nella Seconda Guerra Mondiale — Vol. XVIII — »La Guerra di Mine« und »Operazione C 3: Malta« —

ZEITTAFEL

1940

10. 5.   Beginn deutscher Offensive im Westen
15. 5.   Aufstellung der 3. S-Flottille
27. 5.   Evakuierung britischen Expeditionskorps
bis 4. 6.   aus Dünkirchen nach England (300 000 Mann)
3. 6.   1. Einsatz der Flottille mit S 11 gegen
bis 9. 6.   Evakuierungs–Schiffverkehr im Englischen Kanal

20. 6. bis 4. 8.		Taktische Fahr- und Schießausbildung in Danziger Bucht mit S 10, S 11 und S 12
4. 9.		S 54 – Wagner – torpediert 1 Zerstörer
9. 9.		Fronteinsatz im Englischen Kanal
11. 9.		1. Bombenangriff auf Flottille in Vlissingen
22. 9.		S 13 – Weber – torpediert 1 Dampfer etwa 3000 BRT
23. 12.		S 59 – Müller – torpediert 2 Dampfer mit 16 000 BRT

1941

7. 3.	S 61 – v. Gernet – torpediert 1 Dampfer – 4500 BRT
	S 31 – Meyer, H. J. – torpediert 1 Zerstörer »V«-Klasse
	S 31 torpediert 1 Tanker – 8000 BRT
	S 57 – Erdmann –, S 59 – Müller – und S 60 – Wuppermann – torpedieren 1 Zerstörer der »V«-Klasse
27. 5.	Verlegung Flottille nach Kiel und Pillau
22. 6.	Kriegsbeginn im Osten. – Flottille vermint Einfahrten zum Kriegshafen Libau und Handelshafen Windau
	S 59 – Müller – und S 60 – Wuppermann – torpedieren 1 Dampfer 3077 BRT
	S 31 – Haag – entert Dampfer »Wyka« 500 BRT und versenkt ihn mit Sprengpatronen
24. 6.	S 60 – Wuppermann – und S 35 – Weber – versenken U-Boot »C 3«
26. 6.	S 61 – v. Gernet und S 45 – Babbel – torpedieren 1 Dampfer 2000 BRT
27. 6.	S 59 – Müller – und S 31 – Haag – torpedieren 1 Zerstörer »G«-Klasse und 1 Torpedoboot
	S 60 – Wuppermann – und S 35 – Weber – torpedieren 1 Zerstörer
30. 6.	Libau genommen – Flottille läuft ein
7. 7.	Flottille läuft in Riga ein
15. 7.	S 57 – Erdmann – torpediert Torpedokreuzer »Taschkent«-Klasse
27. 7.	S 54 – Wagner – torpediert mit 2 Torpedotreffern 1 Zerstörer der »Storoshewoj«-Klasse
18. 8.	S 58 – Geiger – torpediert 1 Minensuchboot
25. 9.	Flottille sichert Schlachtschiffgruppe »Tirpitz«, »Admiral Scheer« nach Westen, läuft weiter nach Wilhelmshaven in die Werft
28. 9.	Vorbereitung Flottille für Marsch ins Mittelmeer
7. 10.	Verlegungsmarsch 1. Gruppe S 61, S 31, S 33, S 34, S 35 von Wilhelmshaven über Rotterdam, Rhein, Rhein-Rhone-Kanal, Doubs, Saone, Rhone nach Port St. Louis im Mittelmeer
30. 10.	1. Landgang Besatzungen ins Soldatenheim Chalon sur Saone
13. 11.	Mit französischem Verbindungsoffizier, Lieutenant de Vaisseau Le Berre und Lotsen an Bord Weitermarsch nach Port St. Louis
14. 11.	Port St. Louis eingelaufen
17. 11.	Marsch nach La Spezia ins Dock zur Wiederherstellung Kriegsbereitschaft der Boote
28. 11.	Weitermarsch nach Gaeta
1. 12.	Einlaufen in Augusta Beginn deutscher Luftoffensive gegen Malta
3. 12	Der König von Italien, Victor Emanuele III., besucht die Flottille

10. 12.	Flottille mit 5 Booten einsatzbereit
12. 12.	1. Aufklärungsvorstoß nach Malta
16. 12.	1. Minenunternehmung nach Malta
ab 18. 12.	Rückzugskämpfe der deutsch-italienischen Truppen in der Cyrenaika

1942

15. 1.	Wegen Zündungsversagern Verminung Maltas abgebrochen
18./19. 1.	Ansatz Flottille auf Geleitzug Alexandria-Malta 4 Dampfer, vorbeigestoßen
21. 1.	Beginn Gegenoffensive Rommels aus El Agheila-Stellung nach Osten
7. 2.	El Ghazala-Stellung ostwärts Derna durch DAK erreicht
14./15. 2.	Ansatz Flottille auf Geleitzug Alexandria-Malta, 3 Dampfer. Alle 3 Dampfer vor Abenddämmerung durch II. bzw. X. Fliegerkorps versenkt. An Malta »Force K« – Kreuzer- und Zerstörergruppe – bei schlechter Sicht vorbeigestoßen
10./13. 3.	Flug Flottillenchef nach Nordafrika zur Auswahl Häfen als Stützpunkte für künftigen Einsatz
14. 3.	Fortsetzung Verminung Maltas mit anderen Minenarten
24. 3.	Britischer Zerstörer »Southwold« sinkt auf unseren Minen vor Malta.
6. 5.	Britisches U-Boot »Urge« sinkt durch Minentreffer – Frage, vor Malta auf unseren Minen?
7. 5.	Motorlaunch »ML 130« im Artilleriegefecht von S 31 – Haag –, S 34 – Lüders – und S 61 – v. Gernet – vor Malta versenkt
8. 5.	Britisches U-Boot »Olympus« sinkt durch Minentreffer vor Malta
9. 5.	2. Jagdflugzeugüberführung nach Malta
10. 5.	S 31 – Haag – läuft beim Minenwerfen vor Einfahrt nach La Valetta auf Mine und sinkt. Anschließend erfolgloser Torpedoangriff nach Morgendämmerung mit S 61 und S 34 auf Minenkreuzer »Manxman« bzw. »Welshman« vor Malta 2. Gruppe mit S 56, S 54, S 58 und S 57 greift 2 Bewacher mit Torpedos und Artillerie an. Beide brennen, 1 scheint zu sinken, wahrscheinlich Trawler »Moor« – 767 t
17. 5.	S 34 – Schulz – beim Minenwerfen vor La Valetta durch Volltreffer der Küstenartillerie bewegungsunfähig, Boot sinkt Mit dieser 24. Sperrlegung wird die Verminung Maltas vorerst beendet. Es befindet sich kein Kreuzer, kein Zerstörer und kein U-Boot mehr in Malta! Vorbereitung für Verlegung Flottille nach Nordafrika
21. 5.	Marsch der Flottille von Augusta über Navarino- und Sudabucht nach Derna
27. 5.	Beginn Rommel-Offensive nach Osten
27. 5.	Operation der Flottille von Derna aus bis ostwärts Tobruk
4. 6.	S 57 – Erdmann – torpediert einen Trawler
14.15. 6.	Ansatz gegen Geleitzug Alexandria-Malta, 11 Handelsschiffe, 35 Sicherungsschiffe S 56 torpediert 10 000 t-Kreuzer »Newcastle«, S 55 torpediert Zerstörer »Hasty«, der selbst versenkt wird. Vom gleichzeitig aus Westen kommenden Geleitzug

	Gibraltar–Malta, 6 Handelsschiffe, 35 Sicherungsschiffe, laufen 3 Zerstörer 1 Minensuchboot 1 Dampfer »Orari« – 10 000 BRT auf unsere Minen vor Malta. Zerstörer »Kujawiak« sinkt, die Zerstörer »Badsworth« und »Matchless« sowie Dampfer »Orari« und M-Boot »Hebe« werden beschädigt, können aber den Hafen La Valetta erreichen
21. 6.	Tobruk von unseren Truppen genommen
21. 6.	Flottille führt Artilleriegefechte mit aus Tobruk ausgelaufener Flüchtlingsflotte, die zum Teil versenkt und zum Teil mit Überlebenden als Prisen nach Tobruk eingebracht werden
30. 6.	Die deutsch-italienische Panzerarmee erreicht die El Alamein-Stellung
2. 7.	Wir laufen im ägyptischen Hafen Mersa Matruh ein. Briten haben Hafen Alexandria geräumt
4. 7.	Vorstöße der Flottille nach Alexandria und zur Nilmündung. Kombinierte Bombenangriffe und Zerstörerbeschießung auf den Hafen Mersa Matruh. Flottille greift mehrfach an
12. 7.	Wir retten die Besatzung des Dampfers »Sturla«
13. 8.	Aus Geleitzug Gibraltar–Malta – Operation »Pedestal« – versenken S 59 – Müller –, S 30 – Weber –, S 36 – Brauns – 4 Handelsschiffe mit 37 500 BRT. S 58 – Wuppermann – erhält vor Angriff Artillerievolltreffer vom Zerstörer, kann aber den Hafen erreichen Bereitstellung Flottille als Flankensicherung für Offensive der »Panzerarmee Afrika« von El Alamein zum Niltal Anfang September
13. 8.	General Montgomery wird Oberbefehlshaber der britischen 8. Armee
1. 9.	Rommels Offensive nach Osten scheitert an britischer Übermacht
7. 9.	Flottille rückverlegt nach Sizilien
23. 10.	Montgomery bricht bei El Alamein durch, Beginn Rückzug der »Panzerarmee Afrika«
ab 1. 11.	3 Minenoperationen gegen Malta
7. 11	Alliierte Landungsoperation »Torch« in Marokko und Algerien
10./11. 11.	Sprung der Flottille nach Tunesien – Hafen La Goulette
12. 11.	Französischer Admiral in Bizerta gibt Zustimmung zum Einlaufen der S-Boote und des Geleitzuges in Bizerta am Nachmittag des 12. 11. als Gegenaktion gegen alliierte Landung in Algerien Flottille sichert Küstenvorfeld, zeigt Flagge und verhandelt über Zuständigkeit in der Küsten- und Luftverteidigung des Hafens und der Stadt Bizerta. Sicherung von Geleitzügen
8. 12.	Inbesitznahme französischer Flottenstreitkräfte durch Flottille
9. 12	Generaloberst v. Arnim wird Oberbefehlshaber der »5. Panzerarmee Tunesien«
12. 12.	Italienischer Dampfer »Foscolo« sinkt durch Flugzeug-Torpedotreffer
12. 12.	»Panzerarmee Afrika« unter Marschall Rommel erreicht auf dem Rückzug die Südgrenze Tunesiens
ab 16. 12.	Beginn Minenoperationen nach Bone und Philippeville

1943

3.	1.	S 58 – i. V. Flottillenchef – versenkt M-Boot »Horatio« mit Torpedo vor Bone und kann 2 Überlebende retten
7.	1.	7. S-Flottille unter Führung Kptlt. Trummer trifft in Bizerta ein
28.	2.	S 35 – Kommandant Oblt. z. S. Stolzenburg – gesunken, wahrscheinlich durch Minentreffer
6.	3.	Die unter Rommel vereinigten Panzerarmeen beginnen ihre letzte Offensive
12.	3.	S 55 – Weber – und S 60 – Haag – greifen 3 Zerstörer an, 3 Torpedodetonationen beobachtet. Vorher hatte S 158 von 7. S-Flottille den Zerstörer »Lightning« durch Torpedo versenkt und 1 Überlebenden gerettet. Fernsicherung für Geleitzüge Werfen defensiver Minensperren vor Sousse und nordtunesischer Küste
6.	5.	Wir verlassen Tunesien, Nachtmarsch nach Porto Empedocle
12.	5.	Generaloberst v. Arnim schließt Waffenstillstand in Tunesien
ab 16.	5.	Werfen von Defensiv-Minensperren vor Porto Empedocle
ab 25.	5.	Bombenangriffe auf den Hafen
6.	7.	S 59 – Müller – sinkt durch Bombentreffer im Hafen
9.	7.	Der »Älteste Kommandant«, Oblt. z. S. Müller, übernimmt Führung der Flottille nach Ausfall Flottillenchef infolge Autounfall während Bombenangriff
10.	7.	Alliierte Landung »Husky« auf Sizilien
16.	7.	Neuer Flottillenchef, Korvettenkapitän Max-Schultz, trifft ein
20.	7.	S 61 – Schulz –, S 33 – Marxen – und S 54 – Schmidt – torpedieren 2 Zerstörer und 1 Dampfer etwa 8000 BRT vor Syrakus
25.	7.	Mussolini wird gestürzt und gefangengesetzt
15.	8.	S 58 – Schulz –, S 57 – Buschmann – und S 60 – Haag – torpedieren 1 Zerstörer bei Catania
17.	8.	Nach Räumung Siziliens wird Messina durch Alliierte besetzt In Tarent liegende 5 Boote sowie S 36 und S 56 in Salamis verbleiben östlich der Straße von Messina, im Westen befinden sich nur noch S 57, S 60 und S 58
9.	9.	Alliierte Landung »Avalanche« in Salerno-Bucht Italienische Badoglio-Regierung kapituliert gegenüber dem Westen
9.	9.	Von 3. S-Flottille nur noch S 57 einsatzbereit gegen Schiffsverkehr nach Salerno-Bucht S 54 – Schmidt –, S 60 – i. V. Blömker – und Marinefährprahm 478 verminen beim Auslaufen aus Tarent den Hafen und die Hafeneinfahrt und marschieren durch die Adria nach Norden.
10.	9.	Britischer Minenkreuzer »Abdiel« läuft in Tarent auf Minen und sinkt S 54 und S 61 bringen 4 italienische Dampfer auf, versenken den italienischen Aviso »Aurora« und den italienischen Zerstörer »Quintino Sella« und laufen am 11. 9. in Venedig ein, wo Kommandant S 54 am nächsten Morgen
12.	9.	in Verhandlung mit dem italienischen Kommandierenden Admiral die Befehlsgewalt über die Stadt und die in der Stadt befindlichen 10 000 italienischen Soldaten übernimmt
25./26.	10.	Letzter erfolgloser Vorstoß der Rotte S 58, S 60 in den Golf von Neapel. Werftliegezeit aller 3

Dezember	im Westlichen Mittelmeer befindlichen Boote in Toulon S 58 und S 60 führen mehrere Unternehmungen einschließlich Minenoperationen von Viareggio aus in die Bucht von Gaeta sowie die Straße von Bonifacio durch Vorbereitung der 3 West-Boote zur Verlegung über Land und den Po in die Adria S 54, S 55 und S 36 führen Sicherungsaufgaben für Kleingeleite im Inselbereich der Ägäis durch
17. 12.	S 55 und S 60 verlegen einsatzbereit von der Ägäis nach Cattaro in der Adria. Beginn der Operationen gegen den Partisanen-Schiffsverkehr zwischen den Dalmatinischen Inseln

1944

16. 1.	S 55 – Weber – sinkt durch britische und US-Jagdbomber
März	S 61 und S 36 in Pola einsatzbereit
ab 17. 3.	Vorstöße von Cattaro aus
23. 4.	S 54 läuft auf Mine, wird nach Salamis geschleppt
2./3. 5.	S 30, S 36 und S 61 erzielen Torpedotreffer auf 1 Zerstörer
Juni	Kein einsatzbereites S-Boot
6. 6.	Rom vom Feind erobert Großlandung der Alliierten »Overlord« in der Seinebucht in Frankreich
ab Juli	Im Durchschnitt 3,5 S-Boote einsatzbereit. Gefechte mit Zerstörern und MGB's
20. 7.	Attentatsversuch auf Hitler
ab August	Küstenvorfeld- und Geleitsicherung
20. 8.	S 57 – Buschmann – sinkt im Gefecht mit MGB's
1. 9.	Wechsel Flottillenchef, Kptlt. Albert Müller übernimmt als bisheriger »ÄK« die Flottille Beginn Räumung der Dalmatinischen Inseln
13. 10.	Erneuter Wechsel Flottillenchef. Kptlt. Günther Schulz übernimmt Flottille unter Fusion mit Booten der bisherigen 7. S-Flottille
26. 10.	6 Boote der bisherigen 24. S-Flottille treten als 3. Gruppe zur 3. S-Flottille Sicherungsaufgaben der Flottille bei Räumung der Stützpunkte an der jugoslawischen Küste und der Dalmatinischen Inseln
18. 11.	Alle Stützpunkte südlich Pola sind geräumt
Dezember	Der Führer der Schnellboote besichtigt die Flottille in Pola und im Hauptstützpunkt Palmanova Kombinierte Operationen mit Einzelkämpfern und drahtferngelenkten Sprengbooten

1945

10. 1.	S 60, S 33 und S 58 stranden auf Insel Unie südlich Pola und gehen verloren Weiterer Einsatz der verbliebenen Boote für Sicherungsaufgaben bei Rückführungstransporten im Küstenvorfeld von Pola
21. 4.	Zusammenbruch der deutschen Front in Italien
28. 4.	Mussolini ermordet
30. 4.	Selbstmord Hitlers
1. 5.	Deutsche Kapitulation in Italien
2. 5.	3. S-Flottille läuft mit 3 Booten der 1. und 4 Booten der 2. Gruppe aus Pola aus
3. 5.	Auslieferung dieser 7 Boote an die Royal Navy in Ancona

NAMENSREGISTER

Aaling, Stbs.Ob.-Maschinist 439
»Admiral Scheer«, Panzerschiff 139
»Adolf Lüderitz«, Begleitschiff 16, 28, 29, 31, 32, 33, 84, 85, 87, 94, 108, 114, 117, 124, 125, 139, 148
Ahlers, Bruno, Lt. z. S. (KO) 473, 485
»Airedale«, brit. Zerstörer 280, 284
»Albatros«, ital. Dampfer 453
Alexander, Sir Harold, brit. General 437
»Almeria Lykes«, US Frachter 323
»Ankara«, dt. Dampfer 364
Ariete, ital. Heeresdivision 178
von Arnim, Generaloberst 366, 379, 392, 396, 402
»Ashanti«, brit. Zerstörer 320
Auchinleck, Sir Claude, brit. General 178, 184, 228
Auphan, Paul, frz. Admiral 346, 349
»Aurora«, brit. Kreuzer 186

Babbel, Wolf-Dietrich 97, 119
Backhaus, Johannes 291, 391, 431, 473, 485
Badoglio, ital. Marschall, Regierungschef 437, 445, 464, 465
»Badsworth«, brit. Zerstörer 284, 411
Bätge, Niels 38, 82
»Barham«, brit. Schlachtschiff 186
Barnes, Stanley M., US Kptlt. 418
Barone, ital. Admiral 146, 160, 436
Barone, Mario, ital. Lt.z.S. 248
Barré, frz. General 346
»Batavia III«, Wohnschiff 20
»Bedouin«, brit. Zerstörer 283, 284
Bielitzer, Wilhelm 16, 42, 138, 160, 258
Billot, frz. Korv. Kapt., Hafenkapitän 343, 346
»Birmingham«, brit. Kreuzer 280, 284
Birnbacher, Heinz 20, 22
»Bismarck«, Schlachtschiff 80, 84, 85
Blömker, Oberbootsmaat 452
Bode, Dr., Baurat 382
Böhmer, Kurt, FdM Nord 111
Bollenhagen, Oblt.z.S. 486
Fürst Borghese, ital. Freg. Kapt. 186, 483
»Boulderpool«, brit. Frachter 86
Brandt, Mar.Ob.Ass.Arzt 50
Brauns, Günter 311, 313, 331, 431, 456, 473, 482
»Breconshire«, Marineversorgungsschiff 205, 223, 224, 225, 226

Brenta, ital. Admiral 454
Brevonesi, ital. Admiral 451
von Broich, Oberst 365
»Brook«, dt. Frachter 292, 299
Büchting, Hermann 28
Bütow, Hans 20, 37
Burba, Lt.z.S. 486
Burrough, brit. Admiral 320
Buschmann, Oblt.z.S. 431, 473, 485

»C 3«, sowj. U-Boot 98, 140
»C 308«, brit. Schlepper 411
»Cairo«, brit. Fla-Kreuzer 282, 283, 320
Carell, Paul 177, 391
»Carlisle«, brit. Kreuzer 204
»Carl Peters«, Begleitschiff 138
Cavallero, ital. Marschall 328
Christiansen, Georg 52
Churchill, Sir Winston 163, 176, 177, 178, 227, 230, 318, 327, 402, 466, 469
Clausewitz, Karl 437
»Cocker«, brit. Trawler 261, 411
Codrington, brit. Admiral 1827 257
»Colombo«, brit. Kreuzer 494
von Conrady, Heinz-Dietrich 144, 148
»Corduff«, brit. Frachter 72
Crüwell, General 178, 206
Cunningham, Sir Andrew, brit. Admiral 175, 182, 206, 212, 225, 379, 437, 494
Curteis, brit. Admiral 282

Darlan, frz. Admiral, Marineminister 346, 348, 349, 355
»Delhi«, brit. Kreuzer 494
Derrien, frz. Admiral 342, 343, 348, 349, 350, 354, 356, 365, 366
Detlefsen, Hans 45, 49
Dibbersen, Funkmaat 52
Döpner, Hans-Martin 16, 43, 328, 404, 426
»DT 71«, sowj. S-Boot 121, 140

Echtermeyer, Bootsmaat 403
»Eddy«, brit. Trawler 411
Eichler, Bootsmaat 33
Eilert, Stbs.Ob.Strm. 477
Eisenhower, Dwight D., US-General 364, 437
Elksneit, Ob.Strm. 486
Erdmann, Günther 28, 29, 38, 88, 152, 331

Esteva, frz. Admiral 350
»Eugenio di Savoia«, ital. Kreuzer 282
»Exmoor«, brit. Zerstörer 67

»Fantome«, brit. Korvette 411
Flesche, Dr., Korv.Kapt., Chef 2. L-Flottille 292
Ford, brit. Admiral auf Malta 166
Forza, ital. Korv. Kapt. 146
»Foscolo«, ital. Motorschiff 367, 368
Fumagalli, ital. Admiral 161

Gambara, ital. General 178
»Gaisma«, sowj. Dampfer 96
de Gaulle, Charles, frz. General 483
Gause, General 365
Geiger, Eberhard 28, 29, 51, 88, 152, 291
Geißler, General der Flieger 174
Gerlach, Heinrich, Freg.Kapt. 143
von Gernet, Axel 16, 65, 88, 152, 256, 298, 307, 331, 377, 431, 473
Giuffra, ital Kptlt. 159
»Glengyle«, brit. Versorgungsschiff 203
»Glenorchy«, brit. Frachter 323
»Gneisenau«, Schlachtschiff 80
Godfroy, frz. Admiral 294
Göldenitz, Ob.Maschinist 240, 241
Goldbach, Major 488
Granitzky, Bootsmaat 456
Graziani, ital. Marschall 171
Greiner, Lt.z.S. 485
Gündel, Kptlt. (Sonderführer) 344
Guggenberger, Kptlt. 186
»Guilio Cesare«, ital. Schlachtschiff 456
Guillon, frz. Kptlt. 338

Haag, Heinrich 30, 52, 56, 88, 152, 239, 331, 431, 473, 484
Hamilton, J.D.R., brit. Lt.z.S. 235
Hardtke, Jürgen 391, 430, 485
Harlinghausen, Oberst und Flie-Fü Tunesien 336, 338, 341
Harwood, brit. Admiral 272, 280
»Hasty«, brit. Zerstörer 271, 284, 411, 422
»Hebe«, brit. Minensuchboot 284, 411
Heckel, Oblt.z.S. 486
Heising, Dr. med. 430
»Hermes«, dt. (ex griech.) Zerstörer 394, 397, 400
»Hermione«, brit. Kreuzer 280, 284
Hertwig, Stbs.Ob.Strm. 486
Hewitt, H.K., US Admiral 435

Heye, Friedrich-Wilhelm 429
Hiestermann, Oblt./Kptlt. (V) 431
»Highland Queen«, brit. Trawler 411
»Hil 1154«, brit. Minensuchboot 412
Hitler, Adolf, Reichskanzler 43, 174, 176, 184, 185, 207, 255, 294, 367, 413, 483
Hoare, Sir Samuel, brit. Marineminister 180
»Hood«, brit. Schlachtschiff 85
Hooper, Stephan, brit. Matrose 374
»Horatio«, brit. Minensuchboot 373, 374, 411
Howaldt, Viktor 28
Hube, General 435
Hümmelchen, Dr. 446

Jachino, ital. Admiral 222
Jarminowski, Lt.z.S. d.Res. 485
Jensen, Max 355
»JTA 1«, brit. Schlepper 411
Junghans, Hptm., Aufklärungsstaffel 1. F/122 329
Just, Hermann 27
»Justified«, brit. Drifter 411

Kahle, Oblt. 364
Kallinicus, Erfinder »Griechisches Feuer« 257
Kaufhold, Stbs.Ob.Strm. 485
Kelm, Oblt.z.S. 485
Kemnade, Friedrich 29, 253
»Kenya«, brit. Kreuzer 282, 320, 349
Kesselring, Generalfeldmarschall 190, 225, 271, 436
Kleyenstüber, Arno, Major i.G. 199
Klopper, südafrik. General 289
Koch, Oberstlt. 362
König Georg VI. 419
König, Pierre, frz. General 261
Köster, Dr., Generalkonsul 454
Korn, Korv.Kapt. 455
»Kujawiak«, poln. Zerstörer 284, 411
Kusserow, Oberst 406

de Laborde, Admiral, frz. Flottenchef 349, 355
»Lacplesis«, sowj. Eisbrecher/Schlepper 121, 129, 140
Lamprecht, Admiral 203, 204
Leatham, brit. Admiral 225, 295
Le Berre, frz. Kptlt. 148, 156, 157
Le Chuiton, frz. Kapt.z.S. 342
Leclerc, frz. General 483

519

Lederer, Oberst 342, 343, 348
»Le Fantasque«, frz. Zerstörer 482
Legnani, ital. Oblt.z.S. 159
»Leopardi«, ital. Frachter 452
»Le Terrible«, frz. Zerstörer 482
Liebenstein, Kapt.z.S. d.Res. 436
Liebhold, Oblt.z.S. 486
Lietzmann, Admiral Adria 462
»Lightning« brit. Zerstörer 390, 391
Littmann, Obermaschinenmaat 434
»Littorio«, ital. Schlachtschiff 222, 265, 280, 281
»Liverpool«, brit. Kreuzer 282, 284
Loerzer, General der Flieger 199
Loycke, Kapt.z.S. 308, 347
Lüders, Erwin 80, 88, 152, 331
Lührs, Ernst 258
Lürssen-Werft, Vegesack 13, 14, 16, 28, 29
Lütjens, Admiral, Flottenchef 80

»Maastricht«, holl. Frachter 86
»Malaya«, brit. Schlachtschiff 186, 208
»Manchester«, brit. Kreuzer 320, 323
de Manincor, Luigi, ital. Kptlt. 160, 256
»Manxman«, brit. Minenkreuzer 237, 242
»Marat«, sowj. Schlachtschiff 91
Marienfeld, Oberst, Kommandeur »KG 56« 166
Marks, Hans 19
Martin, Matr.-Gefreiter 491
Marxen, Lt.z.S. 428, 486
»Matchless«, brit. Zerstörer 284, 411
Max-Schultz, Herbert 20, 93, 426, 430, 473
Meendsen-Bohlken, Kapt.z.S., später Admiral 370
Mehnen, Dr. med., Mar.Stbs.Arzt 239, 291
Meixner, Korv.Kapt., später Konteradmiral d.Res. 216, 398
»Menes«, dt. Dampfer 369
Mensch, Ob.Strm. 486
Menzel, Oberwaffenwart 196
»MFP 478«, dt. Marinefährprahm 450, 451, 462
Meyer, Hans-Jürgen 65
Michalski, Hptm. J.G. 53 343
Milbradt, Oblt.z.S. 473, 485
Frhr. von Mirbach, Götz 26
»ML 130«, brit. Motorlaunch 233, 235, 236, 250, 411
Moawiyah, Kalif, 677 n.Chr. 257

Möbes, Kptlt. 29, 88
»Montecuccoli«, ital. Kreuzer 282
Montgomery, brit. General 327, 328, 330, 379, 413, 434, 467
»Moor«, brit. Trawler 411
Mordal, Jacques, frz. Admiral 334
»Mosel«, Torpedoklarmachschiff 94, 114, 117, 119, 126, 127, 138
»MRS 11«, Minenräumschiff 111, 112, 113, 114
»MS 89«, brit. Minensuchboot 412
»MTB 264«, brit. Motortorpedoboot 395, 411
Müller, Albert 29, 32, 55, 88, 152, 311, 331, 391, 421, 423, 426, 450, 463, 473, 484, 485
Müller, Major 199, 406
Müller, Lt.z.S. 486
Mussolini, Benito, ital. Regierungschef 174, 207, 255, 379, 413, 437, 483

»Naiad«, brit. Kreuzer 224
Nehring, General 288, 347, 362, 364, 366
Nehring, Oberstlt. 455
»Neptune«, brit. Kreuzer 186
Nelson, brit. Admiral 180
»Nestor«, brit. Zerstörer 281, 284
»Newcastle«, brit. 10000 t Kreuzer 271, 284, 411

»Oktoberrevolution«, sowj. Schlachtschiff 91
»Oleum«, Brennstoffahrzeug 117, 119
»Olympus«, brit. U-Boot 411
»Orari«, brit. Dampfer 282, 283, 284, 411
Overwaul, Lt.z.S. 486

»Parktown«, brit. Vorpostenboot 291, 411
Parona, ital. Admiral 222
»Partridge«, brit. Zerstörer 283, 284
Patton, US General 434
»Penelope«, brit. Kreuzer 186, 204, 212, 226
Penet, frz. Kapt.z.S. 351
Pétain, frz. Marschall und Regierungschef 148, 157, 334, 342, 346, 364
Petersen, Rudolf, Kapt.z.S. und Kommodore, Führer der Schnellboote 20, 488
Poland, A.L., brit. Kapt.z.S. 254
Popp, Paul 16, 19, 22, 28
Pridham-Wipell, brit. Admiral 225

»Prinz Eugen«, schwerer Kreuzer 84
Pusak, Flottillentorpedoobermechaniker 160, 293

»Queen Elizabeth«, brit. Schlachtschiff 186, 294
»Quentin«, brit. Zerstörer 360
»Quintino Sella«, ital. Zerstörer 453, 492

Raeder, Großadmiral 100, 185
Ramcke, General 326
Ramsay, Sir Bertram, brit. Admiral 435
Rebensburg, Bernd 84
Reischauer, Peter, Chef 6. R-Flottille 148, 258, 290, 342, 343
Reschke, Kptlt. 279, 280
Riccardi, ital. Admiralstabschef 160, 405
Ritchie, brit. General 261
Röseler, Fähnrich z.S. 429
Rößler, Bootsmaat 23
Rohwer, Jürgen, Prof. 446
»Roma«, ital. Schlachtschiff 465
Rommel, Generalfeldmarschall 143, 174, 175, 176, 177, 178, 179, 198, 205, 206, 207, 232, 255, 261, 264, 288, 289, 294, 298, 325, 326, 328, 330, 353, 366, 379, 392, 402, 413
Roosevelt, Franklin D., US Präsident 163, 227, 230, 242, 334, 402, 466
Rosenbaum, Kptlt. 312
Roskill 10, 188, 204, 205, 212, 214, 216, 223, 226, 228, 230, 242, 252, 254, 255, 264, 271, 272, 280, 281, 289, 294, 318, 323, 325, 349, 360, 361, 391, 395, 396, 419, 422, 429, 434, 435, 437, 446, 461, 466, 469, 494, 495, 499
Rossow, Kmdt. »MRS 11« 112
Roth, Oberst, Flie-Fü Sizilien 162
Ruge, Friedrich, Admiral 180, 183, 403, 410

Saalwächter, Generaladmiral 51, 84
Sansonetti, ital. Admiral 147
»Santa Eliza«, US Frachter 323
Santagata, ital. Lt.z.S. 483, 486
»Scharnhorst«, Schlachtschiff 80
Schipke, Erwin 52, 191, 486
Schmidt, Klaus-Degenhard 311, 331, 428, 431, 450, 454, 455, 456, 473, 477
Schmidt-Neudorf, Major 454
Schmuck, Fähnrich z.S. 67
Schmundt, Admiral 93, 135
Schultze-Jena, Oblt.z.S. 390

Schulz, Günther, 247, 331, 428, 431, 485, 495
Schütte, Norbert 16
Scurfield, brit. Zerstörerkommandant 283
von Selchow, Günther 135
Siebenlist, Werner 83
Simpson, G.W.G., brit. Kapt.z.S. 226
»Skire«, ital. U-Boot 186
»Smetlivi«, sowj. Zerstörer 100
Soldati, ital. Admiral 342
Sommerville, brit. Admiral 176
»Southwold«, brit. Zerstörer 223, 224, 226, 252, 411
Sparzani, ital. Admiral 483
Stalin, sowjetrussischer Regierungschef 327, 466
»St. Angelo«, brit. Schlepper 411
Stelzer, Obermaschinist 403
Stock, Korv.Kapt. 145
Stolzenburg, Werner 16, 29, 83, 88, 152, 385
»Stronsay«, brit. Trawler 411
»Sturla«, Dampfer 289
Svoboda, Lt.z.S. 486
Syfret, E.N., brit. Vizeadmiral 318, 320

»T 851/Pirmunas«, sowj. Minensuchboot 131, 141
»T 208/Shkiv«, sowj. Minensuchboot 141
Tedder, brit. Luftmarschall 437
Thönnessen, Oberfähnrich (V) 425
Frhr. von Tiesenhausen, U-Bootkommandant 186
»Tirpitz«, Schlachtschiff 139, 227
Tito, jugoslaw. Marschall 473, 483, 494
Töniges, Werner 16, 19
de Tomasi, ital. Tenente 239
»Trento«, ital. Kreuzer 280
Trieste, ital. Heeresdivision 178
Trotte, Obergefreiter 456
Trummer, Hans, Korv.Kapt., Chef 7. S-Flottille 37, 374, 427, 485
»Tsingtau«, Begleitschiff 19, 27, 32

Unbekannt, Gerold, Maschinengefreiter 298
»Urge«, brit. U-Boot 411

»Valiant«, brit. Schlachtschiff 186
Vennables, Georges, brit. Matrose 374
Vian, brit. Admiral 204, 205, 212, 222, 224, 272, 281
Victor Emanuel III., König von Italien 162

521

»Vittorio Veneto«, ital. Schlachtschiff 265
Völckers, Peter 426, 431

Wagner, Herbert, 28, 29, 30, 88, 138, 152
»Wairangi«, brit. Frachter 323
»Wasp«, US Flugzeugträger 227, 230, 242, 254
Wavell, brit. General 171, 177, 178
Weber, Horst 29, 80, 88, 133, 134, 152, 311, 331, 422, 431, 473
Weichold, Vizeadmiral 145, 147, 160, 258, 326, 354
»Welshman«, brit. Minenkreuzer 242, 263, 282, 295
Wernicke, Stbs.Ob.Strm. 486
von Wild, Oberst, Flie-Fü Ostsee 120, 416

Winkler, Kptlt. 451, 452
Wirth, Steuermannsmaat 456
Witzig, Major 362
Wollburg, Obergefreiter 456
Wulff, Obermaschinist 136
Wuppermann, Siegfried 51, 52, 55, 61, 66, 68, 71, 88, 95, 127, 133, 152, 207, 272, 278, 311, 326, 328, 331, 405, 495
»Wyka«, sowj. Dampfer 97

»Yankee Arrow«, US Tanker 411

Zanin, ital. Zahlmeister 159
Zanoni, ital. Admiral 454

Weitere Dokumentationen zur Zeitgeschichte

Alexandre Korganoff
Prien gegen Scapa Flow
Tatsachen, Geheimnisse, Legenden
236 Seiten, 65 Abb., geb., DM 29,–

Jung/Wenzel/Abendroth
Die Schiffe und Boote der deutschen Seeflieger 1912–1976
416 Seiten, 250 Abb., geb., DM 44,–

Arnold Kludas
Die deutschen Lazarettschiffe im Zweiten Weltkrieg
174 Seiten, 212 Abb., geb., DM 36,–

Das Buch gliedert sich in zwei Teile. Zunächst werden die Vorbereitungen und der Ablauf der Unternehmung in all ihrer Dramatik fesselnd geschildert. Dann setzt sich der Autor mit dem bisher ungelösten Problem des von U 47 torpediert gemeldeten zweiten Schiffes auseinander. Schließlich bestätigt Korganoff für alle noch Ungläubigen erneut, daß Prien am 8. 3. 1941 mit seiner gesamten Besatzung fiel, als sein Boot U 47 durch HMS Wolverine am Geleitzug OB-293 versenkt wurde.

Dies ist die erstmalige Gesamtdarstellung aller Schiffe und Boote, die den deutschen Seefliegern von den ersten Anfängen im Kaiserreich bis zu den Tagen der Bundeswehr zur Verfügung standen. Es ist das Bild einer bisher weitgehend unbekannt gebliebenen großen Schiffsgruppe. Rund 250 Fotos, Zeichnungen und Karten erläutern technische Entwicklungen, Gliederungen und Einsatzräume. Hier ist ein Buch entstanden, das den Luftfahrt- und Marine-Interessierten ebensosehr anspricht, wie etwa den Modellbauer.

Die erste Dokumentation über die deutschen Marine-Lazarettschiffe und Verwundeten-Transporter im Zweiten Weltkrieg; einer Flotte von über 80 Schiffen, durch deren Einsatz viele Tausende von Verwundeten gerettet werden konnten. Das Werk schildert anschaulich die Planungen eines Lazarettschiff-Einsatzes in den Jahren vor dem Krieg, die Auswahl der in Frage kommenden Schiffe, die letzten Vorbereitungen und den Kriegsausbruch.

MOTORBUCH-VERLAG
POSTFACH 1370
7000 STUTTGART 1

Weitere Dokumentationen zur Zeitgeschichte

Volkmar Kühn
Mit Rommel in der Wüste
Kampf und Untergang des Deutschen Afrika-Korps 1941–1943
226 Seiten, 159 Abb., geb., DM 38,–
Diese Dokumentation stützt sich auf hunderte von Augenzeugenberichten und eine Fülle geschichtlicher Unterlagen. Nahezu 160 Abbildungen illustrieren die damaligen Geschehnisse in der Wüste von Nordafrika. Als der 12. Mai 1943 dem dortigen Krieg ein Ende setzte, hatte sich das Deutsche Afrika-Korps bis zur Kampfunfähigkeit geschlagen.

Volkmar Kühn
Schnellboote im Einsatz 1939–1945
236 Seiten, 95 Abbildungen und Zeichnungen, geb., DM 28,–
Dies ist die Dokumentation über den Einsatz der Schnellboote im Zweiten Weltkrieg. Und es ist zugleich die Entwicklungsgeschichte dieser kleinen, schnellen Torpedoträger. Auf allen Randmeeren Europas wurden sie eingesetzt. Über 90 Fotos, viele Kartenskizzen, Tabellen und Tafeln ergänzen diese Dokumentation über die schnellsten Torpedoträger, die es auf See gab.

Peter Dickens
Einsatz zwischen Dämmerung und Morgengrauen
Britische Schnellboote im Küstenvorfeld Mitteleuropas 1942/43,
ca. 320 Seiten, ca. 64 Abbildungen, gebunden, DM 36,–
Das Küstenvorfeld ist die Szenerie, in der sich die Ereignisse und Schicksale dieses faszinierenden Berichtes von Peter Dickens, einem Urenkel des englischen Schriftstellers Charles Dickens (1812–1870), abspielen. Ein lebendiges, realistisches und packendes Buch.

MOTORBUCH-VERLAG
POSTFACH 1370
7000 STUTTGART 1